MW00785361

A mi madre,
a quien he perdido mientras estaba escribiendo este libro,
por todo el amor que me ha regalado
y por haberme enseñado que el egoísmo
no es el único motor que mueve este mundo.

Tránsitos y Retornos Solares

Traducción del italiano: Luciano Drusetta
Revisión en español: Mª Àngels Pujol Foyo
Compaginación: Pino Valente.

© 2009 Todos los derechos reservados Ediciones Ricerca '90

primera edición y copyright © 1997 Gruppo Editoriale Armenia S.p.A.
Via Valtellina, 63 - Milán - Italia

CIRO DISCEPOLO

TRÁNSITOS Y RETORNOS SOLARES

Un nuevo sistema de análisis para dos métodos antiguos

Ediciones Ricerca '90
Viale Gramsci, 16 - 80122 - Nápoles - Italia
www.cirodiscepolo.it - www.solarreturns.com
info@cirodiscepolo.it

Prefacio

Haciendo una estima general, he calculado que, hasta la primavera de 1997 y tras veintisiete años de intensa práctica astrológica, he enviado un mínimo de diez mil personas[1] a celebrar un cumpleaños elegido, pero lo más importante es que, después de un año, he registrado su balance en relación con esta espléndida realidad llamada Retorno Solar Elegido o Revolución Solar Elegida. Sin embargo, este argumento no constituye el tema de este volumen que se dirige, en cambio, a todos los que estudian o que tienen intención de estudiar los Retornos Solares, independientemente del hecho que deseen utilizar o no la práctica de los cumpleaños elegidos. El hecho de hacer referencia a un número tan elevado de casos sirve sólo para afirmar, sin ninguna pretensión o necia vanidad, que mi experiencia en esta disciplina es considerable y que se trata de una experiencia práctica y no de un ejercicio teórico como sucede sobre todo con otros autores. En este libro encontrarán consideraciones muy distintas de las que podrían leer en cualquier otro texto. He aquí dos ejemplos. En los próximos capítulos podrán leer que, para la promoción social/profesional del sujeto durante el año considerado, un Retorno Solar que empiece, por ejemplo, con un Júpiter en el Medio Cielo, es cien veces inferior en cuanto a resultados positivos respecto a otro Retorno Solar que empiece con el Ascendente del Retorno Solar en la Décima Casa del radix. En contrapartida, también leerán en los capítulos siguientes que un Ascendente del Retorno Solar que caiga en la Primera Casa de nacimiento es claramente una de las peores posiciones que les puedan tocar. Tal como decía, éstas y otras tantas consideraciones provienen de una práctica muy extendida y están confirmadas por miles y miles de balances personales que pueden ratificar todo lo que he escrito en este trabajo.

Cabe añadir que este libro no pretende reemplazar ni mi *Guida ai transiti* ni tampoco mi *Trattato pratico di Rivoluzioni solari*, a lo sumo pretende respaldarlos, convertirse en una ayuda para mejorar la comprensión de tránsitos y Retornos Solares, sobre todo gracias a los años transcurridos y a los estudios llevados a cabo tras la publicación de dichos libros.

Con este libro me propongo demostrar tres cosas:

1) la imposibilidad de poder hacer previsiones correctas si no se consideran juntos los tránsitos y los Retornos Solares;

2) el valor enormemente negativo de las Casas Duodécima, Primera y Sexta;

3) y que utilizando juntos los tránsitos y los Retornos Solares, pero interpretados según mi método, es posible efectuar previsiones bastante fiables.

Me gustaría que quedara claro que no niego que otros estudiosos, muy competentes, puedan conseguir previsiones bastante exactas a partir de otros sistemas de análisis, pero pienso que los resultados obtenidos con estos otros métodos están condenados a ser claramente inferiores a los que se pueden obtener con el sistema que yo propongo.

Según mi opinión, los que utilizan los Retornos Solares en su práctica astrológica, pero los interpretan según escuelas diferentes, no conseguirán resultados predictivos brillantes que se puedan comparar con los que se consiguen con las reglas que podrán leer en las páginas de este libro. Y con esto no pretendo afirmar una presunta infalibilidad mía en el plano teórico sino, lo repito, una grandísima práctica que me permite elaborar clasificaciones, indicar prioridades, hablar de escalas de valores y de signos de admiración que se pueden colocar al lado de determinados puntos.

Serán ustedes, mis lectores, los que dirán si el método funciona o no. Lo podrán aconsejar a sus colegas o echarlo a la basura, pero siempre después de haberlo probado sin cambiar, evidentemente, las reglas según su propio juicio, al menos durante la fase de experimentación.

Yo estoy seguro de que la práctica me dará la razón. No pretendo garantizar que mi método sea preciso al cien por cien, pero sí que presenta un grado de verificabilidad muy elevado, al punto que les permitirá ponerlo en práctica sin cometer errores graves. Todos cometemos errores, pero lo importante no es intentar no equivocarse nunca sino esforzarse para equivocarse poco.

Otro par de aclaraciones todavía. Se darán cuenta de que en la descripción de los tránsitos se nota menos la presencia de quien escribe, esto es debido a que he intentado quedarme lo más "silencioso" posible en la relación libro/lector. Al contrario, cuando leerán la parte correspondiente a los Retornos Solares, me encontrarán presente con más fuerza, en primera persona, con comentarios muy personales. En este caso es debido al hecho que se trata de argumentos en los que he sentido la necesidad de ponerme en juego, de tomar partido en mayor medida que en los tránsitos, de destacar un razonamiento que es muy mío, puramente personal.

Por último, quisiera añadir que encontrarán a menudo en este libro los términos "negativo" y "positivo" cuando se habla de determinadas posiciones de tránsitos y de Retornos Solares. Muchas personas se estremecerán ante "semejante lenguaje", afirmando que se debería hablar sólo de posiciones armónicas e inarmónicas y nunca de posiciones positivas y negativas. Me perdonarán ustedes, pero no soporto la demagogia. En una época como la nuestra, en la que a los ciegos les llaman invidentes, a los pobres indigentes, a los incapacitados minusválidos y a los negros extracomunitarios, yo prefiero decir al pan, pan y al vino, vino: aunque intenten convencerme de todas las maneras posibles, nunca lograrán que yo diga que un tránsito de Saturno sobre el Sol, en la Duodécima Casa, es inarmónico o hace crecer. Yo seguiré pensando siempre, antes que nada, que se trata de una desgracia que todos preferirían evitar y luego, a lo sumo, que también puede hacer crecer.

Nápoles, 23/4/1997

Notas

1) Algunos días llegan a llamarme por teléfono, entre amigos, colegas y alumnos, incluso hasta diez personas distintas para pedirme consejo y yo, que tengo el ordenador siempre encendido, gracias al programa Molriv y conversando con personas ya preparadas sobre este tema, consigo ayudarlos en la relocación de su Retorno Solar en pocos minutos. De forma parecida, después de un año comento con las mismas personas – aunque brevemente – los resultados obtenidos. Aunque para muchas cosas tengo verdaderos vacíos de memoria, para los Retornos Solares Elegidos no olvido casi nunca nada.

1.
Treinta reglas útiles

Las reglas que están a punto de leer o estudiar no pretenden ser una prolongación de la Biblia, son sencillamente reglas procedentes de mi experiencia que se tienen que tomar de forma global, para verificarlas y poderlas aceptar o rechazar, posteriormente, según los resultados obtenidos. Yo creo que funcionan, y muy bien, pero no quiero influirles demasiado, sólo deseo que las prueben. Si utilizándolas les parece que les ayudan a hacer previsiones suficientemente verosímiles, mucho más aceptables que con otros métodos que enseñan otros maestros, entonces cuéntenme sus impresiones (mi dirección de correo electrónico es *info@cirodiscepolo.it* y la dirección de mi página web es *www.cirodiscepolo.it*). Lo único que les pido es que las tomen "en bloque" porque si realmente quieren experimentarlas, tendrán que utilizarlas globalmente y no efectuando una selección arbitraria de ellas.

He aquí las treinta reglas:

1) Los veinte días antes y los veinte días después de la fecha de cumpleaños son muy importantes, tanto en lo positivo como en lo negativo. A menudo vivimos en estos días los acontecimientos más importantes de todo el año.

2) El día del cumpleaños es un día verdaderamente muy especial en el que pueden verificarse acontecimientos extraordinarios. Giacomo Casanova, que transcribió cuidadosamente los acontecimientos de su propia vida, declara en sus memorias que, no una sino siete veces, el día de su cumpleaños coincidió con acontecimientos extraordinarios, tanto positivos como negativos y que estos acontecimientos cambiaron radicalmente el curso de su vida, como la fuga de una cárcel (el veneciano fue huésped de una buena parte de las cárceles europeas) o volverse millonario (pasó de ser millonario a quedarse en la calle varias veces durante su vida). El porqué, no lo sé. No sé decir por qué la fecha del cumpleaños es tan especial y, aunque tengo alguna idea al respecto, evito exponerla porque no estoy seguro. Sin embargo, aunque no logro darle una explicación teórica a este hecho, me limito a constatar que la cosa funciona. Presten atención a partir de hoy a los telediarios fijándose en este detalle, o lean los periódicos buscando este tipo de noticia, y ya verán como se repite de forma continua la noticia del mafioso ruso detenido en un hotel de lujo el mismo día de su cumpleaños, la del asesino del juez Giovanni Falcone detenido en el día del cumpleaños de su víctima, la del futbolista que marca su gol decisivo en el aniversario de su nacimiento, etcétera. Sería posible poner miles de ejemplos parecidos.

3) Si en la familia del sujeto se celebran diversos cumpleaños en fechas cercanas, esos días se vuelven "explosivos", como si fueran verdaderos detonantes y a su alrededor tienden a concentrarse aún más acontecimientos.

4) No olviden que si el Ascendente o un stellium, o bien el Sol del Retorno Solar, caen en la Primera, Sexta o Duodécima Casa, casi sin diferencia ninguna entre las tres, el año se prevé muy difícil, funesto, peligroso, negativo en todos los aspectos, y no sólo específicamente en la salud, el trabajo o el amor. Casi en la totalidad de los casos se tratará de un año desfavorable, un año del que se acordarán durante mucho tiempo, un año que sería mejor olvidar. Soy consciente que de esta manera estoy enfatizando enormemente este valor, pero esto es exactamente lo que quiero hacer: yo creo que ningún autor se ha pronunciado jamás con tantos signos de admiración, y en cambio yo considero que es justo no sólo poner signos de admiración muy precisos a las propias reglas, sino también hacerlo justamente aquí y no en otro lugar. Algunos han descrito la Duodécima Casa de manera un poco negativa, pero creo que nadie antes que yo la ha demonizado tanto, y nadie ha criminalizado nunca tanto ni la Sexta ni la Primera. Pongan a prueba esta regla y luego ya me dirán. Cuando estas Casas protagonizan la carta Solar, se pueden presentar montones de dificultades, en todos los aspectos: problemas en la vida sentimental, con la salud, con la justicia, problemas económicos, relacionados con un luto, etcétera.

5) Todo lo que he escrito en el párrafo anterior es válido también para Marte en la Duodécima, Sexta o Primera casa del Retorno Solar: esta posición, aún sin el apoyo de otras, es capaz de arruinar un año que se anunciaba muy positivo gracias a otros elementos de los tránsitos o al propio Retorno Solar.

6) Al examinar el Retorno Solar les aconsejo que se fijen sólo en esos pocos elementos que son inequívocos: a) dónde cae el Ascendente del Retorno Solar respecto a las Casas natales; b) dónde cae un stellium de Retorno Solar respecto a las casas del Retorno Solar; c) dónde cae el Sol del Retorno Solar respecto a las casas del Retorno Solar; d) dónde caen los maléficos (pero especialmente Marte) del Retorno Solar respecto a las casas del Retorno Solar; e) y sucesivamente, *pero sólo sucesivamente*, las otras posiciones de los astros en las Casas. Les desaconsejo evidentemente que tengan en cuenta otros elementos, como por ejemplo si un planeta es retrógrado o si crea un buen aspecto o uno malo porque tales elementos sí tienen un valor, aunque muy bajo, digamos como una fracción decimal respecto a los números enteros de las posiciones que acabo de enumerar. Les pongo un ejemplo: Marte en la Duodécima Casa del RS de un sesentón es siempre muy peligroso, independientemente de que sea retrógrado o no e independientemente de si está afligido o en exilio o en caída o en cualquier otra condición. El Retorno Solar es una ventana que se abre con excepcional claridad sobre los doce meses que abarca, pero hay que evitar el error de quererlo interpretar como si fuera un tema natal, examinando hasta los dispositores, las Casas derivadas y todo lo que deseen. Todo esto, en efecto, no sólo no contribuye a la claridad del conjunto, sino que esconde los demás significados que son muy claros.

7) La Séptima Casa casi siempre está relacionada con papeleos administrativos, problemas con la ley, posibles conflictos con la justicia, guerras de todo tipo, diversas tensiones, disputas fuertes, desacuerdos con la pareja o incluso separaciones y enemistades declaradas. Y hasta atentados, como tiroteos en las piernas o desperfectos de los bienes (por ejemplo, por amenazas mafiosas).

8) Cuando Júpiter y el Sol, ya sea en el tránsito o en el Retorno Solar, se encuentran en la Segunda, Séptima y Octava Casa, funcionan como un oscilador biestable, es decir, que tienden a invertir completamente la situación preexistente: donde reina la calma provocan tormentas y en los territorios en guerra ayudan a devolver la paz. Lean los pormenores en los párrafos específicos, pero tengan muy en consideración esta regla y de esta forma podrán evitar equivocarse completamente en el análisis de una situación astral.

9) Los valores de Segunda y de Octava Casa indican, en la mayoría de los casos, significativas salidas de dinero, verdaderas hemorragias de dinero y mucho menos frecuentes entradas de dinero.

10) La Undécima Casa está relacionada a menudo con la muerte y los lutos, mucho más que la Octava Casa en la que la muerte es sólo secundaria respecto a su sentido principal que es el dinero; en el 90% de los casos, una Casa Octava interceptada en el RS y también en los tránsitos nos habla de problemas económicos, no de muerte. En la actualidad, a distancia de muchos años desde este descubrimiento, todavía me pregunto cómo es posible que ningún colega se haya dado cuenta de esta cosa antes que yo, ya que se trata de una realidad tan clara que sólo un ciego o un miembro del CSICOP* podría no darse cuenta de ella. Les invito a examinar unos veinte lutos que se hayan producido a su alrededor y verán lo infalible que es esta regla.

11) Los trígonos y los sextiles de Urano y de Neptuno sobre todo, pero también los de Plutón, anuncian con mucha frecuencia desgracias. Ya me imagino las protestas que se levantarán a este punto: "¿Pero cómo? ¿Entonces queremos teorizar que en la vida de un ser humano existen muchos más aspectos negativos que positivos?" Y yo contesto: ¿Sólo ahora se han dado cuenta? ¿Acaso no es verdad que por cada persona que gana a las quinielas o a la lotería hay al menos otras mil que caen por las escaleras, que pierden su trabajo, que descubren que su hijo toma drogas, que su cónyuge los traiciona o que se enferman gravemente? Esta es la pura y simple, aunque terrible, realidad: por cada acontecimiento feliz se producen al menos otros mil de infelices. También los trígonos y los sextiles viajan a menudo en una dirección perjudicial.

12) Tengan muy en cuenta en los tránsitos las semicuadraturas y las sesquicuadraturas, que tienen gran importancia, exactamente igual que la de las cuadraturas y las oposiciones. No los pasen por alto porque podrían perderse mucho acerca de una situación. En cambio, según mi experiencia, los semisextiles, los sextiles y los quincuncios tienen muy poca influencia o incluso ninguna.

13) El Ascendente en la Décima casa del Retorno Solar trae, casi siempre, cosas excepcionalmente positivas, tal como podrán leer en el párrafo correspondiente. Al contrario, Júpiter en el Medio Cielo del Retorno Solar tiene, en cambio, un efecto muy suave, seguramente mucho más discreto que el Ascendente en la misma posición. También en este caso tengo que admitir que desconozco el porqué, pero seguramente es así y ustedes mismos se podrán dar cuenta de ello.

14) El Ascendente en la Décima Casa, junto con un tránsito contemporáneamente malo de Saturno, Urano, Neptuno o Plutón en el

Medio Cielo, en la Décima Casa o en aspecto disonante respecto al Ascendente, al Sol o a la Luna (incluyendo las conjunciones), provoca serios problemas: daños bastante importantes, para nada insignificantes.

15) En los días en los que se producen muchos aspectos contemporáneos, tanto positivos como negativos, tenemos que esperarnos acontecimientos realmente especiales, enfocar bien las antenas de nuestras observaciones y colocarnos en un estado defensivo de alerta.

16) Algunos de los momentos más dramáticos de una vida se producen cuando, a un tránsito disonante de Saturno, Urano, Neptuno o Plutón respecto al Sol, al Ascendente, al Medio Cielo o bien a la Luna natal, se añade un Ascendente, un stellium, un Sol o un Marte de Retorno Solar en la Primera, Sexta o Duodécima Casa del Retorno Solar. No pueden equivocarse.

17) Lo que ya existe en potencia se exalta gracias a los tránsitos y al Retorno Solar. Esto significa que si Fulano tiene un Urano malo en la Octava Casa natal, cuando Urano le transita en oposición respecto a su posición radix, puede prever la llegada de serias crisis económicas.

18) El efecto positivo de la Décima Casa del Retorno Solar también puede estar relacionado con un único acontecimiento y no necesariamente con una innumerable serie de hechos positivos. Lean el párrafo correspondiente a este punto.

19) No podemos olvidar nunca que las variables en juego, cuando se explica la evolución de una vida humana, son tres: la información genética (es decir la herencia biológica de los padres, transmitida a través del ácido desoxirribonucleico), la determinante astral y las condiciones sociales, económicas, culturales, históricas, políticas y sociales de una época y de un territorio en el que se nace y se vive. Si Napoleón Bonaparte hubiese nacido en una altiplanicie del África del año 1400, no se habría convertido nunca en el emperador del mundo. Según algunos biólogos, existiría una cuarta variable (aunque para ellos es la tercera ya que niegan la existencia de la influencia de los astros, N.d.A.) en función de la conexión "casual" entre las neuronas. Pero el punto es: ¿cómo se puede afirmar que, en una naturaleza en la que todo parece seguir leyes universales precisas, existan fenómenos "casuales"? ¿Y cómo se puede afirmar que tales fenómenos no están determinados, al contrario, por la posición de los astros en el momento de un nacimiento?

20) Para intentar temporizar los acontecimientos de un año al que se refiere un mapa de Retorno Solar – empresa bastante difícil – es necesario considerar también los Retornos Lunares, además de los tránsitos de los planetas más o menos rápidos. Por ejemplo, si un Retorno Solar anuncia acontecimientos muy negativos, tendrán que considerar la posición de Marte durante el año, en sus aspectos disonantes principalmente con el Sol, el Ascendente, el Medio Cielo y la Luna. En el caso de los años de Retornos Solares buenos, consideren en cambio la misma situación determinada por los tránsitos de Júpiter y Venus.

21) Muchos piensan que la descripción de los tránsitos con referencia a las Casas del tema natal se puede aplicar también a los astros en las Casas del Retorno Solar, pero la cosa no es tan clara, tal como verán al leer los capítulos correspondientes.

22) Si las indicaciones de los tránsitos y las del Retorno Solar están en contraste entre sí, es necesario hacer lo siguiente. Según mi experiencia, si los tránsitos son muy malos y amenazadores, pero el Retorno Solar es poco incisivo (diríamos que pasa "sin pena ni gloria"), neutral y poco temible, entonces el año no podrá contener acontecimientos dramáticos y no tendremos que preocuparnos. En cambio, si los tránsitos son poco importantes, casi neutrales y nada temibles, y el mapa del Retorno Solar es malo, difícil, aunque sea simplemente por un Ascendente en la Primera, Sexta o Duodécima Casa natal, entonces debemos esperarnos un año bastante insidioso y negativo.

23) ¿Dentro de qué órbitas es necesario considerar los tránsitos? No existe una regla precisa y, de todas formas, todo depende de la lentitud o de la velocidad del planeta que forma el aspecto. Los astros rápidos como el Sol, la Luna, Mercurio, Venus y Marte pueden funcionar normalmente hasta cinco grados antes y cinco grados después de la órbita exacta del aspecto (de conjunción, cuadratura, sextil, etcétera). Los tránsitos de Júpiter y Saturno se pueden considerar válidos, en general, dentro de los tres grados de órbita, entendidos siempre como tres grados antes y tres grados después del aspecto exacto. Para Urano y Neptuno, en cambio, el máximo que se puede valorar son un par de grados, pero a veces nos damos cuenta de que funcionan con órbitas más amplias; esto se debe al efecto adicción con el que se manifiestan junto a otros tránsitos de astros más rápidos. Al contrario, para Plutón, dado que puede pararse en un mismo punto hasta unos diez años, debemos considerar al máximo un grado, menos las excepciones que acabo de mencionar. Por lo que se refiere a las semicuadraturas y las sesquicuadraturas, es necesario restringir las órbitas al máximo,

aproximadamente dos o tres grados para los planetas rápidos y uno o dos grados para los demás.

24) Lo tránsitos de Marte tienden a anticipar, es decir, se manifiestan más al entrar que al salir. Pero no debemos tomar esta regla como absoluta.

25) En un cierto sentido, es necesario considerar los tránsitos como negativos y positivos al mismo tiempo, independientemente de si se expresan con una cuadratura o con un trígono. Para comprender si un paso planetario se manifestará de manera positiva o negativa, tenemos que observar el mapa del Retorno Solar que es un verdadero "libro abierto" de excepcional claridad predictiva: es difícil que quien interprete los Retornos Solares y los tránsitos según el método descrito en este volumen pueda equivocarse mucho en sus previsiones.

26) Recuerden que, a menudo, la Octava Casa se refiere a la cárcel.

27) Los tránsitos triples son mucho más difíciles que los tránsitos simples. Un planeta puede pasar sobre el punto de conjunción con otro astro y seguir hacia adelante sin jamás retroceder. Sin embargo, en algunos casos, el mismo planeta transita una primera vez en sentido directo, luego retrocede y vuelve a pasar sobre su camino y termina, definitivamente, con un movimiento directo pasando por tercera vez sobre el mismo punto. Los tránsitos triples son mucho más importantes que los demás.

28) Los tránsitos de los planetas en las Casas (también en las Casas vacías), sobre todo de los planetas lentos, juegan un papel extremadamente primordial y nos ofrecen informaciones muy importantes. Lean los párrafos correspondientes que aparecen en este libro.

29) Para comprender el tránsito, en el caso de muchos tránsitos planetarios resulta muy útil preguntarle al consultante qué es lo que le sucedió con el mismo tránsito en un ciclo anterior. Por ejemplo, un tránsito de Júpiter en la Segunda Casa puede traer mucho dinero en entrada, pero también provocar muchos gastos. Así pues, para poder hacer previsiones fiables, es útil preguntarle al sujeto qué le pasó, desde este punto de vista, cuando más o menos doce años atrás, tuvo el mismo tránsito.

30) Uno de los puntos fundamentales, según mi opinión, en la interpretación de un Retorno Solar, es que es necesario atribuirle una importancia mínima a los aspectos que forman, en sentido angular, las diversas posiciones de los astros, respecto al significado global del mismo RS. Intentaré explicarme mejor con un ejemplo: supongamos que Fulano tenga un Marte precioso, debido a los aspectos que forma, en la Sexta

Casa del RS. Marte será de todas formas sólo perjudicial y no se verá influido para nada (o casi para nada) por los buenos aspectos que forma con los otros astros en el cielo del Retorno Solar considerado. En otras palabras, si le ponemos o le atribuimos un valor numérico negativo a Marte en la Sexta que sea igual a 100, podremos añadirle más 1 o menos 1 según si forma trígonos o cuadraturas. Así pues, no hay que hacerse ilusiones en este sentido, porque además de resultar inútil, estoy convencido de que esto sirve sólo para dorar la píldora: Marte en la Sexta, Primera o Duodécima es pésimo, independientemente del hecho que sea "armónico" o "inarmónico".

    * N.d.T.: CSICOP = Committee for the Scientific Investigation of Claims of the Paranormal (Comité para la Investigación Científica de las Afirmaciones de lo Paranormal)

Hic canet errantē Lunam, Solisq; labores
Arcturūq;‚pluuiasq; hyad.gēmosq; triōes

2.
Tránsitos del Sol

Los tránsitos del Sol, así como los de la Luna, Mercurio y Venus, tienen una importancia muy limitada respecto a la gama de acontecimientos que caracterizan un año o más de nuestra vida. En efecto, los tránsitos pueden determinar, en el mejor de los casos, la calidad y la dirección de arcos de tiempo restringidos a muy pocos días, como máximo pueden ser dos o tres. El Sol es ciertamente el primer significador de la libido y por lo tanto nos aclara nuestra dimensión mental, dónde queremos dirigirnos y qué es lo que queremos hacer en un período determinado. El Sol es también la fuerza de nuestro Yo consciente, por lo tanto de su posición depende de forma significativa el optimismo que podamos aplicar o no a cada una de nuestras acciones, y la relación que existe, y que se mide a diario, entre nuestra racionalidad y nuestras fuerzas interiores inconscientes. El Sol representa también el padre o el hijo varón, así como el hermano o el marido, por lo que sus tránsitos nos brindan informaciones muy útiles sobre estos sujetos. Además, el primer luminar también se tiene que relacionar íntimamente con nuestro prestigio, con nuestro crecimiento a nivel social y profesional. Cuando decimos que estos tránsitos tienen una importancia limitada, no hay que olvidar sin embargo que «acción limitada en el tiempo» no quiere decir «poca intensidad». De hecho, casi todos tenemos un período crítico durante el año, breve y concreto, que se corresponde exactamente con los días opuestos a los de nuestro cumpleaños, justamente cuando el Sol, una única vez al año, transita en oposición consigo mismo. Durante esos días percibimos más obstáculos e impedimentos de diverso tipo, y a menudo también malestares físicos y mentales. Lo mismo podemos decir para los días en que el Sol se encuentra en cuadratura consigo mismo, pero el efecto «oposición» parece ser más fuerte, hasta el punto que, por ejemplo, una persona que haya nacido alrededor del 15 de febrero, casi seguramente tendrá un período endémico crítico hacia el 15 de agosto de cada año.

Sol en aspecto armónico con el Sol

En los días en que el Sol de tránsito se encuentra orientado favorablemente hacia su propia posición natal, nos encontramos mucho más cargados de energía, tanto a nivel físico como mental. Una leve pero esencial ráfaga de optimismo nos invade y sentimos la necesidad de actuar, de describir con hechos reales una profunda voluntad de afirmación, de éxito, de compromiso a todo campo. Se trata de unos días en los que podremos empezar a trabajar en un nuevo proyecto, a poner en práctica una idea que habíamos aparcado en un cajón. Percibimos a nuestro alrededor mayor aprobación, más estima, más prestigio. También es posible que en estos días recibamos buenas noticias acerca del trabajo o de nuestra actividad intelectual, deportiva, musical, etcétera. También percibimos en dichos períodos la necesidad de volvernos más solares y directos, y de actuar con un «sentido del honor» más marcado, más fuerte. Nuestro orgullo aumenta en sentido positivo y nos preparamos a afrontar pequeñas batallas pero en campo abierto y sin recurrir a dobles juegos, independientemente del hecho que nuestra naturaleza de base nos empuje o nos aleje de ello. Durante este tránsito también es posible asistir a un crecimiento, al logro de una meta, temporal o definitiva, de nuestro hijo, de nuestro padre, de nuestro marido o de nuestro hermano. Al estar más serenos y al sentirnos incluso más optimistas, podemos intentar trazar balances parciales para estudiar en qué dirección podemos dirigir mejor nuestras energías. Es evidente que este tránsito premia en mayor medida a los que tienen un cielo natal que los empuja a ser menos solares, más cerrados e introvertidos. Sin embargo, como hemos dicho, se trata de muy pocos días.

Sol en aspecto inarmónico con el Sol

Durante estos días sufrimos una leve pero no insignificante pérdida de tono, de fuerza física y mental. Un aire pesimista envuelve nuestra persona y observamos la vida con mayor dificultad. Tendemos a pensar con cierta melancolía e incluso con una pizca de derrotismo. Tendemos a abandonar las iniciativas que tal vez hace pocas semanas que habíamos empezado y percibimos una pérdida de tono y de vitalidad general. El Sol representa un arquetipo de vida y no es una casualidad que en los países escandinavos, donde reina la oscuridad total durante largas épocas del año, se produzcan un gran número de suicidios. Cuando registremos un tránsito disonante de nuestro primer luminar respecto a su propia posición de nacimiento, será mejor dirigir más luz y más rayos solares sobre nosotros mismos: directamente, con baños de sol al aire libre, o indirectamente, con lámparas artificiales. El alumbrado, durante esos días, es esencial, verdaderamente importante. Nuestra psique percibe justamente una pérdida de *luminosidad*. Nos sentimos muy desmoralizados y percibimos también una pérdida de popularidad en la imagen que los demás tienen de nosotros. No es el momento oportuno para proponernos a un jefe, para solicitar un ascenso profesional, para enviar una solicitud de la que podría depender nuestro futuro laboral. Como acabamos de escribir, esto tiene particular resonancia en los días del año en que el Sol se encuentra en oposición consigo mismo y, por lo tanto, muchos se dan cuenta de que, por ejemplo, si han nacido a mediados de abril tendrán un período muy inarmónico hacia mediados de octubre y, si han nacido a comienzos de julio, sufrirán una leve crisis entre finales del año solar y los primeros días de enero, etc. En sentido macrobiótico, el consejo sería el de *yanguizar* nuestro organismo, quizá a través del café o del té o bien de otras sustancias particularmente yang. También nuestra imagen exterior, durante este tránsito, aparece menos resplandeciente y viva. En estos días también podríamos recibir malas noticias relacionadas con un hermano, un hijo, un marido, el padre. Durante este pequeño período de tiempo, es preferible evitar cuadrar balances y tomar decisiones de las que podría depender nuestro futuro en general.

Sol en aspecto armónico con la Luna

En los días en que el primer luminar transita en aspecto favorable con nuestra Luna natal, nuestra persona vive un momento de sano equilibrio interior, de armonía entre nuestra parte consciente y la inconsciente, que es lo que los antiguos llaman *coniuctio oppositorum*. En efecto, se trata de la magnífica fusión entre la racionalidad y la emotividad, que encuentra una magnífica forma de expresión en la conjunción entre los dos astros. Pero también con el trígono y con el sextil podemos percibir una mayor paz interior, con pocas fricciones dentro y fuera de nuestra persona. Para entender bien este aspecto, cabe estudiar la actitud que adoptan los sujetos nacidos con los aspectos armónicos Sol–Luna y la actitud que adoptan en cambio los nacidos con ángulos inarmónicos entre los dos luminares. Los primeros aparecen como personas equilibradas, tranquilas, apacibles, reflexivas. Los segundos, en cambio, tienden a comportarse como sujetos siempre ansiosos, con prisas, inquietos, preocupados, absolutamente desequilibrados. De la misma manera, cuando el Sol crea un aspecto positivo con nuestra Luna radix, nos sentimos menos tensos, más serenos, mucho más dispuestos al diálogo interior y exterior. Adoptamos una actitud positiva con nosotros mismos y con los demás. Nos encontramos en un buen momento para trazar balances sobre nuestra situación, para leer con mayor claridad los acontecimientos de ese período. También somos más tolerantes con el próximo y estamos dispuestos a concederles un espacio mayor a los demás. No se trata de una pérdida del Yo, o del Ego si lo prefieren, sino de una momentánea valorización de nuestras fuerzas más interiores y profundas. En estos días podremos recibir buenas noticias acerca de una hermana, una hija, la esposa o la madre. Estas personas se mostrarán más serenas y equilibradas a lo largo de este tránsito. En estos días podremos iniciar, con el máximo beneficio, nuevas relaciones de amistad y también sentimentales.

Sol en aspecto inarmónico con la Luna

Durante este tránsito, que en términos de tiempo dura pocos días, nos sentimos más en contraste con nosotros mismos y con los demás. Percibimos una mayor dicotomía entre nuestra esfera pensante y la esfera emotiva–inconsciente. El Dr. Jekyll y el Mr. Hyde que viven en cada uno de nosotros, viven un momento de máxima fricción, uno quiere asesinar al otro. Se trata de días dominados por la inquietud: a lo mejor dormimos poco, aunque no sabemos descifrar si es la falta de sueño la que nos mantiene inquietos o si es la inquietud la que nos quita el sueño. Estamos tensos y somos susceptibles, estamos siempre preparados para discutir, en estado de alerta extrema respecto al exterior. No nos sentimos tranquilos para nada, nuestros parámetros de juicio sufren una neta tendencia a la exageración y al pesimismo. Si existe el fenómeno de la licantropía, he aquí el momento en que experimentamos una porción pequeñita, aunque no insignificante, de ella. Igual que los hombres lobos de los cuentos de Pirandello y de otros tantos escritores, nosotros también querremos salir por la noche y lanzar aullidos. Toda nuestra persona está invadida por un sentido general de insatisfacción y desasosiego. Quisiéramos cambiar y cambiar, pero no sabemos qué cambiar. Nuestros juicios personales se ven ofuscados por una niebla mental y por una inquietud general que no se puede definir, que nos domina y nos empuja hacia decisiones equivocadas, excesivas, inoportunas. En estos días es preferible no tomar decisiones importantes y sobre todo evitar provocar discusiones de las que puede depender una relación sentimental o afectiva personal. Sentimos una mala disposición hacia los demás y percibimos en el prójimo una fricción similar contra nosotros. Durante este tránsito podemos recibir malas noticias acerca de una hermana, una hija, nuestra mujer, nuestra madre... o bien uno de estos sujetos femeninos se nos puede mostrar particularmente inquieto, trastornado, porque se encuentra claramente en un período negativo.

Sol en aspecto armónico con Mercurio

Durante los pocos días en que el Sol transita en buen aspecto con nuestro Mercurio radical vivimos un instante de mayor inteligencia, es decir, que pensamos con mayor lucidez y racionalidad. Nos damos cuenta que entendemos mejor al prójimo y percibimos que también los demás consiguen entendernos perfectamente. Estamos más dispuestos a escuchar y estamos mejor preparados para comunicar y difundir nuestras ideas. También percibimos una mayor necesidad de movernos, lo que podemos satisfacer con un viaje o una excursión corta en coche o en moto. Seguramente en estos días nos sentimos atraídos por la conducción de un vehículo. Deseamos viajar y en la mayoría de los casos, lo hacemos realmente. La necesidad de comunicación que se adueña de nosotros, aunque no de forma neurótica, nos empuja a buscar otras formas de comunicación con el prójimo, quizá a través de la radio, de la TV o de Internet. Este tránsito es uno de los mejores para navegar por la red porque permite disponer de importantes ocasiones para descubrir nuevos e interesantísimos sitios. También durante estos días podremos realizar nosotros mismos buenas páginas web en la red. Pero la necesidad de comunicación de la que estamos hablando se debe entender ampliamente, es decir, en ambas direcciones: de los demás hacia nosotros y viceversa. En estos días recibimos frecuentemente correspondencia importante o interesante y nosotros mismos nos sentimos estimulados a escribir a muchas personas. El timbre del teléfono suena más a menudo, y nos podremos poner más fácilmente en contacto con números que normalmente son difíciles de contactar. También aumenta nuestro deseo de lectura, y resulta un buen momento para empezar a leer un libro particularmente difícil o complicado, quizá ese volumen guardado en un cajón durante años. No tendremos que maravillarnos si observamos con más interés, tanto en los diarios como en la televisión, los anuncios de coches y motos. También es un período positivo para la eventual compra de una impresora para nuestro ordenador o de papel con membrete para guardar o para regalar. Además percibimos que tenemos una mayor capacidad de transacción o descubrimos incluso un talento temporal para los negocios: es el momento propicio para liberarnos de un objeto que ya no usamos, de un viejo electrodoméstico, etcétera. En estos días podemos recibir buenas noticias acerca de un hermano, un primo o un cuñado, o mejorar nuestras relaciones con uno de ellos.

Sol en aspecto inarmónico con Mercurio

Durante los pocos días en que el Sol se encuentra en aspecto negativo con Mercurio, tenemos mayores dificultades para entender a los demás y para hacernos entender. También estamos un poco más confundidos o nos sentimos algo impacientes cuando escuchamos al prójimo. Se trata de un momento negativo para todas las formas de comunicación que nos afectan. Más que una pérdida de nuestra inteligencia, podríamos decir con lenguaje informático que existen problemas de velocidad en la conexión mediante interfaz entre nosotros y el exterior. Podemos parecer particularmente sensibles (en sentido negativo) ante la lentitud y las repeticiones de quien tenemos delante, o al contrario, podemos tener dificultades para alcanzar la velocidad expositiva con la que nuestro interlocutor enlaza sus conceptos. También notamos varias dificultades con las herramientas típicas de la comunicación: no logramos marcar un número de teléfono que solemos llamar normalmente, no somos capaces de conectarnos con el servidor para navegar por Internet, se estropea el fax, el teléfono, la radio o el televisor. En estos días pueden devolvernos una carta que habíamos enviado previamente pero a la que, por ejemplo, habíamos olvidado poner el número de la calle del destinatario. También puede pasar que recibamos cartas desagradables o incluso malvadas, telegramas inoportunos y una cantidad considerable de publicidad inútil. A menudo sucede que recibamos frecuentes llamadas telefónicas en los momentos menos oportunos, o que nos toque abrir la puerta al cartero en los momentos menos indicados. También puede suceder que tengamos que emprender, con desgana, un corto viaje o que estemos obligados a sufrir un molesto tráfico pendular. Durante este tránsito, notamos con frecuencia que se estropea el coche o la moto, pero también puede pasar lo mismo con la impresora del ordenador. Se trata de un período rotundamente negativo para posibles compras de objetos de este tipo. Tampoco es el momento adecuado para ponerse en contacto con un hermano, un primo o un cuñado que se encuentran lejos y durante este tránsito nos podrían llegar noticias de que tienen algún problema. Durante estos días es preferible evitar improvisarnos vendedores y comerciantes de cualquier tipo de mercancía o intentar hacer pequeños negocios a través de los anuncios clasificados de la zona. Una particular electricidad de nuestra persona nos podría causar un leve insomnio, pero desaparecerá pronto.

Sol en aspecto armónico con Venus

Durante estos pocos días nos sentimos decididamente mejor, desde cualquier punto de vista. Gracias a una sensación de bienestar psicofísico consideramos el día presente y el futuro con mayor optimismo. Sentimos fuertemente el deseo de actuar de manera delicada con el ambiente, de eliminar las asperezas en todas nuestras comunicaciones con el exterior, de ser más abiertos y de estar más disponibles con todo el mundo y de ser más tolerantes, una situación que no se nos presenta muy a menudo. También percibimos una mayor disponibilidad de los demás hacia nosotros, y una mayor simpatía general hacia nosotros. Ya sea que se trate de relacionarse con el empleado detrás de la ventanilla o de tratar con el cartero o el recadero, nos damos cuenta de que nuestras relaciones funcionan mucho más suavemente de lo normal. También estamos mucho más dispuestos al amor en el sentido más estricto del término y estos períodos son los mejores del año para pasar un fin de semana de pasión, de sexo y de ternura. Son días buenísimos para intentar reconciliarse con nuestro ser amado, o bien para intentar establecer una nueva relación sentimental. Al tratarse de días favorables para el galanteo, los podemos emplear escribiendo cartas de amor, mandando flores y bombones o intentando conquistar por teléfono a la persona que más nos interese. Pero esa mayor disponibilidad no tiene sólo que ver con el amor o con la amistad hacia los demás, sino que abarca un interés más amplio hacia todo lo que es bonito, estético, artístico o recreativo. Viviremos un momento de total hedonismo durante el que resultarán favorecidas las compras sobre todo de prendas de vestir, joyas, bisutería, mobiliario, cuadros, objetos decorativos, etcétera. Nuestro aumentado sentido estético nos permitirá comprar objetos que se irán revalorizando con el tiempo. También se trata de un período propicio desde el punto de vista creativo: pintar cuadros, esculpir piedra, modelar cerámica, hacer bricolaje de cualquier tipo. Se sugieren visitas a museos pero también que vayamos más frecuentemente a espectáculos, conciertos, restaurantes, club nocturnos, discotecas... Sentiremos un mayor e incisivo impulso a la diversión, al juego, al amor. En este sentido, estos días también son días buenos para una posible procreación. Además, durante estos días podremos embellecernos con masajes, aplicaciones de fangos cosméticos, inmersiones en aguas termales, tratamientos estéticos de la piel y de los cabellos, peluqueros, estetistas faciales y cualquiera otra cosa que favorezca la cura psicofísica de nuestra persona. Este tránsito podrá señalar también un período positivo para nuestra compañera, hija, hermana o madre.

Sol en aspecto inarmónico con Venus

Estos días se puede materializar un hedonismo exagerado y puede llevarnos a recorrer caminos caracterizados por una excesiva búsqueda de placeres, con consecuencias más bien negativas. Podemos desear con todas nuestra fuerzas satisfacer nuestros anhelos y exagerar con la comida, el alcohol o el sexo. Las «comilonas» nunca son buenas para la salud y, detrás de una aparente completa satisfacción de nuestros sentidos, casi siempre se esconde el peligro de cólicos de cualquier tipo, incluso a nivel mental. Tomemos como ejemplo el hecho de saber que muchos criminales lo son porque tienen un Venus dominante en su cielo natal y, por lo tanto, tienden a excederse, incluso a costa de matar y violar. Así pues, Venus es seguramente el planeta de lo bonito, dulce, poético y romántico, pero también constituye un gran imán que atrae los instintos animales más bajos. Durante estos días será preferible mantener bajo control nuestros instintos y emplear mucho más el cerebro, inspirándonos en un comportamiento más sano. La salud podrá ser no muy buena o hasta mala, independientemente de los eventuales excesos que acabamos de describir. En efecto, Venus es el significador (utilizamos el término masculino si nos referimos al planeta y el femenino si se trata de la diosa de la que el planeta lleva el nombre) también de salud y, cuando el Sol establece un ángulo inarmónico con el planeta, la salud tiende a empeorar cíclicamente. Sin embargo, se trata de malestares absolutamente pasajeros que dejarán enseguida su lugar a otros días de bienestar y que se deberán a que el primer luminar formará seguramente aspectos armónicos con el cuarto planeta (visto desde la Tierra) de nuestro sistema solar. Venus también está relacionado con el dinero, así es que durante estos días del año habrá mayores posibilidades de que se produzcan gastos excesivos. Será preferible evitar de manera particular los juegos de azar y cualquier tipo de especulación que suponga riesgos financieros. Pero las salidas de dinero, grandes o pequeñas, podrían provenir también de gastos excesivos y no del juego o de la especulación: así pues, hay que moderarse de todas formas. Moderación debería ser la consigna durante toda la duración de este recorrido astral. Sin embargo, el dinamismo, el esfuerzo inscrito en la misma idea de aspecto disonante, como en este caso, puede significar nuestro sufrimiento por la persona amada, una hermana, una hija, la madre o una pequeña adversidad que afecta a una de estas mujeres.

Sol en aspecto armónico con Marte

Cuando el Sol mira con ojo favorable a nuestro Marte de nacimiento, nos encontramos en un momento de gran energía psicofísica. Una leve pero concreta exuberancia de fuerzas nos permite concentrarnos fuertemente sobre todos nuestros proyectos y apuntar exactamente en la dirección hacia la que queremos ir, sin admitir cambios de ruta debidos a los obstáculos encontrados. Somos conscientes de haber puesto la marcha justa y apuntamos decididamente hacia adelante, concentrados en el objetivo hasta el punto que nos maravillamos de nosotros mismos. No estamos dispuestos a poner en duda las decisiones ya tomadas y, en esta fase, esta rigidez puede resultar particularmente importante para tomar decisiones de peso. Casi nunca tenemos las ideas tan claras como ahora sobre lo que deseamos hacer, por eso hay que aprovechar el momento. Justo después de este pico (en inglés *spike*) de energía, se producirá un descenso fisiológico, una pérdida tan natural como la anterior subida y, por lo tanto, será necesario actuar deprisa para no perder los beneficios de este momento mágico. Tanta energía habrá que invertirla bien en proyectos de fondo, pero podrá requerir también una válvula de escape natural en el deporte o en el sexo. Es el momento adecuado para practicar mucho deporte sano u otra actividad física, como la danza o el footing, el esquí de fondo o los ejercicios de gimnasia en el suelo. Lo mejor de lo mejor sería correr al aire libre, pero si no podemos escaparnos de la ciudad, la bicicleta estática también puede ser suficiente. Ya sabemos que a través de la sudoración expulsamos muchas toxinas perjudiciales y, por lo tanto, el ciclo deporte–sudor–ducha es lo mejor que se puede hacer, hablando en general, en este momento. También el sexo practicado de manera sana nos puede ayudar a canalizar, de la mejor forma posible, este exceso de energías. También podemos aprovechar este tránsito para iniciar trabajos que habíamos dejado de lado a la espera de la primera buena ocasión: como por ejemplo transportar muebles, cambiar algo en la decoración de la casa, ordenar las estanterías de libros, efectuar reparaciones en casa. En síntesis, todo lo que requiera mucha fuerza física, esa fuerza física que a menudo nos falta en el estrés de la vida diaria. Con el Sol en buen aspecto con Marte podemos contar, en cambio, con un plus de fuerza, la que nos falta para hacer un trabajo extra, un esfuerzo al que no estamos acostumbrados. También podemos sentir un fuerte deseo de ocuparnos de mecánica durante este tránsito, y de tomar las herramientas para reparar el coche o la bicicleta, o ayudar a nuestro hijo con su trencito eléctrico. Cortar leña o carne también puede ser igualmente útil.

Sol en aspecto inarmónico con Marte

Cuando el primer luminar se encuentra en una posición de ángulo inarmónico con nuestro Marte natal, nos encontramos en un período de áspero conflicto con el mundo. Nos damos cuenta de que estamos nerviosos y tensos y que nos comportamos de forma irascible, polémica y agresiva. No estamos dispuestos a considerar las cosas en su conjunto, sino que la emoción nos empuja hacia situaciones contrastantes, sobre todo con nosotros mismos, y luego también con los demás. Nos olvidamos completamente que sería oportuno contar hasta tres antes de responder a las peticiones externas y, en efecto, actuamos como el más primario de los nacidos bajo el signo de Aries. Percibimos un malestar dentro de nosotros que no podemos definir, así como una inclinación a la guerra y a todo tipo de fricción. Toda la sabiduría que los años nos habían regalado parece desaparecer en pocas horas. La lucidez no nos falta y sabemos juzgar objetivamente nuestro comportamiento; sin embargo no podemos evitar ser agresivos. Pero el gran Carl Gustav Jung decía que la realidad subjetiva equivale a la realidad objetiva y, por lo tanto, a nuestro alrededor existe la agresividad, con o sin nuestra participación directa en semejante actitud negativa. Notamos fácilmente que los demás nos hablan de manera dura, poco amistosa, como si percibieran nuestra actitud incluso antes de oírnos hablar. Nuestra popularidad, por muy grande o pequeña que sea, sufre una frenada durante este tránsito. Nadie nos concede créditos de simpatía y generalmente encontramos hostilidad a nuestro alrededor. Cuando esta tensión eléctrica alcanza valores bastante altos, incluso los objetos que nos rodean acaban por romperse o estropearse: durante estos días se nos caen de las manos platos y vasos, no funciona el televisor o el ordenador, todo parece ir al revés, incluso el teléfono se niega a marcar un número aunque no esté estropeado. Es un momento claramente negativo y no conviene insistir, sino más bien hacer lo posible para que este pequeño vendaval que, en efecto no dura más allá de unos días, pase pronto. El consejo es quedarse tranquilos y no desafiar el destino (o ¿el mismo demonio?). En estos días deberemos ser particularmente cautos, no sólo en las relaciones interpersonales para evitar posibles peleas, sino también y sobre todo con nuestro físico: podremos herirnos fácilmente con un cuchillo, caer de una escalera o resbalar sobre una cáscara de plátano. Son días en los que corremos el riesgo de chocar contra alguien con el coche o sudar mucho al reemplazar una rueda pinchada. También nos pasará a menudo que debamos efectuar tareas pesadas imprevistas, no programadas, como por ejemplo vaciar completamente el armario para llenar otro o transportar bultos grandes y pesados. Normalmente en estos días también nos tocan visitas al dentista u otras curas médicas que pueden comportar cortes, heridas, medicaciones, etc. Marte también es un potencial vehículo de infecciones y, por lo tanto, tendremos que ser muy prudentes también en lo que se refiere a posibles contagios, evitando – por ejemplo – comer marisco crudo o verdura mal lavada.

Sol en aspecto armónico con Júpiter

Cuando el Sol mira con ojo favorable a nuestro Júpiter radix nos encontramos en días caracterizados sobre todo por una considerable ráfaga de optimismo. Observamos la vida con mayor serenidad, nos sentimos llenos de confianza, principalmente en nosotros mismos pero también en los demás. Leemos el tiempo que pasa a nuestro alrededor con un sentimiento de paz y proyectamos pensamientos positivos en todos los sentidos. Parece que respiramos la atmósfera de las películas de Frank Capra y pensamos que el mundo nos tiene que sonreír por fuerza. Quizá subestimamos los problemas, pero es decididamente algo bueno disponer, periódicamente, de algunos días en los que se pueden plantear proyectos sin sentir sobre nuestra cabeza la espada privativa y depresiva del pesimismo. Somos más tolerantes con nosotros mismos y con los demás, carecemos de desconfianza y sentido crítico, pero por otro lado nos proyectamos de forma optimista hacia adelante, para iniciar proyectos grandes o pequeños, que nunca empezarían si no tuviéramos este tránsito de vez en cuando. Se trata de un momento afortunado para nosotros, pero no independiente de la ola positiva que nosotros mismos difundimos a nuestro alrededor con nuestros pensamientos positivos. Vivimos un momento de relajamiento total, lo suficiente como para volver a recuperar las fuerzas a la espera de los próximos tránsitos disonantes, sobre todo los de Saturno. Nos sentimos más en paz con el mundo y quisiéramos extender este sentimiento de tranquilidad a todos los demás. Durante este tránsito será preferible recuperar los proyectos que habíamos abandonado anteriormente, quizá pocos días antes, debido a tránsitos depresivos y desalentadores. Podríamos aprovechar este aspecto astral sobre todo con pequeñas o grandes iniciativas comerciales y/o empresariales: los comerciantes y los empresarios tienen que disponer necesariamente de un Júpiter importante en su propio cielo natal ya que, en caso contrario, no aceptarían los múltiples riesgos a los que los expone su oficio. Al tratarse de un momento afortunado, podemos arriesgar más (pero no con el juego de azar) e incluso estirar la pierna más de lo que alcanza la manta. Bajo este cielo específico podríamos inaugurar una tienda, dar inicio a una nueva sociedad, firmar un contrato delante del notario, casarnos, mudarnos a una nueva casa, etcétera. En definitiva, ¡tenemos que apresurarnos porque el tránsito dura poco! Durante estos días también es posible recibir buenas noticias del mundo del trabajo, o bien noticias que de cualquier manera aumenten nuestro prestigio, desde las cosas más pequeñas hasta las más grandes: ascensos, elogios, reseñas de la prensa, reconocimientos públicos... Puesto que el efecto placebo juega un papel importante en todos los procesos de curación, también será oportuno comenzar nuevas terapias durante este tránsito, de manera que los medicamentos, junto con nuestra óptima disposición, puedan hacer efecto y conseguir los resultados esperados.

Sol en aspecto inarmónico con Júpiter

Durante los días en que el primer luminar forma un ángulo disonante con nuestro Júpiter natal, podemos padecer el efecto negativo de un exceso de confianza en nosotros mismos. La hipertrofia, ya sea en el sentido físico como mental del término, es el potencial enemigo del que nos tenemos que proteger. Es como si una cortina fina pero consistente de niebla cubriera nuestros ojos y nos impidiera ver las cosas con su tamaño real. De esta forma, los pequeños problemas nos pueden parecer gigantes y viceversa. No conseguimos ser objetivos y tendemos más bien a deformar las imágenes de nuestros pensamientos, como si estuviéramos delante de los espejos deformantes de un parque de atracciones. También somos bastante concientes de que nos encontramos en un momento «descabellado», pero luego no sacamos las debidas consecuencias y, muy a menudo, nos metemos en líos. Y estos líos son ante todo relativos a los juicios y por ellos podemos destruir una relación o, todavía peor, empezar una relación que será deletérea para nosotros. Deberíamos pedir en préstamo un poco de la desconfianza a los nacidos bajo el signo de Virgo para evitar líos, pero este tránsito hace que nuestras centinelas interiores duerman. La tendencia nos empuja al relajamiento total, un error que casi nunca se observa en el mundo animal, donde la naturaleza ha protegido mejor a las criaturas contra los peligros de la vida. Si somos capaces de leer y entender las efemérides, debemos vigilar mucho más estos días y repetirnos a nosotros mismos que debemos hacer un cuidadoso examen de las situaciones antes de tomar decisiones de las que nos podríamos arrepentir seriamente. Estos días, coloreados jupiterianamente, nos podrían preparar pequeñas trampas cuyas consecuencias pagaríamos incluso durante años. La subestimación de los peligros se podría expresar, por ejemplo, en inversiones económicas arriesgadas con consecuencias muy serias en el futuro. Al mismo tempo podríamos también subestimar el peligro que comporta el inicio de una relación sentimental o una relación sexual ocasional y, por lo tanto, arriesgada. La hipertrofia que caracteriza el tránsito del que estamos hablando también tiende a expresarse a través de excesos alimenticios que provocan problemas de salud. Entre las posibles consecuencias de este tránsito podemos incluir una septicemia. Además, podemos vernos afectados por una pequeña ráfaga de impopularidad o, aún peor, de popularidad negativa, debido a un escándalo, a una posible incriminación o acusación tanto de un individuo como de la magistratura. Si escondemos esqueletos en el armario, podrían salir a la luz en estos días. Durante este tránsito nos perseguirá una pizca (dado que se trata de un tránsito veloz) de mala suerte.

Sol en aspecto armónico con Saturno

Cuando el Sol mira favorablemente a nuestro Saturno natal nos encontramos en un día caracterizado por la sabiduría, el autocontrol y el sentido de la responsabilidad. Casi nunca logramos ser tan racionales y estar con los pies tan clavados en el suelo como hoy. Somos capaces de hacer razonamientos profundos, de evaluar exactamente la realidad que nos rodea, de programar el futuro con moderación y responsabilidad. Es como si un viejecito se hubiese adueñado de nosotros y hablase y pensase en nuestro lugar. De golpe parece que nos hemos envejecido, pero en el sentido bueno de la cosa. ¡Si fuéramos siempre así de responsables, lograríamos evitar muchas de las pequeñas y grandes tragedias de nuestra vida! Desde luego, todo esto tiene su precio, la carencia de entusiasmos. No podremos contar ni siquiera con un poquito de optimismo y pensaremos y actuaremos como si estuviéramos bajos de tono, como si nos sintiéramos fracasados e incluso algo deprimidos. Es el reverso de la medalla de este tránsito. No se puede obtener todo en la vida y es la propia vida la que nos regala días de optimismo para lanzarnos, y días de pesimismo para frenarnos. En estos altibajos de situaciones tenemos que buscar la sal de la vida, la manera de cabalgar los tránsitos de la mejor forma posible. Y durante los tránsitos como el que estamos describiendo, los días son adecuados para reflexionar y considerar, y no tanto para actuar. Saturno en la mitología griega es Cronos, el tiempo, el viejo, y él nos tiene que permitir hacer planes a largo plazo, como los planes veinteñales de los países ex–socialistas de la Europa del este. Los diseños saturninos, en efecto, son a largo plazo, están proyectados hacia un futuro de larga duración, y están relacionados con proyectos importantes y ambiciosos que requieren una construcción lenta y robusta. Durante estos tránsitos podemos planear inscribirnos en un curso universitario, pedir una hipoteca para comprarnos una casa, empezar a coleccionar medallas antiguas, etc. También debemos intentar involucrar a los demás en este particular momento de lucidez, ofreciéndoles consejos y valorando las situaciones de quien nos pide nuestra opinión. En estos días será poco probable conocer a gente joven, tenemos más posibilidades de entrar en contacto con personas ancianas, que serán potenciales maestros de vida. Nos conviene también leer libros absorbentes en lugar de ver trivialidades en la televisión, pero esto sucederá de manera natural ya que nos sentiremos atraídos por los compromisos más serios y nos dará fastidio cualquier tipo de futilidad o de diversión inútil. También podemos aprovechar de este momento para empezar una dieta estricta ya que Saturno acompaña casi siempre épocas frugales y esenciales. La comida nos atraerá menos y podremos aprovechar esta época para efectuar ayunos periódicos y saludables. Además este tránsito se presta a momentos de aislamiento, como por ejemplo en una casa de campo o de montaña o en cualquier otro lugar solitario donde se pueda meditar y reflexionar.

Sol en aspecto inarmónico con Saturno

Cuando el Sol crea malos aspectos con nuestro Saturno natal nos encontramos en un día de crisis, tristeza y desaliento. Percibimos el hielo a nuestro alrededor, sobre todo a nivel humano. Tenemos la impresión de estar solos en este mundo frente a los miles de retos que la vida nos plantea a diario. Vivimos un momento de profundo pesimismo, una tendencia al rechazo total, a la renuncia. Nuestra inclinación general es hacia la melancolía y la tristeza. Quisiéramos evadirnos pero no logramos divertirnos porque, en un cierto sentido, llevamos la muerte en el corazón. Pensamos siempre en lo peor y, aunque lo intentamos, no conseguimos vislumbrar ningún rayo de sol atravesando la espesa cortina de nubes que crea un cielo de plomo sobre nosotros. El resultado de todo esto es desaliento, un sentido de derrota, el abandono que se adueña de nosotros y que nos quita las energías. Deseamos arrojar la toalla antes de comenzar. Nos abandonan las fuerzas y descubrimos en nosotros un déficit de voluntad. Al mismo tiempo percibimos, de forma enérgica y frustrante, un gran sentido del deber al límite de la obsesión. Este impulso hacia un comportamiento impecable representa un ulterior bloque de la acción, lo que nos hace vivir este período todavía con mucha más ansiedad. Cuando trazamos balances provisorios y periódicos de nuestra existencia, nos parece que hemos incumplido muchos deberes. Bajo este punto de vista, este tránsito no es malo porque nos permite remediar los errores que hemos cometido con uno de nuestros padres, con un hijo o con nuestro compañero. Nos juzgamos con mucha más severidad de lo normal, pero es precisamente esto lo que puede aumentar nuestra disponibilidad hacia los demás y nuestra conciencia de haber invadido al espacio ajeno, quizá excesivamente. Indudablemente nos encontramos en un momento difícil y no podemos contar para nada con la buena suerte. A la buena suerte la invocamos en muchas ocasiones de nuestra vida diaria, como por ejemplo cuando esperamos el autobús y llega con retraso o cuando hacemos un adelantamiento peligroso. Bueno, en esas ocasiones y en muchas otras, debemos darnos cuenta de que los astros no sólo no nos favorecen, sino que a veces se comportan en la dirección opuesta. Este tránsito no es el más adecuado si queremos pedir un aumento de sueldo o si aspiramos a mejoras en las condiciones laborales. La sabiduría nos tendrá que sugerir permanecer a la espera sin tomar decisiones tajantes y postergar nuestros proyectos de expansión y mejoras, que requieran la aprobación del jefe, a momentos más oportunos. Dado que la naturaleza de Saturno está estrictamente relacionada con el aislamiento, también es posible que durante estos días suframos un aislamiento forzado, como por ejemplo en una clínica para efectuar controles generales. La salud no será buena; podremos padecer más de un trastorno, sobre todo en los huesos y los dientes. Eliminaremos automáticamente todas las actividades lúdicas y recreativas; si no lo hacemos por propia voluntad, lo harán las circunstancias de la vida. No es momento para celebraciones ni tampoco para divertirse, es el momento oportuno para trabajar duramente y producir. Estos días estarán marcados por el cansancio, físico y mental, y por la ausencia de diversiones.

Sol en aspecto armónico con Urano

Cuando el Sol pasa en aspecto feliz con nuestro Urano de nacimiento advertimos un fuerte impulso hacia la renovación. Independientemente de que nuestro carácter sea conservativo o progresista, nos sentiremos atraídos por las novedades, las rutas alternativas, los caminos por descubrir, el pionerismo en sentido lato. En este momento nuestro espíritu recibe impulsos en dirección centrífuga y estímulos para actuar, para romper con la rutina diaria, tanteando y arriesgando. Nos sentimos como después de un viaje de un día en tren en que, al bajar a tierra, deseamos recuperar el tiempo perdido con un exceso de actividad y laboriosidad. Nos apresuramos como cuando deseamos no desperdiciar ni un instante. Quisiéramos acelerar todas nuestras acciones e incluso nuestros pensamientos se agolpan impetuosamente en nuestro cerebro. Quizá la palabra que expresa mejor nuestro estado de ánimo durante este tránsito planetario es «electricidad». Una efervescencia general caracteriza tanto nuestros proyectos como nuestras acciones. Tenemos la impresión de que comprendemos mejor las cosas, incluso que somos más inteligentes, sin duda alguna usamos la astucia y prestamos más atención a las realidades que nos rodean. Aumenta la velocidad de input/output con la que nos conectamos con el ambiente. Nos llaman mucho la atención los temas técnicos y científicos y estamos más dispuestos a ocuparnos de ellos. Durante estos días podemos aprovechar de todo esto y leer y aprender a usar un nuevo video, el mando a distancia de una antena parabólica o bien un nuevo programa del ordenador. Cualquier aplicación técnico–científica nos irá bien, también nos sentimos atraídos por la fotografía, el cine, la electrónica y la astrología. Si no hemos cambiado nunca el enchufe de una lámpara, éste es el momento exacto para aprender; de la misma manera es muy positivo empezar, en estos días, un curso de informática, una actualización técnica o unas prácticas en el campo científico en uno o más temas que nos interesen. Este tránsito también favorece la adquisición de material electrónico en general y la búsqueda de nuevas amistades que seguramente se desarrollarán según el carácter de este particular aspecto astral. La «corriente eléctrica» que atraviesa nuestras venas también nos puede ayudar a tomar decisiones rápidas que puedan renovar con fuerza una situación que no evolucionaba desde hacía tiempo. En resumen, seremos más valientes, emprendedores, prácticos y realizadores, aunque sea sólo durante unas pocas horas.

Sol en aspecto inarmónico con Urano

Durante los pocos días en que el primer luminar pasa en aspecto inarmónico con Urano, nos encontramos sometidos a una especie de incomodidad, de frenesí que nos hace ser impacientes frente a cualquier situación de falta de actividad, de espera, de excesiva reflexión. Nos mueve un espíritu revolucionario indefinible, que nos empuja a destruir todo el equilibrio conseguido con esfuerzo hasta ese momento. Es algo eléctrico en el peor sentido de la palabra, algo que como una carga eléctrica nos sacude, causando un corto circuito en nuestro equilibrio moderado y diplomático. Los demás perciben en nosotros excitación y nerviosismo, pero sobre todo nos ven intolerantes a todo y a todos. Quisiéramos que los demás pudieran alcanzar nuestra inusual velocidad y nos molesta si esto no sucede. No estamos dispuestos a tolerar la lentitud ni en nosotros ni en los demás. Pretenderemos que nuestro cuerpo siga la extraordinaria velocidad del cerebro en ese instante. No conseguimos coordinar las señales de entrada y de salida de nuestro cerebro, como si la interfaz representada por nuestros cincos sentidos estuviera obstruida. Este acentuado nerviosismo que nos afecta durante este paso planetario se puede comparar al efecto que provocan muchas tazas de café tomadas una tras otra. Como las bombillas alimentadas con una tensión eléctrica superior, nosotros también podemos brillar más, pero también correr el riesgo de un cortocircuito. La consecuencia es una inquietud general que puede causar varios trastornos nerviosos como el insomnio. Si utilizamos un teclado iremos más deprisa pero cometeremos muchos más errores. Sucede lo mismo con el piano o la guitarra, si tocamos instrumentos. Deberemos conducir con mayor prudencia, ya que aumentará nuestra vulnerabilidad a posibles accidentes. Dispondremos de menores protecciones frente a cualquier potencial accidente, no sólo de tráfico sino también los relacionados con la corriente eléctrica, las caídas, las heridas con cuchillos, los incendios debidos al empleo de sustancias inflamables y los disparos que pueden escaparse sin quererlo. En breve, estamos en un momento en que sería mejor quedarnos en casa viendo la televisión, quizá jugando a hacer zapping con el mando a distancia. No se trata en absoluto del momento más adecuado para comprar ordenadores, televisores, videos y aparatos electrónicos en general. No deberíamos maravillarnos si durante estos días se estropea más de uno de los electrodomésticos de nuestra casa. Además, será necesario prestar mucha atención porque corremos el riesgo, con nuestra intemperancia, de destruir viejas amistades. En efecto, tendremos mucha menos paciencia de lo normal y nos pelearemos fácilmente con los demás.

Sol en aspecto armónico con Neptuno

Cuando el Sol viaja en ángulo favorable con Neptuno nos sentimos inmersos en una gran fantasía y ganas de imaginación. Nuestro sentido práctico nos abandona casi por completo para dejar espacio a las fuerzas del inconsciente. En estos momentos deseamos quedarnos solos y gozar de los fantásticos viajes de nuestra mente. Una buena música de fondo, pero también un largo viaje por autopista hecho en silencio, nos pueden ayudar a desarrollar muchos de nuestros sueños con los ojos abiertos. Un viento de romanticismo nos envuelve y nos abandonamos a él como con las olas del mar. Percibimos una mayor vulnerabilidad con los factores externos que pueden modificar nuestro estado de ánimo. Recibimos inspiración del humus que nos rodea como si fuéramos esponjas emocionales, pero en sentido positivo. Los objetos y los paisajes que nos rodean ya no son los mismos de hace unos días, sino que se ocultan bajo un manto de nuevos y fecundos significados. Nos inspiramos de una hoja que cae como de una manchita en el vidrio de nuestra ventana. Si nos hicieran el test de las manchas de Rorschach seríamos capaces de hablar durante horas sobre cada tema. Si nuestro trabajo es principalmente de tipo artístico, este tránsito nos ayuda mucho y logramos obtener inspiraciones fantásticas en estos días. Pero también podemos contar con una especie de sexto sentido que nos puede ayudar a comprender mejor al prójimo. Si somos psicólogos o astrólogos, conseguiremos hacer mejores diagnósticos. De todas maneras, podremos contar con una positiva dilatación mental hacia un sexto sentido. Quizá seremos un poco más telepáticos y ¿por qué no? algo videntes, si nuestro tema natal sugiere tal capacidad en nuestro caso. Este corto período también se prevé interesante en todo lo relacionado con el estudio del esoterismo, la parapsicología, la astrología, la psicología, etc. También nos sentimos empujados hacia una dirección ideal y/o mística. Sentimos mayor comprensión por los demás y nos sentimos mucho más solicitados para asistir y atender a los demás, así como también sentimos piedad por los pobres y los desheredados. Somos mucho más sensibles a los problemas de la pobreza en el mundo, de la injusticia entre las clases sociales, de la guerra y de todo lo que constituye el trágico escenario que vemos siempre en todos los telediarios. Es el momento perfecto para asociarnos con una organización humanitaria, un ente moral de voluntarios y/o un movimiento pacifista o ecologista. También nos sentimos atraídos por los temas místico–religiosos. Si somos creyentes, podemos aprovechar para retirarnos a rezar y si no lo somos, podemos de toda manera explotar este sentimiento para acercarnos a los misterios de la fe, quizá a través de las sagradas escrituras. A un nivel más práctico, podemos gozar de un buen viaje por mar o de un curso de pesca submarina. También podemos sacar provecho de una medicina que nos ayude a aliviar, en parte, nuestros problemas (ya que se trata de un período indicado para tomar psicofármacos en general).

Sol en aspecto inarmónico con Neptuno

Durante el tránsito del Sol en ángulo disonante respecto a Neptuno nos sentimos sobre todo muy confundidos. No tenemos las ideas claras y a mala pena conseguimos elaborar pensamientos creíbles. Una niebla general nos envuelve y nos proyecta en un mundo imaginario en que no conseguimos distinguir con nitidez el mundo de las cosas reales del mundo de las sugestiones hipnóticas. Sería mejor evitar tomar decisiones importantes durante estas horas, porque correríamos el riesgo de «meter la pata». Podríamos sobrestimar un problema risible o, por el contrario, subestimar una cuestión vital. Nuestra percepción del peligro resulta atenuada y, como consecuencia, corremos mayores riesgos, a trescientos sesenta grados. Podemos confundir un dolor de barriga con una percepción extrasensorial y decir barbaridades. Si nuestro trabajo es peritar en campo técnico, durante este tránsito es fácil que nos equivoquemos en nuestros informes. El lapsus nos acompaña, en estas horas, y podría hacer que los demás nos juzgaran poco fiables para siempre. A menudo estamos sometidos también a trastornos mentales de diverso tipo, pero en sentido neurótico y no psicótico. Podemos, por ejemplo, sentirnos deprimidos y desalentados. Y, por lo tanto, tendemos a ver todo de manera negativa y nos parece que la cortina gris que tenemos delante de los ojos se va a quedar allí para siempre. Nos desmoralizamos por nada o nos excitamos igualmente sin motivo. Si de nuestras decisiones depende un proyecto importante, será preferible aplazar cualquier juicio a los días siguientes. Una pequeña pero molesta tendencia paranoica podría adueñarse de nosotros y hacernos pensar que todo el mundo se mete con nosotros, que la vida nos está en contra, que el destino es adverso y que hasta en nuestra familia hay enemigos. Nos hacemos las víctimas y podemos volvernos muy pesados en las relaciones interpersonales, sobre todo con los miembros de nuestra familia y con nuestro compañero o compañera. A veces asumimos incluso fastidiosas tendencias al lamento, lo que nos hace ser insoportables para los demás. Durante este tránsito planetario nos sentimos empujados a frecuentar a personas con trastornos mentales o bien fanáticas en sentido político, ideológico o religioso. Nuestros comportamientos son algo extremistas y seríamos capaces de exagerar con actitudes que, más que místicas, parecen exaltadas. En estos días corremos también el riesgo de caer víctimas del alcohol o de los fármacos o, incluso, de sustancias estupefacientes. Será preferible evitar empezar curas con psicofármacos en estos días. De la misma manera, incluso la experiencia de un inocente porro podría resultar negativa y destructora como nunca. Debemos mantenernos alejados de las personas neuróticas que nos podrían influenciar muy negativamente, así como de los espectáculos terroríficos o angustiantes. Evitemos también los viajes por mar, sobre todo en barcos pequeños. También debemos mantenernos alejados de las inmersiones e intentar ser prudentes como nunca al conducir el coche, pues en estos días corremos el riesgo de cometer errores imperdonables.

Sol en aspecto armónico con Plutón

Cuando el Sol se mueve formando un ángulo favorable con Plutón disfrutamos de una gran energía positiva que podemos poner al servicio de un proyecto ambicioso y poderoso. Nuestras fuerzas interiores de tipo más animal, pero en el sentido mejor del término, tienden a salir a la superficie en estas horas, empujándonos principalmente en la dirección de una mayor comprensión de nosotros mismos. Resultamos más fascinantes respecto al ambiente que nos rodea, y percibimos también mayor atracción en los demás. Nuestra inteligencia toca una latitud de mayor potencia, sobre todo entendida como la capacidad de mirar dentro de las cosas, de ser observadores más atentos, más estratégicos, más profundos y más «policías». Una gran energía realizadora nos envuelve y somos capaces de trabajar en proyectos ambiciosos, en iniciativas únicas, en sueños cultivados desde hace mucho tiempo. El poder que percibimos a nuestro alrededor procede de nuestro interior, es el fuego sagrado de nuestro espíritu que se encuentra en resonancia con el exterior, con las fuerzas de la naturaleza. Así que seremos más vitales y, recordando que Eros es vida, también estaremos automáticamente más motivados en el ámbito de la sexualidad. Los que nos rodean se dan cuenta de esta llamada y, si se encuentran en una situación análoga a la nuestra, responderán coherentemente a ella. Nuestra personalidad tiende a sobresalir mucho más a la superficie y a hacer oír su propia voz. Un aura de mayor carisma nos rodea y logramos imponer mucho más nuestros puntos de vista a los demás. En estos días es probable que recibamos un encargo de mayor responsabilidad o prestigio en nuestro trabajo. Todo lo que hacemos durante este tránsito podría producir resultados importantes. También sentimos mayor interés por los asuntos relacionados con la muerte o los temas policiales. En este sentido pueden verse favorecidas iniciativas nuestras de pequeño espionaje (por ejemplo para solucionar un pequeño misterio familiar). En este sentido, se trata de una temporada favorable a la compra de sofisticados medios tecnológicos de espionaje como microcámaras o grabadoras de llamadas telefónicas. Se trata también de una buena temporada para realizar excavaciones, por ejemplo en búsqueda de canales de agua subterráneos o también de productos más preciosos, y para iniciar terapias de tipo sexual.

Sol en aspecto inarmónico con Plutón

En los días en que el Sol transita en aspecto inarmónico con Plutón tienden a aflorar las pulsiones animalescas, en sentido negativo, que albergan en nosotros. Nuestra agresividad está al máximo, así como el sentido de destrucción que se adueña de nosotros en los peores momentos de nuestra existencia. Tendemos a comportarnos de forma adusta con los demás y, si nuestro mapa astral de nacimiento lo justifica, podemos incluso representar un peligro para el prójimo. Malas ideas de muerte se adueñan de nosotros. Podemos seguir pensando en la muerte y recibir una impresión de ella fuerte y mala. Las personas más emotivas se sentirán bastante mal en estas horas y, los que se encuentran acosados por graves problemas prácticos, podrían madurar incluso ideas de suicidio. La destructividad en sentido lato parece apoderarse de quien protagoniza este tránsito y, al mismo tiempo, se puede retorcer contra sí mismo y los demás. El riesgo es el de hacer daño incluso a quienes están tratando de ayudarnos y se encuentran también físicamente cerca de nosotros. Si existen impulsos homicidas en nosotros saldrán a la superficie durante estos días. Así como tienden también a aflorar los peores instintos sexuales que pueden condicionarnos. Sentimos una gran necesidad de autocontrol porque podríamos manifestar la parte peor que se encuentra dentro de cada uno de nosotros. El Mr. Hyde de la situación podría salir al descubierto y mancharse con algún delito. De la misma manera, corremos el riesgo de sufrir problemas de impotencia y de frigidez. De todas formas, nuestra sexualidad se muestra trastornada y es incapaz de expresarse como otros días. En estos días también corremos el riesgo de contraer alguna enfermedad de tipo sexual. El policía que se encuentra dentro de nosotros quiere salir a la luz y nos puede llevar a cometer acciones de las que podríamos avergonzarnos más adelante. Algunos impulsos insensatos nos pueden empujar también a ocuparnos del mundo del más allá, por ejemplo intentando frecuentar sesiones de espiritismo o cosas parecidas que pueden dañar la salud mental. No es el momento ideal para efectuar búsquedas subterráneas de cualquier tipo, ni tampoco para iniciar curas relativas al ámbito sexual.

Sol en aspecto con el Ascendente

Véase: Sol en la Primera Casa.

Sol en aspecto con el Medio Cielo

Véase: Sol en la Décima Casa.

Sol en aspecto con el Descendente

Véase: Sol en la Séptima Casa.

Sol en aspecto con el Fondo del Cielo

Véase: Sol en la Cuarta Casa.

Sol en tránsito por la Primera Casa

Cuando el Sol pasa a través de nuestra Primera Casa, la concentración se encuentra totalmente focalizada sobre el Yo y muy poco atenta a los problemas de los demás. Pero debemos leer la cosa no necesariamente en sentido negativo, ya que la naturaleza provee a diversificar, más o menos en tiempos iguales, la dirección que toma nuestra libido. Si ahora nos concentramos sobre nuestra persona, dentro de seis meses haremos exactamente lo opuesto y nos dirigiremos principalmente hacia los demás. Por el momento, esta incrementada capacidad de concentrarnos en nosotros mismos nos permitirá enfocar mejor nuestros programas y nuestras estrategias. Indudablemente seremos algo egocéntricos y tenderemos al protagonismo, pero incluso esto, si no es exagerado, es algo natural si se distribuye en el tiempo. Nos sentiremos un poco en el centro del escenario y requerimos la máxima atención de los demás hacia nosotros. También podemos mostrar algo de narcisismo, lo que es casi sinónimo de protagonismo. Nos pondremos en el centro de mira y nos comportaremos de manera antropocéntrica privilegiando nuestras necesidades respecto a todo y a todos. Nos preocuparemos principalmente de nuestra persona, empezando por el lado psicológico. Si los demás no muestran un suficiente interés hacia nosotros, nos ocuparemos nosotros mismos de hacer concentrar el mayor nivel de energías disponibles sobre nuestra persona. Nos «mimaremos» algo más y escucharemos sobre todo la voz de nuestras exigencias personales. Durante estos casi treinta días, si exageramos, podremos ser egocéntricos y egoístas, pero – como acabamos de decir – se trata de algo natural si se produce de forma periódica y de manera limitada en el tiempo. Durante estas semanas también cuidaremos más de nuestro cuerpo, tanto en sentido estético como higiénico. Podremos decidir dejarnos crecer la barba o el bigote o bien, si somos mujeres, cambiar el color del cabello y adoptar un nuevo maquillaje. Si deseamos dar un cambio a nuestra alimentación o a nuestra actividad física, éste es el momento más apropiado para iniciar dietas, tanto desintoxicantes (por ejemplo con la macrobiótica) como adelgazantes, o bien apuntarnos al gimnasio para hacer una hora de ejercicio al día. Es un momento ideal también para iniciar a practicar un deporte en serio, como el tenis, la natación o un arte marcial. Nuestra mente está fuertemente concentrada en el bienestar psicofísico de nuestro organismo y tenemos que tomar decisiones que nos puedan favorecer mucho en este sentido. En estos días también es muy apropiado ir al dentista o someterse a controles médicos. Pero es también evidente que si junto a este tránsito hay otros tránsitos inarmónicos de otros planetas, corremos el riesgo de cansarnos mucho y sufrir un exceso de estrés. Entonces podría tratarse de días en los que nos podemos sentir bastante mal, podemos sentirnos más cargados y cansados, podemos resfriarnos o exagerar con una alimentación inadecuada. También podemos enfermarnos o tener que someternos a una operación quirúrgica, si el cuadro general de nuestro tema natal lo justifica. Evitemos entonces en esta temporada las ocasiones de estrés excesivo o los maratones laborales, sexuales y deportivos. Curaremos nuestro físico con saunas restauradoras, masajes, sudando mucho mediante carreras en el campo y tomando duchas calientes después. También nos ayudará someternos a sesiones de shiatsu o de quiropráctica suave para aliviar el dolor de huesos.

Sol en tránsito por la Segunda Casa

Cuando el Sol transita en nuestra Segunda Casa natal nuestra atención está centrada principalmente en el dinero y en todo lo que podemos poseer a través del dinero. Nuestra libido se preocupa de las ganancias y nunca como en estos treinta días aproximadamente, actuamos en sentido práctico y constructivo para mejorar la situación de nuestra economía. Todo tiene origen en nuestra mente, que en estos días se encuentra saturada por pensamientos de tipo práctico sobre las energías que están a nuestra disposición. En estas semanas sentimos el impulso de utilizar mejor nuestros recursos, para controlar de la mejor forma posible nuestra relación con el ambiente, y para conseguir los medios mejores para sobrevivir. Si viviéramos en la edad de piedra, durante este período nos preocuparíamos de encontrar una gruta para defendernos y comida para sobrevivir. Hoy en día, la Segunda Casa está relacionada, casi exclusivamente, con el dinero y, por lo tanto, intentamos ganar cuanto más mejor. Es uno de los períodos del año en que tenemos mayor sentido práctico y pensamos de manera realista y constructiva. Observamos nuestro alrededor y buscamos todas las oportunidades que nos permitan aumentar nuestros recursos económicos. Nuestro sentido de las especulaciones, entendido de forma general, encuentra aquí su máxima amplitud y resonancia. Observamos con inteligencia a nuestro alrededor y tratamos de descubrir nuevas formas de conseguir mayores ingresos. Y normalmente durante este tránsito lo conseguimos y, por lo tanto, esta temporada corresponde principalmente a una parte del año en que solemos acumular más dinero. Frecuentemente, sin embargo, éste es también el período de los gastos, una época en que nos gusta gastar el dinero que hemos ganado precedentemente. Además, nuestra atención también se centra en la imagen, más o menos como el tránsito del primer luminar en la Casa anterior, pero mientras allí el objetivo era la salud, aquí se trata mucho más del aspecto. Hacemos esfuerzos para estar más guapos, mejores desde el punto de vista estético. Por lo tanto, frecuentaremos mucho más a peluqueros y masajistas, así como a estetistas y manicuros. También encontraremos el tiempo para efectuar sesiones de fangos o fitoterapia que puedan refrescar y rejuvenecer nuestra piel. Durante este tránsito cambiamos a menudo de peinado o decidimos vestirnos de manera diferente. Es el mejor momento para que nos hagan fotos, pero también para que hagamos fotos de los demás o grabaciones con nuestra cámara de vídeo. No resulta raro notar que en este período acabamos comprando un electrodoméstico relacionado con la imagen: un televisor, un nuevo vídeo, una cámara fotográfica, etcétera. Nos interesa mucho más el teatro y también el cine y podemos, quizá, jugar un papel nosotros mismos en representaciones de aficionados. Si el Sol, durante este tránsito, recibe aspectos disonantes de otros planetas, lo que puede suceder es que estos treinta días correspondan a un período duro o difícil a nivel económico, un período en que deberemos enfrentarnos a algún compromiso económico gravoso sin disponer de los recursos adecuados para hacerlo. Así pues, nuestra atención se encuentra saturada negativamente por los problemas económicos. Nos alteramos intentando resolver este problema y en la mayoría de los casos tenemos que recurrir al préstamo de un amigo o de un banco. Si no prestamos atención corremos el riesgo de gastar incluso demasiado y encontrarnos luego en apuros para el futuro. Además debemos controlar el peligro de que nos roben, tanto nuestros bienes materiales como nuestras obras intelectuales. Durante este tipo de tránsito es preferible evitar toda forma de especulación, sobre todo en la bolsa.

Sol en tránsito por la Tercera Casa

Cuando el primer luminar atraviesa nuestra Tercera Casa radical nos encontramos en un período de tiempo caracterizado por el deseo de movimiento, entendido tanto en sentido físico como mental. Nos sentimos particularmente atraídos por los viajes y los desplazamientos. Si nos gusta conducir el coche, éste es el momento mejor para organizar un viaje de placer. Si, al contrario, preferimos el tren u otro medio de transporte, se trata de una temporada ideal para desplazarnos, por ejemplo para irnos a visitar a un hermano o a una hermana. Sentimos una gran necesidad de romper la rutina diaria y de hacer al menos una breve excursión fuera de la ciudad, por ejemplo a la playa. Pero el deseo de movimiento que percibimos es sobre todo de tipo mental. Así que nos encontraremos con una mente más ágil, que estará más dispuesta a trabajar, como por ejemplo mediante una partida de ajedrez o un crucigrama. Nuestra curiosidad llegará al ápice, a una cumbre positiva y nos proyectará hacia la lectura, de manera clara y resuelta. Es el momento perfecto para leer un buen libro o para empezar un cursillo o una actualización técnica, o para prepararnos para un examen o un concurso. Nos sentimos más motivados hacia el aprendizaje y también nos sentimos mucho más capaces de enseñar algo a los demás. Si no tenemos el carnet de conducir, estos días son los más apropiados para conseguirlo, incluso el permiso de navegación de embarcaciones. Normalmente, durante estas semanas, estaremos también muy activos por lo que se refiere a la correspondencia y dedicaremos más tiempo a esta actividad, por ejemplo escribiendo cartas importantes que habíamos abandonado desde hacía tiempo. También recibiremos más correo y aumentará el número de llamadas telefónicas, nuestras y de los demás. Durante esta temporada que dura un mes aproximadamente, normalmente nos ocuparemos mucho más de nuestros hermanos y hermanas. Además un cuñado o una cuñada podrán estar en el centro de nuestra atención durante algunos días. Si deseamos comprar un coche o una moto nueva, éste es el mejor momento para hacerlo. Lo mismo vale si debemos reparar uno de estos medios de transporte. Si somos personas particularmente ocupadas desde un punto de vista intelectual, se trata de un período perfecto también para empezar a escribir un libro o un informe importante. Además también será posible explotar una mayor capacidad comercial que se adueña de nosotros en estas semanas e intentar concluir un buen negocio, pequeño o grande, como puede ser vender un viejo electrodoméstico o comprar, en el rastro, una impresora más para nuestro ordenador. Si durante este tránsito el Sol recibe malos aspectos de los otros astros, deberemos ser más prudentes para no convertirnos en los protagonistas de accidentes por carretera y deberemos evitar circular sobre todo con medios de transporte de dos ruedas. También deberemos ocuparnos mucho más de la seguridad de nuestro coche respecto a posibles robos, por ejemplo instalando una alarma antirrobo. Un excesivo nerviosismo nos aconsejará que dejemos descansar más a nuestra mente, por ejemplo escuchando buena música, sin intentar esforzarnos con estudios difíciles. Podríamos no pasar un examen, así que será mejor aplazarlo. Nos sentiremos más tensos en las relaciones con los demás, desde el recadero hasta el empleado de correos. Será preferible también evitar correspondencias que se podrían perder o que podrían provocar incidentes diplomáticos. No es el momento adecuado para viajar porque podríamos encontrarnos fácilmente con huelgas de transportes u otros inconvenientes semejantes. Un hermano o hermana podrían necesitarnos, sería oportuno ponernos en contacto con ellos.

Sol en tránsito por la Cuarta Casa

Cuando el Sol pasa por nuestra Cuarta Casa de nacimiento, notamos un evidente impulso hacia la introversión y hacia la investigación endopsíquica. Deseamos concentrarnos lo más posible en nosotros mismos, en nuestros problemas, en nuestra familia de origen, en todo lo que percibimos como más privado. Tendemos a escapar de lo social, evitamos salir de casa, relacionarnos y comunicarnos con los demás y percibimos, en cambio, un gran deseo de quedarnos en casa, entre las paredes domésticas. La idea del refugio, de la ciudadela, del útero protector se apodera de nosotros y nos proyecta decididamente en la dirección del diálogo con nuestro Yo profundo. Constelamos lo que en psicología se llama el mitologema de la Gran Madre, una necesidad de protección que ve en el paraguas, en el útero y en la casa sus expresiones simbólicas más puntuales. Este sentimiento está relacionado con la idea del hogar doméstico, alrededor de una mesa y con el fuego encendido, cuando fuera llueve y hace frío. Es como volver a los orígenes, excavar dentro de nosotros y hacer una nostálgica referencia a la vida prenatal e intrauterina. Quisiéramos encerrarnos en nosotros y protegernos entre las paredes domésticas edificadas como las orillas de una isla ideal que nos separe del mundo y de sus preocupaciones. Psicológicamente significa intentar escapar de las responsabilidades, refugiarnos en nuestra madre, la madre real o su proyección psíquica, tratar de huir de la vida y de sus innumerables peligros. La dimensión tiempo es muy importante: en el pasado hay seguridad, en el futuro aparecen probables monstruos que nos aterrorizan. Hundirse en el olvido de los recuerdos es algo tranquilizante, reconfortante. Los recuerdos de la infancia vuelven a nuestra memoria como espejo de una realidad sin responsabilidades, conducida y controlada por una madre omnipotente y sobre todo caritativa e indulgente con nosotros. Sentimos la fuerte llamada de la tradición, de los orígenes, de la familia como fortaleza erguida contra la sociedad, vista como algo penetrante–masculino. Deseamos aislarnos, levantar paredes muy altas a nuestro alrededor, posiblemente crear una barrera insonorizada con el mundo exterior, parecida a ese encantado mundo protegido que era la vida en el útero que nos protegía. Se hace más fuerte el deseo de echar raíces en una ciudad o en una casa. Nuestra atención está catalizada principalmente en los padres y en el hábitat. Gastaremos mayores energías para ocuparnos de nuestros ancianos y para hacer mejoras en la casa en que vivimos. Es el momento en que consideramos seriamente la posibilidad de efectuar una inversión inmobiliaria, de pedir una hipoteca para disponer finalmente de una casa propia. Si ya tenemos casa, haremos proyectos de reestructuraciones, de modernizaciones, de redecoración parcial o total. El momento es el adecuado para iniciar trabajos, pedir autorizaciones y obtener préstamos para utilizar en dicha dirección. También puede ser el momento justo para reservar un alojamiento para las vacaciones o para comprar una multipropiedad. Así como pensamos que pronto perderemos a nuestros padres y tratamos de aprovechar el tiempo que nos queda para estar más cerca de ellos. Si el astro toca en mal aspecto algunos puntos importantes de nuestro mapa natal, probablemente esta atención hacia nuestros padres evolucionará como algo inevitable y nos veremos obligados a ocuparnos de ellos y de su salud por motivos graves. También existe la posibilidad de que nuestra casa necesite reparaciones urgentes o bien que se materialice algún problema entre nosotros y el dueño de la casa, o entre nosotros y un inquilino. Los plazos de la hipoteca podrían llegar a ser más difíciles de gestionar y nuevos impuestos inmobiliarios podrían causarnos serios problemas. En este período todos los gastos relativos a la casa pueden aumentar. Es mejor evitar empezar obras de cualquier tipo dentro de los muros domésticos.

Sol en tránsito por la Quinta Casa

Cuando el Sol atraviesa nuestra Quinta Casa radical nuestro espíritu se mueve decididamente en una dirección lúdica y recreativa. El estado de ánimo que nos acompaña se siente atraído por el entretenimiento, la diversión, el amor y el juego. Nos sentimos con las baterías descargadas y las queremos volver a cargar preparándonos para divertirnos en sentido lato. Descubrimos de nuevo así el placer de leer un libro que no sea un ensayo y el de ver un espectáculo en la televisión que no sea un debate o un documental instructivo. Aplazamos mentalmente todas las ocasiones de profundización de asuntos o de mayor culturización de nuestra persona. Tenemos ganas de relajarnos lo más posible y, en el noventa por ciento de los casos, con el Sol en la Quinta Casa lo conseguimos. Detestamos los compromisos laborales e intentamos distraernos lo más posible pensando que habrá tiempo más tarde para las obligaciones. Tenemos la firme intención de encontrar un pequeño espacio para la serenidad, la alegría y el placer. Nuestro Yo se proyecta hedonísticamente en la vida. La dimensión del juego nos pertenece en ese momento y queremos recorrerla en todas las direcciones. Le daremos un espacio mayor al tiempo libre, a lo que normalmente consideramos tiempo perdido pero que en esta ocasión sentimos que tiene una importancia vital. Nos sentimos con una mayor disposición hacia el sexo y el amor. Se trata sobre todo de una condición mental que luego utiliza instrumentos concretos para realizar los propósitos lúdicos que se alojan dentro de nosotros. Nos proyectamos con entusiasmo hacia el exterior y durante este período, de aproximadamente un mes de duración, pasaremos muchas veladas fuera de casa, con los amigos. Frecuentaremos más las discotecas, los locales nocturnos, los restaurantes, los cines, los teatros, los conciertos... Seguramente pasaremos algún fin de semana con nuestro compañero o compañera y habrá más sexo en nuestras jornadas. Si somos artistas, nuestra producción aumentará, y no sólo su calidad sino también su cantidad. Nuestra disposición hacia la vida se expresará también a través de una mayor capacidad de procreación en esas semanas. Es el momento más adecuado para iniciar un proyecto de paternidad o maternidad. También nos atraerá más el juego: sean los naipes o el casino, o bien las especulaciones de la bolsa. Se trata de un período perfecto para suscribirnos a un fórum del cine o para practicar un nuevo hobby que, como tal, puede tratarse de cualquier cosa, a trescientos sesenta grados, de la jardinería al ordenador, del ganchillo a la filatelia. Existe la posibilidad que nos divirtamos mucho en un crucero o con viajes en general. Nuestra mayor disponibilidad al placer también nos puede hacer enamorar en esta temporada de aproximadamente un mes, aunque corremos el riesgo de perder la chaveta de manera poco saludable. Sobre todo si el tránsito es disonante deberíamos protegernos de potenciales malas relaciones sentimentales o paternidades y maternidades indeseadas. También deberemos poner atención para no exagerar con el juego, ya que podríamos perder mucho dinero con los juegos de mesa o con las acciones de la bolsa. Nuestro hijo o nuestra hija nos podrán dar problemas en estos días. Un estrés debido a excesos de placer podrá minar nuestra salud. Nos conviene evitar vicios y excesos en los placeres. Nuestra acentuada dirección mental hacia el placer nos podría dar problemas en el trabajo.

Sol en tránsito por la Sexta Casa

Cuando el Sol atraviesa nuestra Sexta Casa natal le otorgamos un mayor cuidado y atención a nuestro cuerpo. Depende de si somos principalmente estetas o higienistas, volcaremos una gran cantidad de energías en el cuidado de la estética o de la salud de nuestro cuerpo. Incluso antes de encontrar aplicaciones prácticas, este sentimiento nos llevará hacia un estado de bienestar en sentido lato. Percibiremos una mayor presencia de prudencia en nuestro interior y la necesidad de ocuparnos mucho de nuestra persona. En la secuencia cronológica de las Casas, esto podría significar el intento de reparar las exageraciones anteriores, las del Sol en la Quinta Casa. Reflexionaremos mucho más sobre nuestra persona y sobre los límites que tenemos que enfrentar. Constelando la psicología de la hormiga, trataremos de trazar balances parciales de nuestra manera de vivir, sometiéndonos a juicios severos y muy críticos. El sentido crítico es lo que menos nos faltará en este período ya que, al contrario, tendremos tanto sentido crítico que los demás no serán capaces de aguantarnos. Seremos capaces de autoexaminarnos escrupulosamente, sobre todo desde el punto de vista del comportamiento. Nos observaremos como a través de la lente de un microscopio para descubrir el más mínimo defecto interior. Un espíritu tan analítico y crítico nos podría favorecer particularmente si tuviéramos la intención de emprender un análisis de nuestra mente profunda con un terapeuta. Nos miraremos más frecuentemente al espejo y pensaremos mucho más en la estética de nuestro cuerpo. Serán semanas en que frecuentaremos más a menudo la peluquería, el centro de estética o de masajes. No es improbable que nos inscribamos a un gimnasio o que practiquemos un deporte en la ciudad. Se trata de un momento particularmente favorable para adoptar ayunos terapéuticos, dietas desintoxicantes o adelgazantes, terapias homeopáticas, ciclos de fangos o hipertermias para los huesos, visitas programadas al dentista, al ginecólogo o al ortopédico. También es un período bueno para el bricolaje, así como para ocupar el tiempo libre en un sinfín de pequeños labores en que nuestras manos estén en el centro de la actividad. Si tenemos talento podremos pintar, modelar la arcilla, trabajar con el torno, pero también entretenernos con el bordado y el ganchillo. No deberemos sorprendernos si prestamos mayor atención a los pequeños animales domésticos y quizá, hasta consideraremos la posibilidad de acoger en nuestra casa un perro bastardo encontrado por la calle. Si este tránsito coincide con malos aspectos, nuestra atención al cuerpo podrá estar relacionada con una pequeña emergencia, como un molesto dolor de muelas o una gripe de estación. Un malestar más o menos serio nos obligará a ocuparnos de nosotros mismos y de la manera menos agradable que pudiéramos pensar. Visitaremos a algún médico o fisioterapeuta, nos someteremos a la acupuntura o a la pranoterapia, pero debido al impulso de un problema contingente y molesto. Podremos padecer trastornos periódicos como alergias de diverso tipo. Nos pondremos enfermos más fácilmente y sería mejor evitar someternos a tratamientos estéticos peligrosos, como una rinoplastia o un tratamiento quirúrgico anticelulítico. Si somos un poco hipocondríacos, este tránsito puede provocar una acentuación de nuestras obsesiones y convencernos que tenemos las enfermedades más disparatadas. Debemos tratar de enfrentarnos a todo esto a través de la conciencia del carácter de este tránsito, que nos debe iluminar sobre el verdadero motivo de nuestros temores. El momento tampoco es bueno para empezar nuevas curas farmacológicas que podrían causarnos efectos tóxicos indeseados. Y por último, en estos días, uno de nuestros animales domésticos podría estar mal.

Sol en tránsito por la Séptima Casa

Cuando el Sol pasa a través de nuestra Séptima Casa nos encontramos en un período en que deseamos compararnos intensamente con los demás. El Yo se aleja de sí mismo y se extiende con dirección centrífuga hacia el ambiente. Nuestra libido se preocupa de lo social, de las relaciones interpersonales, de la búsqueda del interlocutor en sentido lato. Percibimos una precisa necesidad de enfrentamiento, de diálogo y asociación. Independientemente de si somos introvertidos o extrovertidos, en este momento los demás nos atraen como un imán y quisiéramos fundar un club cada vez que encontramos a tres personas nuevas. Se adueña de nosotros el encanto del grupo y aumenta nuestro sentido matrimonial. En estos días estaremos convencidos de que la mayor parte de las soluciones a los problemas del hombre de hoy se encuentra en su capacidad de asociarse, de establecer una relación de pareja, de crear sociedades, desde las comerciales hasta las culturales. La idea del enfrentamiento encaja con una mayor adhesión a la política, y nuestra manera de ver las cosas tiende a alejarse de lo personal para ocuparse de lo social. Nuestro interés hacia el compañero o la compañera es sincero, auténtico, condicionado por la tensión centrífuga de la que hemos hablado. Tendemos incluso a ponerlo por las nubes, aunque se trate de un tránsito planetario que dura pocas semanas. Creemos más en él o en ella y estamos convencidos que a través de su persona podremos esperar que lleguen soluciones oportunas a nuestros problemas. Si no estamos casados, pensamos seriamente en el matrimonio. Si no tenemos un compañero o una compañera, haremos lo posible para conseguir una pareja. Se trata de uno de esos períodos en que, con mayor probabilidad, podremos decidir decirle adiós al celibato. Nuestro sentido crítico, que en condiciones normales nos haría escoger una vida de soltero, en esta ocasión se debilita enormemente, dejándonos ver la realidad tras una cortina de ilusiones y de confianza en los demás: se trata de la naturaleza que se defiende y piensa en la continuidad de la especie. También es probable que en estos días nuestro compañero o compañera se vea envuelto en una ráfaga de pequeña o gran popularidad, que reciba señales tangibles, objetivas, de la aceptación general. Podría tratarse de una gratificación en su trabajo o un halago público; quizá podría superar una meta importante en su carrera, pero también podría tratarse sencillamente de un examen universitario superado. En una palabra, nuestra media naranja crece y nosotros nos damos cuenta. También este tránsito puede resultar importante para planear una acción legal que nos podría brindar, más tarde, buenos frutos. Pero si el tránsito coincide con condiciones de aspectos disonantes colaterales, deberemos prever problemas legales y/o administrativos. Nos encontraremos con uno o más contenciosos abiertos y sentiremos el impulso de luchar a todo campo. Crecerá nuestra beligerancia o la de nuestra pareja. Sobre todo en las relaciones de pareja se producirá mucha más tensión que antes. Podríamos incluso pelearnos seriamente y abrir heridas que luego serían difíciles de cerrar. Nos podremos ver involucrados de alguna manera en cuestiones judiciales, aunque puede que se trate simplemente de una retirada del carnet de conducir por haber efectuado un adelantamiento temerario. La administración pública se podría interesar en nosotros, incluso por lo que se refiere a los impuestos. Percibimos cierta hostilidad por parte del ambiente que nos rodea y esto puede inducirnos a pelearnos con todo el mundo. Sería preferible aplazar eventuales causas que nos afecten en este período.

Sol en tránsito por la Octava Casa

Cuando nuestro Sol atraviesa la Casa Octava se anuncia una mayor circulación de dinero para nosotros. El destino nos ofrece la posibilidad de obtener un aumento en los ingresos. Se trata de una cosa real y está limitada sólo por la disponibilidad que en este sentido podemos leer en nuestro mapa astral de nacimiento. Si el tema natal lo justifica, podemos prever seguramente beneficios económicos directos o indirectos: por ejemplo a través de la pareja o de nuestros familiares más cercanos. Las rejas de la fortuna se ensanchan temporalmente y permiten que más factores penetren en nuestra situación económica y la refuercen provisionalmente. Las ocasiones pueden ser muchas: aumentos de sueldo, cobro de liquidaciones, llegada de una pensión, adjudicación de una herencia, donaciones por parte de familiares, ganancias de juego, trabajos extras imprevistos, etcétera. Si la buena suerte existe, tal vez sea éste su canal preferencial para manifestarse. También nuestra óptica está preparada para atrapar al vuelo las ocasiones. Naturalmente se trata de un período breve, de aproximadamente un mes, pero podemos igualmente percibir señales importantes del destino. La mayor circulación de dinero también puede tener que ver con la venta de un inmueble o de un vehículo, de una herramienta para el trabajo, una joya o un abrigo de piel. Así como también es posible que alcancemos una condición social mejor a través del fallecimiento de alguien: no sólo en caso de herencia directa por parte de parientes, sino también por medio de posiciones laborales que podemos superar gracias al fallecimiento de alguien que impedía nuestro ascenso. Además, durante este tránsito podemos intensificar nuestra actividad sexual, lo que muchas veces nos informa indirectamente de la llegada de un nuevo amor. A nivel estrictamente psicológico, nos encontramos en un período de pocas semanas en el que podemos madurar experiencias positivas relativas al misterio de la muerte. El sereno fallecimiento de un ser querido o estimado hace que nos acerquemos positivamente a este misterio y nos hace madurar nuevas posiciones más sabias y emancipadas respecto a nuestras ideas anteriores sobre este tema. Si el tránsito se produce en condiciones de ángulos desfavorables con otros puntos importantes de nuestro tema natal, corremos el riesgo de enfrentarnos a una breve, pero no indiferente salida de dinero. Se puede tratar de un gasto imprevisto, un impuesto extraordinario que nos llega de repente sin avisar, la factura del gas o de la luz particularmente alta porque incluye el compenso por los meses en los que no se ha leído el contador, un gasto médico extraordinario que no nos esperábamos y muchas cosas más todavía. Podemos también perder dinero por la calle o ser víctimas de un robo, un timo, un tirón o un atraco. Considerando todo esto, será necesario estar alertas a trescientos sesenta grados porque los líos nunca llegan solos y, cuando se constela un símbolo, éste puede actuar de forma repetida en pocas horas. Entonces, debemos evitar efectuar especulaciones económicas, jugar en la bolsa, prestar dinero y un largo etcétera. Pero el problema podría ser también justo lo opuesto: somos nosotros los que nos encontramos en una situación tal que nos vemos obligados a pedir un préstamo urgente. Necesitamos dinero e incluso podríamos cometer tonterías que nos penalizarían seriamente en el futuro. En estos días podemos encontrarnos también ante la amarga experiencia de un luto, vivida de una manera muy negativa. Pero el Sol en la Octava Casa, en sentido negativo, no significa solamente muerte, sino también posible fin de una situación, por ejemplo de un amor que duraba desde hacía tiempo o de una amistad que considerábamos particularmente importante. También se trata de un momento negativo desde el punto de vista sexual, y podremos vivir experiencias desagradables al respecto, como un paréntesis de bloqueo parcial en esta dirección.

Sol en tránsito por la Novena Casa

Cuando el Sol atraviesa nuestra Novena Casa nos encontramos bajo la influencia de una fuerte necesidad de lejanía, entendiéndola tanto en sentido geográfico–territorial como en sentido metafísico–trascendental. Nos encontramos claramente una octava más arriba del tránsito del Sol en la Séptima Casa, donde asistíamos a una pulsión centrífuga de nuestro Yo: en este caso se trata de algo más, ya que no nos es suficiente obtener sólo la proyección hacia el exterior, sino que deseamos alcanzar las metas más lejanas posibles. Es como si nuestro espíritu se precipitara hacia el exterior, puesto en órbita alrededor de la Tierra y en los espacios más remotos. *Lejanía* es la palabra clave que explica muy exhaustivamente nuestro estado de ánimo de este momento. Podríamos hablar de énfasis extranjerista, pero es algo más que unas simples ganas de comprar el televisor de marca extranjera o el coche de otro país europeo. Deseamos alargarnos lo más posible, penetrar a través de ese muro invisible que forma la cinta de atracción terrestre para circunnavegar libres por el espacio. Si pudiéramos cabalgar un cohete vector Arianne, lo haríamos de muy buena gana. Si pudiéramos ser parte de la tripulación de la próxima misión Apolo, seguro que aceptaríamos sin pensárnoslo dos veces. Pero aparte de las ponderaciones con las que hemos descrito esta disposición de ánimo, el hecho es que vivimos un instante (aunque dure casi un mes) de indescriptible necesidad de alejarnos lo más posible de la monótona realidad que nos rodea. Esto suele suceder normalmente a través de un agradable viaje que puede ser tanto al extranjero como en otra región o ciudad de nuestro país. Se puede tratar tanto de una excursión para pasar el rato como de una corta estancia en otro lugar por motivos laborales. De todas maneras, no es una casualidad que esta oportunidad nos llegue justamente en el momento en que sentimos mucho más su necesidad. Podremos divertirnos mucho, pero sobre todo podremos satisfacer la sed de lejanía que se ha adueñado de nosotros. Pero a veces nuestro viaje hay que entenderlo más en sentido figurado que real, y podría recordarnos los admirables viajes de Ulises en la Odisea o el de Dante en la Divina Comedia. Sin embargo, sin querer proponer comparaciones blasfemas, nos limitaremos a decir que las exploraciones de la lejanía pueden realizarse también a través del pensamiento o del estudio de disciplinas que se alejan bastante de la rutina: por ejemplo leyendo libros de psicología analítica, de filosofía, de yoga, de teología, de astrología, de esoterismo o también a través de un curso universitario que, como tal, se encuentra de todas maneras alejado del saber diario. En el peor de los casos, cuando el tránsito planetario se produce junto a tránsitos negativos, podemos vivir una desagradable experiencia de viaje forzado (por ejemplo para acompañar al extranjero a un familiar enfermo) o bien de un viaje con éxito negativo (debido a accidentes de diverso tipo, como posibles heridas o accidentes con el coche en los que podríamos vernos involucrados). También puede pasar que recibamos alguna mala noticia relacionada con la lejanía (por ejemplo, nos cuentan que nuestra pareja tiene una relación con una persona extranjera). O sea, el extranjero, la lejanía, en ese momento no nos son favorables y nos conviene mantener la distancia que nos separa de ello. En estos días también aconsejamos mantenernos a distancia respecto a posibles temas inquietantes que nos puedan atraer, como la demonología, el espiritismo y otros que podrían causarnos lesiones a nivel mental.

Sol en tránsito por la Décima Casa

Cuando el Sol pasa por nuestra Décima Casa natal podemos vivir una o más emancipaciones. Nos sentimos más ambiciosos y más decididos a mover las situaciones en el ámbito social y profesional. Anhelamos mejorar no sólo en el trabajo, sino en todos los demás sectores. Quizá sea este el período del año en que nos movemos mucho más hacia adelante con decisión, razonando sobre todo en términos de futuro y haciendo proyectos a largo plazo. Sentimos que la única manera para sobresalir es la de ser competitivos y abandonar cualquier nostalgia personal que nos haría refugiarnos en la introversión. Sabemos que tenemos que recorrer un camino cuesta arriba y que debemos hacer de tripas corazón si queremos alcanzar algún resultado importante, y sin embargo nos sentimos determinados a llegar a la cumbre. Nos comprometemos principalmente para mejorar nuestro trabajo y, en segundo plano, también en un crecimiento en sentido lato. Nuestro crecimiento puede estar representado por el abandono de un vicio (por ejemplo dejar de fumar) o por la eliminación de algún obstáculo que nos impide «volar» (por ejemplo rompiendo un vínculo castrante), también por el éxito de una iniciativa que habíamos intentado muchas veces pero sin éxito (como aprender a nadar a los cincuenta años) o, incluso, por nuestro matrimonio (es más frecuente en los cielos natales femeninos) y un largo etcétera. Resumiendo, en esta temporada de aproximadamente treinta días podemos avanzar, poco a poco o a grandes zancadas, pero podemos crecer, dar un salto de calidad, mejorando nuestra vida en uno o más sentidos. Si debemos proponernos para un nuevo trabajo o poner un anuncio en el diario para buscar una ocupación, éste es el mejor momento. Pero no debemos quedarnos a la espera de los acontecimientos de forma pasiva, sino que deberemos arremangarnos la camisa y, conscientes de que este tránsito astral va a durar sólo pocas semanas, poner manos a la obra para proponernos, visitando en persona a compañías y a sujetos que nos pueden ayudar y que pueden abrirnos nuevas puertas. De la misma manera debemos interrogarnos y tratar de entender en qué puntos o sectores no conseguimos «despegar el vuelo». Debemos tratar de comprender en qué dirección dirigir nuestros esfuerzos. Año tras año, durante este tránsito, tenemos casi el deber de no desperdiciar esta temporada y de hacer cada vez una nueva conquista, para aprender a usar el ordenador o para conseguir el carnet de conducir o el permiso de navegación. Frecuentemente muchos sujetos inician una terapia psicoanalítica durante este tránsito. La Décima Casa también se refiere a la madre y, entonces, este tránsito puede corresponder a un momento de luz particular para nuestra madre o bien a días en los que ella se encontrará mejor, obtendrá alguna ventaja material, una oportunidad de trabajo, etcétera. Si, por el contrario, el primer luminar dará y recibirá aspectos disonantes durante este recorrido, debemos prever esfuerzos considerables que tendremos que hacer para que no empeore nuestra condición laboral o social (por ejemplo muchas personas en esta temporada tratan de evitar las consecuencias de una separación o de un divorcio). Podríamos sentir la presión de una serie de contingencias que podrían hacernos dar un paso hacia atrás en la escalera de nuestra emancipación. A veces un tránsito de este tipo también puede referirse a un problema de salud o a un accidente que nos impida trabajar. Nuestra popularidad sufre un momento de pérdida y de la misma forma lo sufre nuestro prestigio. También podemos estar sometidos a demasiado estrés por un problema de salud de nuestra madre.

Sol en tránsito por la Undécima Casa

Cuando el Sol atraviesa nuestra Undécima Casa nos vemos empujados hacia adelante por unas indefinidas ganas de hacer proyectos en cualquier campo. La temporal efervescencia de nuestro ingenio nos brinda muchos frutos de la fantasía que podrían transformarse en aplicaciones válidas. Pasamos mucho tiempo fantaseando, pero no se tratará sólo de sueños despiertos, sino también de propósitos dignos de atención. Los programas que hacemos normalmente con el Sol en tránsito por la Décima Casa son programas de tipo veinteñal, ambiciosos y estructurados de forma muy racional. En cambio, en estos proyectos, existe un porcentaje mayor de fantasía y creatividad que falta en los primeros. Podríamos decir que los proyectos relacionados con la Décima Casa son los proyectos de un ingeniero y los demás son el producto de un arquitecto. Nos damos cuenta de que en esta dirección somos más fecundos e incluso más originales. Toda esta creatividad se puede poner al servicio de muchas cosas, puede ayudarnos a encontrar nuevas ideas para la reestructuración de nuestra casa o para inventarnos un trabajo nuevo (algo efectivamente posible en la actualidad). Quizá sea éste el período del año en que podemos ser más libres, estar menos condicionados por esclavitudes de pensamiento relacionadas con la tradición, la educación y la forma de vivir en sociedad. Nos atrevemos más y tenemos que atrevernos. Aprovechando lo más posible las valencias uranianas de esta Casa, podemos realmente inventarnos cosas y soluciones para mejorar nuestra vida. También nos atraerá decididamente la amistad. Tenemos muchas ganas de conocer a personas nuevas y con este tránsito, normalmente, sucede de verdad. En estas semanas es posible que volvamos a encontrarnos con viejos compañeros de escuela o que hagamos una reunión nostálgica con los amigos de la infancia. Alguien llamará a nuestra puerta y nos traerá una agradable sorpresa. También deberemos tratar de explotar mejor nuestros conocimientos porque, en este espacio de aproximadamente treinta días, podremos contar mucho más con las personas influyentes, con los apoyos que nos pueden llegar desde arriba, con las protecciones en general, no entendidas en sentido mafioso sino en el mejor sentido del término. Llamar, llamar y llamar a las puertas debería ser la consigna de este tránsito. Pedir sin temor porque en este momento nuestro interlocutor estará más dispuesto a escucharnos y a tomar en consideración nuestras demandas. Siempre en estos días nos resultará más fácil encontrar un buen mecánico para el coche, un médico escrupuloso o un buen técnico informático y muchas más cosas por el estilo. Incluso en las colas percibiremos menos tensión en los demás y más disponibilidad en general para reconocer nuestro espacio vital. Si el tránsito se produce en condición de ángulos inarmónicos, deberemos prever la pérdida de un amigo o, incluso, de un miembro de nuestra familia. Esto hay que entenderlo sobre todo en el sentido de una discusión o de un traslado, pero también de un posible luto. La Undécima Casa, en efecto, se encuentra claramente relacionada con la muerte y sorprende cada vez más notar que ningún astrólogo, antes del que suscribe, no se haya dado nunca cuenta (ya que la evidencia es enorme). Si debemos leer el tránsito en sentido negativo, podemos también pensar en un proyecto que se nos desmonta o se nos eclipsa del todo.

Sol en tránsito por la Duodécima Casa

Cuando el primer luminar atraviesa nuestra Duodécima Casa radix percibimos un claro impulso en sentido asistencial y de atención a los demás. Nos sentimos mucho más dispuestos a colaborar, a ocuparnos de los demás, a hacer todo lo que nos es posible para aliviar los sufrimientos de nuestros seres queridos. Eso se podría expresar no necesariamente con acciones de tipo sanitario, como poner una inyección intramuscular a un pariente, sino también – por ejemplo – ofreciendo nuestro apoyo a un amigo que llora o se desespera. Nos encontraremos con más frecuencia de lo normal en condiciones de consolar a alguien por teléfono, de manera más o menos inusual respecto a nuestro comportamiento ordinario. Si tenemos dependientes que trabajan para nosotros, nos sentiremos mucho más atentos con sus problemas y hasta trataremos de intervenir para ofrecerles algo que demuestre, claramente, nuestra preocupación por su condición. De la misma manera, si nosotros somos dependientes de una empresa, haremos esfuerzos para comprender mejor las exigencias de nuestros jefes. O sea que se trata de una disponibilidad ampliada, de tipo sobre todo mental, pero que puede encontrar también puntuales aplicaciones en la asistencia médica de un pariente (por ejemplo cambiar un gota a gota, aplicar una medicación, colocar una cuña a un enfermo obligado a estar en la cama, etcétera). Si pensamos estudiar algo de medicina para poder ocuparnos de las situaciones sanitarias más frecuentes en la familia, éste es el período más idóneo. En estos días también conseguimos concentrarnos mejor, logramos escribir algo (como un diario personal), rezar (si somos creyentes) o hacer investigaciones en los sectores más disparatados del conocimiento humano. Además dispondremos de un mayor empuje de tipo místico que nos orienta hacia lo espiritual. Este período es particularmente idóneo para retiros de oración o meditación, mejor si es en un convento, en una casa de campo aislada o en una habitación lejos de los ruidos de la calle. También podemos aprovechar este tránsito planetario para hacernos un control general de nuestro organismo en el hospital o bien para simples curas médicas, como por ejemplo ir al dentista. Si tenemos intenciones de espiar a alguien, como por ejemplo un familiar, en estos días esto tendrá mayores probabilidades de éxito. Lo mismo se puede decir si pensamos comprar aparatos electrónicos que sirvan para esta actividad, como micrófonos de espionaje, etc. Nuestras lecturas de estas semanas podrían ser principalmente de tipo psicológico o social. Pero si el tránsito planetario del que estamos hablando se produce en condiciones de aspectos inarmónicos, deberemos prever un período de pequeñas pruebas e incomodidades a trescientos sesenta grados. Muchos pequeños problemas diarios nos provocarán ansiedades y preocupaciones por nuestra salud, por la de nuestros seres queridos, por la estabilidad de nuestras relaciones con los demás, por el trabajo, por el dinero... Aunque sea en una escala no muy grande, todo parece torcerse a nuestro alrededor y también tendemos a comportarnos de manera ligeramente paranoica, teorizando que la vida nos tiene tirria, que el destino es nuestro enemigo, que los demás nos odian y cosas por el estilo. Debemos cuidarnos de una actitud negativa similar y pensar que, antes que nada, todo esto se refiere sólo a un breve espacio de tiempo. No digo que no sean efectivamente posibles acciones de hostilidad de los demás contra nosotros, quizá a través de cartas anónimas o de calumnias, pero se tratará principalmente más de fantasmas que nacen de nuestra imaginación inquieta en ese momento que de hechos reales. En estas semanas quizá tengamos que hospitalizarnos, someternos a una operación o quizá tengamos un accidente y muchas pequeñas molestias en general. También percibiremos una tendencia a la depresión y al desaliento. Una mayor conflictualidad nos rodeará durante este tránsito.

3.
Tránsitos de la Luna

Los tránsitos de la Luna son bastante rápidos y pueden durar desde un mínimo de unas pocas horas, en sus aspectos con los demás astros, hasta un máximo de varios días en su paso a través de las Casas. Hay que evaluar sus efectos con bastante modestia ya que, por sí solos, no pueden ocasionar ninguna consecuencia. Sólo junto con tránsitos de astros más lentos pueden tener algún valor. Generalmente señalan estados de ánimo que nos acompañan durante algunas horas o algunos días y que condicionan tanto nuestra extroversión como nuestra introversión, la alegría y la tristeza, el amor y el odio, pero – cabe repetirlo – en una medida muy poco significativa en cuanto a su influencia dentro de un destino general. Estos tránsitos representan más lo que queremos que lo que hacemos. Tienen que ver con aquellas aguas que hubiéramos querido navegar pero que nunca hemos navegado. Son los indicadores de nuestra tensión emotiva: dónde miramos, qué esperamos, en qué dirección dirigimos nuestras esperanzas. Nos engañan con mucha frecuencia porque no corresponden exactamente a nuestra voluntad consciente. Nuestro satélite representa, en el tema natal, una figura femenina de primer nivel como la madre, la mujer, la hija o la hermana. Además representa también la casa: la de nuestro origen o donde iremos a vivir más adelante.

Luna en aspecto armónico con el Sol

Cuando la Luna forma un aspecto favorable con nuestro Sol natal, nos encontramos en un momento de serenidad con el mundo y, sobre todo, con nosotros mismos. Una corriente positiva atraviesa nuestro espíritu y nos predispone a la tolerancia, a la moderación, a la calma e incluso a la alegría. No se trata de un momento de particular énfasis, ni a nivel de los sentimientos ni de las acciones, sino más bien de equilibrio. Percibimos una sensación de paz y nos sentimos realmente bien. Notamos que estamos mejor dispuestos con los demás y también nos aceptamos mejor a nosotros mismos. Quizá podemos decir que nos descubrimos más condescendientes en general y con una mejor relación entre la parte racional y la parte emocional–inconsciente de nuestra persona. Una tendencia general al buen humor acompaña estas horas y tenemos la posibilidad de transcurrirlas de la mejor de las maneras, con poquísimas desavenencias o contrariedades ya que todo el mundo percibe nuestro estado de gracia y se conforma con brindarnos mayor simpatía y tolerancia. Así pues, la atmósfera que nos rodea es pacífica y, durante este tránsito, casi nunca notamos tensiones a nuestro alrededor. En estas horas percibimos una mayor atracción hacia los demás y hacia las figuras masculinas en particular. Estos tránsitos favorecen el diálogo entre los dos sexos y el amor en general. Podremos consagrar más horas a nuestra relación de pareja y pasar esta parte del día de excursión o en un club nocturno en una ocasión, bastante rara, de armonía. Estaremos mejor dispuestos hacia nuestro padre, nuestro marido, nuestro hermano o nuestro hijo. Paralelamente podremos también notar una mayor disponibilidad de estos sujetos hacia nosotros.

Luna en aspecto inarmónico con el Sol

Cuando la Luna pasa con ángulo desfavorable respecto a nuestro Sol natal nos sentimos particularmente inquietos. Un sentido de irritación que no podemos definir nos condiciona y corremos el riesgo de vivir algunas horas de nerviosismo y escaso equilibrio. Percibimos una mala relación entre la parte racional y la parte emocional de nuestra persona. La consecuencia es un estado de malestar general que provoca una mala relación con los demás y con el ambiente que nos rodea. No estamos en un momento favorable para los encuentros, ni tampoco para relacionarnos con nuestra pareja. Deseamos quedarnos solos o aún peor, entrar en conflicto con los demás. Somos particularmente susceptibles y tendemos a pelearnos por una bobada cualquiera. Durante este paso planetario es preferible evitar cualquier ocasión de conflicto y permanecer solos, o aún mejor, poner en movimiento nuestra energía con actividades al aire libre. De hecho, nuestro mal humor se nota a distancia, causando animadversión hacia nosotros por parte de los demás. Este tránsito puede incluso hacernos vivir horas de auténtica impopularidad, en las que podremos ver materializarse la impopularidad a través de un acto formal de hostilidad por parte de un jefe, de un superior en el trabajo o de un colega más anciano. Es también posible que recibamos un reproche formal de nuestro padre, nuestro hermano o nuestro marido. En resumen, este tránsito no es terrible pero, incluso en su corta duración, establece una pésima relación entre nosotros y todo el ambiente que nos rodea. Eso justifica, por nuestra parte, una cuenta atrás para establecer cuándo terminará. Se trata sólo de pocas horas, pero son particularmente molestas. Este momento no es en absoluto adecuado, como es fácil imaginar, para pedir aumentos de sueldo o ventajas en la carrera.

Luna en aspecto armónico con la Luna

Cuando la Luna se mueve en ángulo favorable respecto a nuestra Luna de nacimiento, nos sentimos más ligeros y positivos. Vemos la vida con más optimismo y creemos más en el prójimo. Atravesamos un momento de bienestar general, sin énfasis particulares, de armonía, seguridad y tranquilidad. Nuestro equilibrio general es satisfactorio y sentimos el placer de armonizar nuestras voces interiores con la razón. Percibimos todas estas sensaciones y somos conscientes de que podemos obtener buenos resultados tanto en el trabajo como en la vida sentimental y afectiva. Este estado de gracia particular crea un aura positiva a nuestro alrededor que los demás perciben y aprecian y nos recompensan sobre todo con cordialidad. Se trata de un proceso parecido al del uróboros, la serpiente que se muerde la cola, y se amplifica a sí mismo y durante algunas horas determina una óptima relación entre nosotros y el ambiente exterior. Debemos aprovechar de estas horas para dar en el blanco presentándole algunas pequeñas pero importantes peticiones al jefe o intentar solucionar algún viejo sinsabor. Sentimos que vibramos más en sintonía con nuestros seres queridos, con nuestros familiares, con nuestra pareja y sobre todo con nuestra casa. Percibimos una mayor necesidad de intimidad, pero que no constituye un impulso a aislarnos, sino simplemente la necesidad de un aumento del calor doméstico. Deseamos sentarnos alrededor de una mesa, con el mayor número posible de seres queridos, y gozar de la tibieza de una habitación, de las delicias de una buena comida, de la alegría de una familia en paz. Si nos encontramos lejos de casa, deseamos volver todavía más y quizá tomemos una decisión en este sentido, independientemente de los compromisos que podamos haber aceptado anteriormente. Es un momento particularmente positivo también para el amor en sentido estricto y también podríamos sentir el deseo de tener un hijo. Un buen baño caliente en invierno o un refrescante baño en el mar durante el verano, podrían coronar óptimamente este tipo de tránsito.

Luna en aspecto inarmónico con la Luna

Cuando nuestro satélite terrestre se mueve en ángulo disonante con nuestra Luna natal nos sentimos irritados y mal dispuestos hacia los demás. Es el clásico tránsito de cuando decimos de alguien que "está de mala luna" o "es un lunático". En efecto, no logramos ni siquiera comprender por qué razón estamos tan nerviosos, pero es un hecho que estamos particularmente tensos, que somos susceptibles y capaces de discutir por nada. Tenemos la agresividad a flor de piel, una agresividad que en una gran mayoría de los casos es absolutamente gratuita, es decir, que no proviene de una razón específica y no tiene un objetivo igualmente determinado. Se trata de un nerviosismo primitivo, de una especie de corriente eléctrica que circula por nuestras venas y nos "enciende" como una cerilla. Estamos claramente de mal humor y no queremos tener nada que ver con los demás, ni siquiera con nuestros queridos que, en efecto, justo en estos momentos, reciben la parte peor de nuestra agresividad. Por suerte el destino de un país no depende de nuestro estado de ánimo porque, en caso contrario, seríamos capaces de declarar la guerra al mundo entero. Actuamos de manera infantil y caprichosa, lloramos por todo y somos muy poco racionales. Nuestra parte emocional toma la delantera a la razón y nos hace comportar como niños a los que se acaba de quitar su juguete. En estas horas podemos ser realmente odiosos y acabamos haciendo daño incluso a los que nos quieren. Nuestro momento astral está caracterizado por mucha inestabilidad y, por lo tanto, tenemos que evitar todas las citas o encuentros importantes que puedan coincidir con esta configuración astral. Así pues, evitaremos organizar durante estas horas encuentros de trabajo, reuniones familiares o citas con la persona amada. Acabaremos siendo mucho más negativos con nuestra madre, nuestra esposa, nuestra hermana o nuestra hija. No tenemos ganas ni de quedarnos en casa ni de alejarnos: en realidad no sabemos exactamente qué es lo que queremos. Podemos sentir una particular aversión hacia el agua.

Luna en aspecto armónico con Mercurio

Cuando la Luna transita en aspecto favorable con nuestro Mercurio natal sentimos un auténtico deseo de comunicación y de movimiento. Tenemos ganas de viajar, quizá no muy lejos y tan sólo por algunas horas, pero no tenemos ganas de estarnos quietos, de repetir la rutina de todos los días. No nos gusta el estancamiento, el impasse y proyectamos movernos. Es justo decir *proyectamos* porque, tratándose de un tránsito lunar, representa más que sentimientos un estado de ánimo, una intención más que una acción. De todas maneras, lo que deseamos es dar un paseo agradable, salir de la ciudad, conduciendo quizá el coche durante unas horas, participar en una carrera de bicicletas o de motos. También tenemos mucho interés en hablar con los demás, en comunicar. Nos sentimos más lúcidos, más conscientes de los sentimientos que guardamos dentro, más capaces de entender a los demás y de hacernos entender. Debemos aprovechar de este aumento de lucidez para hablar de nuestros proyectos con las personas que nos interesan. Pero este estímulo comunicativo no se expresa solamente a través de la relación directa con el prójimo, sino también por medio del teléfono, que nos estimulará a marcar muchos números, o mediante cartas, que llevarán nuestros mensajes lejos, o con Internet, que nos pondrá en contacto con todo el mundo. ¡No hay momento mejor que éste para navegar tranquilamente por la red! La efervescencia de este momento está marcada también por una curiosidad amplificada que nos empuja a "pescar" un poco por aquí y un poco por allá muchas informaciones. Exactamente lo que puede suceder cuando hacemos clic con el ratón en los diversos sitios de Internet, pasando de un asunto a otro sin ningún criterio rígido que gobierne nuestras exploraciones. Podemos sentir el placer de abandonarnos en una búsqueda de este tipo y, de esta forma, dejar que nuestro espíritu, que en este momento se siente particularmente infantil, se desahogue. Pero esta aumentada ligereza y lucidez nos pueden permitir utilizar el tránsito, no sólo en sentido lúdico y recreativo, sino también con ventaja profesional. Nuestra mejor disponibilidad para un encuentro en sentido lato es, de por sí, algo positivo para los propios encuentros y, por lo tanto, podremos notar, con satisfacción, que nos resulta objetivamente más fácil comunicar – con cualquier medio – con aquellos interlocutores que normalmente son difíciles de contactar. También asimilaremos mejor la lectura de un libro durante este aspecto planetario y podremos aprovechar de ello si tenemos que digerir un volumen particularmente denso o difícil. Así pues, a nivel mental actuamos de manera un poquito exagerada, diríamos casi drogados, pero seguramente somos más receptivos y al mismo tiempo más comunicativos. En resumen, se puede afirmar que mejora nuestra interfaz con el ambiente. En estas horas también estaremos más interesados en los vehículos y podríamos acariciar la idea de comprar un coche, una moto o una bicicleta. En efecto, se trata de un momento favorable para efectuar una cosa de este tipo porque estamos mejor dispuestos hacia este tipo de argumento y contamos con más lucidez para tomar una buena decisión. En estas horas nos podemos concentrar mejor en el estudio, en la preparación de un examen, en un curso como docente o bien como estudiante, en la redacción de un artículo, un libro o un informe que tenemos que presentar en un congreso. Nos atraerán las personas más jóvenes, con las cuales podremos entablar buenas amistades. Quizá sentiremos también la necesidad de encontrarnos de nuevo con un hermano, un primo o un cuñado. Estaremos mejor dispuestos hacia ellos y podremos utilizar este momento para mejorar nuestras relaciones. Además, nuestra aumentada capacidad de contratar nos permitirá acertar de lleno con algún buen negocio, por ejemplo a través de los periódicos de anuncios clasificados. De esta forma podremos vender un viejo electrodoméstico o comprar algo regateando con el precio. Si somos representantes, este período resultará particularmente fértil para las ventas y notaremos que logramos presentarnos mejor y vender más fácilmente nuestra mercancía.

Luna en aspecto inarmónico con Mercurio

Cuando la Luna se mueve en un ángulo disonante respecto a nuestro Mercurio radical, acusamos un momento de fricción con nuestro ambiente más inmediato. Se trata sobre todo de una sensación, pero produce o puede producir toda una serie de situaciones desagradables a nuestro alrededor. En general, tenemos problemas de comunicación con el exterior. Nuestro pensamiento no fluye bien o quizá lo hace demasiado rápidamente. De todas maneras, el efecto que este inconveniente (que podríamos definir de velocidad) tiene es el de complicar todas nuestras comunicaciones. Quizá recibimos mal la voz de los demás o pronunciamos de manera imperfecta nuestras palabras, pero la realidad es que nos entendemos mal o no nos entendemos para nada con el prójimo. Probablemente en este momento tampoco tenemos las ideas muy claras y, como consecuencia, no podemos ni siquiera expresarlas. Así que sería preferible que estuviéramos callados, interrumpiendo temporalmente los canales de comunicación con los demás. Podríamos quedarnos tranquilos en silencio y aislados por algún tiempo, pero tampoco lo conseguimos y nos sentimos más inclinados a intentar dialogar de todas formas. Pero, como acabamos de decir, con pésimos resultados. Como consecuencia percibimos una cierta irritación a nuestro alrededor. Mercurio también tiene que ver con las relaciones triviales, ocasionales, superficiales y sin importancia. Esto quiere decir que podríamos discutir fácilmente con el chófer del autobús, con el empleado de una ventanilla o con el cartero que nos entrega un paquete. No es un buen momento para los contactos en general y realmente deberíamos convencernos y buscar el aislamiento: al fin y al cabo, se trata sólo de unas pocas horas. Esta ligera y provisional ráfaga de incomunicación con el ambiente nos puede incitar a hacer llamadas telefónicas inoportunas o a escribir cartas que sería mejor echar a la basura. Algún pequeño incidente, en este sentido, puede caracterizar estos intentos inoportunos y materializarse, por ejemplo, en alguna metedura de pata, como cuando enviamos una carta sin el sello o con la dirección equivocada. El teléfono puede entrar en resonancia negativa con nuestro humor y hacer que nos resulte difícil marcar un número o transmitir la señal. Durante estas horas podemos notar también problemas con el módem, con el Internet o con la impresora del ordenador. En virtud de la gran verdad que enunció Carl Gustav Jung, que dice que la realidad subjetiva coincide con la realidad objetiva, casi siempre notamos que en estas horas incluso nuestras conexiones con Internet resultarán lentas o problemáticas. De la misma manera puede que escuchemos interferencias en el teléfono, que se añadan dos voces más a nuestra conversación telefónica o que nos llegue un paquete desgarrado y semivacío. Deberemos convencernos que es más útil esperar una pocas horas y utilizar un cielo mejor para nuestras trasmisiones en lugar de precipitarnos al buzón de correo más cercano para enviar una postal que llegará más tarde respecto a otra, enviada luego pero bajo una configuración astral más favorable. El tránsito también nos aconseja evitar realizar compras relacionadas con los medios de transporte, tanto si se trata de un verdadero coche o de algún accesorio. También se tienen que evitar los viajes y los desplazamientos en estas horas: si lo hiciéramos podríamos sufrir pequeñas pero molestas odiseas debido a huelgas de los medios de transportes, congestión de vehículos debido a las condiciones atmosféricas, retraso de un tren o de un avión. Y todo esto, en el mejor de los casos; porque en el peor, podríamos incluso ser víctimas de un choque trasero. De la misma manera no será conveniente tener relaciones particularmente con personas jóvenes, con un hermano, un primo o un cuñado. En efecto, con estos sujetos podríamos discutir fácilmente en estas horas y, quizá, arruinar una relación que hasta entonces funcionaba sin ningún tipo de problema. Tampoco es prudente iniciar negociaciones comerciales, sean grandes o pequeñas, porque el riesgo sería vender mal y comprar aún peor. Y por último, pero no por importancia, para los fumadores estas horas pueden representar un deseo excesivo de fumar con las consiguientes posibles intoxicaciones.

Luna en aspecto armónico con Venus

Cuando la Luna viaja formando un ángulo feliz con nuestra Venus natal, percibimos una agradable sensación de bienestar a nuestro alrededor. Estamos más tranquilos con nosotros mismos y con los demás. Nos sentimos más satisfechos en general, más optimistas e incluso más vitales. Nuestra actitud es particularmente delicada, suave. Sentimos simpatía hacia los demás y ellos, generalmente, corresponden a nuestro sentimiento. Nuestra tendencia básica es hacia la amistad, hacia la relación conciliadora, con la tendencia a limar cualquier tipo de aspereza que se pudiera crear entre nosotros y los demás. Nos sentimos mejor en sentido psicofísico y quisiéramos sobre todo divertirnos. Y, en efecto, se trata de un momento para dedicar más tiempo al entretenimiento, al tiempo libre, a la diversión en sentido amplio. Los placeres materiales se encuentran en primer plano y, por lo tanto, deberíamos preferir un buen almuerzo, una buena siesta, un paseo al aire libre o sexo sano y relajante. También jugar a naipes o ir al cine con un amigo serán buenas oportunidades para vivir al máximo este tránsito. Ya que tenemos una particular disponibilidad hacia los demás, durante este paso planetario sería conveniente aprovechar para intentar solucionar eventuales incomprensiones que hubieran surgido con anterioridad entre nosotros y los demás. También podemos proponernos para un nuevo cargo, hacer algo que nos haga crecer profesionalmente o reconciliarnos con la persona amada: nuestro interlocutor estará mucho mejor dispuesto hacia nosotros. Con este tránsito nos sentimos atraídos por el arte y por la belleza en general. Se trata, por lo tanto, de un período perfecto para visitar museos, galerías y monumentos, para disfrutar con un CD–ROM que trate estos temas, para comprar un objeto antiguo como un cuadro, una porcelana o plata de valor. Este momento también es idóneo para escoger una corbata o un traje nuevo o cualquier otra prenda de vestir. Además, el tránsito favorece el cuidado de nuestra persona y, por lo tanto, podremos aprovechar para regalarnos un tratamiento cosmético facial, aplicaciones de fangos para embellecer la piel, una cita en la peluquería o para hacerse la manicura, o una sauna relajante y desintoxicante. Si tenemos un problema estético pendiente para resolver, por ejemplo un proyecto de rinoplastia, podemos aprovechar para consultar con un cirujano plástico y pedirle su opinión. Percibimos la necesidad de ponernos más guapos, de expresarnos de la mejor manera posible, lo que puede realizarse también a través de un curso de dicción, que podría empezar en estas horas, escogiendo una nueva montura para las gafas o experimentando por vez primera las lentillas. Un impulso hedonístico se apodera de nosotros y reclama una satisfacción que podemos brindarle tratando de probar placer en cualquiera de sus formas, por ejemplo rodeándonos de cosas bonitas, estéticas, agradables para la vista y el tacto. Son horas muy favorables para el amor, los galanteos, las declaraciones, el envío de flores o mensajes... En estos momentos también puede resultar particularmente útil que nos hagan fotografías, pues nuestra óptima disposición psicofísica también destaca a través de las sales de plata de una foto. Podemos decidir incluso cambiar de peinado, dejarnos crecer la barba o modificar en parte nuestro aspecto, por ejemplo a través de un cambio en nuestra manera de vestir. Podremos escoger un nuevo papel con membrete o ponerle una nueva placa metálica a la puerta de entrada de nuestra casa: en estas horas, cualquier cosa que hagamos estará guiada por el buen gusto, el sentido estético y la moderación. Nos podremos dedicar, con igual satisfacción, a la disposición de los muebles de casa o a la distribución de los cuadros en el salón. Y por último, nos sentimos particularmente bien dispuestos con una hermana, una amiga, una hija o nuestra pareja.

Luna en aspecto inarmónico con Venus

Cuando la Luna transita en ángulo inarmónico respecto a nuestra Venus natal, podemos sentirnos atraídos de manera exagerada por el placer en todas sus formas y maneras de expresarse. Corremos un riesgo real de caer en excesos, así que deberemos estar atentos para no exagerar con la comida, el alcohol, el humo, el juego, el sexo... Bajo este paso planetario se esconde el riesgo de exagerar y, por lo tanto, sabiéndolo, deberemos vigilar para evitar indigestiones de cualquier tipo. Según el antiguo y sensato refrán "Baco, Venus y tabaco ponen al hombre flaco", vigilaremos mucho más para evitar las desagradables consecuencias de una velada o una noche de farra. Un hedonismo desenfrenado puede perjudicarnos de forma particular. La búsqueda del placer a cualquier coste no es nunca un hecho positivo y, en la mayoría de los casos, se traduce en alguna estupidez de la que nos arrepentiremos. No podemos olvidar que en la antología universal de temas natales de personajes famosos, brillan muchos nombres de asesinos y violadores que tienen una Venus dominante... Así pues, tenemos que intentar disciplinar nuestra libido, regularnos y, sobre todo, calmarnos y utilizar el sentido común. Despertarse después de una borrachera es siempre doloroso, y por unas pocas horas de diversión desenfrenada, podríamos pagar una cuenta muy cara. Nuestra óptica un poco exagerada por el deseo de placer, nos sitúa en una perspectiva algo distorsionada hacia nuestra pareja. Por lo tanto, aunque en apariencia deseamos amar mucho en estas horas, el momento no es muy apropiado para ello. Sería mejor evitarlo y aplazarlo. Es posible equivocarse con frecuencia, y no sólo por omisión sino también por exceso. La exageración se esconde detrás de nuestras intenciones y podremos meter la pata más de una vez, con consecuencias que nos afectarán. La dificultad por mantener a freno nuestra pasión se puede expresar también con un accidente imprevisto, como por ejemplo provocar un embarazo indeseado. También corremos el riesgo de aparecer exagerados en nuestras relaciones con los demás, en las que parecerá que deseamos conquistar a nuestro interlocutor, a cualquier precio, con un exceso de familiaridad y de cordialidad. Lo que nos falta en este momento no es la disponibilidad a amar o a tratar con amabilidad con nuestro prójimo sino la moderación. Pero no hay problemas si este impulso hedonístico se materializa a través del intento de pegarnos una "comilona" de visitas a museos, a exposiciones de cuadros, a conciertos, al teatro y cosas por el estilo. En estos casos los riesgos de exageración no podrán producir daños, sino que determinarán un crecimiento en nuestra cultura y nos ayudarán a cultivar nuestro espíritu. Otra cosa es si por ejemplo decidimos comprar objetos artísticos, cuadros, porcelanas, plata, muebles antiguos; en estos casos veremos los efectos de esa tendencia a los excesos, de la que hablábamos antes, y que nos podría inducir a tomar decisiones equivocadas. Una de las tendencias negativas del momento es, en efecto, una excesiva prodigalidad o, si se prefiere, un poco de megalomanía en gastar dinero. Con este tránsito corremos el riesgo de vaciar nuestros bolsillos, sobre todo para conseguir placer a cualquier coste. Podemos caer fácilmente en errores incluso en la compra de prendas de vestir como corbatas, trajes de chaqueta, bolsas, vestidos y sombreros. Tenemos que evitar escoger en este período el color con que queremos que nos pinten nuestra sala de estar o los nuevos azulejos para el baño y será mejor aplazar también a otra fecha la decisión acerca de una disposición distinta de los muebles en casa. Y por último, intentemos no meter la pata con una hermana, una amiga, una hija, la persona amada, porque podría provocar una ruptura en nuestras relaciones.

Luna en aspecto armónico con Marte

Cuando la Luna circula en aspecto positivo con nuestro Marte natal, nos sentimos llenos de fuerza y optimismo. Una corriente de particular vitalidad nos proyecta en una dirección significativamente positiva respecto a los demás y a la vida en general. Percibimos una gran carga interior que nos sugiere que hagamos cosas importantes, aunque se trata de un tránsito rápido. Nos sentimos fuertes, valientes, determinados, capaces de llevar a cabo iniciativas importantes y también acciones arriesgadas y peligrosas. No nos preocupamos de los peligros y nos proyectamos muy dinámicamente hacia adelante. Nuestra firme determinación de estas horas flota a nuestro alrededor y también convence a quienes nos rodean de que nos encontramos en un momento de excelente lucidez en la acción. *Mens sana in corpore sano,* decían los antiguos y, en este momento, vivimos realmente un pico positivo de energía psicofísica. La expresión de nuestra cara, nuestra voz, toda nuestra tensión muscular, nuestra persona en general, son un acopio de energía, de vitalidad y de potencia. Esto nos permite afrontar incluso asuntos duros y peliagudos y encontrar soluciones que requieren valor y empeño. Nuestra determinación es clara como el agua y los que nos rodean la perciben y la aceptan como una cosa natural. A nuestro alrededor hay un aura de realeza y de liderazgo que nos convierte, sin presunciones, en candidatos para dirigir, mandar y guiar. Podemos y tenemos que arriesgarnos más. Es el momento ideal para solicitar un cargo de responsabilidad, la guía de un proyecto ambicioso, la conducción de una importante negociación. Emanamos a nuestro alrededor una fuerza que no tiene nada de agresividad: es la fuerza tranquila de los fuertes de verdad. Podemos mandar sin el riesgo de ser autoritarios, pedir sin imponer, hacernos escuchar sin levantar la voz. Se trata de unas pocas horas mágicas que quisiéramos que no terminaran jamás. Durante este tránsito los tímidos se descubrirán particularmente audaces como no lo son nunca, y los no tímidos actuarán mucho mejor que de costumbre. El tránsito nos sugiere también que nos dediquemos a una actividad deportiva: los menos sedentarios podrán doblar sus dosis diaria de movimiento, y los más sedentarios podrán jugar un partido de fútbol con sus compañeros de trabajo, uno de voleibol o bien hacer gimnasia de forma extraordinaria. Bajo este impulso nos podrían venir ganas de frecuentar un gimnasio y no sería una mala idea. El mayor aporte energético que nos fortalece en estas horas lo podemos explotar, además, con tareas extraordinarias que desempeñamos ocasionalmente: por ejemplo cortar leña, transportar provisiones, desplazar muebles, etcétera. También una intensa y sana actividad sexual puede rodear este tránsito. Además, es probable que sintamos una atracción inusual hacia trabajos de mecánica, carpintería e hidráulica que nos permitirán unir el sacro y el profano. Durante este tránsito nos atraerán mucho más las figuras masculinas fuertes, como los militares, los policías, los deportistas, etcétera.

Luna en aspecto inarmónico con Marte

Cuando la Luna transita en aspecto inarmónico con Marte, estamos condicionados por una desagradable agresividad que no podemos definir y cuyas motivaciones no logramos comprender. En efecto, aparte el tránsito, no existen motivaciones reales y concretas, simplemente percibimos electricidad dentro y fuera de nuestra persona, irritación y nerviosismo. Nos sentimos insatisfechos con nosotros mismos y nos damos cuenta de que nos peleamos con facilidad, que nos alteramos por nada y que necesitamos realmente un sedante. Todo esto nace probablemente de una falta de equilibrio entre las fuerzas que nos gobiernan: las que gestionan nuestra mente y las que hacen referencia a nuestra emotividad más íntima. Tanto exceso de energías a flor de piel provoca, como primer problema, un mayor conflicto con el ambiente que nos rodea. Corremos el riesgo de meternos continuamente con todo el mundo, principalmente con los miembros de nuestra familia, pero también con nuestra pareja, y finalmente con cualquiera que esté ocasionalmente en contacto con nosotros: el empleado del banco, el conductor del autobús, el aprendiz de panadero y un largo etcétera. Descubrimos un aspecto pendenciero de nuestra persona que normalmente no nos pertenece. Nos damos cuenta que a partir de motivos increíblemente pueriles provocamos hasta una riña, si no tenemos cuidado. Pero en este momento necesitamos la máxima atención, porque existen muchas posibilidades de comprometer incluso relaciones perfectamente sólidas por verdaderas sandeces. Debemos esforzarnos, durante estas pocas horas, en contar hasta diez antes de reaccionar, en repetirnos a nosotros mismos que un diablillo se ha apoderado de nosotros y nos hace actuar de forma insensata. Necesitamos de toda nuestra prudencia para evitar situaciones desagradables que podrían provocar incluso consecuencias judiciales (¿cuántas veces nos encontramos a punto de provocar un altercado con un guardia urbano por haber aparcado mal el coche, con el riesgo que nos acusen de ultraje a un funcionario público?). Corremos el riesgo de chocar especialmente con figuras marciales (policías, guardias civiles, policías militares). Además, en estas horas, existe también la posibilidad de provocar accidentes de todo tipo: chocar con el auto, atropellar a un peatón con nuestro ciclomotor, romper un cristal en casa, provocar desperfectos en una tienda en la que hemos entrado sin prestar atención. En resumen, durante este tránsito seremos particularmente destructivos, en el sentido más amplio de la palabra. Y también lo seremos con nosotros mismos, con la probabilidad de herirnos una mano cortando comida con el cuchillo o de caernos de una escalera mientras arreglamos una cortina. Está claro que, durante este paso astronómico, no tenemos que ir a esquiar ni tampoco a patinar o a correr en bicicleta. Evitaremos las zambullidas en el mar o en la piscina y las escaladas en la montaña, pero también una banal exposición en un balcón mientras se lanzan cohetes y fuegos artificiales. En efecto, una configuración astral de este tipo determina un peligro general a nuestro alrededor que también se podría expresar, en los casos límites, con un proyectil que nos alcanza durante un atraco a un banco. Desde luego hablamos casi por absurdo, ya que semejante eventualidad se podría justificar sólo si este tránsito se produce de forma contemporánea con otros tránsitos gravísimos que nos pueden afligir, pero lo hemos puesto como ejemplo para aclarar que los daños potenciales que nos pueden afectar no provienen sólo de acciones personales erróneas. Nosotros, en estas ocasiones, actuamos como polos de atracción negativa que pueden entrar en mala resonancia con el ambiente y provocarnos distintos tipos de problemas.

Luna en aspecto armónico con Júpiter

Cuando la Luna se mueve en un ángulo favorable para Júpiter, notamos una sensación de sano optimismo y de confianza en los demás y en la vida. Se trata de un buen momento que, aunque dura poco, nos puede servir para recargar las baterías. Nos sentimos mejor en general, más satisfechos, más en paz con la gente, más serenos y abiertos con todo el mundo. La tendencia general que nos guía es la de bajar la guardia, fiarnos de los demás y dejar de buscar posibles engaños a nuestro alrededor. Es justamente durante estos tránsitos en los que podemos dar esos pasos que generalmente nos impide nuestra excesiva desconfianza, como puede ser el temor a un timo o una estafa. Tenemos a Júpiter en el corazón y también a nuestro alrededor: los demás lo perciben y entran en armonía recíproca con nosotros. De esta forma, vivimos algunas horas caracterizadas por las buenas relaciones con los demás. Nuestra buena disposición de ánimo nos ayuda a plantear iniciativas de cierta importancia. Por lo tanto, podremos empezar un nuevo trabajo, practicar un nuevo hobby o cambiar de dieta. El aura positiva que nos rodea también nos puede ayudar a conseguir un patrocinador: podríamos conseguir un premio en el trabajo, obtener un cargo de mayor responsabilidad y prestigio o recibir un reconocimiento o una crítica favorable acerca de una obra nuestra. Nuestro paquete de acciones aumenta de valor y debemos ser rápidos para aprovecharnos de ello desde cualquier punto de vista. Es por ello que nos interesa proponernos y atrevernos más, escribiendo cartas a quienes nos puedan ayudar, haciendo llamadas telefónicas que nos puedan proporcionar, sobre todo, ventajas materiales. Si buscamos un trabajo, este momento será más favorable para conseguir uno, siempre que las condiciones económicas generales de nuestro país lo permitan. El aumento de nuestro optimismo favorecerá el nacimiento de nuevas iniciativas como la inscripción a la universidad o a un curso de idiomas, la adquisición de mayores responsabilidades laborales, la activación de una nueva manera de utilizar el tiempo libre. Durante este tránsito aumentará nuestro sentido de la justicia y haremos lo posible para que sus principios sean aplicados con rigor y firmeza. Esto nos podrá conducir, por ejemplo, a volver a considerar viejas cuestiones que habíamos archivado como no dignas de atención pero en las que podríamos descubrir ahora que se aplastan los derechos de otros. Una mayor dirección mental en este sentido favorecerá también la realización de condiciones más adecuadas por lo que se refiere a nuestra situación económica y contributiva. Además, con este estado de ánimo, podríamos resolver viejos pleitos o contenciosos legales de diverso tipo que nos bloqueaban desde hacía tiempo. Siempre durante este tránsito nos sentiremos más atraídos por los viajes y los desplazamientos, tanto si son cortos como largos. El período es muy favorable y nos asegura un pleno placer en este sentido. Así pues, tenemos que aprovecharlo ya que se trata solamente de pocas horas. Por último, también nos apetecerá ocuparnos de problemas de filosofía, teología, esoterismo, astrología, etcétera. Tenemos que aprovechar esta ocasión y desvivirnos para mejorar nuestra cultura.

Luna en aspecto inarmónico con Júpiter

Cuando la Luna se mueve en su recorrido zodiacal mirando siniestramente a nuestro Júpiter natal, nos encontramos en un momento de hipertrofia general del Yo con propensión a las acciones exageradas de cualquier tipo. La casi total ausencia de sentido crítico asume, en este caso, un nivel preocupante porque nos vuelve totalmente despreocupados ante los peligros que pueden llegar del exterior, y también y sobre todo a subestimarlos. Nos sentimos arrogantemente seguros de nosotros mismos y presuntuosamente semiomnipotentes. Tendemos a minimizar las dificultades y a mirar con optimismo la posible solución de todos los problemas. Pensamos que todo se puede solucionar y que todo volverá fácilmente a su estado natural. Pero en cambio no hay nada peor que reducir nuestras defensas, dejar al descubierto la guardia, permitir que cese ese mínimo y sano discernimiento que debería seguir vigilando siempre a nuestro alrededor. Lo que positivamente podríamos definir como "candor sagitariano" asume, en este caso, una temeridad excesiva y acaba creando una niebla delante de nuestros ojos, que no nos permite ver nada. Nos relajamos demasiado y, por lo tanto, nos volvemos vulnerables. Nos comportamos como centinelas que dan la espalda al enemigo. Una exagerada confianza en nosotros mismos no nos permite comprender por completo de qué lado podemos esperar que lleguen los peligros. En ese momento, tendemos a tener una idea mitómana de nuestro valor. Nos sentimos pequeños Dioses y sobrevaloramos nuestras cualidades. Por supuesto, no hay nada más falso y deletéreo. Nos encontramos particularmente vulnerables e indefensos. Nuestra temporal subestimación de los problemas tiene como resultado que nos expongamos exageradamente en todos los campos: por ejemplo, en el sector económico. Podemos imaginar que somos capaces de hacer muy buenos negocios, pero en realidad acabamos quemando nuestros recursos económicos con inversiones totalmente equivocadas. Pensamos que nos podemos involucrar con entusiasmo en empresas profesionales que, al poco tiempo, resultarán ser un completo fiasco. Acariciamos la idea de poder cometer algún pequeño delito sin temer en sus consecuencias legales, pero las cosas serán muy distintas. También estamos convencidos que podemos comprar bienes que van mucho más allá de nuestras posibilidades económicas, con el resultado que solicitamos préstamos muy elevados que luego tendremos dificultad en devolver. La subestima de las dificultades la podemos extender también al sector sentimental, en el que podemos pensar que somos capaces de tener éxito en proyectos absolutamente inexistentes según nuestras posibilidades. También podemos convencernos que podemos matricular a un hijo en una escuela difícil, para luego descubrir que la iniciativa era incluso temeraria, si no absurda. En definitiva, en estas pocas pero no banales horas, deberíamos esforzarnos por mantener los pies en el suelo y no lanzarnos en ninguna iniciativa que pensamos pueda ser una balsa de aceite en nuestra imaginación. Al mismo tiempo, deberemos evitar correr riesgos debidos a excesos de alimentarios de cualquier tipo. El relajamiento mental también ocasiona una excesiva autoindulgencia, con la consecuencia de que podemos comer demasiado, especialmente cosas que afectarán mucho a nuestra salud. Lo mismo podemos decir del alcohol, que en estos momentos podría llegar a ser nuestro enemigo público número uno.

Luna en aspecto armónico con Saturno

Cuando la Luna transita en aspecto armónico con nuestro Saturno de nacimiento, es como si de golpe nos volviéramos más sensatos y más maduros. Una mayor paz interior nos dice que nos encontramos en un momento de raro equilibrio en que logramos administrar de la mejor manera posible las relaciones entre nuestro Yo racional y las fuerzas que oprimen desde el inconsciente. Tenemos sentido de la medida, del equilibro y buen autocontrol, pero sin ninguna forma de represión sobre nosotros mismos. El control del Yo surge de una manera totalmente natural y sentimos un gran sentido de tranquilidad a nuestro alrededor. Nos sentimos tranquilos, firmes, particularmente sensatos y racionales. Es como si de repente nos hubiéramos envejecido veinte años, pero en sentido positivo. Aunque por pocas horas, nos descubrimos capaces de razonar muy profundamente, de controlar bien nuestras emociones, de entender la justa medida de todas las cosas. En estos momentos podemos pensar a nuestro futuro más remoto porque somos capaces de planificar programas a largo plazo, incluso veinteñal. Todo lo que se puede obtener solamente con esfuerzos lentos y prolongados puede nacer muy bien debajo de este tránsito. Con un ejemplo prestado del atletismo, diríamos que bajo este tránsito seremos corredores de larga distancia: mucho menos veloces que los corredores de los 100 metros, pero también mucho más resistentes. Nuestra fuerza no está en la salida sino en la duración, y es justamente esta dirección la que tenemos que seguir. La mágica serenidad de ánimo que nos gobierna en este momento nos permite trazar incluso balances parciales de nuestra vida para descubrir en qué nos estamos equivocando y en qué podríamos insistir más. También seremos más justos en la evaluación de nuestras relaciones con los demás, ya que seremos capaces de ver las razones ajenas y comprender las exigencias de todo el mundo. Nos daremos cuenta de que somos más ambiciosos, pero esto es parte justamente de aquellas estrategias a largo plazo que nacen bajo los tránsitos relacionados con Saturno. No nos atraen para nada los jóvenes; preferimos claramente las personas ancianas que observamos con admiración. Sabemos que de los ancianos nos pueden llegar preciosas enseñanzas y los escuchamos con devoción. En estas horas nos apetece charlar con nuestros abuelos, si es que tenemos la suerte de tenerlos todavía entre nosotros; nos gusta escuchar sus historias llenas de sabiduría y de experiencia. La sal de la vida que emanan representa, para nosotros, una fuente muy llena de informaciones. En estas horas también tendremos más ganas de ocuparnos de las partes de nuestro cuerpo que están relacionadas con la vejez y, por lo tanto, con el calcio: huesos y dientes. En efecto, es un buen momento para efectuar una visita al dentista o al ortopédico, pero también para visitar monumentos antiguos y museos de todo tipo.

Luna en aspecto inarmónico con Saturno

Cuando la Luna transita en ángulo inarmónico con nuestro Saturno natal sentimos el peso de un fuerte sentido del deber. Nos sentimos particularmente motivados para dar lo mejor, para intentar no cometer errores. Nos sentimos extremadamente severos con nosotros mismos y tenemos la impresión de que también los demás son severos con nosotros. Nos sentimos observados y espiados. Nos comportamos como si tuviéramos que aprobar continuamente exámenes, lo que nos induce a exagerar para conquistar el favor de los demás. Necesitamos recibir muchas felicitaciones y motivaciones. Se trata, evidentemente, de un momento de depresión, de desaliento, de desmoralización. Es como si miráramos la vida a través de un par de gafas con lentes gruesas y oscuras. No logramos mirar hacia adelante de manera positiva y nos parece que todo se vuelve trágico y es negativo. En ese momento, nuestro pesimismo es total y general. Se apoderan de nosotros sentimientos de inferioridad que nos hacen creer que no podemos competir con los demás, que sólo seremos capaces de meter la pata, que no tenemos suficientes cualidades personales para competir con los demás. Por compensación, de estos sentidos de inferioridad nace una fuerte ambición y fantasías de poder, evidentemente relacionadas sólo con estas horas de las que estamos hablando. Acariciamos fantasías de éxitos gloriosos en nuestras iniciativas, nos gusta proyectar carreras fulminantes y cargos de gran responsabilidad que nos puedan proponer. Apuntamos hasta lo más alto. Pero al mismo tiempo tememos a las figuras de tipo paterno: puede tratarse de nuestro padre en carne y hueso, de nuestro superior en el trabajo, de nuestro comandante en el ejército o de nuestro profesor en la escuela. Nos sentimos bloqueados con sentimientos de culpa y del deber que impiden que nuestras emociones afloren libremente. El rígido control del Yo es casi total. Nos sentimos asfixiados. No conseguimos ver las cosas con objetividad, tenemos la impresión que ese cielo virtual que se encuentra sobre nosotros, con su color de plomo, tiene que caracterizar todo nuestro futuro, en sentido meteorológico y psicológico. Nos parece que esa hora de particular tristeza tiene que durar toda la vida. Nos sentimos melancólicos y tristes y lo vemos todo complicado, difícil, difícil de superar. En una atmósfera de este tipo seremos capaces de confesar incluso crímenes que nunca hemos cometido. Todas las relaciones interpersonales nos molestan porque tenemos la impresión de que los demás nos juzgan de forma muy estricta. Tememos mucho más el juicio de las personas ancianas y de los jefes o de quienes, aunque no se encuentran jerárquicamente por encima de nosotros, nos dan una imagen de autoridad. En momentos de este tipo podríamos, de forma inconsciente, conseguir que nuestro cuerpo desarrolle granos en la piel para, de esta forma, poder crearnos coartadas: tengo la cara llena de granos y por esto la gente no me quiere. Todo este estrés psicológico podría afectar también de manera particular al estómago y se podría manifestar a través de una gastritis nerviosa, pero sólo si ya en nuestro tema natal hay indicaciones de este tipo. Además podríamos también sufrir algún problema en los huesos o en los dientes y nos veremos obligados a someternos al tratamiento de un dentista durante este tránsito. Por otro lado, resultarán favorecidos nuestros exámenes de conciencia que puedan aclarar dónde nos estamos equivocando. En efecto, durante estas horas no tendremos miramientos con nosotros mismos, que es lo que se requiere para un examen de este tipo.

Luna en aspecto armónico con Urano

Cuando la Luna circula en ángulo favorable con nuestro Urano natal nos sentimos arrollados por un viento de renovación muy fuerte. Nos sentimos frescos, briosos, pero sobre todo catapultados hacia el exterior, con la fuerte intención de renovarnos. Este es el impulso más fuerte: una decidida y poderosa corriente revolucionaria que intenta hacernos cambiar tanto dentro como fuera de nuestra persona. Sentimos repulsión por todas las situaciones de estancamiento, repulsión por la inanición y la inmutabilidad. Nos gustaría combatir el estancamiento como si se tratara de una enfermedad grave. No soportamos la idea de quedarnos quietos observando nuestra vida que pasa sin variantes. El espíritu de aventura que nos afecta en estas horas es algo que será muy difícil de apreciar durante otros tránsitos. Nos sentimos también particularmente originales y lo demostramos no sólo a través de nuestras ideas, sino también con acciones puntuales, como por ejemplo vistiéndonos, ese día, de manera absolutamente inusual. A veces esta sed de originalidad se desborda y nos presentamos a los demás de una manera demasiado excéntrica. ¿No se ha puesto nunca una prenda absolutamente inoportuna para una determinada circunstancia? Si la respuesta es afirmativa, seguro que fue durante este tránsito. Pueden apoderarse de nosotros las ideas más extravagantes, incluso se nos podría ocurrir pintar nuestro coche de color rosa con estrellitas azules, si es que en nuestro tema natal ya muestra este tipo de tendencia. Pero sobre todo se tratará de un momento fecundo para las ideas e innovador para toda nuestra persona, que podría aprovechar de esta ocasión para darle una o más vueltas importantes a la rutina cotidiana. Si no existieran, de vez en cuando, tránsitos de este tipo, correríamos el riesgo de caer en una peligrosa inactividad. El envejecimiento, sobre todo mental, es uno de los mayores peligros de los que tendríamos que protegernos siempre. Renovarnos y presentarnos de forma distinta a nuestros seres queridos y al mundo entero, representa una acción ganadora, positiva. En estos momentos nos damos cuenta de cuántos errores estamos cometiendo aferrándonos a lo que ya hemos conquistado. El terror de perder nuestros bienes muy frecuentemente nos paraliza y nos condena a un triste estereotipo que se repite hasta el infinito. En las costumbres diarias acabamos debilitando hasta nuestros sentimientos y eliminando al niño que vive en todos nosotros. En cambio, el aspecto armónico Luna–Urano nos permite mostrar las fuerzas más creativas e innovadoras que se encuentran en nuestro espíritu. Nos permite proyectarnos lejos, en sentido geográfico y respecto al tiempo. Por un día podemos deshacernos de la bufanda y el sombrero y correr con la camisa desbotonada hacia el viento. ¿Quién ha dicho que tenemos que guarecernos por fuerza cuando llueve? ¿No podríamos por una vez correr y cantar locamente bajo la lluvia como en la canción de la famosa película americana? ¿Dónde está escrito que tenemos que acostarnos siempre antes de medianoche? ¿Y si, por una vez, nos pusiéramos a correr por la ciudad durante toda la noche para luego ir a ver la salida del sol a orillas del mar? Observémonos bien dentro en estas horas y encontraremos de nuevo el espíritu joven que cada día intentamos enterrar. Saquemos fuera nuestro lado mejor, el anticonvencional, el que nos permite arriesgar y vivir. No tengamos miedo de respirar, de arriesgarnos, de quebrantar las reglas. Aprovechemos de este momento para echar por el balcón todo lo que nos envejece día tras día. Tal como solemos hacer en Nochevieja, también en este momento podemos echar por la ventana, junto con los platos viejos (costumbre italiana), algún viejo recuerdo que nos paraliza en el suelo y nos impide volar. Probemos la ebriedad de volar, como dice Erica Jong en su famosísimo libro. Al menos de vez en cuando, intentemos abandonar las convenciones, las reglas y las sogas al cuello. Liberémonos del superyó castrador. Desahoguémonos. Y volemos, ¿por qué no?, volemos de verdad ya que en esas horas nos atraerán realmente los aviones, pero también la electrónica, el cine, la fotografía, la música y la astrología. Aprovechemos de este momento para hacer cosas inusitadas, para estudiar argumentos poco comunes o para hacer experiencias distintas. Intentemos hacer emerger también el espíritu fraterno que, de alguna forma, se aloja dentro de cada uno de nosotros. Intentemos pasar una día de *hippie*, aunque sólo sea por una vez.

Luna en aspecto inarmónico con Urano

Cuando la Luna transita en un ángulo disonante con Urano nos encontramos sometidos a una fuerte electricidad que rodea nuestra persona. El impulso del anticonformismo, que durante el tránsito armónico Luna–Urano puede representar un buen elemento de renovación, asume aquí un aspecto devastador, tan extremadamente crítico que puede alcanzar niveles verdaderamente excesivos. La pulsión original que nos gobierna durante este tránsito, tarde o temprano desborda y arrolla cualquier regla de sentido común a la que, de una manera u otra, deberíamos estar sometidos. De esta forma, acabamos otorgando a nuestras acciones un carácter de exageración que llega a la excentricidad. Una cosa es ponerse una chaqueta del esmoquin con pantalones vaqueros, otra cosa es – por ejemplo – presentarse en el parlamento en bermudas. Durante este tránsito, la intolerancia a las costumbres y a los cuentos de nunca acabar, el odio a la inanición y a la rutina, pueden alcanzar niveles de exasperación que nos llevan a acciones excesivas, desproporcionadas, sin tacto y sin elegancia. En estas horas, nuestra personalidad es como si estuviese enloquecida, descontrolada. Un excesivo nerviosismo nos lleva más a destruir que a construir. Podríamos hacer desaparecer en un único instante años de construcciones lentas y difíciles. Podríamos sacrificar una antigua amistad por culpa de una palabra fuera de lugar. Debemos de ser muy prudentes y particularmente moderados, controlados y sensatos. Lo que menos tenemos, bajo este tránsito, es el sentido de la medida. Nuestro espíritu se halla en un estado de gran inquietud, proyectado hacia la paradoja y las acciones exageradas de diversos tipos. Quisiéramos comportarnos como perros vagabundos y sin reglas. Percibimos un sentido de malestar contra cualquier tipo de regla, de obligación y de vida civil. Nuestra "cuerda loca", como escribía Pirandello, tiende a tomar la delantera respecto al "contable" que se encuentra dentro de cada uno de nosotros. Nos comportamos como si estuviéramos en estado de ebriedad o incluso drogados o como si nos hubiéramos tomado diez cafés, y al final terminamos por girar como motores sobrecargados. Dicha inquietud es contagiosa y provoca una actitud negativa frente a los demás que podría hacernos pelear con todo el mundo. El impulso que nos gobierna es el de mandar al diablo a nuestro jefe en el trabajo, pero también a las personas que más amamos y con las que compartimos nuestra vida. En estas horas debemos tener mucho cuidado porque podríamos comprometer relaciones que son muy importantes para nosotros. Eventualmente, si es necesario, recurriremos a sedantes naturales o sintéticos para reducir un poco la presión que, durante este paso planetario, caracteriza nuestra conducta. Pero, sobre todo, esforcémonos para quedarnos lúcidos, fríos y conscientes. Evitemos dar salida a las fuerzas excesivamente centrífugas que se adueñan de nosotros. La alta tensión que gira a nuestro alrededor en estos momentos se puede expresar también a través de diferentes accidentes de los que podríamos ser víctimas. Por lo tanto, será preferible evitar conducir el coche y particularmente la moto, dar zambullidas o esquiar, ir con patines, encender el fuego con gasolina, efectuar reparaciones eléctricas o jugar con armas de fuego.

Luna en aspecto armónico con Neptuno

Cuando la Luna transita en aspecto armónico con nuestro Neptuno natal percibimos una especial atmósfera de ensueño a nuestro alrededor. La sensación es la de olvido, de abandono, de perderse detrás de mil fantasías con los ojos abiertos. Nos sentimos particularmente inspirados en lo poético y literario. Pero se trata sobre todo de sensaciones y estados de ánimo que podríamos convertir en ejercicios artísticos. En efecto, durante estos períodos, si somos artistas, el momento es particularmente bueno para pintar, esculpir, tocar instrumentos, componer música, escribir y reflexionar sobre posibles obras futuras. Se trata de un corto, pero significativo, momento mágico cargado de óptimas intuiciones que podemos convertir en productos de nuestra fantasía y de nuestro ingenio. Aunque nuestro trabajo sea principalmente técnico, este tránsito nos puede sugerir soluciones y trucos para mejorar, para encontrar soluciones a problemas viejos, para entender en qué dirección nos podemos mover mejor. Deseamos pensar, reflexionar, pero también abandonarnos, descansar y dormir. Los paseos que demos en estas horas serán muy agradables y relajantes. Y si los paseos los hacemos en barco, en yate o en otro medio marino en general, nuestro placer será aún mayor. En efecto, probamos una fuerte atracción por el agua y todos los demás líquidos, incluso las bebidas de cualquier tipo. Nuestra tolerancia hacia los demás aumenta, así como aumenta nuestro espíritu en el ámbito sanitario y asistencial. Sentimos una mayor compasión hacia los demás, nos afectará la miseria ajena y nos trastornará el sufrimiento del prójimo; nos sentiremos estimulados por los problemas de los más débiles, de los desvalidos, de las minorías, de los extracomunitarios que viven entre nosotros. Sentimos la necesidad de movilizarnos en este sentido, de hacer algo concreto, de colaborar con las organizaciones misioneras y humanitarias, de brindarles nuestro auxilio de alguna manera. Nos sentará bien ofrecer algo nuestro, enviar dinero a quien lo necesita o tratar de hacer una obra buena. Esto nos hará sentir mejor, más satisfechos. Percibiremos también mayor misticismo respecto a la norma y podremos aprovechar estas horas para ir a rezar o para visitar templos dedicados a la oración y al culto. Si no somos creyentes, en estas horas podríamos notar un mayor impulso a involucrarnos en las masas, en los movimientos políticos, sindicales, ecologistas, etcétera. Si pensamos participar en una de estas organización, el momento es favorable y propicio como nunca. Lo mismo vale si pensamos matricularnos a un curso de pesca submarina, de navegación o de esquí acuático. Este tránsito también nos impulsa mucho más a visitar a los enfermos y a las personas que sufren por diversos motivos. Aprovechemos para solucionar algún error nuestro del que más tarde nos podríamos culpabilizar. Nuestra mayor disponibilidad y tolerancia hacia los demás podría concretizarse también en eliminar un viejo rencor y en perdonar. Aprovechemos de estas horas también para leer libros de esoterismo, mística, yoga, orientalismo, astrología, etcétera. Si practicamos alguna forma de meditación, este tránsito presenta una porción de día muy favorable para ello.

Luna en aspecto inarmónico con Neptuno

Cuando la Luna transita en aspecto inarmónico con nuestro Neptuno radical nos sentimos sujetos a pequeños estados de ansiedad y/o de fobia. Sentimos como una sensación de peligro, pero no somos capaces de identificarla mejor, ni tampoco podemos comprender los motivos por los que nos encontramos en esta condición. Un sentimiento general de temor se apodera de nosotros y tiende a causarnos malestar, provocando una actitud fóbica respecto a casi cualquier cosa. Tendemos a pensar que estamos viviendo un mal momento, que algo nos está amenazando, que los demás nos tienen tirria, que de un momento a otro podríamos tener que enfrentarnos con algún problema importante. Aunque generalmente no somos paranoicos, en estas horas es como si lo fuéramos y desarrollamos una actitud particularmente desconfiada respecto a los demás. Un marcado pesimismo se apodera de nosotros y empezamos a pensar que tal vez la vida está en contra de nosotros, que el destino es nuestro enemigo, que todo funciona mal. El problema es que, como no logramos ser objetivos, no sólo no nos damos cuenta de que estos temores son sólo subjetivos y que existen sólo dentro de nosotros, sino que podemos incluso llegar a creer que nos acompañarán para siempre. Pero en realidad se trata de pocas horas que, en el peor de los casos, nos harán tener un mal día. Si nuestra condición mental básica es bastante buena, este tránsito podrá manifestarse sólo con una gran confusión mental. Nos encontraremos, entonces, en un momento muy poco lúcido, tanto al hablar como al reflexionar o al hacer programas. En estas horas será preferible no tomar ninguna decisión importante y no pensar en ningún proyecto importante. Si tenemos que trabajar en un informe que nos interesa de forma particular o en cualquiera otra actividad intelectual importante, será preferible aplazarla. La confusión mental anida en nuestro cerebro, pero también en nuestro corazón y, por lo tanto, nos lleva al error, incluso en los juicios personales sobre los demás. En este sentido, será mejor evitar juzgar y abstenernos de tomar decisiones que puedan afectar nuestras relaciones más íntimas y confidenciales. Nuestro estado de ánimo está trastornado y Neptuno nos empuja a sobrestimar o subestimar las situaciones y las personas. La confusión mental que se ha apoderado de nosotros también nos puede hacer cometer errores materiales de los cuales puede depender nuestra incolumidad; por esto es mejor evitar los viajes en moto durante este tipo de tránsito y reducir el uso del coche al mínimo indispensable. Si los pilotos de Fórmula 1 conocieran este tránsito, evitarían practicar este oficio para no verse expuestos, periódicamente, a semejantes riesgos. De la misma manera, será mejor evitar cualquier ocasión de peligro como el esquí, las carreras en bicicleta, el empleo de armas de fuego, las escaladas en montaña, las zambullidas y cosas por estilo. Un particular peligro nos llega del mar, por lo tanto no será prudente navegar o hacer submarinismo, con o sin botella de oxígeno. Igualmente nos podrían afectar los líquidos como el alcohol o, también, los psicofármacos y las drogas. Las intoxicaciones debidas a psicofármacos son bastante frecuentes, así como los daños provocados por la ingesta de fármacos a los que no estamos acostumbrados. El tránsito que estamos describiendo nos aconseja, además, evitar exponernos en el ámbito político o a través de movimientos de masa como protestas, huelgas y asambleas. También será causa de daño o peligro frecuentar sectas secretas, magos, exorcistas y malos astrólogos, así como participar en movimientos religiosos bastante poco ortodoxos. Como regla general es aconsejable prescindir, durante estas horas, de toda forma de fanatismo o caer en ideas fundamentalistas.

Luna en aspecto armónico con Plutón

Cuando la Luna circula en aspecto armónico con Plutón, una gran energía psicofísica nos invade por completo. Somos capaces de vivir y de probar emociones fuertes, intensas, junto a una pasión que nos involucra mucho. Somos capaces de vivir estas horas con fervor y de una manera amplificada. Se trata generalmente de una intensa corriente de vida durante la que nos sentimos capaces de hacer más de lo normal, de acceder a situaciones más complejas y difíciles, de afrontar programas que normalmente nos asustan y nos desalientan. Parece que ganamos en carácter, si tenemos poco, o adquirimos más si ya somos una persona fuerte. Emanamos fascinación y constatamos que somos capaces de llegar al prójimo con nuestro carisma. Un cierto magnetismo caracteriza nuestra persona haciéndonos aparecer como si estuviéramos cubiertos con un manto de luz particular y por una atracción muy peculiar. Nos atraen los problemas policiales y también la literatura policíaca o la demonología y las novelas negras en general. Deseamos jugar el papel de policías en nuestro propio hogar y quizá pasemos a la acción y tratemos de descubrir algún pequeño misterio familiar. En estas ocasiones podemos considerar la posibilidad de controlar el teléfono, solicitar a la compañía telefónica el listado de las llamadas o quizá investigar qué tipo de amistades tiene nuestro hijo. También nos sentiremos más motivados sexualmente y, generalmente, aumentará nuestra demanda de sexo. Si nuestra pareja se encuentra en una situación análoga, podríamos vivir horas particularmente intensas desde este punto de vista. En estas horas también nos puede apetecer hacer búsquedas subterráneas, relativas por ejemplo a corrientes de agua escondidas, o intentar sacar a la luz metales preciosos u objetos que anteriormente se habían sepultado, otras personas o nosotros mismos. Nos atrae el mundo de los difuntos y podemos aprovechar de este momento para visitar a nuestros antepasados en el cementerio.

Luna en aspecto inarmónico con Plutón

Cuando la Luna transita en aspecto inarmónico con nuestro Plutón natal, atravesamos algunas horas del día caracterizadas por oscuras pulsiones destructivas. Podríamos decir que este paso planetario se expresa a una octava superior respecto al de la Luna en ángulo inarmónico con Neptuno. Las angustias, las fobias, los temores generalizados por ese tránsito muestran aquí una ulterior amplificación y, si las circunstancias generales lo justifican, podemos incluso experimentar pulsiones destructivas o autodestructivas. Si atravesamos un período muy difícil de nuestra vida, podríamos incluso pensar en el suicidio. En cualquier caso, somos víctimas de pensamientos lóbregos, malos y muy negativos, tanto en relación con nosotros mismos como con los demás. Se trata de un componente esencial en los comportamientos criminales de todo tipo. Aflora la parte peor de nosotros, el animal que alberga en cada ser humano sale a la superficie y enseña los colmillos. Necesitaremos de todo nuestro control para poder frenar estos impulsos bestiales y negativos. Debemos contar con nuestra razón y nuestra buena educación para lograr frenar al monstruo que llevamos dentro. El Mr. Hyde que se aloja dentro cada uno de nosotros sale a la superficie y quisiera ponerse a aullar. Nuestras pulsiones interiores más ruines y animalescas tienden a manifestarse a través de comportamientos que, aunque no lleguen a ser de tipo criminal, se acercan mucho a tal condición. Se trata sólo de pocas horas, pero pocas horas que podrían hacernos cometer acciones despreciables. Sería preferible quedarnos encerrados en casa, pero con el máximo de distracciones posibles, como puede ser la sana lectura de un libro o la visión de una película violenta como válvula de escape que canalice estas energías pintadas de negro, en todos los sentidos. Nuestras pulsiones sexuales se asoman con mayor prepotencia, pero no se trata de una solicitud de sana sexualidad, sino de estímulos prepotentes que nos inducen más a la violación que a una demanda pacífica de relación entre dos seres humanos. Seguramente las peores conductas en este campo, las que llenan las crónicas de los diarios, son hijas de este tipo de tránsito. También nos atraerá enérgicamente todo lo que es policíaco o criminal en el peor sentido del término. Se trata seguramente de un momento muy oscuro de nuestro ciclo mensual, un período que dura pocas horas durante las cuales debemos recurrir a todas nuestras mejores virtudes para no cometer acciones de las que más tarde podríamos avergonzarnos o arrepentirnos. También nos podría obsesionar la idea de la muerte, tanto la nuestra como la de nuestros seres queridos. Este período no es absolutamente indicado para visitar cementerios.

Luna en aspecto con el Ascendente

Véase: Luna en la Primera Casa.

Luna en aspecto con el Medio Cielo

Véase: Luna en la Décima Casa.

Luna en aspecto con el Descendente

Véase: Luna en la Séptima Casa.

Luna en aspecto con el Fondo del Cielo

Véase: Luna en la Cuarta Casa.

Luna en tránsito por la Primera Casa

Cuando la Luna pasa por nuestra Primera Casa radical tendemos a ser más primarios, es decir, reaccionamos rápidamente, mostrando una personalidad más decidida y actuando de manera fuerte y determinada. Nuestra personalidad desborda, aparece radiante, ganadora. Nos hacemos respetar, pero no en el sentido mafioso del término, sino más bien conquistando simpáticamente a los demás. Somos más conscientes de que logramos dominar las situaciones con nuestra voluntad, sin la ayuda de nadie más. Nos sentimos capaces de llevar adelante compromisos más pesados y difíciles. Aumenta la confianza en nosotros mismos. Tendemos a remangarnos la camisa para trabajar mejor: sí, podríamos decir que éste es el aspecto emergente de este momento. Pocas horas durante las cuales nos movemos con mayor destreza y determinación. Nos sentimos mejor, tanto física como mentalmente, motivados por una forma particularmente positiva con la que podemos obtener buenos momentos desde el punto de vista sexual. Nuestro impulso interior es hacia la sinceridad y hacia la lealtad en las relaciones humanas. Nuestros mejores sentimientos nos hacen actuar positivamente con el prójimo, a quien tendemos a tratar como a un amigo. Volveremos a adquirir fuerzas y determinación en general, lo que nos permitirá también ocuparnos mejor de nuestro cuerpo, por ejemplo con la ayuda del peluquero o del estetista. En estos pocos días sería oportuno practicar deportes que nos favorecerán muchísimo, recordando el antiguo refrán latín que justamente teorizaba la salud mental dentro de un cuerpo físico sano. Cualquiera actividad física nos sentará muy bien, ir a correr o a bailar, practicar la natación o limpiar la casa. Generalmente notamos un mayor interés hacia nosotros mismos, pero no siempre esta pulsión coincide con una dirección de aislamiento de nuestro Yo. Es verdad que nos sentimos un poco en el centro de la atención y jugamos el papel del protagonista, pero sentimos siempre la necesidad de los demás, por lo menos para que asistan a nuestras empresas en calidad de público. Sólo si el astro forma aspectos muy disonantes con los demás planetas, podríamos llegar a ser particularmente egocéntricos y centralizadores, es decir, motivados por un fuerte protagonismo. En estas circunstancias podemos también resultar volubles y excesivamente cambiantes, además de caprichosos e infantiles, y sentir físicamente los cambios climáticos. Un excesivo nerviosismo se puede adueñar de nosotros y llevarnos a ser rencillosos e intolerantes con los demás, lo que nos podrá ocasionar problemas en las relaciones familiares o sentimentales. Si llegan a crearse estas condiciones, deberemos tratar de contar sobre todo con la fuerza de la razón para frenar las pulsiones incontroladas del inconsciente.

Luna en tránsito por la Segunda Casa

Cuando la Luna atraviesa nuestra Segunda Casa radical sentimos un impulso a ocuparnos mucho más de las cosas útiles y esenciales de la vida, como puede ser procurarnos mayores ganancias. Se trata de un poco más de dos días al mes, durante los cuales ponemos los pies en el suelo intentando ser prácticos y especulativos al máximo, en el sentido que nos interesará sobre acabar y monetizar nuestros esfuerzos. Abandonamos un poco los sueños y los proyectos teóricos para dirigirnos a nuestro vecino más próximo en búsqueda de aquellos recursos a través de los cuales nos podamos asegurar mejores medios de supervivencia. Se trata de un período cíclico durante el que la naturaleza se ocupa de armarnos con la actitud necesaria para sobrevivir. Hace miles de años este tránsito correspondía a los días en que nuestros remotos antepasados trataban de encontrar una gruta donde cobijarse y una piel de animal para cubrirse. Hoy, gracias a Dios, la mayor parte de nosotros occidentales disponemos de abrigo y cobijo, y este tránsito nos indica casi exclusivamente la búsqueda del dinero con el cual poder adquirir los demás objetos de primera y de segunda necesidad. Si tenemos créditos, iremos en busca de nuestros deudores para recuperar lo que nos deben. De lo contrario, prestaremos mayor atención a los anuncios clasificados en los diarios locales o, quizá, nosotros mismos publicaremos un anuncio. Se nos ocurrirán buenas ideas sobre cómo obtener nuevos ingresos y nos atraerán los periódicos que tratan casi exclusivamente estos asuntos. También es probable que en estos dos días aproximadamente visitemos más de una vez el banco, para cambiar cheques o para retirar dinero. Si guardamos dinero en algún sitio, nos gustará volver a contarlo. De todas maneras, nos atraerá el dinero, aunque se trate sólo de tocarlo. La Segunda

Casa también corresponde al aspecto y por esto es probable que cuidemos particularmente nuestro aspecto exterior y que tomemos, quizá, alguna decisión acerca de un cambio en nuestro peinado, en el maquillaje o en el color del cabello. Así pues, estas horas son buenas para ir al peluquero o al masajista, o para hacer saunas o aplicarse fangos y todo lo que pueda favorecer la piel, la cara y todo el cuerpo. Es principalmente durante este tránsito que tomamos decisiones como cambiar la forma de vestir: por ejemplo un caballero puede decidir empezar a usar corbatas por primera vez en su vida. Siempre en esta óptica, podríamos decidir iniciar una dieta o hacer algo para adelgazarnos. En estos días podría cambiar nuestra relación con la comida, aunque sólo sea durante pocas horas, y podríamos sufrir leves formas de anorexia o de bulimia. Percibiremos también un mayor interés hacia el canto y la música y podríamos dedicar estos días a cantar en un coro. Además nos gustará más el teatro, el cine y los espectáculos en general. Aprovechemos también si queremos obtener un papel en representaciones de aficionados o si queremos hacer fotografías y videos con la cámara. Nosotros mismos resultaremos mejores y seremos mucho más fotogénicos. Si necesitamos que nos hagan un retrato por motivos de trabajo, se trata del día más adecuado para ello. El sector de la gráfica en general nos interesa más y podremos aprovechar para trabajar en este campo con el ordenador o para aprender a usar un software gráfico. Durante este paso planetario tenderemos a gastar más dinero y, si el tránsito acontece contemporáneamente con varios aspectos inarmónicos, deberemos tener cuidado para no malgastar nuestros ahorros. Cuidado también con los robos y los préstamos que podrían no devolvérnoslos jamás.

Luna en tránsito por la Tercera Casa

Cuando la Luna atraviesa nuestra Tercera Casa radical sentimos un gran deseo de comunicación. Es como si nuestro espíritu volviera a ser joven y deseamos fuertemente movernos, en todos los sentidos de la palabra. Desde un punto de vista físico elegimos desplazarnos, hacer un viaje, aunque sea corto, o salir para hacer una excursión. Si nos gusta conducir, las ganas de dar una vuelta en coche serán más fuertes y podremos hacer agradables minicruceros en las afueras de la ciudad. Podremos ir a visitar a un pariente en el campo o en el mar, o hacer sencillamente un largo paseo por el área urbana. Si no utilizamos el coche, se tratará sencillamente de un paseo muy sugestivo, pero de todas maneras no queremos quedarnos quietos en nuestro acostumbrado sitio de trabajo. También a nivel mental nos sentiremos inquietos y atraídos por mil curiosidades: deseamos leer, informarnos, consultar enciclopedias, escuchar la radio y ver la televisión. Se trata de un momento ideal para navegar por Internet y hacer búsquedas hipertextuales. Poder viajar en el océano infinito de la red nos proporciona un sentido de ebriedad y nos relaja al mismo tiempo. Logramos conectarnos mejor hasta con los sitios más remotos y mucho más frecuentados, lo que por ejemplo puede resultar bastante difícil en otros días. Recibimos más llamadas telefónicas y nosotros mismos las hacemos. Contactamos a personas lejanas y nos resulta más sencillo comunicarnos incluso con aquellos sujetos que raramente se quedan en casa. En estos aproximadamente dos días recibimos mayor correspondencia o tenemos el impulso de mandar muchas cartas y postales. El momento también es muy favorable para estudiar, hacer cursos, dedicarnos a la enseñanza, preparar una tesina, un informe para un congreso o escribir el capítulo de un libro. Tenemos que aprovechar de este tránsito porque ocurre sólo pocos días al mes. Durante este tránsito nos sentimos mucho más motivados para socializar, dialogar con los demás o relacionarnos con el ambiente más próximo. El resultado es una mejor capacidad comunicativa en sentido amplio y nos sentimos también más lúcidos y preparados para recibir los mensajes. Conseguimos que nuestros interlocutores nos entiendan mejor y nosotros mismos los entenderemos mejor a ellos. Nos expresaremos mejor no sólo con el verbo sino también con los escritos. Podemos desear comunicarnos particularmente con un hermano, un primo, un cuñado o con personas jóvenes. Si el tránsito se manifiesta contemporáneamente con otros aspectos disonantes, será preferible no moverse y no conducir el coche o el ciclomotor porque podríamos tener diferentes tipos de accidentes, por ejemplo una huelga que bloquea nuestro viaje, un choque o una avería del coche. También aconsejamos evitar hacer llamadas telefónicas o escribir cartas porque podrían surgir percances que incidirían negativamente sobre nuestras comunicaciones: por ejemplo una carta que parte sin sello o un teléfono que no colgamos correctamente y nos aísla durante varias horas. Es estas circunstancias nos resulta difícil hasta conectarnos a Internet o utilizar un aparato de radioaficionado. Considerado semejante flujo inarmónico a nuestro alrededor, si somos escritores debemos evitar trabajar en un libro importante o leer uno importante para nuestro trabajo. Evitemos ponernos en contacto con un hermano, un primo o un cuñado con quienes se podrían crear malentendidos.

Luna en tránsito por la Cuarta Casa

Cuando la Luna atraviesa nuestra Cuarta Casa radical sentimos una gran necesidad de casa, de familia, de calor doméstico. La idea del refugio, del hostal que nos defienda del mundo, nos atrapa independientemente de si nos encontramos en una situación de peligro o no. Durante estos dos días aproximadamente de cada mes buscamos a la madre, la real o la simbólica. Buscamos protección, seguridad, consuelo y calor humano. Nuestra tendencia es refugiarnos en el pasado, en la tranquilidad de las tradiciones y de lo que hemos experimentado durante largo tiempo. Sentimos repulsión por el riesgo y la aventura, por los viajes y por la exposición en cualquier sentido. Descubrimos que somos particularmente prudentes y moderados. Aunque sólo sea por pocas horas, nos convertiremos en caseros que adoran merodear por casa con bata y zapatillas. Nos repugna la idea de salir fuera, al frío, y acariciamos otra idea: la de una buena cena en casa, con nuestros seres queridos y quizá también con viejos amigos con los cuales escuchar buena música. La idea de la chimenea nos gusta y también la de tener a nuestro hijo pequeño, o también al gato, sobre la falda. Nuestra atención se siente atraída fuertemente hacia todos los problemas que tienen que ver con la casa. En estos días pensamos intensamente en comprar o en alquilar una casa, en solicitar una hipoteca para una operación inmobiliaria o en visitar una agencia para una multipropiedad. Es un momento en el que nos encontraremos paseando por tiendas de muebles o comprando adornos o bibelots para la casa. Consideraremos la idea de una reestructuración, de la construcción de un altillo o de dar una mano de pintura a algunos ambientes de la casa. Si somos capaces de llevar a cabo estas tareas, será casi seguramente en estos días cuando cojamos un pincel o bajemos al sótano para arreglar un armario. También sentiremos una necesidad muy fuerte de estar con nuestros padres y será una buena ocasión para ir a visitarlos y pasar un día con ellos. O quizá podremos irnos a visitar, siempre con nuestros padres, el lugar de nuestras próximas vacaciones, para reservar un piso o una habitación en un hotel. Viceversa, si el tránsito es disonante podríamos tener problemas en la casa, como por ejemplo la llegada de una carta desagradable del administrador del edificio o de un vecino de casa. Podríamos tener problemas con un arrendatario o con un propietario y recibir una solicitud de aumento del alquiler. De la misma manera, la mala atmósfera creada por el tránsito disonante podría hacernos arrepentir de haber obtenido un préstamo y dejarnos con el humor por los suelos durante algunas horas. Aumentarán las preocupaciones por la casa, relativas a un alquiler que ha aumentado, a recibos del gas o de la luz que nos sorprenden por su importe elevado, a daños inesperados en la instalación de la calefacción que tenemos que solucionar, etcétera. Nuestro mal humor hará que nos sintamos mal entre las paredes de casa o podríamos encontrarnos lejos de nuestra ciudad y sentir una fuerte nostalgia de casa, además de malestar por nuestra habitación en el hotel. El período de tiempo que estamos describiendo, en este caso, no es nada favorable para comprar o alquilar un inmueble o para someterlo a trabajos de reestructuración. Algunas preocupaciones relativas a nuestros padres nos hacen estar nerviosos e inquietos.

Luna en tránsito por la Quinta Casa

Cuando la Luna transita en nuestra Quinta Casa radical nos atraen totalmente todas las actividades lúdicas y recreativas. Quisiéramos divertirnos lo más posible, salir por la noche, ir a la discoteca, al cine o a cenar en un restaurante; ver a cuanta más gente nos sea posible y transcurrir con ellos horas de alegría. Nuestra libido está claramente orientada en este sentido, así es que se nos pasan las ganas de trabajar, de estudiar, de cumplir con nuestras obligaciones. Detestamos quedarnos en casa y tendemos a trasnochar. Se trata de un tránsito rápido que dura aproximadamente dos días y, sin embargo, durante este recorrido podemos provocarnos una pequeña indigestión de placeres. Y cuando hablamos de placeres hay que entenderlos en sentido amplio, a cualquier nivel. En efecto, placer puede significar también disfrutar de la lectura de una novela, si normalmente tenemos que chuparnos tratados o ensayos que sirven para nuestro trabajo. Entonces se entiende que el concepto de diversión no está relacionado necesariamente con algo prohibido o poco lícito, sino que puede estar representado por todo lo que podemos organizar sin límites de tiempo o de espacio. Para alguien será cocinar, para otros será regar las flores o podar las plantas, para otros incluso jugar al Monopoly... Como dice el refrán "Sobre gustos, no hay nada escrito" y, por lo tanto, la Quinta Casa puede acompañarse también en el estudio de la batalla de Waterloo, si es que esto nos apetece. Lo que más importa es el espíritu con que nos disponemos a relajarnos, a tomarnos unas vacaciones, sobre todo mentales, para no pensar en los deberes que nos llaman. Será muy buena idea irnos por un fin de semana al mar o a la montaña, pero irá igualmente bien quedarnos en casa para ver una óptima película en la televisión. Además, estaremos mejor dispuestos hacia el amor y el sexo y, bajo el marco de este tránsito, podremos vivir horas muy agradables en este sentido. El placer también nos puede llegar del deporte, que se tiene que entender como puro ejercicio físico o como competición seria. La Quinta Casa se refiere, además, al juego de naipes, a la ruleta y a las especulaciones de la bolsa. Por lo tanto, percibimos un impulso también en estas direcciones. Y por último nos sentiremos mucho más atraídos por los niños, tanto los que ya existen como los que tan sólo forman parte de un proyecto en nuestra mente. Por lo tanto, estos dos días son muy favorables para iniciar un proyecto de maternidad o paternidad. Con respecto a los niños que ya están, o a los muchachos y los jóvenes en general, el paso planetario que estamos describiendo puede corresponder a horas que favorecen la enseñanza. Si el tránsito se verifica acompañado con aspectos planetarios negativos, puede indicar o un excesivo deseo de placer o una mala disposición hacia él. En cualquier caso, nos convendría abstenernos. También corremos el riesgo de perder dinero en el juego o con malas inversiones en la bolsa y, por lo tanto, desaconsejamos estas prácticas especulativas. Nuestra disposición para amar no es buena y podemos discutir fácilmente con nuestra pareja o recibir malas noticias acerca de ella. Nuestra relación con los hijos está influida momentáneamente de manera negativa y podemos también notar que ellos están pasando un mal rato.

Luna en tránsito por la Sexta Casa

Cuando la Luna pasa por nuestra Sexta Casa de nacimiento tendemos a ocuparnos mucho de nuestro cuerpo o del cuerpo de los demás. En realidad, tendemos a ocuparnos mucho más de la salud que del cuerpo, o sea de la salud no sólo corporal sino también psíquica. La atención se centra en nosotros mismos y consideramos que debemos prestar mucha más atención a lo que comemos, el aire que respiramos, al estrés que nos puede afectar, a las pruebas que tendríamos que hacernos periódicamente para controlar nuestro organismo, a la visita anual que tenemos que llevar a cabo con el dentista o el ginecólogo. En realidad, en estos dos días de cada mes, tenemos la tentación de visitar a más de un médico y de empezar a tomar más de una medicina. De todas formas, nuestra atención se concentrará en los doctores y en los medicamentos, tanto los de medicina tradicional como los de medicina alternativa. Buscaremos, con más frecuencia de la habitual, un tratamiento de acupuntura, de pranoterapia o de masajes shiatsu o de otro terapeuta. Durante este tránsito nos sentiremos también inducidos a someternos a análisis clínicos, a partir de los más generales de la sangre o las radiografías, hasta los análisis más particulares como los de la vista, del ortopédico, del angiólogo, del andrólogo, etcétera. En resumen, como decíamos anteriormente, sentiremos un fuerte interés por todos los asuntos relativos a la salud, así como el deseo de comprar revistas especializadas, además de informarnos más mediante las enciclopedias. Será el momento oportuno para empezar dietas para adelgazar o de desintoxicación, o para apuntarnos a un gimnasio o a un círculo de tenis o de natación. Se trata de un período también favorable para los masajes, los tratamientos de fangos, las saunas y las curas termales para la piel y los huesos. La justa distribución de energías y de intereses que nos presenta la naturaleza, hace que después de los días dedicados a los contactos con los demás, a la casa y a las diversiones, también nos correspondan un par de días dedicados principalmente a nosotros mismos. Focalizaremos mejor nuestros problemas y nos preocuparemos también de nuestra salud mental, por ejemplo organizando citas con el psicólogo o con el astrólogo. También nos ocuparemos más de nuestro trabajo y sobre todo de las relaciones laborales que nos afectan. Esto podría también implicar alguna tensión más, pero no se puede evitar. Se producirá o provocaremos una pelea con un colega o con nuestro jefe. Querremos puntualizar nuestras tareas y las responsabilidades que tienen los demás. Aclararemos mejor la relación de responsabilidad que nos compete dentro de la estructura laboral en que operamos. Podremos también tener discusiones sobre estos temas, pero saldremos favorecidos, porque habremos aclarado completamente las cosas necesarias. También podremos tener problemas con un dependiente o con un criado, que podría dejarnos exactamente en estos dos días, u ocasionarnos molestias. Si el tránsito es disonante debido a aspectos inarmónicos que la Luna recibe en su camino por la Sexta Casa, es probable que no nos sintamos bien por causa de un malestar indefinido o por reales problemas prácticos, como una gripe o una indigestión alimenticia. Podríamos vernos obligados a guardar cama durante algunos días y tener que recurrir, por fuerza, a los cuidados de un médico. También podría apoderarse de nosotros un excesivo frenesí por la limpieza a nuestro alrededor y efectuar esfuerzos sobrehumanos para arreglar la casa o la oficina.

Luna en tránsito por la Séptima Casa

Cuando la Luna transita en nuestra Séptima Casa notamos una resuelta motivación de tipo matrimonial. Si dependiera de nosotros y de ese momento, nos casaríamos enseguida, si no lo estamos ya. En cualquier caso, después de la atención focalizada sobre nuestro cuerpo durante el recorrido de la Luna en la Sexta Casa, tenemos ahora un fortísimo interés por los demás, sea cual sea el sexo al que pertenecen. Cualquiera tendencia a aislarnos se anula casi por milagro y nos dirigimos al prójimo con mayor confianza. Los psicólogos afirman que cuando nos enamoramos caen drásticamente nuestras reservas contra los demás y se reduce mucho nuestro sentido crítico: entonces nos encontramos en un momento de este tipo, una de esas ocasiones en las que, bajando la guardia y la desconfianza, logramos no ver los defectos del prójimo y hasta podemos enamorarnos. Se trata de una de esas ocasiones periódicas, de aproximadamente dos días al mes, en las que podemos pensar seriamente en irnos a vivir con una pareja. Los demás nos atraerán mucho y encontraremos cientos de motivos para apoyar de forma racional esta decisión. Consideraremos la utilidad de vivir en pareja en los momentos adversos de la vida, el gran valor de una persona querida a nuestro lado, que comparta con nosotros los momentos bonitos y los momentos oscuros de nuestro día a día, el placer de despertarnos al lado de la persona que amamos. Todas ellas cosas que podríamos pensar en cualquier día, pero que en cambio se nos ocurre precisamente ahora. Veremos al prójimo más cordial, más simpático y más atractivo que nunca. Nuestras pulsiones egocéntricas se reducirán drásticamente. Conjugaremos mucho más a menudo los verbos en la primera persona del plural y no en la del singular. Haremos esfuerzos para demostrar nuestra sociabilidad de ese momento, haciendo más vida social. Nos atraerá cualquier tipo de asociación, los clubes privados o los de centros turísticos, los movimientos ecologistas o las charlas entre amigos. También nos sentiremos mucho más motivados hacia el sector político y podríamos apuntarnos a un partido, sorprendidos por no haberlo pensado antes. Además, sentiremos un impulso particular para fundar sociedades con una o más personas en torno a un proyecto laboral. Y, muy probablemente, movilizaremos papeles legales y/ o burocráticos para activar procedimientos que nos permitan empezar nuevas tareas, fundar cooperativas, activar sociedades, etcétera. Viceversa, si el tránsito está acompañado por aspectos negativos, nuestras acciones serán bastante beligerantes. Es decir, que seremos mucho más agresivos con nuestra pareja y hasta podríamos provocar serias discusiones durante este recorrido planetario. En una situación límite, podríamos hasta considerar una separación o un divorcio. Además, seremos más combativos hacia el exterior, metiéndonos en batallas políticas o declarando la guerra a alguna persona de forma particular. Podría tratarse de un pariente, un amigo o un perfecto desconocido. Recurriremos fácilmente al consejo de un abogado y pondremos en marcha los papeles legales. Puede que se trate de papeles legales o burocráticos que lleguen a nosotros sin preaviso. Durante este tránsito también pensaremos seriamente en disolver sociedades, romper contratos o separarnos de un socio. En definitiva, en pocas horas podríamos destruir nuestro trabajo de años. Hace falta mucha prudencia y mayor tolerancia con los demás.

Luna en tránsito por la Octava Casa

Cuando la Luna pasa por nuestra Octava Casa nos atrae más el juego y las posibilidades de ganar y de enriquecernos de manera independiente de nuestro trabajo. Consideramos con confianza las loterías, la quiniela, el loto y probaremos suerte con más de un juego, muchas veces bajo el impulso de una buena intuición o de un sueño iluminante, que es lo que a menudo acompaña a este tipo de tránsito. Antes que nada trataremos de recuperar viejos créditos haciendo llamadas telefónicas, insistiendo con nuestros deudores, presionando a los amigos, solicitando ayuda a las instituciones de pago. Luego buscaremos la mejor manera de aumentar nuestros ingresos extras, por ejemplo a través del dinero del cónyuge (no olvidemos que en el sistema de casas derivadas, la Octava es la segunda casa a partir de la Séptima). Una atmósfera de herencia en sentido general nos acompañará durante estos dos días más o menos, y si recibiremos realmente una herencia en el curso de nuestra vida podría ser precisamente ahora. Pero no es tan importante el acontecimiento de verdad, sino la atmósfera que se crea. Nos ponemos en un estado de espera positiva y, por lo tanto, también nuestro humor mejora. Durante algunas horas nos ocupamos con placer del juego de las quinielas y de los billetes de lotería. Consultamos la serie de números de la *smorfia* napolitana en busca de los números relacionados con los hechos principales de la semana, o leemos con avidez los diarios especializados en los sistemas matemáticos para las quinielas del fútbol. Una pequeña "fiebre del oro" se apodera de nosotros y nos condiciona durante algunas horas. La atmósfera también se podrá alegrar con la llegada de un poco de dinero que nos debían, con un pequeño interés madurado en el banco o con una liquidación que estábamos esperando. También el regalo de un padre para nuestro cumpleaños cabe en esta lógica. Siempre durante estas horas se nos podrá ocurrir pedir un préstamo a un banco o a una empresa de financiamiento. Puesto que la Octava Casa está relacionada con el signo del Escorpión, veremos que aumenta nuestro apetito sexual y podremos aprovecharlo para vivir algunas horas felices en este sentido. Por último, nos atraerá también la idea de visitar las tumbas de nuestros seres queridos para reflexionar, de manera serena, sobre la muerte. Si el tránsito se produce de forma inarmónica, podremos vivir algunas horas bajo el influjo negativo de una preocupación económica ocasionada, por ejemplo, por un impuesto, una multa inesperada, una hipoteca que se ha vuelto repentinamente demasiado elevada para nuestros recursos, un préstamo que tenemos que devolver con un interés muy grande. Nos ponemos a sacar cuentas y descubrimos con horror que nuestros gastos familiares están creciendo de manera preocupante. En una reunión de familia, invitamos con firmeza a todos los miembros a moderar los gastos. Discutimos con la pareja a causa de sus excesivas exigencias económicas. Estamos bastante preocupados porque no logramos obtener un préstamo con el que contábamos, o bien porque hemos derrochado en el juego el dinero que nos hubiera servido para otra cosa importante. En resumen, nos atormentan sobre todo problemas de tipo económico. Pero nuestras penas también pueden depender de cualquier otra cosa y hacernos pensar, en estos momentos, incluso en el suicidio. Afortunadamente se trata de un tránsito rápido durante el cual debemos tratar de frecuentar personas alegres y sanas mentalmente. Siempre en el transcurso de estas horas podríamos tener bloqueos sexuales temporales o, peor aún, excesivas pulsiones de este tipo que, si no somos personas de confianza, podrían hacernos cometer incluso acciones censurables. Será mejor quedarnos bien lejos de los cementerios y evitar pensar en la muerte.

Luna en tránsito por la Novena Casa

Cuando la Luna atraviesa nuestra Novena Casa radical sentimos una gran necesidad de alejarnos de todo lo que nos es familiar. Lo lejano, y hay que entenderlo en sentido amplio, es lo que nos atrae más: la lejanía tanto en sentido geográfico–territorial como en sentido metafísico–trascendental. Nos asalta un gran deseo de viajar, de alejarnos lo más posible de nuestra casa. Incluso quisiéramos irnos a vivir a otra ciudad. Nos atraen las exploraciones, las excursiones exóticas, el extranjero y los forasteros. Tanta intensidad de deseo normalmente también supone alguna realización en sentido práctico: nos desplazamos y organizamos un viaje a otra ciudad de nuestro país o incluso, a otra nación. La idea de tomar un avión y cambiar de continente nos galvaniza e invertimos la mayor parte de nuestras energías en esta dirección. También se nos ocurre quedarnos en otra ciudad para frecuentar cursos universitarios, para un aprendizaje relacionado con nuestra profesión o para pasar algunos días en casa de un pariente nuestro. De todas maneras, nos molesta la idea de no poder irnos. Y la verdad es que los viajes se ven favorecidos en este período. Nos podemos tomar unas cortas pero buenísimas vacaciones. Aunque este paso planetario sólo dure un par de días, es suficiente para hacernos partir y dar inicio a nuestras vacaciones. También nos atrae el estudio de la geografía, que podríamos perfeccionar con óptimos CD–ROM multimedia que se encuentran en los comercios o bien viendo videos de documentales que podemos comprar en cualquier quiosco. Y es justo en los quioscos donde encontraremos distintos cursos de idiomas extranjeros que en estas horas nos interesan mucho. Entre los idiomas debemos incluir también las lenguas que sirven para programar los ordenadores y que también podrán atraer nuestra atención. Además nos interesará mucho la filosofía, el orientalismo, el Budismo, el yoga, la parapsicología, el esoterismo, la astrología y la teología. También podremos decidir matricularnos en un curso universitario que, como tal, de una manera u otra trata asuntos que van más allá de lo cotidiano. En estas pocas pero interesantes horas estaremos muy inspirados en sentido filosófico y reflexionaremos sobre los problemas básicos de la vida, del hombre y de la muerte. Si el tránsito está caracterizado por ángulos disonantes, será preferible no viajar porque encontraríamos dificultades de varios tipos como una avería del motor o una huelga de trenes y aviones, la pérdida de una maleta o un posible choque en coche. Nuestras experiencias en el extranjero o lejos de nuestra casa tenderán, en estos días, a ser negativas y desagradables. Un malestar momentáneo podría impedirnos hacer un viaje y la mala disposición de una hermana, de nuestra esposa, de nuestra madre o de nuestra hija podría estropearnos un fin de semana. Estaremos mal dispuestos hacia las personas que vienen de lejos y esta actitud negativa podría confundirse incluso por una forma de racismo. No es el momento adecuado para estudiar filosofía, religión, orientalismo, astrología, macrobiótica, etcétera. Nuestros estudios universitarios empeoran y podríamos tener la tentación de abandonarlos.

Luna en tránsito por la Décima Casa

Cuando la Luna pasa a través de nuestra Décima Casa natal nos sentimos empujados hacia la búsqueda de la madurez, el crecimiento, la emancipación. Toda nuestra persona se encontrará envuelta en una tensión positiva de mejora total. Nuestro principal deseo será crecer, subir de nivel a una condición mejor. Nos sentiremos empujados hacia adelante, muy hacia adelante. Nuestro objetivo principal será cambiar, enriquecernos espiritualmente y librarnos de esclavitudes de todo tipo. Trataremos de eliminar, de una manera u otra, los obstáculos y los pesos muertos que nos impiden emprender el vuelo. Nos sentiremos muy atraídos por el vuelo en general. Tanta intensidad en esta dirección normalmente supone también que logramos resultados concretos en este campo. Y, en efecto, podremos levantarnos de nuestras sillas, tirar los lastres inútiles y librarnos de las opresiones. Quizá la principal forma de emancipación es la que está conectada con nuestra condición social y profesional: si nuestro trabajo no es gratificante o nos pagan poco, entonces somos de verdad esclavos de nuestra vida. En este sentido madurarán en nosotros mayores ambiciones, incluso fantasías de poder. Daremos codazos para avanzar y conseguir una gratificación en el trabajo, un reconocimiento mejor de nuestro valor profesional, un cargo de más alta responsabilidad. Frecuentemente lo conseguimos porque nuestros jefes leen, de forma clara, la voluntad que desprende nuestra persona. Con este tipo de tránsito podemos aprender a nadar en edad avanzada, subir a un avión por vez primera o empeñarnos para aprender a utilizar bien el ordenador. Podríamos también dejar de fumar o de tomar psicofármacos. En cualquier caso conseguiremos curarnos de una vieja enfermedad y abandonar un análisis psicológico o una terapia de apoyo (pero todo esto sólo si hay otros tránsitos contemporáneos mucho más importantes). Viviremos, probablemente, un momento de particular popularidad. Seremos mucho más receptivos a los deseos de nuestra madre y sentiremos mucho cariño por ella, en estas horas en las que la que nos dio a la luz podría vivir un pequeño momento de luz particular, de forma subjetiva u objetiva. Viceversa, si el tránsito es de manera negativa, inarmónica, nuestro rendimiento en el trabajo será peor, tendremos pocas ganas de trabajar, nos sentiremos inadecuados para un compromiso profesional más importante y no lo suficientemente motivados para pedir un cargo de mayor responsabilidad. Notaremos que somos menos ambiciosos o al contrario excesivamente ambiciosos. De todas maneras, esto podrá afectar nuestra carrera. Podríamos también dar un paso atrás en nuestra emancipación, por ejemplo podríamos tener que volver a tomar un somnífero por la noche o volver a sentir la necesidad de que alguien nos acompañe en un viaje. Nos sentiremos menos libres y más oprimidos por las contingencias diarias. Podríamos perder un privilegio anteriormente conquistado con cansancio y determinación. Nuestra popularidad sufrirá un momento de flexión. Un pensamiento recurrente nos hará preocuparnos por nuestra madre que, en efecto, podría vivir algunos días no muy buenos respecto a su propia salud.

Luna en tránsito por la Undécima Casa

Cuando el satélite de la Tierra atraviesa nuestra Undécima Casa radical, sentimos una fuerte necesidad de expresar amistad y hermandad universal. Tendremos ganas de abrazar a todo el mundo y pensaremos, sinceramente, que los demás son nuestros amigos y que la amistad es un sentimiento que vale la pena cultivar. Si no tuviéramos periódicamente este tipo de paso planetario, acabaríamos por volvernos misántropos, encerrándonos en nosotros mismos sin cultivar ninguna amistad. Pero en estos días sentimos atracción hacia los demás y parece que no nos damos cuenta de las carencias de nuestros amigos, a quienes juzgamos con mayor benevolencia e incluso con más cariño. Nos apetecerá llamar por teléfono o escribir a nuestros viejos compañeros de la escuela, de la mili o de la infancia. Con este tránsito iremos también a visitarlos u organizaremos las típicas cenas de "ex" de alguna cosa: ex compañeros, ex aficionados, ex estudiantes... Trataremos de involucrarnos en algún grupo, aunque la ocasión sea un acontecimiento no alegre, de aquellos que sería mejor no celebrar. Una actitud tan positivamente centrífuga logra el resultado de hacernos buscar nuevas amistades y esto es lo que generalmente sucede en realidad durante este tránsito. Durante estas horas tendemos también a pedir algún favor a los que ocupan cargos más altos y pueden concedérnoslo. En efecto, durante este tránsito nuestras protecciones pueden funcionar y otorgarnos alguna ventaja de las que hacía tiempo esperábamos. Atrevámonos más, llamemos a todas las puertas importantes, pidamos el apoyo de nuestros amigos y conocidos, hagámonos patrocinar por alguien. Además, puesto que la Undécima Casa es también la casa de los proyectos, haremos diferentes planes para el futuro. Muchos arquitectos nacen con el Sol en la Undécima y nosotros, durante el paso de la Luna en la Undécima Casa, podremos tener buenas ideas para optimizar la decoración de nuestros interiores o para mejorar, también en sentido estructural, nuestro hábitat. Para los amantes de la música se trata de un momento particularmente fecundo para tocar, cantar, comprar instrumentos musicales o discos, o sencillamente para ir a conciertos. Si el tránsito es disonante porque da y recibe malos aspectos, podemos resultar menos tolerantes con los amigos e incluso mal dispuestos con ellos. En estas ocasiones corremos el riesgo de romper viejas relaciones, así es que deberemos tratar de recuperar una mayor tolerancia. Nos llegarán malas noticias de los amigos o tendremos problemas por causa de su salud. Tendremos que ocuparnos forzosamente de un amigo, quizá tendremos que asistirlo en un momento personal de crisis sentimental. No es el momento oportuno para hacer planes y para intentar realizar proyectos. En efecto, corremos incluso el riesgo de destrozar a alguno de ellos. De la misma manera, será mejor evitar tocar música en estas horas o irnos a un congreso donde nuestra "mala Luna" nos podría arruinar el placer del espectáculo.

Luna en tránsito por la Duodécima Casa

Cuando la Luna atraviesa nuestra Duodécima Casa natal tendemos a quedarnos encerrados en casa, en lugares pequeños y apartados. La idea misma de aislarnos, por algunos días, nos apetece. La toleramos y, aún más, deseamos que esto suceda. Deseamos sinceramente alejarnos un poco del mundo y también de nuestros seres queridos: pero no porque estemos en guerra con ellos, sino porque deseamos sobre todo reflexionar sobre nosotros mismos, sobre nuestra vida y quizá escribir un diario de las últimas semanas que estamos viviendo. Tendemos a leer libros importantes o serios que requieren compromiso. Tenemos ganas de aislarnos para estudiar o para hacer investigaciones. Podríamos irnos por algunos días a una casa de campo o buscar alojamiento cerca del mar para tratar de resumir nuestros pensamientos.

También es una buena ocasión para buscar aislamiento espiritual en el que podamos rezar y reflexionar. Unas cortas vacaciones de este tipo, por ejemplo en un albergue de frailes, en el interior de una celda, pueden representar una experiencia muy hermosa. Podemos también irnos algún día a otra ciudad, pasando horas enteras sin salir del hotel, para leer o escribir. También es un momento favorable para un corto internamiento dedicado a hacerle un control general a nuestro cuerpo. Además, este tránsito estimula en nosotros una motivación hacia el área de solidaridad y asistencia social, lo que nos empuja a ocuparnos cariñosamente de los demás, que se trate de nuestros seres queridos o bien de perfectos desconocidos. Nos sentimos más abiertos en sentido cristiano y quisiéramos dejar constancia concreta, con hechos específicos, de nuestro compromiso: es la ocasión perfecta para el voluntariado, por ejemplo en los hospitales a la hora de almorzar, para ayudar a los ancianos a comer. Nuestra sociedad, afortunadamente, está repleta de organizaciones humanitarias de muchos tipos y seguramente lograremos encontrar la que más se acerca a nuestro gusto, como puede ser el UNICEF, Cáritas o la Cruz Roja. Nos sentimos más buenos y mejores, deseamos rezar más, si somos creyentes. Así que aprovecharemos y frecuentaremos más las iglesias y todos los lugares de culto. Nos apetecerá pasar horas enteras conversando con un cura, confesándonos y recibiendo la comunión. Estos días favorecen todas las ceremonias religiosas en general, como el bautismo y la confirmación. En estas horas desearemos cuidar más de nuestros seres queridos, de nuestros ancianos, de nuestra pareja y lo haremos acompañándolos a visitas médicas, a laboratorios de análisis, a baños termales, etcétera. Si el tránsito está afectado por malos aspectos, estos días podrían ser gobernados por una o más pruebas de varios tipos: nuestra salud o la de algún pariente, un disgusto sentimental, una desilusión de amor o un problema de trabajo. Percibimos un aire de hostilidad a nuestro alrededor y nos damos cuenta de que nos hemos vuelto impopulares. La enemistad escondida de alguien podrá también materializarse en una carta anónima, en una calumnia difundida deliberadamente o en una denuncia no firmada. En estas horas nos perseguirá un poco la desdicha y podríamos sufrir un pequeño accidente, herirnos, tenernos que someter a una operación o al tratamiento de un dentista o de cualquier otro tipo de médico. Durante este paso astronómico es fácil enfermarse o sentirse mal, aunque sólo sea por motivos sentimentales, por un poco de depresión o de ansiedades. Se podría apoderar de nosotros una leve forma de paranoia que nos llevará a pensar que el mundo es malvado, que los demás nos odian y que la vida es nuestra enemiga. Tomar medicamentos podría ser perjudicial, ocasionándonos una leve intoxicación. Existe el peligro de una hospitalización o que tengamos problemas por causa de una anestesia.

4.
Tránsitos de Mercurio

Los tránsitos de Mercurio tienen poca importancia si los consideramos en el conjunto de los pasos planetarios que determinan nuestro destino. En efecto, como los tránsitos del Sol y de la Luna, marcan tiempos muy cortos, al máximo se trata de algunos día en los ángulos con los demás astros y de algunas semanas en las Casas. Nos informan acerca de nuestro estado de lucidez mental, sobre nuestra capacidad de comprender las cosas y de intuir, también, los acontecimientos. Además, están relacionados sin duda alguna con las comunicaciones en sentido lato: pequeños viajes, desplazamientos con el coche o en moto, paseos, tráfico pendular por gusto o por trabajo. También indican la correspondencia que recibimos y la que enviamos, el flujo de llamadas telefónicas que hacemos y que recibimos, las comunicaciones con aparatos de transmisión radiofónica (como los equipos de radioaficionados), las navegaciones por Internet, la visita que recibimos de amigos y las que hacemos a los demás. Nuestras relaciones con hermanos, primos, cuñados y personas más jóvenes. Nuestras mayores actitudes comerciales temporales. El mayor o menor deseo de leer y de estudiar, de hacer cursos como estudiante o como docente, de escribir informes y libros. Mercurio, a menudo, nos informa también sobre nuestras ganas de fumar.

Mercurio en aspecto armónico con el Sol

Cuando Mercurio transita en aspecto armónico con nuestro Sol natal nos sentimos más lúcidos mentalmente, las ideas fluyen mejor y más rápidamente dentro de nosotros, aprendemos con mayor facilidad, entendemos mejor lo que los demás nos dicen y nos hacemos entender mejor cuando somos nosotros los que explicamos algo. El tipo de inteligencia que nos gobierna durante estos pocos días al mes se puede comparar con la inteligencia que se necesita para resolver acertijos, crucigramas o enigmas y para jugar al ajedrez o al bridge. Aumenta nuestra velocidad de elaboración de las informaciones y nuestra interfaz de input/output es más perfecta y está más preparada. Nos sentimos como si hubiéramos tomado fósforo y también café sin haber tomado ni una gota de alcohol. Nuestros pensamientos fluyen rápidos y claros y somos capaces de llegar en seguida al núcleo de los problemas. Podemos aprovechar de este estado de gracia mental para tratar de aclarar malentendidos sobre cuestiones enmarañadas. Mejora nuestro potencial de intercambio con el ambiente en todos los sentidos. Tenemos más ganas de escuchar a quien tenemos delante y, de la misma manera, conseguimos mayor atención por parte de nuestros interlocutores. Deseamos comunicar en cualquier sentido y es por esto que nos movemos más. Sentimos la necesidad de romper la rutina cotidiana con un corto viaje, aunque sólo dure pocas horas. Si conducimos el coche, desearemos hacerlo más y aprovecharemos para divertirnos con una carrera fuera de la ciudad, en la autopista. Pero podríamos movernos, y con satisfacción, también en tren o en avión. Es el día ideal para tomarnos unas cortas vacaciones, para hacer una excursión. Durante estas horas notaremos que hacemos y recibimos muchas llamadas telefónicas. Nos será más fácil telefonear y logramos marcar incluso esos números que normalmente están siempre ocupados o no contestan. Visitaremos a más amigos y ellos nos visitarán mucho más a nosotros. También la correspondencia, en ingreso o en salida, crecerá de volumen. Percibiremos unas grandes ganas de navegar por Internet y, sin duda alguna, se trata de un momento muy adecuado para hacerlo: descubriremos nuevos e interesantes sitios web y conseguiremos conectarnos con páginas en las que es difícil entrar. Si somos radioaficionados, mantendremos una buena conversación con aficionados de todo el mundo. Nuestra mente, más vivaz en estos días, estará más despierta y podrá leer y aprender más rápido. Debemos aprovechar y leer algún libro complicado que lleva tiempo guardado en un cajón o estudiar para un examen particularmente difícil. Podremos hacer cursos como estudiantes o como docentes. Este tránsito también es óptimo para escribir: un informe de trabajo, el capítulo de un libro o apuntes importantes. Nos atraerán las nuevas amistades con jóvenes y, probablemente, nos relacionaremos con un hermano, un primo o un cuñado. Aumentará nuestra capacidad de contratar y podremos concluir un buen negocio, por ejemplo a través de los periódicos de anuncios clasificados de nuestra ciudad. De esta manera, conseguiremos deshacernos de un electrodoméstico o comprar, por ejemplo, otra impresora para el ordenador. Siempre acerca de las compras, el período es bueno para la búsqueda y la compra de teléfonos, radios, televisores, buenos libros y diccionarios y todo lo que está relacionado con las comunicaciones, desde el módem al coche, al portero electrónico o a la moto.

Mercurio en aspecto inarmónico con el Sol

Cuando Mercurio transita en aspecto inarmónico con nuestro Sol radix tenemos dificultades en comprender y en hacernos comprender. Nuestra capacidad de comunicación no está al máximo. Las ideas no fluyen bien por nuestra mente o bien fluyen demasiado rápidas y nos llevan al error. Es como si el interfaz mental que nos conecta con el mundo se hubiera encasquillado o tuviera problemas de velocidad y no lograra sincronizar los mensajes de entrada con los de salida. Las consecuencias son dificultades para hablar y para hacernos entender. Tampoco somos muy lúcidos con nuestros pensamientos y puede costarnos encontrar las desinencias idóneas para una palabra o intentar hacer cuentas sin la calculadora. Un nerviosismo indefinido nos señala que estamos mal dispuestos para dialogar con los demás, para ver gente y para hablar con el prójimo. No tenemos ganas de movernos o bien tenemos demasiadas ganas de movernos, y en ambos casos podemos vivir momentos negativos al respecto. Lo que nos puede pasar, por ejemplo, es que lleguemos tarde a una cita porque hemos entendido mal la hora o que no lleguemos a nuestro destino por causa de una huelga de trenes, porque se nos pincha un neumático o porque la batería del coche se nos ha descargado, etcétera. La proyección de nuestro inconsciente reacio a los encuentros se materializa en muchas formas que, de hecho, obstaculizan o impiden la posibilidad que visitemos a amigos o a parientes. El timbre del teléfono suena con frecuencia, pero más para dar la lata que para dar buenas noticias. Recibimos llamadas de pelmas o de personas u oímos la voz de personas desagradables con las que preferiríamos no hablar. Nos llegan cartas fastidiosas a las que estamos obligados a contestar o incluso llegan cartas sin sello o con el sello equivocado y por las que tenemos que pagar una multa. Nosotros mismos estamos mal dispuestos hacia la correspondencia y, o no escribimos o sin quererlo cometemos errores en el envío de nuestra correspondencia, como – por ejemplo – olvidando escribir el número de la calle del destinatario. Si se nos ocurre sentarnos en el ordenador para navegar por Internet, descubrimos que ese día las cosas marchan mal y, en lugar de ir a una velocidad de 28.800 o más de 33.000 baudios, viajamos a la «velocidad» de un único baudio, o sea que las líneas están congestionadas y las conexiones son más imposibles de lo usual. En estas horas es preferible no conducir el coche o la moto porque podríamos tener un accidente o recibir una multa. Tendremos alguna sorpresa desagradable con nuestro medio de transporte, como descubrir un neumático pinchado o una ventanilla rota. También la impresora del ordenador podrá darnos problemas, por ejemplo con el cartucho que se queda sin tinta o con el papel que sigue encallándose. Nuestra inquietud también podría hacernos antipáticos en nuestros contactos con los demás, sobre todo con las personas más jóvenes, con un hermano, un primo o un cuñado. El momento tampoco es favorable para las pequeñas o grandes transacciones comerciales. Corremos el riesgo de hacer algún pésimo negocio, vender mal o comprar peor. En efecto, nuestras capacidades de contratación se encuentran claramente muy por debajo de la media y nos movemos mal desde un punto de vista comercial. No es un día bueno para comprar todo lo que, directa o indirectamente, tiene algo que ver con las comunicaciones: accesorios del coche, impresoras, teléfonos móviles o inalámbricos. Si somos fumadores, a lo mejor fumaremos mucho más de lo acostumbrado, con graves perjuicios para nuestra salud.

Mercurio en aspecto armónico con la Luna

Cuando Mercurio transita en aspecto armónico con nuestra Luna natal percibimos un mayor deseo de comunicación. Respecto al mismo tránsito relativo al Sol, éste de ángulo con la Luna refleja más un deseo de comunicar que la comunicación en sí. Deseamos más entrar en contacto con los demás, ver a gente, hablar, comunicar con el ambiente, pero esto no quiere decir necesariamente que lo consigamos. Nuestra disposición en este sentido es muy buena, pero el resultado no depende sólo de ella. En cualquier caso, vale la pena intentarlo y será preferible movernos, salir y coger el coche o el tren. Nuestra buena inclinación hacia los viajes tendrá por lo menos el efecto de hacernos vivir algunas horas serenas gracias a una corta pausa del trabajo o durante un viajecito de trabajo. Tendremos más ganas de conducir el coche y podríamos relajarnos, soñando mucho con los ojos abiertos, durante un largo viaje en autopista. En efecto, cuando no aceleramos demasiado y no cometemos imprudencias de cualquier tipo, hasta conducir el auto puede ayudar nuestras reflexiones, nuestros pensamientos y nuestras fantasías. En estas condiciones es muy agradable conducir y, al mismo tiempo, dar libre espacio a nuestro inconsciente, liberando fantasías muy distintas entre ellas. El buen tránsito de Mercurio respecto a nuestra Luna radical puede hacer sobre todo esto: comunicar mejor nuestro inconsciente con el exterior. Nos sentimos más motivados a la comunicación, logramos encontrar motivos más válidos para entrar en contacto con los demás, aunque sólo sea un contacto emotivo. Descubriremos que podemos comunicar mejor también estando callados, por ejemplo, sólo con la mirada. Tendremos mayor olfato en la comprensión del prójimo, en intuir los movimientos de los demás incluso antes que se muestren claramente. Estaremos mucho más atentos al escuchar y nos daremos cuenta de que cautivamos mayor interés, y un poco de popularidad, cuando somos nosotros los que explicamos algo, los que nos dirigimos a un interlocutor. Nuestros contactos serán más fecundos con las mujeres en general y con las mujeres jóvenes en particular. Seguramente seremos más receptivos hacia cualquier tipo de mensaje y nos apetecerá mucho más enviar cartas, mensajes, telegramas y postales. Nos encontramos en esos días en que pasaremos de buena gana horas enteras al teléfono, llamando parientes y viejos amigos sólo por el gusto de hablar con alguien. También crece nuestro interés en sentido cultural y deseamos frecuentar la buena sociedad o participar a conferencias, encuentros, debates. Nosotros mismos estaremos más motivados para dar conferencias o para reunir amigos a nuestro alrededor para comunicarles nuestras experiencias. Nos atraerán más las últimas novedades tecnológicas en el sector de las comunicaciones y telecomunicaciones. Durante este tránsito, por ejemplo, podríamos desear sacarnos el carnet de conducir, comprar un coche o aprender a utilizar el ordenador y, de manera particular, Internet y el correo electrónico.

Mercurio en aspecto inarmónico con la Luna

Cuando Mercurio pasa en ángulo disonante respecto a nuestra Luna natal nos afectan o molestan las comunicaciones. La electricidad que percibimos a nuestro alrededor, una irritación que no podemos definir mejor, nos pone de mal humor respecto a los potenciales encuentros que podemos tener con los demás. No deseamos comunicar o, al contrario, tenemos muchas ganas de comunicar y esta ansiedad nos provoca un estado de ánimo perjudicial para las propias comunicaciones. En definitiva, nuestro interior no tiene la actitud correcta para entrar en contacto con los demás. Sería mejor si fuéramos un poco a lo nuestro, sin tratar de forzar nuestros sentimientos. Pasamos horas durante las que no logramos entender los motivos de nuestro comportamiento, el porqué de nuestra actitud negativa en dicha dirección. El timbre del teléfono nos molesta, o bien nos molesta su silencio. Abrimos con inquietud las cartas que recibimos y, si tenemos que escribir alguna nosotros, lo hacemos con nerviosismo. En esta atmósfera podemos equivocarnos fácilmente porque, por ejemplo, empleamos el tono menos oportuno con alguien o bien porque, debido a las prisa por enviar algún mensaje, escribimos mal la dirección o nos olvidamos de poner el sello. Si pensamos desplazarnos, durante algunas horas, nos encontramos con pequeños inconvenientes a nuestro alrededor, como llegar a la estación cuando el tren ya ha salido, equivocarse de andén o con la salida de la autopista. Es decir, se trata de uno de aquellos días en que todo marcha mal con las comunicaciones, en que debemos constatar que todos nuestros intentos salen mal o tropiezan con diversos inconvenientes. Nos damos cuenta de que los demás, especialmente las mujeres, nos consideran algo antipáticos, incluso impopulares. Si hablamos con un operador, perdemos la paciencia fácilmente y acabamos levantando la voz o no logramos hacernos entender. El malestar que nos afecta es sobre todo un hecho interior y mental, pero puede manifestarse igualmente al exterior de mil maneras, por ejemplo haciendo que continuemos a marcar nuestro propio número de teléfono por distracción. Si trabajamos con el ordenador, esta distracción produce aún más accidentes y un sinfín de pequeñas peripecias podrán constelar una mañana o una tarde en que perdemos tiempo con una impresora que no quiere decidirse a imprimirnos un informe importante. Evitemos comprar instrumentos de comunicación durante este tránsito inarmónico porque podríamos hacer pésimos gastos. Evitemos también las negociaciones comerciales ya que los daños podrían ser aún peores. Y para finalizar, evitemos exagerar con el humo, ya que podría representar una válvula de escape ideal para descargar nuestro nerviosismo.

Mercurio en aspecto armónico con Mercurio

Cuando Mercurio mira desde un ángulo armónico a nuestro Mercurio natal el microprocesador que tenemos en el cerebro funciona con un ritmo mucho más elevado de lo usual. Pensamos con mayor velocidad, elaboramos las imágenes y las sensaciones en tiempos rapidísimos, logramos comunicar con el ambiente a la velocidad de la luz. Nos sentimos particularmente espabilados y atentos, curiosos y ávidos de conocimiento, más objetivos y lúcidos. Logramos comprender con gran facilidad y podemos volver a considerar las cuestiones que más nos interesan a la luz de esta renovada claridad mental. También podemos tomar decisiones de responsabilidad porque tendremos más cuidado para evitar de cometer errores. Si nuestro trabajo puede llegar a ser peligroso debido a posibles distracciones, en estos días no corremos este tipo de riesgo. Los hechos son claros como el agua, y nos comprendemos mejor a nosotros mismos y a los demás. También logramos expresarnos mejor y nuestra dialéctica nos podrá maravillar a nosotros mismos. Podremos explicar mejor nuestras posiciones a los demás y, al mismo tiempo, podremos entender perfectamente lo que nos dice nuestro interlocutor. Percibimos una clara necesidad de movernos, de desplazarnos, de viajar, tanto si se trata de desplazamientos cortos como de viajes largos y lejanos. Es el día perfecto para tomarnos unas vacaciones del trabajo y para darnos un paseo con el coche o con el tren, por ejemplo para visitar a un amigo o a un pariente. Si nos gusta conducir el coche o la moto, nos conviene darnos una vuelta con ellos: notaremos que en esas horas conducimos mejor, con mayor atención y con más reflejos. Nuestra aumentada curiosidad nos empujará a informarnos sobre asuntos nuevos para nosotros, a estudiar, a leer libros, a frecuentar algún curso, a asistir a conferencias y, quién sabe, a participar activamente en una de ellas. Óptimo momento para leer un libro que requiere esfuerzo o para iniciar a prepararse para un complejo examen universitario. También los escritos funcionarán de la mejor manera posible y podremos aprovechar para escribir un informe importante, el capítulo de un libro o un currículo para solicitar un puesto de trabajo. Toda nuestra correspondencia vivirá un instante de vida muy intensa y, casi seguramente, recibiremos más correo o bien enviaremos nosotros muchas más cartas. Podría llegarnos, justamente por correo, alguna buena noticia. También el teléfono sonará más a menudo y volveremos a oír a diferentes voces amigas. Nosotros también utilizaremos con más frecuencia el aparato telefónico, dándonos cuenta de que las conexiones serán más fáciles. También tendremos ganas de navegar por Internet y, de hecho lo conseguiremos y con una calidad de transmisión mejor. También será un día favorable para la adquisición de equipos útiles para las comunicaciones y las telecomunicaciones, como un teléfono móvil o un fax, un módem, una bicicleta o un coche nuevo. Además, podremos pedir con buenos resultados nuevo papel con membrete o tarjetas de visita, o proyectar la portada de un libro, un anuncio publicitario o la cartelera de un espectáculo. También tendremos más éxito en las transacciones comerciales y podríamos hacer algún buen negocio con los periódicos de anuncios clasificados.

Mercurio en aspecto inarmónico con Mercurio

Cuando Mercurio transita en ángulo inarmónico respecto a nuestro Mercurio natal nos sentimos bastante inquietos y ansiosos. Un nerviosismo a flor de piel se apodera de nosotros y nos pone en una actitud equivocada con el prójimo. Tenemos dificultad en concentrarnos o percibimos una mayor velocidad en las comunicaciones con el mundo exterior, tanto en entrada como en salida. Pero esto también puede causar disturbios en las transmisiones entre nosotros y el ambiente, no sólo una menor velocidad de intercambio. Nos damos cuenta de que no somos ya capaces de hablar en el momento justo y frecuentemente nuestras palabras se encallan o las pronunciamos mal. Tenemos mayor dificultad en hacernos entender por los que nos están escuchando y nosotros mismos nos esforzamos más para comprender qué es lo que nos quiere decir nuestro interlocutor. El deseo de movernos, de desplazarnos y de viajar es muy fuerte pero, durante este tránsito, casi siempre nos resulta imposible hacerlo y entonces notamos más nerviosismo precisamente por ello. Sería mejor que no nos moviéramos, pero si decidimos desplazarnos podríamos encontrarnos con diversos inconvenientes: como un tren que no sale debido a la huelga, un vuelo de avión perdido por llegar tarde al aeropuerto, la sorpresa de encontrar el coche cerrado con las llaves dentro, etcétera. Otras veces nuestra contrariedad podrá estar relacionada con el hecho que podemos vernos obligados a un molesto tráfico pendular. Conducimos mal y estamos distraídos, con los reflejos poco despiertos o excesivamente nerviosos. Podríamos provocar fácilmente un choque o incumplir con el código de circulación, con las correspondientes multas por pagar. Nuestro teléfono sonará mucho, incluso en momentos poco oportunos. Recibimos algunas llamadas telefónicas desagradables, habrá interferencias o marcarán nuestro número por error. Si tenemos que telefonear a otro continente, tendremos más dificultad en marcar el número o estará ocupado siempre. También es posible que recibamos alguna carta desagradable o malas noticias por correo. Sería mejor si evitáramos escribir durante estos días y enviar paquetes porque a lo mejor llegarán con desperfectos o con retraso. Tendremos ganas de navegar por Internet pero la cosa nos resultará difícil porque el navegador estará congestionado o porque el sitio que buscamos ha cambiado de dirección web. Sería mejor no intentar examinarnos en estos días e intentar aplazarlos a otra fecha. Tampoco logramos concentrarnos bien en el estudio de cualquier asunto. Aplazamos a otra fecha la lectura de un libro importante o el estudio de un nuevo programa de ordenador. Tampoco se aconseja, durante este paso planetario, hacer compras de productos que estén relacionados con las telecomunicaciones, como teléfonos, antenas parabólicas, fax, módems y otros. Nuestra sinceridad en estos días tendrá momentos malos y podríamos comportarnos de manera ambigua e incluso fraudulenta, si nuestro tema natal y nuestra educación lo permiten. Si tenemos talento comercial, no será válido durante el período de tiempo del que estamos hablando, así que sería mejor que evitáramos cualquier tipo de transacción comercial.

Deberemos tener cuidado, por último, con las ganas de fumar que en estos días se podrían adueñar de nosotros y que podrían ocasionarnos una leve intoxicación aguda.

Mercurio en aspecto armónico con Venus

Cuando Mercurio transita en ángulo armónico con nuestra Venus radix nos sentimos más serenos y más en paz con el mundo entero. Tenemos una sensación de moderado bienestar, sin que un motivo específico lo justifique. Antes que nada, nos sentiremos más en armonía con nosotros mismos y, como consecuencia, nos gustaría declarar a todo el mundo nuestro estado de paz con el prójimo. Nuestra manera de hablar se vuelve más agradable y simpática, nos dirigimos a los demás con un tono delicado, nuestra disposición general es de armonía y de tolerancia. Sentimos una sensación de amistad, más que en otros días. Es el día adecuado para firmar la paz con nuestros queridos con quienes, quizá, estamos un poco en guerra fría. Nos atraerán las mujeres en general y en particular nuestra hermana, nuestra hija o una amiga especial. Al mismo tiempo nos atrae también el arte, lo estético, y todo lo que es bonito, no sólo en el sentido artístico. Este tránsito nos puede acompañar, de forma muy positiva, en la visita de un museo, de monumentos, de galerías de arte, de muestras de pintura y fotografía, de exposiciones de muebles, de tiendas de anticuario, etcétera. En estas horas también resultará favorecida la adquisición de un objeto de arte. Igualmente podremos hacer buenos negocios comprando una prenda de vestir, un mueble para la casa, un objeto artístico para hacer un regalo. Nos atraerá mucho todo lo que es bonito, así que podríamos aprovechar e inventarnos un nuevo tipo de peinado, un maquillaje particular, un aspecto nuevo y bonito para nuestra persona. Nos pondremos, con buenos resultados, en manos de peluqueros, estetistas, masajistas, manicuros... Si necesitamos una buena fotografía que nos represente en sociedad, éste es el mejor tránsito para hacerla. La unión positiva de las simbologías de Mercurio y de Venus nos favorecerá principalmente en la elección y adquisición de esos objetos que nacen de las sinergias de estos dos símbolos planetarios: por ejemplo un coche nuevo, una bonita moto, un teléfono particular, un fax de diseño actual y agradable, una impresora para el ordenador graciosa y de color moderno, etcétera. Venus representa también la salud y, como Mercurio representa sobre todo el movimiento, la consecuencia es que las excursiones de placer, los cortos viajes, las excursiones de estos días, tendrán efectos benéficos sobre nuestra salud, entendida como salud psicofísica. También largas y serenas charlas telefónicas nos harán sentir mejor y nos relajarán. Durante este tránsito resultarán favorecidos los comercios relacionados con el concepto de belleza, como la venta de una lámpara bronceadora o de una maleta de piel.

Mercurio en aspecto inarmónico con Venus

Cuando Mercurio se mueve en ángulo disonante respecto a nuestra Venus natal no es un momento bueno para nuestras relaciones sentimentales. Nos afecta una confusión general que no nos ayuda a comprender los problemas que se plantean en ese momento y que tienen que ver con nuestra vida afectiva. No tenemos las ideas claras respecto a lo que queremos hacer y a lo que deberíamos hacer con nuestro ser querido. Esta confusión interior se expresará también al exterior: nuestro comportamiento no será ni límpido y cristalino ni tampoco coherente. Al contrario, en la mayoría de las veces podríamos caer en la tentación de mentir a los seres queridos y a inventarnos pretextos muy poco creíbles. Es un mal momento para el amor: no digo peligroso del punto de vista de una posible crisis con la pareja, pero igualmente molesto y antipático. Tendemos a decir cosas de las que podríamos arrepentirnos, no somos sinceros y ni siquiera comprendemos qué es lo que queremos en realidad. No se trata de agresividad hacia la persona que amamos; al contrario, puede tratarse de una particular condescendencia con él o ella, pero – en cualquier caso – nuestro comportamiento no ayuda a nuestra relación y no la hace crecer. Tenemos las ideas poco claras también en asuntos de estética en general y, por este motivo, no sacaremos provecho de la visita a museos, galerías de arte, muestras de cuadros y fotografías, etcétera. Si vamos al peluquero o al estetista podríamos equivocarnos con la imagen que deseamos adoptar y dar un paso en falso que seguramente no será un desastre para nosotros, pero que necesitará algunos días para poderse corregir. Nuestra relación con las figuras femeninas en general, pero con nuestra hermana o con nuestra hija en particular, se verá afectada por este tránsito planetario que no ocupa los primeros lugares del ranking de los malos tránsitos, pero que tampoco hay que subestimar. Es mejor evitar el comercio de objetos de arte o relacionados contemporáneamente con la belleza y el concepto de viaje y de comunicaciones en sentido lato. Así pues, evitemos comprar bolsas y maletas para viajar, zapatillas para el avión, accesorios para el coche, un casco para la moto, un descodificador para la antena parabólica, una impresora para el ordenador. Nuestras capacidades comerciales, si es que existen de nacimiento, durante este tránsito se verán reducidas drásticamente.

Mercurio en aspecto armónico con Marte

Cuando Mercurio avanza en ángulo armónico respecto a nuestro Marte radical nos sentimos enriquecidos por una efervescencia mental que nos vuelve particularmente lúcidos, brillantes en nuestros pensamientos, capaces de distinguir claramente los problemas reales de los aparentes. Nuestro cerebro es como si estuviera electrizado y nos sentimos mucho más despiertos y hasta más inteligentes. Y quizá lo somos de verdad; pero de todas formas nos comportamos como si lo fuéramos, y esto nos favorece en todas nuestras actividades mentales. Nos sentimos más seguros de nosotros y conscientes de que logramos expresar mejor nuestros pensamientos y nuestras palabras. Pasamos de una buenísima concentración mental a una capacidad oratoria igualmente fenomenal. Las palabras brotan fáciles y rápidas de nuestra boca, y las pronunciamos con claridad y determinación. Podemos enfrentarnos a cualquiera conversación puesto que nos sentimos dueños de nosotros mismos a nivel mental. Conseguimos hablar tranquilamente incluso delante de un público o de una cámara. Podríamos participar sin problemas a un programa radiofónico o televisivo en directo. La seguridad que se encuentra en nosotros no es presunción sino simplemente la conciencia de que somos capaces de aclarar los conceptos que tenemos dentro, independientemente de si estos conceptos se considerarán importantes o no. La fuerza de Marte, al unirse sinérgicamente con la rapidez de Mercurio, nos permitirá escribir con más rapidez y más intensidad: seremos capaces de preparar un largo informe en poco tiempo, preparar un discurso que consideramos importante, trabajar con empeño en una tesina universitaria, recopilar las ideas para el capítulo de un libro que nos interesa mucho, todo esto con evidente facilidad. Igualmente estaremos más preparados para entender las cosas y podremos aprovechar de ello para seguir o hacer de relatores en un seminario, para preparar un examen o un concurso, para empezar a estudiar idiomas o informática, para comprender mejor un libro difícil, para tomar confianza en un nuevo software. Si en estos días viajamos, conduciremos mucho mejor porque dispondremos de más lucidez mental y, por lo tanto, nuestros reflejos serán más rápidos. Además dispondremos de una óptima resistencia física que nos permitirá incluso cubrir largas distancias sin efectuar paradas. En estas horas aguantaremos mejor las largas y estresantes conversaciones telefónicas de trabajo. Debemos aprovechar de este estado de gracia para hacer muchas llamadas de trabajo y de placer y escribir las muchas cartas atrasadas que esperaban en un cajón de la mesa. Todas las comunicaciones se verán favorecidas y, por lo tanto, se trata de una jornada óptima para una posible actividad de radioaficionados o para navegar en la Red (Internet).

Si planeamos colocar en el techo una antena parabólica, no existe otro día mejor que éste. También es perfecto para llevar a cabo tareas pesadas que estén relacionadas con los viajes, los transportes y las comunicaciones: reparar el coche, cambiar una rueda a la moto, extender un hilo telefónico entre una habitación y otra y transportar resmas de papel para la impresora. Nuestra relación con la mecánica en general mejorará, independientemente de si somos o no hábiles en este tipo de manualidades. Sentiremos simpatía o atracción hacia las figuras marciales: como un joven amigo atleta, un militar o un cirujano. Se trata de una jornada muy favorable para comprar objetos mecánicos como taladradoras, sierras eléctricas, equipos para el taller, soldadores eléctricos y otros tipos de herramientas.

Mercurio en aspecto inarmónico con Marte

Cuando Mercurio pasa en ángulo disonante respecto a nuestro Marte radix nos sentimos muy agresivos dentro y fuera de nuestra persona. Se apodera de nosotros de forma imprevista una forma de inquietud general que nos condiciona negativamente con los demás. Nos damos cuentas de que somos muy eléctricos, que saltamos por nada, que tenemos una actitud demasiado defensiva que produce, como consecuencia inmediata, una mayor agresividad por nuestra parte. Indudablemente somos más rencillosos y tendemos a agredir a los demás. En estas horas no conocemos el significado de tolerancia y moderación. Nos mostramos bastante beligerantes, con el puñal entre los dientes, y los demás se dan cuenta de ello y se vuelven también agresivos y rencillosos con nosotros. Usamos sobre todo la palabra para herir, para mostrar a los demás que estamos preparados para el ataque. Nuestra oratoria mejora sin duda alguna de forma considerable en estas horas y nos sería de gran ayuda si la reserváramos para participar en debates públicos en los que se necesita una determinación particular. Pero en la mayoría de los casos la dirigimos contra los seres queridos, contra familiares o contra nuestra pareja, lo que deteriora nuestras relaciones o por lo menos el día. Este tipo de ímpetu favorece, hay que admitirlo, nuestro sentido de la ironía e incluso nuestro sarcasmo y, por lo tanto, si estas dos características son la base de nuestro trabajo, nos favorecerán muchísimo (como pasa con algunos famosos reporteros de noticias o con algunos predicadores televisivos). Igualmente podremos escribir artículos muy picantes e irónicos que podrían enriquecer la antología de nuestros escritos más exitosos. Pero no se puede decir lo mismo de las cartas que escribiremos en esos días y que están destinadas a colaboradores o socios de trabajo, a nuestros jefes, a personas que de una manera u otra nos tienen que juzgar y a quienes no les gustarán para nada nuestros juicios mordaces. Lo que sale ahora de nuestra pluma o de nuestros labios puede que sea veneno al estado puro, con el nivel de concentración más elevado. Durante estos pocos días del mes corremos el riesgo de romper amistades importantes, incluso las más antiguas, si este paso planetario también se apoya en tránsitos parecidos de planetas más rápidos y, sobre todo, si también el Retorno Solar nos lo confirma. Tenemos que conducir el coche o la moto con extremo cuidado, ya que nuestra excesiva confianza en nosotros mismos nos puede llevar a cometer muchos errores que podrían involucrarnos en accidentes por carretera. Aunque vayamos a pie, debemos poner atención cuando cruzamos la calle. La destructividad que se encuentra en nosotros viaja también hacia el exterior, así que a lo mejor romperemos fácilmente los objetos con que entremos en contacto, sobre todo los que están relacionados con las comunicaciones como el teléfono móvil, el inalámbrico, el fax, el mando a distancia, la impresora, etcétera. Si nos conectamos a un foro mediante Internet, casi seguramente nos pondremos a discutir con casi todos los demás navegadores de la red conectados en ese momento. No se trata para nada de un día favorable para la instalación de antenas o para trabajos de mecánica, especialmente los de precisión, ya que con uno de nuestros gestos impulsivos podríamos provocar desperfectos graves en los aparatos que estemos manejando. Si escribimos en el teclado del ordenador, pulsaremos mucho más rápido, pero cometiendo al mismo tiempo innumerables errores. Cuidado con la utilización de objetos metálicos y puntiagudos, utensilios de trabajo como sierras y taladros eléctricos, corriente eléctrica con hilos sin proteger, etcétera. En estas horas nos conviene también evitar encender fuegos con gasolina o manipular armas de fuego. Se trata de un día en el que es mejor descartar la posibilidad de ir a caza o participar en manifestaciones y protestas públicas en que puedan producirse cargas de policía o desórdenes en general. Es necesario prestar también mucha atención en el deporte, desde un simple partido de fútbol con los colegas de la oficina hasta los deportes canónicamente considerados más peligrosos como el alpinismo, el esquí y la pesca submarina.

Mercurio en aspecto armónico con Júpiter

Cuando Mercurio transita en ángulo favorable respecto a nuestro Júpiter radical nos rodea un sentimiento óptimo de paz y bienestar. Nos sentimos más optimistas, más preparados para enfrentarnos a las dificultades de la vida de todos los días. Nos proyectamos hacia adelante con mayor valor, pero no se trata de valor en sentido estricto sino más bien de confianza en nosotros mismos que determina nuestras acciones y decisiones directas y valientes. Este tránsito favorece los proyectos para los que se necesita un menor sentido crítico, ya que si no fuera menor nos impediría reaccionar frente a situaciones que requieren un poco de riesgo. Estamos hablando sobre todo de empresas comerciales y/o industriales que, si no beneficiaran de nuestros mejores pensamientos positivos, no tomarían nunca el vuelo. En efecto, si pensáramos en todos los riesgos que comporta una actividad empresarial, nunca la comenzaríamos; pero, por suerte, la naturaleza distribuye los planetas en cada tema natal y, por lo tanto, hay muchas personas ya predispuestas al respecto y a las que este tránsito otorga un poco más de valor, o elimina un poco de miedo, y les permite poner en marcha una empresa económica con riesgo. La actitud positiva de estas personas acaba por producir buenos resultados también a nivel práctico y, por lo tanto, este tránsito favorece este tipo de bautismos. Todas nuestras actividades comerciales, directas o indirectas, benefician del tránsito Mercurio–Júpiter: desde la compra de objetos modestos hasta la venta de un automóvil. Nos maravillará nuestro sentido de los negocios de estas horas y podremos efectivamente llevar a cabo alguna negociación importante. Nuestro optimismo se enfrentará con el de las demás personas que en estas horas nos brindarán una acogida mejor. También se verán favorecidos todos los tipos de viajes, desde los más cortos hasta los intercontinentales. Se trata de un período muy bueno tanto para planear un viaje como para emprenderlo: si tiene que partir para un lugar lejano y difícil de alcanzar, escoja con confianza este día. Nuestra relación con los extranjeros será bastante buena, así como con las personas nacidas fuera de nuestra región, aunque sean compatriotas nuestros. Descubriremos también que nos defendemos mejor con los idiomas y trataremos de recopilar los conocimientos de un diccionario extranjero que hemos heredado de nuestros tiempos de estudiantes. Además, este tránsito favorece la conclusión positiva de disputas legales, el contacto con abogados y magistrados, el intento de conciliar multas de cualquier tipo. También nos favorece el tránsito si pensamos llamar en causa a alguien ante una corte. Nos atraerán favorablemente las figuras jerárquicamente importantes de nuestra sociedad, como jueces, políticos, prelados, etcétera. El estudio de la filosofía, de la teología, de la parapsicología, del yoga, de la astrología y de todas las materias llamadas esotéricas se verá facilitado en estas horas. Lo mismo podemos decir de los estudios universitarios en general.

Mercurio en aspecto inarmónico con Júpiter

Cuando Júpiter transita en ángulo inarmónico con nuestro Júpiter natal nos conviene alertar nuestra atención respecto a todo lo que nos afecta. En efecto, el mayor problema que puede surgir de una configuración astral de este tipo es la casi total ausencia de sentido crítico. La subestima de los peligros que se esconden en cada una de nuestras elecciones nos puede inducir en errores verdaderamente fatales para nuestro trabajo, para nuestra salud o para nuestra vida afectiva y sentimental. Un necio optimismo básico nos dirige con demasiada sencillez hacia adelante y nos impide descubrir la multitud de trampas que se pueden entrometer entre nosotros y el éxito de cada una de nuestros proyectos. A veces, esto puede ocasionar verdaderos daños a los que será difícil remediar. Deberíamos esforzarnos por razonar con cuidado sobre las cosas, preguntándonos si existe un engaño y dónde puede esconderse. Tendemos a fiarnos de forma exagerada de la gente y esto nos puede causar muchos apuros. Sería mejor si durante estas horas fuéramos más desconfiados. Tal como dice el refrán: confianza en Dios, y poquita, decía una viejita. La exuberancia que se encuentra en nuestro interior, las ganas de llevar a cabo nuestros proyectos, nos impide notar los pormenores de la operación y, descuidando los detalles, el proyecto puede fracasar aún antes de empezar. También hay que evitar los viajes durante este período, tanto los cortos como los largos. El extranjero no nos favorece ya que nuestra falta de atención podría ocasionarnos mayores problemas que en patria. Si nos hallamos lejos de casa, seremos mucho más vulnerables a los timos. Es fácil prever la llegada de papeles legales o el inicio de pleitos y de contenciosos que producirán pronto papeles legales y/o burocráticos. En efecto, en estos días corremos el riesgo de tener que ver con la ley, con los abogados, con los jueces y con la policía. Evitemos fundar sociedades y firmar contratos. Abstengámonos también de cualquier tipo de comercio, desde las cositas pequeñas hasta los grandes negocios. Se verán particularmente desfavorecidos los comercios relativos al automóvil y a los medios de transporte en general, a los instrumentos de comunicación como teléfonos, fax, módems, etcétera. Si firmamos contratos de compraventa de un automóvil de segunda mano, asegurémonos (por ejemplo a través del número del chasis) que no se trate de un coche robado. Si somos nosotros los vendedores, tengamos cuidado y averigüemos si nuestro comprador será capaz de pagar con letras de cambios o con otras formas de pago a plazos. En estos días el estudio de la filosofía será poco productivo, así como el de la astrología, la teología, la parapsicología, el orientalismo, el yoga y cualquier materia universitaria.

Mercurio en aspecto armónico con Saturno

Cuando Mercurio transita en ángulo favorable respecto a nuestro Saturno natal vivimos un momento de óptima lucidez mental. Nuestros pensamientos serán mucho más fríos de lo normal, menos dependientes de las emociones, más cuidadosos y menos optimistas, pero mucho más sabios y controlados. Nos descubrimos más maduros, más capaces de analizar con mucha coherencia y sabiduría todo lo que nos rodea. Ahora más que nunca logramos desarrollar planes precisos y a largo plazo. Son justamente los programas de tipo veinteñal los que pueden funcionar bien si nacen durante este tránsito planetario. La ambición sostiene nuestras ideas y nos proyecta hacia adelante con poco optimismo, pero con mucha coherencia y firmeza. Es como si fuéramos más viejos de nuestra edad real; percibimos una carencia de entusiasmos en nuestras ideas, pero también una perfecta claridad en nuestras miras y la buena comprensión de la mejor manera para realizarlas. Los demás nos ven más controlados, mejor organizados. Nuestra conversación reflejará mucho este estado de ánimo; pero sobre todo se trata de un estado mental y conseguiremos razonar, en voz alta, de forma sosegada, seria y coherente. Nuestra dialéctica no será tan brillante como durante el tránsito Mercurio–Marte o llena de optimismo como durante el tránsito Mercurio–Júpiter, pero resultará mucho más convencedora, clara, puntual, con muy pocas faltas de conceptos y de forma. Es como si nos convirtiéramos en viejos profesionistas de la palabra, en oradores expertos. Quizá no podremos maravillar a nuestro interlocutor con momentos de genio oratorio, pero seguramente lo veremos atento, interesado y bien dispuesto hacia nuestros discursos. Nos sorprenderemos viéndonos muy más a nuestras anchas en las discusiones con personas ancianas y sabias. Preferiremos tener a un viejo como interlocutor con quien hablar con mayor calma y de asuntos serios y esenciales. Durante este paso planetario será raro discutir de cosas frívolas que rechazamos y que, quizá, incluso nos molestan. El tránsito favorece nuestros planes de comunicación a largo plazo o muy ambiciosos, como el intento de conectarnos a una red de transmisiones de alta velocidad, algo que no se puede realizar en pocos días o con recursos escasos. Nuestras lecturas se concentrarán en los ensayos más que en las novelas; preferiremos volúmenes serios, esenciales, por nada divertidos pero muy útiles para nuestro crecimiento cultural y general. Podremos enfrentarnos a exámenes más duros en una carrera universitaria, empezar a escribir un libro o una investigación particularmente difícil, o matricularnos a cursos trienales o de largo plazo. Nuestras tendencias fundamentales, en estos pocos días del mes, serán de tipo conservador en sentido lato. Escribiremos a algún pariente anciano o quizá se pongan en contacto con nosotros. Y si planeamos una excursión fuera de la ciudad, puede que nos atraigan los montes y los campos más que el mar. Nuestras ganas de comprar se orientará hacia los objetos de antigüedades o de colección, como los viejos coches o las motos de antaño, y las reliquias como receptores de radio y televisores antiguos de colección. Si somos fumadores, lograremos mantener nuestro vicio bajo control.

Mercurio en aspecto inarmónico con Saturno

Cuando Mercurio pasa en un ángulo inarmónico respecto a nuestro Saturno natal tenemos dificultades en nuestras comunicaciones. Nuestros pensamientos toman un cariz negativo y pesimista. Pensamos con preocupación en todos nuestros proyectos futuros y no logramos abandonarnos a programas positivos. Nuestra tendencia es hacia la inmovilidad, en sentido intelectual. Casi no logramos liberarnos de posiciones de bloqueo mental en las que seguimos atormentándonos sobre los posibles efectos negativos de nuestros proyectos futuros. Tenemos más dificultad para tener pensamientos claros y fluyentes, ya que tienden a estancarse en los puntos más críticos que nos podrían causar algún problema. No conseguimos relajarnos y pensar en positivo. El tránsito también afecta a nuestra conversación y los demás notan que nos expresamos peor, que tenemos problemas para encontrar las palabras justas y que incluso tartamudeamos. La frustración de estas horas se llama dificultad en las comunicaciones, a todo campo. No nos hacemos entender o no logramos entender a los demás, no conseguimos empezar una conversación o la tenemos que cortar en un momento esencial. Notamos que nuestro interlocutor no está bien dispuesto para escucharnos y no nos concede ninguna facilitación en la discusión. Mejor sería si pospusiéramos cualquier aclaración con los demás. Lo mejor sería quedarnos un poco solos para reflexionar: nuestros pensamientos nos harán ser más pesimistas, pero esto no es necesariamente algo negativo porque podría corregir bien alguna fantasía hipertrófica nuestra, quizá madurada durante un tránsito Mercurio–Júpiter. El hecho de reducir de forma forzada nuestros proyectos nos puede ayudar a volver a ponernos con los pies en el suelo creándonos desilusiones, pero se tratará de sanas desilusiones que nos impedirán cometer alguna necedad. Personas ancianas nos obstaculizarán o nos frenarán. Un viejo podría ganarnos en una discusión o ponernos en dificultad delante de los demás. En estos días pueden verificarse algunos pequeños accidentes de transmisión o de comunicación: como una carta perdida, la línea que se interrumpe durante una llamada telefónica importante, la línea telefónica que queda aislada durante horas, nuestra impresora que se estropea, la antena que se cae del techo, el fax que no va por falta de papel, etcétera. Non debemos preocuparnos ya que todos nosotros deberíamos saber que tenemos que pagar nuestros tributos periódicos a los planetas en tránsito inarmónico sobre nuestra cabeza. Evitemos movernos en coche porque si renunciamos a un viaje, nuestra frustración estará limitada a la renuncia; pero si nos obstinamos en partir, los problemas podrían ser peores: un neumático pinchado y descubrir que la rueda de recambio también está pinchada, una huelga de las gasolineras que nos bloquea a mitad de nuestro viaje, un carril cortado por un corrimiento de tierra, etcétera. Evitemos hacer negocios con personas ancianas o comprar objetos de anticuarios o sencillamente equipos viejos como automóviles, radios, teléfonos móviles y otras cosas de este tipo. El humo, en estas horas, nos hará más daño de lo normal.

Mercurio en aspecto armónico con Urano

Cuando Mercurio circula en ángulo favorable con nuestro Urano natal, parece que funcionamos como un ordenador. Sólo faltan las lucecitas que señalan a nuestro alrededor para que pareciéramos realmente un terminal de IBM. Sentimos que estamos elaborando las informaciones a una velocidad increíble y el intercambio de los datos en ingreso y en salida de nuestro cerebro se realiza a una velocidad realmente extraordinaria. Difícilmente, durante este mes, podemos estar tan despiertos e incluso más inteligentes. Nuestras capacidades intuitivas están a su máximo nivel, y hacemos trabajar nuestro cerebro como si estuviera alimentado a una tensión eléctrica doble respecto a lo normal. Las ideas «brotan» literalmente de nosotros y los demás nos ven muy brillantes, preparados, intuitivos, clarísimos en nuestras exposiciones. Conseguimos comprender lo que quiere decir nuestro interlocutor, incluso antes de que él termine sus frases. Aumenta mucho nuestra capacidad de captar relaciones, en sentido analógico, lo que probablemente es la mayor expresión de inteligencia. Nuestra mente se comporta como si hubiéramos esnifado cocaína debido a su celeridad y rapidez de elaboración. Con esta amplificada capacidad mental podemos mantener discusiones audaces con los demás, tratar asuntos difíciles, enfrentarnos a cuestiones peliagudas que requieren mucha perspicacia. Este estado de gracia nos ayuda sobre todo en las decisiones que tenemos que tomar en muy poco tiempo. Nuestros reflejos amplificados nos permiten estar más atentos en el trabajo y trabajar con mayores márgenes de seguridad en esas tareas que precisan mucha atención. Conseguimos conducir el auto y la moto mucho mejor de lo normal, demostrando una rapidez de reflejos muy buena. Si tenemos que viajar de noche o con escasa visibilidad, este tránsito nos podrá ayudar de forma particular. Todas las novedades de la electrónica y de la técnica en general nos atraen mucho y podríamos aprovechar de ello para aprender a utilizar el ordenador o, si ya lo usamos, a utilizar un nuevo software. Es el día adecuado para leer las instrucciones de un video o de un sofisticado y nuevo teléfono móvil, instrucciones que casi ni un licenciado en ingeniería electrónica puede entender. Es muy probable que en este día compremos, y con satisfacción, equipos telemáticos como aparatos módem, fax, antenas parabólicas, decodificadores de señales TV, teléfonos inalámbricos y objetos parecidos. Además, sentiremos el impulso de comprar un coche nuevo, una nueva moto, una motocicleta o una bicicleta. Si tenemos que arreglar la antena parabólica en el techo, éste es el momento justo y lo mismo podemos decir si tenemos que conectar una periférica al ordenador y efectuar la instalación del software necesario para su funcionamiento. Nos sentiremos mucho mejor con todo lo que es técnico, pero podríamos también trabajar bien si nos dedicáramos a la fotografía, al cine amateur o al estudio de la astrología. Nos atraerán las personas geniales o un poco excéntricas y nos podría llegar alguna noticia especial acerca de un hermano, un primo o un cuñado. Conseguiremos efectuar más viajes con facilidad y nos desplazaremos muchas veces durante un mismo día, por ejemplo con tres o cuatro aviones, uno tras otro.

Mercurio en aspecto inarmónico con Urano

Cuando Mercurio transita en ángulo inarmónico respecto a nuestro Urano natal no nos sentimos menos inteligentes, sino todo lo contrario. Nuestra mente parece drogada por su capacidad de elaboración de las informaciones. Los datos se precipitan al interior con una velocidad increíble y salen de repente al exterior con igual velocidad. Nuestro cerebro parece realmente un ordenador gobernado por un reloj con increíble velocidad. La diferencia con el tránsito armónico Mercurio–Urano consiste en que esta velocidad nos ocasiona más de un problema: nos volvemos particularmente intolerantes hacia la lentitud mental de los demás y no estamos dispuestos a ser condescendientes con las personas caracterizadas por su sandez. Además, tanta electricidad nos causa un enorme nerviosismo que se expresa también a través de agresividad e insomnio. Debemos tratar de calmarnos, por ejemplo tomando un sedativo suave, aunque sea de tipo homeopático o natural como la manzanilla. Debemos darnos cuenta de que no podemos seguir con este número de revoluciones por minuto y que tenemos que calmarnos a la fuerza. Tomemos aire para interrumpir el circuito y tratemos de hacer algo que nos oblige a ir más despacio. Por ejemplo, navegar por Internet podría ser una buena cosa, ya que el hecho de saltar sin coherencia de un sitio a otro podría corresponder al cambio acelerado y sin sentido del canal del televisor. En estos momentos a nuestra mente le gusta mirar la realidad como a través de un caleidoscopio que cambia imagen cada segundo, y no soporta los primeros planes prolongados y estáticos. También un sano partido de flipper o de fútbol sala podría ayudarnos a calmar nuestros nervios, o también una media hora de ping–pong durante la que nuestros reflejos maravillarán a los presentes. En estos momentos podemos ser capaces de aferrar un insecto volando y mucho más todavía. Como con el tránsito armónico Mercurio–Urano, también en este caso podemos utilizar nuestras facultades mentales temporalmente potenciadas para preparar un examen difícil, para enfrentarnos a asuntos técnicos y científicos, para leer libros muy complicados, para pasar exámenes fundamentales, para tener conferencias o participar en debates. En coche, al contrario, tenemos que tener más cuidado porque si es verdad que nuestros reflejos están muy mejorados, también es verdad que nuestra tentación de echarnos a correr es más fuerte, lo que podría causar un accidente. En estos días, de cualquier manera, casi seguramente nos moveremos muchísimo, tanto en coche como en tren o en avión. Visitaremos a mucha gente y, al mismo tiempo, nos contactarán amigos y parientes. Aumentará el volumen de nuestra correspondencia en entrada y en salida, también la relativa al correo electrónico mediante Internet. El teléfono sonará muchísimo y también nosotros tendremos la tentación de utilizarlo más. Alguna noticia desagradable podría llegarnos de repente, como una bomba, acerca de un hermano, un primo o un cuñado. Un particular olfato nos podrá ayudar en empresas comerciales, en las que mostraremos una fuerte intuición. Tendremos particularmente buena suerte cuando se trate de comprar o vender equipos telemáticos como teléfonos, fax, impresoras, módems, televisores, antenas parabólicas, etcétera. Nos atraerá más la compañía de personas originales, por no decir excéntricas. Nuestro excesivo nerviosismo nos podría causar mayores daños con el humo.

Mercurio en aspecto armónico con Neptuno

Cuando Mercurio pasa por un ángulo favorable con nuestro Neptuno de nacimiento, nuestra fantasía y nuestra imaginación se ven amplificadas. Tendemos a relajarnos mentalmente y a dejar escapar las voces de nuestro inconsciente, que nos proyectan en un mundo ideal, virtual, en el que podemos entrenarnos a liberar todas nuestras capacidades más creativas. Nos sentimos particularmente inspirados y se nos pueden ocurrir ideas que difícilmente, en otros momentos, podrían superar la fría censura de la racionalidad. Los frenos inhibitorios de la razón se aflojan y, de esta forma, podemos tener acceso al mundo de los sueños en el que no hay confines. Podemos aprovechar para apuntar nuevas ideas, la trama de un libro, de un cuento, de un anuncio publicitario o sencillamente para una tarjeta de cumpleaños o una cartelera que anuncia una fiesta en familia. En cambio, si somos artistas el momento resulta particularmente fecundo para nuestra producción y tenemos que aprovechar para escribir o crear lo más posible: con la música, con el pincel, con el cincel y con cualquier instrumento que pueda transformar las fuertes sugestiones en obra concretas. Toda nuestra más íntima sensibilidad se encuentra ahora alerta y nos otorga preciosas fuentes de producción. Nos atraen los libros de psicología analítica, de esoterismo, de parapsicología, de astrología, de yoga, de orientalismo y de religión. En estas horas, en efecto, existe una estricta relación, dentro de nosotros, entre nuestra racionalidad y la inspiración a ocuparnos de asuntos neptunianos. Podríamos, por ejemplo, leer también libros de teoría sobre la náutica o la pesca o sobre las inmersiones submarinas o incluso hacer un curso práctico sobre ellas. Si pensamos desplazarnos, algo muy probable durante este tránsito, será mejor hacerlo con un barco, un navío, una hidroala y pasar una cortas pero perfectas vacaciones marinas. También un saludable paseo a orillas del mar o de un lago nos dará mucho placer, así como la visita a un acuario o a una estación biológica marina. El mar y el agua nos atraen particularmente, y tendremos ganas de saber más sobre ellos, por ejemplo comprando un CD–ROM sobre el mundo submarino y sobre las criaturas que lo habitan. Nos atraerá la idea de comprar un barco o una lancha, pequeña o grande no importa, para poder surcar el mar. Pero Neptuno también tiene que ver con los estados de conciencia alterados y todo lo que los ocasiona, y nosotros podremos utilizar este período de tiempo para irnos a escuchar una conferencia sobre la droga o informarnos mejor sobre los efectos de los psicofármacos. Si nos sentamos delante del ordenador para navegar por Internet, non convendrá visitar mucho más las páginas relacionadas con los asuntos que acabamos de describir, y nuestra aumentada intuición nos podría hacer descubrir algún sitio particularmente útil que estábamos buscando desde hacía tiempo. La buena inspiración de estos pocos días nos ayudará a escribir informes, trabajos para un congreso, currículums para solicitar trabajo o capítulos de un libro. Es fácil que durante este paso planetario frecuentemos magos o astrólogos o lectores del tarot, pero también psicólogos, sacerdotes y filósofos. Nos sentimos mucho más atraídos por las personas que necesitan ayuda y trataremos de prestar auxilio particularmente a las que tienen problemas psíquicos. También podríamos ayudar económicamente a una asociación que se ocupe de tareas humanitarias. Un poco de telepatía nos conectará positivamente con un hermano, un primo o un cuñado. Una buena intuición nos favorecerá en posibles negociaciones comerciales, tanto si son de venta como de compra.

Mercurio en aspecto inarmónico con Neptuno

Cuando Mercurio circula en un ángulo disonante respecto a nuestro Neptuno natal, nos sentimos un poco confundidos en los proyectos y en las ideas. Se agolpan en la mente y nosotros no logramos darles un orden formal, una organización racional. No somos capaces de distinguir entre un dolor de barriga y una percepción extrasensorial, ni tampoco entender si nos encontramos en un estado de gracia respecto a la intuición o sencillamente distraídos por los mil estímulos desordenados que viajan por nuestro cerebro. No conseguimos planificar bien nuestras acciones, ni preparar una estrategia para el día. En estas condiciones sería mejor si no programáramos nada importante para el día, a nivel práctico. Si al contrario nuestros programas se dirigen hacia la creación artística y fantasiosa, no cabe duda de que no hay ningún problema y que podemos abandonarnos en la dirección del olvido. Aprovechemos de esto para leer libros, sobre todo novelas, para que vayan ampliando nuestras sensaciones ya dilatadas al máximo. Pero tenemos que estar atentos para no dejarnos impresionar con lecturas catastrofistas que nos describen con detalles tragedias humanas, enfermedades físicas y mentales y calamidades de cualquier tipo que nos podrían afectar. Nuestra sensibilidad es mucho más elevada durante este paso astronómico y corremos el riesgo de dejarnos impresionar, de caer victimas de angustias, miedo de todo tipo, ideas fijas y pequeñas neurosis. Por lo tanto, evitaremos los libros peligrosos en este sentido y nos pegaremos una «comilona» de textos de aventuras marinas, como *Moby Dick* o *Capitán Garfio*, pasando por *Veinte mil leguas de viaje submarino* de Julio Verne. Evitemos frecuentar también magos y astrólogos o supuestas brujas, ya que los daños mentales que nos podrían ocasionar son serios. Si somos astrólogos, evitemos leer las efemérides y analizar nuestro tema natal o el de nuestros seres queridos, ya que podríamos preocuparnos inútilmente y mucho. Si deseamos ponernos a rezar hagámoslo de forma privada, evitando participar en ritos colectivos. En efecto, las masas, en este momento particular del mes, no nos son favorables y, por lo tanto, mantengámonos alejados de huelgas, protestas, asambleas sindicales, etcétera. También las comunicaciones serán más difíciles, quizá por daños debidos al agua (como el ordenador que deja de funcionar porque hemos volcado una bebida en el teclado, o las líneas telefónicas que se interrumpen por una inundación que acaba de afectar a nuestra región). Bajo esta óptica, desde luego, hay que evitar todo los viajes por mar, por lagos y ríos. Evitemos salir en barco, ir a pesca y hacer sumersiones. El peligro de un naufragio es más elevado. Aconsejemos lo mismo a un hermano, a un primo o a un cuñado. Nuestro supuesto olfato potenciado nos podría engañar si tratamos de entablar una negociación comercial justo durante este tránsito. Por lo tanto, será mejor abstenernos sobre todo de vender y comprar barcos, lanchas grandes y pequeñas o equipos para la pesca. Nuestra confusión mental podría también proceder de una asunción de psicofármacos o de los efectos del alcohol. Alguien podría animarnos a fumar hierba.

Mercurio en aspecto armónico con Plutón

Cuando Mercurio se posiciona en ángulo favorable respecto a nuestro Plutón natal asistimos a una potenciación temporal de las funciones de nuestra mente. Nos volvemos más receptivos y profundos, capaces de enfrentarnos a asuntos difíciles y complejos. Nos atraerán mucho más los problemas grandes y tenderemos a evitar los pequeños e insignificantes. Plutón gobierna todo lo que se encuentra abajo, lo que es profundo, que necesita excavaciones y, en este sentido, tratamos de mirar más allá de la apariencia, intentamos efectuar análisis profundas de lo que tenemos enfrente, excavando en el ánimo de las personas con las que entramos en contacto y hacemos lo mismo con nosotros mismos. Se trata de un período proficuo para el análisis personal, con o sin la ayuda de un terapeuta. Sentimos un gran interés por los problemas de la psicología, del psicoanálisis, pero también de la astrología y del esoterismo. También por los libros y las lecturas que hablan de estos asuntos. Nos llamarán la atención posibles lecturas de género policial o relativas a la novela negra. Sentiremos interés en los temas relacionados con la muerte, desde cualquier punto de vista. También nos atrae la idea de irnos a visitar a nuestros queridos difuntos, lo que podría llevarnos a dar un paseo o una vuelta al cementerio. En estas horas seremos perfectamente capaces de concentrarnos sobre los misterios de la muerte y lograr pensar, serenamente, también en nuestra futura muerte, sin dramas y sin dejarnos involucrar, sino – al contrario – con un lúcido control de la razón. Podríamos ponernos a preparar proyectos en este sentido, pensando cómo debería ser nuestra sepultura y en qué lugar debería efectuarse. Siempre durante este tránsito, podríamos sentirnos atraídos por visitas a grutas, cuevas, localidades subterráneas o incluso minas. Las búsquedas subterráneas de cualquier tipo nos atraen de manera particular y podríamos percibir la necesidad de conocer más, por ejemplo a través de los libros que tratan de geología o de búsquedas de agua gracias a la rabdomancia. En comunicaciones nos veremos impulsados a intentar conexiones muy remotas y podríamos tratar de llamar a un pariente o a un amigo nuestro que se encuentran al otro lado del mundo: en el océano Pacífico, por ejemplo. También se nos puede ocurrir comprar una antena parabólica para recibir programas TV de todo el mundo, incluso Japón y Australia. Estos pocos días del mes también favorecen una relación más profunda con un hermano, un primo o un cuñado. Seremos capaces igualmente de establecer una relación madura y seria con jóvenes amigos. Si nuestro objetivo es realizar algún buen negocio comercial, nos dirigiremos hacia las cosas grandes, pero descuidando las cosas pequeñas.

Mercurio en aspecto inarmónico con Plutón

Cuando Mercurio circula en aspecto inarmónico con nuestro Plutón natal nos encontramos en un momento de escaso equilibrio mental. Fuertes pulsiones destructivas y de autolesionismo tratan de apoderarse de nosotros, y nos hacen mirar la vida de manera errónea, problemática. Nos encontramos bajo el efecto de un impulso pesimista que nos prepara mal para el día que nos espera. Malas impresiones atraviesan nuestra mente y nos inducen a detenernos sobre pensamientos desagradables. Como con las disonancias Mercurio–Neptuno, aquí también podemos experimentar pequeñas fobias, manías, angustias, pero incluso a una octava más alta. Nos caracteriza la existencia de un ligero terreno neurótico. En particular podríamos percibir la mala influencia de pensamientos de muerte, con verdaderas aunque pequeñas obsesiones en este sentido. Evitemos ir al cementerio en estos días y, sobre todo, evitemos mantener contactos con grupos de comunicación con los espíritus y cosas de este tipo ya que podrían causarnos serios daños psíquicos. También evitemos las lecturas de libros relacionados con la más cruenta literatura policial o negra. Es mejor evitar las películas de violencia con las habituales cantidades de homicidios y ríos de sangre. Mantengámonos bien alejados de todo lo que nos puede deprimir y tratemos, más bien, de ocuparnos con sana literatura humorística de todo tipo y nacionalidad. Nos favorecerán saludables paseos al aire libre, en los bosques, ya que nos quitarán de la atmósfera psicológicamente cargada que suele acompañar este tipo de tránsito. Pero evitemos viajar de noche con el coche, aunque la idea nos atraiga, ya que podría resultar particularmente peligrosos. También abandonemos las inmersiones peligrosas o las exploraciones de grutas y cuevas subterráneas: éste no es un buen día para semejantes inspecciones. Pequeñas obsesiones podrían turbar también nuestra vida sexual, en estas horas, y tal vez sea mejor evitar y posponer este tipo de actividad. El pesimismo que nos caracteriza durante este tránsito hace que se puedan estropear nuestras relaciones con un hermano, un primo o un cuñado. O también podría suceder que el tránsito nos señale un problema psíquico temporal de una de las citadas figuras. Evitemos meternos en negocios en este momento ya que nos podrían timar, o podríamos ser nosotros mismos los que tengamos ganas de llevar a cabo acciones poco honestas con nuestro prójimo.

Mercurio en aspecto con el Ascendente

Véase: Mercurio en la Primera Casa

Mercurio en aspecto con el Medio Cielo

Véase: Mercurio en la Décima Casa

Mercurio en aspecto con el Descendente

Véase: Mercurio en la Séptima Casa

Mercurio en aspecto con el Fondo Cielo

Véase: Mercurio en la Cuarta Casa

Mercurio en tránsito por la Primera Casa

Cuando Mercurio pasa por nuestra Primera Casa radical, sentimos una particular rapidez y celeridad mentales. Nos sentimos más inteligentes, más activos mentalmente, más lúcidos al expresar ideas y pensamientos. Conseguimos entender mejor qué es lo que queremos y el resultado es que los demás perciben más nuestra determinación. Imponemos más nuestras ideas personales, tendemos a afirmar mucho más nuestros principios. Resulta evidente a todo el mundo que nos expresamos más claramente, así que todo el mundo nos comprende y, al mismo tiempo, conseguimos entender exactamente lo que dicen los demás. Aprovechemos este tránsito para aclararnos con las personas con las que hemos tenido algún malentendido. Ocupémonos de asuntos más difíciles, de solucionar cuestiones menos cotidianas. Intentemos resolver algún interrogante que nos tiene preocupados desde hace tiempo. Dediquémonos a lecturas que requieren más esfuerzo y compromiso. Aunque no seamos hábiles con crucigramas y jeroglíficos, en estos días podríamos entretenernos en esta actividad mental y descubrir que podemos descifrar igualmente muchas cosas. Es un día muy bueno si deseamos aprender a jugar a bridge, a pinacle o a cualquier otro juego para personas superinteligentes. La fuerza física que expresamos es sobre todo fuerza mental, tanta energía que procede de nuestro cerebro y que dirige nuestras extremidades inferiores y superiores hacia una mayor actividad. Nos parecemos al mercurio en estado líquido, al azogue que nunca deja de moverse, puesto que nosotros también tenemos una gran movilidad a nivel físico y mental. Incluso parece que somos más jóvenes, tanto físicamente como espiritualmente. Deseamos más la compañía de los jóvenes y tendemos a comportarnos de forma goliardesca con ellos. Un gran deseo de comunicaciones se adueña de nosotros y nos proyecta al exterior: por la carretera, a viajar en coche, a dar vueltas con el coche o la moto. Partimos para efectuar agradables excursiones, para encontrarnos con un hermano, un primo, un cuñado o un amigo. Aumenta, y mucho, nuestra actividad epistolar; y quisiéramos escribirles a todos nuestros seres queridos. También recibimos más correspondencia. El teléfono suena sin cesar y nosotros mismos nos ponemos a telefonear un poco a todo el mundo. También nos desplazamos para comprar objetos relacionados con nuestra persona, como prendas de vestir o equipos de limpieza personal. Además, nos vienen ganas de navegar por Internet, donde es posible moverse en latitud y en longitud. Es probable que adquiramos objetos relacionados con las comunicaciones y las telecomunicaciones, como teléfonos inalámbricos y móviles, módems, decodificadores de señales por satélite, contestadores telefónicos y fax, impresoras, etcétera. Además, puede que nos vengan ganas de cambiar nuestro coche y comprar otro nuevo, o de comprarnos un ciclomotor para seguir la corriente juvenil que se apodera de nosotros en estas horas. También nuestra manera de vestir cambiará y tomará esta dirección y podríamos sentir la tentación de desnudarnos excesivamente. Pero si el tránsito es disonante podríamos vivir un momento de inquietud y nerviosismo. No disminuirá nuestra capacidad lógica e intelectiva, sino que podría provocarnos insomnio y un exceso de estrés. En este caso, evitemos conducir el coche porque podríamos provocar un accidente. También tenemos que estar atentos para que tanto nerviosismo no se vaya descargando a través del humo de innumerables cigarrillos. El momento es igualmente bueno para discusiones de tipo comercial y para pequeñas transacciones de cualquier tipo.

Mercurio en tránsito por la Segunda Casa

Cuando Mercurio transita por nuestra Segunda Casa radical nuestra mente se dirige principalmente hacia los negocios. Nuestras mejores ideas se desarrollan y encuentran una aplicación práctica en el sector de las ganancias. Hacemos nuevos proyectos, ideamos estrategias que nos puedan ayudar a encontrar mejores medios de supervivencia. Si no somos comerciantes, lo seremos un poco en estas horas en que nuestra inteligencia estará proyectada sobre todo en sentido práctico y útil. Nos preguntaremos, aunque no tengamos un carácter pragmático: «¿Me conviene? ¿Es útil para mí?». Y actuaremos en consecuencia. Alguna idea de ganancia nos llegará de todo lo que está relacionado con las comunicaciones, las telecomunicaciones, los viajes y los desplazamientos en general. Podremos hacer algún buen negocio vendiendo un coche o una moto, o empezando un trabajo en el campo del diseño de páginas web. Si nuestra vida está caracterizada por un considerable tráfico pendular, podremos tener alguna buena idea para amortizar los costes de nuestro traslado diario. Haremos una propuesta de negocios a un hermano o a un primo o bien a un cuñado o a un joven amigo. También puede suceder que sean ellos los que nos hagan una propuesta. Ideas económicamente productivas nos podrían llegar del sector de la fotografía, de la televisión, de la industria de la imagen en general, del diseño computerizado. Aumentará nuestro interés hacia estos sectores y aunque esto tenga un marcado carácter lúdico, tendrá seguramente como objetivo el dinero, de una u otra manera. Nuestra manera de vestir, durante este tránsito planetario, tenderá a ser más juvenil, ligera, despreocupada. Lo mismo pasa con nuestro aspecto, que resultará más fresco e inmediato. Se trata de días ideales para estrenar una actividad en el campo de los viajes, de las comunicaciones, de las telecomunicaciones, de la telefonía, de la televisión por satélite, etcétera. Si este tránsito se produce al mismo tempo que otros tránsitos negativos, o si Mercurio crea aspectos disonantes con otros planetas, deberemos aplicar una mayor cautela y no exponernos en negociaciones comerciales, ya que no seremos perfectamente lúcidos a nivel mental y podríamos cometer errores importantes. Bajo el impulso de este paso planetario podrían también surgirnos tentaciones poco honestas en los negocios, tentaciones que desde luego hay que combatir con firmeza. Recurriremos fácilmente a las mentiras en las cuestiones de negocios, si esto corresponde a nuestro carácter fundamental. Tendremos que estar particularmente atentos para que no nos timen personas jóvenes o parientes. Un posible engaño comercial nos podrá afectar a través de una carta o de una llamada telefónica. Las noticias de la radio y de la televisión nos informarán acerca de una pérdida comercial que nos afecta.

Mercurio en tránsito por la Tercera Casa

Cuando Mercurio pasa por nuestra Tercera Casa radical sentimos una poderosa fuerza comunicativa a nuestro alrededor. Nos volvemos más receptivos y notamos que nuestros interlocutores están mucho más dispuestos a entendernos. Aumenta mucho el volumen de nuestras relaciones, transacciones y discusiones. Una gran claridad mental caracteriza estas horas y nos hace ser más rápidos en nuestro aprendizaje. Tanta lucidez mental, a la que no estamos acostumbrados, nos permite llevar a cabo discusiones importantes para tratar de solucionar problemas que nos tienen preocupados desde hace mucho tiempo. Nos conviene entretenernos con saludables y largas charlas, que seguramente nos brindarán resultados útiles. Hablar y escuchar debe ser el imperativo de estas horas. Nos ocuparemos decididamente de todo lo que está relacionado con las comunicaciones. Nos atraerán los desplazamientos de cualquier tipo; este día es perfecto para hacer una excursión fuera del área urbana, para dar una vuelta con el coche o la moto. También pasearemos agradablemente e iremos a visitar a nuestros parientes, un hermano, un primo, un cuñado o jóvenes amigos. El teléfono de casa sonará a un ritmo superior al normal y nosotros mismos haremos muchas llamadas, maravillándonos de la relativa facilidad con la que logramos entrar en contacto con los demás, incluso con aquellas personas que normalmente no logramos contactar. Recibiremos más correspondencia, incluso de personas que llevaban mucho tiempo sin darnos noticias. Nosotros mismos escribiremos más cartas atrasadas que se habían acumulado por causa de nuestra pereza. Tendremos ganas de contactar a personas cercanas y lejanas, y podremos hacerlo por ejemplo con el correo electrónico. Es un día ideal para una navegar con placer por Internet: descubriremos nuevos e interesantes sitios web y podremos conectarnos por fin con sitios cuyo acceso es normalmente dificultoso. En días como estos nos vienen ganas de comprar sofisticados equipos de comunicación como teléfonos móviles e inalámbricos, fax, centralitas telefónicas, módems, impresoras, antenas parabólicas, decodificadores de señales televisivos, etcétera. También nos apetecerá más leer y leeremos más. Aprovechemos de esto para digerir algún libro aburrido o particularmente difícil. Nuestra inteligencia más rápida y más lúcida, nos permitirá estudiar para superar exámenes difíciles, comprender instrucciones complejas relacionadas con la utilización de un ordenador, aprender a utilizar un nuevo software, aprender las bases del juego del bridge y muchas otras cosas más. Si tenemos que preparar un informe importante para el trabajo, un estudio para presentar en un congreso, un discurso para pronunciar en público, hoy es el día mejor para hacerlo. Lo mismo sucede si tenemos que escribir el capítulo de un libro al que nos gustaría dedicarnos. Se trata de un período óptimo para dar clases o para frecuentarlas como estudiantes, para participar en conferencias, debates, mesas redondas, transmisiones de radio y televisivas. En cambio, si el tránsito se caracteriza por aspectos inarmónicos, notaremos una excesiva verbosidad y una tendencia polémica y sarcástica que no nos pertenece normalmente. Nos será más difícil hacernos comprender, pero también nos será arduo comprender a los demás. Tendremos dificultades para desplazarnos, como una avería en el coche o un tren que hemos perdido por haber llegado tarde a la estación. Recibiremos malas noticias con una carta o una llamada telefónica. Compraremos un teléfono, un fax o una impresora que no funcionan. Tendremos alguna discusión con un hermano, un primo, un cuñado o un joven amigo. No estaremos con el humor necesario para hacer negocios y nos convendrá evitar tal actividad. Nos volveremos particularmente nerviosos y podremos exagerar con el humo.

Mercurio en tránsito por la Cuarta Casa

Cuando Mercurio pasa por nuestra Cuarta Casa radical asistimos a un aumento de nuestro sentido de los negocios en el sector inmobiliario. El tránsito nos puede llevar a efectuar una compraventa de tipo inmobiliario. Pensamos en comprar una casa o una multipropiedad, en vender un terreno o en alquilar un inmueble. Tenemos las ideas muy claras en este sentido, y el tránsito favorece este tipo de negocios. También son días buenos para reservar un apartamento para las vacaciones de verano, o una habitación de hotel para pasar un fin de semana esquiando. Un mayor olfato comercial en el sector inmobiliario nos permitirá plantear programas a largo y a muy largo plazo en este sector. Este tránsito también favorece las discusiones en familia, sobre todo con nuestros padres, durante las que conseguiremos hacerles entender nuestros puntos de vista y, al mismo tiempo, nosotros mismos seremos más abiertos para acoger las ideas de los demás. Tendremos muchas buenas ideas acerca de nuestra casa, sobre cómo decorarla, como renovarla y como mejorarla para hacerla más funcional. Nos descubriremos un temporal talento arquitectónico que normalmente no poseemos. Buenas ideas también podrían llegarnos en relación con el sector hotelero y con el de la restauración. Deseamos desplazarnos par ir a ver una casa o para ir a visitar a nuestros padres que podrían encontrarse ocupados en un viaje o en negociaciones comerciales de vario tipo. Aumentarán las comunicaciones entre ellos y nosotros. Si vivimos en el mismo edificio, podremos aprovechar de este tránsito para conectar los dos apartamentos con un portero electrónico interno. Nuestra mente estará focalizada en los recuerdos y el aspecto de la memoria prevalecerá en nuestras tareas mentales. En este sentido, este tránsito favorece las operaciones de guardar todas las informaciones de que disponemos, por ejemplo con copias de seguridad de los datos que contiene el disco duro de nuestro ordenador. Para hacerlo podremos comprar instrumentos adecuados para ello, como un segundo disco duro o bien un masterizador para pasar las informaciones a un CD–ROM, a un dispositivo externo de almacenamiento, etcétera. Si el tránsito es disonante, por ejemplo porque recibe varios aspectos malos, no nos convendrá meternos en negociaciones comerciales relacionadas con bienes inmobiliarios ya que corremos el riesgo de que nos estafen o de equivocarnos por poca claridad en el asunto. No compremos y no vendamos nada de nada en campo inmobiliario, y evitemos también reservar habitaciones en hoteles para las vacaciones. Abstengámonos de comprar muebles y bienes para la casa. En estos días podríamos vernos obligados a un desplazamiento forzado y no de placer, por ejemplo para ir a visitar a nuestros padres en apuros o para acompañarlos a una visita médica. Nuestros padres podrían encontrarse particularmente nerviosos o sufrir daños durante un viaje. Las comunicaciones entre nosotros y la casa de nuestros padres serán más difíciles de lo normal. Evitemos guardar datos del ordenador en memorias de almacenamiento ya que podríamos perder nuestras informaciones por causa de un simple error de sintaxis al escribir con el teclado.

Mercurio en tránsito por la Quinta Casa

Cuando Mercurio pasa por nuestra Quinta Casa radical nos sentimos atraídos por las diversiones juveniles. Nos gustaría volver a jugar con el futbolín, el ping–pong, el flipper y todos los míticos juegos de nuestra juventud. Un espíritu infantil nos anima durante estas horas y nos proyecta en un mundo que ya no nos pertenece. Nos atraen los acertijos, los crucigramas y las adivinanzas de cualquier tipo. Dentro de nosotros se agolpan recuerdos nostálgicos de tiempos que no volverán jamás. Nos da placer estar con muchachos y con niños, ocuparnos más de nuestra relación con nuestros hijos. Si se encuentran lejos, cogemos el coche o un tren para volver a estar con ellos. Aumentan nuestras comunicaciones con ellos, también a través del teléfono o de las cartas. Viajamos también por diversión, tanto si se trata de un desplazamiento en coche como de cruzar el mar o de volar durante algunas horas. Nos divertimos mucho con los desplazamientos, pero también comunicando con todos los medios posibles, por ejemplo con la Red (Internet). También nos atrae el juego en sentido estricto y, si esto es parte de nuestra historia personal, frecuentaremos un casino o una sala de apuestas de caballos, de juegos más o menos clandestinos, la mesa verde de casa de amigos, etcétera. También el juego en la bolsa nos atrae de manera particular durante este paso planetario. Y, siempre en estas horas, nos podrá llegar la noticia de que nuestro hijo o nuestra hija se han enamorado. Al divertirnos más tanto con los medios de transporte como con las herramientas técnicas que nos facilitan cualquier tipo de comunicación a distancia, podemos aprovechar del momento para subir al techo de nuestra casa y montar una antena parabólica; también podemos trabajar en un sistema de intercomunicación entre nuestra habitación y la de los niños o trabajar con el ordenador para instalar un módem. Nos sentimos más ligeros y más dispuestos a comportarnos como goliardos. Buscamos sobre todo la compañía de personas jóvenes y podríamos también enamorarnos de una de ellas. Si el tránsito tiene lugar junto con otros aspectos disonantes, será mejor mantener las distancias entre nosotros y los juegos ya que, en el mejor de los casos desperdiciaríamos mucho tiempo precioso, demasiado tiempo precioso, y en el peor de los casos podríamos perder cifras ingentes en la mesa de poker o en la ruleta. Nuestra ansiosa búsqueda de actividades lúdicas y recreativas a cualquier costo nos provocará problemas en nuestro trabajo o en nuestros negocios. Podríamos vernos obligados a desplazarnos por algún problema relacionado con un hijo. Un poco de confusión en la mente podría empujarnos a iniciar una relación sentimental con una persona demasiado joven. El excesivo uso de videojuegos y otras cosas parecidas nos podría provocar un exceso de estrés (se ha demostrado que una utilización intensa de la pantalla puede provocar trastornos nerviosos incluso de una cierta gravedad). Evitemos dejarnos atraer por la posibilidad de fumar «hierba».

Mercurio en tránsito por la Sexta Casa

Cuando Mercurio atraviesa nuestra Sexta Casa radical podremos dedicarnos a la cura de problemas nerviosos o respiratorios que nos afectan desde hace tiempo. Tendremos ideas más claras respecto a nuestras patologías y podríamos ser capaces de descubrir el porqué de un trastorno físico que nos persigue desde hace tiempo. Se nos ocurrirán buenas ideas para mejorar nuestra condición psicofísica. Percibiremos la exigencia de «rejuvenecer», por ejemplo gracias a una dieta adelgazante, a masajes, curas termales y generales para mejorar la condición de nuestra piel. En este sentido, también podríamos matricularnos en un gimnasio, hacer deporte, someternos a una serie de exámenes médicos, frecuentar doctores y especialistas. Si llevamos tiempo aplazando una serie de aplicaciones de fisioterapia, curas dentales, fangos y tratamientos parecidos, éste es el momento justo para ponerlos en marcha. Crece nuestra sed de informaciones en este sector; además de leer libros sobre el asunto o de suscribirnos a prensa especializada, también podríamos acariciar la idea de frecuentar un curso de shiatsu, de alimentación macrobiótica, de homeopatía para personal no médico, etcétera. Si somos estudiantes en busca de una facultad universitaria, durante este tránsito podría ocurrírsenos matricularnos en medicina, pero también podríamos decidir convertirnos en profesores de educación física. El deporte, en todas sus formas, nos favorecerá sin duda alguna. Pensaremos en términos positivos en la salud de un hermano, un primo, un cuñado y un joven amigo. En el trabajo seremos mucho más lúcidos y puntuales, y también exigiremos mayor precisión de los demás. Nos sentiremos inclinados hacia el cálculo matemático y podría gustarnos mucho trabajar en el ordenador con tablas, preparando listas de fechas de vencimiento o actualizando bases de datos. Buscaremos a un colaborador o una colaboradora jóvenes. Lo mismo si pensamos que necesitamos a una asistenta. También nos atraerán los cachorros de animales domésticos. Bajo este punto de vista, se trata de un momento especial para regalarnos o para regalar un gatito o un perrito, por ejemplo a nuestros hijos. Si el tránsito es disonante porque recibe malos aspectos, deberemos tener más cuidado para evitar posibles estafas de parte de jóvenes colaboradores. Estaremos mucho más nerviosos y podríamos sufrir de trastornos respiratorios, quizá por fumar demasiado. No tendremos las ideas claras en relación con nuestros problemas patológicos y podríamos cometer errores al empezar terapias durante este tránsito. Un hermano, un primo, un cuñado o un joven amigo nuestro están mal y nos preocupan. Nuestra salud empeora por causa de un viaje, o bien nos desplazamos para someternos a una visita médica personal o para acompañar a un familiar. El trabajo nos provoca mucho estrés y podríamos tener problemas de insomnio. Las curas que seguimos para «rejuvenecer» nos darán resultados negativos. Un joven doctor se equivoca con un diagnóstico sobre una enfermedad que nos afecta.

Mercurio en tránsito por la Séptima Casa

Cuando Mercurio pasa por nuestra Séptima Casa radical crecen nuestras finalidades de tipo corporativo. Tendemos a ver la vida como una empresa de grupo, una lucha que hay que llevar a cabo junto con los demás, pero especialmente con una pareja. Reflexionamos sobre todas las ventajas de la dualidad respecto a la singularidad. Aumentan nuestras pulsiones matrimoniales. Si somos solteros, pensaremos con cierta intensidad en el matrimonio como la solución para muchos problemas. Veremos crecer, sinceramente, nuestro propósito asociativo en sentido lato. Tendremos muchas ganas de estar con los demás, de comunicar y de participar. Las soluciones que prevén la fundación de sociedades, cooperativas y asociaciones nos parecerán las más lógicas, naturales e imprescindibles. Nos preguntaremos cómo hemos conseguido, hasta ahora, estar solos. Durante este tránsito pensaremos en serio en casarnos o en encontrar una pareja. Se nos ocurrirán muchas ideas para formar un grupo, para apoyar el nacimiento de un club o para promover un movimiento. Si ya estamos casados, éste es el momento bueno para precisar nuestros problemas de pareja, para hablar a nuestra pareja y poner en claro qué es lo que no nos gusta en nuestra relación. Nos sentimos más lúcidos y mucho más capaces de aclarar las relaciones de pareja, tanto en sentido sentimental como en el sentido de las sociedades de trabajo, de estudio o de cualquier otro tipo. Si estamos considerando la fundación de una sociedad, evaluaremos sobre todo la hipótesis de crearla con un socio más joven o con un hermano, un primo o un cuñado. Nuestras mejores energías mentales de estos días las podremos poner al servicio del trabajo de grupo y nos daremos cuenta de que somos, aunque sólo sea temporalmente, muy poco individualistas y centralizadores. Nos importará sinceramente la opinión de los demás y conseguiremos mirar con mayor objetividad los intereses del prójimo. En estos días, podríamos desear desplazarnos para ir a visitar a nuestra pareja o a nuestro socio, o bien comunicaremos más frecuentemente con él o ella por teléfono, carta y fax. Aumentará nuestro tráfico pendular para apoyar a una sociedad. Aumentará nuestra correspondencia por cuestiones legales. Estos días serán muy buenos para discutir problemas de papeles legales o administrativos, para ir a hablar con abogados y consejeros legales en general. También son días favorables para escoger un abogado o para poner una denuncia, presentar un informe o una intimación. Nos llamará particularmente la atención todo lo que está relacionado con el sector legal y, en esta lógica, podremos potenciar de manera eficaz nuestros equipos relacionados con este argumento: por ejemplo comprando un CD–ROM con el archivo completo de las leyes o de las sentencias de la Casación, para hacer búsquedas concretas en estos tipos de bases de datos. Serán igualmente válidas las adquisiciones hechas en nombre de una sociedad y no sólo destinadas a una persona física: sobre todo teléfonos, fax, impresoras para la oficina, etcétera. Si el tránsito se verifica en condiciones inarmónicas, deberemos ser más prudentes en las cuestiones legales ya que podríamos ser engañados o estafados por un socio o incluso por nuestro representante legal. No tendremos las ideas muy claras en materia de asociación, así que será mejor no intentar fundar ningún grupo durante este paso planetario.

Mercurio en tránsito por la Octava Casa

Cuando Mercurio pasa a través de nuestra Octava Casa tendemos a interesarnos mucho más de los problemas de la psicología: la nuestra y la de los demás. Sentimos la necesidad de una mayor inmersión en nuestro Yo profundo en busca de nuestras raíces, de las motivaciones profundas que inspiran nuestras acciones conscientes. El período es óptimo sobre todo si estamos efectuando un análisis del profundo o conversando con un psicoterapeuta de apoyo. También nos podrán ayudar mucho las conversaciones con un astrólogo. Seremos más reflexivos y meditaremos mucho sobre nosotros mismos, sobre la vida y sobre las relaciones profundas que vamos estableciendo con el prójimo. Nos atraerán más todos los libros que tratan de esos asuntos y podremos culturizarnos en la cuestión también asistiendo a conferencias o conversando con personas expertas. Sentiremos una atracción particular también para los asuntos policiales o típicos de la novela negra y, en este sentido, nos gustará leer novelas policíacas, ver películas de suspenso, seguir las crónicas de la actualidad en los diarios y en la televisión, que desgraciadamente están saturadas con este tipo de problemas. Durante estos días también podríamos caer en la tentación de conseguir un arma, de solicitar el permiso de armas. El mal (entendido en su más amplia acepción, a todo campo, omnicomprensivo) nos atrae y despierta en nosotros intereses incluso malsanos. De la misma manera, sentimos curiosidad e interés por cualquier tipo de excavaciones, desde la arqueología hasta las búsquedas geológicas de petróleo y de agua. Son días ideales para visitar excavaciones arqueológicas, para exploraciones en cuevas naturales, para visitar catacumbas y sitios subterráneos, para inmersiones submarinas en zonas arqueológicas, etcétera. También la muerte nos atrae particularmente y se nos podría ocurrir ocuparnos de cuestiones relacionadas de alguna manera con nuestra muerte, como – por ejemplo – contratar las condiciones de nuestra futura sepultura, ocuparnos del presupuesto de la capilla de familia, redactar un acto de herencia delante de un notario, discutir un legado con nuestros padres o con nuestros hijos y expresar nuestras últimas voluntades. También si hacemos una visita al cementerio, a nuestros fallecidos, sobre todo si prevé un viaje, se llevará a cabo con las mejores condiciones. Un viaje o un pequeño desplazamiento también podrían estar relacionados con el sexo: por ejemplo podríamos ir a encontrarnos con un hombre o una mujer para una aventura de pocos días. Si el tránsito se realiza simultáneamente con aspectos disonantes, podemos temer estafas o engaños relacionados con una herencia o una liquidación que debemos recibir. Se falsificarán actos públicos en relación con nosotros o que nos afectarán de una manera u otra. En los casos límite, puede que un hermano, un primo, un cuñado o un joven amigo nuestro se encuentren en peligro de vida. Nosotros mismos podemos arriesgar la vida por culpa de un viaje o de un desplazamiento. Cuestiones burocráticas relacionadas con un deceso nos harán perder un tiempo precioso. Una excursión por motivos arqueológicos tendrá un éxito negativo y algo nos impedirá visitar una meta que anhelábamos. El nerviosismo o la confusión mental disturbarán nuestra sexualidad.

Mercurio en tránsito por la Novena Casa

Cuando Mercurio atraviesa nuestra Novena Casa tenemos sed de lejanía en el sentido geográfico–territorial así como metafísico–trascendente. Miramos muy lejos delante de nosotros, hacia todo lo que se aleja mucho de nuestra realidad contingente. Tendemos a ocuparnos de problemas que sobrepasan la rutina diaria. Se apodera de nosotros un fuerte deseo de ver mundo, de conocer gente, de estudiar idiomas y culturas extranjeras. Es un período ideal para viajar o sencillamente para organizar un viaje, para planearlo y analizarlo en todos los detalles: nos gustará ya sólo el hecho de mirar el mapa y buscar informaciones sobre las tarifas y los horarios de trenes y de aviones. Deseamos tanto movernos en coche o en moto como cruzar los mares o hacer un viaje de muchos días en tren. Ahora más que nunca nos gusta el avión, la posibilidad que nos ofrece de transportarnos a una realidad muy remota respecto a la nuestra. En este sentido podríamos también considerar la posibilidad de conseguir nosotros mismos el carnet de piloto. Tendemos a conjugar los negocios con los viajes y podríamos decidir abrir una agencia de viajes o solicitar la colaboración de un operador turístico para trabajar en este sector. También podemos mandar cartas a editores y revistas para proponerles nuestra colaboración en el campo de las traducciones, si disponemos de las capacidades necesarias para este trabajo. Nos matriculamos en un curso de idiomas para prepararnos mejor para un futuro trabajo en el extranjero. Desde este punto visto se consideran también los cursos de programación de ordenadores: al fin y al cabo, se trata siempre de lenguajes. Partimos para visitar a un hermano, un primo, un cuñado o un joven amigo. Conocemos a jóvenes durante nuestros viajes. Hacemos viajes de negocios o por motivos de estudio. Aumenta la masa de nuestras comunicaciones diarias, a través de la correspondencia epistolar, las llamadas telefónicas, los fax, el correo electrónico... Durante este tránsito nuestras navegaciones por Internet podrán resultar particularmente fascinantes y fructuosas para encontrar nuevos sitios interesantes. Recibimos una carta importante del extranjero. Firmamos un contrato de trabajo con personas que no son de nuestra ciudad o de nuestra región (la Novena Casa está relacionada con cualquier lugar en que se hable un dialecto o un idioma diferente del nuestro). Nos sentimos particularmente atraídos por los extranjeros, sobre todo los más jóvenes que nosotros. Unas vacaciones muy agradables en el extranjero nos hacen rejuvenecer en el espíritu y en el cuerpo. Compramos libros o revistas extranjeras; o nos matriculamos a cursos superiores, universitarios, relacionados con asuntos como la filosofía, la teología, el esoterismo, la parapsicología, la astrología, el yoga, el orientalismo, el Budismo, la ley, etcétera. Entramos en contacto con un joven abogado o un fiscal. Emprendemos un viaje por cuestiones legales. Si el tránsito es disonante podríamos vernos obligados a viajar para testimoniar en un proceso o porque un hermano, un primo, un cuñado o un joven amigo nuestro tienen problemas con la ley. Desplazamientos debidos a problemas legales de familiares nuestros. Un viaje nuestro fracasa debido a huelgas de aviones o de trenes, por bloqueos por carretera o por vuelos cancelados por el mal tiempo. Malas relaciones con extranjeros. Mala noticia que nos llega desde el extranjero. Se pierde una carta que nos habían enviado desde lejos. Malas comunicaciones internacionales. Llamadas intercontinentales disturbadas o que ni siquiera se consiguen establecer. No recibimos noticias de un pariente nuestro en el extranjero. Nerviosismo durante un viaje. Insomnio que nos impide dormir lejos de casa. Malas experiencias en los estudios de filosofía, astrología, teología, etcétera. Problemas con la ley.

Mercurio en tránsito por la Décima Casa

Cuando Mercurio transita por nuestra Décima Casa radical tenemos muchas ideas buenas sobre cómo podemos mejorar e incrementar nuestro trabajo. Hacemos proyectos que luego casi siempre podemos realizar, y se nos ocurren intuiciones sobre cómo aportar elementos innovadores en nuestra actividad laboral. Logramos razonar muy claramente sobre los problemas relacionados con nuestra profesión. Aceptamos discutir tranquilamente con los demás sobre cuestiones generales de trabajo. Estamos abiertos a recibir sugerencias y nosotros mismos ofrecemos buenos consejos a los demás. Nuestra actividad se verá favorecida por el aporte sustancial, o bien tan sólo aporte de ideas, de un hermano, un primo, un cuñado o un joven amigo. Acabamos rápidamente con nuestras tareas o bien las orientamos mucho más en sentido juvenil. Nos ocupamos de trabajos que están relacionados con el mundo de los jóvenes o bien con los viajes y los desplazamientos. Hacemos muchos viajes de trabajo o por trabajo (por ejemplo, vamos a visitar una feria en el extranjero). En estos días tenemos muchos contactos telefónicos y epistolares para desarrollar mejor nuestra profesión. Compramos equipos telemáticos que nos sirven para el trabajo: fax, teléfonos móviles o inalámbricos, centralitas telefónicas, aparatos para videoconferencias, navegadores para comunicar con el ordenador, etcétera. Si nos conectamos con la red (Internet) lo hacemos no por diversión sino por trabajo, por ejemplo para buscar noticias útiles en las páginas amarillas electrónicas. Compramos un coche nuevo para nuestro trabajo o una camioneta, un TIR, un tractor... Sentimos la tentación de fundar sociedades en el sector de las telecomunicaciones o de los transportes o de abrir agencias de viajes con amigos. Se trata de un período ideal para las transacciones comerciales y para resolver contenciosos jurídicos relacionados con el trabajo. Nuestro trabajo recibe la ayuda de un joven experto en cuestiones legales. Mejoramos las comunicaciones dentro de nuestra empresa al instalar un sistema de correo neumático o una red Intranet (que es como Internet dentro de las empresas). Mejoramos los sistemas telefónicos internos de nuestras oficinas. Contratamos a un agente de comercio. Nos ofrecemos como agentes de comercio. Si el tránsito se produce en condiciones de aspectos disonantes, nos puede ocasionar problemas de trabajo debidos a medios de transporte: por ejemplo uno de nuestros vehículos sufre un accidente y nos perjudica, obligándonos a aplazar una entrega que hubiera tenido que realizarse con la mayor urgencia. Nos estafan o timan jóvenes colaboradores. Un negocio que vamos a discutir en algún lugar lejano nos sale mal. Un hermano, un primo, un cuñado o un joven amigo nos perjudican en nuestro trabajo. Debemos hacer muchos esfuerzos, incluso sufrir, para potenciar nuestras instalaciones telemáticas en vistas de un trabajo mejor. Un nuevo trabajo o empleo nos obliga a fatigosos tráficos pendulares. Una máquina que se «destruye» por exceso de trabajo.

Mercurio en tránsito por la Undécima Casa

Cuando Mercurio transita por nuestra Undécima Casa radical tendemos a hacer muchos planes de viajes y de desplazamientos. Fantaseamos sobre nuestras permanencias en el extranjero o incluso sobre nuestras definitivas mudanzas a otro país, pero podría tratarse solamente de sueños y de fantasías irreales. Sin embargo, nos gusta ilusionarnos con estos pensamiento y jugamos realmente como si la cosa tuviera que realizarse en serio. Recopilamos mapas geográficos y callejeros, guías turísticas, listados de hoteles y restaurantes, tarifas de vuelos internacionales, etcétera. Otras veces estos proyectos tienen un fundamento real, una base segura de partida y la real posibilidad de llevarlos a cabo. En este caso nuestros planes saldrán bien y se nos ocurrirán muy buenas ideas en este campo. Serán sobre todo los amigos los que nos ayuden a realizar viajes o puede que hagamos un viaje justamente para irnos a visitar a un amigo. Conocemos a nuevos y agradables amigos durante un viaje. Partimos para visitar a un hermano, un primo, un cuñado o un joven amigo. Utilizamos el coche de un amigo para movernos. En estos días también puede pasar que sea un hermano, un primo, un cuñado o un joven amigo nuestro el que tenga que irse. Aumentan las comunicaciones a distancia entre nosotros y nuestros amigos: recibimos muchas más llamadas telefónicas y también nosotros llamamos mucho. Aumenta el volumen de nuestra correspondencia, tanto en entrada como en salida. Nos intercambiamos mensajes por fax con los amigos y también nos ponemos en contacto con ellos por correo electrónico. A través de nuestras navegaciones por Internet iniciamos nuevas e interesantes amistades. Si el tránsito es disonante o contemporáneo con otros malos tránsitos, puede que fracase un proyecto nuestro de viaje para ir a visitar a un joven amigo, un hermano, un primo o un cuñado. También es posible que uno de los citados sujetos tenga alguna dificultad con amigos nuestros o propios. Tenemos discusiones intensas con amigos y una relación de amistad nuestra podría romperse, incluso de forma definitiva. Descubrimos que un amigo nuestro no se comporta de manera limpia con nosotros. Nos damos cuenta de que un amigo nuestro no es sincero y honesto. Durante un viajo enlazamos nuevas pero desagradables amistades. Tenemos problemas durante un viaje que hacemos para visitar a un amigo.

Mercurio en tránsito por la Duodécima Casa

Cuando Mercurio transita por nuestra duodécima Casa radical algo nos empuja a la investigación: en sentido general y nuestro personal, es decir endopsíquica. Buscamos refugio en nosotros mismos, tenemos mayor necesidad de dialogar con nuestro Yo interior. Tendemos a meditar mucho sobre nosotros mismos, sobre nuestra condición, nuestra evolución y la espiritualidad que nos afecta. Tenemos ganas de analizarnos o bien de escribir un diario, memorias, reflexiones sobre nosotros mismos. Volvemos a leer lo que escribíamos hace muchos años. Deseamos también hacer viajes por motivos religiosos o sólo para estar con nosotros mismos y así poder reflexionar mejor. Viajamos a lugares aislados o a sitios idóneos para la plegaria, la penitencia y la cura de alguna enfermedad. Deseamos irnos a reflexionar en la celda solitaria de un convento, aunque sólo sea por pocos días. Nos encerramos en una casa solitaria o en un hotel en el que nadie nos conoce, para escribir algo importante. Tratamos de entrar en contacto con religiosos, psicólogos, astrólogos. De ellos podemos obtener una gran ayuda para comprendernos mejor, para solarizar los sentimientos que se mueven profundamente dentro de nosotros. Un hermano, un primo, un cuñado o un joven amigo nos ayudan a pasar una prueba. Logramos solucionar un problema nervioso. También conseguimos resolver un problema relacionado con las comunicaciones, como una antena que ha caído del techo o un fax que no funcionaba porque el papel se había encallado. Contamos nuestras ideas secretas a un amigo y con él compartimos las noticias que sabemos solamente nosotros. Un poco de descanso en una clínica o en una casa rural favorecerá mucho a nuestro sistema nervioso. Nuestras investigaciones en campo secreto mejoran, como el empleo de micrófonos escondidos o el seguimiento de una persona. Mejora nuestra comprensión en materia religiosa, psicológica y astrológica. Podemos hacer muy buenos estudios en estos campos e incluso escribir algo sobre tales asuntos. Conocemos a un joven sacerdote, un mago o un lector del tarot. Nos embarcamos en agradables viajes por mar o inmersiones subacuáticas. Si el tránsito se produce en condiciones disonantes debemos temer el efecto de calumnias y falsedades en nuestra contra. Podrían llegar cartas anónimas que nos perjudiquen o llamadas telefónicas mudas que nos preocupen. Debemos temer la acción negativa, en nuestra contra, por parte de jóvenes amigos, un hermano, un cuñado o un primo. Una de las citadas personas podría tener que superar una prueba más o meno seria. Una hospitalización forzada nos ocasiona daños al sistema nervioso. Padecemos pruebas o accidentes durante un viaje. Hay una tendencia general a que nuestros equipos de comunicación se estropeen: el teléfono, el fax, la impresora, el módem, la antena parabólica, etcétera. Estamos mal en sentido mental, porque nos obstinamos a querer descubrir un secreto que no existe. Nos obsesionamos tratando de perseguir o espiar a alguien. Tenemos muy malas experiencias con un pseudomago o astrólogo. La religión, la psicología o la astrología nos ocasionan temores y miedos de todo tipo. Podemos tener maléficas experiencias del humo de «hierbas». Nuestro sistema nervioso tiene problemas debido a los psicofármacos. Encontramos dificultades en expresarnos, en razonar e incluso en hablar. Una carta importante nuestra se pierde y un mensaje que dejamos en un contestador automático no llegará nunca a su destinatario.

Los tránsitos de Venus – como los del Sol, la Luna y Mercurio – son bastante rápidos y su influencia abarca desde un mínimo de pocos días, en los ángulos con los demás astros, hasta un máximo de pocas semanas, en sus recorridos a través de las Casas. Su influencia puede considerarse generalmente benéfica y positiva, igual que los tránsitos de Júpiter; pero en el caso de Venus nos encontramos claramente en un grado inferior de la escala, puesto que el paso de Venus en el cielo casi no deja rastros en el desarrollo global de la vida de cada persona. En efecto, sabemos que cuanto más lento es un tránsito mayores son sus efectos en la vida de una persona y viceversa. Así pues, en este caso se trata de un soplo cálido, una leve caricia que nos brinda más una sensación de calor que calor en sentido estricto. A veces los pasos de Venus nos traen cosas muy bonitas, pero sólo si se juntan de forma sinérgica con tránsitos más poderosos de planetas lentos. Si se encuentran en contraste con un grupo negativo de tránsitos, normalmente no consiguen ningún efecto concreto. Sin embargo, su paso a través de una Casa nunca es totalmente silencioso. Cabe recordar que Venus, al igual que Júpiter, también puede acarrearnos mucho problemas si nos empuja a gozar demasiado hedonísticamente de la vida o bien si se apodera de nuestros peores vicios.

Venus en aspecto armónico con el Sol

Cuando Mercurio transita en aspecto armónico con nuestro Sol de nacimiento, percibimos una atmósfera de sosiego a nuestro alrededor. Nos sentimos más en paz con el mundo y nos damos cuenta de que los demás están más en paz con nosotros. Nuestro comportamiento delata una actitud delicada con el mundo, una dirección de simpatía y de cariño hacia el prójimo. Simpatía y cariño que los que nos rodean nos devuelven de buena gana al percibir nuestra carga positiva. Más que un tránsito de buena suerte, se trata de un tránsito de armonía con el exterior, en entrada y en salida. Nos sentimos más satisfechos y esto hace que nos sintamos menos en competición con los demás. Bajamos la guardia y durante estos pocos días, o incluso pocas horas, pensamos que no es necesario utilizar nuestro habitual "chaleco antibalas" que deberíamos emplear a diario en la selva urbana de las relaciones interpersonales. Vivimos una atmósfera más relajada y nos sentimos extrañamente optimistas y confiados, tanto con la vida como con la gente. Pensamos de manera positiva y nos obstinamos a querer ver el lado bueno de las cosas. La armonía que tenemos en el corazón se refleja en todas nuestras acciones exteriores y nuestra jornada se desarrolla de una manera agradable y confortadora. Durante la jornada laboral se producirán menos accidentes, pero los mejores efectos de este paso planetario los comprobaremos a nivel de relaciones de pareja y de relaciones afectivas más en general. Nos enfadamos menos con nuestros familiares aunque ellos representen, generalmente, el objetivo principal de nuestra agresividad, sobre todo en los días particularmente negativos. En cambio, esta es una jornada sustancialmente positiva, así que tenemos que aprovecharla para resolver algún pequeño rencor que haya surgido entre nosotros y nuestros seres queridos. Nuestra mayor disponibilidad a la sonrisa hará que también los demás nos sonrían más. Seguramente no solucionaremos todos nuestros problemas interpersonales, pero podremos evitar que surjan nuevos. Esta mayor carga afectiva se dirigirá principalmente hacia nuestro padre, nuestro marido, nuestro hermano o nuestro hijo. En este día podríamos comprar, con buenos resultados, un regalo para estas personas, sobre todo una prenda de vestir, un pequeña joya de oro, un cuadro, un grabado o un pequeño objeto artístico. Este paso planetario favorece sobre todo las adquisiciones de objetos de oro, ya que provoca un aumento positivo de nuestro gusto estético. Podremos también comprar, para regalarlo a las personas ya citadas, una entrada para el teatro o para un concierto. Venus simboliza también la salud y por lo tanto nos sentiremos mejor, desde un punto de vista psicofísico, durante el tiempo que dure este tránsito. Lo mismo vale para nuestro padre, nuestro hermano... Además, Venus se encuentra en relación con el dinero, por lo que es posible, más que probable, que nos llegue dinero extra bajo forma de un regalo, de una pequeña ganancia, de una gratificación *una tantum*, de un pequeño préstamo concedido, de un préstamo que nosotros habíamos concedido y que en este momento nos devuelven, etcétera.

Venus en aspecto inarmónico con el Sol

Cuando Venus pasa en un ángulo inarmónico respecto a nuestro Sol natal, no se trata de un tránsito malo sino más bien de un tránsito banal y con escasos resultados prácticos sobre nuestra vida. Quizá podremos decir que en estas horas no sabemos amar. Tomamos mal las medidas y podemos aparecer demasiado fríos o demostrar una pasión excesiva y falsa. Nuestro tono no es el adecuado y no conseguimos establecer una relación justa con el ambiente. Más que un natural sentimiento de amor, tratamos de intelectualizarlo; adoptamos una actitud un poco forzada en esta dirección, tratamos de convencernos que debemos ser cordiales, simpáticos y afectuosos con el prójimo, pero se nota que no es natural. Una genérica bondad, pero más aparente que sustancial, caracteriza nuestras acciones de estas horas. También corremos el riesgo de mostrarnos algo bobos o estúpidos. Se trata más de una cuestión de forma que de sustancia: en efecto, nuestras intenciones son positivas, pero – come decíamos – nos equivocamos en los modos. En algunos casos podría tratarse también de una búsqueda excesiva de placer, de hedonismo exagerado, de caza a la sensualidad a cualquier precio. Esto, si acontece, puede llevarnos a cometer errores y pecados no sólo veniales. Ya que el vicio en todas sus expresiones es fuente de posibles perjuicios a todo campo. Tampoco olvidemos que en los cielos natales de varios criminales campea frecuentemente una Venus dominante y disonante, mucho más frecuentemente que un Marte que quizá podría descargarse sencillamente haciendo cortar leña con una hacha. El tránsito puede señalar también una situación sentimental crítica para nuestro padre, nuestro hijo, un hermano o nuestro marido. También puede indicar un día malo desde un punto de vista económico, para nosotros o para las figuras que acabamos de citar. Durante este tránsito, desde este punto de vista, es necesario ser muy prudentes ya que podríamos viciarnos con el juego y perder incluso grandes cantidades de dinero. Al mismo tiempo, evitemos hacer préstamos con excesiva ingenuidad o efectuar inversiones arriesgadas y falsamente prometedoras. También tenemos que tratar de controlar de forma más severa los gastos ya que cuando se ensancha el corazón se ensancha también nuestra capacidad de gastar sin juicio. Por último, cuidemos mucho más de nuestra salud, ya que durante este paso planetario podríamos vernos afectados por leves pero dañinas exageraciones. En efecto, caeremos más en la tentación de exceder con la comida o con el alcohol, pero también con el humo o con el sexo. Durante estas horas corremos el riesgo de envenenar, no de manera grave pero sí de manera tangible, nuestra sangre. Lo mismo puede pasarle a nuestro marido, nuestro padre...

Venus en aspecto armónico con la Luna

Cuando Venus circula en un ángulo armónico con nuestra Luna radical nos sentimos más afectuosos con todo el mundo y deseamos que se construya un clima cordial a nuestro alrededor. Los demás nos parecen más simpáticos y lo mismo se puede decir de nosotros respecto al prójimo. Nos mueven buenos sentimientos, sobre todo el deseo de paz. Nos sentimos más disponibles hacia el amor, más sensibles ante las palabras bonitas, una acción agradable o una caricia. Sentimos muchas ganas de disfrutar de la intimidad, del hogar doméstico y es especialmente en nuestra casa donde deseamos expresar lo mejor de este tránsito positivo. Tenemos muchas ganas de quedarnos tumbados en un sofá, con la mano de nuestro ser entre las nuestras, viendo una buena película o escuchando música. No nos atraen tanto los placeres mundanos como el teatro, el cine o los restaurantes, sino más bien la intimidad doméstica, la posibilidad de expresar nuestro lado mejor entre las paredes de nuestra casa. Sentimos que nos atrae más nuestra esposa, nuestra madre, nuestra hermana o nuestra hija. O sea que no se trata sólo de amor de tipo sexual, sino de atracción a todo campo hacia las figuras femeninas, incluso y sobre todo las más íntimas. El binomio mujer–casa se encuentra particularmente amplificado en nuestra mente, en ese instante, y lo expresamos también tratando de embellecer nuestra demora. Compraremos con beneficio bonitos objetos para la casa, muebles, objetos de arte, cuadros, sábanas, alfombras, etcétera. Nuestro aumentado amor por el hábitat hará que dediquemos más tiempo a nuestra vivienda, incluso en tareas de reparación, de pintar paredes, de arreglar el jardín o de una nueva disposición de los muebles en uno o más ambientes. En estas horas podríamos desear comprar una casa o, más sencillamente, alquilarla. Podemos aprovechar para escoger la casa para nuestras vacaciones de verano, o el hotel en que pensamos transcurrir una semana para esquiar. También compraremos con éxito regalos para una de las figuras femeninas citadas, tanto pequeñas obras de arte como joyas, sobre todo de plata. Si nos encontramos en estado interesante se trata de un buen momento para preparar la canastilla para el bebé: tendremos muy buen gusto en la elección de las prendas adecuadas y una corriente interior particularmente maternal nos llevará a escoger más con el corazón que con la razón. Nuestra aumentada ternura nos puede sugerir regalar un cachorro de perro o de gato a nuestra hija.

Venus en aspecto inarmónico con la Luna

Cuando Venus pasa en un ángulo inarmónico respecto a nuestra Luna natal notamos una cierta inflación de nuestros sentimientos. Tenemos dificultades para encontrar la justa medida y podríamos equivocarnos con un exceso de cariño o una excesiva manifestación de cariño. Bajo este tránsito, los sujetos más afectuosos y los más necesitados de mimos tienden a convertirse en pulpos que quieren aferrar a la persona amada con todos sus tentáculos. Necesitamos más besos, más caricias y más abrazos. Podemos volvernos particularmente aburridos en la expresión de estas necesidades que, desde luego, son más necesidades psicológicas que caricias reales. Quisiéramos, a cualquier costo, aislarnos en casa y recargarnos de intimidad con la persona amada. También la relación con nuestra madre resulta alterada y tendemos a ahogarla con nuestras demandas de cariño, pero también puede que seamos nosotros los que nos sintamos ahogados por ella debido a un exceso de mamitis. El resultado, de una manera u otra, es un comportamiento particularmente infantil, nos falta sólo el "chupete" en la boca para coronar nuestra estupidez de ese momento. Debemos esforzarnos para ser y demostrar que somos mayores de edad, adultos y responsables. Sobre todo debemos evitar hacer caprichos. En efecto, nuestra excesiva demanda de mimos y halagos podría llevarnos, a falta de ellos, a actitudes provocadoras o incluso agresivas contra las principales figuras femeninas: nuestra madre, nuestra esposa, nuestra hermana o nuestra hija. Podemos equivocarnos en nuestros comportamientos con las mujeres en general y esto conlleva una jornada con un sinfín de pequeñas meteduras de pata que provocan un clima de insatisfacción interior y de críticas por parte de los demás, que no dejarán de notar nuestros comportamientos muy poco maduros. Puesto que Venus también se refiere a la salud, esto quiere decir que nuestras mujeres no se sentirán muy bien: a lo mejor non se tratará de nada serio, sólo una sensación de malestar genérica, quizás una leve intoxicación alimenticia o problemas sentimentales que se reflejan en el físico. Durante este paso planetario será preferible invitar a nuestras mujeres a una mayor prudencia cuando gesten dinero, ya que la tendencia de estas horas podría ser exactamente lo contrario. Mantengámonos también nosotros a distancia del juego, de las especulaciones, de los riesgos económicos en general y evitemos prestar dinero si no estamos más que seguros de que nos lo devolverán. El período no es favorable para entablar nuevas amistades y, por lo tanto, sería mejor que evitáramos tomar esa dirección. Si nos sentimos particularmente agresivos, evitemos estar con los demás y dediquémonos a pasatiempos solitarios. Por último, tenemos que estar particularmente atentos a las procreaciones involuntarias.

Venus en aspecto armónico con Mercurio

Cuando Venus transita en ángulo favorable respecto a nuestro Mercurio radix nos atraen todas aquellas actividades que pueden combinar amor y comunicaciones. Sentimos que logramos comunicar mejor nuestros sentimientos y nuestras fantasías de amor. Nos inspiramos en la poesía de algún autor en particular, pero podemos llegar a ser poetas nosotros mismos en este caso e improvisar versos o cartas apasionadas. Nos gusta ir al cine a ver películas sentimentales. También por la televisión preferimos programas que traten sobre este tema en particular. Nuestras lecturas de estos pocos días del mes se focalizarán casi seguramente en las historias que hacen llorar "a lágrima viva", y que sin embargo pueden ser obras maestras de la literatura como *Madame Bovary* o *Rojo y negro*. Las voces que llegan del corazón ponen en estado de alerta a nuestra sensibilidad y parece que nos interesarán sólo estos argumentos. Estos días son muy favorables para declarar, de palabra o por escrito, nuestras intenciones con una mujer o con un hombre. De manera directa o indirecta, nuestra correspondencia hablará mucho del asunto "vida de pareja". Escribiremos más y recibimos otras tantas cartas de nuestra pareja si se encuentra lejos. También aumentará el tráfico de llamadas telefónicas en entrada y en salida, tratando del mismo asunto. Si durante el mes haremos una llamada telefónica kilométrica a nuestra pareja, casi seguramente tendrá lugar durante este tránsito. También nos desplazaremos más, con el coche, con el tren o con el avión, para encontrarnos con nuestro ser querido, o viajaremos más con nuestra pareja. Podremos vivir días fantásticos durante un viaje lleno de sentimiento, una especie de luna de miel, hasta el punto que sería oportuno hacer coincidir la luna de miel durante estos días. O bien puede ser suficiente tan sólo empezar un viaje en estos días, para seguir disfrutando de él en los días siguientes. Siempre durante estas horas podremos hacer regalos a nuestra pareja, quien los apreciará mucho, relacionados con equipos de comunicación: como por ejemplo un teléfono móvil, un fax, una antena parabólica, un videoteléfono, un módem, un *firmware* (software y hardware) para navegar por Internet. Y justamente en relación con Internet podremos efectuar preciosos cruceros, con las búsquedas correspondientes, quizá entre los corazones solitarios que publican sus anuncios en Internet... Con semejante tránsito la flecha de Cupido nos podría alcanzar incluso a través de un anuncio. El día es favorable también para las aventuras sentimentales de un hermano, un primo, un cuñado o un joven amigo. Tanto a ellos como a nosotros podría resultar particularmente útil el coche para una cita de amor.

Venus en aspecto inarmónico con Mercurio

Cuando Venus transita en aspecto inarmónico con nuestro Mercurio natal notamos dificultades en nuestras comunicaciones de carácter sentimental. No logramos expresar bien nuestros sentimientos y tenemos dificultades incluso para comprenderlos. Si nos embarcamos en discusiones con nuestra pareja, corremos el riesgo de no entendernos o de tergiversar recíprocamente lo que decimos. Sería preferible posponer cualquier discusión de este tipo. Además, si estas comunicaciones se producen a distancia, por ejemplo por carta o por teléfono, entonces es todavía peor ya que podríamos encontrar inconvenientes como una carta que se pierde o problemas con ruidos imprevistos en el teléfono. En estos días, todas las herramientas que sirven para comunicar a distancia con nuestro ser querido pueden fracasar, como el fax con el papel encallado en su interior o la impresora del ordenador que se queda sin tinta. Y si vamos a encontrar de persona a nuestra pareja, podemos encontrarnos con distintos problemas, come el coche que no se pone en marcha o la moto con una rueda pinchada, o una manifestación que nos mantiene bloqueados durante horas en la carretera. Durante este paso planetario sería mejor evitar desplazarnos. Una pequeña desdicha nos persigue en estas horas, siempre en relación con el binomio amor y comunicaciones y, por lo tanto, puede pasar también que nos roben el coche mientras vamos a visitar a nuestro novio o nuestra novia. Si compramos un regalo para ellos, a lo mejor haremos una mala compra, pero siempre en relación con los teléfonos y los faxes. Se trata de un momento poco agradable también para las relaciones sentimentales de un hermano, un primo, un cuñado o un joven amigo. El cotilleo de un amigo o de un hermano puede perjudicar nuestra relación de pareja. Lo mismo puede pasar por culpa de una carta anónima o de una llamada telefónica desagradable. El excesivo nerviosismo ocasionado por una relación de amor que no funciona bien en estos días podría hacernos fumar demasiado.

Venus en aspecto armónico con Venus

Cuando Venus viaja en ángulo favorable con nuestra Venus de nacimiento percibimos una particular armonía a nuestro alrededor. Nos sentimos más en paz con el mundo, más satisfechos y serenos aunque no existan motivos objetivos que nos ocasionen tal condición mental. Crece nuestro optimismo y una actitud de sosiego hace que se cree una corriente positiva a nuestro alrededor. Nos volvemos más tolerantes hacia los demás que contracambian de la misma manera. También podemos llevar al cabo algunas cortas convivencias teóricamente difíciles. Sentimos un particular impulso en sentido sentimental. Nuestra audacia, desde este punto de vista, aumenta, por lo que el tránsito puede ser utilizado para que nos declaremos a la persona amada. El paso planetario del que estamos hablando también es útil para que tratemos de resolver antiguas fricciones o para que termine un período de "guerra fría" con la pareja. Podemos conquistar por primera vez o de nuevo a una persona. Nos atrae mucho la belleza y todo lo que tiene valor estético. Es un día ideal para visitar museos, galerías de arte y muestras fotográficas. Nos interesaremos más por el arte en general, pero podremos utilizar el día también para hacer compras de objetos artísticos, bibelots, muebles de antigüedades, cuadros, objetos preciosos, joyería, bisutería refinada, etcétera. De forma particular, podrían interesarnos libros antiguos o decorados o bien podríamos llevar a encuadernar, con arte, libros que tienen una importancia particular para nosotros. Además, el paso planetario del que estamos hablando también será buen consejero en las elecciones que hagamos para mejorar nuestro aspecto: desde el corte hasta el color del pelo, desde un nuevo maquillaje hasta la decisión de someternos a una intervención de cirugía estética. Si la operación tuviera lugar durante esas horas podríamos obtener muy buenos resultados, por supuesto dentro de los principios generales que regulan este tipo de elección. La salud en general irá mejor: tal vez porque empezaremos una nueva terapia o bien porque nos divertiremos más, saldremos a dar magníficos paseos, nos dedicaremos a los viajes, a actividades lúdicas y recreativas, gozaremos más de la vida bajo todos los puntos de vista. También es posible que nos llegue dinero inesperado, por ejemplo un pago que nos debían, pero también puede ser una ganancia de juego, una donación por parte de uno de nuestros padres, un préstamo que habíamos hecho, el vencimiento de intereses bancarios, etcétera. Posibles nuevas amistades o nuevas amistades sentimentales.

Venus en aspecto inarmónico con Venus

Cuando Venus pasa en un ángulo inarmónico respecto a nuestra Venus natal, no conseguimos encontrar el tono justo hagamos lo que hagamos. No es un tránsito malo, pero tampoco es bueno. Es una de aquellas situaciones en las que no hay "ni chicha ni limonada". No sabemos exactamente qué es lo que queremos y nos comportamos un poco como si no tuviéramos carácter: no somos agresivos pero tampoco estamos bien dispuestos hacia los demás. Esta condición mental afecta nuestro comportamiento evidente y podemos movernos con poco garbo y parecer algo torpes. Una pseudo–bondad marca nuestras acciones, pero tampoco somos persuasivos en este sentido. Nos damos cuenta de este estado de ánimo, pero no podemos hacer nada contra él. En tales condiciones no somos capaces de administrar nuestros sentimientos de la mejor forma posible, pero tampoco las relaciones con el prójimo y con nuestra pareja en particular. Sería mejor que no intentáramos realizar grandes pasos en el amor durante estas horas. Abstengámonos de tomar decisiones importantes y aplacemos unos día eventuales aclaraciones que queramos tener con la pareja. Los otros también perciben la situación en que nos encontramos y se comportan de manera consecuente con nosotros. Damos una idea de poca sinceridad, aunque no se trata de eso. Durante este tránsito nos podrán llegar cartas y llamadas telefónicas que reflejan perfectamente el clima mental que nos gobierna, y que por lo tanto serán igualmente inexpresivas o poco claras en cuanto a sus contenidos sustanciales. Cuando Venus está en contraste consigo misma a veces ocasiona una excesiva búsqueda del placer, un hedonismo desenfrenado, y hace que exageremos en tal sentido. Por ejemplo, si vamos a comprar un traje o una alfombra, un mueble antiguo o una joya, tenderemos a exagerar fácilmente, a comprar algo excesivamente llamativo, desproporcionado, incluso de mal gusto. También tenderemos a exagerar en el número de llamadas telefónicas o de cartas que queramos dirigir a la persona querida. ¡Tal vez conduciremos el coche durante mil kilómetros para no tener que esperar un día más! Con la misma lógica de búsqueda irrefrenable del placer, correremos el riesgo de pegarnos una comilona, tanto en sentido alimentario como sexual, y pagaremos las consecuencias: puede que no se trate de nada serio, pero es cierto que nos quedarán secuelas desagradables de lo que hagamos bajo este tránsito. Deberemos estar atentos a todas las posibles intoxicaciones de la sangre debidas a cualquier cosa, alcohol incluido. Aunque no nos excedamos en nada, nos sentiremos igualmente mal. No nos encontraremos en nuestra habitual buena forma, y también deberemos evitar la tentación de gastar demasiado durante este paso planetario. Sobre todo el juego es el que nos puede vaciar los bolsillos, pero también lo pueden hacer los gastos en objetos relacionados con nuestra belleza. Podríamos gastar mucho en un instituto de belleza para salir como nuevos después de una depilación o de aplicaciones de máscaras faciales, pasando por un nuevo peinado y un nuevo color de pelo. Nuestras relaciones con la esposa, la hija, una hermana o una querida amiga resultarán aumentadas por excesivas manifestaciones exteriores de afecto. Los mismos sujetos femeninos, en estas horas, vivirán un corto período de confusión general.

Venus en aspecto armónico con Marte

Cuando Venus se desplaza hasta formar un ángulo armónico con Marte aumenta nuestro deseo sexual. El deseo sexual no nos ciega, pero se apodera de nosotros una saludable sensualidad y nos conduce positivamente hacia los demás. Sentimos placer en las relaciones con los demás tanto por el simple contacto físico como por el olor que emana de su piel, lo que casi acaba por marearnos. Nos sentimos más animales, en el sentido mejor del término. Más que con la mente, al final reaccionamos sobre todo con el cuerpo y nuestras reacciones serán más inmediatas, directas, pero sin ser vulgares. La sensualidad que se aloja en nosotros también brotará a la superficie y nos volveremos más seductores. Aumentará nuestro gancho sexual así como el de los demás hacia nosotros. Se trata de un tránsito óptimo para coronar un fin de semana de amor, una corta pero intensa paréntesis sobre todo a base de sexo. En estas horas pensaremos que los que declaran siempre que lo importante es sobre todo la relación de cerebro, simplemente mienten. Es lógico que bajo el impulso de otros tránsitos pensemos exactamente lo contrario, pero en tales condiciones nuestro razonamiento será legítimo. Examinaremos con ojo más crítico, desde el punto de vista del entendimiento sexual, nuestra relación de pareja y si notáramos que la relación no funciona bien, podríamos volver a considerar nuestros planes a largo plazo. Por otro lado, si nos damos cruenta de que existe un buen entendimiento de este tipo, podríamos decidir acelerar los planes de una futura convivencia o de boda. Hemos dicho que aumentará en sentido lato nuestra sensualidad y esto también quiere decir que gozaremos mucho más de los rayos de sol sobre la piel, de una bebida refrescante que nos alivie la garganta, de un buen plato de pasta o de una tajada de tarta, del aire perfumado del campo, del olor a hierba recién cortada, etcétera. Como hemos dicho, seremos más animales, pero en el sentido mejor del término. Sentiremos una particular atracción hacia las figuras marciales: nuestro profesor, nuestro jefe, un atleta que tenemos delante, un militar en su espléndido uniforme, etcétera. Para los varones non se tratará necesariamente de un deseo homosexual, sino que podrá corresponder a un deseo de emulación, a un sentido de respeto y de admiración sin segundos fines. Las mujeres, al contrario, sentirán una particular atracción por aquellos cánones que son objetivamente viriles en un hombre y que no son necesariamente el color oscuro o azul claro de los ojos. Una simpatía o atracción más genérica la sentiremos, en estas horas, por la mecánica y podríamos ponernos a reparar nuestro coche o la moto o bien empeñarnos en pequeñas reparaciones en casa. Tendremos ganas de hacer una carrera en coche, para sentir la embriaguez de la máxima velocidad. Sentiremos mucha más atracción por el deporte, sobre todo por aquellas actividades llamadas marciales. Nos sentiremos más atraídos por el riesgo y también pensaremos que nos hemos vuelto más valientes. Los masajes de un quiropráctico podrán hacernos recobrar nuestra forma física aunque nuestra salud, en general, será muy buena durante este tránsito.

Venus en aspecto inarmónico con Marte

Cuando Venus pasa en ángulo inarmónico con nuestro Marte radix podemos vivir un momento tanto feliz como pésimo en el amor. El primer caso se verifica si estamos junto a nuestro ser querido y se cumplen las condiciones mejores que permiten que nuestra aumentada demanda sexual se pueda expresar de lleno. Al contrario, si nos encontramos solos e incapaces de dar libre circulación a nuestras aumentadas pulsiones sexuales, entonces corremos el riesgo de estar mal o de cometer acciones inusuales para nosotros. Todo depende también de la respuesta sexual de nuestra pareja en ese instante, puesto que puede que se encuentre con nosotros pero que no tenga ganas de hacer sexo. Y eso nos lleva a considerar el valor de la sinastría que aquí demuestra la importancia de tener los planetas justos en el punto justo: armonía y compatibilidad sexual significa ante todo probar deseo en el mismo instante, lo que no puede acontecer si los planetas del sexo, Marte y Venus, crean ángulos equivocados o no crean ningún ángulo entre ellos, dentro de los dos sujetos que forman la pareja. Así pues, si tenemos la posibilidad de expresar nuestra aumentada pasión sexual, podremos verdaderamente vivir momentos hermosísimos, pero – como decíamos – si las cosas estarán puestas de manera diferente, nuestro físico, en su conjunto, reaccionará mal y nos sentiremos desorientados, en baja forma, muy nerviosos y agresivos. La agresividad contra la pareja es el reverso de la medalla, debido precisamente a una falta de acuerdo sexual en es momento. También deberemos prestar atención porque, con una pasión amorosa aumentada hasta estos niveles, también correremos el riesgo de una procreación indeseada o de coger una infección venérea. Nuestras fantasías sexuales se desencadenarán un poco y nos comportaremos de manera inusual en nuestra intimidad. Si trataremos de descargar el exceso de energías a través del deporte, deberemos estar atentos para no hacerlo con disciplinas peligrosas para nuestra incolumidad física. Evitemos, por lo tanto, el esquí, el patinaje, el ciclismo, el motociclismo, etcétera. El tránsito nos pone en mala disposición con las figuras marciales con las que podríamos tener descargas de agresividad recíproca. Si trabajáramos con equipos mecánicos podríamos causarnos daños, sobre todo con los objetos puntiagudos. En estos pocos días del mes no nos encontraremos en buena forma física.

Venus en aspecto armónico con Júpiter

Cuando Venus transita en ángulo armónico con nuestro Júpiter natal nos sentimos particularmente bien. Un sentido general de relajamiento hace que nos sintamos en paz con nosotros mismos y con el prójimo. Vivimos horas, o al máximo pocos días, de saludable pereza y de autoindulgencia. Non tenemos muchas ganas de hacer nada, sino más bien dejamos que sea la suerte la que nos arrastre. Y, en efecto, nos acompaña un poco de buena suerte y "milagrosamente" nos soluciona diferentes problemas. Los demás nos miran con mayor comprensión y se ensimisman en nuestros problemas para tratar de ayudarnos. Nosotros, a nuestra vez, nos sentimos más serenos y menos en competición con todo el mundo. Hay momentos en la vida en que hay que luchar, bajo el impulso del pesimismo y de un poquito de paranoia, y otros en que nos abandonamos a nosotros mismos, en una visión rosa de la existencia: este tránsito pertenece a esta última clase y sirve para que, periódicamente, volvamos a cargar nuestras baterías. ¡Pobres de nosotros si no existiera! El destino nos concede algún momento de tregua para recuperar el aliento y tenemos que aprovechar de ello justamente en esa dirección, abandonándonos durante algunas horas a la corriente del río, dejándonos transportar hacia el valle. En este caso podemos afirmar que avanzamos río abajo. Habrá tiempo para nuevas subidas y planeamos incluso divertirnos un poco. El optimismo que vive en nosotros no es sólo un hecho endopsíquico y subjetivo, sino que refleja ampliamente la realidad. Pequeños o grandes golpes de fortuna nos acompañan durante este paso planetario y nos permiten obtener algunas ventajas también a nivel material: en el trabajo, en el ascenso social, en la vida sentimental... Evidentemente no puede tratarse de grandes acontecimientos, debido a la duración mínima del tránsito, pero si recibe el apoyo de otros más importantes, este paso planetario puede acompañar también acontecimientos importantes que pueden marcar etapas muy positivas de nuestra existencia. Nos sentimos mejor, tanto psicológica como físicamente, hasta el punto que tendemos a relajarnos demasiado, bajando la guardia y con el peligro de acumular algunos kilos: quien sufre esta tendencia tiene que vigilar mucho más. El tránsito del que estamos hablando también favorece la vida sentimental, tanto si se trata de una relación en que nos queremos empeñar (en este caso hará que nos juzgue menos severamente quien tiene que decidir si aceptar nuestro cortejo o no), como si se trata de una relación que queremos recomponer. Se trata de un momento ideal para tomarnos unas cortas vacaciones, para hacer un viaje o para pasar un fin de semana con nuestra pareja. El mejor atesoramiento de estas horas consiste en dedicarlas al recreo, al espectáculo, a la recreación en sentido lato: una buena cena en compañía de amigos, una noche a orillas del mar con nuestro ser querido, una óptima película aunque estemos solos... El momento se adapta también al inicio de una terapia, un remedio nuevo, o para aliviar un dolor que nos persigue desde hace tiempo. Al contrario, no hay que escoger este momento para efectuar una operación quirúrgica que, al estar caracteriza por la sangre y el sufrimiento, difícilmente podrá acontecer bajo este paso planetario. Esto quiere decir que, si por error, elegirán este período para una operación quirúrgica, lo que pasará es que no podrá realizarse debido a la ausencia del doctor, porque habrá huelga en el hospital o bien por otros motivos. Durante estos pocos días podrán tener un aumento de sueldo o recibir una promoción en el trabajo, pero también podrán recuperar dinero prestado, ganar algo en el juego o a las quinielas, recibir la donación de uno de sus padres... Se trata de un momento bueno para firmar un contrato ante un notario, para comprar bienes preciosos (sobre todo objetos de arte), para inaugurar una tienda, etcétera.

Venus en aspecto inarmónico con Júpiter

Cuando Venus transita en ángulo desfavorable respecto a nuestro Júpiter radix nos falta mucho el sentido crítico. Tendemos a bajar demasiado la guardia por lo que acabamos encontrándonos en la condición límite opuesta a la determinada por la proverbial desconfianza del signo de Virgo. Un candor de tipo sagitariano inspira nuestras acciones y nos hace vivir horas en que cultivamos la ilusoria convicción de ser infalibles o intocables, o de que hemos tenido una suerte loca. No se trata de una verdadera red protectiva que una mano buena ha tendido para protegernos, sino de un engañoso sentimiento de seguridad. Por un lado esto nos puede ayudar, si nuestra intención es embarcarnos en una empresa comercial o industrial (si no hubiese momentos así, ¿qué empresario tomaría la iniciativa?), pero – por otro lado – también nos puede perjudicar mucho si subestimamos los riesgos. Y eso es precisamente de lo que se trata: de subestimar eventualmente todos los posibles peligros que se esconden en una situación. Nos lanzamos hacia adelante de cabeza, pero no con el ímpetu de la fuerza del Aries, sino con la inconsciencia generada por Júpiter. El relajamiento al que estamos sometidos es tal que nos induce al error, exactamente como sucede si se conduce el coche en estado de embriaguez. Aquí los vapores del alcohol se llaman Júpiter y están enfatizados por el aspecto desfavorable de Venus. Los errores de valoración, a todo campo, son los que nos pueden perjudicar. Debemos esforzarnos para ser más cuidadosos, pero sobre todo más desconfiados. El extremo relajamiento nos lleva también a volvernos muy perezosos, a ser mucho más autoindulgentes, a comer más y, por lo tanto, también a engordar. Se trata de sólo pocos días al mes, pero durante ellos podríamos almacenar esos tres o cuatro kilos que luego difícilmente podremos eliminar. Una excesiva tendencia al placer marcará este tránsito que nos llevará a gozar a todo campo, a cualquier nivel, determinando que nuestro comportamiento no siempre sea cristalino. Podríamos exagerar en todos los campos e intoxicarnos la sangre. Se podría pensar que un aspecto inarmónico entre los dos astros más benéficos del zodíaco no puede ser tan malo, pero no es así. Cuando Venus mira con ojo inarmónico a Júpiter, también podemos estar muy mal, justamente debido a intoxicaciones. Además, nuestro sentido moral vive una debacle y nos podríamos ver involucrados en desagradables escándalos o en situaciones al límite de la legalidad. En estos días podríamos vivir el insano deseo de buscar una relación extramatrimonial que, más allá de sus implicaciones morales, nos complicaría seguramente la vida, pero sobre todo nacería bajo una mala estrella. Además, debemos prestar atención para no gastar de forma excesiva, puesto que en estas horas podríamos desear utilizar mucho dinero para satisfacer nuestro placer: prendas de vestir, joyas, inútiles electrodomésticos, cuadros, alfombras, etcétera. También deberemos estar atentos para no perder dinero, para no prestarlo, para no hacer especulaciones en la bolsa, para evitar que nos roben, etcétera. El momento es totalmente poco idóneo a las inauguraciones de sociedades, actividades comerciales, iniciativas empresariales, etcétera. Y para finalizar, evitemos promover acciones legales en estos pocos días del mes.

Venus en aspecto armónico con Saturno

Cuando Venus pasa formando un ángulo favorable respecto a nuestro Saturno natal nos sentimos más disciplinados en nuestros sentimientos: más sobrios, menos expansivos pero seguramente más serios. Logramos razonar con lucidez y sobre todo con gran sentido de la responsabilidad. Logramos comprender las razones de los demás, pero más que nada los sentimientos de los demás. No nos dejamos arrastrar por pasiones de cualquier tipo y conseguimos comprender totalmente al prójimo, como si estuviéramos en su lugar. Los demás nos verán muy controlados y difíciles de seducir, gracias a un comportamiento más maduro y serio. Somos capaces de interrogarnos en profundidad y de examinar con minuciosidad nuestros puntos de vista y los de nuestros seres queridos. No dejamos que la ira o un optimismo ciego se apoderen de nosotros: vemos la realidad tal como es. Tal vez pecamos un poco de severidad y de pesimismo en nuestros juicios, pero somos justos. Es posible que durante estas horas notemos una pérdida de interés hacia nuestro ser querido, pero se trata de una pérdida de interés fisiológica, sin serias consecuencias. También es posible que en este momento podamos volvernos más maduros a nivel sentimental, quizá justamente debido a un pequeño desengaño. Quizá debemos volver a considerar nuestros proyectos, especialmente en campo afectivo y sentimental. Se trata de un día bueno para determinar una fecha para una boda, para el empiezo de una convivencia y para cualquier tipo de proyecto a largo plazo. Si nos vamos con nuestra pareja, el viaje se caracterizará más por los largos y proficuos diálogos que por la ternura y las distracciones. No nos encontramos en un momento idóneo para la diversión, al contrario, nuestra actitud general se caracteriza por la frugalidad y la esencialidad. El tránsito podría acompañar, dignamente, un paréntesis de reflexión, de aislamiento respecto al mundo, de estudio e incluso de castidad. Tendremos más tiempo para pensar en nuestras relaciones afectivas y sentimentales básicas y para programar acciones concretas para consolidar dichas relaciones. Sin duda alguna estamos menos dispuestos a escuchar con indulgencia a nuestra pareja, pero no pecaremos de falta de objetividad con ella. Tendremos menores márgenes de tolerancia pero al mismo tiempo mayor sentido de justicia. Al mismo tiempo notaremos un poco de frialdad en nuestros interlocutores en relación con nosotros. No podremos explotar ese carisma que en otras oportunidades nos brinda ventajas en las relaciones interpersonales, así que sólo nuestras buenas argumentaciones podrán conquistar a los demás. En resumen, notaremos que debemos hacer más esfuerzos, avanzar cuesta arriba, un poco en todos los sectores pero de manera constructiva. El tránsito también podrá señalar una conquista laboral de una hermana, de nuestra esposa o de nuestra hija. Los sujetos femeninos que acabamos de citar podrían ser protagonistas de una boda o del comienzo de una convivencia. Nuestras posibles inversiones patrimoniales a largo plazo nacerán bien bajo el paso planetario del que estamos hablando. En cuanto a la salud, podremos aprovechar de una nueva terapia con medicamentos de acción retardada, por ejemplo en el caso de huesos o dientes.

Venus en aspecto inarmónico con Saturno

Cuando Venus pasa formando un ángulo disonante respecto a nuestro Saturno natal nos sentimos un poco con la muerte en el corazón. El momento se caracteriza por una evidente carencia de entusiasmos durante la que tendemos a mirar el mundo como a través de una gafas oscuras. Sin duda alguna seremos más pesimistas e incluso nos sentiremos un poco deprimidos. Tendemos a ver la realidad en su connotación negativa, a convencernos de que nos esperan momentos difíciles de superar. Tenemos ganas de arrojar la toalla, de abandonar la lucha, de desistir de cualquier ulterior compromiso en todo tipo de iniciativa. Nuestro desaliento es general y vivimos una tendencia a separarnos de nuestros bienes: no tanto como abandono de la frugalidad sino más bien como una renuncia definitiva. La casi ausencia de pulsiones sensuales hace que consideremos nuestras relaciones sentimentales sólo desde el punto de vista de las obligaciones y de las dificultades, sin considerar el lado agradable de la vida. Debemos prestar una atención particular puesto que en estas horas podríamos madurar la insana decisión de separarnos de nuestra pareja, de renunciar a un bien precioso para nuestra vida. Podríamos volvernos tan torpes que sacrificaremos lo más querido y hermoso que tenemos. Por esto deberíamos imponernos no tomar ninguna decisión de este tipo mientras dure el tránsito: de lo contrario, será Saturno quien decida en nuestro lugar. Si, al contrario, la decisión de separarnos ya se había madurado con anterioridad y había superado el filtro de tránsitos menos severos, entonces podemos decir que ha llegado el momento de actuar en este sentido. Pero aunque se trata de un periodo justo para separarnos, no lo es en absoluto para juntarnos: ¡que no nos ocurra bautizar una relación bajo este cielo! Lo mismo si pensamos celebrar una boda o el comienzo de una convivencia. Probablemente en estos pocos días del mes no nos apetecerá para nada quedarnos en la intimidad con nuestra pareja y será mejor no hacerlo. De lo contrario, podríamos sufrir leves fracasos o bloqueos sexuales temporáneos. No hay motivo para preocuparnos más de lo necesario, lo mejor es acordarnos que el origen del impulso sexual se encuentra en nuestra mente. La cercanía de un viejo amor, que quizá hoy es tan sólo una amistad, nos podría ocasionar malestar y provocarnos heridas que es mejor evitar. El tránsito, sin duda alguna, podría acompañar también un dolor sentimental que tiene que entenderse como el abandono por parte de la pareja o el descubrimiento de que nos traiciona. De todas maneras, estos días estarán marcados por un momento de sufrimiento para nosotros, un sufrimiento relacionado con el amor. Si deseamos evitarlo, entonces deberemos ser mucho más sensatos de lo normal, empezando por evitar cualquiera discusión problemática con la pareja y también tratando de ignorar cualquiera eventual provocación por su parte. Si nuestras relaciones se habían enfriado anteriormente, no se trata seguramente del momento ideal para intentar encenderlas de nuevo. El tránsito podría también indicar la separación conyugal de nuestra hermana, nuestra hija o de una querida amiga nuestra. Podría indicar incluso una pérdida económica para nosotros o para una de las figuras femeninas citadas. Evitemos las inversiones y las especulaciones durante este día. Evitemos exponernos también con la salud y no empecemos terapias médicas de ningún tipo mientras dure el tránsito.

Venus en aspecto armónico con Urano

Cuando Venus pasa formando un ángulo armónico con nuestro Urano natal sentimos la necesidad de expresarnos de manera diferente, tanto en las relaciones de amistad como en las de amor. Percibimos una pulsión centrífuga que nos empuja a ensanchar nuestros horizontes relacionales y también a gestionarlos de manera innovadora. Tenemos ganas de romper con las convenciones y de comportarnos de manera especial, anticonvencional, original e incluso excéntrica. La ráfaga de "locura" que se adueña de nosotros es el icono del tránsito que estamos describiendo, el testigo de que estamos sintiendo intolerancia hacia todo lo que es rutina, monotonía y aburrimiento. Al menos por un día quisiéramos ser pioneros de costumbres, libertinos del amor. No cabe duda que el tránsito contiene sobre todo un estímulo transgresivo y arrasador. Nos vemos empujados a romper con las tradiciones, a ponernos el mundo por montera, a comportarnos como no nos comportamos nunca. Naturalmente, este paso planetario puede reaccionar más o menos sinérgicamente con nuestra naturaleza de base: si somos Acuarios, las fuerzas transgresivas serán mayores pero si somos Cáncer o Tauro, serán menores. De todas formas necesitamos libertad, mucha libertad. Podemos tener la tentación de experimentar situaciones nuevas y diferentes, de vivir amores ocasionales que no disponen de las bases necesarias para perdurar en el tiempo. Incluso desde un punto de vista sexual sentimos el mismo impulso y podríamos tratar de experimentar una sexualidad diferente de lo habitual, incluso de tipo homosexual si somos heterosexuales. En estos pocos días del mes frecuentaremos sujetos algo raros y originales, si no excéntricos: personas sin fija demora, anárquicos en el sentido mejor del término, auténticos hippies, etcétera. Si iremos a ver espectáculos, nos gustarán más los de tipo experimental y con gran contenido innovador. Podríamos empezar a tomar confianza también con los videojuegos, con la informática y sobre todo con la realidad virtual. Al mismo tiempo nos atraerán las compras "raras": prendas de vestir casuales (si normalmente vestimos clásico), sombreros vaqueros o bufandas increíbles, zapatos con hebillas particulares, elementos de maquillaje con colores insólitos, etcétera. Si nos ocupamos de arte, en este caso también expresaremos gustos que normalmente no nos corresponden . La relación con nuestra esposa, con nuestra hija o nuestra hermana será más de tipo amistoso que cariñoso y estará envuelta en la originalidad. También puede que sean las citadas figuras femeninas quienes experimenten experiencias nuevas y/o revolucionarias. La situación de nuestra economía, en estos días, se caracterizará por una gran inestabilidad, pero que nos puede brindar incluso ingresos agradables e imprevistos. Nuestra salud será buena, ya que nos sentiremos más eléctricos y por lo tanto, nerviosos pero en sentido positivo: o sea capaces de ser más rápidos, de mostrar una inteligencia más preparada.

Venus en aspecto inarmónico con Urano

Cuando Venus transita formando un ángulo disonante respecto a nuestro Urano natal sentimos una fuerte atracción hacia cualquier forma de relación transgresiva. Podríamos decir que la parte dionisíaca que alberga en nosotros hace todo lo que está en su poder para salir a la superficie y para conquistar su derecho a la ciudadanía igual como nuestra parte apolínea. Siempre que expresarse de manera transgresiva sea necesariamente una cosa negativa a nivel de relaciones. Pero aquí la necesidad interior se encuentra una octava más arriba respecto al paso armónico Venus–Urano y corre el riesgo de exasperar deseos durmientes que podrían expresarse de forma extrema. Sin duda alguna, a lo largo de este paso planetario, podemos comportarnos de una manera totalmente excéntrica, más que rara u original. Por ejemplo, podríamos caer en la tentación de cortejar a un hombre o a una mujer en presencia de nuestra pareja y pensar que esto sea lícito. Puesto que de esto se trata: los impulsos que nos llegan desde nuestro interior tienden a hacernos comportar de manera totalmente liberal, sin que nuestra razón y educación puedan ejercer ningún tipo de censura. En definitiva, sale a la luz el animal que alberga en nosotros y al que no le importan para nada las convenciones y la etiqueta. Bajo este punto de vista, podríamos enlazar una amistad con un vagabundo y pretender llevarlo a cena con nosotros a casa de unos amigos. Pero los impulsos más fuertes serán de tipo sexual, donde podríamos herir la sensibilidad de nuestro compañero o compañera. Se nos ocurrirán extrañas fantasías, a veces fantasías tan raras que nosotros mismos tendremos que esforzarnos para aceptarlas. En estas ocasiones podríamos sentir la tentación de tener relaciones homosexuales si somos heterosexuales. Trataremos de darle brío a nuestra relación tradicional a través de experimentaciones de tipo sexual. Pero deberemos tener más cuidado respecto a lo normal, puesto que en estas situaciones de carácter liberatorio podríamos cometer errores y ocasionar una procreación. La estabilidad de nuestra relación estará un poco en peligro y, si otros tránsitos se expresan en el mismo sentido, entonces deberemos verdaderamente poner atención para no arruinar una relación que quizá dura desde hace años. Las tentaciones a las separaciones serán verdaderamente muchas y lo mismo se puede decir de los proyectos de nuevos amores. Es necesario prestar atención a las personas que encontramos por la calle porque en estos pocos días del mes corremos el riesgo de encontrar malas compañías que, por su poca previsibilidad, podrían causarnos problemas serios. Las relaciones que nazcan hoy estarán destinadas a una vida muy breve. También podrían producirse discusiones con una hermana, una hija o una amiga que, a su vez, podrían convertirse en protagonistas, durante pocas horas, de situaciones sentimentales raras, particulares e imprevisibles. Tratemos de prestar atención en la gestión de nuestro dinero porque nos desaparecerá fácilmente de los bolsillos. Será mejor mantenernos lejos del juego y, a ser posible, también de las compras, ya que corremos el riesgo de llevarnos a casa objetos que ya el día siguiente podríamos no tener el valor de poseer. A lo sumo, desahoguemos estos impulsos de "eversión" orientándolos hacia diversiones inusuales, como entrar en una sala de videojuegos para chicos, probar la euforia de la montaña rusa o la de los retos virtuales en un parque de diversiones. La excesiva electricidad que llevamos dentro podrá afectar nuestra salud. Posible insomnio.

Venus en aspecto armónico con Neptuno

Cuando Venus pasa formando un ángulo positivo respecto a nuestro Neptuno radical es el momento para soñar. Fantaseamos con los ojos abiertos y percibimos un fuerte impulso en la dirección de la imaginación, de la fantasía y de las construcciones abstractas. También sentimos el placer del abandono, del olvido. Nos encontramos fisiológicamente relajados y no tenemos ganas de comprometernos casi en nada. Sentimos muy poco el reclamo de la carne, pero sí mucho el del espíritu. Manifestamos este sentimiento intentando mantener una relación más romántica y sentimental con nuestra pareja. También se encuentra presente una componente de nostalgia y nos gusta recorrer de nuevo, con el pensamiento o con el cuerpo, las etapas antiguas de nuestro amor: el lugar donde nos enamoramos, la discoteca donde nos declaramos, los sitios de nuestras primeras citas, las canciones que acompañaron nuestros primeros suspiros... Todo esto nos parece encantado y digno de celebración. No logramos ocuparnos de los aspectos prácticos de nuestra vida de pareja, y tendemos más bien a vivir nuevas emociones con nuestra pareja. También seremos más tolerantes y amables con nuestra pareja, e incluso podríamos llegar a ocuparnos de ella un poco en sentido solidario, sanitario o asistencial. Nos gustará mucho volver a ver las fotos de otros tiempos con nuestro compañero o compañera, y volver a revivir los viejos recuerdos que llenaron de encanto una temporada única de nuestra vida. También tendremos la tentación de hacer un regalo a nuestro ser querido y, en esta ocasión, podríamos elegir un objeto artístico relacionado con el mar, como una joya de coral o un cuadro que represente un acantilado o un traje de baño. O bien objetos de arte relacionados con el ambiento esotérico y/o religioso como antiguos candelabros, cartas del tarot o de colección, libros antiguos de astrología, una joya de oro que representa un horóscopo, etcétera. El mismo sentimiento de protección y de asistencia que sentiremos en relación con nuestro ser querido lo podremos dirigir también a una hermana, una hija o una amiga especial. Una de las figuras femeninas que acabamos de citar podrían tener una experiencia profunda de tipo esotérico o vivir un momento de fuerte interés por la filosofía, la teología, el yoga, el Budismo, el orientalismo, el mundo esotérico, la astrología... Si pudiéramos organizar un viaje por mar, por ejemplo un crucero, con nuestra media naranja, sacaríamos el máximo beneficio de este paso planetario. Pero podría se suficiente incluso una romántica excursión en una barco de remos, por el mar o en un lago. Es posible que durante este tránsito nos enamoremos de un mago o de un astrólogo, de un lector del tarot, etcétera. En los casos límites, podríamos sentir atracción también hacia un religioso o incluso hacia una persona mentalmente desequilibrada. Será posible establecer una relación de amistad con drogadictos a quienes podríamos ayudar a salir de su triste realidad. Las personas particularmente religiosas podrán vivir una experiencia de retiro espiritual o de recogimiento colectivo. A nuestro espíritu también lo favorecerá una posible frecuentación de asociaciones, congregaciones, movimientos políticos, sindicatos, etcétera. Un psicofármaco podrá ayudarnos a superar un momento difícil de nuestra vida. Las anestesias practicadas en estos pocos días del mes no nos darán problemas y podría ser uno de los criterios para escogerlos como una probable fecha para una operación quirúrgica.

Venus en aspecto inarmónico con Neptuno

Cuando Venus transita formando un ángulo malo respecto a nuestro Neptuno radical vivimos obsesiones por el amor. Nos asaltan muchas dudas y perplejidades sobre nuestra relación de pareja. Nos comportamos como si estuviéramos a punto de perder a nuestro ser querido o bien probamos un fuerte sentimiento de celos. De todas maneras, nuestra realidad diaria se llena de pesadillas relacionadas con estos temas y perdemos la sensación de paz dentro de la relación de pareja. A veces se desarrollan particulares situaciones que van alimentando nuestras dudas o que hacen aumentar nuestros celos, pero otras veces no hay motivos objetivos que justifiquen nuestro comportamiento angustiado e inmaduro. Acabamos por volvernos obsesivos y con atormentar a nuestro ser querido. Con el paso de las horas nos volvemos insoportables y descargamos sobre nuestra pareja toda la angustia que nos oprime por dentro. También puede pasar que exista, efectivamente, un motivo real que nos coloca ante una traición por parte de nuestro compañero o compañera y, en estos casos, el dolor se ve potenciado. Pero este mismo clima de confusión, de elecciones no claras, de navegación en aguas turbias, puede inducirnos a traicionar a nuestro ser querido y a crearnos una situación extramatrimonial. Las relaciones que nacen bajo este tránsito no tienen ni una vida fácil ni una vida agradable. También puede pasar que el paso planetario del que estamos hablando testifique un momento de angustias religiosas en nuestra pareja o una aventura desagradable con un mago o un astrólogo. Lo mismo se puede decir también de una hermana, de una hija o de una buena amiga nuestra. Las citadas mujeres podrían causarnos dolor debido a una asunción de sustancias estupefacientes o porque necesitan terapias con psicofármacos para curar una fuerte neurosis. Evitemos la tentación de involucrarnos sentimentalmente con personas procedentes del mundo de la drogadicción, pero también con religiosos, astrólogos, lectores del tarot, etcétera. Un ambiente donde se reza juntos, pero con excesiva énfasis, por no decir con fanatismo, podrá afectar nuestra salud. Lo mismo sucede si frecuentamos sesiones de espiritismo, las llamadas misas negras, etcétera. También habrá que evitar todo los viajes por mar. Puede que recibamos en regalo un horóscopo, pero que nos cause fobias y angustias. Una nueva terapia a base de psicofármacos podría hacernos estar mal. Podríamos vivir una experiencia muy mala con la droga.

Venus en aspecto armónico con Plutón

Cuando Venus viaja formando un ángulo favorable respecto a nuestro Plutón natal se amplifican nuestros sentimientos de amor y también la pasión en sentido físico. Nos sentimos muy atraídos hacia nuestro ser querido pero no sólo. En general, somos más sensibles al amor, entendido tanto de forma espiritual como carnal. Nuestra persona emana más encanto y los demás lo perciben realmente. Un cierto magnetismo nos envuelve y hace que los demás sientan más interés hacia nosotros. Podríamos decir, de todas formas, que este tránsito tiende a amplificar todos nuestros sentimientos, y no sólo los relacionados con el amor. Pero no cabe duda que la mayor presencia del tránsito planetario del que estamos hablando se expresa en la esfera físico–sexual. Aumenta nuestro deseo de sexo y, si nuestra pareja se encuentra en la misma condición, es posible vivir con ella una intensa jornada desde este punto de vista. Este paso planetario puede significar también que nos sentimos atraídos por personas importantes a nivel social, o que nos atraen personajes plutonianos como los nacidos bajo el signo del Escorpión o policías, personas que viven al borde de la ley, prostitutas, individuos que tienen un carácter misterioso, etcétera. Nuestros sentimientos hacia una hermana, una hija o una buena amiga se fortalecen y alcanzan latitudes inusuales. También puede que una de los citados sujetos femeninos tenga una relación con un personaje que tiene características plutonianas, como las que acabamos de describir. Además, el tránsito podría referirse también a una particular atracción que sentimos por las lecturas de historias policiales, de novelas negras, de historias que hablan de sesiones de espiritismo, de zombis o de cosas parecidas. Nos atraerá más el misterio de la muerte y también el culto de los difuntos, por lo que podremos transcurrir horas serenas en el cementerio donde se encuentran nuestros antepasados. En estas horas podemos también arreglar, desde el punto de vista de los proyectos arquitectónicos, lo que será el sitio que nos acogerá cuando nos entierren. Igualmente, si debemos comprar algo para la tumba de nuestros familiares, aprovechemos de este tránsito que nos ayudará a escoger bien. También nos interesarán más las investigaciones subterráneas en general, tanto si se trata de petróleo como de agua o de bienes sepultados de forma intencional. Podría llegarnos dinero procedente de una herencia, de un pequeño regalo, una liquidación o una pensión. Nuestra salud podría mejorar después de un fallecimiento: es lo que le pasa a muchas personas que durante mucho tiempo acuden a un enfermo grave, renunciado a dormir o durmiendo muy poco durante días y que se recuperan, tanto físicamente como mentalmente, cuando su ser querido se apaga. La salud también puede mejorar a través de una intensa actividad sexual.

Venus en aspecto inarmónico con Plutón

Cuando Venus transita formando un ángulo inarmónico respecto a nuestro Plutón natal percibimos más de una incomodidad en la esfera de nuestra vida sentimental y también en la de nuestra sexualidad. Nos encontramos, aquí, una octava más arriba respecto a la relación inarmónica entre Venus y Neptuno. Nuestro ánimo se encuentra trastornado por angustias y miedos que están relacionados con nuestra situación sentimental. Muchos fantasmas se agitan dentro de nosotros y condicionan de forma negativa nuestro día. Estamos mal dispuestos con nuestra pareja o, al contrario, nos sentimos morbosamente atraídos por ella. En cualquier caso nuestra relación se encuentra desfasada y esta situación nos hace estar mal. Puede que nos sintamos morbosamente celosos del nuestra media naranja o que nos condicionemos pensando que nuestro ser querido ya no nos ama o que incluso nos odia. En la inmensa mayoría de los casos, se tratará sólo de proyecciones disparatadas de nuestro inconsciente. Sin embargo, a veces también puede pasar que nuestros celos se basen en elementos objetivos y entonces, en ese caso, el sufrimiento puede ser aún mayor. En cualquier caso, vivimos una condición sadomasoquista en la que jugamos a provocar dolor a quien nos quiere e incluso a nosotros mismos. Durante este paso planetario corremos el riesgo de meter la pata y de herir profundamente a nuestra media naranja, con la consecuencia que nuestra relación de pareja puede interrumpirse para siempre jamás. Deberíamos usar mucho el cerebro e intentar mantener bajo control la parte más animal de nuestra persona. Lo mismo vale para las pulsiones sexuales que en este período tienden a aflorar según direcciones no siempre ortodoxas. La falta de un equilibrio interior, en estas horas, nos hace vivir mal sobre todo nuestra sexualidad, que tiende a colorearse con tonos turbios y morbosos. Ya no se trata de la saludable expresión de nuestra sensualidad, sino de erotismo exagerado, llevado hasta el límite, que frecuentemente necesita estímulos que no son parte ni de nuestra cultura, ni de nuestra educación. Debemos vigilar para que nuestro estado de ánimo alterado no nos conduzca hacia acciones condenables de las que más tarde nos arrepentiríamos. Y esto es válido tanto en las relaciones con nuestra pareja como en las relaciones con otras personas. Sí, porque durante este paso planetario es también posible que vayamos en búsqueda de aventuras o de relaciones ocasionales que, en este caso, serían de alto riesgo, desde todos los puntos de vista. Es posible que sintamos atracción hacia prostitutas o personajes de ínfimo nivel social y de muy poco clara moralidad y legalidad. Esta misma condición también se podría referir, durante el tránsito, a una hermana, a una hija o a una buena amiga nuestra. Es posible que gastemos dinero para material que si no es pornográfico es como mínimo de mal gusto, desde la ropa interior muy particular a algún improbable instrumento de tipo sadomasoquista. Nuestra salud empeora debido a nuestro alterado equilibrio interior desde un punto de vista sexual.

Mantengámonos lejos de todo lo que puede estar relacionado de forma directa o indirecta con la muerte, como las visitas a cementerios, las lecturas de novelas negras o las sesiones de espiritismo. También será preferible evitar bajar a grutas y cuevas para estudios de espeleología.

Venus en aspecto con el Ascendente

Véase: Venus en la Primera Casa.

Venus en aspecto con el Medio Cielo

Véase: Venus en la Décima Casa.

Venus en aspecto con el Descendente

Véase: Venus en la Séptima Casa.

Venus en aspecto con el Fondo Cielo

Véase: Venus en la Cuarta Casa.

Venus en tránsito por la Primera Casa

Cuando Venus transita por nuestra Primera Casa radical sentimos que estamos más disponibles hacia los demás. Una paloma ideal vuela dentro de nosotros y, simbólica o realmente, ofrecemos un ramito de olivo al prójimo. Decididamente somos mucho más tolerantes de lo normal, pero no se trata solamente de aguantar posibles hostilidades exteriores que tenemos que soportar, sino también de verdadera amabilidad. Nuestra actitud es amable, intentando limar las asperezas, conciliando nuestros derechos con las necesidades ajenas. Casi nunca como ahora nos comportamos de manera tan sinceramente democrática y hasta cariñosa. Este estado de ánimo se refleja en una bondad que no se trata de una fachada sino de algo que se puede comprobar objetivamente en acciones concretas. No se trata de una pulsión de tipo solidario y asistencial sino de una oferta de amistad con la que nos presentamos a nuestros interlocutores, una amistad que aunque no llegue hasta los límites del sacrificio personal, es sin embargo una señal de gran atención hacia las personas con las que entramos en contacto. En este período que dura algunas semanas, no percibiremos una gran carga de energía en nosotros, ni tampoco una fuerte voluntad de acción, sino que nos sentiremos bastante gandules e indolentes, con la tendencia a sentarnos, a consumir pasivamente lo que habíamos anteriormente atesorado. Nuestra libido está dirigida en la dirección del hedonismo. Sobre todo nos importa nuestro propio placer, aunque nos gusta también dar placer a los demás. Nos gratifica el contacto con todo lo que es hermoso, bonito, estético y artístico. Nos complace visitar un museo, una galería de arte, una exposición fotográfica o un monumento famoso. Deseamos frecuentar más a menudo los cines, las astas de objetos de anticuarios y los conciertos. Aunque no tengamos que hacer compras, nos gustará mucho pasear delante de los escaparates y nos pararemos particularmente delante de las vitrinas con joyas y prendas de moda. Si debemos hacer compras de tales artículos, los días en cuestión son muy favorables. Lo mismo vale si debemos comprar bisutería, prendas de prêt–à–porter, zapatos, guantes, sombreros, etcétera. Los regalos que compraremos para los demás durante este paso planetario se caracterizarán por su clase y su buen gusto. Nos interesarán más también los libros de arte o los libros de cualquier asunto, pero que tengan una cubierta artística. También los demás, al percibir nuestra buena disposición de ánimo, serán más amables con nosotros y estarán siempre dispuestos a escucharnos con mayor indulgencia. Podemos aprovechar de ello para obtener alguna ventaja personal. Siempre durante este tránsito notaremos una mayor atención por parte de hermanas, hijas o amigas hacia nosotros, además de la atención de nuestra media naranja. Si nos ocupamos de política, este paso planetario podrá favorecer nuestras iniciativas de alianzas con otros grupos internos o externos a nuestro partido. Período bueno, en general, para cualquier negociación comercial. Si el tránsito se produce en condiciones inarmónicas o junto a otros pasos disonantes, es probable que el mayor efecto que notaremos sea un narcisismo fuera de lugar que nos hará entretenernos como pavos delante del espejo. Desde este punto de vista podríamos caer en la tentación de someternos a alguna intervención de cirugía plástica. No es aconsejable. También tendremos que estar atentos para no engordar.

Venus en tránsito por la Segunda Casa

Cuando Venus transita por nuestra Segunda Casa radical nos resulta más fácil conseguir dinero. No se trata necesariamente del arremangarnos la camisa lo que hace aumentar este tipo de flujo, sino más bien la existencia de una forma leve, pero tangible, de buena suerte. Nos daremos cuenta de que nos resulta más sencillo ganar, que los demás aceptan mejor nuestras ideas, que avanzamos en bajada. Evidentemente, como este tránsito dura sólo pocas semanas, no podemos esperarnos milagros, pero si el tránsito coincide con otros tránsitos mayores y con un buen Retorno Solar, entonces podemos esperarnos un significativo aumento de dinero. El incremento podrá estar provocado por un préstamo (que en estos días nos concederán con más facilidad) o una mejor actividad comercial o profesional nuestra. Si somos empleados y tenemos un sueldo fijo, el aumento de dinero podrá explicarse con un segundo trabajo. Podríamos ganar más gracias a trabajos artísticos, confeccionando prendas de vestir o bisutería, efectuando tratamientos estéticos, masajes, etcétera. Un poco de suerte podría también regalarnos ganancias en el juego, si el conjunto de la situación astral lo justifica. Una mujer, una amiga, una hermana, una hija o quizá la compañera de nuestra vida, nos podrán ayudar a incrementar los ingresos. También podrían llegarnos de la música, de la recitación, del mundo del espectáculo, de las tomas fotográficas o cinematográficas. Nos sentimos más fotogénicos y lo seremos en realidad, así que podemos aprovechar de ello para pedirle a un buen fotógrafo profesionista que nos haga un retrato. Además de la posibilidad de recibir mayores ganancias a través de las disciplinas que acabamos de citar, cabe considerar también el aspecto lúdico de la cosa puesto que nos gustará ocuparnos de gráfica con el ordenador, por ejemplo, independientemente de que nos traiga más dinero o no. Se trata de un buen momento para instalar y aprender a utilizar un nuevo software de gráfica computerizada. Podremos hacer buenas compras en este sector: cámaras fotográficas, videocámaras, televisores, monitores de alta resolución, aparatos de vídeo, etcétera. Si el tránsito es inarmónico, lo que podría pasar es que nos pongamos a gastar mucho, demasiado, más allá de nuestra disponibilidad. Es el reverso de la medalla. Un excesivo relajamiento o una pérdida crítica relacionada con los gastos, puede producir más daños que el tránsito de Saturno en esta Casa. Sobre todo es necesario evitar exagerar en nuestras compras de prendas de vestir, joyas, relojes y productos de belleza. También podríamos gastar mucho dinero por una mujer, para hacerle regalos o incluso para pagarle. Nuestra vanidad nos provoca deudas y también podríamos pensar en gastar una cifra enorme en operaciones de cirugía plástica. Tenemos que prestar atención para que no nos timen con adquisiciones imprudentes, como en el caso de cuadros de dudosa procedencia. Podríamos perjudicar nuestra reputación o la de una figura femenina muy unida a nosotros debido a fotos comprometedoras que alguien ha puesto en circulación.

Venus en tránsito por la Tercera Casa

Cuando Venus transita por nuestra Tercera Casa radical amamos mucho más conversar con quienes nos rodean, desde nuestros seres queridos hasta nuestros compañeros de viaje en el autobús. Nos volvemos más sociables y crece nuestro deseo de exteriorizar pensamientos y fantasías. Notamos que mejoran nuestras capacidades comunicativas y sin duda alguna estamos más despejados a nivel mental, incluso en lo que expresamos sin abrir la boca. Nuestros razonamientos se hacen más coherentes y logramos comprender mejor qué es lo que más deseamos íntimamente. A ideas más claras corresponden expresiones verbales más acertadas, más sólidas, más coherentes y más puntuales. Nuestra dialéctica adquiere vigor y descubrimos que somos más incisivos en nuestros discursos. Los demás nos escuchan con atención y nosotros comprendemos mejor los discursos de los demás. Nuestra aumentada capacidad de comunicación nos permite potenciar la correspondencia y redactar cartas importantes que teníamos pendientes desde hacía tiempo. Escribimos más y recibimos más correo, incluso buenas noticias. También el timbre del teléfono suena más a menudo y nosotros mismos marcamos más números para hablar con aquellas personas que usualmente no logramos encontrar pero que en estos días podremos contactar bastante fácilmente. También es un buen día para comunicaciones intercontinentales y para medirnos con conversaciones en otros idiomas. Nos gustará navegar por Internet y casi con total seguridad visitaremos sitios muy agradables, sobre todo más por diversión que por trabajo. Descubriremos nuevos e interesantes sitios de arte o de objetos estéticamente muy atractivos. Podremos hacer buenas compras, sobre todo en el sector de las telecomunicaciones: un teléfono móvil o inalámbrico, un fax o un módem, una antena parabólica, un sistema de descodificación de señales por satélite, un contestador automático, una impresora para el ordenador, etcétera. También tendremos muchas ganas de comprar un coche nuevo, una moto o accesorios para ambos. Muy probablemente haremos viajes muy agradables, quizá por amor, para irnos a visitar a nuestra media naranja o para irnos a pasar un fin de semana a algún lugar junto a ella. Todos los viajes, tanto de trabajo como de placer, serán muy agradables en estos días. Lo mismo vale para las excursiones en tren, en avión o en autobús. Tendremos agradables contactos con una hermana, una hija, una buena amiga o nos comunicaremos más con ellas. El tránsito puede indicar también que una de estas figuras femeninas se desplazará por un corto período. Crecerán todas las actividades culturales nuestras y de las mujeres que acabamos de citar. Podremos estudiar con mayor provecho, dar clases como docentes o frecuentarlas como alumnos, participar en seminarios y conferencias y examinarnos. Además podremos escribir informes importantes, preparar una intervención en un congreso, trabajar en un capítulo de un libro complejo... Si el tránsito se caracteriza por aspectos negativos o bien se produce de forma contemporánea con otros pasos disonantes, es probable que estemos obligados a hacer un viaje por fuerza o a practicar un tráfico pendular igualmente indeseado por motivos de amor o para prestar ayuda a una hermana, una hija o una amiga. También es posible que gastemos mucho dinero para hacer reparar un coche o para comprar un coche en el momento menos oportuno. También podremos gastar cifras enormes en llamadas telefónicas internacionales a nuestra pareja o sentirnos mal de salud durante un viaje. Una figura femenina muy cercana podría tener problemas de salud.

Venus en tránsito por la Cuarta Casa

Cuando Venus transita por nuestra Cuarta Casa crece nuestro deseo de casa, familia, hogar doméstico, abrigo entre las paredes de nuestro propio hábitat. Deseamos concentrarnos y, en cierto sentido, aislarnos. Las luces de la ciudad no nos atraen y deseamos, en cambio, una buena cena íntima con nuestros seres queridos. Durante las pocas semanas que dura el tránsito, pasaremos mucho más tiempo en nuestra casa y saldremos muy poco por la tarde. Seremos muy felices con la alegría que nos transmite el calor de la familia, compartiendo la idea de casa con nuestros seres queridos. Será casi seguramente en un momento similar que pensaremos en comprar una casa y nos moveremos en esa dirección. Las ocasiones de la vida se moverán en la misma dirección y probablemente nos concederán una hipoteca para concretizar la operación inmobiliaria. Si ya poseemos una demora, entonces invertiremos para mejorarla. Comenzaremos por disfrutar del placer de hacer proyectos en este sentido y pasearemos por las tiendas para ver muebles, elementos de decoración, nuevos azulejos para el cuarto de baño o la cocina, electrodomésticos, puertas correderas, etcétera. El período es realmente óptimo para iniciar trabajos de reestructuración y también volver a pintar simplemente las paredes de una habitación puede ayudarnos a ver nuestra casa con otros ojos. Compraremos sin duda alguna elementos nuevos para la decoración de nuestra casa, aunque sea una simple alfombra o un cuadro. Si nuestra economía no nos lo permite, entonces elegiremos cosas pequeñas como un nuevo servicio de cubertería o toallas para el cuarto de baño que, de todas formas, nos harán sentir satisfechos en este sentido. Visitaremos a nuestros padres o serán nuestros huéspedes en nuestra casa y pasaremos horas muy tranquilas con ellos. Un problema de salud o bien un inconveniente de tipo económico de ellos podría solucionarse en estos días. Con hábitat no debemos entender solamente el lugar donde dormimos sino también el lugar donde actuamos: la oficina, la tienda, el taller, etcétera. En este sentido, todo lo que acabamos de decir acerca de comprar o reestructurar la casa, vale también para los demás sitios. Además de comprar un local, durante este tránsito podríamos también pensar en alquilar una nueva casa debido a una mudanza o bien reservar la casa o el hotel para las vacaciones de verano. En todos los casos, la operación dará resultados óptimos. La Cuarta Casa también representa nuestra memoria y la memoria de almacenamiento masivo de nuestro ordenador y, por lo tanto, en este sentido, durante este paso planetario podríamos aumentar la memoria de nuestro ordenador o comprar una nueva unidad de backup o de almacenamiento masivo como un masterizador, un disco duro de más capacidad, un disco para unidades magneto–ópticas, etcétera. Si debemos guardar o transferir datos particularmente importantes, este tránsito es muy favorable para esta finalidad. Pero si el tránsito tiene lugar bajo ángulos disonantes, es probable que nos encontremos en apuros debido a una hipoteca demasiado cuantiosa o por los gastos excesivos de una reestructuración. Nos damos cuenta que hemos exagerado en nuestras compras de muebles o recibimos una factura del gas o de la luz increíblemente alta. También es posible que nos llegue de forma inesperada una inmensa tasa de sucesión. Además, es posible que nuestros padres se encuentren en dificultades económicas o de salud. Gastamos mucho dinero para albergar una hermana, una hija (con familia) o una amiga. Se estropea el ordenador y gastamos mucho, sin haberlo previsto, para comprar una nueva unidad de almacenamiento masivo.

Venus en tránsito por la Quinta Casa

Cuando Venus transita por nuestra Quinta Casa radical crecen nuestras ganas de divertirnos. Tal vez sea éste el tránsito más hermoso para gozar al máximo de la actividad lúdica y recreativa. Nuestra disposición de ánimo está a su máximo nivel. Nos sentimos inspirados para abandonar el trabajo durante un breve periodo y dedicarnos a la diversión en sentido lato. Deseamos relajarnos, no pensar en nada, relajarnos y gozar de todo lo que hay a nuestro alrededor. Divertirse, en estos días significará también sencillamente salir de compras o sencillamente a pasear; pero también significará sobre todo frecuentar espectáculos, restaurantes, salones de baile, discotecas, clubes nocturnos, conciertos, casinos, etcétera. Iremos a menudo al cine y al teatro. Pasaremos uno o más fines de semana con nuestro ser querido. Nuestra relación de pareja funcionará mejor y discutiremos con menos frecuencia de lo normal. También el amor, a nivel sexual, funcionará mejor: tendremos mayor actividad, entendida como frecuencia y como pasión. Sexo y diversión serán una única cosa. No puede haber un período mejor que éste para irse de vacaciones, para volver e revivir la luna de miel con nuestro cónyuge o tal vez con un (o una) amante. Es un período ideal también para una procreación, si es lo que deseamos. Pero seremos más creativos en sentido general y, si nos ocupamos de arte, este tránsito nos hará ser más fértiles en la fantasía y más laboriosos en la producción. La buena inspiración nos permitirá crear obras importantes. La mayoría de las veces, el tránsito también anuncia un momento feliz o proficuo para un hijo o una hija. De ellos podríamos recibir buenas noticias: que han encontrado un trabajo o la persona ideal para sus relaciones sentimentales, que se han puesto finalmente a estudiar o que han calmado su inquietud. Nosotros (o nuestros muchachos) nos divertiremos más también con el ordenador, con los videojuegos o con la realidad virtual. Si el paso planetario del que estamos hablando se produce con malos aspectos o de forma contemporánea con otros tránsitos disonantes, es posible que gastemos demasiado dinero en diversiones o en el juego. Corremos el riesgo de perder cifras relevantes sobre el tapete verde, con la ruleta, las quinielas, la lotería, especulaciones en bolsa y con cualquier tipo de apuestas. Una vida de vicios, aunque limitada a un período restringido, puede minar nuestra salud: recuerden que Baco, Venus y tabaco ponen al hombre flaco... Debemos estar muy atentos para evitar exagerar con la comida y con el sexo, que en este caso también supone moderados riesgos de contagios venéreos. El juego y las diversiones pueden provocar problemas, sobre todo económicos, a nuestros muchachos. Podríamos tener que enfrentarnos a grandes salidas de dinero debido a un viaje demasiado caro o a un amor que nos ha cegado durante un corto período. Debemos estar atentos para no provocar fecundaciones involuntarias.

Venus en tránsito por la Sexta Casa

Cuando Venus transita por nuestra Sexta Casa radical nos sentimos mejor tanto física como mentalmente. El astro de la "pequeña fortuna" nos ayuda a superar pequeños problemas patológicos. Podemos empezar, con buen éxito, una nueva terapia, consultar con un especialista para tratar de resolver un problema no grave, pedir consejo a los demás, visitar a un fisioterapeuta, a un quiropráctico, a un masajista shiatsu, a un pranoterapeuta o a un acupuntor. La condición de nuestro cuerpo mejorará claramente si nos sometemos a fangos para la piel o si frecuentemos saunas, lugares termales y salones de belleza. También eventuales pequeñas operaciones de cirugía plástica tienen muchas más probabilidades de tener buen éxito si se realizan durante este tránsito. Nosotros mismos seremos capaces de comprender mejor los problemas patológicos que nos atormentan, tal vez consultando sencillamente una enciclopedia médica o leyendo revistas de medicina divulgativa. Nos sentimos mejor también psicológicamente, tal vez como efecto colateral de un enamoramiento. Mejorará también nuestra situación laboral, si no desde un punto de vista económico, al menos desde el punto de vista de las relaciones de trabajo. Conseguiremos resolver un viejo problema con un colega o con un superior en la oficina. Percibiremos un clima más sereno en nuestro alrededor y nos daremos cuenta de que nos consideran mucho más. Podemos esperar recibir un cargo más gratificante o empezar a trabajar junto con un colega más simpático. Nacerá una nueva amistad en nuestro ambiente de trabajo. También es posible que nos enamoremos de una persona que trabaja cerca de nosotros. Se trata de un período muy bueno para un colaborador o una colaboradora, como una asistenta del hogar, un secretario o un vendedor. Si solucionará positivamente un problema que atormentaba a un empleado nuestro. Acogeremos en nuestra casa, y felizmente, a un pequeño animal doméstico. Si el tránsito se produce con aspectos disonantes es posible que estemos mal debido a intoxicaciones alimenticias o de la sangre en general, debidas – por ejemplo – a excesos alimenticios o a vicios de cualquier tipo. Debemos estar particularmente atentos con el alcohol, el humo, las drogas, pero también el sexo, ya que podríamos contagiarnos con una infección venérea. Los que padecen de hemorroides notarán una acentuación de su patología debido sobre todo a excesos alimenticios. Una nueva terapia nos hará daño porque, probablemente, no toleraremos los fármacos. Es preferible en este período no iniciar nuevas terapias ni someterse a operaciones quirúrgicas, sobre todo de cirugía plástica. Un tratamiento estético dará resultados negativos y nos podrá dañar el pelo o la piel. Una cura termal nos provocará una alergia. Tendremos problemas en el trabajo por motivos sentimentales o seremos víctimas de un pequeño escándalo rosa en el trabajo. Un empleado nuestro será protagonista de una paréntesis sentimental a la que se ha dado demasiada publicidad. Se nos podría ocurrir empezar una improbable historia sentimental con un empleado nuestro o con una colaboradora nuestra.

Venus en tránsito por la Séptima Casa

Cuando Venus pasa por nuestra Séptima Casa radical vivimos un momento muy favorable para el amor en general. Sentimos que nos atrae fuertemente el mundo exterior y nos proyectamos con optimismo en medio de los demás. Aunque seamos introvertidos, sentimos placer al relacionarnos con el prójimo, al intentar establecer relaciones de amistad con el mundo. Nos sentimos más disponibles y notamos una mayor disponibilidad de los demás hacia nosotros. Se trata seguramente de un hecho recíproco en el que se produce una resonancia entre nuestra persona y las personas con quienes entramos en contacto, aunque sólo sea por escrito. Esta es justamente la magia que este momento expresa: no hay necesidad de un contacto físico para verificar nuestra mayor armonía en medio de la gente, basta una llamada telefónica o una carta para demostrarla. Si somos solteros sentimos la necesidad de casarnos y, si de forma contemporánea se producen otros tránsitos más fuertes, podría ser en efecto la ocasión buena para que esto suceda. Aunque seamos solterones, en estos días nos volvemos más posibilistas en cuanto a la idea de matrimonio o de convivencia y consideramos con mayor favor las oportunidades positivas que nos brindarían. Si vivimos una convivencia pero sin matrimonio, durante este paso planetario tomamos realmente en serio la hipótesis de regularizar nuestra convivencia con el matrimonio. Si ya estamos casados, viviremos un período de amor más feliz con nuestra media naranja. Seremos más cariñosos y estaremos más enamorados y notaremos que sucede lo mismo a nuestra pareja. También sentiremos más necesidad de asociarnos y consideraremos la hipótesis de fundar una sociedad, de afiliarnos a un club, a una asociación o a un movimiento político. Para los políticos éste es justamente un tránsito bastante positivo. Este mismo tránsito nos puede ayudar a resolver viejos rencores tanto con nuestra pareja como con un socio, e incluso con nuestros enemigos o adversarios declarados. Además nos ayudará a resolver de forma positiva un pleito pendiente o a avanzar dentro de un juicio largo y difícil. En efecto, lograremos que los jueces nos escuchen más y mejor. Si debemos embarcarnos en un nuevo pleito pendiente, éste es el momento justo para hacerlo. El tránsito también marca un momento positivo en el que se encuentra, de forma temporal, durante pocas semanas, nuestra pareja. Durante estos días, en efecto, nuestro compañero o compañera obtendrán algún éxito a nivel profesional o bien mejorará su salud. Si el tránsito se verifica de forma contemporánea junto con otros pasos planetarios negativos, debemos estar atentos que una excesiva proyección hacia el mundo exterior no nos vuelva demasiado donjuanes en amor y que no nos lance con demasiada sencillez entre los brazos de alguien, haciéndonos acabar en un aprieto que hubiéramos podido evitar. Lo mismo se puede decir de nuestra pareja, hombre o mujer, que podría enamorarse de otra persona provocándonos un gran dolor. Circulan calumnias o rumores acerca de nuestra media naranja. La salud de nuestro marido o de nuestra mujer no es buena y tampoco su condición profesional.

Venus en tránsito por la Octava Casa

Cuando Venus pasa por nuestra Casa Octava natal percibimos una mayor atracción sexual. Nuestra sexualidad se despierta de nuevo, independientemente de la condición de nuestra pareja. Pero más que de sexualidad, deberíamos hablar de erotismo, es decir, de sexo cerebral que, sin embargo, si lo vivimos en positivo, puede regalarnos una actividad sexual mejor. Elaboramos fantasías con los ojos abiertos y somos capaces de inventarnos nuevos juegos en el amor. Normalmente, durante este período, la satisfacción sexual es bastante buena. Esto puede darnos una señal indirecta de una posible reconciliación entre cónyuges o entre amantes. Si por ejemplo dos amantes llevan bastante tiempo sin verse por los motivos más disparatados, estudiando las efemérides y comprobando que por lo menos uno de los dos tendrá dentro de poco el tránsito de Venus en su Octava Casa radical, podremos prever, sin equivocarnos, que durante ese período volverá a haber actividad sexual entre ellos y, como consecuencia, deduciremos que la pareja volverá a recomponerse. Si se refiere a un sujeto joven, un muchacho o una muchacha, el tránsito podría corresponder con su primera experiencia sexual. El tránsito también se puede expresar a nivel económico y puede indicar la llegada de más dinero gracias a un aumento de sueldo o a una pequeña herencia, a una donación que recibimos, una liquidación, de un premio *una tantum* que nuestro jefe nos paga, una ganancia de juego, una buena especulación, etcétera. También es un momento muy favorable para solicitar y conseguir préstamos o hipotecas de bancos o sociedades financieras, pero también de parientes y amigos. Una mejor condición económica puede referirse también a nuestro cónyuge, que a su vez puede obtener una herencia, una liquidación... Si tenemos que hacer investigaciones subterráneas, por ejemplo para encontrar un pozo de agua subterránea en un terreno de nuestra propiedad, el paso planetario del que estamos hablando es muy favorable para ello. En este período nos podrían favorecer particularmente también los estudios arqueológicos, geológicos en general, espeleológicos, etcétera. Si nos encontramos bajo análisis, estos días nos regalarán óptimas exploraciones de nuestro Yo profundo, y casi mágicamente entraremos en contacto con verdades que guardábamos en lo más profundo de nuestro corazón. También lograremos entender mejor a los demás, desde un punto de vista psicológico. Podemos aprovechar de este recorrido también para arreglar la tumba de familia o para proyectarla o para hacer iniciar los trabajos de su construcción. Visitaremos con placer a nuestros difuntos y pensaremos con mayor serenidad en nuestros seres queridos que ya no están entre nosotros. Las personas más sensibles soñarán con sus padres difuntos y podrán sacar buenas sugerencias de tales sueños. Durante este tránsito podría también verificarse una muerte dulce y serena de un ser querido o incluso se podría tratar de nuestro mismo fallecimiento, si estamos seriamente enfermos y si el conjunto de los demás tránsitos lo confirma. Si el tránsito es disonante o coincide con otros tránsitos negativos podríamos vivir la pérdida de una joven amiga o de una pariente. Nuestra sexualidad vive un momento inarmónico y nos lleva a comportarnos mal, tanto con nuestro cónyuge como con eventuales personas a quienes acabamos de conocer y con las cuales podríamos intentar improbables cortejos. Debemos poner atención en las relaciones sexuales, sobre todo de tipo ocasional, ya que nos podríamos contagiar con infecciones venéreas. Pongamos también mucha atención en el juego y en todos los tipos de especulación económica, puesto que corremos el riesgo de perder mucho dinero. No prestemos dinero porque podríamos no volver a verlo nunca jamás. También evitemos arruinarnos pidiendo préstamos que luego no podríamos devolver. Cuidado con los robos y cuidado con los gastos excesivos de nuestra pareja. No solicitemos aumentos de sueldo en estas semanas.

Venus en tránsito por la Novena Casa

Cuando Venus pasa por nuestra Novena Casa radical sentimos una fuerte atracción hacia el extranjero y los extranjeros. Más exactamente deberíamos decir que nos atrae la lejanía, en sentido tanto geográfico–territorial como metafísico–trascendental. Deseamos mucho viajar, movernos, hacer viajes largos con el coche, subir a un avión e irnos al extranjero, juntarnos con nuestros seres queridos que están lejos, sobre todo con nuestra compañera, una hermana, una hija o una amiga. Tendemos a razonar más en términos internacionales y universales que en términos nacionales. Comprendemos mejor las razones de los pueblos extranjeros o sencillamente de los de la región confinante con la nuestra. También nos gustará tan sólo planear un viaje y visitar agencias de viajes, consultar mapas geográficos, comprar un CD ROM con un atlas universal, comprar horarios de trenes o revistas dedicadas a los viajes. Tendremos ganas de reservar con mucha anticipación nuestras vacaciones de verano o de invierno. También acariciaremos la idea de comprar un nuevo coche o una nueva moto. Sentiremos la necesidad de matricularnos a un curso para aprender mejor un idioma extranjero o un lenguaje de programación para el ordenador. En la mayor parte de los casos no sólo la desearemos sino que haremos alguna de estas cosas en realidad. El período es verdaderamente ideal para viajar, para tomarnos unas vacaciones, pero también para irnos a trabajar a otro lugar, para frecuentar un seminario en el extranjero, o un congreso de trabajo en otra ciudad. El viaje resultará muy agradable con toda seguridad y podremos encontrar a nuevas personas con quienes establecer, quizá, una relación sentimental. También puede que hagamos un viaje de amor con nuestra media naranja o que viajemos para encontrarla. Al mismo tiempo también nos atraerán los estudios superiores, de materias y argumentos que trascienden lo diario, el saber de todos los días. Probablemente estudiaremos filosofía, psicología, esoterismo, astrología, teología, yoga, etcétera. Se trata de un período excelente para estudiar y superar exámenes universitarios, para matricularnos a un curso universitario, para empezar a trabajar sobre nuestro segundo doctorado. En estos días, aunque nos quedemos en nuestra ciudad, podríamos tener encuentros interesantes con personas extranjeras y tal vez enamorarnos de un sujeto que no ha nacido en nuestro país o en nuestra región. Esto también podría acontecer a través de Internet. Nos llegará dinero desde lejos, por ejemplo de un pariente que vive en el extranjero. Nuestra compañera, una hermana, hija o una buena amiga puede que se marchen rumbo al extranjero. Si el tránsito se produce con ángulos disonantes, puede indicar gastos excesivos para viajar al extranjero o gastos efectuados durante un viaje a donde sea, incluso en las cercanías. Viaje fatigoso por motivos de amor. Viaje al extranjero para acompañar a una persona querida a curarse en un hospital de otro país. Aventura sentimental en el extranjero con una persona poco recomendable. Pequeño escándalo rosa que vivimos en otra ciudad. Una pariente nuestra que vive lejos se divorcia o se separa de su compañero.

Venus en tránsito por la Décima Casa

Cuando Venus transita por nuestra Décima Casa vivimos un corto momento feliz de nuestra vida. Es uno de los tránsitos mejores que nos pueden tocar, pero se expresa en una octava más baja respecto al homólogo viaje de Júpiter en esta misma Casa. Normalmente, durante este paso planetario, conquistamos una o más emancipaciones. Pero no debemos pensar por fuerza en un aumento de sueldo o en mayores ingresos en el trabajo. Las emancipaciones que podemos alcanzar en estas semanas hay que leerlas a trescientos sesenta grados, a todo campo. Para algunos puede significar superar su miedo a los perros, para otros aprender a tragarse las pastillas, para otros aprender por fin a hablar en público, delante de una platea. Los crecimientos que este tránsito nos puede regalar pueden ser los más disparatados, incluso las cosas menos pensadas y aparentemente banales pero igualmente importantes. Es probable que en estos días nos libremos de una persona incómoda o que encontremos el coraje de romper las relaciones con gente que no nos gusta. De todas formas, haremos un paso adelante en nuestra evolución. Es posible también que crezcamos gracias a la intervención o a la influencia de una mujer. Una mujer utiliza su propio encanto para conquistar mejores posiciones profesionales en la sociedad. Nos enamoramos de nuestro jefe, de nuestra directora, de nuestra guía, etcétera. El momento también señala una mejor relación entre nosotros y nuestra madre, o bien una estación más feliz para ella, la solución positiva de un problema de salud de nuestra madre. Además, nos sentimos más ambiciosos y hacemos algo concreto para alcanzar mayores resultados en el trabajo: los demás sienten estas ganas nuestras de éxito y las facilitan, de una manera u otra. Nuestra actividad profesional se enriquece de elementos artísticos o bien empezamos a ocuparnos profesionalmente de arte y de belleza. Si el tránsito se produce con ángulos inarmónicos o de forma contemporánea con tránsitos negativos, entonces puede indicar un escándalo rosa que nos afecta profesionalmente o una relación sentimental con un jefe de trabajo que, al volverse negativa, nos dañará a nivel profesional. En los casos límite, si otros tránsitos negativos más importantes lo confirman, este período podría caracterizarse por un episodio de prostitución por nuestra parte porque pensamos que nos ayudará en la carrera. Nuestra madre non está bien de salud o vive un escándalo rosa. Tenemos problemas de dinero por causa de una crisis de nuestra madre.

Venus en tránsito por la Undécima Casa

Cuando Venus transita por nuestra Undécima Casa radical sentimos aumentar nuestros sentimientos de amistad, en el sentido más noble del término. Sin duda alguna, en estos días, somos personas mejores puesto que nos asomamos al mundo y a los demás con sincero espíritu altruista, en la medida en que la naturaleza humana deja expresar una tal tendencia. Nos ocupamos con toda seguridad más de los otros, nos involucramos en sus historias, en sus preocupaciones, en sus necesidades y las compartimos, pero no tanto en sentido asistencial sino más bien con un espíritu de camaradería. Sentimos que pertenecemos a un grupo, que debemos trabajar en sintonía con los demás, que no tenemos que aislarnos. También descubrimos el placer de pedir, sofocando esa cuota de orgullo que normalmente impide nuestras acciones. Pedir es también una manera democrática de ponernos en relación con los demás. En este período podríamos descubrir que sentimos amor por un amigo o por una amiga e incluso podría nacer una historia en este sentido. Las personas poderosas e importantes nos pueden ayudar, patrocinar y será preferible llamar a sus puertas ya que lo que podríamos alcanzar en estas pocas semanas difícilmente lo podremos conseguir en otros tiempos, si excluimos los recorridos de Júpiter en esta misma Casa. También notamos que hay una menor tensión a nuestro alrededor. Por ejemplo, si estamos en una fila delante de una ventanilla, podría incluso suceder que alguien nos haga pasar adelante, si se lo pedimos,; o que el empleado nos cambie un billete grande, cuando normalmente no lo hace. Una persona querida se salva de un peligro de muerte o bien fallece serenamente después de largos sufrimientos. Nos llega dinero a través de un amigo o de una amiga. Una persona que conocemos y que apreciamos soluciona un problema suyo de salud o de dinero. Si el tránsito se produce en ángulos negativos o bien junto con otros tránsitos disonantes, es posible que nos involucremos sentimentalmente con un amigo o una amiga, provocando un escándalo sentimental. Una persona que conocemos y frecuentamos alimenta los murmullos de todo el mundo por haberse portado mal a nivel sentimental o bien porque tiene serios problemas de dinero o de salud. Perdemos dinero que habíamos prestado a amigos. Un "patrocinador" nuestro aparece en los diarios por un escándalo de corrupción. Una joven amiga o una pariente corre el riesgo de morir, o muere en realidad. Debemos ayudar económicamente a amigos.

Venus en tránsito por la Duodécima Casa

Cuando Venus transita por nuestra Duodécima Casa radical sentimos mayor solidaridad a nuestro alrededor. Un ángel guardián parece vigilar sobre nosotros y sacarnos de los pequeños problemas (para los más serios hace falta Júpiter). Se trata de un tránsito que tiende a mejorar de forma moderada nuestra situación general, corrigiendo los problemas que en aquel momento nos preocupan. Una pequeña buena suerte se coloca sobre nosotros y nos facilita la vida. Sentimos el consuelo de las buenas palabras y de los consejos desinteresados, incluso de ayudas tangibles por parte de personas queridas. Nosotros mismos sentimos que es el momento de proyectarnos a ofrecer asistencia sanitaria y solidaria a los demás, lo que no quiere decir que debamos repartir inyecciones o cambiar gota a gota, sino que ofrecemos la espalda a los amigos que lloran, escuchamos con amor a nuestros seres queridos que nos cuentan por teléfono sus penas, aunque sólo podamos ofrecerles nuestro apoyo moral. Pero a veces este paso planetario también significa que cuidamos de forma material de nuestros familiares o del cónyuge, con dinero y con compromisos concretos, por ejemplo asistiéndolos de noche en un hospital o haciendo sentir nuestra presencia durante una enfermedad. Aumenta nuestra disponibilidad hacia todo el mundo y sentimos la necesidad de actuar mucho más en sentido cristiano. Nos acercamos más a la religión si somos creyentes, o a los misterios de la vida si no lo somos. También nos podrían atraer los movimientos internacionales de asistencia e de solidaridad como la Cruz Roja, Cáritas y el UNICEF e incluso podríamos comprometernos a hacer obras buenas junto a ellos. Si haremos ofrendas de dinero, y particularmente durante este tránsito, esto nos hará sentir mejores y más satisfechos de nuestras acciones, y nos brindará mayor serenidad. Comprenderemos el verdadero significado de la afirmación: donar hace bien más al que dona que al que recibe. Tenderemos al perdón, a poner la otra mejilla. Es posible que en este período mejore una situación nuestra de dinero o de salud que nos frenaba desde hacía tiempo. Una nueva terapia promete hacer efecto. Se trata de un período óptimo para empezar nuevos cuidados, también de tipo psicoanalíticos. Acciones positivas que recibimos al frecuentar sacerdotes, psicólogos, astrólogos, pranoterapeutas, masajistas, quiroprácticos, etcétera. Bonitas experiencias con lo paranormal y con el mundo del misterio. Nos llega noticia de un misterio relacionado con una persona amada y esto hace que mejoren nuestras relaciones con ella. Si el tránsito es inarmónico o contemporáneo con otros tránsitos disonantes, es posible que nuestro cónyuge o una persona querida estén mal y que nos tengan bastante preocupados. Situación de peligro o bien económicamente crítica para una hermana, una hija o una buena amiga. Escándalos que tienen algo que ver con nosotros o con nuestros parientes más cercanos. Hospital o cárcel para nosotros o para nuestros parientes. Una figura femenina muy cerca de nosotros sufre las consecuencias negativas de una relación con un cura, con un mago o con una lectora del tarot. Vivimos una crisis religiosa o un problema existencial particular. Recibimos cartas anónimas y calumnias o nosotros mismos tenemos la tentación de calumniar o de escribir cartas anónimas. Una amiga siente rencor contra nosotros y tiende a atacarnos a nuestras espaldas. Una nueva terapia farmacológica tiene efectos intoxicantes sobre nosotros. Experimentamos una desagradable experiencia de droga. Sufrimos las consecuencias negativas de una anestesia.

6.
Tránsitos de Marte

Los tránsitos de Marte, desde un punto de vista temporal, se sitúan exactamente a mitad de camino entre los llamados tránsitos rápidos y los lentos. En efecto, Marte tarda aproximadamente dos años en cumplir una vuelta entera del zodíaco, visto desde la Tierra. Como consecuencia, el planeta rojo se queda menos de dos meses en cada signo, aunque a veces sucede que su permanencia se prolonga mucho y algún signo se ve «obligado» a hospedarlo durante varios meses seguidos. Antiguamente lo llamaban el «pequeño maléfico» para distinguirlo de Saturno, el «gran maléfico». En efecto, hay que admitir que, aunque hoy no es costumbre hablar de forma negativa de casi nada, y que una buena regla demagógica consiste en realizar los más increíbles juegos de prestidigitación para hallar algo bueno en cada realidad, Marte desempeña un papel importante en casi todas las desdichas que nos pueden ocurrir en nuestro recorrido terrenal. Un poco como la fiebre en cada enfermedad, el planeta rojo acompaña tránsitos mucho más importantes en un sinfín de desgracias humanas. No actúa casi nunca por su cuenta, o – por lo menos – si lo hace, ocasiona daños ligeros. Mientras que, junto a tránsitos más lentos, puede provocar mucho daño. Yo creo que su paso, junto al de Saturno, es lo que más nos ayuda a rectificar una hora de nacimiento. En efecto, su entrada en una Casa es bastante evidente, se nota por los daños inmediatos que causa y, en este sentido, se puede establecer con suficiente aproximación, junto con otros factores, dónde se encuentra con mayor exactitud la cúspide de una Casa. Cabe también decir que, según mi opinión, Marte es el segundo significador de libido en una carta astral después del Sol. La posición del primero luminar en una Casa radix nos dice, la mayoría de las veces, la dirección mental de un sujeto: si es un jugador de naipes, un donjuán o un infatigable trabajador. Inmediatamente después es Marte quien nos aclara, con su propia posición en las Casas, si el sujeto es también un hipocondríaco, un lector empedernido o alguien obsesionado por los amigos. Así pues, cuando pasa en una Casa, el quinto astro de nuestro sistema solar (incluyendo el Sol) nos informa sobre dónde dirigimos nuestra energía. Su paso en la Cuarta Casa, por ejemplo, no sólo quiere decir molestias con el hábitat, sino que también significa un gran empeño por nuestra parte para restaurarla, para hacer reestructuraciones, para solicitar una hipoteca, etcétera. Por lo tanto, sin exagerar, podemos afirmar tranquilamente que el tránsito del gobernador del Aries y del Escorpio respecto a cada uno de los demás astros y respecto a cada una de las Casas radix, lleva consigo tanto una valencia positiva como una negativa.

Marte en aspecto armónico con el Sol

Cuando Marte pasa formando un ángulo armónico respecto a nuestro Sol de nacimiento, nos sentimos más fuertes y más determinados. En un cierto sentido es como si estuviéramos en estado de ebriedad, acelerados. Nuestro motor interior gira con más fuerza, empezando por la fuerza positiva de los pensamientos. Notamos que somos más optimistas, que planeamos con confianza, que creemos en nosotros y en nuestras ideas. Durante estos días difícilmente nos sentiremos deprimidos, sino que más bien seremos capaces de tomar decisiones valerosas y que necesitan una gran fuerza interior. Consideramos con tranquilidad las dificultades y pensamos que podemos solucionar casi todas las situaciones. Nuestra actitud mental general nos lleva a lanzar nuevas iniciativas o a continuar con obstinación los programas que habíamos empezado anteriormente. No nos dejamos condicionar fácilmente sino que somos nosotros los que arrastramos a los demás para que sigan nuestros pasos. Una vocación al pionerismo, a todo campo, se apodera de nosotros y nos empuja a intentar nuevos caminos, aunque sea necesario correr riesgos. Nos sentimos inusualmente valientes, independientemente de nuestra carta astral, o por lo menos somos más valientes de lo que nuestras estrellas nativas nos permiten ser. La fuerza positiva de los pensamientos se expresa también a través de las palabras y de las acciones que apuntan directamente al objetivo, sin vacilaciones. Es por esta razón que somos más inmediatos y sinceros, sin ambigüedades o hipocresías. En las relaciones con los demás prevalece una mayor reacción primaria, entendida en el sentido de reacciones a cortocircuito, de no podernos parar a contar hasta tres antes de reaccionar por cualquier cosa. Esto supone un defecto de diplomacia en las relaciones con los demás, pero que favorece la espontaneidad y la sinceridad que nuestros interlocutores sin duda alguna apreciarán mucho. Nuestra manera de enfocar los hechos y las cosas será más directo de lo que nunca ha sido. Crecerá también nuestra fuerza física y, durante estos días, seremos capaces de enfrentarnos a mayores esfuerzos tanto en sentido físico como mental. Tendremos que aprovechar de esto si necesitamos planear pronto un periodo de mayor insistencia en una u otra dirección. Tanto si nuestro trabajo consiste en mecanografiar como si está relacionado con la construcción de muebles, de todas maneras podremos contar con muchas más energías en los días caracterizados por este paso planetario. Sin embargo habrá que canalizar bien nuestra aumentada fuerza física, para evitar así dispersiones o, aún peor, malas canalizaciones. Un poco de actividad deportiva nos beneficiará sin duda alguna. Casi todos los deportes se verán favorecidos, aunque es mejor preferir los menos peligrosos, aquellos en los que es más difícil herirse. Natación, caminatas o tenis, serán ideales. Una mayor actividad física puede significar también cumplir con tareas pesadas en casa, como desplazar muebles, transportar bultos, reparar la caldera o el coche, cortar leña, etcétera. El período también favorece una actividad sexual más intensa, sobre todo para los hombres. Es probable que el tránsito nos señale también un período de muy buena forma para nuestro marido, nuestro padre, un hermano o un hijo, o bien alguna meta particular, quizá deportiva, que uno de los citados sujetos alcanza.

Marte en aspecto inarmónico con el Sol

Cuando Marte pasa formando un ángulo disonante respecto al Sol, giramos a una velocidad muy superior a la normal, en el sentido que nos mueve una gran fuerza física y mental, pero que no siempre conseguimos controlar. Nos comportamos como un motor alimentado por una tensión de red mayor de la establecida por el fabricante. Corremos el riesgo de girar con demasiada rapidez. Podemos contar con una considerable carga física que puede sin duda alguna ser positiva, pero tan sólo si somos capaces de controlarla. No hay que cometer el error de subestimar esta condición ya que podría resultar incluso peligrosa. Aumenta nuestra capacidad de ser directos y francos en las conversaciones pero también crece, por otro lado, el peligro de resultar agresivos con nuestros interlocutores. Tendemos sobre todo a comportarnos de esta manera con nuestros seres queridos, con nuestra familia y en la relación de pareja. Pero, más en general, somos bastante agresivos con todo el mundo y corremos el riesgo de pelearnos, incluso por motivos banales. El exceso de energías nos vuelve intolerantes con la lentitud ajena, con la incapacidad de los demás de comprender de inmediato los conceptos que les estamos exponiendo. No estamos dispuestos a ser ni tolerantes ni indulgentes. Lo queremos todo y enseguida. Un poquito de prepotencia se apodera de nosotros, aunque tal actitud no pertenezca ni a nuestra cultura ni a nuestra educación. Quisiéramos ser más amables y disponibles, pero no lo conseguimos. Sobre todo terminamos por tener una pésima relación con todas las figuras que nos recuerdan la autoridad paterna: nuestro jefe en el trabajo, un colega más anciano, un superior jerárquico, el profesor en la escuela o en la universidad, el rector, el comandante de nuestro regimiento, el guardia municipal que nos detiene para controlar nuestros papeles, etcétera. En estas ocasiones podríamos canalizar una gran cantidad de agresividad y encontrarnos con problemas. Debemos mordernos absolutamente la lengua e imponernos contar hasta diez antes de reaccionar por cualquier cosa. El deporte, mucho deporte, puede enfriar un poco el ardor de nuestros espíritus ardorosos. Tratemos de cansarnos mucho para agotar nuestras reservas de aliento y fuerza para atacar a nuestro prójimo. Pero prestemos atención y no practiquemos deportes peligrosos. Dediquémonos a la carrera, a la natación, al tenis o a la gimnasia, y excluyamos cualquier deporte peligroso como el esquí, el patinaje, el ciclismo, el alpinismo, el boxeo, etcétera. Al máximo, coloquémonos los guantes pero para darle puñetazos a un saco de arena. Nos pondremos de nuevo en forma gracias a buenas y saludables sudadas, y esto nos ayudará a ser aceptados por los demás. Pero tendremos que estar siempre atentos para evitar herirnos: será muy alto el riesgo de cortarnos abriendo una lata, y de caernos de las escaleras o de provocar un choque con el coche. Evitemos utilizar herramientas puntiagudas y cortantes, fuego provocado por líquidos combustibles, armas de fuego, electricidad y todo lo que canónicamente se define como peligroso. Mucho sexo, para los hombres, podrá ser igualmente útil para descargar mucha energía. El período es también muy favorable para las operaciones quirúrgicas, tanto serias como triviales. Es casi imposible que vayamos al dentista sin tener al menos un pequeño tránsito disonante de este tipo o muy parecido a éste. Una figura masculina muy cercana a nosotros (el compañero, el padre, el hermano o el hijo) sufre un accidente, se hiere o se pelea violentamente con alguien. En estos días, a nuestro alrededor, notaremos más averías mecánicas y eléctricas.

Marte en aspecto armónico con la Luna

Cuando Marte pasa formando un ángulo favorable respecto a nuestra Luna natal soñamos que somos protagonistas de grandes aventuras épicas. El pensamiento y la acción proceden en paralelo y el resultado es un comportamiento más determinado, más intenso. Nos mueven fuerzas muy positivas, que animan nuestras acciones y nos vuelven más optimistas en relación con la vida y los demás. La consecuencia es una exuberancia por nuestra parte que también los demás pueden notar fácilmente. Somos más francos, más inmediatos, más creíbles. No usamos rodeos de palabras para llegar al núcleo de un problema y nos enfrentamos a todo de una manera primaria, o sea con reacciones de cortocircuito. Nos comportamos de manera enfática, es decir que realizamos todo como si tuviéramos la espada en la mano o el puñal entre los dientes: ¡repartiendo hachazos! Todo esto en el mejor sentido del término, es decir, no con fanatismo sino con gran pasión. Y pasión es seguramente la palabra clave para comprender de forma plena la naturaleza de este paso planetario. Con tanta pasión por dentro somos capaces de embarcarnos en empresas considerables, de eliminar sobre todo los obstáculos mentales que nos separan de un gran proyecto. Somos capaces de arrastrar de forma positiva a los que están a nuestro alrededor y también atraemos sobre todo a las mujeres, con las que vivimos una óptima relación momentánea. Seguramente seremos más valientes de lo usual y por lo tanto podremos enfrentarnos con problemas más difíciles. Si tenemos que hacer un discurso franco con nuestro jefe, se trata del momento bueno puesto que conseguiremos presentarle bien nuestras razones, con convicción pero sin agresividad. También con problemas familiares o de pareja, seremos más capaces de tomar decisiones de peso, pero no por ello atrevidas. El énfasis se dirigirá particularmente en dos direcciones muy puntuales: la mujer y la casa. Estos días nos ayudarán a solucionar muchos problemas que llevábamos tiempo sin resolver respecto a nuestras relaciones con nuestra compañera, con nuestra madre, nuestra hermana o nuestra hija o también relacionados con nuestra casa. Por ejemplo podremos encontrar el valor para dejar la casa que nos vio nacer o bien para pedir finalmente una hipoteca, pero que nos hará endeudar hasta el cogote. Se trata de un buen momento y tenemos que actuar sin vacilar. Diremos todo lo que tenemos que decirles a amigos y enemigos: no nos faltarán las palabras y al mismo tiempo sabremos evitar la agresividad. También debemos tomar la iniciativa si pretendemos declarar nuestro amor a una mujer. La Casa ocupada por la Luna cuando nacimos nos dará mayores informaciones acerca de la dirección hacia la que se dirigirá nuestro creciente coraje. Así que dejémonos ir de todas maneras, en cualquiera situación; tratemos de superar el mal momento y podremos pasar por fin (por ejemplo) el examen para el carnet de conducir o bien aprender a lanzarnos al mar desde un barco. El momento también marca una meta conseguida por una figura femenina a la que estamos muy unidos.

Marte en aspecto inarmónico con la Luna

Cuando Marte transita formando un ángulo disonante respecto a nuestra Luna radical, sería mejor que tomáramos un sedante, mejor si es natural, homeopático, como una manzanilla, por ejemplo... En efecto, en este momento (pero que puede durar incluso diferentes semanas) estamos muy enfadados e irascibles. Muy dentro de nosotros sentimos que no estamos viviendo una condición de equilibrio y esto hace que nos sintamos mal, sobre todo con nosotros mismos. Se trata de un genérico sentido de intolerancia hacia todas las cosas y todo el mundo. No tenemos nada de paciencia, y nos comportamos con intolerancia en cualquier situación. No permitimos a los demás que se detengan a puntualizar los conceptos y no aguantamos a los que tienen problemas para expresarse. Nos sentimos inquietos, impacientes, nerviosos, pero sobre todo somos muy agresivos. Nos sulfuramos por nada y acabamos por pelearnos con todo el mundo, sobre todo con nuestros seres queridos, con nuestra media naranja. Saltamos con todo el mundo, desde el billetero de la estación de trenes hasta el vendedor de la tienda. Nuestros nervios están tensos como nunca y un espíritu beligerante, a todo campo, nos quiere involucrar en mil batallas diferentes. Desenterramos el hacha de guerra y estamos convencidos que ha llegado el momento de solucionar todas las situaciones paradas a la espera de una solución. En estos días será casi imposible que no nos peleemos con nadie, tanto en casa como en el trabajo. Quizá la cosa mejor podría ser elegir un chivo expiatorio, el que menos daño nos puede ocasionar, y utilizarlo como válvula de escape. Si conocemos a alguien que no soportamos para nada, que nos hace tragar quina cada vez que quisiéramos mandarlo al diablo pero nos callamos, podría ser nuestro chivo expiatorio en este momento. Nuestra agresividad se establece sobre todo con las figuras femeninas, tanto en entrada como en salida. Esta agresividad nos hace ser más valientes, lo que podría ser incluso una buena cosa, pero también nos hace ser muy osados e imprudentes. A veces deseamos practicar deportes peligrosos como el paracaidismo o simplemente el motociclismo: es preferible evitarlo ya que este tránsito también tiene una expresión física y muchas veces señala una caída, un accidente o una lesión. Igual que durante el homólogo tránsito Marte–Sol, también en este caso debemos evitar las herramientas puntiagudas y cortantes, los deportes peligrosos, las escaleras de cualquier tipo, los fuegos encendidos con gasolina, las armas de fuego, etcétera. Lo mismo podemos decir para las personas de sexo femenino que viven con nosotros: evitemos que entren en contacto con situaciones peligrosas. A menudo nuestra destructividad se expresa en el interior de la casa y se materializa en la destrucción de objetos domésticos.

Marte en aspecto armónico con Mercurio

Cuando Marte transita formando un ángulo favorable respecto a nuestro Mercurio radix notamos que se potencian nuestras facultades mentales. Nos sentimos mucho más lúcidos y comprendemos mejor el flujo de nuestros pensamientos. Estamos mucho más despiertos, pero sin que por ello nos sintamos inquietos. Logramos comprender perfectamente los puntos de vista de los demás, que a su vez nos comprenden mejor cuando les hablamos. Nuestras capacidades oratorias alcanzan un pico inusual y nos gusta poder hablar delante de un público, en una conferencia, frente a videocámaras. Si alguien nos hace una entrevista, seguramente haremos un buen papel. Logramos expresarnos de la mejor manera posible, escogemos bien los verbos, los adjetivos y las frases más idóneas. Las palabras salen rápidamente de nuestra boca y difícilmente nos encallamos o tartamudeamos. Esta aumentada capacidad de comunicación también hace crecer nuestro deseo de comunicación y por ello haremos muchas más llamadas telefónicas y notaremos que nos será más fácil conectarnos con los demás, marcar números que usualmente resultan ocupados o en los que nadie contesta. También recibimos un mayor número de llamadas, un hecho que no nos molesta para nada. También aumenta nuestra correspondencia, tanto en entrada como en salida. Nos gusta escribir a todo el mundo y nos resulta fácil hacerlo. Mandamos cartas también a personas lejanas con quienes llevamos tiempo sin ponernos en contacto. Con un Mercurio tan potenciado se amplifica también nuestro deseo de viajar. Percibimos un fuerte impulso a desplazarnos, a movernos, a dejar nuestra residencia para dar una amplia vuelta en coche o para efectuar un viaje en tren o en avión. Tanto si se trata de viajes de placer o de un aumento de nuestro tráfico pendular por motivos de trabajo, nos movemos mucho más de lo normal y nos resulta muy fácil hacerlo y hacerlo bien. Los viajes durante este período, sobre todo los cortos, nos proporcionarán realmente muchas satisfacciones. Con esta mayor concentración de libido en el sector de los viajes y de las comunicaciones en general, es probable que deseemos comprar también instrumentos adecuados para ello: se nos podría ocurrir comprar un coche nuevo o una moto, o sencillamente accesorios para los viejos, o bien un teléfono móvil, un inalámbrico, un contestador o un fax, una antena parabólica o una impresora para nuestro ordenador... Podremos efectuar navegaciones por Internet de gran calidad y conseguiremos incluso visitar esos sitios que tradicionalmente reciben tanto tráfico que son difíciles de visitar. También aumentará el volumen de nuestro correo electrónico. Con una mente tan despierta podremos aprovechar de este período para estudiar asuntos más difíciles, para leer libros más complicados o sencillamente para leer más y de todo. Conseguiremos preparar exámenes importantes o frecuentar cursos y seminarios. Al mismo tiempo seremos capaces de enseñar nosotros mismos en cursos o de hablar en conferencias. Se trata también de un período muy bueno para escribir un informe para un congreso, un currículum, el capítulo de un libro, un artículo para el periódico de un amigo… Gastaremos mayores energías por un hermano, un primo, un cuñado o un amigo joven. En estos días es también posible que una de estas figuras masculinas pueda irse de viaje o estar ocupada en un examen.

Marte en aspecto inarmónico con Mercurio

Cuando Marte transita formando un ángulo disonante respecto a nuestro Mercurio natal nuestra inteligencia se agudiza de forma positiva, pero también siente la necesidad de expresarse de manera cortante, intensa y crítica. Formulamos pensamientos muy críticos contra todo lo que nos rodea y no estamos dispuestos a tolerar la estupidez en general. No perdonamos la mediocridad ajena y estamos siempre preparados para crucificar a quienes les cueste hablar o tengan dificultad para expresarse. Nuestros pensamientos asumen una prepotencia que se materializa a través de actitudes exasperantes que caracterizan casi todas nuestras conversaciones. No tenemos pelos en la lengua y, aunque no ofendamos a nadie, nuestras palabras son siempre intensas, severas e incluso despiadadas. Aumenta nuestra ironía y a veces incluso nuestro sarcasmo, pero que sería mejor controlarlo si queremos evitar enemistarnos. Corremos el riesgo de comprometer relaciones de amistad y de destruir la confianza que los demás nos conceden. Debemos esforzarnos para comprender el punto de vista de los demás y pensar que no somos para nada infalibles en nuestros pensamientos. Indudablemente vivimos un momento de gran lucidez mental que nos puede resultar útil en un duelo dialéctico, tanto si somos abogados como si hemos entablado una discusión con amigos en el bar. Descubrimos que podemos ser muy buenos oradores y que podemos hacernos entender muy bien por todos. Pero la velocidad y la cantidad de nuestras comunicaciones son tan elevadas que esto nos ocasiona, sobre todo, mucho nerviosismo e incluso insomnio. Vivimos con un ritmo muy acelerado y no siempre es positivo. El excesivo nerviosismo, la incapacidad de dejar descansar nuestra mente y nuestras piernas, un desasosiego más mental que físico, nos hacen telefonear y recibir llamadas de forma continua. Experimentaremos más de un «accidente» en las comunicaciones: llamadas telefónicas desagradables e incluso hostiles, litigios a distancia o malas noticias a través del teléfono. Lo mismo se puede decir para la correspondencia, tanto la ordinaria como el correo electrónico: es muy probable que recibamos una carta certificada conteniendo amenazas o malas noticias en general. Difícilmente leeremos mensajes amistosos y agradables acerca de nosotros durante este paso planetario. También a nosotros se nos ocurrirá mandar cartas «envenenadas» o mensajes polémicos y desafiantes. La excesiva electricidad que ponemos en cada acción nos hará despotricar por un número telefónico que no logramos marcar o por un fax que no conseguimos enviar. Durante estos días es bastante probable que se rompa el teléfono, el fax o la impresora del ordenador, y lo mejor sería que no compráramos ninguno de estos durante este tránsito. Seguramente nos desplazaremos más, pero la cosa no será para nada agradable. Podríamos vernos obligados a un mayor tráfico pendular para poder superar una emergencia cualquiera. Pero aunque nos desplacemos por voluntad propia, tendremos que enfrentarnos a muchos inconvenientes: desde averías del coche o de la moto a embotellamientos que nos impiden viajar, desde trenes perdidos en el último momento a choques que hemos sufrido o provocado. En definitiva, lo mejor sería quedarnos en casa o salir para dar largos paseos a pie. Si en cambio tenemos que escribir un artículo o un informe de ataque, por motivos políticos, sindicales o simplemente profesionales, se trata del período perfecto para ello. Durante estos días es probable que un hermano nuestro, un primo, un cuñado o un joven amigo tengan un problema de viaje o incluso un accidente. Prestemos atención al exceso de humo debido a nuestro estado de inquietud.

Marte en aspecto armónico con Venus

Cuando Marte viaja formando un ángulo favorable respecto a nuestra Venus natal nos sentimos mucho más atraídos hacia nuestro compañero, sobre todo desde un punto de vista sexual. Más en general, podemos decir que crece nuestra pasión y nuestra sensualidad. Bajo este tránsito, el hecho de comer bien, de beber con satisfacción, de gozar de una siesta o de un agradable baño en la frescura del mar, son cosas que se convierten más en imperativos que en simples necesidades. Nuestra parte animal, entendida en el mejor sentido del término, aflora y reclama su derecho a una vida plena. Una de las mejores maneras para dejarla vivir es, sin duda alguna, una mayor actividad sexual que aprovechará de una disposición favorable en este sentido por parte de nuestra pareja. Crecerán en sentido amplio nuestras energías dirigidas hacia el cónyuge o la pareja más en general, y nos ocuparemos mucho más de él o de ella bajo todos los puntos de vista, incluso para ayudarle en sus problemas diarios. Estaremos más disponibles hacia nuestra media naranja, pero no tanto en sentido mental sino más bien de manera concreta, con acciones, quizá ayudándola en tareas que requieren un fuerte aporte físico, como desplazar muebles o hacerle largos masajes en la espalda. Además, nos sentiremos atraídos por todo lo que es bonito y estético, empezando con el arte. La simbología de Marte, sin embargo, supone que este interés no pueda vivir sólo en sentido mental, sino que tenga que disponer también de un elemento de esfuerzo físico, de cansancio, de descarga de energías. En este sentido debemos pensar que en estas horas nos masacraremos, al pie de la letra, visitando todos los rincones de zonas arqueológicas muy amplias o un museo inmenso, o subiendo, sin ascensor, a edificios muy altos para admirar desde arriba un monumento, etcétera. También es posible que transportemos en los brazos, durante un recorrido bastante largo, un busto de mármol comprado en una subasta o simplemente una alfombra oriental o cualquier objeto de decoración que sea pesado y voluminoso. Para la belleza de nuestro cuerpo tendremos ganas de hacer footing, de intensificar la práctica de una actividad física o de un deporte, de hacer sanas sudadas seguidas de duchas refrescantes, de practicar todas esas actividades cansadas pero al mismo tiempo muy saludables para el organismo y para el cuidado de la piel. Se trata también de un tránsito ideal para operaciones de cirugía estética y para todos esos tratamientos, más o menos dolorosos, que tienen como finalidad mejorar nuestra belleza física. Durante estos días, por ejemplo, podría dar mejores resultados una liposucción. También aumentará nuestra actividad para incrementar los beneficios y trabajaremos duramente para conseguirlo. El tránsito podría indicar también un momento de espléndida forma física de una hermana nuestra, de una hija, de una amiga, de una figura femenina a la que queremos mucho. Por último, se trata de un buen período para empezar terapias, especialmente de recuperación, a base de vitaminas, complementos alimenticios, etcétera.

Marte en aspecto inarmónico con Venus

Cuando Marte se mueve formando un ángulo inarmónico respecto a nuestra Venus radical lo ideal sería que lo mismo le aconteciera también a nuestra media naranja: las necesidades sexuales son particularmente fuertes y, si nuestra pareja no siente lo mismo, seguramente nacerá un conflicto debido a exigencias sexuales o por excesivas exigencias sexuales no satisfechas. En este sentido podemos ser efectivamente demasiado exigentes y provocar desconcierto. Nuestra manera de vivir el acto sexual tampoco será conforme a nuestras costumbres, puesto que se expresará con mayor violencia, una violencia que poco tiene que ver con algo que debería contener mucha poesía. Toda nuestra sensualidad está en alerta y sentimos la necesidad de desahogar de forma brutal nuestros sentidos, una brutalidad casi animal y en el sentido menos positivo del término. Quizá sintamos la tentación de buscar gratificaciones corporales desmesuradas, por ejemplo a través de la comida o del alcohol, o cosas aún peores si forman parte de nuestro día a día. En cualquier caso, el resultado será un detrimento de nuestra salud, bajo forma de intoxicaciones de la sangre y del cuerpo, o bajo forma de obsesiones mentales. Esto afecta a nuestra relación con la pareja y casi inevitablemente habrá peleas en este período. Sabiéndolo de antemano, deberíamos planear con anticipación días de severa autodisciplina para evitar la crisis de nuestra relación de pareja. Un saludable desahogo de energías a través del deporte nos puede ayudar a enfriar un poco nuestro ardor, que a veces es más de tipo mental que físico. Pero evitemos practicar deportes peligrosos y dediquémonos, en cambio, a carreras en los bosques o a orillas del mar, a flexiones en el suelo y, ¿por qué no?, a descargar puñetazos contra un saco de arena. Si no conseguimos eliminar de forma adecuada esta energía, tendremos más posibilidades de pelearnos con mujeres o incluso una hermana, una hija o una amiga. El tránsito del que estamos hablando puede indicar también un período de discusiones de pareja de una de las mujeres que se acaban de citar. A otro nivel, este paso planetario podría corresponder a un período de gastos excesivos, por ejemplo prendas de vestir y objetos decorativos personales. La tendencia a gastar mucho nos puede hacer comprar cosas inútiles o excesivamente caras, como joyas, relojes y todo lo que está relacionado de forma particular con el concepto de belleza o arte: cuadros, bibelots, esculturas y alfombras incluidos. También nos pondría atraer el juego y provocarnos pérdidas de dinero. Evitemos, por lo tanto, cualquier tipo de especulación, préstamo y firma de contrato que nos comprometan mucho a nivel económico. También puede suceder que gastemos demasiado por amor, por ejemplo haciendo un crucero o un viaje con nuestro ser querido, o manteniéndolos de forma económica.

Marte en aspecto armónico con Marte

Cuando Marte transita formando un ángulo favorable respecto a nuestro Marte radix vivimos un momento de gran intensidad energética tanto física como mental. El antiguo adagio *mens sana in corpore sano* se adapta perfectamente a esto paso planetario que marca un período de lucidez mental e de eficacia física. La mente y el cuerpo trabajan al unísono, están en plena forma y nos regalan días de mucho cansancio pero muy intensos.

Durante este tránsito es improbable que nos aburramos, más bien notaremos señales evidentes de que los demás no consiguen mantener nuestro ritmo. Trabajamos como si tuviéramos un motor manipulado y logramos producir mucho más de lo normal. También tenemos la fuerte determinación de llevar a cabo nuestros proyectos. La voluntad se expresa de manera clara y decidida dentro de nosotros: sabemos exactamente qué es lo que queremos y en cuánto tiempo lo vamos a conseguir. Non estamos dispuestos a hablar ni de renuncias ni de abdicación para favorecer a nadie. No somos prepotentes o agresivos, pero tampoco nos sentimos sometidos en ningún caso. Empleamos un tono correcto, sin duda alguna mucho más alto que la media de nuestros días. No necesitamos ni vitaminas ni tampoco complementos alimenticios. Dentro de nosotros se encuentra todo el carburante necesario para dar el máximo de nuestras posibilidades. Raramente nos sentimos tan en forma como en estos días. Tenemos que aprovechar de ello para todo, empezando con los programas puntuales para nuestro futuro, puesto que con este tránsito no sentiremos miedo de nada. Tratemos de recuperar el tiempo perdido con anterioridad y solucionemos los asuntos pendientes. Es una buena fecha para embarcarnos en nuevas iniciativas, incluso ambiciosas. Digamos todo lo que tenemos que decir, tanto en familia como en el trabajo: sabremos convencer sin ser agresivos. Estos días favorecen la práctica del deporte, incluso a nivel agonístico. Cada uno podrá preferir el deporte que más le guste, sin particulares contraindicaciones. Un partido de fútbol con los colegas de trabajo es tan válido como una saludable carrera en el bosque o a orillas del mar. Las sudadas seguidas de duchas regenerantes serán muy saludables. Lo mismo se puede decir de la actividad sexual, que podrá ser intensa tanto para las mujeres como para los hombres. También nos atraerá la mecánica y las tareas manuales en general. Podremos aprovechar de esta situación para reparar algo en casa o para trabajar arreglando algo relacionado con nuestro coche, la moto o los electrodomésticos de nuestra casa. Serrar, cortar, clavar… son todas ellas actividades en armonía con el tránsito que estamos describiendo. Hasta las tareas menos pesadas nos podrán ayudar a vivir bien este paso planetario. Aprovechemos de ello si tenemos que mover una librería, cambiar la ropa en el armario, irnos a comprar provisiones para nuestra casa, etcétera. Dirigiremos mayores energías hacia los sujetos masculinos que nos rodean. Sentiremos atracción hacia las figuras marciales en general, por los hombres en uniforme, los policías, las personas autoritarias o las autoridades. Una figura masculina muy cerca de nosotros destacará porque vivirá días muy intensos y positivos.

Marte en aspecto inarmónico con Marte

Cuando Marte pasa formando un ángulo inarmónico respecto a nuestro Marte natal nuestra aura atrae las peleas como si fuera un imán. Sentimos un exceso de energía que no logramos descargar positivamente. Estamos tensos, nerviosos, muy irascibles y nos sulfuramos fácilmente. No estamos tranquilos ni siquiera con nosotros mismos, pero sobre todo no conseguimos alcanzar un justo equilibrio con los demás. Nos damos cuenta de que somos destructivos en todo lo que hacemos. Sería prudente no empezar nada importante en estos días e intentar aplazar incluso las cosas que más nos interesan y que podrían verse comprometidas debido a un comportamiento erróneo por nuestra parte. Durante este tránsito nos impacientamos por nada y corremos el riesgo de pelearnos tanto en el seno familiar como en el trabajo. Deberíamos ser extremadamente cuidadosos para evitar de arruinar las relaciones que hemos construido con esfuerzos y paciencia a lo largo de meses o años pasados. Debemos estar particularmente atentos con nuestro padre, con un hermano o con las figuras que sustituyen las personas citadas, incluido el marido. En el trabajo tendremos la tendencia de entrar en conflicto con el jefe y con todas las personas que implican la idea de autoridad. Son días en que corremos el riesgo de que nos reprochen severamente, e incluso nos pueden aplicar medidas disciplinares. Debemos intentar portarnos bien en todo lo que hacemos, porque si no nos caerán multas, censuras o despidos laborales, en los casos peores y si otros tránsitos lo justifican. También puede que tengamos malos encuentros con la policía, con guardias municipales, policía tributaria, etcétera. Serán muy tesas nuestras relaciones con quienquiera lleve un uniforme y una gorra con emblema, empezando por el portero de un edificio. Nuestra tensión nerviosa alcanzará el máximo sobre todo ante las taquillas y con los empleados que deberían otorgarnos certificados, documentos y permisos. Evitemos entrar en contacto con todas estas personas y viviremos algo mejor este período, que no es larguísimo pero tampoco breve (cuando el planeta hace anillos de parada, el tránsito puede durar incluso diversas semanas). Para descargar este exceso de energía un deporte puede ser lo mejor, pero con un Marte de este tipo hay que tener cuidado y evitar practicar actividades peligrosas. Dediquémonos a carreras al aire libre, a la gimnasia en casa o en el gimnasio, a partidos de tenis o a la natación, pero evitemos del todo la equitación, el motociclismo, el ciclismo, el patinaje, el esquí y todos los deportes peligrosos. El peligro de accidentes en estos días es máximo tanto en casa como al aire libre, tanto si manejamos herramientas puntiagudas y cortantes como si viajamos en coche. Evitemos cuidadosamente encender fuegos con gasolina, manejar armas de fuego, efectuar reparaciones en la instalación eléctrica, subirnos a escaleras, asomarnos a ventanas y hacer cualquier cosa canónicamente considerada como peligrosa. En cambio, el sexo puede ser un óptimo vehículo para expresar toda nuestra energía, pero controlando para que nuestra excesiva pasión no nos haga provocar accidentes en la dirección de procreaciones indeseadas. Una figura masculina cercana, como nuestro marido, nuestro padre o nuestro hermano, podría estar mal o ser protagonista de accidentes o de serias peleas.

Marte en aspecto armónico con Júpiter

Cuando Marte transita formando un ángulo favorable respecto a nuestro Júpiter de nacimiento, nos sentimos muy en forma y motivados positivamente hacia la vida y hacia los demás. Nuestras acciones registran un alto grado de penetración. Cuando asestamos un golpe, un puñetazo por ejemplo, no es tan importante la potencia que expresa el golpe como la precisión con la que damos en el blanco. En este sentido, durante esos días averiguamos que nuestros «puñetazos» son más acertados que en otros períodos. En definitiva, centramos la diana muchas veces y esto es debido, sin duda alguna, a una mayor buena suerte que durante este paso planetario nos acompaña. Nuestros esfuerzos se ven coronados por mayores éxitos y debemos aprovechar de ello, justamente, pensando que todos nuestros esfuerzos se verán amplificados por una «buena estrella». Se verá premiada sobre todo nuestra osadía y, en este sentido, podemos arriesgar más justamente a nivel empresarial, donde es necesario invertir, especular, ser pioneros, ponerse en juego, razonar en sentido industrial y comercial. Con este buen tránsito podemos empezar una nueva actividad, si las condiciones del mercado nos lo permiten. Tenemos más derecho a arriesgar, puesto que Júpiter acompañará de forma favorable nuestras acciones. Sobre todo se verán premiadas las actividades en las que se requiere valor y acción. Desde luego mucho dependerá de nuestro carácter de fondo, pero si nos permite arriesgar, el tránsito que estamos describiendo nos ayudará mucho, incluso en la realización de empresas difíciles. Con el permiso de un planeta benéfico como Júpiter, podremos intentar iniciativas ambiciosas, escaladas en apariencia inalcanzables. Mucho dependerá de la suerte que, de forma momentánea, está a nuestro favor, pero mucho estará relacionado también con nuestra voluntad que, de una u otra manera, se ve potenciada en esta circunstancia. Las iniciativas que este tránsito podrá favorecer más son las que tienen un carácter físico y atlético. Si somos deportistas, viviremos un pequeño momento de exaltación en que podremos marcar puntos importantes por lo que se refiere a nuestras prestaciones de base. Si participamos en una competición individual o en un partido colectivo, daremos el máximo y seguramente haremos un buen papel. Se trata de un buen período también para iniciar un nuevo deporte. La actividad sexual podrá ir muy bien y gratificarnos mucho. La salud de nuestro organismo alcanzará un nivel muy satisfactorio y podremos iniciar nuevas terapias u obtener resultados prometedores de terapias iniciadas anteriormente. Una figura masculina muy cerca de nosotros tendrá un período exitoso: nuestro compañero, nuestro padre, nuestro hermano, etcétera. Tendremos relaciones excelentes con las autoridades en general, sobre todo en el trabajo.

Marte en aspecto inarmónico con Júpiter

Cuando Marte transita formando un ángulo disonante respecto a nuestro Júpiter natal, nuestro sentido crítico desciende hasta las más ínfimas latitudes a las que puede llegar. Esa sana desconfianza que normalmente nos acompaña, en mayor o menor medida según el individuo, y esa sospecha que nos mantiene casi de forma constante en guardia y que frecuentemente nos hace parar para protegernos, en esta ocasión nos abandonan casi por completo y nos conducen hacia pensamientos, no digo de omnipotencia pero sí de infalibilidad. Nada puede ser más dañino de esto: corremos el riesgo de subestimar los peligros y de enfatizar, pero sólo en nuestra mente, las posibilidades que tenemos de enfrentarnos a las dificultades y de superar los obstáculos. En este sentido corremos el riesgo de cometer errores imperdonables. Por ejemplo, podríamos embarcarnos en una empresa comercial o industrial sin disponer de los medios adecuados para hacerlo; quizá solicitaremos un préstamo (y aún peor: ¡nos lo podrían conceder!), un gran préstamo a un banco, pero que luego no seremos capaces de devolver. Esas personas que periódicamente llenan las páginas de la crónica de los periódicos con sus historias increíbles, protagonistas de estafas colosales por causa de personajes sin escrúpulos, muy probablemente esas personas, en el momento en que fueron timadas por el espejismo de fantásticos beneficios y entregaron todos sus bienes al chacal que los estafó, tenían un tránsito semejante sobre su cabeza. Quien se ocupa de astrología, en calidad tanto de profesional como de culto usuario, debe de tener mucha prudencia en estos días y evitar embarcarse cuidadosamente en todo tipo de iniciativa de alto riesgo. El problema no existe si nos movemos para ir a escoger un traje o una bolsa, pero es obligatorio vigilar atentamente si tenemos la intención de invertir dinero, de fundar una nueva sociedad, de establecer una alianza patrimonial, etcétera. Es decir, que en estos días es preferible no tomar ninguna iniciativa sobresaliente en cualquier sector y aplazar las decisiones importantes a días mejores. El riesgo de inflación, bajo cualquier punto de vista, es realmente muy alto. Incluso en sentido físico. Podríamos sobrestimar nuestra resistencia física y lanzarnos en iniciativas que no se adaptan a la fuerza de nuestro organismo. Corremos el riesgo de estallar y hacer «¡bumm!», en todos los sentidos de la palabra. Evitemos exagerar con la comida, el alcohol, el humo y el sexo: nosotros pensamos que somos muy fuertes en este momento, pero o no lo somos o no lo somos bastante como para soportar las fantasías de potencia que nos gobiernan durante este tránsito. A una hipertrofia mental también puede corresponder una hipertrofia física: si nos enfadamos tanto, el hígado también se hincha... Tengamos cuidado con nuestras iras porque no las podremos controlar tan fácilmente. En estos días una figura masculina cercana a nosotros podría cometer imprudencias.

Marte en aspecto armónico con Saturno

Cuando Marte circula formando un ángulo armónico respecto a nuestro Saturno radical logramos tirar las riendas de nuestra impulsividad. Reconocemos que somos capaces de administrar muy bien nuestras acciones, subordinando casi completamente la fuerza a la racionalidad. Logramos disciplinar bien nuestras energías y ejercer un frío control sobre ellas a través del razonamiento. Nuestro poder de raciocinio funciona como un condensador que acumula toda la energía que sale de nuestro cuerpo y luego controla su flujo regular en salida, impidiendo borbotones improvistos y espontáneos. Para tener una idea de este tipo de control, es necesario recurrir a la imagen de un viejo que sabe sufrir en silencio. Nuestro cuerpo – en estos pocos días – no conoce el significado del desahogo, de la descarga de energía, de la liberación incontrolada de fuerzas interiores, y se moviliza todo para administrar, con gran firmeza, el flujo de acciones en salida. De esta forma se obtiene un control óptimo sobre la articulación de los brazos, de las piernas y de las manos. No se trata de una específica mejora temporal de nuestra habilidad manual, sino de un mejor control de las articulaciones superiores e inferiores a través de la mente. Como consecuencia, contaremos con acciones más controladas y razonadas que pueden mejorar mucho actividades como las del piloto de Formula 1 o las del cirujano. Pero no sólo esas: cualquier actividad física que requiera una administración fría de los movimientos de brazos, piernas y manos se verá facilitada a través de este paso planetario. Así pues, con este tránsito trabajarán mejor los artesanos, los carniceros, los obreros, los campesinos, pero también los diseñadores, los operadores que trabajan con el ordenador, los empleados de banco... Una mejor gestión de las fuerzas interiores consigue mantener bajo control también la rabia y ello favorece nuestras relaciones interpersonales a lo largo de este tránsito. Podemos enfrentarnos con discusiones difíciles, sobre asuntos que nos suelen sulfurar, sin por esto perder la calma. Difícilmente caemos en las provocaciones, nuestra frialdad hará que parezcamos incluso cínicos. Se trata de un estado mental bastante raro durante el que tenemos la posibilidad de insistir por lo que se refiere a situaciones delicadas que llevamos tiempo sin resolver, tanto en familia como en el trabajo. Además, sentimos atracción por las figuras marciales maduras, como podría ser un viejo padre ex militar, un anciano magistrado, un comisario de policía con mucha experiencia, etcétera. Puesto que Saturno es el Crono de la mitología y Marte la energía, la acción, podemos también embarcarnos en proyectos de gran compromiso y de larga duración. Los llamados planes venteñales que un tiempo caracterizaban las economías del Este europeo, hoy pueden encontrar buena aplicación en nosotros y hacer que seamos muy buenos arquitectos de nuestro futuro. El comienzo de un compromiso a largo o larguísimo plazo puede también referirse a una figura masculina cercana. Este tránsito también favorece la soldadura de los huesos y, por lo tanto, es muy idóneo para que se cumplan en estos días las operaciones de componer fracturas con yeso. También estas fechas favorecen operaciones en general a los huesos y a los dientes.

Marte en aspecto inarmónico con Saturno

Cuando Marte transita formando un ángulo desfavorable respecto a nuestro Saturno radix nos oprime un fuerte sentido de impotencia. La acción (Marte) se encuentra frenada por la racionalidad (Saturno): el Yo censor ejerce una fuerte censura en todos los intentos de expresión física de nuestro cuerpo, tanto si se trata de acciones destructivas como de acciones positivas. Raramente nos sentimos tan bloqueados como en este período que afortunadamente es muy corto. Una extrema prudencia querría controlar todos nuestros deseos espontáneos y amordazar incluso a la más ingenua expresión de alegría o de exuberancia. Sin duda alguna en este día no podremos ser exuberantes desde ningún punto de vista. Las posibilidades son dos: o nosotros mismos decidimos hacer fracasar todas iniciativas desde un principio o intentamos y recibimos una fuerte frustración debida a la incapacidad de acertar la diana. Un sueño puede ilustrar exhaustivamente este tránsito: el que teníamos a menudo en nuestra niñez, cuando soñábamos con correr para escaparnos de algún peligro pero no conseguíamos movernos ni siquiera un centímetro. Otra imagen que describe bien este estado más mental que físico es la de otro sueño en el que disparamos a un enemigo y constatamos que nuestras balas, a pesar de acribillarlo, no le afectan para nada. En otras palabras, esta condición de impotencia se presenta a través de la renuncia a la acción o mediante la inutilidad de nuestra acción. De todas formas, la sensación de frustración es bastante grande. Durante este paso planetario tendemos a volvernos bastante cínicos, dentro de los límites que nuestro tema natal nos concede. Se trata de uno de esos, afortunadamente raros, momentos en que seríamos capaces de caminar incluso sobre el cadáver de un ser querido para conseguir algo importante. Razonamos muy bien fríamente y esto puede favorecer actividades que se verían afectadas por la emoción, como cuando un estudiante de anatomía tiene que seccionar por primera vez un cadáver. Si consideramos este paso planetario en el ámbito de nuestra vida de pareja nos damos cuenta de que durante su duración somos capaces, con mucha frialdad, de tomar decisiones sin miramientos, incluso despiadadas y de mostrar el pulgar hacia abajo a una relación que quizá duraba desde hacía años. Logramos hablar de manera glacial a nuestra pareja, incluso conseguimos decirle adiós casi sin arrepentimientos y sin lágrimas. Indudablemente en estos días somos algo más malvados, menos sensibles, mucho más prácticos e incluso un poco despiadados. Además, este tránsito es bastante peligroso en el plano objetivo de acontecimientos y a menudo acompaña caídas, accidentes, heridas y sobre todo fracturas de huesos. A veces está relacionado con una operación a la que tenemos que someternos justamente en esos días, o bien se refiere a la operación o al accidente de un sujeto masculino cercano a nosotros. Es un índice genérico de mala suerte, así que lo mejor sería no embarcarnos en ninguna iniciativa en estos días, sobre todo si está relacionada con proyectos a largo plazo. Además, son posibles conflictos con la autoridad en general y, de manera particular, con las personas ancianas.

Marte en aspecto armónico con Urano

Cuando Marte transita formando un ángulo armónico con nuestro Urano natal sentimos que debemos hacer borrón y cuenta nueva en nuestra vida. Por supuesto esto no podrá acontecer con cada recorrido cíclico de este tipo, puesto que esto es bastante frecuente a lo largo de la vida, pero sí que sentiremos siempre de todas maneras una gran necesidad de renovación, aunque luego lo gastemos en pequeñas cosas. Abrir de par en par las ventanas, renovar el aire que respiramos, librarnos de yugos, poner patas arriba un puzzle muy complicado en el que trabajábamos durante horas, soltar al lastre una costumbre que limita nuestra libertad: son todas sensaciones que deseamos probar durante este paso planetario. Una bonita y fresca corriente de vida nos rodea y nos conduce hacia adelante, muy hacia adelante, en dirección de nuevas emancipaciones que necesitan el permiso de la voluntad. Este permiso existe y la acción, aprobada por la voluntad, es fuerte y determinada. Si tenemos que poner de vuelta y media a alguien, éste es el momento justo para hacerlo. Volvamos a adueñarnos de nuestro espacio vital sin demasiadas ceremonias: no se trata de prepotencia, sino de estar hartos de perdonar a los demás el hecho de ocupar nuestro territorio, entendido en sentido lato. Somos lúcidos y estamos decididos, sabemos exactamente lo que queremos, nos guía la coherencia y la firmeza, y tenemos la intención de ir hasta el final. Si una relación nos oprime, ha llegado la hora de romper las cadenas. En algún momento de nuestra vida debemos dar un puñetazo sobre la mesa y actuar rápidamente, de esta forma podemos actuar sin preocuparnos de si los otros lo interpretarán como un comportamiento autoritario. El juicio de los demás puede ser severo independientemente de la dirección de nuestras acciones. Todo el mundo está de acuerdo sobre la importancia de salvar determinadas relaciones, pero a veces uno no aguanta más, que es lo que sucede a menudo durante este tránsito. En la vida son tan importantes los momentos de destrucción como los de construcción. A menudo de las cenizas surge una nueva vida, incluso mejor que la anterior. Estamos hablando de coraje y, a través de este coraje, podemos tanto echar a las ortigas estructuras podridas de nuestro pasado como poner los cimientos de nuevos e importantes edificios para el futuro. Lo que más caracteriza este tipo de tránsito es la rapidez con la que logramos decidir. Un tránsito de este tipo exaltará sobre todo a los sujetos que tienen un Marte débil, por ejemplo en Libra o en Cáncer. Velocidad y fuerza de decisión se reflejarán en dedos rapidísimos para pianistas y guitarristas, pero también en manos que corren rápidas sobre el teclado del ordenador, que llevan perfectamente a cabo una endoscopia, que aciertan con precisión el blanco con una fresadora mecánica... Nuestra energía se combina bien, sobre todo, con todo lo que es moderno y ultramoderno y nos dedicaremos de más buena gana respecto a lo usual al estudio de la psicología, la astrología, la electrónica, la informática, etcétera. También se verán favorecidos los deportes en los que se necesita no tanto resistencia física cuanto arranque, como el salto de altura o los cien metros lisos. Óptimas novedades podrán enriquecer la vida de un sujeto masculino muy cercano a nosotros.

Marte en aspecto inarmónico con Urano

Cuando Marte transita formando un ángulo inarmónico respecto a nuestro Urano natal, nos sentimos particularmente radicales e intransigentes. No conseguimos ser tolerantes con nada, ni siquiera con nosotros mismos. Sentimos un instinto a reaccionar de inmediato, sin pensarlo dos veces, a comportarnos de manera extremista en cualquier oportunidad. La paciencia es un sentimiento que parece que no conocemos para nada. Quisiéramos tenerlo todo y enseguida, sin hacer colas, sin tener que esperar el permiso de nadie. Tendemos a rebelarnos a la autoridad, a cualquier tipo de autoridad. Nos comportamos de manera bastante agresiva, empezando con nuestros seres queridos y continuando con los colegas del trabajo. Deberíamos tener cuidado y ser prudentes si queremos evitar serios accidentes de recorrido, como peleas con el jefe o con el cónyuge. No conseguimos soportar aguantar la lentitud ajena, su pachorra, sus dificultades para entendernos y las barreras que nos impone la burocracia. En estos días vuelve a despertarse en nosotros una parte revolucionaria que potencialmente se encuentra en todos los seres humanos. Podríamos incluso aferrar una escopeta, si las condiciones históricas y políticas del país en que vivimos lo justificasen. Aunque somos personas civiles, con cultura y educación, podríamos tener la tentación de llegar a las manos con quienes nos obstaculizan. En este momento, lo que no podemos aguantar son las barreras de un paso a nivel, entendido en sentido figurado. Nuestro impulso sería forzar los puestos de control y darle un codazo a quienes se ponen delante de nuestro camino. Sin duda alguna somos prepotentes como nunca. Conseguimos comprender con gran dificultad los motivos de los demás, y nuestra agresividad revela una parte de actitud infantil, caprichosa e intolerante. Como en los tránsitos inarmónicos Marte–Marte, pero en una octava más alta, aquí también debemos intentar encontrar un buen canal de salida para esas energías. El deporte más que nada puede ser la solución ganadora. Pero cuidado: el período es muy peligroso para todos los tipos de accidentes y, por lo tanto, deberemos practicar tan sólo deportes no arriesgados, como carreras en el campo, gimnasia en casa o en un gimnasio, boxeo contra un saco de arena... Cuidado con el coche pero especialmente con la moto, y cuidado con todas las actividades canónicamente arriesgadas: encender fogatas con gasolina, manejar armas de fuego, objetos cortantes y puntiagudos, asomarse desde sitios no protegidos, subir a escaleras, esquiar, patinar, cabalgar y muchas otras. Es probable que, durante este paso planetario debamos someternos a los cuidados de un médico, de un dentista o también enfrentarnos a una pequeña intervención. Nuestra manualidad es pésima ya que velocidad y acción no están bien sincronizadas:

podremos ser bastante más rápidos con el teclado del ordenador, por ejemplo, pero equivocándonos mucho en las pulsaciones de las teclas correctas. Evitemos cualquier tipo de trabajo de precisión. Durante este tránsito cirujanos y dentistas deberán tener particular cuidado. Un accidente o una operación podrían afectar una figura masculina muy cercana a nosotros. Un ataque de ira contra un militar, un policía, un representante de cualquier autoridad, podría provocarnos problemas con la justicia.

Marte en aspecto armónico con Neptuno

Cuando Marte pasa formando un ángulo favorable respecto a nuestro Neptuno natal se cargan nuestras baterías espirituales. Nos sentimos transportados en la dirección de la fe. Pero no se trata necesariamente de fe religiosa o católica, sino que puede incluir también una causa política, por ejemplo en la dirección del materialismo histórico, o una causa social u otra fe, de las que nos dirigen a un tipo de credo profesional, alimentario, filosófico, etcétera. Este tránsito enciende los ánimos y crea estados de conciencia alterados. Quien lo vive se siente fuertemente transportado y se prepara a vivir estos días «con la espada en la mano» o «con el puñal entre los dientes». Esto, si lo lee una persona optimista, quiere decir hacer las cosas con gran pasión y si lo lee un sujeto pesimista, significa hacerlo con fanatismo. En efecto, se trata de la misma cosa y es por ello que hemos empleado la expresión «estados de conciencia alterados» que es lo que nos parece que describe mejor un comportamiento que es, de todas formas, enfático. El énfasis caracteriza bajo cualquier punto de vista estos momentos que son bastante cortos en relación con la duración del año, pero que nos pueden conducir a cometer acciones destacadas. Estas acciones nos empujarán a llevar adelante nuestras ideas, a gritarlas al mundo entero, a levantar banderas reales o simbólicas. En nuestros corazones quemará la pasión, sea cual sea la categoría a la que pertenece. Deseamos demostrar concretamente nuestras convicciones más profundas y lo hacemos utilizando indiferentemente la palabra o la escritura. Durante tránsitos de este tipo es posible que nos acerquemos a la fe religiosa o que vivamos una exaltación particular si ya somos creyentes. Sentiremos el impulso a frecuentar curas y templos aunque sean de tipo budista, islámico o de otras religiones. También podríamos sentir la tentación de agregarnos a partidos políticos o a sindicatos y de frecuentar asambleas de trabajadores, huelgas, manifestaciones públicas, protestas, etcétera. El binomio fe–muchedumbre nos atraerá mucho así como todos los grupos constituidos por un idéntico credo: podríamos participar tanto en un congreso de macrobióticos convencidos como en la manifestación pública de los ecologistas que se dejan encadenar a las rejas de la embajada de un país extranjero que no quiere interrumpir sus experimentos nucleares. O sea que durante este tránsito necesitamos gritar nuestras convicciones, demostrarlas al mayor número de personas posibles, o, si decidimos vivir estos sentimientos de forma privada, tendrán un eco incendiario dentro de nosotros. Al contrario, nuestras energías podrían ser útiles para salir de una forma de esclavitud debida a la droga, al alcohol o a psicofármacos. Si somos víctimas de una de estas toxinas, podemos aprovechar del tránsito para esforzarnos y librarnos de esas cadenas. La fuerza psicofísica, en estos casos, podrá derrotar el vicio. Así pues, se trata de un período muy bueno para desintoxicarnos desde cualquier punto de vista. A niveles más banales, utilizaremos estas energías para reparar una embarcación o para transportarla a un arsenal. Buen período para la pesca y la pesca submarina. Encuentros interesantes con curas, psicólogos y astrólogos. Una figura masculina cerca de nosotros vivirá una experiencia de gran intensidad religiosa o política.

Marte en aspecto inarmónico con Neptuno

Cuando Marte transita formando un ángulo disonante respecto a nuestro Neptuno radix nos ciegan pasiones de todo tipo. El nuestro es un estado de conciencia muy alterado y sin duda alguna en sentido negativo. Podemos vivir un momento de extrema exaltación de un credo personal y lanzarnos en cruzadas totalmente desconectadas de la realidad. Se trata sin duda alguna de formas de fanatismo durante las que podemos mostrarnos a los demás como poseídos, extremistas, preparados para exaltarnos exageradamente por una idea, por una causa que puede ser religiosa pero también política, social, sindical, ecologista, macrobiótica, filosófica, etcétera. Vemos rojo delante de nosotros como los toros en la corrida y corremos el riesgo de arrastrar también a los demás por caminos que no se deberían recorrer en un estado tal de excitación. Esta ceguera puede ser endógena, o sea que la produce solamente nuestro espíritu, pero puede depender de la ingestión de fármacos, de mucho café o, en el caso más extremo, de droga. Lo que está claro es que nuestro comportamiento se parece mucho al de un drogadicto. No conseguimos ser objetivos, ni siquiera un poco, y quisiéramos arrastrar a todo el mundo hacia nuestras propias convicciones. Este tránsito es muy peligroso para los jefes de estado o para los que de alguna manera se encuentran en el centro de control de cualquier asociación, grupo político o algo parecido, ya que puede inducir a tomar decisiones en la dirección de la rebeldía, del salir a la plaza, del declarar guerras, etcétera. Y esto es válido sobre todo si en el momento del nacimiento del sujeto en cuestión ya había un aspecto disonante entre Marte y Neptuno o entre Neptuno y los luminares, o bien solamente un Neptuno dominante. Siguiéndole la corriente del gobernador de Piscis es posible sentirse impulsados a coger el fusil, a lanzarse en la pelea, a ser englobado por la masa... ¡Quién sabe cuántos jóvenes terroristas de los que llenan las cárceles en todo el mundo cometieron sus crímenes durante este paso planetario! Y ¡quién sabe cuántos muchachos se hicieron terroristas inspirados por este tránsito! En otros casos el paso planetario del que estamos hablando se expresa sencillamente en la dirección de un aumento de las neurosis, en los sujetos que por su naturaleza ya son particularmente neuróticos. Este hecho puede aumentar las ansiedades, las angustias, las fobias de todo tipo y exigir la asunción de fuertes sedativos y antidepresivos, que, a su vez, crean un estado de conciencia alterado. Se trata sin duda alguna de un tránsito bastante peligroso y destructivo que requiere prevención, tanto explicándoselo al que lo va a recibir, como poniéndole barreras farmacológicas, por ejemplo mediante una terapia homeopática. Durante estos días será conveniente evitar ir a manifestaciones públicas, huelgas, protestas, asambleas, movimientos de plaza, etcétera. Posibles malas experiencias con toxicómanos o con pseudomagos. Crisis nerviosas o depresiones debidas a una mala previsión recibida de un astrólogo o de una cartomántica. Un sujeto masculino cercano a nosotros puede estar mal desde un punto de vista neurótico o debido a la asunción de drogas.

Marte en aspecto armónico con Plutón

Cuando Marte transita formando un ángulo favorable respecto a nuestro Plutón radical nuestras fantasías de potencia aumentan al máximo, y no sólo cuando estamos poseídos sino también cuando nos expresamos con moderación. Todos hacemos proyectos ambiciosos o particularmente ambiciosos con frecuencia, y éste es uno de esos momentos. Pensamos a la grande y queremos aventurarnos en proyectos demasiado grandiosos. En algunos casos los podemos realizar, así que no hay motivos para demonizar este tránsito. Cabe subrayar que este tránsito acaba por potenciar nuestra voluntad, dándole vigor a nuestro espíritu de iniciativa y un poco de esqueleto a nuestros sentimientos. En definitiva, podemos considerarlo como el brazo de nuestros pensamientos. Nos sentimos sin duda alguna más fuertes y más motivados, como acontece durante los pasos armónicos Marte–Neptuno, pero una octava más arriba. Puede que nos atraviese un viento de grandes pasiones que pueden inducirnos a empeñarnos tanto en campo político como en todos los sectores en los que es determinante *creer*. También nuestro deseo sexual aumentará y podremos vivir, desde este punto de vista, una temporada importante con nuestro compañero o compañera. Si nuestra pareja está igualmente motivada se tratará realmente de días especiales, marcados por una gran pasión física además que mental. Podremos vivir días inolvidables, pero sólo si nuestro compañero o compañera se encuentran igualmente solicitados desde este punto de vista. Esto explica la importancia que tiene, en cada pareja, que los dos sujetos tengan los planetas en los oportunos ángulos recíprocos. Podemos utilizar dicho paso planetario también para tratar de resolver un problema psicológico o un problema psicosexual. En este sentido será útil, para nosotros, visitar a un psicólogo, un sexólogo o un andrólogo y un ginecólogo. Para los hombres, si otros tránsitos también dan indicaciones parecidas, podría tratarse de una pequeña incisión en el pene. Para los sujetos femeninos, podemos prever una posible cicatrización en la zona genital o algo parecido. El sexo podrá verse favorecido por alguna buena lectura erótica como *Trópico de Cáncer* de Henry Miller o *El amante de Lady Chatterley* de David H. Lawrence. También se ven favorecidos los tratamientos termales y no termales para las zonas genitales. Nuestra aumentada energía la podríamos dirigir para arreglar la tumba de familia u otras necesidades relacionadas con la muerte en general o en particular con el fallecimiento de nuestros queridos. El tránsito podría también significar que una figura masculina cerca de nosotros, como un hermano o un buen amigo, están viviendo un período de pasión sexual. Si queremos instalar sistemas de alarma en casa o si por cualquier motivo queremos colocar micrófonos de espionaje, se trata del momento justo para hacerlo.

Marte en aspecto inarmónico con Plutón

Cuando Marte transita formando un ángulo inarmónico respecto a nuestro Plutón de nacimiento tienden a aflorar nuestras peores energías, las más brutales. Los sentimientos destructivos y autodestructivos, más que asomarse en nuestra conciencia tratan de expresarse concretamente y a menudo lo consiguen de verdad. Sentimientos de rabia, de venganza, pero también de autolesionismo y masoquistas se apoderan de nosotros, y si nuestro equilibrio y nuestra educación no son adecuados, podrán tomar la delantera durante algunas horas y llevarnos a cometer acciones de las que nos podríamos avergonzar. Sentimos fuertes impulsos sexuales, tan fuertes que estaremos mal. Si nuestra pareja no se encuentra en la misma condición o si rechaza de adherir a nuestras necesidades, se tratará realmente de un momento muy poco oportuno para nosotros que podríamos tener la tentación de buscar un amor mercenario o todavía peor. Debemos tener bastante cuidado ya que, además del riesgo de enfermedades infectivas – muy alto en este momento – también corremos el riesgo de hallarnos involucrados en situaciones de código penal. Durante este paso planetario serán posibles contactos con criminales y con ambientes relacionados con el crimen. También podríamos caer en la tentación de conseguir un arma de fuego y otros instrumentos criminales. Sentiremos atracción también hacia los tipos de cuidado, los peores representantes de la sociedad, los que de una u otra manera pueden estar relacionados con el crimen, de una u otra orilla: policías, mafiosos, toxicómanos… En cuanto a las infecciones, no debemos pensar necesariamente a la reina de todas las infecciones, sino que se puede tratar simplemente de molestos parásitos. Los sujetos que sufren de ello, podrían tener una crisis de hemorroides. Este tipo de tránsitos en muchos casos induce hacia la pornografía, lo que también puede ser fuente de problemas. Son bastante frecuentes bajo este tránsito poderosos sentimientos de celos, hasta el punto que nos empujan a hacer cosas que normalmente ni siquiera se nos ocurren, como por ejemplo colocar micrófonos de espionaje, espiar a nuestra pareja, contratar a una agencia de investigación, etcétera. Los celos ciegan la mente y en estos días puede que en serio nos ofusquen los sesos. Como consecuencia, puede haber riñas y peleas terribles con nuestra pareja, incluso separaciones. La destructividad es el sentimiento del que tenemos que protegernos más. En este campo podemos vivir verdaderas obsesiones, aún más fuertes de las que sentimos durante los tránsitos disonantes Marte–Neptuno. En estos días una figura masculina cercana a nosotros podría verse involucrado en un escándalo de tipo sexual.

Marte en aspecto con el Ascendente

Véase: Marte en tránsito por la Primera Casa.

Marte en aspecto con el Medio Cielo

Véase: Marte en tránsito por la Décima Casa.

Marte en aspecto con el Descendente

Véase: Marte en tránsito por la Séptima Casa.

Marte en aspecto con el Fondo Cielo

Véase: Marte en tránsito por la Cuarta Casa.

Marte en tránsito por la Primera Casa

Cuando Marte atraviesa nuestra Primera Casa natal nos sentimos llenos de energía. Ya a nivel mental nos sentimos lúcidos y determinados como nunca. Tendemos a tomar decisiones de peso, de una manera directa y muy tajante. Los que ya están acostumbrados a comportarse de esa manera no apreciarán de lleno la belleza de este tránsito, pero todos los que por su naturaleza no tienen inclinación hacia las decisiones inmediatas, se sentirán particularmente satisfechos de tal ráfaga de determinación y voluntad. Sentirán la embriaguez de las decisiones tomadas sin vacilar y sin cambiar de idea. Los objetivos de nuestra mente serán inevitables, nadie podrá detenerlos y tampoco obstaculizarlos. Tendremos más volición por lo que se refiere a elecciones importantes y nos comportaremos como si fuéramos jefes, o sea que tenderemos a dar órdenes a nuestros colaboradores, pero sin autoritarismo. Quien se encuentre en estos días cerca de nosotros sentirá una gran determinación en nosotros y apreciará la claridad de nuestro comportamiento. En efecto, este Marte «a flor de piel» hará que seamos más sinceros y derechos, menos diplomáticos, más determinados a alcanzar los objetivos programados. Viviremos fundamentalmente en el presente y poco en el pasado o en el futuro. Tal como lo sugería el antiguo refrán romano *carpe diem*, aprovecharemos el momento, aferraremos la oportunidad, estaremos preparados para dar las respuestas en tiempo real. Podremos imponer nuestras razones a nuestros jefes y no tendremos temor reverencial a las autoridades, sino que con ellas nos resultará más fácil relacionarnos. También podremos tratar mejor las cuestiones de familia mostrándonos firmes pero sin prepotencia. Se tratará de un momento de verdadera fuerza y no de una actitud exterior. Esta fuerza se expresará también a nivel físico, lo que nos permitirá realizar una gran cantidad de trabajo. Tenemos que aprovechar de ello si debemos recuperar retrasos acumulados anteriormente y ponernos manos a la obra para digerir todo el trabajo, tanto si se trata de trabajo físico como de esfuerzo intelectual. Nuestra mayor energía psicofísica también nos permitirá practicar deporte, o bien hacer más deporte de lo habitual. Casi todas las disciplinas pueden servir, del fútbol al tenis y del voleibol al tenis de mesa. Se trata también de un período muy favorable para matricularnos en un gimnasio y empezar una actividad agonística o sencillamente un período de actividad física bisemanal. Los sujetos más sedentarios podrán gozar de largos paseos o carreras en los bosques o cerca del mar, de alguna excursión en montaña o dedicarse a recoger setas en los sitios más oportunos. Podremos desarrollar sin duda alguna una mayor actividad sexual y esto es válido sobre todo para los hombres. Si el tránsito se produce con ángulos disonantes respecto al resto del tema natal o contemporáneamente con otros tránsitos inarmónicos, deberemos controlar nuestra agresividad y nuestra prepotencia que aumentarán sensiblemente. Notaremos una tendencia a participar en discusiones y correremos el riesgo de arruinar relaciones importantes debido a nuestra intolerancia. Tenderemos a imponernos respecto a la voluntad de los demás como pequeños caudillos. No seremos nada tolerantes con las exigencias de los demás y discutiremos incluso por cosas insignificantes. Además corremos seriamente el riesgo de herirnos manejando herramientas afiladas y puntiagudas, o bien provocando un choque con nuestro auto. Se trata de un período muy peligroso para viajar en moto, para dar saltos, para practicar la escalada en montaña, para subir escaleras y para hacer cualquier operación canónicamente peligrosa como encender fogatas con gasolina, manejar armas de fuego, dar zambullidas desde los escollos o practicar cualquier deporte arriesgado. Una mayor actividad sexual nos podrá ayudar a canalizar de forma correcta este exceso de energías. Es probable que en este período tengamos que ir al dentista, que nos sometamos a una pequeña intervención o que estemos mal, tal vez simplemente por la gripe.

Marte en tránsito por la Segunda Casa

Cuando Marte transita por nuestra Segunda Casa radix nos proyectamos de forma bastante práctica hacia las ganancias. Pensamos más en nuestra propia supervivencia y nos comprometemos a conseguir mayor provecho del mundo que nos rodea. Si tenemos potencialidades empresariales, en estos días las mostramos y no deberá tratarse necesariamente de un compromiso a largo plazo o que precise un cambio profesional definitivo por nuestra parte: podría tratarse sencillamente de un paréntesis temporal durante el cual se nos puede ocurrir alguna buena idea sobre cómo obtener más beneficios, por ejemplo vendiendo bienes que ya no nos sirven. Leeremos con más atención los periódicos de anuncios clasificados de nuestra ciudad y nosotros mismos pondremos anuncios en ellos. Podremos hacer buenos negocios navegando en los sitios correspondientes de Internet. Aunque normalmente no dirigimos nuestro trabajo en una dirección estrictamente materialista, durante este tránsito lo haremos, y trataremos de llenar nuestros bolsillos con la mayor cantidad de dinero posible. Nos vendrán ganas de disponer de una tarjeta de crédito o de solicitar una nueva, de pedir una financiación o un préstamo a un amigo, seguros de que podremos devolvérselo. Se trata de un período ideal para comenzar un comercio, para abrir una tienda cualquiera o una agencia, para estrenar un nuevo estudio, etcétera. Y al mismo tiempo, sentiremos que debemos dedicar más tiempo al aspecto, a nuestra propia imagen. Esto puede significar que nos esforzaremos para conseguir una presencia mejor, por ejemplo embarcándonos en una terapia adelgazadora, afeitándonos la barba o cambiando de corte de pelo. Muy a menudo bajo este tránsito modificamos ligeramente nuestra forma de vestir. En otros casos nos sentimos atraídos por la imagen entendida como teatro, cine, fotografía, gráfica computerizada, etcétera. Y puede significar que nos atrevemos a jugar un papel de actor en representaciones de aficionados o que compramos una cámara fotográfica o una cámara video o una videograbadora para editar imágenes nuestras o de los demás. En estos días puede nacer una verdadera pasión nuestra en este sector. También se trata de un momento muy favorable al empleo de nuevo software de gráfica computerizada o simplemente para comprar un nuevo televisor o una nueva pantalla para nuestro ordenador. Si el tránsito nace con ángulos disonantes o acontece de forma contemporánea con otros pasos planetarios inarmónicos, habrá que tener particular cuidado con los gastos, puesto que correremos el riesgo de sufrir pequeñas hemorragias de dinero. Tenderemos a gastar mucho, incluso por motivos fútiles. Podríamos además perder dinero porque lo prestamos sin las oportunas garantías o bien porque lo invertimos torpemente en la bolsa o porque nos lo roban. Hay posibilidad de robos tanto en casa como en coche, incluso hay peligro de atracos. Corremos el riesgo de que nos paguen con cheques en blanco, o que nos estafen de alguna manera. Considerada la simbología del planeta rojo, podríamos gastar cifras excesivas en motores, herramientas mecánicas, armas... Cortes o heridas pueden afectar nuestra imagen, nuestro aspecto. Posibles intervenciones de cirugía estética.

Marte en tránsito por la Tercera Casa

Cuando Marte transita por nuestra Tercera Casa radical orientaremos todas nuestras energías psicofísicas en dirección de las comunicaciones, en el sentido más ancho del término. Crecerá nuestra voluntad de ponernos en contacto con los demás y lo percibiremos gracias a la fuerza de nuestro pensamiento, que será más penetrante, centrífugo y dirigido hacia el exterior. Nuestra mente adquirirá particular lucidez y nosotros mismos nos maravillaremos de tanta sagacidad. Lograremos desarrollar pensamientos lineares, directos, muy agudos e inteligentes. También aumentará nuestra habilidad oratoria gracias a un vocabulario que de repente se ampliará (volveremos a recordar muchos verbos y sustantivos poco utilizados). Pasaremos más tiempo al teléfono, llamando o respondiendo, efectuando también llamadas complejas o desagradables, tanto debido al asunto que tenemos tratar como a la persona con la que tenemos que hablar. También escribiremos más cartas, quizá para mandar una invitación a un grupo de individuos, lo que nos tendrá ocupados durante horas. Nuestra voluntad, la determinación que nos caracteriza en este momento, la podremos afirmar sobre todo a través de cartas y llamadas telefónicas. Navegar por Internet nos gustará particularmente y nos dedicaremos a ello el mayor tiempo posible. También nos gustará muchísimo viajar y podremos efectuar verdaderos maratones con nuestro coche o con la moto. Raramente nos resulta tan agradable conducir como en estos días y nos relajaremos mucho, sobre todo si viajamos en autopista. Gastaremos mayores recursos energéticos para un hermano, un primo, un cuñado o un joven amigo. Tal vez nos desplacemos para ir a visitarlos. También puede que tengamos que hacer algún trabajo siempre relacionado con las telecomunicaciones, como montar un sistema de interfonos en la oficina o una antena parabólica en el techo de la casa. Además, nuestra mejorada lucidez mental nos permitirá seguir con mayor provecho cursos, seminarios, conferencias. También puede que seamos nosotros los que organicemos cursos o conferencias como docentes. También aumentarán nuestras ganas de leer, de estudiar o de escribir. Así que podremos preparar un informe importante, un discurso, el capítulo de un libro, o sencillamente escribir un diario personal. Si este tránsito está acompañado con aspectos inarmónicos u otros tránsitos malos simultáneos, puede tratarse de una época particularmente peligrosa debido a accidentes de circulación: tanto si conducimos el coche o la moto o cruzamos la calle, como si subimos y bajamos del autobús. Nos pelearemos fácilmente con el empleado detrás de la ventanilla o con el vendedor de una tienda o con un guardia de tráfico urbano. Posibles discusiones también con un hermano, un primo, un cuñado o un joven amigo o puede que nos lleguen malas noticias sobre algunos de ellos. Probables cartas o llamadas telefónicas agresivas o de contenido desagradable. Averías en los aparatos de transmisión como el teléfono móvil, el inalámbrico, el módem, el fax, la impresora del ordenador, etcétera. La prensa podría ocuparse de nosotros, y no de una manera agradable. Posibles discusiones con nuestro editor. Problemas durante viajes, como por ejemplo huelgas de trenes, aeropuertos cerrados, averías en nuestro medio de locomoción. Daños debido a excesos en el tabaco.

Marte en tránsito por la Cuarta Casa

Cuando Marte transita por nuestra Cuarta Casa de nacimiento dirigimos muchísimas energías a nuestro hábitat, en sentido tanto estrictamente doméstico como laboral. Nos ocuparemos más de las cuatros paredes que nos rodean. Elaboraremos proyectos de compra o de mudanza. Daremos los pasos necesarios para solicitar una hipoteca y comprar un inmueble o una multipropiedad. Quizá demos vueltas con nuestra pareja para ir a visitar casas en venta o en alquiler. También podremos desplazarnos para ir a reservar la casa de veraneo o el hotel de nuestras vacaciones de invierno. Más probablemente nos ocuparemos de organizar trabajos de reestructuración en casa, en la oficina, en el taller, en la tienda, etcétera. Tendremos ganas de trabajar con nuestras propias manos y quizá seamos capaces de pintar las paredes, de colocar alfombras o de hacer un sinfín de trabajos grandes y pequeños que nos hacen ahorrar dinero respecto a la mano de obra especializada. Ocuparnos de nuestra casa será un placer y lo haremos tal vez sólo para planear futuros cambios o desplazamientos de muebles, para diseñar una nueva cocina que nos gustaría realizar o para ir de compras en una tienda de decoración para la casa. Mucho más sencillamente, este tránsito podría corresponder a un período en el que efectuamos trabajos de manutención ordinaria de nuestra demora, como limpiar cristales, desmontar cortinas para lavarlas, limpiar a fondo la librería, etcétera. Dedicaremos seguramente más energías también a nuestros padres: iremos a visitarlos, serán nuestros huéspedes en casa durante algunos días, los acompañaremos en sus quehaceres, nos ocuparemos de cuestiones burocráticas en su lugar, y muchas otras cosas más. Si el tránsito se realiza con ángulos inarmónicos o bien simultáneamente con otros tránsitos negativos, tendremos que estar atentos para evitar posibles daños en la casa. Podrían estar provocados por principios de incendio, por electrodomésticos que se estropean, por cristales que se rompen, por objetos de porcelana que se podrían romper, etcétera. Probablemente recibiremos malas noticias relacionadas con nuestro hábitat: como cartas de revocación del contrato de alquiler por parte del dueño de la casa, de solicitud de daños por parte de un inquilino, de aviso de la comunidad de vecinos que nos pide algo o de impuestos imprevistos. En definitiva, malas noticias de tipo inmobiliario. También puede que nos demos cuenta de que tenemos dificultades para pagar la hipoteca, o que tenemos que pagar mucho más de lo previsto para una reestructuración. Si poseemos una caravana o una autocaravana, podemos tener un accidente relacionado con ellas. Nuestros padres podrían someterse a una operación o estarán mal o nosotros tendremos una desagradable discusión con ellos. Puede que por algunos días nos veamos obligados a vivir en el hospital. El disco duro de nuestro ordenador u otra unidad de almacenamiento de datos se podría romper. Posibles problemas con el estómago para los que sufren de esta patología.

Marte en tránsito por la Quinta Casa

Cuando Marte transita por nuestra Quinta Casa radical, nuestra libido se mueve en dirección de todo lo que podemos clasificar como lúdico y/o recreativo. Nuestro mayor anhelo es divertirnos, ser felices, no pensar en nada y gozar de la vida al máximo. Aparcamos las preocupaciones y sobre todo los compromisos laborales: habrá tiempo para ellos. Ahora queremos concedernos una pausa y tomarnos unas vacaciones. Se trata de un período ideal para hacer un viaje o un simple fin de semana junto a nuestro ser amado o ¿por qué no? solos, en busca de una aventura. También puede que nos quedemos en nuestra ciudad, pero en este caso saldremos frecuentemente por la noche, iremos más a menudo al cine, al teatro, a los conciertos, al restaurante, a la discoteca, al club nocturno, al casino y a otros lugares de diversiones. Podríamos descubrir o volver a descubrir el placer de pasar una velada en casa jugando a canasta, al póquer, a una lotería casera o a la ruleta con los amigos. Si somos músicos nos divertiremos tocando con amigos más a menudo y si somos deportistas haremos lo mismo practicando nuestro deporte preferido. Lo más importante no es lo que haremos sino cómo lo haremos. Por ejemplo, si tenemos la costumbre de leer pero leemos sólo ensayos o libros especializados de la materia que nos interesa, puede que en estos días nos concedamos una magnífica pausa leyendo novelas de ciencia ficción o una novela de suspense o una historia de amor. Aumentará sin duda alguna también la intensidad de nuestra vida sexual que podría conocer un período de expresión muy intensa. Se trata además de un período ideal para proyectos de procreación, tanto en horóscopo femenino como masculino. A veces se nota que sujetos que viven este tipo de tránsito se dedican al juego en bolsa porque invertir, más allá de su aspecto laboral, también es un juego en sentido estricto. Podríamos participar además en juegos televisivos de los que reparten premios, y es que hay realmente muchos. Si somos artistas, nos volveremos mucho más creativos en este período; si somos docentes, dedicaremos mayores energías a la didáctica. Si el tránsito se produce con ángulos disonantes respecto a los demás astros o si lo acompañan otros tránsitos planetarios inarmónicos, podemos prever una serie de exageraciones que nos podrían afectar, debidas a nuestro deseo de satisfacer un exceso de libido sensual.

Hay riesgos de exageraciones de todo tipo para satisfacer el placer de nuestro cuerpo, a cualquier nivel. Accidentes que nos pueden afectar mientras intentamos divertirnos al máximo: por ejemplo nos podríamos herir practicando un deporte peligroso o conduciendo el coche después de haber pasado una noche entera en la discoteca fumando y bebiendo mucho. Una excesiva sensualidad y una actividad sexual sin frenos podrían provocarnos una maternidad o una paternidad involuntarias o incluso una infección venérea. Las relaciones con nuestros hijos tienden a empeorar, ocasionando peleas o fricciones. Un hijo o una hija podrían estar mal o sufrir un accidente; o bien puede que tengan un disgusto como un suspenso en un examen, un concurso perdido, una relación sentimental rota…

Marte en tránsito por la Sexta Casa

Cuando Marte transita por nuestra Sexta Casa radical se activan en nosotros mayores energías en dirección del cuidado estético o higiénico de nuestro cuerpo. Nos comprometemos a alcanzar una forma mejor, a ocuparnos más de nuestra persona y de nuestra salud psicofísica. Se trata del momento perfecto para frecuentar un gimnasio o para empezar a practicar deporte en casa o en un club deportivo. Podríamos comprar un bogador o una bicicleta estática para hacer algo de movimiento en casa. O bien podríamos empezar una dieta tanto adelgazante como desintoxicante. Sería perfecto comprometernos a depurar el organismo y evitar, durante un cierto período, comer carne, beber alcohol o introducir azúcares en el organismo. La mayor voluntad que nos conduce hacia esta dirección la podemos utilizar intentando quitarnos el vicio de fumar o desintoxicándonos de cualquier forma, incluidos los medicamentos. Durante este paso planetario vale más que nunca el adagio latino *mens sana in corpore sano* y, por lo tanto, tendremos que intentar hacer muchísima actividad física, saludables sudadas, óptimas saunas, duchas tibias, fangos y todo lo que pueda ayudar a nuestra piel, nuestra cara y nuestro pelo. Si sufrimos de artrosis u otras enfermedades reumáticas, el período es favorable para la gimnasia correctiva y también para los masajes shiatsu, la acupuntura y la pranoterapia. Puede que seamos nosotros los que apliquemos estas disciplinas a los demás, puesto que la libido que expresamos durante este tránsito puede afectar tanto al cuidado de nuestro cuerpo como al del cuerpo de los demás. En este sentido podemos aprender a dar masajes o frecuentar un curso de quiropráctica, de macrobiótica, de fisioterapia de reeducación, etcétera. Además, podríamos someternos a tratamientos estéticos o aplicar tratamientos estéticos a los demás, desde lámparas bronceadoras hasta depilación eléctrica. Cortos períodos de descanso en centros de turismo rural especializados en la salud nos podrán mejorar nuestra forma física y nuestra salud con largos paseos en los bosques. Pero también puede que nuestra energía se centre sólo en el trabajo y, en este caso, podríamos aprovechar del tránsito para desarrollar una gran cantidad de trabajo pendiente. En este caso nos volveremos estajanovistas, capaces de efectuar verdaderos maratones profesionales. El tránsito favorecerá las manualidades, como bricolaje, ganchillo, torno, taladro, cerámica, etcétera. Si el tránsito se produce con ángulos disonantes respecto a otros planetas o bien junto con otros tránsitos planetarios negativos, es posible que no estemos bien de salud y que podamos incluso sufrir una operación quirúrgica. A menudo se tratará sólo de ir al dentista. Posibles fiebres e infecciones. Daños debidos a terapias a las que nos sometemos sin la necesaria documentación: desmayos durante una sesión de fangos por bajada de presión, pequeña fractura de un hueso durante un masaje quiropráctico o intoxicación tanto con alimentos como con medicinas, y un largo etcétera. También son posibles peleas en el trabajo con colegas y superiores. Un accidente laboral. Pelea con un colaborador. Despido de un criado. Un criado se hiere o está mal. Posible herida o muerte de un animal doméstico.

Marte en tránsito por la Séptima Casa

Cuando Marte transita por nuestra Séptima Casa radical, dirigimos la mayor energía en dirección de los contactos con los demás. Independientemente de que seamos introvertidos o extrovertidos, egocéntricos o sinceramente anhelemos fundir nuestro Yo con los demás, haremos todo lo posible para acercarnos al prójimo, que puede ser tanto un individuo como una sociedad, asociaciones, grupos, congregaciones, etcétera. Más que desearlo solamente, según la naturaleza práctica de Marte, construiremos algo concreto para que podamos conjugar los verbos en su forma plural. Declaramos nuestros sentimientos a una persona para iniciar una relación, una convivencia, un matrimonio. Nuestra voluntad de relación intenta encontrar una aplicación práctica, de confluencia en algo muy concreto. Si ya mantenemos una relación fija con un hombre o una mujer, decidiremos la fecha de inicio de la convivencia o de la boda o, si ya hemos decidido la fecha, efectuaremos todos los trámites burocráticos y prácticos para que se realice: reservaremos la iglesia o el ayuntamiento para la ceremonia, el restaurante para la comida o el bufé, el tipógrafo para las invitaciones, el florista para las decoraciones... En definitiva, nos arremangaremos la camisa y procederemos de forma concreta para realizar efectivamente nuestro proyecto. No tenemos que sorprendernos si durante estos días tendremos que ocuparnos de un sinfín de cosas prácticas, todas relacionadas con la realización de una ceremonia que no es sólo un hecho formal, sino también el comienzo de una historia importante entre dos. Nos sentiremos fuertemente motivados: nada y nadie nos podrá detener. Si ya estamos felizmente o menos felizmente casados o involucrados en una relación fija y nos interesa fundar una sociedad de negocios, de estudios, de compromiso político… entonces recorreremos caminos diferentes pero con el mismo anhelo: unirnos a alguien. Este tránsito nos convence de que la única manera para crecer es la de compartir el camino con una o más personas. Si periódicamente no viviésemos este tipo de tránsito, quizá se unirían tan sólo los signos de aire, mientras que los demás se quedarían solos ocupándose de sus propias cosas. Evidentemente la naturaleza o el zodiaco, si prefieren, han organizado perfectamente las cosas y, de forma periódica, nos hace ser más comunicativo o más intratable, lo suficiente para equilibrar las fuerzas de la vida sin que el brazo de la balanza se incline definitivamente hacia un lado o el otro. Y este tránsito nos induce a pensar que es importante involucrarnos en un partido político o en una asociación filosófica o religiosa, ser miembro de un club, compartir nuestro camino con cooperativas, gremios y grupos de las más disparatadas naturalezas y motivaciones. Un paso planetario de este tipo puede inducirnos por primera vez a ocuparnos de política, en el sentido noble de la palabra. Dedicaremos además muchas energías a nuestro compañero o a nuestra compañera que, a vez, vivirá días muy intensos o durante los cuales sabrá imponerse en los lugares más oportunos. Nos atraerán mucho los uniformes y los papeles marciales. Si el tránsito acontece con aspectos inarmónicos o de forma contemporánea con otros tránsitos disonantes, para nosotros o para nuestra pareja habrá mucho papel sellado, o sea cuestiones legales y burocráticas. Más en general se presentarán batallas que combatir, guerras que nosotros queremos hacer estallar o que los demás nos imponen: pero siempre de guerra se tratará. En los casos más frecuentes se tratará de peleas con la pareja, pero es también posible que haya conflictos serios con los demás, con o sin producción de papeles legales, jueces, fiscales, abogados y tribunales. En estas situaciones legales nosotros podemos ser protagonistas tanto activos como pasivos. También puede suceder que la ley se ocupe de nosotros, y en este caso la situación puede hacerse más seria. En los casos peores podríamos recibir visitas de Hacienda, de policías nacional o militar, podría tratarse sólo de un control pero no se puede excluir un arresto. Si otros tránsitos importantes lo prevén, incluso es posible que suframos un atentado, un robo, amenazas, una agresión o daños dolosos a nuestros bienes. Posibles problemas con la interfaz del ordenador o con las conexiones entre el ordenador y sus periféricas.

Marte en tránsito por la Octava Casa

Cuando Marte recorre nuestra Octava Casa radical, muchas veces tenemos que pedir préstamos, llenar papeles para solicitar un crédito bancario. Nos movemos en la dirección mejor para aumentar nuestro patrimonio, tanto a través de herencias como de liquidaciones, pensiones, donaciones, etcétera. En este período prevalecen los intereses económicos sobre todas las demás cuestiones. Normalmente, estas acciones tienen éxito. Tendemos a ganar más y casi siempre lo conseguimos. Echamos mano a nuestros mejores recursos y actuamos con un raro pragmatismo que tiene como finalidad la conversión en moneda de todos nuestros esfuerzos. En este período es fácil que tengamos contactos sobre todo con notarios, abogados, directores de banco o funcionarios de empresas patrimoniales. A un nivel un poco más bajo mostraremos también interés por el sexo y nuestra actividad, desde este punto de vista, registra casi siempre una aceleración o un aumento. Pero más que un reclamo sexual, aquí se trata de un fuerte estímulo erótico: o sea sexo que vivimos sobre todo a nivel cerebral. Por eso se puede desencadenar nuestra fantasía y podríamos pedirle a nuestra media naranja que nos acompañe con complicidad hacia nuevos descubrimientos dentro de la relación sexual. También puede que gastemos energías relacionadas con el simbolismo de la muerte: por ejemplo luchando, con buenos resultados, para salvar de la muerte a un ser querido que esté gravemente enfermo, o dedicándonos más sencillamente a la reestructuración de la capilla de nuestra familia en el cementerio. También podríamos expresarnos en dirección de la muerte con sesiones de espiritismo con o sin médium, investigaciones en sectores ocultos o esotéricos. Si el tránsito se produce con ángulos inarmónicos respecto a más elementos del tema natal o de forma contemporánea con otros tránsitos planetarios disonantes, puede que tengamos que enfrentarnos con muchas dificultades, sobre todo de tipo legal, relacionadas con la asignación de una herencia, la repartición de bienes con nuestro cónyuge o con otros parientes. Casi siempre, en estos casos, la cuestión se termina delante de abogados. También pueden surgir dificultades en una liquidación o debido a la asignación de una pensión. Nos ocuparemos con gran ahínco en la obtención de un préstamo que no nos quieren conceder. Tendremos dificultades para devolver un préstamo. Llegarán impuestos imprevistos. Nos daremos cuenta de que en nuestra cuenta corriente no ha quedado ni un céntimo. Tendremos que devolver una suma de dinero que no tenemos. Habrá plazos que pagar pero al llegar la fecha del vencimiento no tendremos recursos suficientes para hacerlo. Nos amenazarán usureros que nos habían prestado dinero. Pelearemos con nuestra media naranja acerca de bienes de propiedad común. Nuestro compañero o nuestra compañera tendrá una desventura patrimonial y nos causará ingentes pérdidas de dinero. A otro nivel, notaremos una fuerte pulsión sexual que no podemos satisfacer o que satisfacemos, pero de manera no muy ortodoxa. Peligro de encuentros malos durante nuestra búsqueda de sexo. Encuentros sexuales con personas criminales. Peligro de infecciones venéreas. Muy malas experiencias relacionadas con la muerte. Fallecimiento de un pariente. En los casos más serios, si otros tránsitos lo justifican, este tránsito puede señalar que nuestra vida corre peligro. Pésimas experiencias durante sesiones de espiritismo o al frecuentar ambientes esotéricos. Dificultades con la sepultura de un pariente o el traslado de sus restos mortales. Desperfectos en la capilla de nuestra familia, en el cementerio. Muchos gastos para sepultar a un pariente.

Marte en tránsito por la Novena Casa

Cuando Marte pasa por nuestra Novena Casa radix dirigimos todas nuestras energías en búsqueda de la lejanía, en sentido tanto geográfico–territorial como metafísico–trascendente. Crece muchísimo nuestro deseo de viajar. Es difícil que no viajemos durante este tránsito. Y sin duda alguna nos moveremos, por lo menos a otra ciudad. Con mucha probabilidad nos marcharemos al extranjero durante unos pocos días o durante mucho tiempo. Es un momento muy favorable en este sentido, así como para el estudio o la profundización de un idioma extranjero o de un lenguaje de programación de ordenador. Nos ocuparemos más de realizar o de potenciar nuestras conexiones con la lejanía, por ejemplo podremos solicitar a la compañía telefónica una línea de alta velocidad para facilitar las comunicaciones a través de Internet. Y, en cuanto a la red, sin duda alguna pasaremos mucho tiempo navegando por ella. También pasaremos más tiempo ocupándonos de nuestro coche o de nuestra moto. Al mismo tiempo crecerán, y no sólo a nivel teórico, nuestros intereses hacia la filosofía, la teología, el yoga, la astrología, el orientalismo, etcétera. Compraremos libros sobre esos temas, estudiaremos, frecuentaremos seminarios, cursos y congresos, aprenderemos nuevas técnicas y entraremos en contacto con maestros. Crecerá nuestra correspondencia con los países lejanos. Si somos estudiantes universitarios, aprobaremos importantes exámenes. Acompañaremos una figura masculina cercana a nosotros a un país extranjero, tal vez por motivos médicos. También nos sentiremos más estimulados hacia el deporte e incluso lo practicaremos más de lo habitual. Podríamos mostrar un particular interés hacia el mundo animal. Si el tránsito acontece en condiciones inarmónicas puede indicar un accidente de tráfico con el coche o con la moto, al cruzar la calle, al caernos mientras subimos o bajamos de un transporte público, o bien cuando entramos o salimos del coche... A veces el accidente no está relacionado con la circulación sino que nos puede pasar en casa, cuando nos desplazamos de un cuarto a otro. Se nos estropea el coche. Nos llegan malas noticias desde lejos. Un pariente nuestro sufre una desgracia en el extranjero o tiene que irse lejos para someterse a una operación quirúrgica. Tenemos peleas ideológicas con los demás. Llevamos adelante batallas con éxito incierto sobre cuestiones de principio o relacionadas con nuestras convicciones más profundas. Nos peleamos con oponentes de otras ciudades o mientras estamos de viaje. Durante este paso planetario es mejor evitar los desplazamientos. Además debemos ser cuidadosos con el deporte, sobre todo con los deportes considerados peligrosos. El estudio de una asignatura universitaria o la afirmación de nuestro pensamiento nos provocan un fuerte estrés. Corremos el riesgo de herirnos en contacto con un animal. Se nos podría romper el módem o el teléfono móvil.

Marte en tránsito por la Décima Casa

Cuando Marte transita por nuestra Décima Casa tenemos grandes objetivos. Más que aspirar simplemente a alcanzar mejores resultados en la profesión o en nuestra condición social, tomamos medidas concretas para que esto pase. Gastaremos energías para emanciparnos, a cualquier nivel. Si somos muchachos, nuestros padres nos concederán mayor libertad, aunque sea sólo volver a casa más tarde por la noche. Si estamos casados, alcanzaremos una meta parecida imponiendo nuestras razones a nuestro cónyuge. Conseguiremos liberarnos de una esclavitud a través de nuestra voluntad y determinación, que en este momento se expresan a su máximo nivel. Con esta carga de fuerza psicofísica podríamos finalmente dejar de fumar o de tomar alcohol o de ser esclavos de psicofármacos. Muchas de las personas que hacen análisis de su mente profunda, consiguen interrumpir la terapia psicoanalítica durante este tránsito planetario. La firmeza de nuestros objetivos, la visión clara de lo que queremos, la fuerza que nos permite seguir nuestro camino hacia adelante, nos pueden llevar a crecer a nivel profesional o social. Se trata de un momento bueno para solicitar una promoción profesional o para ofrecernos ocupar un sitio de mayor responsabilidad en la estructura laboral en que operamos. Durante este tránsito es también probable que consigamos crear una empresa independiente, superando todos los temores que hacía tiempo nos lo habían impedido. Muchas actividades empresariales comerciales o industriales son hijas del tránsito que estamos describiendo. Si tenemos ambiciones políticas, ellas también crecerán considerablemente durante este tránsito. Una mayor emancipación la podríamos alcanzar también aprendiendo a utilizar el ordenador o a nadar, o superando el miedo de volar. Dedicaremos muchas energías a nuestra madre o bien ella vivirá un período de gran vitalidad y actividad. Si el tránsito se realiza de forma simultánea con otros tránsitos inarmónicos, podrá indicar una dura batalla con éxito incierto para conseguir un trabajo mejor o una mejor condición en nuestra profesión. Puede que nos critiquen rotundamente o que suframos ataques de parte de adversarios viejos y nuevos. Nuestro trabajo está en peligro o bien precisa que tomemos una posición clara respecto a específicas situaciones que obstaculizan nuestro crecimiento. Peleamos, incluso duramente, para conquistar una posición mejor en la sociedad. Habrá contrastes con nuestra madre o bien ella estará mal y necesitará una operación quirúrgica. Un accidente laboral.

Marte en tránsito por la Undécima Casa

Cuando Marte transita por nuestra Undécima Casa natal hacemos lo imposible para nuestros amigos, incluso si no somos normalmente «animales de grupo». Percibimos mucho más el sentimiento de amistad y de solidaridad con el prójimo. Nos ponemos en juego si un amigo nos lo pide y nos comportamos como buenos camaradas. Hacemos más vida social y nos quedamos menos tiempo en casa, solos. Multiplicamos las ocasiones de encuentro con otras personas con quienes podemos enlazar nuevas amistades pero nos damos cuenta de que estas ocasiones crecen igualmente, de forma independiente de nuestro compromiso. También los amigos nos ofrecen su ayuda, nos hacen sentir la importancia de la amistad. Llamamos a puertas distintas con la actitud correcta ya que deseamos obtener lo que pedimos, pero sin prepotencia. Solicitamos la intervención de personas influyentes a quienes conocimos anteriormente, y que nos podrían ayudar a solucionar un problema. También hacemos muchos proyectos, a todo campo, desde los muebles para una casa nueva hasta el nacimiento de una nueva actividad. Tomamos las medidas necesarias para tratar de evitar un fallecimiento o para retrasarlo al máximo. Si el tránsito acontece con ángulos inarmónicos o si lo acompañan otros tránsitos negativos, casi siempre podemos prever que se interrumpirá una amistad. Habrá mucha agresividad, tanto hacia los demás como hacia nosotros. Un amigo hará una acción malvada en contra de nosotros o bien estará mal o tendrá un accidente. Una persona influyente nos tratará mal. Algunos de nuestros proyectos tendrán dificultades para realizarse. Podríamos incluso plantear proyectos destructivos. Una figura masculina muy cercana a nosotros (el compañero, el hermano, un amigo) se peleará con sus propios amigos. Nacerán amistades con personas de las cuales más tarde descubriremos que son criminales o socialmente peligrosas de una u otra manera. En los casos más graves podría fallecer un amigo nuestro o un pariente y, si muchos otros tránsitos lo confirmasen, nosotros mismos podríamos correr el riesgo de perder la vida.

Marte en tránsito por la Duodécima Casa

Cuando Marte transita por nuestra Duodécima Casa radical, gastaremos grandes energías en todo tipo de investigación. Si somos investigadores en sentido estricto, el período será excelente para nuestro trabajo. Si al contrario trabajamos en otros sectores, durante estos días sentiremos la necesidad de una mayor investigación en sentido endopsíquico. Podríamos redactar nuestro diario personal o bien escribir memorias. El tránsito favorece las lecturas y los estudios sobre todo en la dirección esotérica, astrológica, psicológica, teológica, etcétera. Si somos religiosos activos, podríamos aprovechar de este paso planetario para irnos a retiros espirituales, para rezar mucho, para quedarnos más en contacto con lo más sagrado que tenemos en el mundo. Viceversa, podríamos participar a congresos y seminarios astrológicos, de psicología, de filosofía, etcétera. Se trata de un buen período para el análisis psicoanalítico. Esa porción de atracción hacia las actividades de solidaridad y asistencia social que alberga en cada uno de nosotros, en pequeña, mediana o gran medida, crecerá a niveles más significativos y nos empujará a diferentes formas de solidaridad con los demás: podrá tratarse de una sencilla contribución económica o de la colaboración activa en asociaciones de voluntarios como Cáritas, la Cruz Roja o el UNICEF. En una dimensión más privada trataremos de quedarnos más cerca, y no sólo de forma contemplativa, de nuestros seres queridos. Una mayor fuerza interior nos permitirá liberarnos de los psicofármacos, si tomamos medicinas de este tipo. Lo mismo vale para la droga, si nos encontramos en un túnel de sufrimiento parecido. Nuestra lucha política o ideológica adquirirá mayor fuerza y practicidad. Nuestras batallas serán más incisivas, sabremos afirmar nuestros principios con énfasis. Lucharemos, con un éxito mayor respecto a lo usual, con nuestros enemigos ocultos. Si el tránsito se produce con ángulos inarmónicos o de forma contemporánea con otros tránsitos muy disonantes, es un factor astrológico muy negativo e incluso peligroso. Podríamos sufrir malas experiencias debido a nuestro credo religioso o filosófico, registrar malas consecuencias del encuentro con un supuesto mago o astrólogo, pelearnos con un psicólogo o con un sacerdote o sufrir la agresión de un toxicómano. También podemos prever intervenciones quirúrgicas para nosotros o para nuestros seres queridos. Mal estado de salud que nos obliga a una hospitalización. Formas de encarcelamiento forzado, como puede ser una cuarentena. En los casos peores, si otros elementos del tema también lo justifican, es posible incluso que nos acoja la celda de una cárcel. Enemigos secretos llevan a cabo actos de hostilidad contra nosotros. Habrá falsedades y calumnias contra nosotros. Días de muy mala popularidad para nosotros o para parientes nuestros. Posibles accidentes de auto o de moto. Desventuras en muchos sectores: la salud, los amores, la relación de pareja, el trabajo y el dinero. Posibles lutos.

7.
Tránsitos de Júpiter

Los tránsitos de Júpiter se encuentran en los primeros lugares del ranking de los tránsitos preferidos por los aficionados de astrología, expertos e inexpertos. En la sociedad occidental corresponden a la abundancia, la riqueza, el prestigio y las gratificaciones materiales: todo lo que le puede gustar a un hombre o a una mujer de nuestra época perteneciente a nuestra sociedad. No olvidemos que nuestra sociedad, en efecto, funciona más según el verbo tener que según el verbo ser. Así pues, bajo esta lógica es evidente que los desplazamientos de Júpiter sobre los puntos más importantes de un tema natal son esperados y anhelados. Cada comienzo de año asistimos al espectáculo bastante triste de los astrólogos repartiendo esperanzas, a menudo completamente falsas, a los pertenecientes a las doce tribus relativas a otros tantos signos zodiacales; pueden estar seguros que los pronósticos más halagüeños se refieren siempre al signo transitado por Júpiter en los doce meses de aquel año. A veces, esto puede corresponder a la realidad para algunos, pero es muy erróneo para muchos. No quiero aquí procesar la "horoscopía signosolar" (los horóscopos basados sólo en el signo natal de cada sujeto) pero cabe recordar que, aparte el hecho que si se quieren efectuar previsiones puntuales en cada situación hay que estudiar sobre todo el Retorno Solar, el planeta más grande de nuestro sistema solar frecuentemente funciona al contrario. No me refiero solamente a que sus tránsitos en ángulos inarmónicos pueden producir hasta más daños que un Saturno, sino más bien a que el sexto cuerpo de nuestro sistema solar muchas veces funciona como un oscilador biestable. Veamos de qué se trata. En largos años de práctica y de estudios astrológicos, he notado que la entrada de Júpiter en una Casa determina a menudo un efecto contrario al de la situación preexistente a su llegada allí. Pondré un ejemplo. Júpiter entra en la Séptima Casa y nos esperamos que traiga un amor importante o incluso un matrimonio, además de la solución favorable de pleitos pendientes. Pero a menudo acontece exactamente lo contrario y notamos que si el sujeto al que se refiere el tránsito está felizmente casado, al llegar Júpiter en su Séptima, independientemente de si el planeta crea buenos o malos aspectos con los demás astros, asistimos al neto empeoramiento de su situación matrimonial y a veces incluso a su separación, además de la llegada de papeles legales y/o burocráticos. Este efecto puede parecerse al funcionamiento de un oscilador biestable que cambia su propia condición con cada impulso en entrada (el primer impulso hace que se encienda la bombilla, el segundo impulso hace que se apague, etcétera) y vale para las doce casas; aunque es mucho más vistoso en la Segunda, en la Séptima y en la Octava, puesto que en estas tres casas consigue producir mayores daños. Esto es válido tanto con los tránsitos como con los Retornos Solares, pero en los Retornos Solares el efecto es aún más evidente. Ignorar un hecho de este tipo significa fracasar, en la mayoría de las veces, las previsiones relativas al año de un sujeto. A continuación enumeramos las observaciones más importantes de los tránsitos de Júpiter.

Júpiter en aspecto armónico con el Sol

Cuando Júpiter transita formando un ángulo favorable respecto a nuestro Sol natal recibimos una caricia del cielo. Dependiendo del conjunto de los tránsitos y del Retorno Solar en ese momento, podemos conseguir favores grandes o pequeños. Antes que nada crece considerablemente nuestro optimismo: nos sentimos más cargados de energía, más seguros de nosotros mismos, más convencidos de que tenemos la buena suerte a nuestro favor. Y cuando nos sentimos más afortunados, efectivamente la fortuna nos alcanza. Pensamos de manera positiva y pensamos en nuestro mañana con una sonrisa. Actuamos ignorando o pretendiendo ignorar las dificultades. Nos proponemos con menores vacilaciones y los demás verán la confianza y la certidumbre en nuestros ojos. Normalmente esta actitud está acompañada también por eventos reales que la justifican. Durante estos períodos, que pueden durar pocos días a diferentes meses, a menudo recibimos toda una serie de promociones o de gratificaciones, pero que de cualquier manera es necesario leer según la lógica occidental. Para un tibetano, de hecho, puede ser una conquista comer medio tazón de arroz al día, mientras que para un europeo o un norteamericano es un placer comprarse un coche nuevo, conseguir una promoción en el trabajo, enamorarse de nuevo, ganar dinero en el juego, tener, poseer y acumular. Claramente no es mi intención afirmar aquí que una de las dos lógicas es más correcta, sino subrayar que, en una lógica materialista de este tipo, Júpiter desarrolla encomiablemente su función. En efecto, se puede demostrar incluso en los grandes números que sus tránsitos acompañan honores, aumentos de capitales, adquisición de bienes muy anhelados, realizaciones materiales de todo tipo. Mientras tanto nos sentimos físicamente mejor, lo que ya podría en sí constituir un primero e importante factor de análisis. En segundo lugar, efectivamente, si leemos en nuestra vida pasada podemos ver que, cada vez que Júpiter estuvo conjunto, sextil o trígono a nuestro Sol natal, se fijaron etapas importantes de nuestra vida: como el diploma, la licenciatura, el primer noviazgo, el matrimonio, el nacimiento de un hijo, un momento de popularidad, un éxito en el trabajo, etcétera. En definitiva, no se puede negar que Júpiter reparta regalos y placeres según lo entiende la lógica del mundo occidental. No puede caber duda alguna sobre esto: las efemérides y la biografía de un personaje cualquiera hablan claro. Esto no autoriza a pensar que cada vez que se verifica este tránsito nos encontramos en el punto de inicio de otro momento mágico de nuestra vida. Dependiendo del lugar donde viajan nuestras esperanzas, podemos averiguar que encontrarán muchas ocasiones para realizarse. Si buscamos casa la hallaremos fácilmente, si anhelamos una mejora de nuestra situación sentimental la conseguiremos con mayor facilidad. Naturalmente los milagros no se producen, sólo en casos muy raros: por lo tanto no es razonable esperar éxito del tránsito de Júpiter si, por ejemplo, pretendemos vender langostas en África o neveras en Alaska. Es necesario leer todo con inteligencia y sin proyectar con demasiado énfasis nuestras propias esperanzas. Más allá del valor teórico de la bondad de este tránsito, cabe averiguar su efecto práctico sobre el sujeto: hay individuos que responden muy sensiblemente y bien a su tránsito, otros no sacan de él casi ninguna ventaja. Para verificar el nivel de respuesta más o menos positiva de este tránsito sobre un sujeto individual, tenemos que preguntarle qué es lo que le pasó a él (o a ella) más o menos hace doce años, cuando se produjo el mismo tránsito. Nuestro compañero, nuestro padre, nuestro hijo o un hermano están viviendo un momento muy bueno o son protagonistas de un crecimiento a nivel profesional o a nivel de prestigio individual.

Júpiter en aspecto inarmónico con el Sol

Cuando Júpiter transita formando un ángulo disonante respecto a nuestro Sol natal, el efecto más negativo que podemos notar es una dramática pérdida de nuestro sentido crítico. Lo que en otra situación se podría llamar el "candor del Sagitario" se adueña de nosotros y hace que nos comportamos de forma muy ingenua y temeraria. Tendemos a comportarnos como una célula enloquecida que se escapa de un organismo enfermo, con una falta casi absoluta de sentido crítico. Esa sana desconfianza que no debería abandonarnos nunca, esas manos levantadas que nos protegen en muchas ocasiones, esa defensa alta que no deberíamos bajar nunca para evitar que el destino nos golpee con inclemencia, durante este tránsito planetario sólo son recuerdos del pasado que dejan lugar a un comportamiento bastante despreocupado y temerario. Lo que nos puede perjudicar mucho es pensar que todo se puede arreglar y que no debemos necesariamente ser nosotros los que resbalen sobre la clásica piel de plátano. Esto hace que nos descubramos demasiado, exponiéndonos a los riesgos. Antes que nada la subestima de los peligros nos lleva a equivocar los tiempos y las formas en nuestras relaciones con los demás: por ejemplo, si tratamos de conquistar los favores de una persona o si tenemos que hablar a un jefe de una situación laboral personal. En estas circunstancias pensamos que es inútil estudiar una estrategia previamente y fracasamos con frecuencia en un intento que otras veces hubiera podido tener éxito. Como acabamos de decir, esto es válido tanto en la vida sentimental como en el trabajo. A nivel laboral la falta de atención nos puede provocar inconvenientes serios, sobre todo si somos cajeros o si manejamos dinero porque corremos el riesgo de contarlo mal, de devolver más de lo debido, de cobrar menos y otros tantos errores formales pero cuyas consecuencias pueden ser esenciales. Este tránsito puede incluso considerarse peligroso para los que trabajan en puestos de gran responsabilidad como la sala de control de un aeropuerto o en un quirófano en el corazón de un paciente. Sin que queramos considerar ejemplos tan extremos, valga el concepto que en cualquiera situación profesional corremos riesgos provocados de la falta de atención crítica y de la subestima de los peligros. Por lo tanto, podemos equivocarnos fácilmente en un juicio técnico independientemente de nuestra profesión, o bien nos podemos equivocar al coger una curva con excesiva velocidad. Los daños que podríamos provocar, tanto a nosotros como a los que nos rodean, se refieren también a la salud del cuerpo y al dinero. En el primer caso puede que no le otorguemos importancia a una molestia que podría ser el primer síntoma de una patología grave y en el segundo caso podríamos hacer inversiones descabelladas con demasiada alegría. En efecto, proyectarnos hacia adelante con tanto optimismo puede significar, por ejemplo, pedir un préstamo que no seremos capaces de devolver o gastar demasiado para comprar alguna cosa que en realidad no necesitamos. Lo que muchas veces hacemos después de este tránsito es golpearnos la frente con la palma de la mano maravillándonos de nosotros mismos, de cómo hemos podido ser tan ingenuos. Esto es lo que podemos y debemos esperarnos como consecuencia de este tránsito. Nuestro compañero, nuestro padre, nuestro hijo o un hermano están viviendo un momento negativo o son protagonistas de una caída profesional o una pérdida de prestigio individual.

Júpiter en aspecto armónico con la Luna

Cuando Júpiter transita formando un ángulo armónico respecto a nuestra Luna radix nos sentimos más ligeros de lo normal y se nos "hincha el corazón". Una ráfaga de optimismo se adueña de nosotros y nos lleva de la mano hacia un estado de mayor relajamiento. En efecto, lo que hace este tránsito no es aumentar nuestra ambición sino más bien hacernos relajar mucho. Una general indolencia se adueña de nosotros y nos hace vivir un período de mayor autoindulgencia. Tendemos a perdonarnos a nosotros mismos y nos relajamos debido a nuestro optimismo. Nos repetimos que lo que podemos hacer hoy lo podemos también realizar mañana, y que es bonito vivir haciendo vacaciones de vez en cuando. Nos gusta abandonarnos probando una buena comida, viendo una vieja película, aplazando todos los pensamientos relacionados con los quehaceres diarios. Tendremos tiempo para preocuparnos, ahora no nos apetece para nada. La naturaleza nos manda periódicamente días como estos porque, tanto antes como después, habrá otros días caracterizados por muchas preocupaciones. Un tránsito de este tipo a menudo va acompañado con un crecimiento de nuestra popularidad, en un ámbito que puede ser estrecho o ancho dependiendo de nuestro trabajo y del número de personas con las que entramos periódicamente en contacto. Se trata de un momento extremamente positivo para las personas públicas: políticos, actores, artistas... Sentimos que recogemos más favores a nuestro alrededor y podemos aprovechar de ello para pedir un aumento de sueldo o un puesto de mayor responsabilidad en el trabajo. Nuestro crecimiento social y/o profesional se verá favorecido por una figura femenina. Nuestra situación afectiva y a menudo también la sentimental van claramente mejor. Durante este tránsito muchos se enamoran, en realidad la mayoría de las veces nos enamoramos justamente debido a ese estado de abandono y de relajamiento que acabamos de citar. Si no bajáramos la guardia de forma periódica tal como lo hacemos durante este paso planetario, a lo mejor no nos enamoraríamos nunca. El tránsito puede aumentar la producción de sueños y facilita todas las proyecciones de tipo psicológico. Nos sentimos particularmente atraídos por las figuras femeninas, sobre todo las de nuestra familia: tanto la de origen como la adquirida. Se trata de un momento positivo para nuestra esposa, nuestra madre, nuestra hermana o nuestra hija. Período particularmente positivo para la casa: para todo lo que se refiere a compraventas, adquisiciones, mudanza, reestructuración, alojamiento temporal en hoteles u otras demoras.

Júpiter en aspecto inarmónico con la Luna

Cuando Júpiter transita formando un ángulo inarmónico respecto a nuestra Luna natal nos afecta un relajamiento excesivo debido a nuestra considerable falta de sentido crítico. Más o menos tiene el mismo valor que el tránsito inarmónico Júpiter–Sol. La pérdida completa de la desconfianza por nuestra parte puede producir daños considerables tanto en nuestras relaciones interpersonales como en relación con nuestro trabajo. Los que nos rodean y nos dirigen en el trabajo tendrán una mala impresión de nuestro comportamiento. Deberemos esforzarnos para ser más cuidadosos, más atentos y más críticos. Tendemos a hablar mucho o sin pensar demasiado. Proyectamos muchísimo y no somos suficientemente capaces de comprender lo que estamos haciendo. De esta manera tendemos a soñar con los ojos abiertos y a atribuirles a los demás lo que en realidad estamos pensando nosotros. Se trata de un aspecto peligroso para todas aquellas personas que tienen grandes responsabilidades. Considerado lo que acabamos de decir, este tránsito puede contribuir a producir accidentes tanto domésticos como laborales. La casi ausencia de sentido crítico nos afectará sobre todo en los sentimientos o en casa. La atracción que sentimos hacia un hombre o una mujer es tan fuerte que nos comportamos como si una cortina de niebla nos tapara la vista: no conseguimos ver todas las negatividades del que tenemos enfrente y nos hace suspirar. Este incondicionado cariño podría llevarnos a la resolución de casarnos pronto o de comenzar enseguida una convivencia, cosas de las que nos podríamos arrepentir profundamente más tarde. De la misma manera podríamos cometer serios errores en la compra de una casa o en el alquiler de un piso. Además, este tránsito determina a menudo un menor cuidado al problema del peso físico. Si no prestamos atención corremos el riesgo de acumular muchos kilos que luego tendremos problemas para eliminar. En los límites de lo posible, tratemos de frenar nuestra lengua ya que podríamos vivir un momento de excesiva verborrea e incluso a destiempo. Se trata de un momento negativo para nuestra esposa, nuestra madre, nuestra hermana o nuestra hija, o bien para nuestras relaciones con ellas. Posible escándalo en el que nos veremos involucrados y que determinará una pérdida de popularidad para nosotros.

Júpiter en aspecto armónico con Mercurio

Cuando Júpiter transita formando un ángulo armónico respecto a nuestro Mercurio natal vivimos un momento muy fecundo de vitalidad intelectual. Es como si alimentáramos nuestro cerebro con fósforo y vitaminas específicas: nos sentimos más despiertos y notamos una efervescencia mental que nos permite trabajar mejor en todas las actividades que requieren sobre todo "cabeza". Logramos expresar mejor las ideas y los proyectos que se encuentran ya en nosotros. Comprendemos mejor lo que nos cuentan los demás y mejora nuestro nivel general de comprensión de las ideas. En esta situación también logramos expresarnos mejor y, por lo tanto, aumenta la cantidad de nuestras comunicaciones con el exterior. Podemos encontrar el valor para hablar en público, por ejemplo en un debate, en una mesa redonda, delante de las cámaras, sin inhibiciones o casi. Nos surge espontáneo el impulso de aferrar el teléfono y llamar a muchos amigos o conocidos con quienes habíamos perdido el contacto. También recibimos más llamadas, y generalmente se trata de buenas noticias o de conversaciones agradables. Escribimos con más frecuencia cartas y mensajes, y puede que nos lleguen buenas noticias por correo. Deseamos viajar y aprovechamos para dar una vuelta en coche o en moto. Se trata de días muy aptos para cualquier tipo de viaje, por ejemplo en tren o en avión. Puede que nos vayamos a visitar a un hermano, un primo, un cuñado o un joven amigo. También podemos viajar sentados delante de la pantalla, navegando con placer y satisfacción por Internet. Deseamos comprar objetos relacionados con las comunicaciones y las telecomunicaciones: es un buen período para hacerlo. Podríamos tener ganas de cambiar de coche o de comprar un teléfono móvil, un inalámbrico, un fax, un módem, una antena parabólica o una impresora para el ordenador. También crece nuestra capacidad de intermediación comercial, independientemente de cual sea nuestro trabajo actual. A través de los periódicos de anuncios clasificados podemos aspirar a hacer buenos negocios en nuestra ciudad. Es un momento muy bueno para estudiar, para prepararnos para un examen, para participar a un concurso, para frecuentar cursos y seminarios, pero también para escribir informes y currículos, para trabajar en un artículo para un periódico o en el capítulo de un libro. Un hermano, un primo, un cuñado o un amigo realizan buenos negocios o hacen un viaje agradable.

Júpiter en aspecto inarmónico con Mercurio

Cuando Júpiter se mueve formando ángulos inarmónicos respecto a nuestro Mercurio natal tenemos que estar mucho más atentos a lo que decimos, ya que ejercemos un escaso control sobre nuestros pensamientos y nuestras palabras debido a la subestima de los riesgos que se pueden originar con ello. Desciende nuestro nivel de guardia y de desconfianza en general; las palabras y los pensamientos fluyen casi sin el control de la razón. A través del flujo de las palabras, las que salen de nosotros o las que entran por nuestras orejas, pueden pasar palabras libremente, con demasiada libertad. Seremos menos sinceros de lo normal, tenderemos un poco a decir mentiras, pero también serán los otros los que nos mientan a nosotros. Haremos y recibiremos más llamadas telefónicas, y se tratará de llamadas que nos podrán ocasionar malos trastos. Puede que ojos y orejas indiscretas nos espíen en estos días. A nosotros también sentiremos la tentación de espiar a los que nos rodean. Viajaremos más, pero tendremos más inconvenientes en los desplazamientos: averías del coche, embotellamientos en la carretera, huelgas de trenes, etcétera. Deseamos comprar objetos electrónicos para las telecomunicaciones, pero sería mejor evitarlo porque podríamos comprar un teléfono móvil inadecuado, un inalámbrico no homologado, un módem o una impresora que no funcionen bien o una antena parabólica excesivamente cara. Sucederá lo mismo si pensamos comprar un coche nuevo o una moto. Tal vez tengamos que irnos a algún lugar para asistir a un hermano nuestro, un primo, un cuñado o un joven amigo en apuros. No conseguimos concentrarnos en un examen que tenemos que aprobar, o bien nos resulta difícil matricularnos a un curso, presenciar conferencias o participar en debates. Nos empeñamos a escribir algo pero los resultados son bastante feos o risibles. Intentamos llevar a cabo negociaciones comerciales pero fracasamos. Durante estos días es preferible evitar cualquier acción de compraventa de bienes importantes. Hasta que se trate de comprar una bolsa o una corbata no hay problema, pero si se trata de cosas mucho más importantes, es mejor posponerlo hasta que lleguen tránsitos mejores. Un hermano nuestro, un primo, un cuñado o un joven amigo serán estafados, pero puede que sean ellos los que estafen a otra persona. Un exagerado nerviosismo o el exceso de humo afectan nuestra salud.

Júpiter en aspecto armónico con Venus

Cuando Júpiter transita formando un ángulo armónico respecto a nuestra Venus natal crece nuestra disposición para amar. Nos sentimos más motivados hacia el amor, deseamos establecer nuevas amistades, participar más significativamente en la colectividad. Resultaremos más agradables a los demás y los que nos rodean nos resultarán más agradables a nosotros.

Es el mejor momento para declarar nuestros sentimientos a un hombre o a una mujer. Nuestras aspiraciones sentimentales serán acogidas de la forma más positiva posible. Es más que probable que tengamos éxito en cuestiones de corazón. Muchas relaciones sentimentales están bautizadas por este tránsito. En este momento los astros nos aconsejan que no tengamos miedo: declarémonos a nuestro ser amado. Si acabamos de discutir con nuestra pareja, ha llegado el momento bueno para tratar de poner remedio haciendo el primer paso hacia la reconciliación. Si con nuestro ser amado estamos en guerra fría, ahora podemos intentar establecer la paz. Nos asiste una pequeña, pero general y clara, buena suerte. Deseamos darle el mayor espacio posible a la actividad lúdica y recreativa y tenemos éxito. Queremos divertirnos y lo conseguimos. Aumenta nuestro nivel de satisfacción interior y es probable que hagamos más sexo. En estos días iremos más a menudo al cine, al teatro, a recitales, al restaurante, a la discoteca o a clubes nocturnos. Es probable que transcurramos románticos fines de semana. Nuestro aumentado gusto para las cosas bonitas nos sugerirá que vayamos a visitar museos y galerías de arte, exhibiciones de fotografías y subastas de objetos artísticos. Tendremos ganas de comprar un cuadro o una alfombra o un mueble antiguo: podremos hacer buenos negocios en este sector. Lo mismo vale si compramos prendas de vestir, relojes, joyas o abrigos de piel. Aprovechemos y compremos algo para nuestra media naranja. Nos sentimos mejor de salud y podemos descubrir nuevas curas para las patologías que nos afectan desde hace tiempo. Todos los cuidados válidos para la belleza del cuerpo se verán favorecidos: masajes, fangos, baños curativos, aguas termales, aplicaciones de hierbas medicinales, etcétera. También podemos intentar, y tendremos éxito, con dietas adelgazantes o desintoxicantes; aunque hará falta mucha voluntad, puesto que el tránsito nos induce más hacia el placer y la autoindulgencia que hacia el sacrificio y la privación. Este tránsito también puede favorecer buenos negocios o la llegada de dinero extra de cualquier proveniencia. Nos llega dinero imprevisto que nos ofrece una momentánea tabla de salvación. Este período anuncia un óptimo estado de salud o de bienestar en general para nuestro ser querido, una hermana, una hija o una buena amiga nuestra.

Júpiter en aspecto inarmónico con Venus

Cuando Júpiter pasa formando un ángulo disonante respecto a nuestra Venus natal podemos sentir el deseo de vivir un amor extramatrimonial o, de cualquier forma, irregular. Sentimos atracción sexual hacia personas que no son libres o que pueden comprometer nuestra relación actual. A menudo la pulsión es tan fuerte que incluso ponemos en práctica estas tendencias y nos metemos en líos. Existe el peligro de escándalos para nosotros. Con o sin motivo, se producirán habladurías sobre nosotros. Se hablará mucho de nosotros en relación con el sexo o con relaciones sentimentales. Si somos personajes públicos puede que nuestras fotos comprometedoras aparezcan en la prensa. Chismes sobre nosotros nos impedirán hacer la paz con nuestra pareja, o bien obstaculizarán nuestra acción de volver a conquistar a nuestro ser amado. Unas irrefrenables ganas de sensaciones agradables nos inducen a comportarnos de manera incontrolada, a buscar excesos de placer en cualquiera situación, a excedernos para conseguir lo más posible actividades lúdicas y recreativas. El antiguo refrán "Baco, Venus y tabaco ponen al hombre flaco" parece que se refiera justamente a nosotros. Tendemos a exagerar en la alimentación, en el fumar, en el sexo, en la bebida y en todo lo que puede dañarnos tanto la salud como la cartera. Durante este tránsito planetario corremos el riesgo de acumular algunos kilos que luego no podremos eliminar tan fácilmente. También son posibles intoxicaciones de cualquier tipo causadas por alimentos, fármacos u otras sustancias tóxicas. Empeora la calidad de nuestra sangre. Se puede pensar que el daño provocado por un malo aspecto entre los dos astros más positivos del zodíaco es limitado, pero no: es exactamente lo contrario. Es realmente difícil que estemos tan mal como cuando estos dos planetas forman un ángulo recíproco disonante. También crecerán durante este tránsito nuestras ganas de comprar cosas bonitas: cuadros, muebles antiguos, decoraciones preciosas, creaciones de moda, joyas y abrigos de piel. Será mejor evitar esas compras ya que corremos el riesgo de comprar objetos falsos o de gastar demasiado. En este momento nuestro gusto estético no es de los mejores. La tendencia a gastar demasiado nos puede llevar a situaciones de particular malestar de un punto de vista económico. Debemos ser muy precavidos para evitar meternos en deudas, por ejemplo, evitemos solicitar préstamos que no seremos capaces de devolver. Independientemente de nuestros gastos, se nos podrían presentar cuentas pendientes, facturas por pagar, impuestos imprevistos, plazos de hipotecas que no somos capaces de pagar. La persona que amamos o una hermana, una hija o una buena amiga, se pueden encontrar en apuros o están viviendo un pésimo período a nivel sentimental.

Júpiter en aspecto armónico con Marte

Cuando Júpiter transita formando un ángulo favorable respecto a nuestro Marte radix percibimos una decisiva potenciación de nuestra energía. Nuestra energía fluye fácilmente dentro de nosotros y se dirige a la construcción. Se trata del momento bueno para los estrenos de cualquier tipo: para dar aliento a un proyecto ambicioso que era nuestra asignatura pendiente, para recopilar todas nuestras fuerzas y volcarlas hacia una meta difícil. No sentimos miedo por nada o casi nada, la fuerza que se encuentra dentro de nosotros se manifiesta sobre todo a través de un optimismo en aumento, gracias al cual parecemos más valientes de lo que somos en realidad. Sabemos que podemos contar con todos nuestros recursos interiores, así que nos lanzamos en empresas con un valor que difícilmente tenemos en otros períodos. Logramos conseguir un buen control de esta energía y la dirigimos hacia horizontes concretos y puntuales. Todo el mundo sabe que Júpiter está relacionado con la Novena Casa y esto quiere decir que podemos utilizar nuestras fuerzas potenciadas para ponernos de viaje, para movernos en dirección de la lejanía, en sentido tanto geográfico–territorial como metafísico y trascendente. Esto significa que podemos trabajar con óptimos resultados en transacciones comerciales con el extranjero o con otra región; que nos resultará más fácil estudiar idiomas extranjeros y lenguajes de programación; que nos apetecerá estudiar disciplinas como la filosofía, la teología, la parapsicología, la astrología, la psicología analítica, el yoga, el Budismo y todas las asignaturas universitarias. Además, se fortalecerá en nosotros la exigencia de comportarnos conforme a la ley. Durante este tránsito tendremos relaciones claras y sin ansiedades con la ley. Nos comportaremos como aquellos Sagitarios que se autodenuncian si no reciben el requerimiento de pagar la tasa sobre los residuos sólidos urbanos. Nuestro aumentado sentido de la justicia nos podrá llevar a emprender acciones legales contra personas que según nuestra opinión son culpables de tener o haber tenido comportamientos poco correctos con nosotros. Posibles pleitos que nazcan en este momento se desarrollarán bien. Podemos aprovechar de este paso planetario para que se concluya un proceso en que estamos involucrados. Este tránsito hace crecer nuestras ganas de pacificación y, por lo tanto, se multiplicarán las ocasiones de solucionar viejos rencores. A nivel más físico, mejorará nuestra salud y nos sentiremos más fuertes. Los varones que han conocido una pérdida de virilidad tendrán mayor actividad sexual y esto constituirá un pequeño pero rotundo renacimiento, bajo este punto de vista. Si estamos metidos en el deporte, obtendremos resultados muy importantes. Una posible operación quirúrgica que se efectuará en este momento tendría un éxito casi garantizado.

Júpiter en aspecto inarmónico con Marte

Cuando Júpiter transita formando un ángulo inarmónico con nuestro

Marte natal, nos mueven sentimientos de megalomanía. El Yo se halla inflacionado por su excesiva confianza en sí mismo. Actuamos como si el mundo estuviera de rodillas a nuestros pies, pensamos que no hay motivo para que las cosas no marchen bien puesto que creemos que la fuerza y la buena suerte nos favorecen. Este tránsito puede ser particularmente positivo para los que necesitan recuperarse de una mala crisis, de una derrota, de una enfermedad o de un fracaso de cualquier tipo. Cuando tenemos la moral por el suelo y anhelamos a un poco de buena suerte, éste es el tránsito ideal. Un considerable optimismo guía nuestras acciones y nos empuja con fuerza hacia adelante. Muchas empresas comerciales o industriales nacen justamente durante un tránsito de este tipo. Esto depende principalmente de la significativa pérdida de nuestro sentido crítico. Se derrumba, se desmorona esa saludable desconfianza que normalmente alberga en cada uno de nosotros. Esa neblina que tenemos delante de los ojos nos permite lanzarnos en la batalla sin evaluar, o evaluando de forma muy superficial, los obstáculos que tenemos delante. Quizá no se fundarían nuevas empresas si no existieran tránsitos de este tipo. En este momento tendemos a subestimar todos los peligros y este hecho es positivo para muchas cosas pero también negativo si ocupamos un puesto de gran responsabilidad. Es un poco como el mecanismo del dolor: si acercamos demasiado la mano a una vela encendida, nuestros sensores interiores nos alertan del peligro y nosotros alejamos la mano. Pero si estamos bajo el efecto de poderosos fármacos o bien de drogas, nuestra sensación de dolor disminuye y corremos el riesgo de quemarnos. Lo mismo sucede si trabajamos en la torre de control de un aeropuerto o si somos cirujanos, pero también si tenemos que invertir dinero. De todas maneras, bajo este tránsito hay que ser cuidadosos y posiblemente solicitar la protección y la ayuda de un tutor antes de movernos. Los daños mayores que nos pueden afectar en este momento están caracterizados por la hipertrofia: tendemos a exagerar con todo, pero en particular con las valoraciones. Sin duda alguna, en estos días nuestro poder racional está de vacaciones, lo que nos expone a todos los potenciales riesgos de esta situación. También crece nuestra beligerancia: quisiéramos hacer la guerra a personas y autoridades, pero los pleitos que nacen bajo esta estrella serán desafortunados. Júpiter amplifica la beligerancia de Marte y, como consecuencia, no tenemos ninguna intención de volver a hacer la paz con nuestros enemigos o con nuestros adversarios, sino que más bien estamos intencionados a abrir nuevos frentes de batalla. Si estamos metidos en política o en sindicatos, el tránsito inarmónico Júpiter–Marte nos puede ayudar a encender los ánimos. Probablemente haremos deporte o bien haremos más deporte, pero debemos ser siempre muy prudentes porque, como ya he dicho, este tránsito comporta la pérdida de sentido crítico, lo que nos puede causar accidentes. Por lo tanto, es preferible practicar sólo deportes no peligrosos como la natación, el tenis y el footing. La imprudencia temeraria que nos absorbe en estos días podría ocasionarnos choques con una autoridad: un jefe en el trabajo, un funcionario de policía o un juez. Puede que alguien tome medidas legales contra nosotros. Los excesos de cualquier tipo, pero más que nada con la comida y el alcohol, amenazarán la salud de nuestro hígado.

Júpiter en aspecto armónico con Júpiter

Cuando Júpiter pasa formando un ángulo armónico con nuestro Júpiter natal nos hallamos en un momento bastante "mágico" para nosotros. Nos sentimos muy optimistas y en óptimas condiciones psicofísicas. Percibimos un saludable equilibrio dentro de nosotros, y notamos que las cosas tienden a marcharnos bien. Podemos casi tocar con la mano que estamos viviendo un paréntesis de buena suerte pero que, desgraciadamente, no va a durar mucho. Los negocios nos irán bien así como todas las cosas relacionadas con nuestra expansión a nivel tanto profesional como social. Tanto los sujetos masculinos como los femeninos, durante este tránsito pueden tener la oportunidad de juntarse con personas importantes e influyentes. Notamos benevolencia y simpatía a nuestro alrededor, sin que hayamos hecho nada para merecerla. Hoy, del recipiente de la lotería celeste, se ha extraído el número que habíamos escogido. Sería el momento ideal para arremangarnos la camisa y hacer algo concreto para atesorar los frutos de nuestro trabajo. Pero, lamentablemente, durante este paso planetario tendemos a abandonarnos y a relajarnos, más que a actuar. El sentido de bienestar que nos acompaña durante este tránsito tiene un poder sedativo para nosotros: nos prepara para la autoindulgencia, para gozar un momento de vida. En estas condiciones, es obvio que podemos cosechar más que sembrar. Si estamos involucrados en una votación como candidatos, tenemos muy buenas posibilidades de triunfar. Una ráfaga de popularidad nos llega y hace que mejoren nuestras credenciales. Si existe la buena suerte como Fortuna, la diosa con los ojos velados, entonces ella nos está mirando con benevolencia. Se trata de un buen período para los viajes a lugares cercanos y lejanos, para exploraciones de tipo territorial o cultural. Nos podemos embarcar con éxito en todas las asignaturas o los asuntos que se alejan de lo diario. Si nos estamos recuperando de una enfermedad, esto también se verá favorecido. Podemos aprovechar de ello para acumular kilos si lo necesitamos y para estar atentos, en cambio, para que no empeore una situación ya comprometida por un peso excesivo. El tránsito favorece mucho los pleitos pendientes actuales y los que podrían nacer en este momento. Si tenemos cuestiones de este tipo con alguien, tenemos muy buenas posibilidades de solucionar los rencores. Serán muy buenas nuestras relaciones con la ley en general y con las personas poderosas: jueces, políticos, financieros...

Júpiter en aspecto inarmónico con Júpiter

Cuando Júpiter transita formando un ángulo disonante respecto a nuestro Júpiter natal, nuestra confianza en nosotros mismos sufre una inflación que nos induce a comportamientos excesivamente optimistas. Como durante los tránsitos inarmónicos Júpiter–Marte, pero a una octava más arriba, ahora también nuestro sentido crítico sufre una baja terrible, y con él baja también esa saludable desconfianza que debería asegurarnos nuestra incolumidad, a cualquier nivel. Tendemos a sobrestimar o a subestimar a los demás y las situaciones más disparatadas. Sobrepasamos los límites que la prudencia nos sugeriría no alcanzar. Osamos demasiado, ya que sobrestimamos nuestras fuerzas o bien subestimamos las de los demás. La consecuencia es una actitud arrogante y presuntuosa, incluso despreciativa. Si estamos metidos en actividades particularmente peligrosas como profesiones que se desempeñan en un laboratorio de análisis o en un cuartel de mando de cualquier tipo, debemos tener mucho cuidado porque podemos ser fuente de peligro para todo el mundo. Desde la actividad sexual hasta la manipulación de muestras de sangre infectada, debemos protegernos con el mayor cuidado con dobles guantes, mascarillas, gafas protectoras, preservativos, etcétera. Bajo este cielo es mejor evitar cualquiera iniciativa comercial o industrial. No nos dejemos cautivar por el canto de las sirenas, debemos medir todos nuestros pasos con la mayor racionalidad que podemos aplicar. Una persona que es nuestra guía prestigiosa puede ayudarnos a que no cometamos errores. Parece que la buena suerte nos está sonriendo en este momento, pero no es así. Un Júpiter negativo nos está colocando trampas en nuestro camino, y podremos morder el anzuelo con facilidad. Nuestras energías en libertad nos pueden llevar a vicios y excesos que con toda seguridad nos perjudicarían a nivel de salud y de dinero. Puede que perdamos dinero por causa de robos o préstamos que ofrecemos a alguien que nunca nos devolverá lo prestado. Nuestro excesivo optimismo nos hará solicitar préstamos que no seremos capaces de administrar. Nuestra moralidad o la imagen pública que proyectamos podrían sufrir una caída importante. Nos podrían afectar pequeños escándalos en relación con la corrupción, concusión y otros delitos a los que nuestro comportamiento sin criterio nos podría llevar. La salud mental y física podrá sufrir daños, sobre todo el hígado: por ejemplo debido a excesos alimenticios o a alcohol.

Júpiter en aspecto armónico con Saturno

Cuando Júpiter pasa formando un ángulo favorable respecto a nuestro Saturno natal, somos capaces de curar muchas heridas nuevas y viejas. La benevolente caricia de Júpiter nos permite encontrar los recursos, dentro y fuera de nosotros, para tapar agujeros, para llenar los surcos que cavó el destino adverso y para intentar reconciliaciones. En definitiva, el más benéfico de los planetas se pone a nuestra disposición para intentar solucionar los desperfectos provocados por el más maléfico de los astros de la Tradición. Y es particularmente en situaciones análogas cuando podemos percibir el lado mejor del gobernador del Sagitario. En otras situaciones, como hemos visto hasta aquí, puede llegar a ser incluso muy malvado; pero cuando se trata de llenar un hueco, de arreglar situaciones que tienen índices negativos, entonces el sexto planeta del zodíaco trabaja como nunca y nos demuestra realmente cuánto puede ser positivo. Cuando encontramos este aspecto positivo entre Júpiter y Saturno en el tema natal de alguien, nos indica que se trata de una persona capaz de alejarse y de recuperarse de los problemas, de levantarse sin agachar la cabeza o que dispone de un ángel guardián que vela sobre él y que le ayuda a levantarse. Tal vez, si lo pensamos bien, podría tratarse de uno de los mejores tránsitos puesto que no tiene contraindicaciones. Como un concentrado de vitaminas después de una terapia antibiótica, también nos llena de fuerza, nos hace sentir la fuerza para volver a empezar, nos permite superar las crisis, reaccionar a las desdichas y, ¡Dios sabe cuántas desdichas nos pueden tocar cada día! Dicho tránsito planetario muestra su efecto sobre todo con las heridas viejas, con los males crónicos o que tienden a la cronicidad, puesto que está en relación con Saturno quien, cabe recordarlo, en la mitología era Cronos, el viejo, el tiempo. Así pues, aquí la simbología en juego es muy clara: una ayuda decisiva para remediar antiguas situaciones negativas. A veces no se trata de una herida verdadera que es necesario curar, sino de un obstáculo que se interpone entre nosotros y un objetivo nuestro, un obstáculo que nos impide "volar" y que, gracias a la llegada de Júpiter en aspecto armónico con Saturno, podemos eliminar finalmente. Otras veces, el tránsito puede actuar sobre un mal crónico no necesariamente serio, pero que nos molesta desde hace mucho tiempo. En estos casos, puede que una nueva terapia se revele determinante, la que tal vez nos sugirió un amigo o un conocido por pura casualidad. Por lo tanto, durante los días del tránsito hay que activar bien las antenas para poder dirigir todas las energías hacia la resolución de los problemas de salud, especialmente los que nos afectan desde hace tiempo. Y siempre en relación con la simbología que acabamos de describir, puede que una persona anciana nos conceda su ayuda determinante en una situación difícil. Esto puede significar que, por ejemplo, en vez de hacernos visitar por un joven y brillante profesional, a la vanguardia con su equipo tecnológico y constantemente informado sobre las últimas novedades de la ciencia gracias a Internet, es preferible que nos visite el buen viejo médico de familia que, aunque continúa utilizando el estetoscopio y el oído para auscultar los bronquios, cuenta con muchísima experiencia práctica. Lo mismo vale si tenemos que escoger un abogado, un consultor financiero, un arquitecto, etcétera.

Júpiter en aspecto inarmónico con Saturno

Cuando Júpiter pasa formando un ángulo inarmónico respecto a nuestro Saturno radical, se trata del momento justo para empezar a alejarnos de las cosas materiales, de los bienes considerados tales por la lógica occidental (el coche nuevo, una joya preciosa, el reloj que nos hace soñar...). Y será aconsejable que esta nueva dirección nazca de nosotros y no que sean las circunstancias las que la impongan. Durante este tránsito sentimos que la buena suerte ya no está a nuestro lado sino que, al contrario, una porción de mala suerte trabaja contra nosotros. Esa dulce sensación de ligereza que durante los tránsitos positivos de Júpiter nos lleva a actitudes autoindulgentes ya no existe: se sustituye con un sentido de constricción, con la desagradable sensación que nos da una manta demasiado corta en la cama. Sentimos que podemos contar sólo con nuestras propias fuerzas y que, por lo tanto, tenemos que arremangarnos la camisa y trabajar duro. Hay días de vacas gordas y días de vacas flacas: en este momento se trata de días de flacas. Seguramente el tránsito no se sitúa con la misma hostilidad que otros tránsitos mucho más malévolos (como por ejemplo Saturno cuadrado al Sol) pueden provocar contra nosotros. Sin embargo, cabe saber y tenemos que convencernos que nadie nos regalará nada en estos días, al contrario, todo nuestro camino será evidentemente cuesta arriba. Este tránsito marca claramente un período en que tendremos que hacer muchos esfuerzos para volver a levantarnos después de una caída, anuncia una larga convalecencia y demuestra que, aunque termine de llover, no quiere decir automáticamente que vuelva a verse el sol. En estos días es preferible hacer renuncias, tener actitudes de mayor sobriedad, alejarse con la mayor severidad posible de las dulzuras de la vida. Lo superfluo, el derroche, son muy inoportunos ahora. Se trata, además, de un período que tampoco favorece las negociaciones comerciales, las empresas de tipo industrial y los negocios en general. Intentemos evitar encuentros y negociaciones importantes en estos días, aplacemos a tiempos mejores nuestras iniciativas y nuestros encuentros con personas que podrían decidir sobre nuestro futuro profesional. Difícilmente podremos ser populares durante este recorrido planetario y las recomendaciones no llegarán; o si lleguen no tendrán influencia. Evitemos, por lo tanto, llamar a puertas de personas poderosas porque será inútil, es mejor conservar esta oportunidad para tránsitos mejores. Saturno es el tiempo, el viejo y, por lo tanto, no vale la pena reanudar viejos proyectos: es el momento menos idóneo para hacerlo.

Júpiter en aspecto armónico con Urano

Cuando Júpiter transita formando un ángulo armónico respecto a nuestro Urano natal asistimos a la efervescencia de nuestras ideas más innovadoras. Sentimos que debemos cambiar, renovarnos, cambiar la piel. Un fuerte impulso centrífugo se apodera de nosotros y nos proyecta en el mundo de los hechos. A diferencia de otros tránsitos positivos, el actual no sólo nos permite pensar en cosas brillantes, sino también nos induce a realizarlas. Este aspecto potencia y pone en movimiento el duende genial que alberga en cada uno de nosotros. Así pues, no sólo tendremos necesitad de renovarnos sino que lo haremos. Las decisiones repentinas que nacen en estos días tendrán necesariamente éxito. Pero nosotros tenemos que ser extremadamente receptivos respecto a todas las novedades que pueden llegar, incluso las que amenazan de romper nuestro equilibrio. Se sabe que el pasado nos ofrece seguridad y que el futuro nos provoca temor con sus mil incógnitas, pero en este momento podemos incluso lanzarnos de un trampolín con los ojos vendados ya que Júpiter nos garantiza que abajo encontraremos agua. Naturalmente, los uranianos se aprovecharán mucho más de este tránsito, aunque podría favorecer a cualquiera que tenga un poco de valor. Evidentemente, es necesario arriesgarse y sobre todo es necesario saber tomar decisiones en tiempos breves, pero casi todas las probabilidades están de nuestra parte. Podremos tener la necesidad de trasferirnos a otra ciudad o bien de cambiar trabajo: en cualquier caso Júpiter nos sugiere que lo intentemos. Las novedades favorecerán tanto los negocios como nuestra salud psicofísica: novedades tecnológicas, basadas en la investigación pura, la electrónica, la informática y muchas otras realidades de última hora. Por ejemplo, podría favorecer mucho a nuestro trabajo la informatización de nuestra actividad profesional o bien podría mejorar nuestra artrosis gracias a una terapia como la hipertermia. El fax, el módem, Internet, los sistemas de videoconferencia a distancia pueden representar otras tantas claves diferentes de éxito. Pero a menudo la buena suerte que nos rodea en estos días no nos llega porque nosotros la hayamos deseado sino que literalmente nos cae del cielo. Una llamada telefónica, un telegrama, un correo electrónico nos pueden anunciar una bonita realidad. Bajo este punto de vista el tránsito que estamos describiendo puede ser uno de los mejores porque nos permite crecer, mejorar nuestras condiciones, aunque sólo sea a través de buenas noticias que nos llegan sin que hagamos hecho nada especial para conseguirlo. Bajo esta lógica se puede comprender una herencia, una ganada en el juego e incluso el fallecimiento de una persona que obstaculizaba nuestra emancipación.

Júpiter en aspecto inarmónico con Urano

Cuando Júpiter pasa formando un ángulo disonante respecto a nuestro Urano natal, aparecen las tendencias más radicales de nuestro carácter. Nos volvemos, sí, más decididos pero también más destructivos. No toleramos las situaciones que no cambian, la lentitud en las descripciones de los demás y la sandez ajena. Nos mostramos intolerantes con los que no tienen carácter o los que pierden demasiado tiempo antes de decidirse incluso en las cosas pequeñas. Con este tránsito tendemos a explicitar nuestras convicciones y, aunque en otros tiempos somos diplomáticos ahora ya no lo conseguimos. En este momento nuestro equipaje operativo consiste en la franqueza, en tomar decisiones de peso, en actitudes extremistas y en abrirnos paso a golpes de machete. Tenemos que esforzarnos para ser cuidadosos, puesto que por culpa de una decisión repentina corremos el riesgo de echar por la borda muchos años de sacrificios y de lenta construcción. Evitemos tomar decisiones o, por lo menos, decisiones apresuradas. Contemos por lo menos hasta diez antes de reaccionar. Evidentemente, nuestro comportamiento será más agresivo y correremos el riesgo de romper amistades o de provocar una crisis en nuestra relación de pareja. Repitámonos sin cesar que no somos seres infalibles y que la opinión de los demás vale tanto como la nuestra. Puede que de repente nos lleguen malas noticias a través de una carta o de una llamada telefónica. Júpiter en aspecto negativo con el Urano radix nos debe mantener siempre en alerta, ya que las malas noticias pasan alrededor de nuestra cabeza y nos pueden afectar de un momento a otro. Todo parece precipitar rápidamente y, a veces, lo hace realmente. Evitemos hacer especulaciones con riesgo durante este paso planetario. Quedémonos particularmente alejados del juego, de cualquier tipo de juego, ya que podríamos perder cifras enormes. Todas las novedades de la tecnología nos pueden afectar y determinar malas consecuencias tanto en nuestra salud como en nuestros negocios. Por ejemplo, podríamos perder un importante archivo en el ordenador debido a la avería del disco duro o al ataque de un virus en nuestra memoria informática. Cuidémonos particularmente para que no nos utilicen como conejillos de indias involuntarias de nuevas terapias: por ejemplo, un nuevo cuidado con ondas electromagnéticas que debería aliviar nuestras enfermedades reumáticas. Este tránsito lleva consigo también un poco de mala suerte en las cuestiones legales. Por ejemplo nos podrían afectar acusaciones injustas, o un pleito frente a un tribunal podría terminar de forma repentina e inesperada pero con un resultado negativo para nosotros. Evitemos promover la circulación o producción de papeles legales y/o burocráticos que nos puedan afectar de una u otra manera.

Júpiter en aspecto armónico con Neptuno

Cuando Júpiter circula formando un ángulo armónico respecto a nuestro Neptuno natal, nos sentimos empujados hacia adelante en sentido místico o trascendente. Necesitamos expresar una espiritualidad, viajar cabalgando los sueños, los mitos y las sugestiones. Carl Gustav Jung decía que el ser humano no es sólo el producto de las malas experiencias del pasado, como pretendía Freud, sino también un ser que avanza hacia algo, que se dirige hacia adelante, que mira hacia arriba, que intenta alcanzar metas ideales; y este tránsito puede representar el icono de todo ello. Este tránsito sirve para que no olvidemos que no debemos luchar sólo por los bienes materiales que, según la lógica occidental, deberían hacer feliz nuestra vida. Durante este recorrido planetario comprendemos que hay cosas, en nuestro alrededor o delante de nosotros, que es bueno cultivar aunque no nos brinden frutos materiales. Incluso aquellos que no son creyentes se quedan fascinados con este tránsito y enderezarán su propia libido no en sentido religioso sino hacia ideales políticos, sindicales, sociales, ambientalistas, etcétera. Seamos creyentes o no creyentes, nos moverá un impulso de tipo solidario, sanitario–asistencial que se realizará de la manera más disparatada. Tendremos ganas de meternos en el mundo del voluntariado, de asistir a los más débiles, de dar una mano o de brindar una buena palabra a quien sufre o es menos afortunado que nosotros. Consideraremos con mayor disponibilidad aquellas iniciativas humanitarias que nos piden una contribución para la lucha a la distrofia muscular, el cáncer u otras terribles enfermedades. Alguien dijo una vez que hacer el bien gratifica más a quien lo hace que a quien lo recibe y, durante este tránsito, podremos estar particularmente satisfechos de nosotros mismos porque abriremos nuestra cartera para hacer ofertas. Se trata de un sentido caritativo, de un espíritu cristiano pero en el sentido más ancho, que nos hace sentir mejores. Pero el tránsito no se limita a acompañar sólo esto sino que nos proyecta en un universo de cosas inmateriales en el que nos apetece perdernos. Descubriremos entonces, o tal vez volveremos a descubrir, intereses por la filosofía, la psicología, la teología, la astrología, el orientalismo, el yoga y todo lo que se aleja considerablemente de lo diario. Dichos intereses nos premiarán sin duda alguna, si les dedicaremos mucha más atención. Podremos llegar a ser más hábiles en la práctica de estas disciplinas, encontrar figuras carismáticas relacionadas con dichos asuntos: filósofos, sacerdotes, astrólogos, psicólogos, etcétera. Aceptemos con confianza estas relaciones ya que el tránsito de Júpiter formando un ángulo positivo respecto a nuestro Neptuno natal nos ofrece buenas garantías básicas en este sentido. Si tenemos poderes paranormales o sencillamente una gran sensibilidad, tratemos de desarrollar nuestros talentos porque éste es el momento oportuno para hacerlo. El tránsito, además, nos brinda la oportunidad de participar en grupos, congregaciones, gremios, parroquias, etcétera. Las muchedumbres nos atraerán rotundamente así como los movimientos de masa, las asociaciones en general, pero en particular las que se ocupan de los asuntos que acabamos de enumerar. El viaje que tenemos la intención de emprender en el interior del universo que podríamos llamar esotérico, nos sugiere también la posibilidad de hacer otro viaje, nada metafórico, a través de los continentes. Todos los viajes largos nos podrán conceder grandes satisfacciones, aunque los más favorecidos son los viajes por mar: y particularmente los cruceros. Además, se trata de un momento muy bueno para la inspiración artística o musical. Si trabajamos en esos sectores, tendremos que aprovechar de ello. Trabajemos en un cuadro nuevo, en un libro o bien en la composición de nuevas melodías. Sin embargo, es necesario observar que en estos días nuestra tendencia básica es la de relajarnos más que hacer cualquier cosa. Arrastrados por los sueños y la imaginación, descubrimos el placer de abandonarnos a las fantasías más abstractas, pero que nos hacen sentir muy bien y en paz con nosotros mismos. Por último, observamos que este tránsito favorece muchísimo la mejora de nuestra salud mental, nos permite salir del túnel de la depresión y suspender o terminar definitivamente terapias con psicofármacos.

Júpiter en aspecto inarmónico con Neptuno

Cuando Júpiter transita en aspecto inarmónico con nuestro Neptuno natal probamos la ebriedad que se podría probar tomando un vaso de vino en ayunas. Por un lado esto es positivo puesto que cualquier forma de "anestesia" puede ayudarnos cuando nuestra cabeza está llena de pensamientos y preocupaciones, pero por otro lado esto es sin duda alguna nocivo, puesto que nos somete al riesgo de sobrestimar o de subestimar toda situación. La conciencia y la mente no están lúcidas y vacilan continuamente. En estos días no sabemos exactamente qué hacer, sentimos que estamos confundidos, que no tenemos las ideas claras, que vagamos sin una meta precisa y que no tenemos claros los objetivos. Los ingleses llaman *"mistake"* el producto de tal confusión y se puede entender bien los daños que pueden derivar de ello. Si conducimos medios de locomoción durante horas cada día, este tránsito nos puede meter en serios peligros, justamente porque actuamos en un estado de parcial confusión. Pero lo mismo es válido también si firmamos contratos, si evaluamos los factores de nuestro oficio diario, si tomamos decisiones relacionadas con nuestra vida afectiva y sentimental. Como sucede en el tránsito de Júpiter formando un ángulo positivo con Neptuno, también en este caso se nota un fuerte impulso de tipo místico y trascendente. Pero aquí hay una diferencia en la medida: sin duda alguna tendemos a exagerar, a inflacionar nuestra acción en una búsqueda afanosa y algo fanática por llegar a los objetivos que queremos alcanzar. En efecto, la palabra que describe mejor nuestra condición de ahora puede ser "fanatismo" más que *"mistake"*. El Yo racional está de vacaciones durante este tránsito y nos expone a muchos tipos de riesgos, incluso los de radicalismo y de extremismo, que en medida más o menos grande siempre se encuentran dentro de nosotros. Es necesario tener mucho cuidado ya que el viento de los ideales religiosos, políticos, sindicales, sociales y de otro tipo nos puede realmente arrastrar. Podemos estar seguros de que muchos extremistas e incluso terroristas se han vuelto tales durante un tránsito de este tipo. Mantengamos la distancia de las masas, de las reuniones políticas, de cualquier tipo de manifestación de protesta o colectiva, porque corremos el riesgo de dañarles a los demás o de dañarnos a nosotros mismos. El momento no es nada favorable para la posibilidad de entrar a formar parte de asociaciones, sectas y clubes particulares. Mantengamos también la distancia de la astrología, la psicología, la teología y las disciplinas parecidas; no porque son cosas que condenar o demonizar, sino porque viviríamos mal nuestra relación con ellas y podríamos sufrir daños psíquicos. Es fácil que durante este tránsito encontremos, por ejemplo, un astrólogo no muy bueno que nos causará pánico con una previsión catastrofista. Por lo tanto, tratemos de mantener los pies firmes en el suelo y ocupémonos de proyectos concretos. Evitemos el contacto con personas con trastornos mentales o adictas a estupefacientes. Evitemos también nosotros mismos las drogas de cualquier tipo: medicinas, psicofármacos, alcohol, exceso de humo o de café. Cabe desaconsejar los viajes, especialmente los viajes por mar.

Júpiter en aspecto armónico con Plutón

Cuando Júpiter transita formando un ángulo armónico respecto a nuestro Plutón natal pensamos a lo grande. Tenemos delante de nosotros fuertes ambiciones y proyectos grandiosos. Nuestro potencial humano se encuentra al máximo. Damos vueltas como un motor superalimentado y osamos más allá de los límites que la prudencia nos indicaría como insuperables. Nos atrevemos más y generalmente la suerte nos asiste, pero sobre todo en los proyectos importantes, mientras que no podemos contar con casi ninguna ventaja en las empresas menores. Durante este tránsito debemos empezar a realizar las ideas más comprometedoras que tenemos por dentro. Sin duda alguna nos moverá también una cierta megalomanía, aunque no necesariamente negativa puesto que nos proyecta rotundamente hacia adelante. En momentos como estos podemos fundar empresas comerciales, industriales, de investigación y estudio que nos permitirán volar al menos veinte centímetros más alto que todos los demás. Y ellos percibirán nuestra voluntad tan potenciada y se comportarán en consecuencia. Es probable que nos llegue el anuncio de una victoria personal, de una progresión en la carrera, de la firma de un contrato rentable, de un reconocimiento que hará aumentar nuestro prestigio. Si trabajamos en el sector de las excavaciones subterráneas, por ejemplo en relación con la geología, la arqueología o la psicología, viviremos un período de descubrimientos muy fértiles. Y si somos pacientes de sesiones de psicoanálisis, tendremos días enriquecidos por la contribución de sueños aclaradores. Nos sentimos muy bien, tanto física como mentalmente y podemos tratar de abandonar los fármacos que tomamos desde hace tiempo. Nuestras neurosis, las fobias, las congojas relacionadas con cualquier asunto, se calmarán bastante. También nuestra carga sexual resultará amplificada por este tránsito planetario. Bajo este punto de vista podremos tener días muy agradables. Además nos sentimos atraídos por la literatura y el cine policíaco, por el *noir* de cualquier tipo, como pueden ser lecturas sobre el más allá o la visita de cementerios y lugares sagrados.

Júpiter en aspecto inarmónico con Plutón

Cuando Júpiter circula en aspecto inarmónico con nuestro Plutón radix nos condicionan fuertes pulsiones destructivas. La parte menos noble de nosotros y, digámoslo, la más violenta y animal, sale fuera para manifestarse al mundo. Naturalmente nuestra educación, nuestra civilización y nuestra cultura pueden obstaculizar la expresión de esta parte nuestra pero, sin embargo, no siempre logramos controlarla por completo; y si este tránsito acontece contemporáneamente con otros tránsitos destructivos podemos precipitar muy abajo y cometer acciones de las que nos arrepentiremos luego. Pulsiones de dirección sádica o, al contrario, masoquista, nos inducen a buscar el tormento a nuestro alrededor. Por ello nos sentiremos atraídos por personas poco recomendables, con quienes sería mejor no tener nada en común. Estas personas pueden ser sujetos que viven al borde de la legalidad o bien hombres y mujeres agresivos, violentos y brutales. Las situaciones complicadas, ilegales y angustiantes son la caja de resonancia del malestar que se apodera de nosotros durante este paso planetario. Si tenemos una naturaleza violenta de nacimiento, podríamos correr el riesgo de agredir a los demás y de cometer algún delito. Además, nuestras pulsiones sexuales viven un período de exasperación de la libido orientada en esta dirección, y si nuestra pareja no está dispuesta a vivir más intensamente un paréntesis sexual con nosotros, podríamos desear fuertemente buscar a un hombre o a una mujer para una relación ocasional. Es necesario tener mucho cuidado, puesto que más allá de otras consideraciones, este tránsito también nos puede procurar infecciones sexuales. Incluso si nos quedamos en el ámbito de la relación de pareja, le pediremos a nuestra media naranja que nos haga vivir nuevas experiencias, una sexualidad inusual, poco ortodoxa, que difícilmente confesaríamos a otros. Una ayuda farmacológica, por ejemplo de tipo homeopático, nos podrá ayudar a superar esta leve forma de "licantropía" que se adueña de nosotros. Sin duda alguna nos encontramos en un momento trastornado a nivel mental, un momento en que pueden nacer fobias dentro de nosotros, angustias y neurosis. Alejémonos de sesiones de espiritismo, de magia, de esoterismo en sus formas más deteriores, ya que podría haber consecuencias nefastas sobre nuestra salud mental. Evitemos también la visión de películas violentas, con matanzas a la *pulp fiction*.

Júpiter en aspecto con el Ascendente

Véase: Júpiter en tránsito por la Primera Casa

Júpiter en aspecto con el Medio Cielo

Véase: Júpiter en tránsito por la Décima Casa

Júpiter en aspecto con el Descendente

Véase: Júpiter en tránsito por la Séptima Casa

Júpiter en aspecto con el Fondo Cielo

Véase: Júpiter en tránsito por la Cuarta Casa

Júpiter en tránsito por la Primera Casa

Cuando Júpiter transita por nuestra Primera Casa radical sentimos que nuestro corazón se "ensancha", o sea que aumenta sensiblemente nuestro optimismo, la confianza en nosotros mismos y en los demás. Una ola de bondad baja sobre nosotros y nos hace comportar en consecuencia. Nos sentimos más en paz con el mundo y deseamos sólo relajarnos, abandonarnos, descansar tal como solemos hacer después de un gran esfuerzo o después de vivir días dramáticos. Notamos que los demás también son más favorables, que se muestran más amistosos con nosotros y, por lo tanto, que podemos atrevernos más. El momento sería óptimo para empezar nuevas iniciativas, sobre todo de tipo empresarial, tanto comercial como industrial, pero – como acabamos de decir – el tránsito nos induce más al descanso que a la acción. Al fin y al cabo, es justo que descansemos un poco de vez en cuando, unas vacaciones, una pausa en las responsabilidades y en las decisiones. Podemos aprovechar de esto para curar las heridas y para recuperarnos de períodos críticos. Habrá tiempo para comprometernos en otras ocasiones. Ahora tratemos de ser más tolerantes con nosotros mismos y con los demás. Nos damos cuenta de que nuestro sentido del deber ha ido frenándose un poco y también nuestro sentido crítico. Esta es la consecuencia menos buena de este tránsito, puesto que con la disminución de la desconfianza que normalmente alberga, de forma más o menos evidente, en cada uno de nosotros, nos exponemos al riesgo de ser engañados por el prójimo. Por lo tanto, tenemos que evitar relajarnos demasiado y tenemos que repetirnos a nosotros mismos que la partida que jugamos a diario con la vida no nos permite nunca bajar la guardia por completo. Claro, de vez en cuando es bueno pensar en positivo, puesto que eso nos permite embarcarnos en nuevas iniciativas que nunca nacerían si fuéramos siempre tan sospechosos con los hombres y con el destino. Pero bajar la guardia es una cosa y otra cosa es no mirar nunca si hay alguien detrás de nosotros. Los errores de subestima o de sobrestimación nos pueden costar caros. Y sin embargo, con este tránsito una indefinible buena suerte nos acompaña y tiende a deshacer las asperezas de nuestro camino. Es posible que en estos días recibamos buenas noticias, alabanzas, gratificaciones económicas, elogios acerca de nuestras obras. Se trata de un tránsito muy bueno para recuperarnos de enfermedades, de operaciones quirúrgicas y de situaciones de gran estrés. El aspecto menos bueno de este recorrido planetario es que, además de "ensancharse" nuestro corazón, se "ensanchan" también nuestras medidas físicas: debemos prestar atención porque en los meses en que se forma este tránsito podremos acumular hasta cinco o seis kilos que luego no podremos eliminar fácilmente. Y para finalizar, evitemos intoxicar nuestra sangre con vicios y exageraciones alimentares, alcohol, humo, café, etcétera.

Júpiter en tránsito por la Segunda Casa

Cuando Júpiter se mueve a través de la Segunda Casa de nuestro cielo radix, debemos prestar mucha atención ya que se pueden crear las situaciones que hemos descrito al comienzo de este capítulo con Júpiter actuando como un oscilador biestable. En efecto, la interpretación inmediata que deberíamos dar a este tránsito sería: mayor circulación de dinero. Pero la circulación puede producirse tanto en ingreso, o sea que ganamos más o nos llegan cantidades de dinero distintas de nuestros ingresos habituales; como en salida, y en este caso nos pueden afectar grandes pérdidas de dinero. Muchos astrólogos ignoran esta regla y prospectan a sus consultantes un período óptimo para el dinero. Pero no es así, ya que con Júpiter en esta casa es necesario estar muy atentos para evitar desastres de tipo económico. Normalmente, en este período, lo que pasa es que presupuestamos diez pero gastamos cien. Sería prudente no efectuar gastos importantes como comprar un piso o reestructurarlo. Demasiadas veces hemos visto el efecto devastador de este tránsito en la situación económica de diferentes sujetos, tanto ricos como pobres. Se trata de uno de los tres sectores (los otros dos son la Séptima y la Octava casa) en los que el gobernador del Sagitario puede mostrar espectaculares efectos tanto en positivo como en negativo y este hecho no se encuentra por fuerza relacionado con eventuales aspectos positivos o negativos que Júpiter forme con los demás planetas del tema natal. En otras palabras, es difícil poder prever si Júpiter en la Segunda funcionará a nuestro favor o en contra. La única manera que nos parece válida para averiguarlo es interrogar al sujeto acerca de qué le pasó durante el precedente recorrido de Júpiter en la Segunda Casa. Esto se produce aproximadamente cada doce años y, por lo tanto, lo podemos calcular fácilmente; aunque para mayor seguridad es mejor averiguar el período exacto del tránsito anterior en las efemérides. Si la vez anterior el sujeto tuvo mayores ingresos, es más que probable que en esta ocasión también haya mayores ingresos, y viceversa. Si tenemos razonables motivos para pensar que Júpiter en la Segunda pueda actuar negativamente, debemos aconsejar a nuestro consultante que cierre totalmente sus grifos de salidas económicas: lo que significa no programar ningún gasto extra ese año, empezando por la adquisición de un coche nuevo o la modernización de la casa o de la oficina. Además, durante este tránsito corremos el riesgo de que nos roben: puede que seamos víctimas de robo, pero también puede que nos paguen con cheques sin fondos o con títulos falsos, o que prestemos dinero a alguien que nunca nos lo va a devolver. Entre los efectos negativos de este tránsito podemos enumerar robos en casa, tirones en la calle, impuestos imprevistos, malas inversiones y todo lo que puede ocasionar pérdidas de dinero. Si se expresa de manera positiva, este tránsito nos puede aumentar sensiblemente los ingresos. También puede acompañar una mejora de nuestro aspecto personal gracias a una cura adelgazante, una operación de cirugía plástica, un corte de pelo diferente, una nueva manera de vestir, etcétera. El tránsito podrá también acompañar un período de mejor visibilidad para nosotros que podríamos comparecer en la televisión o en la foto de un periódico. Si hacemos teatro o cine, el momento es aún mejor. Es probable que compremos una cámara fotográfica o una videocámara, un televisor nuevo, un aparato de vídeo o una pantalla más grande para el ordenador. El tránsito favorece todo tipo de compra de este tipo, así que si compramos estas cosas bajo este tránsito, nos quedaremos muy satisfechos. Si trabajamos con ordenadores, aprovechemos del tránsito para aprender a utilizar un software de gráfica. También podremos aprovechar cursos de gráfica publicitaria y de diseño de cualquier tipo.

Júpiter en tránsito por la Tercera Casa

Cuando Júpiter pasa por nuestra Tercera Casa radical difícilmente produce daños, y si lo hace, se trata de daños leves. Generalmente, en cambio, es que se potencia nuestra actividad intelectual en cualquier campo. Este tránsito nos hace estar más atentos, más despiertos, más seguros de lo que pensamos y de lo que decimos. Logramos expresarnos mejor y comprender mejor a nuestro prójimo. Aumenta nuestro deseo de comunicaciones y, con más frecuencia de lo normal, nos pararemos a charlar tanto en familia como con los amigos o con los colegas de trabajo. Nos apetecerá más hablar por teléfono y las facturas de teléfono aumentarán de forma proporcional a las frecuentes llamadas que haremos, tanto nacionales como internacionales. También mandaremos muchos mensajes por fax y mail mediante Internet. También nos contactarán mucho más los demás, por teléfono y por carta. Nuestras relaciones superficiales, como con el empleado de la taquilla, con el mensajero, con el dependiente de una tienda, estarán caracterizadas por una mayor simpatía y amabilidad. Nos podrían llegar buenas noticias desde fuera. Sentiremos más ganas de viajar, aunque más para distancias cortas que para largas. Aumentará nuestro tráfico pendular pero se producirá con satisfacción por nuestra parte. Nos gustará conducir el coche o la moto de forma particular y el período es favorable para quien quiere sacarse el carnet de conducir, tanto el de coches como el náutico. Normalmente el efecto más banal, pero también uno de los más seguros, es la adquisición de un coche nuevo, tanto por parte del sujeto como por parte de un familiar suyo. Lo mismo sucede con un ciclomotor o una moto de gran potencia. Pero es el sector de los exámenes donde podemos recoger los frutos mejores de este tránsito. Tanto si se trata de exámenes de bachillerato o de la universidad, aprobaremos muchos en poco tiempo y podremos recuperar nuestros retrasos en los estudios. Todos los exámenes que pasemos en estos meses, casi sin excepción, los aprobaremos. También podemos aprovechar este paso planetario para frecuentar cursos de todo tipo: desde la informática hasta la pintura, desde la pesca submarina hasta la jardinería, sin excluir ningún asunto. Podremos frecuentar cursos como docentes y como estudiantes. Además, el tránsito favorece la actividad relacionada con conferencias, seminarios, mesas redondas, debates de todo tipo donde nosotros podremos ser los protagonistas o sencillamente atentos oyentes. Crecerán nuestras ganas de leer y tendremos que aprovechar y devorar algún texto "sagrado" relativo al tema del que nos ocupamos más. Si somos periodistas o escritores este tránsito favorecerá enormemente la salida de un artículo importante o de un libro. También se verá favorecida la compra de aparatos destinados a la comunicación y a la telecomunicación: porteros electrónicos, teléfonos móviles o inalámbricos, fax, antenas parabólicas, impresoras, etcétera. El recorrido de Júpiter en la Tercera Casa radix usualmente marca también un buen período para un hermano o una hermana, un primo, un cuñado o un joven amigo nuestro. Mejoran nuestras relaciones con dichos sujetos. En los casos (bastante raros) en que el planeta se expresa en negativo en esta Casa, nos podemos esperar un escándalo que arrastra a un hermano nuestro, un primo, un cuñado o un joven amigo, o también un accidente de carretera debido a distracción o al alcohol. Exámenes que no aprobamos debido a nuestra mala estimación de las dificultades del examen.

Júpiter en tránsito por la Cuarta Casa

Cuando Júpiter recorre nuestra Cuarta Casa radical nos alegra alguna ventaja de de tipo inmobiliario. Sintetizando, esto quiere decir que de las tres una: o llevaremos a cabo una operación de compraventa inmobiliaria, o nos mudaremos (y todo esto vale tanto para el hábitat doméstico como para el laboral), o bien empezaremos una reestructuración de la casa o de la oficina. De todas formas, se trata de una alegría que tiene que ver con los "ladrillos", y estos ladrillos nos pueden llegar de una herencia o una donación o bien pueden estar relacionados con una multipropiedad. Lo mismo puede valer eventualmente para la compra de un garaje, de una parcela de terreno o de una caravana. Muchas veces a este tránsito lo acompaña también la presencia de Júpiter o de Saturno en la Octava y/o Segunda Casa, en tránsito o de Retorno Solar y en este caso refleja un enorme esfuerzo económico para una inversión tan importante. Si se tienen en cuenta, de forma contemporánea, los tránsitos y las posiciones que acabamos de describir, se pueden hacer previsiones muy puntuales que maravillarán a sus consultantes. Pero la casa también está hecha de muebles y entonces, a menudo, este tránsito puede señalar la adquisición de nuevas piezas de decoración o de bibelots de valor. En los jóvenes este transito indica a menudo la disponibilidad de una habitación más grande, de una habitación exclusiva para ellos: por ejemplo gracias a un hermano o a una hermana mayor que se casan y salen de casa. Más en general puede significar gozarse la casa, como acontece a los trabajadores que siempre están de viaje y que desean tanto volver a su casa, algo que puede suceder justamente durante el paso planetario del que estamos hablando. A otro nivel este tránsito puede indicar un período óptimo para nuestros padres que, por ejemplo, consiguen superar una situación difícil o que mejoran desde el punto de vista de la salud. Al mismo tiempo mejoran también nuestras relaciones con ellos. Este tránsito se expresa difícilmente en negativo. También se puede relacionar directamente con la memoria de nuestro ordenador, así que durante este tránsito podemos comprar nuevas memorias o un nuevo dispositivo de almacenamiento, como un disco duro más grande, un masterizador, una unidad de grabación magneto–óptica, etcétera. Se trata de un momento particularmente indicado para hacer copias de seguridad de nuestros datos. Cuando el tránsito se expresa en negativo (lo que acontece en un bajo porcentaje del total) puede indicar la pérdida de una propiedad debido a nuestro escaso sentido crítico en relación con actas legales y cosas de este tipo. Probablemente gastamos demasiado por la casa. Uno de nuestros padres puede estar mal, con problemas de hígado o de sangre.

Júpiter en tránsito por la Quinta Casa

Cuando Júpiter transita por nuestra Quinta Casa radical crece nuestra actividad lúdica y recreativa en general. Normalmente esto significa ir con más frecuencia al cine, al teatro, a bailar, a clubes nocturnos, a conciertos, a pasar fines de semana al campo, a hacer excursiones y a pasear. Pero no se trata sólo de esto puesto que la fisiología del placer hay que considerarla a trescientos sesenta grados y puede incluir incluso la penetración de una calabaza con un cuchillo bien afilado o la lectura de un tratado de derecho romano. Podemos distraernos de cualquier manera y, por lo tanto, imaginémonos a sujetos que se gratifican con los videojuegos o utilizando el ordenador, otros navegando por Internet o leyendo novelas en lugar de los ensayos necesarios para el trabajo. Muchos se acercan o vuelven a acercarse a la mesa verde, a la ruleta, al juego de azar o al juego especulativo en bolsa. El período es generalmente bueno para el amor. En efecto, muchas veces durante este tránsito nos enamoramos y vivimos un nuevo amor. Aunque no siempre las cosas funcionan en esta dirección; entonces el sistema para descubrir de forma anticipada si existen buenas probabilidades que un sujeto viva un nuevo amor o no, es preguntarle qué es lo que le sucedió durante el tránsito anterior de Júpiter en la misma Casa, hace doce años: si durante ese tránsito se produjo una historia de amor, las probabilidades a favor de una nueva historia de amor aumentarán de forma sensible. Período bueno para el amor también puede significar que, si estamos casados, vivimos una estación feliz con nuestro matrimonio. Normalmente se vive más sexo en estos meses, y a menudo se genera también una nueva vida. Para las mujeres embarazadas este paso planetario sugiere un buen parto o un buen embarazo. Otras veces mejoran las relaciones con nuestros hijos o bien asistimos a un "renacimiento" de nuestros hijos: si ponen a estudiar seriamente, ganan algún concurso deportivo, se enamoran, se emancipan. Si enseñamos, normalmente el tránsito marca meses muy proficuos bajo este aspecto y lo mismo se puede decir de una eventual producción artística personal o para nuestra actividad deportiva, para la danza y para la recitación. En negativo, el tránsito se puede manifestar a través de un embarazo que ocasionamos o que sufrimos a causa de escasa atención durante el acto sexual. También es posible que vivamos un amor extramatrimonial o una relación que de una manera u otra pueda generar escándalo. Lo mismo puede valer para un hijo o para una hija. En los casos más negativos el tránsito se refiere a la práctica de juegos y pasatiempos muy poco ortodoxos.

Júpiter en tránsito por la Sexta Casa

Cuando Júpiter transita por nuestra Sexta Casa radical es posible que empecemos un trabajo, puede ser nuestro primer empleo o bien un nuevo. En efecto, si este tránsito se produce en coincidencia con otros tránsitos positivos y sobre todo con un Ascendente del Retorno Solar en la Décima Casa radical, aumentan considerablemente nuestras potencialidades laborales. Este hecho no significa necesariamente mayores ingresos, ya que no existe una relación directa con la Segunda o con la Octava Casa, pero sí quiere decir mejores condiciones laborales. Y estas mejores condiciones de trabajo comportan sobre todo la posibilidad de crear o de recrear un clima relajado con colegas, colaboradores y superiores. Antiguas fricciones y viejos rencores pueden encontrar un arreglo positivo durante los meses en que dura este tránsito. Lo que acabamos de explicar sobre el dinero no tienen que entenderlo como que cabe excluir en absoluto la posibilidad de un aumento de ingresos, sino simplemente se debe subrayar que no hay una relación muy estrecha y directa entre las dos cosas. Y, sin embargo, puede suceder que el tránsito favorezca alguna mejora en la carrera profesional y como consecuencia un aumento patrimonial. Se trata también de un período muy bueno para seleccionar a un colaborador o a una colaboradora, por ejemplo un criado. Los colaboradores empleados en estos meses casi siempre son personas válidas y de fiar. A nivel de salud, que también juega un gran papel en la Sexta Casa, notamos una neta mejora general. En efecto, es posible que justamente en este período logremos descubrir el origen de una enfermedad poco clara o que podamos curar mejor una patología nuestra. Por ello se aconseja concentrar los esfuerzos durante este paso planetario para conseguir solucionar un problema patológico que lleva tiempo penalizándonos y, si no podemos eliminarlo, por lo menos conseguiremos aliviarlo. Difícilmente lo conseguiremos con una operación quirúrgica, dado que este tránsito no favorece para nada las intervenciones de este tipo y, no sólo no las favorece, sino que tampoco las justifica. Las operaciones quirúrgicas las anuncian, en la Sexta Casa, sobre todo los tránsitos de Marte o de Urano y las mismas posiciones (o sea Marte o Urano en la Sexta) en el Retorno Solar de un año específico. En este caso, el tránsito habla más de cuidados en sentido lato, desde las terapias farmacológicas hasta las curas de medicina alternativa: masajes, shiatsu, fangos, saunas, curas termales, etcétera. Si el tránsito acompaña un embarazo, casi siempre promete una gestación buena y regular. Si, al contrario, el tránsito se debe leer en negativo, podemos sufrir varios trastornos físicos relacionados principalmente con la salud del hígado y de la sangre. En este caso Júpiter puede ser muy malo, igual y peor que un maléfico, ya que provoca serias intoxicaciones o determina otros daños de diverso tipo como consecuencia de excesos alimenticios o de alcohol, fármacos, exceso de humo, etcétera. Lo mismo vale para los embarazos que se desarrollan durante su tránsito. En cuanto al trabajo, puede indicar un escándalo que involucra a un dependiente nuestro o bien daños que sufrimos por el exceso de confianza que tenemos en él.

Júpiter en tránsito por la Séptima Casa

Cuando Júpiter pasa por nuestra Séptima Casa, se ve de manera más espectacular lo que explicamos en la introducción de este capítulo: es decir, el comportamiento parecido de Júpiter al de un oscilador biestable. Veamos de qué se trata. Para un mecanismo cuyo origen no está totalmente claro, pero cuyo efecto es tan claro como el agua, sucede que el señor del Sagitario "actúa" curando donde hay que curar, pero destruyendo donde las cosas marchan bien. Este hecho no se puede relacionar directamente con los aspectos que este planeta crea con los demás cuerpos de nuestro sistema solar durante su recorrido a través de la Séptima Casa; en otras palabras, el resultado final del tránsito en esta casa no depende en ningún caso del hecho que forme aspectos positivos o negativos. Podría demostrar lo que estoy escribiendo con muchísimos ejemplos. He aquí algunos. Pongamos un sujeto soltero, desde el punto de vista sentimental, que con afán busca una relación fija. En muchísimos casos de este tipo, el tránsito de Júpiter en esta Casa le otorga el regalo del cielo que él (o ella) estaba anhelando y permite que haya un encuentro y que se establezca una relación. Igualmente el tránsito favorece el nacimiento de sociedades, pactos políticos y alianzas estratégicas de cualquier tipo. También notamos que marca la mejora evidente de las situaciones legales (procesos, litigaciones…). Esto supone que si estamos involucrados en un proceso de cualquier tipo, la llegada de Júpiter en esta Casa nos brinda una ayuda poderosa para que la sentencia nos sea favorable. Los efectos más rimbombantes y positivos de este tránsito los hemos notado cuando el tránsito se apoya en un Ascendente de Retorno Solar en la Décima Casa natal. En dichos casos podemos registrar pequeños milagros en relación con lo que se ha descrito hasta ahora, sobre todo desde un punto de vista matrimonial o paramatrimonial. Al contrario, si el sujeto está felizmente casado o tiene una satisfactoria relación fija, cuando el planeta entra a esta Casa provoca la llegada de fuertes tensiones en la pareja y puede incluso provocar una separación o un divorcio. De la misma manera, si cuando entra el astro en su Casa Séptima el sujeto está consiguiendo victorias legales, bastante inexplicable pero infaliblemente, sufrirá una inversión de tendencia y le podrán tocar sentencias muy desfavorables. Si hay malas posiciones en el Retorno Solar actual, sobre todo si el Ascendente cae en la Duodécima, en la Sexta y en la Primera Casa radix, todo esto resulta muy amplificado. Bajo tales circunstancias el efecto negativo es grandilocuente, y me maravillo que ningún colega lo haya notado antes que yo. Así pues, esta posición resulta particularmente peligrosa para los que tienen algo que temer de la ley: corruptores y corruptos, evasores de impuestos, individuos involucrados con criminales, etcétera. A menudo este tránsito anuncia la visita de la Guardia de Finanzas para el sujeto interesado. Otras veces este tránsito se puede expresar con la retirada del carnet de conducir por infracciones de las normas de circulación, multas y sanciones de diverso tipo, discusiones con cualquiera, guerras declaradas a familiares o que nos declaran los parientes, los amigos, etcétera. En pocas palabras, el transito lleva consigo, con mucha frecuencia, papel sellado en el sentido de papeles legales y cuestiones burocráticas. Acerca de la posición de nuestra pareja, casi siempre el tránsito marca un momento de afirmación, de luz, de mejora de la salud para el compañero o la compañera del sujeto. Muy raramente sugiere la hipótesis de un escándalo que arrastra a nuestro ser amado o cuestiones legales en que él o ella se encuentran involucrados.

Júpiter en tránsito por la Octava Casa

Cuando Júpiter pasa por la Octava Casa del cielo radix asistimos a la tercera forma (las otras dos se refieren a la Segunda y a la Séptima Casa) en la que el sexto planeta de nuestro sistema solar (cabe recordar que en la astrología también llamamos planetas al Sol y a la Luna, por convención) se puede comportar, de forma muy espectacular, de una manera o bien de la manera exactamente opuesta. En la Octava, en el noventa por ciento de los casos, se refiere a una situación económica. En efecto, durante su tránsito podemos notar (respecto a la economía del sujeto) un flujo de dinero mayor y consistente, pero que puede presentarse tanto en entrada como en salida. ¿Cómo podemos saber entonces si este Júpiter funcionará de manera positiva o negativa? Nos pueden ayudar los demás tránsitos en curso y el mapa de Retorno Solar. Por ejemplo, si este tránsito se presenta con un Ascendente de Retorno Solar en la Duodécima, en la Primera o en la Sexta Casa natal, amenaza enormes flujos de dinero en salida. Pero no siempre es así y entonces, la única manera que nos parece válida para comprender la verdadera naturaleza del tránsito es interrogar al consultante sobre el período en que anteriormente, más o menos hace doce años, le tocó este mismo tránsito. El hecho es que la buena o mala suerte con el dinero, para un determinado sujeto, es un elemento que queda bastante fijo y, por lo tanto, si el anterior tránsito de Júpiter en la Octava Casa le trajo una gran pérdida de dinero, deberemos temer algo parecido también durante el tránsito actual. Al contrario, si el tránsito anterior le trajo un óptimo flujo de dinero en entrada, podremos ser optimistas también en esta ocasión. Las pérdidas de dinero que marca este tránsito pueden depender de muchos factores como la compra de una casa con las correspondientes hipotecas o la adquisición de otros bienes bastante caros, como el coche. Pero también se puede tratar de impuestos, de malas especulaciones de bolsa, sumas que prestamos pero que nunca nos devuelven, robos, gastos excesivos de nuestra pareja (no olvidemos que en el sistema de Casas derivadas, la Octava es la segunda de la séptima). Este tránsito puede resultar bastante peligroso para todo el mundo, e incluso fatal para los empresarios completamente endeudados: en tales casos, es muy probable su quiebra. Mientras que en positivo, el dinero puede llegar con una herencia, una ganancia extra del cónyuge, una liquidación, una pensión, créditos atrasados, ganancias de juego o un mayor éxito profesional. Además, en esta Casa Júpiter también tiene efectos relacionados con la muerte (es evidente que hablamos de efectos para simplificar el discurso y no porque creemos en una hipótesis de mecanismo de causa y efecto en la Astrología). Cuando somos nosotros los que estamos a punto de morir, este tránsito nos puede ayudar a dejar este mundo de la mejor manera posible. Si tenemos un familiar o un ser querido que está sufriendo, cuyo padecer lo atormenta desde hace tiempo, el ingreso de Júpiter en su Octava puede corresponder con su fallecimiento, pero que en este caso se puede considerar como una forma de liberación. Además, el tránsito puede favorecer nuestra vida sexual y es un importante indicador cuando, por ejemplo, queremos averiguar si una pareja volverá a reunirse después de una separación: si encontramos esta posición en el cielo de uno de los dos, nos puede indicar gratificaciones sexuales que, según la lógica, nos pueden hacer prever una pacificación entre los dos, si otros tránsitos lo confirman. Señalamos también el agradable efecto de este tránsito en las investigaciones subterráneas en general, desde la geología hasta la arqueología pasando por el psicoanálisis. Se trata de un buen momento para redactar un testamento o para comprar una capilla en el cementerio.

Júpiter en tránsito por la Novena Casa

Cuando Júpiter atraviesa nuestra Novena Casa radical podemos interpretarlo de una única manera: generalmente nos brinda ventajas relacionadas con la lejanía. En muchísimos casos se trata, sencillamente, de un largo viaje. No sólo es posible que nos pongamos de viaje durante este tránsito, sino que es aconsejable que nos organicemos activamente para que esto suceda. De esta manera nos podremos regalar unas vacaciones muy agradables y descubrir lugares, culturas, idiomas y tradiciones diferentes de las nuestras. Esto vale también para los viajes de trabajo, no sólo para los de placer. Puede tratarse de una ocasión muy proficua para encontrar a personas, instituciones o sociedades que nos podrían resultar muy útiles bajo todos los puntos de vista. Recordemos que la Novena Casa no se refiere solamente al extranjero, sino a todas aquellas zonas fuera de la nuestra, en las que se habla un dialecto diferente del nuestro. Entonces, en este caso, la ventaja la podremos obtener yendo a la capital para solicitar un permiso, frecuentando la universidad de otra ciudad para mejorar nuestra preparación, participando en congresos y conferencias, matriculándonos en una escuela de prestigio para conseguir una especialización, etcétera. Las ventajas que nos puede ofrecer este tránsito no prevén necesariamente que nos desplacemos a territorios lejanos, puede que estén relacionados simplemente con oportunidades que llegan desde lejos: un premio que nos llega de un país extranjero, un elogio a nuestro trabajo que se publica en una revista de otra ciudad, una oferta de trabajo que nos llega desde otra región, etcétera. En todos estos casos también podemos conseguir buenas cosas de este tránsito, sin mover un paso de nuestra casa. Pero el mejor resultado se puede alcanzar, como siempre, "eligiendo" el lugar que nos podría ser más favorable en sinergia con este tránsito. Esto lo podemos hacer averiguándolo con la astrogeografía. Pero este asunto no es parte de este libro, así que sigamos adelante. Desde lejos también nos pueden llegar soluciones para resolver un problema de salud personal: fármacos que tan sólo se venden fuera de nuestro país, médicos especialistas que nos pueden visitar y curar o incluso operar, lugares termales que nos pueden ayudar mucho... Este tránsito también favorece nuestros estudios superiores o relacionados, de una u otra manera, con asignaturas que no son parte de nuestra educación habitual. En este sentido el tránsito favorece los estudios de filosofía, teología, astrología, orientalismo, yoga, Budismo, parapsicología, etcétera. También en este período podremos alcanzar óptimos resultados con el estudio de idiomas extranjeros y de lenguajes de programación de ordenadores.

Júpiter en tránsito por la Décima Casa

Cuando Júpiter pasa por nuestra Décima Casa natal podemos prepararnos a crecer en muchos sectores. Se trata, sin duda alguna, de uno de los mejores tránsitos que nos pueden tocar. Muchas asignaturas pendientes se realizan y sentimos el aliento caluroso de la buena suerte, algo que no nos sucede a menudo. Sí, en este caso se puede hablar de buena suerte, sin la cual ni siquiera las personas con más talento profesional saben emerger respecto a los demás. Percibimos una sensación de levedad, probamos la alegría de ver que procedemos como río abajo, sin esfuerzo, casi sin gravedad, con una marcha más, con patines engrasados al máximo. En este período podríamos también soñar frecuentemente con volar, puesto que se corresponde bastante con la realidad. Si analizamos hacia atrás los tránsitos de toda nuestra vida, descubriremos que este tránsito suele acompañar muchos de nuestros días mejores: el diploma o la licenciatura, el matrimonio o el primer empleo, el nacimiento de un hijo o la fundación de una sociedad, el estreno de un comercio o el aprendizaje de un idioma... La palabra clave de este tránsito es *emancipación* y hay que entenderla a trescientos sesenta grados. Emanciparse es aprender a nadar a los cincuenta años de edad o conseguir volar o utilizar un ordenador por vez primera; puede ser librarse de una persona que nos obstaculiza o vencer un tabú; llevar a cabo un análisis del profundo o curarse de una larga enfermedad. Habría un número infinito de ejemplos, pero el lector ya habrá entendido perfectamente de qué estamos hablando. Muchos consultantes y aficionados de astrología confunden las mejoras en general con las mejoras económicas: pero en cambio se trata de dos asuntos totalmente diferentes y separados y no hay que mezclarlos. Pongamos que una chica tenga padres muy severos respecto a su educación; si se casa durante este tránsito, por lo menos por el momento, consigue cierta emancipación aunque al mismo tiempo gaste muchísimo dinero en la boda. Durante este tránsito es posible que nos toquen promociones o cargos honorarios. No hay duda que lo que empieza bajo este tránsito nace con una buena estrella. El tránsito puede también acompañar un período de éxito o de mejor salud para nuestra madre, o mejores relaciones entre ella y nosotros.

Júpiter en tránsito por la Undécima Casa

Cuando Júpiter pasa por nuestra Undécima Casa vivimos un período casi tan proficuo como el del tránsito de Júpiter por la Décima. Este tránsito suele brindarnos la ayuda de conocidos y de personas influyentes, importantes y prestigiosas. Se trata del momento de llamar a las puertas, ya que una leve pero no insignificante ola de buena suerte nos acompaña. Nos escucharán mucho más que en los períodos en los que este tipo de tránsito planetario no se encuentra presente. Deberemos tratar de atesorar nuestros conocimientos lo más posible, recordar que una vez tuvimos la oportunidad de cenar con el juez, con el diputado o con el editor de una revista importante. Cualquiera y todo el mundo nos puede ofrecer una mano para que crezcamos en nuestra condición profesional. Si existe hasta una mínima posibilidad que consigamos un trabajo gracias a recomendaciones y conocimientos personales, éste es el momento de pedir ayuda, si no nos molesta conseguir trabajo de esta manera. También podremos explotar este tránsito para conseguir que un doctor nos visite sin tener que esperar los treinta días de la lista de espera; para ahorrar sobre el coste de una reestructuración; para participar en una selección de personajes en la televisión, etcétera. Recientemente, en muchos países hubo sentencias de las más altas cortes, que afirmaron el principio que no es crimen recomendar a alguien. Pero, como acabamos de aclarar, durante este tránsito podemos actuar en otras direcciones, en busca de mejoras no sólo económicas o profesionales. La buena disposición de los demás hacia nosotros también se puede realizar con el particular cuidado con el que nuestro mecánico nos repara el coche, o puede ser el astrólogo o el psicólogo concediéndonos una sesión más larga de lo normal. En general notamos que los demás se muestran más disponibles con nosotros, por ejemplo cuando tratamos de evitar una cola porque sólo tenemos que pedir una información al empleado en la taquilla: otras veces nos matarían por esto, pero durante este tránsito nos lo conceden de buena gana y nos dejan pasar. Además este tránsito nos puede traer nuevas y buenas amistades, nos puede regalar una maravillosa relación sentimental muy profunda, basada en la cooperación y el espíritu de camaradería. Durante este período se pueden volver a fortalecer antiguas amistades. Además, estos meses resultarán fecundos para casi todos los proyectos: los que planteamos ahora o los que desarrollamos después de haberlos acariciado durante largo tiempo. En su aspecto negativo el tránsito puede indicar un escándalo que afecta a un amigo nuestro o a una persona influyente con la que estamos en contacto. También puede significar que la excesiva confianza que le damos a una persona amiga nos puede perjudicar.

Júpiter en tránsito por la Duodécima Casa

Cuando Júpiter pasa por la Duodécima Casa radix nos ayuda a enfrentarnos a todos los problemas actuales. Es como si un ángel de la guardia bajara a la Tierra para darnos su mano y nos ayudara a superar todas las dificultades con las que estamos luchando. Las madejas que nos envuelven se desenredarán milagrosamente por su cuenta, y nos sentiremos más preparados para enfrentarnos al mundo en cualquier sector. En efecto, este paso planetario nos puede asistir en los más disparatados problemas: de dinero, de salud, sentimentales, legales... En el momento en que nos parece que el mundo se derrumba y nos arrastra, he aquí una mano buena que baja hasta nosotros y nos ayuda a ponernos de pie, sugiriéndonos la manera de salir del túnel y otorgándonos un punto firme donde sujetarnos para evitar caer en el infierno. Estas ayudas nos pueden llegar de todas partes: de parientes, compañeros y personas influyentes. Astrólogos, sacerdotes y psicólogos nos serán particularmente útiles. La misma religión o la astrología nos darán una esperanza y nos harán sentir mejor, aunque algunos dirán que se trata sólo de efecto placebo. De todas maneras, notaremos una inversión de tendencias y veremos rayos de luz alumbrándonos a través del negro túnel que estamos atravesando. Este tránsito también favorece la investigación en general, pero en particular la investigación esotérica. Podemos aprovechar de esto si queremos estudiar una nueva técnica predictiva, por ejemplo. Nos sentimos mejor física y mentalmente si hacemos beneficencia o voluntariado de cualquier tipo. Nos sentiremos mejor equipados para contrastar enemigos secretos, calumnias que circulan acerca de nosotros. Si este tránsito se expresa de manera negativa es probable que nos afecte un escándalo o simplemente las malas lenguas. Podremos tener problemas de salud, sobre todo con el hígado y la sangre. Un comportamiento demasiado optimista de nuestra parte, la excesiva confianza que le otorgamos a los demás, nos puede perjudicar.

8.
Tránsitos de Saturno

Los tránsitos de Saturno son muy importantes. Corresponden a etapas puntuales de nuestra vida, unas etapas que en la inmensa mayoría de los casos marcan problemas sobresalientes de nuestra existencia. Algunos autores, incluso algunos astrólogos muy seguidos, se esfuerzan por difundir la tesis según la cual los tránsitos de Saturno hay que leerlos en sentido positivo puesto que nos hacen crecer, nos permiten elevar nuestro espíritu, conseguir ser más sabios y transformarnos en seres humanos mejores. Yo no pretendo negar este aspecto de la cuestión, y sin embargo pregunto: si una mujer o un hombre supieran que a través de un tumor al estómago o del fallecimiento de su ser querido o de la quiebra de su propia situación patrimonial podrán crecer y llegar a ser mejores, ¿ustedes piensan que desearían padecer todo eso? Y ¿se lo desearía a ellos ese autor o autora que pretende difundir la tesis de la bondad de los tránsitos de Saturno? ¿No están más bien difundiendo pura demagogia esas personas? Hablo de la demagogia que, siguiendo la corriente de nuestros tiempos, quiere valorar la idea de que hay que leerlo todo en positivo, y si no se hace así, recibes el apodo de catastrofista y de Casandra. Yo estoy totalmente convencido de crecer y de hacerme más sabio al recibir los latigazos del séptimo planeta de la Tradición, pero también estoy muy seguro de que todo el mundo, incluso nosotros los astrólogos o los simples aficionados de astrología, tememos los palos que reparte Saturno más que la lepra. Así pues, cabe liberarnos de toda la hipocresía y enfrentar el asunto con la mayor sinceridad. Saturno es Saturno, el "Gran maléfico" de la Tradición, Cronos, el dios de la mitología que devoraba a sus hijos, el astro que en la iconografía del Renacimiento se pintaba como a un viejo andrajoso, lleno de achaques y cubierto de vendas, con la muleta en la derecha y la guadaña en la izquierda, una guadaña que significa privación, muerte. ¡Y por no hablar de cuántas veces Saturno hace sentir su presencia en las desgracias de un individuo cualquiera durante su vida! Los tránsitos de Saturno respecto a un punto cualquiera de nuestro tema natal (Sol, Luna, Ascendente, Medio Cielo...) se producen aproximadamente cada siete años en el caso de conjunción, oposición y cuadratura (sin tomar en cuenta, por el momento, las semicuadraturas y las sesquicuadraturas, que son ángulos tan importantes como los demás), y acompañan siempre crisis existenciales. Dichas crisis se pueden desarrollar principalmente en cuatro direcciones: enfermedades, lutos, dificultades profesionales/económicas y crisis afectivas/sentimentales. Podemos estar seguros de que – sustancialmente – no hay salida. Pero respecto por ejemplo a los tránsitos de Urano, los de Saturno sí pueden ocasionar serios daños, pero también nos dejan volver a la situación anterior una vez terminado el tránsito, aunque dejándonos con algunos "huesos" rotos. En cierto sentido es verdad que no debemos considerar necesariamente negativo su tránsito (y desde luego hablamos de los aspectos disonantes). Pero hay que entendernos. Saturno puede favorecer los esfuerzos, los sufrimientos que nos permiten alcanzar una mejor posición. He aquí algún ejemplo. Si Saturno transita en nuestra Cuarta Casa, es probable que nos empeñemos hasta el cuello para comprar una casa, pero eso será necesario e indispensable para que podamos llevar a cabo esa inversión. De la misma manera, podemos movilizar todas nuestras fuerzas para superar unas oposiciones, de forma contemporánea al tránsito de Saturno en la Décima Casa, y se realizará a costa de muchos sufrimientos, de noches pasadas sobre los libros, de renunciar a todo tipo de diversión, etcétera. Como pueden ver, no es lo mismo que afirmar que todos sus tránsitos son positivos: detrás de Saturno encontramos sobre todo sufrimiento, un sufrimiento que consideramos el punto central de nuestra discusión y que nunca debemos perder de vista. También cabe recordar que hay dos tipos de tránsitos: los simples y los triples. Los tránsitos simples se producen cuando el astro pasa sobre un punto concreto de nuestro tema natal. Por ejemplo, Saturno pasa por la posición natal de nuestro Sol y sigue adelante sin retroceder. En el caso del tránsito triple, el "Gran maléfico" pasa una vez sobre un determinado punto, lo sobrepasa, luego retrocede y vuelve a pasar sobre ese mismo punto y, por último, transita por tercera y última vez procediendo hacia adelante. En el caso de tránsitos múltiples y de anillos de parada del planeta sobre los puntos sensibles de un mapa astral, sus efectos son evidentemente más devastadores. Quisiera añadir que el tránsito de Saturno en las Casas es uno de los mayores indicadores en la búsqueda de la correcta hora de nacimiento del sujeto. Estoy tan convencido de esto que, si tuviera que escoger un único sistema para estudiar la vida de un sujeto escogiendo entre tránsitos, Retornos Solares, Retornos Lunares, direcciones, progresiones, etcétera, me orientaría sin duda por el paso de los planetas en las Casas (y no de los planetas en aspecto mutuo), tan grande es el nivel de verificabilidad de esos pasos en la vida de un sujeto. Por ejemplo, cuando esta "piedra" empieza a transitar en la Tercera Casa, podemos esperar que casi enseguida surjan problemas relacionados con el coche, los hermanos, hermanas, primos y cuñados, o bien en relación con los estudios. Leyendo en las efemérides a cuántos grados se encuentra la cúspide de esta Casa, podremos conseguir un primero e importante indicio en la búsqueda de la verdadera hora de nacimiento del sujeto. Se trata de un punto de partida muy importante, pero habrá que conseguir muchas otras pruebas y contrapruebas.

Saturno en aspecto armónico con el Sol

Cuando Saturno transita en ángulo favorable a nuestro Sol tomamos mayor conciencia de nuestra vida. Si tuviéramos que poner lo que Jung llamaba *proceso de individuación* en relación con un tránsito, diríamos que se trata seguramente de éste. Durante este tránsito podemos trazar balances fiables de nuestra vida y considerar con espíritu sereno, y sobre todo sin ningún tipo de énfasis, qué es lo que estamos haciendo. Seguramente nos volvemos más responsables, más cuidadosos, más tranquilos, en una palabra: más sensatos. Comprendemos que de nuestro comportamiento pueden depender realidades muy importantes y no estamos dispuestos (ya no lo estamos más) a comportarnos con frivolidad. A veces este tránsito acontece poco después del fallecimiento de un ser querido y el aumento de nuestra responsabilidad respecto a terceras personas. Entonces nos arremangamos la mangas y actuamos sabiendo que será un trabajo duro pero que poco a poco lo conseguiremos. Durante este tránsito es cuando nacen los llamados proyectos "veinteñales" como los planteaban hace tiempo los países comunistas. Somos capaces de hacer programas a largo plazo y de reunir todas las fuerzas necesarias para realizar nuestros proyectos en la práctica. Aquí no se trata, desde luego, de fuerza en el sentido de energía que quema en un instante, sino de esa fuerza que procede de las cenizas de una combustión: una fuerza lenta, pero que dura. Es probable que durante este paso planetario recibamos cargos, premios, avances en el trabajo. Los resultados de este tránsito no son casi nunca evidentes, pero son sustanciales y por lo general, durables. En los días o semanas marcados por este tránsito podemos conseguir superar una gran prueba, librarnos de una roca que pesa sobre nuestras espaldas y que nos impide progresar. Otras veces este tránsito testimonia un momento importante para nuestro padre, para un hijo, un hermano o nuestra media naranja.

Saturno en aspecto inarmónico con el Sol

Cuando Saturno se mueve en un ángulo disonante respecto a nuestro Sol de nacimiento, tenemos que enfrentarnos a una de las periódicas crisis existenciales de mayor efecto. Casi siempre, como explicamos en el prefacio de este capítulo, se trata de problemas en uno de los cuatro sectores siguientes: problemas de salud, lutos, dificultades profesionales/económicas y crisis sentimentales/afectivas. Difícilmente se tratará de otra cosa. El análisis de los demás tránsitos pero sobre todo del cielo de Retorno Solar, nos podrán ofrecer otros importantes elementos de análisis para obtener previsiones correctas. Si este tránsito acontece con un Retorno Solar malo, puede tener consecuencias muy serias. En particular hay que temer la combinación con el Ascendente o el Sol o un stellium en las Casas Duodécima, Primera y Sexta. Cuando bajamos hasta esta estación de nuestro viaje se trata siempre de una parada importante. Puede significar una parada temporal o definitiva según los casos, pero sin duda alguna un gran obstáculo en nuestro camino. Si existe la mala suerte como hecho abstracto y en sí, el tránsito que estamos describiendo será uno de los mayores emblemas de la mala suerte. Percibimos que la suerte no nos favorece para nada, que tenemos que enfrentarnos a un camino cuesta arriba, que tenemos que aferrarnos con uñas y dientes para conquistar algo, y que con las uñas y con los dientes debemos tratar de proteger todo lo que hemos podido conquistar. Tenemos que atravesar ríos y no arroyos, y nos damos cuenta continuamente de lo que significa "con el sudor de la frente". Los demás no nos dan una mano y algunos pueden llegar incluso a pisarnos las manos con sus propios pies para que precipitemos en el abismo. El efecto más visible de este paso planetario es la carencia de entusiasmos, la depauperación de nuestra persona, el abatimiento y la depresión. Sentimos una gran necesidad de frugalidad, de esencialidad. No logramos divertirnos, ni siquiera tres televisores de colores ante nuestros ojos podrían borrar todo lo negativo que tenemos en el corazón. Nos asaltan pensamientos de muerte y de derrota, escenarios de impotencia y de frustración, abismos de soledad y de apuros. El tiempo parece que se para y que mide los interminables minutos de nuestra angustia. Tendemos a desistir, a abandonar, a soltar la presa y a echar la toalla. Y ésta es justamente la parte diabólica de este tránsito: su invitación a desistir, a privarnos de una alegría o de un ser querido. Debemos apelarnos a todas nuestras fuerzas interiores y recordar que incluso la hora más negra cuanta siempre con sesenta minutos. Tratamos de convencernos de que tal vez estamos perdiendo una batalla pero no la guerra. Seguramente algo le tendremos que dar a Saturno y se lo daremos, pero esto no implica una derrota total. Vendrán tiempos mejores, aunque en este momento tendemos a pensar que todo nuestro futuro será igual de negro. Queriendo y sin querer, tendremos que alejarnos de algo, puede que sea un bien superfluo o un ser querido. El peaje que pagaremos con este tránsito no es barato, pero es siempre menos ingente del que normalmente nos cobra Urano. Si esta consideración no nos ofrece ningún consuelo, por lo menos nos hará comprender que al fin y al cabo, no ha llegado el fin del mundo. Es fácil que en este período perdamos peso: porque ya no nos atrae la comida y porque estamos orientados en la dirección de la frugalidad y de la severidad/austeridad en general. Sin duda alguna nos divertiremos muy poco o no nos divertiremos para nada. Saldremos poco, preferiremos pasar el tiempo en soledad. Un "chorro" de envejecimiento agudo nos afectará y será visible no sólo a nivel mental (con nuestra mejor gestión de los ademanes y una dinámica facial más controlada) sino también con las primeras canas o con un aumento de canas y con problemas de huesos y de dientes (Cronos es el tiempo y en el cuerpo humano el tiempo se mide mediante el calcio, que es el componente esencial de los huesos y de los dientes). Y para finalizar, este tránsito puede indicar un período de grandes apuros para nuestro compañero, nuestro padre, un hermano o un hijo.

Saturno en aspecto armónico con la Luna

Cuando Saturno pasa formando un ángulo armónico con la Luna natal, nos sentimos más estables, más equilibrados y más responsables. Una buena dosis de sabiduría nos dirige hacia elecciones seguras, controladas, razonadas, tal vez sin pasión pero sin duda alguna más fiables de lo normal. Actuaremos como si tuviéramos muchos más años de los que tenemos en realidad, mostrando una madurez que debería pertenecer sólo a los viejos y es que en este momento nosotros *somos* viejos, si no a nivel corporal, por lo menos a nivel mental. Con un tránsito como éste es muy difícil enamorarse ya que para este sentimiento se necesita más abandono y menos sentido crítico, mientras que en este momento disponemos de un constante control de la razón sobre los sentimientos. Sin embargo, durante este paso planetario es posible que acariciemos la idea de unirnos a alguien: si esto acontece se tratará de una decisión muy razonada, cerebral y no de corazón, pero dirigida sin duda alguna a una mayor construcción y duración. En efecto, podremos ponerle en esta decisión toda la fuerza de nuestra madurez y el compromiso de programas a largo o a remoto plazo, que son típicos de los tránsitos de Saturno respecto a los luminares. Tendremos que olvidarnos de la pasión, es verdad, pero a cambio sabremos exactamente dónde iremos y, puesto que no tenemos niebla ante los ojos, no sufriremos ninguna desilusión o decepción. Normalmente las uniones que nacen bajo este tránsito se producen en una edad en la que ya no somos muy jóvenes o cuando un aspecto astrológico parecido ya se encuentra en nuestro tema natal. Probablemente se puede decir, en tales casos, que se trata de una unión de conveniencia. Muchas veces es así, pero esto no impide que la unión nazca con raíces fuertes y profundas. La dirección general que podría motivar una elección de este tipo es el deseo de acercarnos a personas más ancianas que nosotros, o bien más maduras en sentido mental o, incluso, más "pesadas" en cuanto al carácter. De todas maneras nuestras elecciones de este período, en relación con la vida sentimental o con la vida en general, estarán orientadas hacia la frugalidad, la esencialidad, el rigor, la negación del placer, la severidad con nosotros mismos y con los demás, la mayor disciplina interior, un fortísimo sentido del deber que inspirará todas nuestras acciones y hará que en el ambiente de trabajo nos aprecien muchísimo. Escrúpulo es una de las palabras claves de este tránsito. Desde este punto de vista nos comportaremos de manera extremadamente fiable, estajanovista, seria, leal y honesta. Dejaremos atrás muchas desilusiones y la vida nos proyectará hasta una estación más comprometedora, con mayores preocupaciones, en la que ya no habrá lugar para los entusiasmos infantiles y para los comportamientos del pasado. Se trata de un proceso irreversible que no nos permitirá retroceder. Es probable que incluso en el futuro, quizá bajo el efecto de un tránsito armónico Júpiter–Luna, podamos caer en una ráfaga de optimismo, pero no será nunca como antes: los demás verán que nos hemos vuelto mucho más maduros y controlados. A nivel exterior este tránsito podrá indicar alguna acción nuestra para comprar o reestructurar la casa o para establecernos definitivamente en una demora después de diferentes cambios. Nuestra compañera, nuestra madre, nuestra hija o nuestra hermana crecerán mucho en este período.

Saturno en aspecto inarmónico con la Luna

Cuando Saturno circula en ángulo inarmónico respecto a nuestra Luna de nacimiento, sentimos una considerable carencia de entusiasmos. Nos sentimos tristes, melancólicos y muchas veces deprimidos. No logramos divertirnos, nos alejamos de los bienes materiales, no nos complace ni una sabrosa comida ni una nueva prenda de vestir. Tendemos a adoptar actitudes muy condicionadas por la frugalidad y la esencialidad. Tendemos a quedarnos solos, a aislarnos del mundo. Tenderemos a vestirnos de colores oscuros; en cierto sentido, tendremos la "muerte en el corazón". Un considerable pesimismo se apoderará de nosotros y nos sentiremos acompañados por la mala suerte. Por otro lado, es probable que durante este período realmente tengamos mala suerte, en virtud de lo que decía Carl Gustav Jung a propósito de la realidad subjetiva y de la realidad objetiva: si pensamos en negativo tenemos muchas más probabilidades de caer sobre una cáscara de plátano. Nuestra actitud fundamental será de severidad, sobre todo con nosotros mismos y luego con los demás. Un rígido control del súper–Yo hará que cualquier impulso juvenil que pueda nacer de lo profundo se vea inhibido desde un principio. Es como si una suegra interior nos golpeara sobre las manos con una vara, sin cesar, para que nos portemos bien, de forma correcta, honesta y sincera. Lo mismo pasa durante el aspecto armónico Saturno–Luna, pero a muchas octavas más arriba. Un exasperante sentido del deber llevado hasta límites extremos, se adueñará de nosotros y nos condicionará mucho. Seguramente seremos muy escrupulosos en todo lo que hagamos. Nuestro rendimiento en el trabajo alcanzará niveles de estajanovismo. Seguramente no seremos creativos para nada, pero sí seremos buenos ejecutores. No tendremos ganas de hablar y desearemos más bien aislarnos respecto a nuestros prójimos. Tenderemos a abolir todas las formas de distracción. Nuestra actividad de tipo lúdico y recreativo mantendrá niveles muy bajos. Un profundo pesimismo condicionará todas nuestras decisiones. Para mí, se trata sin duda alguna de uno de los tránsitos más pesados, aún más que el tránsito Saturno–Sol. La profunda oscuridad que tenemos en el alma puede estar provocada por situaciones exteriores y objetivas, pero también puede ser de tipo esencial, o sea que no está ocasionada por ninguna causa exterior. En el primer caso se tratará, casi con total seguridad, de una delusión sentimental o de un disgusto afectivo, como el fallecimiento de un pariente o la enfermedad de un hijo. También puede referirse a la preocupación por nuestra situación profesional/económica. En el caso de políticos y de personajes del mundo del espectáculo, también puede tratarse de un período de impopularidad. Muchas uniones sentimentales y matrimoniales se deshacen bajo este cielo, pero con saberlo podemos y tenemos que ser responsables y comprender que si llegáramos a tal decisión, otra cosa no haríamos sino doblegarnos a la "voluntad de Saturno". El séptimo planeta de la Tradición, sobrevolando nuestra persona (la Luna), dejará caer sobre ella una cortina de hielo que podría arrastrarnos a abismos de pesimismo y tristeza. En tales situaciones podemos incluso cometer necedades, sobre todo si hay otros tránsitos negativos de apoyo. Este paso planetario se vuelve incluso fatal cuando se produce junto a Retornos Solares muy duros, como cuando el Ascendente, el Sol o un stellium de RS se encuentran en la Duodécima, en la Primera o en la Sexta Casa. A veces, aunque con menor frecuencia, el tránsito coincide con una enfermedad, principalmente de tipo somático. A nivel exterior el tránsito indica, a menudo, problemas con la casa: por ejemplo un desahucio o un compromiso patrimonial considerable para comprar casa, o bien una reestructuración que nos penaliza mucho. Nuestra compañera, nuestra madre, nuestra hija o nuestra hermana pueden estar mal o pueden estar un poco deprimidas en este período.

Saturno en aspecto armónico con Mercurio

Cuando Saturno transita formando un ángulo armónico respecto a nuestro Mercurio natal, vivimos un momento de extrema lucidez mental. Nuestra mente se expresa al máximo. Se trata de un momento en el que constelamos un pico de racionalidad, de control mental en cualquier campo. Difícilmente podemos estar tan controlados y seguros mentalmente como en este período. Seguramente no tendremos la velocidad y la genialidad que nos puede otorgar un tránsito Urano–Mercurio, pero dispondremos del valor necesario para enfrentarnos con compromisos largos y difíciles que impliquen trabajo mental. La fuerza de este tránsito se encuentra en la continuidad y en la duración, no en la velocidad. Tenemos las ideas claras, logramos comprender bien cualquier cosa y somos capaces de reflexionar sobre nuestra situación como nunca lo podremos conseguir antes o después de este tránsito. Nuestros pensamientos serán coherentes, claros y lógicos. Y nos daremos cuenta de eso, hablando con los demás y constatando que nos expresamos al máximo, que logramos hacer que los otros nos entiendan perfectamente y que nosotros también comprendemos muy bien a los demás. Así que podremos arreglar nuestros contactos con el prójimo: escribiremos a personas con quienes habíamos perdido contacto, a viejos amigos, a personas ancianas que son o han sido maestros para nosotros. Podríamos disfrutar del placer de ordenar nuestra vieja correspondencia, racionalizando un epistolario que habíamos desarrollado, en tiempos pasados, durante una estación de intensas comunicaciones. Una vieja pasión nuestra de radioaficionados (si hubo), volverá a renacer y nos permitirá volver a experimentar satisfacciones que pensábamos se habían perdido. Organizaremos mejor nuestros instrumentos de comunicación con los demás, por ejemplo diseñando un nuevo papel personalizado que, en este caso, será muy sobrio y esencial. También podremos considerar, sin excesivos entusiasmos pero con mayor determinación, la idea de comprar un teléfono móvil o inalámbrico, una antena parabólica, un fax, una centralita telefónica, un contestador automático o una impresora para el ordenador. Con retraso respecto a los demás, podremos decidir empezar a navegar por Internet y abrir una dirección de correo electrónico. También podría madurar en nuestra mente la idea de deshacernos de un viejo coche y comprar otro nuevo. En este caso nuestra elección se orientará hacia un coche sólido, sobrio, de colores poco vivaces, no excesivamente rápido o rugiente, mejor si usado y bastante obsoleto. Durante este tránsito seremos protagonistas de viajes que requieren esfuerzos y compromisos a nivel mental. En efecto será bastante probable que tengamos que trasladarnos temporalmente a otra ciudad, tal vez para participar en un curso de especialización, un congreso, un seminario, etcétera. Se trata de un momento ideal si planeamos prepararnos para un examen universitario que requiere mucho estudio y mucho compromiso. Lo mismo vale si pensamos aprender a utilizar el ordenador o estudiar un nuevo software. También el tránsito nos favorece si empezamos a escribir un libro o sencillamente tenemos que redactar un artículo, un informe o un curriculum vitae. Un hermano, un primo, un cuñado o un hijo nuestro viven un momento de afirmación personal o crecen mucho a nivel de responsabilidad. Cabe notar a este punto que Mercurio, en astrología, puede corresponder al hijo, aunque los mayores significadores del hijo son el Sol (para los sujetos masculinos) y la Luna y Venus (para los sujetos femeninos). De todas formas en este libro, tanto en los párrafos y capítulos anteriores como en los siguientes, para evitar repeticiones he citado sólo hermanos, primos, cuñados y jóvenes amigos.

Saturno en aspecto inarmónico con Mercurio

Cuando Saturno circula formando un ángulo inarmónico respecto a nuestro Mercurio natal, notamos dificultades en nuestras comunicaciones con los demás. No tenemos las ideas demasiado claras en nuestra cabeza. Nos resulta difícil enfocar nuestro propio pensamiento. Tenemos dificultades de memoria y de concentración. Al conversar con los demás no logramos expresarnos tan bien como solemos. Podremos incluso llegar a tartamudear. Si tenemos que hablar delante de un público, por ejemplo en la televisión o en una asamblea, nos sentiremos bloqueados. Dificultades evidentes nos impedirán o nos obstaculizarán los contactos telefónicos. Seguiremos marcando un número y siempre nos dará ocupado o no contestará nadie. Se colgará la línea o se romperá nuestro aparato. No sólo el teléfono, sino también el fax, la antena parabólica, el portero electrónico, el módem o la impresora se pueden estropear en este período. Haremos menos llamadas telefónicas respecto a lo habitual y también nos llamarán menos. Además, tenemos que estar preparados para recibir alguna mala noticia por teléfono o por carta. Hasta que dure este tránsito evitemos enviar paquetes o bultos con mercancía preciosa: corremos el riesgo de perderla o bien que llegue a su destino pero dañada. Un importante retraso en la entrega de un bulto que enviamos nos perjudicará en nuestra profesión. Al mismo tiempo notaremos un poco de mala suerte con los viajes. Haremos pocos viajes, o bien nuestros viajes estarán acompañados por dolor o estrés, serán debidos a una contingencia desagradable: por ejemplo se podrá tratar de un mayor tráfico pendular al que nos obligan terapias médicas o las visitas a un pariente enfermo en un hospital algo lejos de nuestra ciudad. El pariente podrá ser un hermano, un primo, un cuñado o un joven amigo nuestro. También nuestro coche tendrá problemas. Habrá que llevarlo al mecánico o a un taller de reparaciones porque habremos provocado o sufrido un choque. También es posible que nos roben el coche o el teléfono móvil. Vivimos un período de conflictos con un hermano, un primo, un cuñado o un joven amigo, o bien las citadas personas estarán en crisis y nosotros tendremos que ocuparnos de ellos. Se trata de un momento malo también para los estudios en general, de cualquier tipo y a cualquier nivel. Posible retraso o interrupción de nuestra educación. Un examen difícil nos tiene bloqueados durante largo tiempo, lo que nos impide seguir adelante en la universidad. Nos podremos concentrar con mucha dificultad, no conseguiremos completar la lectura de un libro importante. Se trata de un tránsito muy poco favorable a los cursos que frecuentamos en calidad tanto de estudiantes como de docentes. Evitemos participar en mesas redondas, seminarios, debates, congresos, etcétera. Nos daremos cuenta de que no logramos escribir como quisiéramos, y tendemos a aplazar las cosas. Además será mejor si no nos embarquemos en operaciones económicas ya que nuestro sentido de los negocios durante este tránsito está ausente.

Saturno en aspecto armónico con Venus

Cuando Saturno circula formando un ángulo positivo respecto a nuestra Venus natal, nos volvemos más maduros en la gestión de nuestra relación sentimental. Nos sentimos más adultos en nuestra vida diaria de pareja. Tendemos una actitud menos agresiva o superficial con nuestra media naranja. Sentimos la necesidad de trazar un balance de nuestra relación de pareja. Consideramos que nuestra relación ha madurado hasta el punto de poderlo transformar en un compromiso definitivo, por ejemplo las bodas o empezando a convivir. Difícilmente arderemos de pasión, sino que seguramente consideraremos mucho más lo que nos sugiere la razón. Tendemos a plantear proyectos a largo o remoto plazo en relación con nuestro ser querido. Madura en nuestra mente la idea de una relación sentimental después de una larga reflexión. Sentimos atracción por las personas más ancianas que nosotros. Junto a este crecimiento de nuestra madurez en sentido general, notamos también una madurez en nuestros gustos estéticos que nos llevarán a una mayor sobriedad: tenderemos a la elegancia clásica más que a la moderna o ultramoderna. Nuestro aspecto será más sobrio y menos evidente, pero también más indicado para ser el emblema de nuestro "envejecimiento". Será inevitable para nosotros inspirarnos en modelos ya establecidos de elegancia y de estilo. Como consecuencia también se modificarán nuestras elecciones en materia de arte: si compramos un cuadro o una pintura o un mueble precioso, nos orientaremos a lo antiguo más que a lo moderno. Por ejemplo, nos atraerá el arte clásico, lo que nos llevará a visitar museos, galerías, tiendas de antigüedades, etcétera. Nuestros negocios tenderán a estabilizarse según parámetros más seguros que en el pasado. Difícilmente tendremos picos de ganancia durante este período, pero – más probablemente – consolidaremos nuestros ingresos, aunque esto comportará tiempos más largos respecto al pasado. En este sentido podremos plantear proyectos a largo plazo. También nuestra salud se verá beneficiada por este paso planetario. Nos sentiremos más en forma y probablemente lograremos encontrar terapias más válidas para nuestra salud. Las mayores ventajas las podremos obtener en el cuidado de los huesos y de los dientes. Una figura femenina querida, por ejemplo nuestra compañera, nuestra hija o nuestra hermana, vivirán un período de mayor estabilidad en general y de crecimiento desde un punto de vista psicológico.

Saturno en aspecto inarmónico con Venus

Cuando Saturno pasa formando un ángulo disonante respecto a nuestra Venus natal, vivimos una crisis sentimental. No tenemos que hacernos ilusiones sobre un posible efecto matizado de este tránsito: con toda seguridad la crisis tendrá lugar. Y sin embargo, esto no significa necesariamente el fin inexorable de una relación. Saturno hiela el amor, no hay lugar para dudas, pero el hielo también puede estar relacionado sólo con un aspecto de toda la relación de amor con un compañero o con una compañera. En efecto, a menudo se trata de un período de mayor frialdad entre dos personas unidas por el amor. Seguramente puede representar una paréntesis poco agradable, dentro de una relación de pareja, pero no necesariamente una catástrofe. Muchas veces esto puntualiza que estamos por enfrentarnos a unas semanas o días en que recibiremos muy pocas atenciones de nuestro ser querido, cuando más las necesitamos. Esto se puede expresar también sólo en sentido formal: pocos mimos, pocas atenciones, falta de tacto y descuido por parte de nuestro ser más querido. Otras veces el tránsito acompaña períodos de abstinencia sexual y quizá este hecho se convierte en el marcador universal del tránsito, así como la fiebre acompaña casi todas las enfermedades. Pretender tener una intensa vida sexual durante este paso planetario es pura ilusión. Por ello es preferible evitar viajes que deberían representar una oportunidad para encuentros románticos en pareja, aislados del mundo. Hay un tiempo para amar y un tiempo para reflexionar. Y éste es el tiempo para reflexionar. Seguramente, como consecuencia de nuestro juicio que será más despiadado o menos ilusorio, se derrumbarán mitos en relación con la persona que amamos. Quizá por vez primera conseguiremos ver a nuestro ser amado bajo una luz más fría, más realista; tal vez nos pondremos a reflexionar sobre la oportunidad de seguir o no nuestra relación. Desde este punto de vista el tránsito es útil, puesto que nos hace reflexionar mucho; y si todavía no hemos tomado una decisión de matrimonio o de convivencia, nos puede sugerir que evitemos decisiones arriesgadas. Ser capaces de ver las "arrugas del amor" no siempre es algo desagradable. Si nuestra sabiduría nos permitiera ver siempre con objetividad nuestra relación sentimental, a lo mejor nunca nos meteríamos en historias inconsistentes. Para una pareja debería ser una buena regla esperar a que llegue el primer tránsito de este tipo antes de decidir compartir toda la vida. Cuando el tránsito Saturno–Venus se expresa con más negatividad hay una separación que puede incluso ser definitiva. En este caso también podemos encontrarnos en el lado equivocado, es decir que podemos ser abandonados por el ser a quien más amamos. Otras veces descubrimos que nuestro ser querido nos es infiel, así que sufrimos en cualquier caso. Pero respecto a los tránsitos Urano–Venus, los de Saturno en ángulo inarmónico con nuestra Venus natal nos ofrecen la oportunidad de recuperar lo que habíamos perdido: es decir, que cuando han pasado, siempre es posible una reconciliación. En efecto, muchas veces el tránsito significa sólo un período más o menos largo de separación que puede depender de compromisos de trabajo o de estudio temporales de uno de los dos elementos de la pareja. Otras veces la abstinencia sexual puede estar relacionada con un mal estado de salud de uno de los dos. Raramente este tránsito puede acompañar un embarazo, pero tampoco es posible excluirlo. En cuanto a su sentido económico, el tránsito en cuestión se refiere a un período de vacas flacas, de dificultades económicas, de mayores salidas o de menores ingresos. Y en cuanto a la salud del sujeto, cabe prever un estado no bueno, a nivel tanto físico como mental. Y para finalizar, este tránsito puede indicar el mal estado de salud o la crisis sentimental de una figura femenina querida.

Saturno en aspecto armónico con Marte

Cuando Saturno transita formando un ángulo armónico respecto a nuestro Marte de nacimiento, logramos someter magníficamente la fuerza a la razón. Mantenemos bastante bajo control nuestro instinto agresivo y tendemos a disciplinar con sabiduría las pulsiones más profundas e inmaduras que proceden de nuestro interior. Por esto el período se presenta como excelente para cualquier trabajo en que se necesite un frío control de las acciones. Es un período muy proficuo para los artistas y los artesanos, pero también para los demás: para cualquier persona que tenga que llevar a cabo una tarea delicada, tanto si se trata de construir una maqueta de barco o de reparar un reloj, nos damos cuenta de lo agradable que es poder tener bajo control nuestra energía. Bajo este tránsito los cirujanos, justamente gracias a su mano firme, lograrán realizar intervenciones importantes y difíciles. También los pilotos de avión, de camión o de coches deportivos y de competición se expresarán al máximo durante este tránsito. Si tenemos que hacer un viaje largo o muy largo en coche, éste es el tránsito perfecto para hacerlo. Saturno también sabe enredar bien las pulsiones destructivas de nuestra mente. Durante este paso planetario somos capaces de mirar en la realidad con extrema racionalidad, y de gestionar con madurez y ponderación incluso las situaciones más difíciles, las que suelen involucrarnos emocionalmente. En algunas ocasiones también daremos la imagen de cínicos, sin miramiento, pero esto es el reverso de la medalla. No nos dejaremos arrastrar en ningún caso por los sentimientos y lograremos tomar decisiones severas pero necesarias. Si tenemos hijos o hijas, tomaremos una actitud más severa con ellos. También seremos capaces de cortar las "ramas secas" en nuestro corazón. Nuestro compromiso para las obras importantes alcanzará su máximo nivel: nuestra voluntad no vacilará y podremos empezar nuestro camino hacia cualquier meta de la mejor manera posible. Nuestra fuerza no será ni rápida ni superlativa, sino sencillamente constante e duradera. El buen apoyo de Saturno podrá resultarnos útil para solucionar adversidades de diverso tipo, adversidades justamente simbolizadas por Marte. Una larga controversia podría finalmente acabarse durante este tránsito. Posibles curaciones de viejas heridas, en sentido tanto físico como figurado. Mejora la situación de una fractura ósea.

Saturno en aspecto inarmónico con Marte

Cuando Saturno pasa formando un ángulo inarmónico respecto a nuestro Marte de nacimiento, nos encontramos en el centro de un período lleno de conflictos. Seguramente actuamos con mayor agresividad y con un espíritu beligerante. Nos volvemos más radicales en nuestras elecciones y el humor de estos días se puede emblematizar con un puño contenido sacudiendo una mesa. Ahora brota a la luz todo lo extremo, belicoso y prepotente que alberga en nosotros. No podremos controlar fácilmente los instintos más salvajes de nuestra persona. Corremos el riesgo de perder el control y de perjudicar a los demás o a nosotros mismos. Seguramente actuaremos de manera más dura e incluso sin piedad. Un considerable cinismo nos conducirá a acciones que son objetivamente malvadas o que por lo menos no pertenecen a nuestra índole. Tenderemos a juzgar severamente, demasiado rigurosamente, a los demás. No logramos o no queremos ser tolerantes con las debilidades ajenas. Si fuésemos jueces, en estos días emitiríamos condenas muy severas. Puede haber muchos sentimientos conduciéndonos en estos días, pero seguramente no los de tipo cristiano. No estamos nada dispuestos a poner la otra mejilla, pues pensamos que la única regla válida es la del ojo por ojo y diente por diente… El cinismo que nos gobierna durante este paso planetario, tal como dice un antiguo refrán, podría inducirnos, por absurdo, a pasar por encima del cadáver de uno de nuestros padres para alcanzar un objetivo. Se trata de un período muy malo para cirujanos, chóferes, pilotos y todos los que tienen que efectuar trabajos de precisión. La tendencia a la destrucción, voluntaria o involuntaria, es grande. Seguramente a nuestro alrededor se romperán objetos, debido a la resonancia destructiva que flota alrededor de nuestra persona. Pospongamos las tareas importantes y las de precisión, y evitemos también conducir el coche durante largo tiempo. Una cuota de mala suerte, objetivamente, nos afecta y hace que muchas cosas nos vayan mal. También notamos frialdad y hostilidad por parte de los demás. Es el momento en que antiguos rencores pueden aflorar y empujarnos a pelearnos incluso con las autoridades: un policía, un juez, el jefe en el trabajo, etcétera. Además, este tránsito es muy destructivo con nosotros, por lo que tenemos que ser muy cuidadosos si queremos evitar dañarnos a nosotros mismos. Abstengámonos de practicar deportes peligrosos de todo tipo y evitemos conducir coches o motocicletas en condiciones de peligro objetivo: con niebla, con hielo, durante tormentas, etcétera. El peligro de accidentes, de fracturas óseas y de operaciones quirúrgicas es muy alto. Si otros elementos del tema natal o de los tránsitos actuales o del Retorno Solar que se refiere al mismo período apuntan en la misma dirección, entonces el peligro es realmente muy fuerte. Si éste es el caso, tratemos de aplazar exámenes médicos invasivos que suponen un riesgo especial, como puede ser una exploración interna de la situación de nuestro sistema circulatorio. Aplacemos también eventuales liposucciones o intervenciones parecidas. Defendámonos de todas las patologías debidas a excesos, comamos y bebamos con moderación.

Saturno en aspecto armónico con Júpiter

Cuando Saturno circula formando un ángulo armónico respecto a Júpiter, indica que hay un buen número de situaciones que pueden mejorar y llegar a buen final. Este tránsito es tal vez uno de los mejores para recuperarse después de una caída. No será fácil y quizá necesitará tiempo para volverse a levantar, pero este tránsito asegura resultados positivos. Nos encontramos en un período de mejor equilibrio general y podemos proceder en la dirección de un crecimiento, tanto a nivel psicológico personal como relacionado con nuestra carrera profesional. Durante este paso planetario no es inusual que recibamos alabanzas, avances, reconocimientos oficiales por nuestro trabajo. La carrera que hemos podido desarrollar hasta los niveles actuales si consolida mucho en este período, lo que nos ofrece la tranquilidad de podernos proyectar ulteriormente hacia adelante. Las personas que nos pueden ayudar mucho más son las que tienen poder: jueces, políticos, prelados de grado elevado, administradores públicos, importantes representantes de la cultura, etcétera. Y si se trata de ancianos este aspecto se ve fortalecido. Si planeamos embarcarnos en un viaje difícil, se trata seguramente del momento mejor para hacerlo. Se verán mucho más favorecidos los viajes a países remotos, pero también las estancias en el extranjero o en otra ciudad. Una obra nuestra, fruto de un paciente y largo trabajo, por fin tiene éxito en el extranjero. Nuestros estudios superiores, de tipo universitario, reciben un influjo positivo que dará buenos frutos. También el estudio de cualquier disciplina de las que poco tienen que ver con nuestra vida diaria será gratificante para nosotros, hablamos de astrología, filosofía, teología, esoterismo, yoga, taoísmo, etcétera. Si tenemos cuestiones legales pendientes, si llevamos tiempo manteniendo estrictas relaciones con jueces y abogados, este tránsito nos promete una solución favorable. Podemos concentrar más esfuerzo en asuntos de negocios, puesto que es un momento bueno bajo este punto de vista. Y para finalizar, podríamos conseguir una ventaja particular de curas de desintoxicación, o que de cualquier manera sirven para mejorar la salud del hígado y la calidad de la sangre.

Saturno en aspecto inarmónico con Júpiter

Cuando Saturno pasa formando un ángulo malo respecto a nuestro Júpiter natal, notamos que debemos esforzarnos mucho para levantarnos tras una caída. Nuestras capacidades de defensa están al mínimo nivel posible. Sentimos que el tiempo no es favorable para que superemos antiguas crisis y, cuanto más están ramificadas estas crisis, más difícil será que puedan mejorar. Sólo hace falta un poco de intuición personal para comprender que debemos aplazar a fechas mejores eventuales acciones de saneamiento de los problemas actuales. Sin pretender escondernos detrás de una mano, podemos decir con la mayor franqueza que nos está tocando un período de mala suerte. Y sobre este punto tenemos que disentir rotundamente de otros autores, que opinan que la mala suerte es algo que se desarrolla exclusivamente a partir de nuestra actitud negativa respecto a la vida. No, especialmente este tránsito nos muestra qué niveles puede alcanzar una mala suerte objetiva, independiente de nuestro estado de ánimo: una mala suerte que se alimenta de su propia fuerza. Y más que en otros campos, esa mala suerte nos afectará en los negocios. Así que tendremos que ser particularmente prudentes para no sufrir desdichas importantes en relación con nuestro patrimonio, por grande o pequeño que sea. Desde este punto de vista el tránsito no es en absoluto idóneo para apoyar posibles especulaciones por nuestra parte, de cualquier tipo. Así pues, abstengámonos de transacciones de bolsa o que de una manera u otra parezcan brindarnos hipotéticos grandes ingresos, pero a cambio de escasas garantías. Aplacemos a otra fecha las negociaciones de las que, en todo o en parte, puede depender nuestro futuro. Si somos estudiantes universitarios, notaremos una mayor dificultad en nuestros estudios. Lo mismo vale si pensamos profundizar temas relacionado con la lejanía, pero esta vez en sentido cultural: la teología, la filosofía, la astrología, la parapsicología, la ufología, etcétera. Lo mismo vale para el estudio de los idiomas extranjeros o de los lenguajes de programación de ordenador. Evitemos, a ser posible, efectuar viajes y especialmente viajes importantes. Puede suceder que tengamos que hacer un viaje, y se tratará de traslados relacionados de alguna manera con desdichas que nos tocan directa o indirectamente, como puede ser una operación quirúrgica que nos espera a nosotros o a un pariente nuestro en un hospital extranjero. Se trata de un período duro para las estancias lejos de nuestra casa, por ejemplo por motivos laborales. En este momento nos negarán su mano las personas importantes e influyentes como fiscales, políticos y altos prelados. Si tenemos pleitos pendientes, difícilmente recogeremos sentencias favorables durante este tránsito. Aplacemos hasta una fecha indefinida el inicio de controversias legales. Nuestra salud, sobre todo el hígado y la sangre, registra un momento de empeoramiento.

Saturno en aspecto armónico con Saturno

Cuando Saturno se traslada hasta un ángulo armónico respecto a nuestro Saturno natal, podemos construir mucho a condición de que se trate de proyectos a largo o remoto plazo. Saturno nos hace comprender que las cosas buenas no se obtienen con las prisas sino con el compromiso constante y duradero. Muy lentamente logramos superar antiguos problemas que se habían sedimentado en nuestro destino penalizándonos durante años o décadas. Una nueva y más fuerte madurez nos regala los dones de la sabiduría, de la reflexión y del control sobre nuestras acciones. Recibimos ayuda sobre todo de personas ancianas. Los negocios nos pueden marchar bien con tal de que se trate de proyectos a largo plazo. Debemos apuntar a lo lejos, muy lejos en el tiempo. Se trata de un período muy favorable para plantear planes de tipo veinteñal. Somos capaces de planificar con sabiduría y con conocimiento de causa casi todo nuestro futuro. Durante tránsitos de este tipo podemos decidir matricularnos en la universidad para embarcarnos en una larga carrera o empezar a estudiar una asignatura que ya al inicio nos anuncia que será un camino muy complicado. La construcción de una casa o el inicio del pago de una hipoteca para su construcción pueden iniciar con el cielo adecuado. Sea cual sea la obra de nuestro talento de la que se trate, composición de música o redacción de una novela, el tiempo nos otorgará los resultados merecidos. Este paso planetario hace aumentar mucho nuestra ambición, y es por eso que podemos decidir de enfrentarnos a senderos largos y muy difíciles. Los desafíos no nos asustan en este momento. Tenemos inclinación al sacrificio más que al placer. Sentimos una exigencia de sobriedad, de esencialidad y de frugalidad. También nuestro cuerpo responderá de manera parecida, favoreciendo eventuales dietas y curas adelgazantes. Desde el espectáculo hasta los libros, de la televisión a la radio, nos atraerán mucho más los asuntos serios o graves, y nos alejaremos de la búsqueda lúdica y recreativa que frecuentemente caracteriza nuestra vida diaria. Y se notará, por ejemplo, gracias a nuestra manera de vestir, que tenderá a ser más sobria y más clásica, con predominancia de colores tristes y sombríos. Y por último se trata de un período muy bueno para hacer esfuerzos favorables hacia nuestra salud, sobre todo la de los dientes y los huesos.

Saturno en aspecto inarmónico con Saturno

Cuando Saturno transita formando un ángulo disonante respecto a nuestro Saturno natal, sentimos una fuerte resistencia a que nuestras acciones alcancen el éxito. Cada iniciativa que tratamos de empezar se verá constelada por un poco de desconfianza. El camino será seguramente cuesta arriba y también serán cuesta arriba los posibles apoyos que vamos buscando a nuestro alrededor. El tiempo no es nuestro amigo; antiguas batallas llegarán finalmente a su punto final, pero con resultado desfavorable. Cuidémonos de todo lo que se puede etiquetar como viejo. Durante este paso planetario se cierran ciclos, realidades que nos tocan pueden desaparecer para siempre jamás. Se trata, por supuesto, de un momento muy duro aunque su dureza es mucho más inferior respecto a la de Saturno transitando en ángulo disonante con Marte. Evitemos comprometernos en planes a largo plazo, y sobre todo no pidamos préstamos muy largos durante este tránsito, ya que podríamos no ser capaces de extinguirlos. Tratemos de focalizar nuestros esfuerzos sólo en objetivos cercanos, de los que se pueden conseguir fácilmente. Las personas ancianas en general, nos pueden obstaculizar o penalizar. Durante el transito del que estamos hablando, es preferible que no hagamos nacer nada importante, como por ejemplo una empresa comercial, un matrimonio o una sociedad con otras personas. Nos encontraremos fácilmente con dificultades económicas y laborales. Nuestra ambición crecerá bastante, pero se verá frustrada por los acontecimientos que nos afectarán en estas semanas. Independientemente de nuestra voluntad estaremos obligados a un régimen de austeridad, de sobriedad y de renuncia. Difícilmente podremos divertirnos y disminuirán nuestras salidas por la tarde, nuestras salidas al cine, al teatro, a conciertos o en discoteca. Probablemente perderemos peso, pero eso podría también ser el síntoma de un mal estado de salud. No nos atraerá la comida y nos aislaremos de los demás. Sentiremos, bajo un cierto punto de vista, que tenemos la "muerte en el corazón": que tenemos el alma cargada, que estamos tristes, melancólicos e incluso un poco deprimidos. Nuestro aspecto mostrará este cariz nuestro a través de un menor cuidado de nuestra persona y la tendencia a vestir colores grises, oscuros y sombríos. Como Saturno es el tiempo y en nuestro cuerpo el tiempo lo podemos medir a través del calcio, es probable que durante este paso planetario tengamos problemas con los huesos y los dientes. Algunos de nuestros trastornos periódicos tenderán a volverse crónicos.

Saturno en aspecto armónico con Urano

Cuando Saturno circula formando un ángulo favorable respecto a nuestro Urano radical, podemos cumplir, de manera racional y equilibrada, todos los proyectos de renovación que hemos trabajado hasta ese momento, pero sólo en nuestra mente. Ahora los realizamos en la práctica y de manera ordenada. Sentimos que podemos potenciar nuestra vida desde muchos puntos de vista, pero también sabemos que eso tiene que producirse de manera constructiva y que las cortas y efímeras llamaradas no serán útiles. Aceptamos con placer todas las novedades, siempre que se realicen bajo el marco de un programa general bajo el estricto control de la razón. Durante este período también se arreglarán importantes cambios que hemos vivido en los años anteriores y que ahora finalmente alcanzan un equilibrio estable. Resultarán favorecidos los estudios de temas nuevos o muy nuevos, en cualquier sector, desde la electrónica hasta la informática pasando por la fotografía, la astrología y otras tantas. Aceptamos con sabiduría las grandes y pequeñas revoluciones que nos ven protagonistas, independientemente de si nosotros las realizamos activamente o las sufrimos pasivamente. Por esto todo lo que es ultramoderno nos favorece: por ejemplo terapias con hipertermia o rayos láser y la suministración de nuevas medicinas siempre que hayan sido experimentadas y que las autoridades sanitarias de nuestro país hayan reconocido su eficiencia. Si nunca hemos utilizado el ordenador hasta ahora, bajo este tránsito podemos empezar a hacerlo. Lo haremos poco a poco, paso a paso, despacio pero progresivamente, aprendiendo algo cada día, con calma y con paciencia. Esta es la parte esencial de la acción combinada y sinérgica de Saturno y Urano: lo nuevo, lo muy nuevo, "tomado" en pequeñas dosis. No importa si no aprenderemos nunca cómo está construido un ordenador en su interior o cómo funciona realmente: lo importante es aprender a utilizarlo en sus aplicaciones fundamentales como la escritura de textos, la creación de bases de datos para la gestión de nuestra agenda, el listado de nuestros clientes, etcétera. Una antigua amistad se fortalecerá durante este paso planetario. Estableceremos nuevas y preciosas amistades, sobre todo con Acuarios o con sujetos muy uranianos. Desarrollaremos óptimos proyectos para el futuro, proyectos de contenido muy innovador, pero los gestionaremos con mucha racionalidad y juicio. Conseguiremos obtener apoyos importantes de las personas que cuentan.

Saturno en aspecto inarmónico con Urano

Cuando Saturno circula formando un ángulo positivo respecto a nuestro Urano natal, sentimos que nuestra actitud tiende a ser radical, brusca y destructiva. No logramos meditar, tenemos dificultades para mantener la paciencia con las personas que no comprenden algo con rapidez. Nos enfadamos si la persona con la que conversamos vacila y se toma su tiempo, quisiéramos que todo el mundo se expresara en "tiempo real", sin esperas o largas de cualquier tipo. Nuestras ideas políticas nos pueden cegar hasta el punto que ya no tengamos en cuenta las ideas de los demás. Durante este recorrido planetario nos volvemos más prepotentes y acabamos por ser un poco tiranos con las personas que nos rodean y se ven obligados a soportar nuestros excesos. Debido a esta actitud, que es parecida a la provocada por el tránsito inarmónico Saturno–Marte pero a una octava más arriba, corremos el riesgo de alienarnos muchas simpatías y de provocar roturas con amistades e incluso comprometer nuestra relación de pareja. Debemos esforzarnos para contar hasta diez antes de contestar y reaccionar ante cualquier situación. Con nuestras maneras bruscas incluso puede que nos volvamos destructivos, especialmente con las manos: nos caen las cosas al suelo, nos herimos con cuchillos o herramientas puntiagudas y cortantes, rompemos mecanismos porque no los manejamos con cuidado, perjudicamos el funcionamiento de algo porque durante estas semanas somos bastante torpes. Pero sobre todo nos afectan las novedades, a cualquier nivel. Tanto si hablamos de salud como de negocios, tenemos que mantener las distancias entre nosotros y las cosas nuevas o modernas. Nos podrán afectar los últimos descubrimientos de la técnica: por ejemplo, si compramos el tipo de disco duro para ordenador más reciente, con espíritu de pionero porque el aparato no ha sido suficientemente verificado, podríamos correr el riesgo de perder todos nuestros archivos debido al mal funcionamiento de ese dispositivo de almacenamiento. Recorramos los caminos conocidos y prefiramos todo lo que es un poco añejo: habrá tránsitos mejores para las novedades. De todas formas, aunque nos preparemos con prudencia y cuidado en la vida diaria, nos llegarán malas noticias. Bajo este aspecto podemos afirmar sin duda alguna que el período se presenta bastante desdichado, tanto en los negocios como en nuestra vida sentimental. Las malas noticias tienden a llegar como bombas, en el momento menos pensado. Amistades con personas del signo de Acuario o con fuertes valencias uranianas nos pueden afectar durante este tránsito. Se rompen viejas amistades. Los proyectos que hacemos en este período están destinados a fracasar. Perdimos de forma imprevista una protección importante, el apoyo de personajes influyentes. Nuestra salud se ve comprometida por curas que no están probadas de forma suficiente.

Saturno en aspecto armónico con Neptuno

Cuando Saturno circula formando un ángulo positivo respecto a nuestro Neptuno natal, notamos que se hacen más consistentes nuestros anhelos interiores hacia una vida más espiritual. Independientemente de si somos creyentes o ateos, practicantes o no, tenemos la sensación que han llegado a su maduración los largos procesos de sedimentación hacia los que hemos dirigido nuestra mente respecto a lo sobrenatural, en el sentido más amplio. Algo ha ido creciendo lentamente dentro de nosotros y por fin podemos solarizar los empujes interiores que hasta hoy no habían logrado derecho de ciudadanía en nuestro corazón. Alcanzamos un equilibrio, una solución de compromiso entre nuestra racionalidad y lo que de místico nos llega desde nuestro interior. Comprendemos qué es lo que entendía Carl Gustav Jung cuando decía que el ser humano no es solamente el producto de infelices experiencias infantiles (como pretendía el verbo de Freud), sino también un ser que mira hacia arriba, que eleva su espíritu, que se mueve en sentido místico hacia los misterios de la vida y de la muerte. Pero la inspiración que registramos aquí no es solamente de tipo religioso, sino que se puede concretizar a través de un período de gran fertilidad creativa: poética, narrativa, artística y musical. Tenemos mayor sensibilidad hacia las sugestiones de cualquier ambiente con el que entramos en contacto. También sentimos la exigencia de hacer cosas buenas, de ayudar a los que más lo necesitan, lo que puede hacer madurar en nosotros alientos de caridad y ganas de tomar iniciativas en todas las posibles ocasiones de voluntariado. Nos damos cuenta que hacer buenas acciones nos gratifica en primer lugar a nosotros mismos. Nos complace dar limosna. Nos damos cuenta que esta nueva sensibilidad que se ha hecho evidente a nuestros ojos, está destinada a durar, a llegar a ser un pilar estable de nuestro futuro, dado que ha nacido bajo el patrocinio de Saturno. Es probable que debamos ocuparnos de un pariente enfermo, sobre todo se tratará de personas ancianas. Recibimos riquezas espirituales o nutrición para la mente de parte de sacerdotes, psicólogos, astrólogos... Todas nuestras aficiones, que nunca habían salido a la luz por completo, por el mundo de la fe o el de la psicología, parapsicología y/o astrología, llegan a una estación importante de nuestro viaje terreno. Durante este paso planetario nuestras investigaciones en los citados sectores podrán brindarnos frutos excelentes. También se verán favorecidas las investigaciones de espionaje, como por ejemplo las que emprendemos para averiguar si una determinada persona nos es infiel.

Por fin, después de tanto tiempo, conseguiremos descubrir a nuestros enemigos ocultos, a las personas que nos quieren mal. Superaremos antiguos apuros. Podremos embarcarnos en largos viajes, sobre todo por mar. La acción moderadora de Saturno podrá permitirnos salir de una adicción al alcohol, a fármacos, a toxinas en general (incluso drogas). Algunos, durante este tránsito, podrían sentir atracción hacia el mundo monástico o hacia una elección de aislamiento.

Saturno en aspecto inarmónico con Neptuno

Cuando Saturno circula formando un ángulo disonante respecto a nuestro Neptuno natal, nos sentimos trastornados por pujanzas interiores que no podemos identificar. Es como si llegaran a su destino viejos procesos evolutivos o involutivos que tienen que ver con nuestra manera de acercarnos a lo sobrenatural. La frase clave de este tránsito es "estado de conciencia alterado". Pero no se trata de un estado agudo, como acontece con el aspecto inarmónico Marte–Neptuno: en este caso hay que entenderlo como un largo proceso que llega a su estación final, definitiva. Bajo esta luz todo ello se puede leer tanto como fe, que ahora llegamos a practicar de una manera más enfática, con la espada en la mano, o como una neurosis, miedo, angustia y fobia relacionada con un credo que hemos abrazado hace poco. Nos sentimos inquietos y confundidos, no logramos ver claro dentro de nosotros, tenemos miedo pero no sabemos exactamente de qué. Nuestra psique está trastornada y nos comportamos como si estuviéramos bajo el efecto de fuertes fármacos o de drogas. Nuestras ideas políticas o nuestros credos religiosos de cualquier tipo, nos llevan a una militancia activa, a realizar pasos importantes como entrar en una orden religiosa o en un partido llevando con nosotros todo el énfasis de este momento. Pero esas batallas o guerras que queremos combatir no se refieren solamente a altos ideales, sino también a cualquier convicción nuestra que ahora llega a niveles de fanatismo y que puede estar relacionada con la alimentación macrobiótica, la oposición a la contaminación, la protección de una técnica quirúrgica y el compromiso civil y social. A lo largo de este paso planetario podríamos tener encuentros desagradables con sacerdotes, psicólogos, supuestos magos o astrólogos, etcétera. Con esto no queremos criminalizar las citadas categorías, sino simplemente explicar que nuestro estado de conciencia alterado podría ulteriormente empeorar con la cercanía de personajes muy orientados en la dirección de un credo. Es probable que tengamos que tomar medicinas para aliviar el estado de inquietud que puede apoderarse de nosotros durante estas semanas, pero si lo hacemos no olvidemos que el tránsito nos expone a intoxicaciones de todo tipo, incluso de fármacos. Evitemos envenenarnos ulteriormente con mucho café, alcohol y humo. Una vieja intoxicación que hemos ido alimentando durante años y años ahora sube a la superficie y nos impone que paguemos la cuenta. Personajes neuróticos o al límite de la psicosis, nos trastornan, nos amenazan o nos ocasionan problemas. Nos sentimos bajo el ataque de enemigos escondidos, y también en este caso la componente mental puede jugar un papel importante, en negativo. De hecho estos enemigos pueden tener una identidad cierta, pero también podrían ser solamente fantasmas salidos de nuestra imaginación. Posible encarcelamiento o cautiverio forzado, por ejemplo un internamiento en hospital por un problema de salud que arrastramos desde hace tiempo. Evitemos los largos viajes sobre todo por mar y no practiquemos la pesca submarina en este período.

Saturno en aspecto armónico con Plutón

Cuando Saturno circula formando un ángulo armónico respecto a nuestro Plutón natal, conseguimos que la razón controle mejor nuestras fuerzas más interiores y, en cierto sentido, más salvajes. Se trata de un salto de calidad, de un proceso de maduración que nos permite un mejor control de los impulsos más animales de nuestra persona. Evidentemente se trata de un momento de crecimiento para nosotros. Seguramente, cuando empezamos a actuar más bajo el control de la mente que bajo el empuje de emociones, eso quiere decir que hemos perdido espontaneidad y brío juvenil, pero que a cambio hemos adquirido mucha más madurez y sabiduría. También el control sobre nuestra sexualidad se volverá menos aleatorio y estará más sometido a la voluntad. Pero si este último punto puede desfavorecer a los varones, suponiendo también un probable calo de virilidad, por otra parte puede representar para ellos una etapa nueva y mejor de su propia sexualidad (por ejemplo para aquellos sujetos que sufren de eyaculación precoz). A nivel más exterior y menos psicológico, el tránsito puede indicar el arreglo definitivo de cuestiones relacionadas con herencias, liquidaciones, donaciones y pasajes de propiedad. Esto se produce normalmente como consecuencia de un luto y representa un punto de llegada de pleitos familiares o contra terceras personas. Este paso planetario también puede indicar que acumulamos intereses procedentes de fondos que habían quedado bloqueados durante un largo período, dinero vinculado que produce mayor fruto y que por fin podemos cobrar. Los frutos de un fallecimiento al que se puede referir este tránsito, no hay que entenderlos sólo bajo su aspecto económico: ya estamos hablando de todos los retornos posibles, a nivel cultural y de herencia de pensamientos, que puede uno recibir de un maestro, de una guía espiritual o de un punto de referencia importante de nuestra vida. Saturno en ángulo armónico con Plutón también indica a menudo que después de largos esfuerzos alcanzamos objetivos en búsquedas o investigaciones relacionadas con todo lo que es profundo o está enterrado y que, por lo tanto, puede tratarse del hallazgo de agua en un terreno (muy raramente, de petróleo) y de bienes sepultados por remotos parientes, etcétera. Tendremos éxito en las exploraciones geológicas y en las psicológicas: por ejemplo, en un período de análisis de nuestra mente profunda, el tránsito puede significar que llegamos a una etapa importante después de una larga tarea de excavación. Puede que un deceso llegue después de una larga agonía y que por esto tenga el carácter de una liberación. Nuestros intereses también se focalizarán sobre el misterio de la muerte, en la que nunca nos habíamos fijado anteriormente o en la que habíamos reflexionado poco.

Saturno en aspecto inarmónico con Plutón

Cuando Saturno circula formando un ángulo disonante respecto a nuestro Plutón natal, podemos tropezar con daños debidos a un comportamiento poco civil por nuestra parte, o por haberle dado excesivo espacio a las pulsiones más salvajes de nuestra naturaleza. No logramos frenar nuestros instintos y esto nos provoca problemas en las relaciones interpersonales, tanto con los familiares como con desconocidos. En cuanto a la sexualidad, el tránsito puede indicar una o más patologías debidas al avance de la edad, como temporales o definitivos bloqueos de impotencia en los caballeros o de frigidez en las damas; mala sexualidad causada, por ejemplo, por una operación en la próstata o como consecuencias de una histerectomía que comprometen el equilibrio hormonal de una mujer. De todas maneras el tránsito indica problemas relacionados con la sexualidad, tanto femenina como masculina. Pero otras veces puede indicar patologías no vinculadas directamente con la sexualidad y puede referirse, por ejemplo, al empeoramiento de problemas hemorroidales, de quistes uterinos, de prolapsos vaginales, etcétera. A nivel más exterior se trata de un tránsito que obstaculiza la adquisición de bienes procedentes de herencias, pensiones, donaciones y pasajes de propiedad. En muchos casos marca el fin de negociaciones largas y pacíficas para estrenar, desde este punto de vista, una nueva temporada de luchas y fricciones. Nuestro cónyuge sufre una pérdida consistente de patrimonio o sufre una estafa. Nosotros o nuestra pareja, o ambos, sufrimos un robo o perdemos dinero prestado. Una deuda que hemos estipulado anteriormente nos causa grandes problemas acerca de su devolución. Logramos obtener una financiación y pensamos que se trata de algo positivo, pero en realidad nos estamos metiendo en un callejón sin salida porque no seremos capaces de extinguir la deuda. Viejas o antiguas deudas se acumulan progresivamente y alcanzan un total que supera nuestra economía. En estas semanas nos puede afectar un luto doloroso o importante. Un deceso nos puede ocasionar daño. Podemos perder a un maestro, una guía espiritual o un punto de referencia cultural. Como consecuencia de una muerte, por ejemplo de uno de nuestros padres, empezamos a pensar por vez primera y en serio, con preocupación, en nuestra muerte. Realidades sepultadas nos pueden afectar, como el hallazgo de antiguos vestigios en una parcela, lo que bloquea trabajos urgentes en un terreno de nuestra propiedad. El hecho de excavar en profundidad dentro de nosotros, por ejemplo a través de un análisis de nuestra mente profunda, hace que afloren realidades que hubiera sido mejor que continuaran sepultadas.

Saturno en aspecto con el Ascendente

Véase: Saturno en la Primera Casa

Saturno en aspecto con el Medio Cielo

Véase: Saturno en la Décima Casa

Saturno en aspecto con el Descendente

Véase: Saturno en la Séptima Casa

Saturno en aspecto con el Fondo del Cielo

Véase: Saturno en la Cuarta Casa

Saturno en tránsito por la Primera Casa

Cuando Saturno pasa por nuestra Primera Casa radical, vivimos una situación en cierta medida parecida al tránsito Saturno–Sol: una cortina de melancolía nos domina y hace que nos comportemos como un motor trabajando a un número de revoluciones más bajo del normal. El efecto general del tránsito, abarcando casi todas las situaciones, se puede sintetizar en la expresión *carencia de entusiasmos*: una pérdida de interés hacia todo lo que es superfluo, mundano, superficial, efímero y que nos conduce a recorrer caminos de esencialidad, frugalidad y aislamiento. En positivo, el paso planetario que estamos describiendo indica un considerable crecimiento a nivel psicológico, una maduración difícilmente alcanzable con otros tránsitos. Notamos que sabemos administrar mejor cada situación, asumimos un mayor control de la mímica facial, logramos gobernar mejor los movimientos de nuestro cuerpo y gesticular de manera menos impulsiva. Damos prioridad al control racional respecto a la acción, y nos sale espontáneo contar hasta tres antes de responder. Ponderamos con sabiduría cada situación nueva que se nos presenta. Dirigimos nuestra atención hacia intereses primarios, importantes, y descuidamos las cuestiones pequeñas. Ponemos escasa atención en la forma y cuidamos mejor la sustancia. Logramos administrar mejor las relaciones interpersonales porque hacemos trabajar mucho la mente y poco los instintos. Nos sentimos más a nuestras anchas con las personas ancianas y nos alejamos de las compañías juveniles y/o de camaradas. No tenemos interés hacia todo lo que es lúdico y recreativo, sino que miramos directamente hacia adelante, en la dirección de proyectos constructivos y a largo plazo. Los demás perciben nuestro crecimiento y nos consideran a nosotros con mayor consideración o respeto. Nos puede ocurrir por primera vez, si nuestra edad ha superado los cuarenta años, que un joven se levante para ofrecernos su asiento en el autobús, aunque esta costumbre se ha vuelto cosa muy rara en la actualidad. Pero este tránsito que, como acabamos de decir, corresponde a un claro crecimiento de nuestra persona, se realiza – frecuentemente – a través de pruebas y sacrificios a los que nos tenemos que enfrentar. Es éste el lado menos positivo del tránsito. Como en los tránsitos Saturno–Sol, también éste es un tránsito que puede acompañar una crisis existencial, una crisis que usualmente se refiere a uno de los cuatro problemas siguientes: mal estado de salud, un luto, una dificultad sentimental/afectiva y una pérdida profesional/económica. No tenemos que hacernos demasiadas ilusiones sobre el lado supuestamente bueno de este tránsito, ya que es casi cierto que deberemos pagar un precio alto en cambio de esta mayor madurez que conquistamos. Si somos personajes públicos, conoceremos un momento de impopularidad. Una derrota personal nos puede afectar tanto en el trabajo como en la vida sentimental. El efecto final es algo más que la carencia de entusiasmos citada hace poco: puede ser una verdadera depresión, tanto más grande cuanto más seamos sensibles respecto a los problemas. En el ranking de este tipo encontramos a los Piscis, los Cáncer y los Tauros ocupando los primeros lugares. El envejecimiento de la mente y del carácter del que estamos hablando puede alcanzar niveles de envejecimiento físico con pérdida de pelo, canas, artrosis, reumatismos y problemas dentales. Sentimos una pérdida de fuerzas y comprendemos que este físico – a estas alturas – aguanta mal la excesiva solicitud de prestaciones y ya no nos concede "locuras" juveniles. Quizá uno de los aspectos más buenos de este tránsito es el hecho que tendemos a adelgazarnos: en una sociedad tan opulenta como la de hoy (desde luego nos referimos al mundo occidental industrializado), esto puede ser algo muy positivo. El Retorno Solar y los demás tránsitos pueden ayudarnos a comprender los motivos de nuestro adelgazamiento o de nuestro desaliento psicofísico. Lo peor nos puede pasar si, junto con este tránsito, se presenta una convergencia con valores de Duodécima, Primera y Sexta Casa en el mapa de Retorno Solar. La huella de envejecimiento dejada por este tránsito es algo irreversible, lo que marcará nuestra actitud futura hacia la vida para siempre jamás.

Saturno en tránsito por la Segunda Casa

Cuando Saturno pasa por nuestra Segunda Casa radical, asumimos una actitud más prudente con el dinero. Con mucha madurez y responsabilidad, comprendemos el verdadero valor de los bienes patrimoniales. Desde ahora en adelante, administraremos nuestras finanzas con mayor prudencia y sabiduría. Haremos planes de gestión a largo plazo y tomaremos decisiones, referentes a nuestro futuro económico, caracterizadas por una visión clara de la situación. Es muy probable que elijamos inversiones seguras y a largo plazo. Si en nuestra personalidad hay una componente de imprudencia, durante estos años (usualmente dos o tres años) se quedará aplastada por actitudes y decisiones marcadas por el máximo de la prudencia. Nos gustarán las construcciones lentas, las inversiones que prevén fondos bloqueados durante años. No es probable que nos atraigan las especulaciones con riesgo. Además, es posible que durante ese paso planetario se haga más dura nuestra relación con el dinero: nos haremos más ecónomos, incluso tacaños. Esto es lo que les sucede a menudo, paradójicamente, a sujetos que de repente por un motivo cualquiera se vuelven ricos, y empiezan a portarse de una manera muy conservativa con su capital, al contrario de lo que hacían unos meses antes. Puesto que la Segunda casa también se refiere a la imagen (pero no con la vista, que queda relacionada sobre todo con las Casas Sexta y Duodécima), a menudo durante el tránsito de Saturno en su Segunda, notamos que el sujeto cambia de manera bastante evidente su aspecto personal. Es extraordinario notar que muchas personas, durante este tránsito, empiezan repentinamente a vestirse de manera más clásica, abandonando su estilo deportivo o casual. Caballeros que nunca habían vestido chaquetas y corbatas, damas que nunca se presentaban con traje de chaqueta, deciden muy espectacularmente cambiar estilo de ahora en adelante. Lo mismo les puede pasar con el peinado, el corte y el color del cabello. Algunos se dejan crecer bigotes y barba, otros deciden cortárselos. A veces el tránsito acompaña un adelgazamiento de la persona, con o sin voluntad. Otras veces se ve, a nivel exterior, la tardía llegada de intereses relacionados con la fotografía, las grabaciones con video, la participación a transmisiones televisivas, el hobby de la gráfica computerizada, del dibujo a mano, del teatro de aficionados, etcétera. A menudo es posible verificar que después de largas reflexiones nos decidimos a comprar una pantalla grande y muy cara para nuestro ordenador, un televisor con opciones avanzadas, un videocasete de último grito, una cámara semiprofesional, un software de CAD (dibujo asistido por ordenador), etcétera. Si el tránsito se produce en ángulos negativos respecto a otros puntos del mapa astral o contemporáneamente a un Retorno Solar cargado, se presentarán problemas económicos que se pueden sintetizar diciendo que habrá menores ingresos o mayores gastos. De todas formas se tratará de una contracción de nuestros recursos económicos, lo que nos obligará a pedir un préstamo o a reducir drásticamente nuestros gastos generales. A veces esto está relacionado con otros tránsitos negativos en la Cuarta Casa, o con señales procedentes de la Casa Cuarta del Retorno Solar, que nos permiten deducir que tenemos que enfrentarnos a esfuerzos económicos relacionados con inversiones inmobiliarias de cualquier tipo: compras de apartamentos, reestructuraciones de casas o de oficinas, mudanzas, etcétera. Lo que está claro es que tendremos que enfrentarnos con una falta de dinero líquido. Pero la cosa se anuncia con años de antemano, así que sobre todo los empresarios, pero también nosotros, podremos pedir préstamos a los bancos solicitando un pago más dilacionado en el tiempo. Si empezamos en este momento trabajos de cualquier tipo, no olvidemos que si calculamos gastar diez, al final gastaremos treinta. A otro nivel, Saturno cruzando por la Segunda Casa significa por ejemplo el improviso abandono de un hobby fotográfico o relacionado siempre con la imagen. Nuestro aspecto personal se hará menos agradable y estará más orientado a reflejar un estado nuestro de austeridad. Si somos personajes públicos, viviremos un eclipse de nuestra visibilidad pública: nos verán menos en la televisión y nuestras fotos aparecerán menos en la prensa. Es probable que durante estos años tengamos problemas relacionadas con la oralidad, como por ejemplo períodos de leve bulimia o anorexia o bien la aparición de patologías tiroideas.

Saturno en tránsito por la Tercera Casa

Cuando Saturno pasa por nuestra Tercera Casa natal, nos encontramos en un período en que profundizamos los análisis y los pensamientos sobre todo lo que nos toca. Nuestras comunicaciones con el exterior se vuelven más consistentes y menos superficiales. Nos comprometemos para establecer contactos, para poder comunicar mejor. Esto puede significar, por ejemplo, gastar dinero para equiparnos con un móvil o con un teléfono inalámbrico, o bien comprando un fax, un módem, una antena parabólica, una impresora... También puede que dediquemos tiempo para aprender a navegar por Internet, o para aprender cómo funciona un procesador de textos. En otros casos es posible comprar un coche de segunda mano, un coche nuevo o una moto. Son todas cosas que suponen sacrificios económicos, que se miran justamente a través del color gris del señor del Capricornio. Una vieja correspondencia que se había acumulado requerirá nuestros esfuerzos para ponerla al día. Haremos viajes constructivos pero cansados y caros. Se tratará principalmente de un tráfico pendular muy molesto. Empezaremos a estudiar asignaturas difíciles o para un examen universitario particularmente difícil. Si el tránsito hay que considerarlos negativo, debido a los aspectos que forma o al conjunto general de los tránsitos e del Retorno Solar, es probable un retraso o una interrupción en los estudios. Dificultades diversas nos harán más comprometido cualquier trabajo intelectual y podríamos también notar que se trata de un período en que leeremos muy poco y escribiremos todavía menos. En cuanto al coche y a los transportes en general, podemos decir que hay muchas probabilidades de que nos roben el coche o que se nos dañe seriamente, tanto que costará mucho repararlo. En los casos peores, puede que protagonicemos un accidente de carretera, incluso como peatones: podemos caer en el autobús, nos pueden atropellar cuando cruzamos la calle, etcétera. Otras veces se trata de desplazarnos mucho debido a obligaciones muy poco agradables, como puede ser la transferencia de nuestra oficina habitual, un pariente al que tenemos que asistir y que vive lejos, una cura médica que requiere nuestra presencia lejos de casa, etcétera. El momento es pésimo para viajar, será mejor si nos quedamos en casa para evitar desagradables consecuencias como el quedarnos bloqueados en un aeropuerto durante largas horas, o hallarnos en medio de una huelga de ferrocarriles o vivir aventuras desagradables en otra ciudad. Incluso por lo que se refiere a todos los medios de telecomunicación, podemos sufrir penalizaciones de muchos tipos: podemos perder el móvil, se nos puede romper el fax o la centralita telefónica, se puede averiar la impresora del ordenador, nos pueden llegar facturas telefónicas muy elevadas cuyo origen no conseguimos comprender, etcétera. Nos puede llegar una mala noticia desde lejos, por teléfono o por correo. El mensajero pierde un paquete que hemos enviado o que estamos esperando. Nos quedamos sin línea telefónica durante algunos días o perdemos una carta importante. Es también probable que tengamos que ayudar a nuestro hermano, a un primo, a un cuñado o a un joven amigo en apuros. Sus apuros pueden ser problemas leves o también verdaderas desgracias, a los máximos niveles posibles. Se establece una mala relación entre nosotros y los parientes que acabamos de citar. Nuestros contactos con ellos se hacen menos frecuentes. En otros casos puede también pasar que tengamos malas experiencias por culpa de la prensa que nos ataca o con un editor que nos debería publicar un libro. Lo mismo nos puede acontecer a muchas octavas más abajo, por ejemplo con tarjetas que hemos mandado imprimir al tipógrafo. Y para finalizar, podemos tener considerables problemas de salud debidos al exceso de humo u otras enfermedades que afectan las vías respiratorias.

Saturno en tránsito por la Cuarta Casa

Cuando Saturno transita en la Cuarta Casa de nuestro mapa astral, es probable que nos comprometamos en un proyecto a largo plazo para comprar una casa o bien para mudarnos de la casa en la que nos encontramos en este momento. Casi todos nuestros recursos los dirigiremos hacia posibles operaciones de tipo inmobiliario que, fundamentalmente, son de tres tipos: compraventa de inmuebles (incluso parcelas de terreno) o mudanza o reestructuración de interiores de nuestro hábitat. Y nuestro hábitat cabe entenderlo tanto en sentido doméstico (el lugar en el que dormimos) como el lugar en el que trabajamos (estudio, oficina, taller, laboratorio...). La cosa resulta mucho más evidente si Júpiter se encuentra en tránsito por la Segunda o la Octava Casa, o bien Júpiter y Marte se encuentran en las citadas Casas, pero en el Retorno Solar de ese año. Saturno es sufrimiento, pero también compromiso y por eso el tránsito nos puede llevar a una mejor condición por lo que se refiere a la vivienda, aunque a costo de meses de convivencia con obreros y albañiles que nos ponen patas arriba la casa. El tránsito también puede indicar un mayor compromiso con nuestros padres, que por uno u otro motivo necesitan nuestro apoyo. En este sentido también es posible que nuestro padre o nuestra madre, o incluso nuestro suegro o nuestra suegra, vengan a vivir a nuestra casa. Cuando, al contrario, el tránsito es negativo porque forma malos aspectos o porque lo acompañan otros tránsitos particularmente cargados, puede indicar un gran problema relacionado con nuestros padres o, al límite, el fallecimiento de uno de ellos. La incidencia de una variable tan negativa está en relación – desde luego – con nuestra edad y por lo tanto podemos decir que estadísticamente hablando, es muy baja durante el primer recorrido, que acontece alrededor de nuestros veintinueve años de edad. Pero si se trata del segundo recorrido, que suele acontecer dentro de los cincuenta y ocho años de edad, las probabilidades de fallecimiento de uno o de ambos los padres son muy elevadas. Sobre todo si al tránsito lo acompañan malos tránsitos de Urano respecto a nuestro Sol radical, o a la Luna o al Ascendente. Y en cuanto a la Casa, se trata – casi siempre – de grandes cantidades que deberemos pagar para devolver un préstamo que nos habían concedido anteriormente, para encargar trabajos de reestructuración o para un mudanza. Hallamos frecuentemente esta condición en el mapa astral de un marido o de una mujer, en caso de separación, cuando uno de los cónyuges deja la casa al otro. Además este tránsito planetario puede indicar también desperfectos que nuestra casa puede sufrir debido a eventos naturales como terremotos, inundaciones, incendios, etcétera. Podemos recibir la carta de desahucio de nuestro propietario o bien tener problemas con un inmueble nuestro que hemos alquilado y que no conseguimos vaciar. Además, este tránsito se puede referir a una demora forzada, como puede ser el caso de detención en nuestro propio domicilio por un crimen que hemos cometido, o bien una enfermedad que nos obliga a guardar cama. Otras veces este mismo tránsito se refiere a una hospitalización, pero en este caso deberíamos encontrar rastro de esto en los demás aspectos y en el Retorno Solar, por ejemplo si el mapa del RS tiene fuertes valores en la Duodécima, en la Primera o en la Sexta Casa. Durante estos meses los nacidos bajo el signo del Cáncer o los que tienen importantes elementos en este signo, deberían hacer análisis para averiguar si tienen en su estómago el *Helicobacter pylori*, una bacteria que parece ser el mayor responsable de gastritis, úlceras y tumores del estómago. En relación con el ordenador, observamos que en este momento corremos el riesgo de perder datos guardados en el disco duro, debido a que se estropea.

Saturno en tránsito por la Quinta Casa

Cuando Saturno transita en la Quinta Casa de nuestro mapa astral, es posible notar que nos acercamos a un hobby bastante serio, come podría ser el *bridge* o el ajedrez, pero sin excluir el estudio de las grandes batallas de la historia o la literatura clásica. Durante nuestro tiempo libre centramos nuestra atención hacia objetos que otros pueden considerar serios o aburridos, pero que corresponden exactamente a lo que deseamos en este momento. También es probable que elijamos compañeros de recreo más ancianos que nosotros, o personas que tienen fama de no saberse divertir. Un viejo hobby puede convertirse en una práctica profesional y lo empezamos a vivir con responsabilidad y rigor. Puede suceder también que empecemos a enseñar, quizá tarde, una asignatura en que somos particularmente expertos. Un hijo o una hija nuestra crece y nos otorga satisfacciones demostrando madurez. Si el tránsito hay que considerarlo negativo, casi ciertamente señala un rotundo descenso de todas nuestras actividades lúdicas y recreativas, o incluso su completa interrupción. Con muchas probabilidades nos enfrentaremos a una crisis sentimental o sexual. Nos divertiremos muy poco y sufriremos interrupciones temporales o definitiva en nuestra actividad sexual con nuestro actual compañero o con nuestra compañera. En cierto sentido acabaremos viviendo como anacoretas. Esto es debido frecuentemente a grandes preocupaciones, cuyo origen nos los pueden aclarar, si lo sabemos interpretar, los otros sectores objetos de tránsitos en ese momento o el conjunto del Retorno Solar. De todas maneras, durante los meses en que dura este tránsito planetario las probabilidades de una separación nuestra son realmente muy elevadas y, en el mejor de los casos, se tratará de una larga pausa en nuestra relación de pareja. También se puede verificar la hipótesis de un mal estado de salud de nuestra media naranja, aunque con menores probabilidades respecto a las situaciones enumeradas con anterioridad. Durantes estos meses saldremos poco y habrá menos restaurantes, cines, teatros, conciertos y discotecas para nosotros. Muchas veces se trata también de problemas que afectan a un hijo nuestro: puede que tenga que marcharse y que se encuentre lejos, o bien puede que esté en crisis por un motivo cualquiera. Este tránsito también se encuentra presente en muchos casos de preocupaciones relacionadas con una paternidad o maternidad, es decir, que puede que intentemos tener un hijo pero nos damos cuenta de que se trata de una empresa para nada fácil. Durante este tránsito muchas parejas descubren que son estériles y que tienen que emprender una larga vía crucis con la esperanza de poder concebir un hijo. A veces se trata del problema opuesto: se presenta en embarazo en un momento muy poco feliz. Las mujeres que tienen este tránsito y que tienen a Saturno en su Quinta Casa natal, tienen que prepararse a un embarazo difícil con posible aborto o cesárea. Si somos docentes, este tránsito nos obstaculiza en nuestro trabajo porque desfavorece las relaciones con los muchachos o los jóvenes en general. Lo mismo vale si somos personajes públicos: tendremos una baja de popularidad. Durante este tránsito todas las tareas creativas sufren una parada. Además son posibles problemas de próstata en los hombres y problemas ginecológicos en las mujeres. Evitemos las relaciones sexuales ocasionales: se trata de una regla general pero durante este tránsito se convierte en algo obligatorio. También evitemos las especulaciones de bolsa y el azar porque corremos el riesgo de perder mucho dinero. Cuidemos más del costo de nuestras diversiones, puesto que podríamos exagerar. Cabe desaconsejar los viajes durante este tránsito.

Saturno en tránsito por la Sexta Casa

Cuando Saturno transita en nuestra Sexta Casa de nacimiento, crecen y se hacen más serios nuestros intereses por el cuerpo, desde un punto de vista tanto estético como de la salud. Decidimos que ha llegado la hora de ocuparnos mucho más de nosotros mismos: lo hacemos a través de visitas médicas, nuevas terapias, frecuentando el gimnasio, zonas termales, con tratamientos de fango mineral, de aguas terapéuticas, de masajes, de fisioterapias, de aplicaciones shiatsu o de acupuntura, de dietas de desintoxicación o adelgazantes, de cuidados homeopáticos, de estufas, de balneoterapias, helioterapias, etcétera. Puede que tras muchos años podamos resolver un problema de salud del que no conocíamos el origen. Nos sometemos a cuidados que nos van a servir durante largo tiempo de ahora en adelante, como en el caso de una limpieza profunda de los dientes, que se hace cortando las encías y empleando cincel y martillo (curetaje). El tránsito puede indicar que empecemos a utilizas una prótesis dentaria que es nuestro certificado de la vejez pero que al mismo tiempo nos libera de los problemas de masticación. Crece dentro de nosotros la conciencia de deber economizar las energías y comprender que nuestra cuota individual de fuerza no es inagotable, y que debemos empezar a contar con una vejez que se está acercando. Este tránsito favorece la consolidación de una relación de trabajo: puede que nos otorguen un contrato laboral regular después de años de contratos temporales, que nos reconozcan nuestra ancianidad de servicio, que alcancemos un alto nivel en la jerarquía profesional de la empresa en que trabajamos o que obtengamos por fin cargos a los que anhelábamos desde hacía tiempo. Si somos empresarios, es posible que se realice una relación más estable entre nosotros y un dependiente nuestro: por ejemplo puede que se trate de un empleado que hasta ahora había podido colaborar tan sólo de forma parcial o provisional, pero que ahora nos declara su completa disponibilidad. Un colaborador nuestro recibe un reconocimiento por parte de terceros para su habilidad o lealtad. Después de meditarlo largo tiempo, decidimos adoptar un cachorro de perro o un gatito. Si el tránsito es negativo, casi seguramente marcará la aparición de una enfermedad. Ruego que el lector lea, o vuelva a leer, lo que he escrito en el prefacio a este capítulo en relación al tránsito de Saturno como importante indicador en la búsqueda de la verdadera hora de nacimiento de un sujeto. Muchísimas veces se tratará de problemas de dientes o de huesos, aunque la patología puede tocar cualquier sector. Otras veces el paso planetario del que estamos hablando atestigua el empeoramiento en sentido crónico e irreversible de un problema nuestro, como artrosis, reumatismos, alergias, etcétera. No debemos subestimar las señales de alarma que se emprenderán, porque no podrá tratarse de patologías leves. Sin embargo el nivel de daño que al que tendremos que enfrentarnos también depende de los otros tránsitos en curso y, como siempre, para quienes quieren seguir este método de análisis, también depende del Retorno Solar. Si se juntan Saturno en la Sexta Casa con valores de Duodécima, Primera y Sexta casa en el mapa de Retorno Solar, el resultado puede ser fatal. Si otros elementos de análisis lo justifican, también puede ser posible una operación quirúrgica. En otro sector, nos enfrentaremos con muchas tareas laborales, tendremos mucho trabajo o las malas relaciones con colegas, jefes y superiores nos provocarán estrés. Nuestro ambiente laboral se hará de repente más pesado, cargado, y desearemos dejarlo. Y en efecto, muchas veces uno cambia de trabajo durante este tránsito. Es posible que durante estos meses escribamos o que recibamos una carta de despedida. Si somos empresarios, casi seguramente podemos prever que uno de nuestros colaboradores o dependientes se alejen de forma temporal o definitiva. A menudo se trata de un período en que debemos cambiar muchos criados porque ellos se despiden o porque nosotros tenemos que despedirlos a ellos, aunque desde luego estamos hablando de una minoría de casos. También debemos esperarnos citaciones en juicio por parte de antiguos empleados, o incluso una sentencia desfavorable y definitiva en un pleito con ellos.

Saturno en tránsito por la Séptima Casa

Cuando Saturno transita en nuestra Séptima Casa de nacimiento, sentimos la necesidad de deber establecer relaciones más estrechas con los demás. Sobre todo si somos introvertidos o egocéntricos, nos volvemos conscientes de que debemos enlazar relaciones, alianzas, contactos con los demás. Una iniciativa de trabajo nuestra, por ejemplo, nos podrá obligar a publicar nuestro número de teléfono en el diario y tendremos que recibir muchísimas llamadas, inclusos de molestadores. Pero al mismo tiempo nos daremos cuenta de que esto nos permitirá enriquecer nuestra humanidad. Tomamos conciencia de que una vieja relación que arrastrábamos desde hace tiempo en condiciones de precariedad, exige que la arreglemos, incluso en sentido institucional. Es probable, por lo tanto, que nos casemos bajo este tránsito, pero no lo haremos con la ligereza y las esperanzas de los veinte años, sino a través de una larga meditación que lleva consigo toda la carga de las preocupaciones de una elección tan importante a una edad que ya no es verde. Por fin pueden solucionarse procedimientos legales que nos veían involucrados como protagonistas. Después de años de pleitos y contenciosos, durante este tránsito podemos llegar a un compromiso. Una sociedad que habíamos creado hace tiempo ahora crece y se consolida. Mejora la condición profesional, física o patrimonial de nuestra pareja. Aumenta la importancia de nuestro compañero o compañera y se vuelven más exigentes. Si este tránsito se produce con modalidades negativas, nos anuncia sin posibilidad de equívoco la llegada de papeleos administrativos en relación con los cuales podemos ser tanto actores como personas llamadas en causa. Este papeleo burocrático y legal en sentido lato puede estar relacionado también con el tipo de relación que se establece entre nosotros y nuestra pareja. Seguramente viviremos meses de tensión, de conflictualidad, de agresividad que sufrimos o que provocamos. Es un poco lo mismo que acontece con los tránsitos de Marte en esta misma Casa, pero a una octava más arriba, tanto que se puede llegar a destruir una relación, incluso para siempre jamás. Si somos políticos, nuestras alianzas personales o de partido nos ocasionarán problemas, y si tenemos algún esqueleto en el armario, también es posible que nos incriminen delante de la ley. Problemas con la ley son posibles en casi todas las direcciones: nos pueden quitar el carnet de conducir por una grave infracción de tráfico, nuestros ambientes de trabajo pueden sufrir una inspección fiscal, nuestro patrón nos puede denunciar, etcétera. Una vieja sociedad nuestra se deshace o corre el riesgo de separarse. Un socio nuestro está mal o está en apuros. Nuestra pareja atraviesa un período muy negativo y tiene problemas de salud. Nuestro él o nuestra ella se vuelven más importantes, pero también presuntuosos y/o agresivos. Se enfría mucho nuestra vida diaria de pareja. En estos meses la hostilidad por parte de los demás puede llegar a ser evidente, así que vivimos un clima beligerante a nuestro alrededor. En los casos más graves, si muchos otros puntos de análisis de la situación lo justifican, podríamos perder a nuestro ser amado. Si tenemos predisposición hacia las enfermedades renales o a la vejiga, entonces esta predisposición puede llegar a concretizarse.

Saturno en tránsito por la Octava Casa

Cuando Saturno transita en la Octava Casa, percibimos una contracción no indiferente de los ingresos económicos, o bien registramos considerables gastos. Contrariamente a lo que se cree, el tránsito del "Gran maléfico" en la Octava Casa del tema natal corresponde casi siempre a problemas económicos, y en poquísimos casos a lutos. Los lutos los evidencia mucho más la Undécima Casa. Desde luego los citados problemas económicos pueden estar relacionados también con inversiones inmobiliarias o de tipo comercial e industrial y, en esos casos, dichas dificultades hay que considerarlas más de forma positiva que negativa. El paso planetario del que estamos hablando, en efecto, es el icono de cómo el dinero puede desaparecer de forma rápida y fácil en estos meses. Asistimos a una mayor circulación del dinero; pero el dinero también puede circular en salida. Es posible que durante este período lleguemos a tomar posesión de herencias o donaciones que habíamos anhelado durante largo tiempo, por ejemplo de parte de nuestros padres o bien de parte del cónyuge (recordemos que la Octava Casa es la segunda de la séptima, en el sistema de Casas derivadas). Nuestro compañero o nuestra compañera aumentan su propio patrimonio inmobiliario o heredan bienes mobiliarios. Una larga situación difícil, relacionada con el sexo, se concluye finalmente de forma positiva. Llevamos adelante, con problemas pero también con éxito, búsquedas subterráneas de agua, por ejemplo, o (menos frecuentemente) de productos combustibles, o bien investigaciones en el sentido de exploraciones en nuestro propio inconsciente, con la ayuda de un psicoanalista. Si el transito se produce en condiciones globalmente desfavorables, éste determinará antes que nada una marcada ausencia de dinero. Esta ausencia puede ser el resultado de una operación poco estudiada que habíamos llevado a cabo nosotros mismos hace poco. Pero también puede tener algo que ver con una tasa inesperada que nos llega de repente: un gasto ingente que debemos asumir por trabajos en nuestra casa, la cuenta de una operación quirúrgica o de una terapia muy cara que tenemos que pagar, el saldo de una deuda producida por nuestra pareja, la herencia negativa que nos dejó un pariente fallecido, etcétera. En algunos casos este tránsito parece ser favorable, por ejemplo si pedimos y conseguimos un préstamo consistente, una financiación, pero en realidad puede ser el inicio de un período muy duro para nosotros, ya que deberemos devolver plazos muy elevados para nuestras finanzas. Un fallecimiento nos puede procurar situaciones difíciles de administrar, por ejemplo puede que estemos obligados a asistir a un pariente anciano que se ha quedado solo. Otras veces el tránsito indica, *sic et simpliciter*, el fallecimiento de un ser querido, de un amigo, de una persona por la que sentíamos un sincero cariño. Pero la Octava Casa también se debe leer como sector relacionado con el fin de todas las cosas:

frecuentemente, muy a menudo, atestigua la llegada de una separación definitiva entre dos personas, por ejemplo entre dos amantes. Al divisar la llegada de Saturno en la Octava, podemos prever, si otros elementos lo justifican, el comienzo de un período de abstinencia sexual que, a su vez, indica una posible crisis en la relación de pareja. A nivel patológico, este tránsito puede indicar la aparición o la acentuación de problemas genitales y/o anales (hemorroides, por ejemplo). Si estamos esperando la jubilación o la liquidación anticipada, este tránsito nos penalizará fácilmente. Lo mismo vale si hay bienes heredados que tenemos que compartir con hermanos y hermanas. Además Cronos viajando en la Casa cosignificadora del Escorpio establece la posible insurgencia de pensamientos depresivos relacionados con la muerte. También puede indicar un peligro para nuestra propia persona, pero deben de converger en esta dirección muchos elementos, tanto de nuestro tema natal como del tema natal de nuestros seres queridos. Probables gastos que asumir por funciones fúnebres. Trabajos costosos en la capilla de nuestra familia, en el cementerio. Pésimos resultados en las búsquedas subterráneas de cualquier tipo y en las investigaciones de tipo psicológico. Sumas perdidas con el juego. Posibles robos, también en casa.

Saturno en tránsito por la Novena Casa

Cuando Saturno viaja en nuestra Novena Casa natal, el período es realmente magnífico para que nos acerquemos a los temas che se alejan mucho de lo diario y que pueden orientarse hacia la teología, la filosofía, la astrología, el yoga, el orientalismo, el Budismo, el zen, la medicina alternativa, etcétera. Se trata de meses durante los cuales podemos afrontar exámenes universitarios difíciles, cursos de especialización e de perfeccionamiento o seminarios en los que pretendemos aprender mucho. Vivimos un momento de mayor sobriedad, de esencialidad, de despegue de la materia y de dirección sobrenatural de nuestro ánimo. Nos quedamos fascinados por los misterios de la vida y del ser humano, nos acercamos más a una fe, que puede ser también una "fe" marxista o de cualquier otro tipo: política, social, sindical, ecologista, etcétera. Hacemos viajes, con los pies o con la mente, para entrar en contacto más estrecho con lo alto, con lo sublime o, más sencillamente, con conocimientos superiores. Partimos al encuentro de un pariente que reside en el extranjero o lejos (en astrología se consideran como territorios de la Novena Casa todos los lugares en los que se habla un idioma o un dialecto diferentes del nuestro). Vamos de peregrinaje a un lugar de culto. Nos matriculamos en una universidad extranjera. Recorremos largos caminos para someternos a curas médicas o para mejorar, de una manera u otra, nuestro estado de salud. Si el tránsito se produce en condiciones globalmente inarmónicas, nos puede llevar una o muchas malas noticias que nos llegan desde el extranjero o desde lejos: fallece o está mal un pariente nuestro, desaparece una figura maestra que nos guiaba en otro país, descubrimos que nuestra pareja tiene una relación con una persona extranjera... El paso planetario que estamos describiendo puede significar también una mala aventura nuestra en el extranjero, como puede ser un robo o una enfermedad que nos penalizan durante un viaje. Viajes incómodos, pesados, debilitantes, costosos y que vivimos sin gusto. La Novena Casa también está muy relacionada con la carretera y la circulación en general, por lo que podemos esperarnos problemas relacionados con el coche, desde el accidente hasta la avería importante o el robo. Puede que nos veamos obligados a ponernos de viaje para hacernos curar en un hospital extranjero especializado en las curas contra la enfermedad que nos afecta. Nuestro compañero o nuestra compañera se encuentran lejos y nos hacen sufrir. Quisiéramos partir, pero algo o alguien nos impide hacerlo. Ya que este tránsito indica menos viajes o más problemas durante los viajes, cada lector podrá escoger la manera mejor de vivirlo. Posible retraso o interrupción de nuestros estudios superiores. La preparación a un examen importante resulta ser una dura prueba para nosotros. Entramos en una posible crisis espiritual debida a la lectura de un libro. Nuestro equilibrio se encuentra en crisis por frecuentar a sacerdotes, psicólogos, astrólogos, etcétera. El contacto con personas extranjeras nos daña en los negocios.

Saturno en tránsito por la Décima Casa

Cuando Saturno pasa por nuestra Décima Casa natal, hacemos algo concreto para conseguir un importante objetivo profesional. Encontramos este tránsito en muchos sujetos que deciden participar en un concurso para mejorar su propia carrera como docentes que desean conseguir una cátedra, pasar a un grado de instrucción superior, que aspiran a la dirección o al rectorado de algún instituto, empleados públicos que solicitan una situación laboral mejor, abogados que hacen petición para trabajar de notarios o magistrados, etcétera. Una precisa ambición nos puede inducir también a sufrir mucho, por ejemplo a través del estudio para poder alcanzar una meta muy deseada. Pero no hay que considerar tal esfuerzo sólo con la intención de alcanzar una condición profesional mejor: puede abarcar cualquiera meta que nos ayude a crecer, a emanciparnos. En este sentido podemos pensar en un boxeador que se empeña para retar a un campeón, músicos que se preparan con sacrificios para participar en un importante concierto, chicas que se comprometen con muchos sufrimientos y empeño en una dieta adelgazante para conseguir un peso en concreto, enfermos que se esfuerzan para recuperar la plena funcionalidad de una extremidad rota con innumerables y dolorosos ejercicios físicos, etcétera. En esta lógica, Saturno–sufrimiento se expresa de la mejor manera posible y nos puede brindar frutos realmente especiales, frutos que no se pueden coger en un período cualquiera del año. La Décima Casa está relacionada sobre todo con las emancipaciones, emancipaciones a todo campo y, por lo tanto, no debemos cometer el error de pensar que nos traiga más dinero: el dinero es un instrumento de emancipación, pero no es el único. Muchas veces sólo esperamos ventajas profesionales y no nos damos cuenta de que ha desaparecido nuestro miedo a la oscuridad o al mar; que nos hemos podido liberarnos de la presencia de una persona hostil, que nuestro estado de salud ha mejorado, etcétera. Este tránsito planetario también estabiliza nuestra posición profesional y social (muchas veces, posición social significa matrimonio). Acaba por solidificar los esfuerzos anteriores que habíamos llevado al cabo para arreglar nuestra situación laboral. Los proyectos que inician en este período serán ambiciosos como nunca y bien estructurados por una precisa voluntad de alcanzar objetivos remotos. Otras veces este tránsito se refiere al crecimiento, desde diferentes puntos de vista, de nuestra madre. Pero si el tránsito se expresa en lo negativo, debemos temer por su salud y por su condición general. En los casos más serios, cuando otros importantes monitores del tema natal y del Retorno Solar visualizan la misma cosa, es también posible su fallecimiento o una pelea, un alejamiento, una separación entre nosotros y ella. A nivel profesional el tránsito inarmónico de Saturno en la Décima es bastante peligroso ya que puede indicar una pérdida e incluso una mala pérdida. Todo, desde luego, hay que relacionarlo con el conjunto de la situación: tan sólo la situación global considerada en su totalidad nos puede brindar importantes indicios sobre cómo irán las cosas. Pongamos que el tránsito se refiera a un obrero que se encuentra en suspensión temporal del contrato de trabajo: es probable que con este tránsito, el obrero pierda su trabajo definitivamente. Políticos, gente del espectáculo, presentadores, conductores, corren el riesgo de sufrir una álgida ráfaga de impopularidad. La fría guadaña de Cronos, cuando entra en contacto con posiciones que no son y no pueden ser estables de forma eterna, normalmente reparte cuchillazos terribles, que echarían por los suelos al mismo Napoleón. Si observamos la carrera de personajes famosos veremos que a ellos, en los períodos más oscuros de su historia pública, les tocó la fría mano del séptimo planeta de la Tradición. Muchos, durante este tránsito, deciden jubilarse, retirarse del trabajo o de la escena pública y sienten una gran necesidad de aislamiento, paz, esencialidad, frugalidad, abandono del castillo de ilusiones lúdicas y recreativas, que corresponde a la vida superficial cuando Saturno no hace sentir su presencia. La vida nos hace jaque y, algunas veces, jaque mate. Muchas veces estamos en condición de tener que volver a empezar desde el comienzo, después de recibir palizas, pero en esto Saturno nos da su mano, pues nos predispone a un esfuerzo lento y prolongado, paciente y resignado. Sería prudente evitar inaugurar iniciativas de cualquier tipo durante estos meses.

Saturno en tránsito por la Undécima Casa

Cuando Saturno transita en nuestra Undécima Casa natal, construimos nuestros proyectos más ambiciosos. Actuamos a lo grande, y echamos las bases para iniciativas a largo plazo. No nos limitamos con mirar qué hay detrás de la esquina del día siguiente, sino que escrutamos los años futuros con el telescopio. Después de larga gestación nos sentimos listos para que nuestros ensueños se hagan realidad. Y ellos, con el beneplácito de tan autoritario mentor, se proyectarán hacia adelante con convicción y tenacidad. Importantes amigos nos ofrecerán su mano en este sentido. Ha llegado el momento de llamar a las puertas donde esperamos que nos abran. Podremos contar, sobre todo, con las personas ancianas: podrán ser parientes, amigos o conocidos. La simpatía que personajes importantes nos reservan se manifiesta sin énfasis y sin vitalidad, pero sí concretamente y sólidamente. Además conseguimos solidificar una amistad y creer en personas que se declaran amigas nuestras. Un viejo amigo hace algo concreto para ayudarnos a resolver antiguos problemas. Pero si el tránsito se expresa en negativo, porque forma malos aspectos o porque tiene lugar contemporáneamente con posiciones pesadas de otros tránsitos o del Retorno Solar, entonces debemos temer la pérdida de un buen amigo: por ejemplo porque nos peleamos con él, porque lo ofendemos o porque fallece o emigra o cualquier otro motivo. Muchas veces este tránsito se corresponde también con lutos de familiares, en medida mayor respecto a la misma posición en la Octava. Si el lector hace una modesta investigación en una veintena de casos entre sus vecinos o familia, se dará cuenta de lo evidente que es esta regla. También puede que perdamos el apoyo de una persona influyente, por ejemplo porque desaparece de la escena política del país o porque asume cargos tales que ya no nos pueden resultar útiles en referencia con nuestros problemas. La Undécima Casa subraya la importancia de la ayuda que nos otorgan los demás, y por lo tanto si consideramos esto en sentido lato, el tránsito del que estamos hablando puede significar la pérdida de nuestro médico de familia, del mecánico en que confiamos más, del gestor profesional, etcétera. Las citadas pérdidas no hay que entenderlas sólo en sentido de lutos, sino también en el sentido que estas figuras pueden por ejemplo marcharse o cambiar de trabajo. Una discusión con un viejo amigo nos afecta a nivel personal y a nivel laboral. Percibimos, y con más dolor que nunca, la falta de amigos.

Saturno en tránsito por la Duodécima Casa

Cuando Saturno pasa por nuestra Duodécima Casa, vivimos un momento (pero que puede durar meses) de profunda reflexión e de necesidad de quedarnos solos. Deseamos aislarnos para meditar mejor acerca de nosotros mismos y de nuestra vida. Puede que nos atraiga escribir un diario o incluso un libro sobre nuestras vicisitudes pasadas. Tratamos de guardar todas las experiencias negativas de los años transcurridos hasta ahora. No nos atraen las luces de la ciudad: preferimos la oscuridad de una casa aislada, la intimidad de un lugar poco frecuentado, la gran sugestión de lugares como los monasterios. Sería buena cosa poner en práctica durante este tránsito tales deseos y reservarnos realmente un espacio lejos del mundo, para pensar o para rezar, si somos creyentes. Los retiros espirituales que muchas diócesis organizan pueden permitirnos realizar, desde un punto de vista logístico, nuestro anhelo, aunque la cantidad de personas participantes podría obstaculizar nuestra concentración. Se trata de un período extremadamente favorable para la investigación, en el sentido más general. Este tránsito nos ayuda a crecer, a hacernos mejores, a mirar al mundo en una lógica algo "tibetana". Nos damos cuenta de que la vida no es sólo tener, sino también ser. Nos maravillamos con nosotros mismos por haber estado, hasta hace pocas semanas, tan pegados a valores que hoy nos parecen totalmente superfluos, insignificantes e insatisfactorios. ¡Suerte que la naturaleza provee a inspirarnos a ciclos alternados, en una y otra dirección! Así podemos escoger y vivir estaciones muy diferentes, pero sin perder el contacto con la realidad. Para aquellos que quieran dedicarse a una vida religiosa, este paso planetario es en absoluto muy indicado. Lo mismo si piensan retirarse a una vida privada, a leer, escribir y/o meditar. El tiempo, que cura muchas heridas, nos permite librarnos de los eslabones de una cadena que nos penalizaba desde hacía mucho. Por fin logramos terminar una investigación y descubrir a nuestros enemigos escondidos que nos acuchillaban a la espalda. Al contrario, si el tránsito actúa en negativo, debemos esperarnos pruebas ocasionadas justamente por actos de hostilidad contra nosotros: sobre todo acciones secretas. Además, debemos prepararnos para vivir un periodo bastante duro, a trescientos sesenta grados. Saturno en tránsito en esta Casa nos puede afectar tanto en los afectos como en el amor o en el trabajo, en la salud y en las finanzas. Se trata de un tránsito insidioso y malo que nos puede traer algunas de las pruebas más importantes de nuestra vida, particularmente si se une a un Retorno Solar contemporáneo en el que sobresalten fuertes valores de Duodécima, de Primera y de Sexta Casa. El cierre que citamos, que al positivo podía suponer una clausura voluntaria, aquí puede adquirir el espesor maléfico de una reclusión en cárcel, de un encierro forzado de cualquier tipo: desde el arresto domiciliario hasta la hospitalización. En estos meses hay que nadar contracorriente; nos damos cuenta de que se acabó la fiesta y que hay mucho trabajo que hacer hasta que llegue la próxima. Deberemos conquistarnos todo con las uñas y con los dientes; y después de conquistarlo, tendremos que defenderlo también de la misma forma. Nadie nos regalará nada y tendremos que comprar todo al precio entero. Comprenderemos mejor las palabras de la Biblia, cuando nos habla del sudor de la frente. Hay que tener hombros bien fuertes para salir con menores consecuencias de un tránsito como éste. Pero se trata de pruebas de carácter más crónico que agudo, como si el "Gran maléfico" tuviera la amabilidad de no querer acabar con nosotros, sino de entregarnos pequeñas dosis homeopáticas de sus palos, sin hacerlo todo de una vez. En este sentido seremos mucho más capaces de resistir los golpes, puesto que de golpes se trata; pero también se dice que Dios nunca manda pruebas superiores a nuestras fuerzas... Esto puede ayudar a los creyentes. Pero si se es laico, es posible consolarse pensando que hasta la hora más larga sólo tiene sesenta minutos.

9.
Tránsitos de Urano

Los tránsitos de Urano se podrían tomar como demostración de la validez de la astrología, frente a sus detractores, tan alta es su posibilidad de verificación en relación con los acontecimientos humanos, y no sólo en relación con ellos. De vez en cuando escuchamos a alguien diciendo: "¡Esto no me pasará nunca!" pero luego verificamos que con el tránsito de Urano sobre un punto sensible de ese tema natal, se verifica lo "imposible". Para condensar en una sola frase toda la potencia de sus tránsitos, podríamos decir que el octavo planeta de nuestro sistema solar *¡mueve montañas!* Sus pasos son espectaculares, pirotécnicos, sensacionales, se merecen aparecer en la primera página. Este planeta, que se descubrió durante la revolución francesa, lleva consigo todo el humus revolucionario de aquella época y por ello quizá es el sugeridor, o incluso algo más, de todos los cambios importantes de nuestra vida. Cuando nos pasa "sobre la cabeza" verificamos que tenemos necesidad de cambiar, de cambiar mucho o de cambiarlo todo. Y no podemos decir, como el protagonista de *El gatopardo*, que algo debe cambiar para que todo siga igual: en estos casos se cambia de verdad, y no sólo en la forma sino sobre todo en la sustancia. Urano marca las etapas más importantes de nuestra vida y no nos hace descuentos en el peaje. No podemos ilusionarnos: sus precios son altos, muy altos, y no los podemos pagar ni a plazos. Podríamos decir que él lo quiere todo y enseguida. Naturalmente no podemos decir que todos sus tránsitos sean negativos y destructivos, puesto que es crónica diaria la metamorfosis existencial de muchísimas personas que llegan a ser millonarias con el juego, o que "milagrosamente" se liberan de una grave enfermedad, o que descubren cosas muy importantes. Así que Urano llega para cambiarnos la vida, en lo bueno y en lo malo, aunque cabe observar que frente a un súper afortunado que adivine los resultados correctos de una quiniela, tenemos al menos a mil personas que sufren una intervención quirúrgica, que protagonizan un accidente de tráfico o que son arrestadas, etcétera. Leyendo las páginas de este libro dedicadas a los cien ejemplos, se darán cuenta de que es pura demagogia querer leer este tránsito de manera positiva. Por más que se esfuercen, la realidad es y siempre será la siguiente: que en las mayores tragedias humanas, Urano se encuentra casi siempre presente. No todos sus efectos son inevitables: existen métodos para amansarlo, pero aquí nos pondríamos a discutir de *Astrología Activa* que no es el tema tratado en el presente volumen. Los lectores podrán leer sobre este tema en otros libros míos, como el *Nuovo dizionario di astrologia*, Armenia ed. y el *Trattato pratico di Rivoluzioni solari*, Blue Diamond Publisher. Aquí debemos limitarnos a comprender, o tratar de comprender, cuáles son los efectos de Urano a falta de adecuadas "prótesis" protectivas por parte del sujeto que vive sobre su piel los tránsitos de este planeta. Los acuarianos y los uranianos en general son los que pueden aceptar sus tránsitos de la mejor manera, puesto que gracias a su carácter están más dispuestos hacia los cambios, incluso los cambios que suponen los efectos más radicales. Por otro lado, los nativos de signos más conservadores como Tauro, Capricornio o Cáncer, tienen razón para temer mucho más los tránsitos de Urano, puesto que ellos no querrían nunca verse protagonistas de cambios de ruta a noventa grados o de inversiones de marcha a ciento ochenta grados. Cuando Urano transita en relación con nuestros planetas de nacimiento, acompaña acontecimientos muy relevantes, desde la vida profesional del sujeto cuyo tema natal estamos examinando hasta su vida económica, sentimental, afectiva y patológica. Cambiar es su verbo y marcará todas las etapas importantes de nuestra vida, desde el matrimonio hasta el primero empleo, del nacimiento de un hijo a una importante crisis financiera: el viento con que Urano nos arrastra está cargado de promesas y de amenazas. Los tránsitos de Urano que coinciden con un mal Retorno Solar son temibles, por ejemplo un RS con marcados valores de Duodécima, Primera y Sexta Casa. Si están atentos verán que durante el tránsito del señor del Acuario, por ejemplo en aspecto con el Sol natal, en los aproximadamente dos años de su duración, veremos que uno de los dos Retornos Solares, uno por lo menos, será muy temible. Es difícil explicar esta realidad que parece salida del lápiz de un diseñador sobrenatural, pero las cosas son exactamente así como las hemos pintado. Si, al contrario, este paso planetario se verifica junto a tránsitos muy buenos y con un Retorno Solar también positivo (por ejemplo con Júpiter ubicado en la Décima Casa de RS y el Ascendente del RS cuya cúspide cabe en nuestra Décima Casa natal), el tránsito de Urano puede entonces representar el artífice principal de una cambio positivo y extraordinario de nuestra vida. Conversando con miles de consultantes, sólo una vez me ha pasado que un interlocutor me contara que no le había sucedido nada de nada durante el tránsito de Urano respecto a su Sol natal. Creo que él me estaba mintiendo o tal vez lo había olvidado. Y para finalizar, no olvidemos lo que escrito está en las primeras páginas de este libro: que hablar de trígonos y de sextiles, en este caso, no quiere decir que automáticamente se trate de un tránsito positivo, puesto que a menudo el tránsito de Urano nos apalea brutalmente sobre la cabeza y la espalda, incluso durante sus pseudo-pasos armónicos.

Urano en aspecto armónico con el Sol

Cuando Urano transita formando un ángulo favorable respecto a nuestro Sol natal, vivimos una estación de gran renovación en nuestra vida. Pero cabe efectuar una distinción según el periodo de la vida en la que este tránsito se presenta ante nosotros. Si el tránsito se produce cuando todavía somos niños, puede indicar importantes cambios pero que se refieren a nuestros familiares, sobre todo a nuestro padre. Lo mismo vale si el tránsito se produce en una edad más avanzada: en este caso puede corresponder a eventos relacionados con nuestros hijos, sobre todos los varones. Pero si el tránsito se presenta en el corazón de nuestra vida activa, pongamos que entre nuestros quince y setenta años, lo percibiremos muy fuertemente sobre nuestra piel. Es imposible que pase y que nos quedemos tal y como éramos antes de su tránsito. Sin duda alguna cambiaremos mucho, muchísimo: a nivel de acontecimientos prácticos y objetivos o en el sentido de tormentas interiores que nos desarraigan desde un punto de vista psicológico. Las Casas ocupadas, los demás tránsitos contemporáneos, pero sobre todo el Retorno Solar, nos podrán aclarar de manera bastante exhaustiva dónde se irá a parar. Los sujetos que tienen un déficit de voluntad, por ejemplo porque tienen un Marte en Libra o en Cáncer, podrían sentir una cierta euforia durante este tipo de tránsito. El motivo es que, quizá una de las pocas veces en su vida, se verán capaces de tomar decisiones de peso, de romper el encantamiento de los recuerdos del pasado y de actuar, por fin, sin vacilaciones. Desde este punto de vista, el paso planetario que estamos describiendo se coloca en lo más arriba del ranking de los tránsitos positivos. Este tránsito es capaz de hacer desaparecer situaciones de estancamiento que duraban desde hacía años, en un sólo día: como sucedió con el muro de Berlín, y muy probablemente durante un análogo tránsito de Urano (aunque desconocemos los datos de nacimiento de Alemania).

Con tanta fuerza encima, podemos intentar empresas que hasta pocos días hubiéramos definido titánicas. Todo proviene de fortísimas pulsiones de tipo centrífugo que nos ponen fuertemente en relación con los demás y que nos dan unas irrefrenables ganas de cambios, de renovaciones y de transformaciones totales. Podemos notar una analogía con los tránsitos de Marte respecto al Sol, aunque Urano vibra a muchas octavas más arriba. Difícilmente lo que sucede en estos meses podrá volver a su estado originario, en el que se encontraba anteriormente al tránsito. Si tenemos asignaturas pendientes, como un cambio radical de profesión o el traslado a otra ciudad, o el comienzo de una relación amorosa, se trata del momento justo para empezar. La actitud radical que caracteriza el presente período nos permitirá liberarnos de las convicciones y de las hipocresías para obrar de una manera muy innovadora.

Urano en aspecto inarmónico con el Sol

Cuando Urano transita formando un ángulo inarmónico respecto a nuestro Sol radix, debemos tener mucho cuidado bajo todos los puntos de vista. Nos sentimos como el azogue que nunca deja de moverse, vivimos un momento de gran inquietud, pensamos y actuamos de manera radical, no soportamos el impasse de los demás, nos proyectamos agresivamente hacia la vida y quisiéramos tener al mundo en una mano. Nuestra efervescencia puede alcanzar latitudes paroxísticas. En un clima de este tipo podemos cometer varias torpezas y causar serios daños a nuestra vida, desde todos los puntos de vista. Distinguimos dos situaciones. La primera tiene que ver con nuestras responsabilidades directas, como es el caso de un cirujano que comete una ligereza, que le puede costar la vida a un paciente. O pongamos también el caso de un piloto de aviones o de un trabajador en una torre de control, el cual toma una decisión apresurada que puede determinar una verdadera catástrofe colectiva. No se trata tanto de un error debido a la confusión, territorio de los tránsitos de Neptuno que veremos más adelante, sino de acciones repentinas y de decisiones bastante torpes que nos ponen frente a algo irreparable. Esto hay que entenderlo a todo campo: puede estar relacionado con cualquier oficio y cualquier tipo de responsabilidad, del trabajo de niñera al de cocinero, y podría seguir enumerando muchos ejemplos pero me parece superfluo. La segunda situación tiene que ver con grandes pruebas que tenemos que superar, pero que no dependen de un comportamiento nuestro más o menos culpable. En tal situación nos podemos esperar lutos, traiciones de nuestro ser amado, derrumbes patrimoniales provocados por terceros, robos que sufrimos, enfermedades que nos afectan de repente, etcétera. Bueno, si consideramos todo esto nos damos cuenta que hablar de las propias responsabilidades, en estos casos, es demagógico. Si lo hiciéramos, teorizaríamos la inocuidad del tránsito y nos echaríamos todas las culpas de lo que nos acontece a nosotros mismos o a la sociedad. Pero en realidad Urano se comporta muy a menudo como un salvaje, un primitivo de maneras brutales, una especie de monstruo que no se puede domesticar. Sus puñalazos nos golpean tal como lo haría un ladrillo cayendo sobre nosotros o incluso más todavía. La lista de todo lo que puede provocar este tránsito la evitaremos, tanto porque sería larguísima como porque no quiero crear excesivos temores en quienes no están preparados a nivel mental para leer estas cosas. No quiero exagerar, pero es un hecho que la antología de este asunto es muy amplia y contiene listas de disgustos y de tragedias que no se pueden ignorar. Después de su tránsito respecto al Sol, el señor del Acuario nos deja completamente transformados. Nuestra vida se verá cambiada en uno o más puntos. Su peaje puede consistir también en un único episodio que nos ve protagonistas. Esto es lo que sucede en los casos mejores, aunque lamentablemente no en los más frecuentes. En cambio, en la mayoría de las situaciones debemos pensar que tendremos que enfrentarnos a los aproximadamente dos años del tránsito con la conciencia de que habrá que dar mucho. Cuanto más daremos espontáneamente, tanto menos Urano se tomará, cogiendo por casualidad. Cuando el paso planetario del que estamos hablando no se refiere a nosotros directamente, estará relacionado con un pariente nuestro, sobre todo el padre, el hijo u otro varón de la familia.

Urano en aspecto armónico con la Luna

Cuando Urano pasa formando un ángulo armónico con nuestra Luna natal, percibimos un fuerte empuje hacia la renovación. Es como si tuviéramos más valor, ya que nos asomamos de manera propositiva a nuestro futuro. Tenemos mil programas y acariciamos sueños que pensamos que se pueden realizar. Durante estos meses estamos sujetos a empujes de tipo centrífugo y asociativo. Desplazamos nuestra atención hacia el exterior, y tenemos ganas de surcar mares nunca explorados. Una pizca de originalidad e incluso de excentricidad hará que hasta los demás noten algo nuevo en nosotros. Una gran necesidad de emancipación y de independencia nos hará comportar de manera consecuente. Haremos o tenderemos a hacer elecciones de libertad. Pero cabe decir que estos tránsitos respecto a la Luna son más potenciales que efectivos, como en el caso de los que se refieren al primer luminar. Y sin embargo registramos, de una u otra manera, una serie considerable de eventos que nos hacen, o que podrían hacernos, cambiar de vida. En este sentido podemos imaginar cambios importantes en nuestra vida profesional, pero también, y sobre todo, en la vida sentimental y afectiva. Es más que probable que durante este tránsito nos enamoremos. Pensaremos que debemos dar un cambio a nuestra vida afectiva y sentimental y, por ejemplo, podríamos también liberarnos, de una vez, de una relación asfixiante y perdiente que hasta ahora no teníamos el valor de sacrificar. Un hombre nuevo o una mujer nueva saldrán del tránsito de Urano respecto a la Luna. Tal vez forzaremos la mano al destino, pero normalmente no habrá motivos para arrepentirnos de lo que ha sido hecho bajo este tránsito. También nuestra relación con nuestra madre tenderá a renovarse mucho, lo que puede significar, en la mayoría de los casos, abandonar la casa de los padres o emanciparnos respecto a ellos, de una manera u otra. La Luna es también la casa y esto quiere decir, con muchísimas probabilidades, que habrá cambios considerables respecto a este sector. Esto significa cambiar de casa o efectuar una compraventa inmobiliaria, o también reestructurar nuestra vivienda o nuestro lugar de trabajo. La Luna también representa el sueño y el tránsito podrá actuar en una u otra dirección: es decir que podrá calar o aumentar nuestra capacidad de dormir. Los grandes cambios que acabamos de citar también pueden estar relacionados no con nosotros, sino con nuestra madre, nuestra hermana o una hija. Se producen muchos casos de maternidad o de paternidad durante este período.

Urano en aspecto inarmónico con la Luna

Cuando Urano transita formando un ángulo disonante respecto a nuestra Luna de nacimiento, nos encontramos en un período de ansiedad y de insatisfacción. Ni siquiera nosotros mismos sabemos qué es lo que queremos, pero reconocemos que ya no nos gusta el tipo de vida que estamos llevando a cabo. Una considerable inquietud nos avisa de que debemos hacer algo, no quedarnos asomados al balcón esperando que pase algo. Asumimos actitudes particularmente radicales en cualquier cosa, lo que puede suponer la ruptura de relaciones importantes, tanto en el seno de la familia como en el trabajo. Bajo este empuje extremista, podríamos cometer acciones de las que nos arrepentiríamos más tarde. Pero sabemos muy bien, también, que mientras dure este tránsito no habrá manera de que nos podamos comportar de manera diplomática. Tenemos que estar muy atentos a los errores que podríamos cometer en el trabajo, especialmente si supone riesgos para nosotros o para los demás.

Las compañías aéreas deberían hacer descansar a sus pilotos, durante un período, cuando reciben este tránsito, y lo mismo vale también para los tránsitos Urano-Sol, Urano-Mercurio y Urano-Marte. Existen riesgos de equivocarse prácticamente en cualquier trabajo, por exceso de prisa o por imprudencia, por supervaluación de las propias posibilidades o subestima de los peligros. Este tránsito nos hace sentir eufóricos, demasiado eufóricos, y nos comportamos como si nos hubiéramos tomado diez tazas de café de un trago. Deberíamos tratar de imponernos mucha prudencia, ya que bajo el empuje de Urano mostramos la tendencia a tomar decisiones impulsivas, apresuradas, no suficientemente pensadas. Esto nos podría proyectar, por ejemplo, a involucrarnos en un nuevo trabajo, sin haber valorado todos los riesgos que esta aventura supone. La mayor parte de los efectos que conseguimos solarizar y que tienen que ver con este tránsito se refieren a nuestra vida sentimental. En este campo debemos esperarnos una verdadera tormenta: matrimonios que se deshacen, parejas que se separan, enamoramientos repentinos y tempestuosos, traiciones que salen a la superficie, paternidades y maternidades indeseadas, etcétera. De cualquier forma podemos estar seguros de que nuestra vida sentimental cambiará mucho después de este tránsito de Urano. Nada será ya como antes, aunque se produzca una sucesiva reconciliación. Y respecto a las disonancias Saturno-Luna, la reconciliación es menos probable. En efecto, mientras en el caso del tránsito de Saturno se prevé un período muy duro, pero con la posibilidad de que vuelva a restablecerse la situación anterior al final del tránsito, en el caso de Urano esto no acontece con frecuencia: es más probable una separación definitiva. Pero naturalmente, como siempre, debemos echarle una mirada atenta a los demás tránsitos y al Retorno Solar. El RS puede llegar a ser particularmente malvado si nos enseña un Ascendente o el Sol o un stellium en la Séptima Casa. En este caso las posibilidades de un divorcio, incluso en el sentido legal del término, son más que probables. En otro sector notamos que podríamos tener varias adversidades relacionadas con nuestra vivienda o nuestra oficina, nuestro gabinete, laboratorio, taller, estudio, etcétera. A menudo se trata de una mudanza o de una reestructuración que nos costarán mucho. Otras veces se trata de una operación de tipo inmobiliario: la compra de un terreno, la venta de un piso, la adquisición de una multipropiedad... El sueño, en estos meses, podrá dejarnos en la estacada, dado nuestro estado de inquietud. Inquietud que también podría causarnos problemas de estómago. El tránsito puede afectarle, más que a nosotros, a una figura femenina de nuestro ambiente: la madre, la hermana, la hija o una amiga.

Urano en aspecto armónico con Mercurio

Cuando Urano pasa formando un ángulo favorable respecto a nuestro Mercurio natal, nos encontramos en un período de excepcional inteligencia y lucidez mental. La velocidad de intercambio input/output de nuestro cerebro es muy elevada y somos capaces de aferrar conceptos y analogías en tiempos muy rápidos. Incluso nos maravillaremos de este momento mágico para nuestra mente. Aprovecharemos de ello para enfocar mejor todo lo que nos está pasando. La visual delante de nosotros es tan clara, tersa y transparente como nunca. Y al comprendernos mejor a nosotros mismos, comprenderemos mejor también a los demás y nos daremos cuenta de que hemos potenciado mucho nuestras comunicaciones con el exterior. En efecto nos sentimos empujados hacia el diálogo, las conversaciones y el intercambio de opiniones con todo el mundo. Nuestro teléfono de casa sonará más a menudo anunciándonos novedades, más que durante los meses anteriores. Sentimos la necesidad de renovar nuestras herramientas de comunicación personales, lo que entonces nos empujará a comprar el modelo más moderno de teléfono móvil o inalámbrico, o bien un nuevo fax o una antena parabólica, un módem, una centralita telefónica o una impresora para el ordenador. También es posible que empecemos a utilizar Internet, si todavía no lo hemos hecho nunca, o que aprendamos el funcionamiento de un nuevo software de transmisión de datos. También trataremos informarnos acerca de todo lo que nos permita actualizar nuestros sistemas comunicativos actuales. Tendremos una ganas increíbles de viajar o por lo menos de irnos a algún lugar. En este sentido podríamos vivir un período caracterizado por un considerable tráfico pendular. Si nunca hemos volado hasta ahora, bajo este tránsito podemos empezar a hacerlo. Y a lo mejor se nos ocurrirá también comprar un coche nuevo, de un modelo muy avanzado tecnológicamente, con accesorios de ciencia-ficción. Si no se trata de un coche, puede ser una moto. Durante este período nos acercaremos más a nuestros hermanos o cuñados, primos o jóvenes amigos. También es probable que uno de ellos haga un viaje importante, que apruebe exámenes difíciles o que escriba algo que va a ser publicado. Nosotros mismos nos sentimos estimulados a estudiar y a leer más; podremos aprovechar de ello y ponernos a frecuentar cursos o participar en concursos o seminarios, conferencias, prácticas, mesas redondas, etcétera. También puede que escribamos algo, como un informe para un congreso, un currículum vitae, un artículo para un periódico o un libro. Si ya se publican normalmente nuestras obras, este tránsito podrá indicar que escribimos de manera distinta de lo normal, quizá porque tratamos un asunto casi futurístico.

Urano en aspecto inarmónico con Mercurio

Cuando Urano transita formando un ángulo desfavorable respecto a nuestro Mercurio natal, no disminuye nuestra capacidad cognitiva ni nuestra agudeza intelectual en general sino que, la verdadera diferencia respecto al mismo tránsito en ángulo armónico es que aquí tenemos una fuerte intolerancia hacia todos los tipos de largas o hacia la sandez ajena. Tenemos un nivel de atención muy elevado, una rapidez mental excepcional en todo lo que hacemos, pero no soportamos a los que no consiguen seguirnos. Durante estos meses actuaremos siempre de manera extremadamente nerviosa, cargándonos con un súper trabajo mental, con muchas excursiones en el conocimiento humano, con vivencias de alto contenido intelectual. Se adueñarán de nosotros unas irrefrenables ganas de comunicarnos, y el resultado se reflejará en nuestra próxima factura del teléfono: desearemos charlar con todo el mundo y haremos un sinfín de llamadas a amigos, parientes, conocidos y colaboradores en el trabajo. También recibiremos muchas llamadas, con una media superior a la habitual. Es bastante probable que nos lleguen noticias malas e imprevistas a través del teléfono o por carta. Nos atraerán fuertemente todas las nuevas tecnologías aplicadas a las comunicaciones y a los instrumentos de conexión a distancia. Así pues, podremos comprar el último modelo de teléfono móvil o inalámbrico, una nueva centralita telefónica, un fax de última generación, o también puede tratarse de un módem, una antena parabólica, etcétera. Pero todo esto nos ocasionará, casi con total seguridad, problemas debidos a la excesiva ingenierización de estos aparatos que necesitarían un periodo de prueba superior o la información suficiente para poderlos utilizar. En otras palabras, puede que compremos lo mejor de la técnica pero sin poderlo utilizar y esto nos dejará incomunicados por algún tiempo. Crecerá mucho nuestro deseo de entrar en contacto con los demás también a nivel físico, lo que nos hará viajar mucho en coche, en tren o con cualquier otro medio de transporte. En este sentido deberemos tener más cuidado porque, aunque nuestros reflejos estarán preparados, también es verdad que nuestra aumentada confianza en nosotros mismos podrá exponernos a imprudencias, por ejemplo conduciendo de forma temeraria o a gran velocidad. Nuestras relaciones con un hermano, un primo, un cuñado o un amigo serán muy frecuentes. Los citados sujetos podrían encontrarse en un período de intenso tráfico pendular. A otro nivel, este paso planetario también podrá mostrar un aspecto muy positivo: me refiero a la capacidad de aprendizaje, que aumentará mucho y nos permitirá estudiar asignaturas complejas, prepararnos para exámenes universitarios difíciles, asistir a seminarios intensivos, cursos de especialización, congresos, etcétera. También nuestros escritos podrán fluir mejor y nos asombraremos de la aumentada capacidad que tenemos respecto a ser claros y sintéticos como nunca. Podemos aprovechar de esto si tenemos que preparar un importante informe de trabajo, un discurso para un congreso, un artículo de periodismo o el capítulo de un libro. También podríamos tratar de exponernos en sentido comercial. Notaremos una aumentada capacidad en este campo, aunque deberemos prestar atención para evitar tomar decisiones apresuradas y arriesgadas que nos podrían dañar. El insomnio y el humo excesivo podrían afectar seriamente nuestra salud en este período.

Urano en aspecto armónico con Venus

Cuando Urano transita formando un ángulo armónico respecto a nuestra Venus natal, sentimos un impulso particularmente innovador en nuestra vida sentimental. Sentimos la necesidad de efectuar cambios importantes en nuestras relaciones sentimentales. Nos damos cuenta de que las cosas no pueden seguir tal como han ido desarrollándose hasta la fecha. Opinamos que tenemos que protagonizar un cambio total en el amor. Se trata de un tránsito que puede ser muy favorable, puesto que nos pone en la condición de salir de la inacción de largos y atormentados períodos en los que estábamos indecisos sobre el camino que teníamos que tomar. En positivo, esto puede significar que de una vez por todas decidimos comprometernos en una convivencia o en un matrimonio, por ejemplo dejando nuestra casa para irnos a vivir junto a nuestra media naranja. Nos damos cuenta de que no podemos ya mantenernos en una situación insostenible o ambigua, sino que necesariamente tenemos que escoger una u otra dirección. El radicalismo que caracteriza nuestra acción durante de este tránsito planetario, nos inducirá a soluciones extremas; y como decíamos, esto podrá llevarnos a situaciones por fin limpias, unidireccionales. Pero también es verdad que muchas veces este mismo tránsito, a pesar de que se defina "armónico", tan sólo lleve a separaciones. O sea, no sólo al cese de una doble conexión contemporánea, sino simplemente el acabarse de una relación. Hay verdaderamente un montón de casos que cualquiera puede verificar, a la luz de las efemérides, en la vida de amigos, parientes y conocidos. Como ya he dicho anteriormente en este libro, muchas veces asistimos a pequeñas o grandes tragedias incluso con los llamados tránsitos positivos. Probar para creer. Si queremos leerlo de manera positiva, aunque esto nos cueste una pequeña presión interpretativa, podríamos decir que a través del fin de una relación nos volveremos mejores; que se trataba de una relación equivocada o perdedora que nos cortaba las alas; y que acabar con ella ha supuesto un considerable paso adelante hacia una mayor emancipación. Pero esto nos puede consolar sólo en parte, y normalmente corresponde a una lectura bastante forzada de la realidad. La verdad es que este tránsito puede producir muchos daños pero otras tantas promociones. Otras veces este tránsito nos hace caer entre los brazos de otro hombre o de otra mujer, aunque estemos "felizmente" emparejados. Es difícil resistir a las flechas que Cupido lanza durante este tránsito, y que a menudo nos desorienta completamente en este sentido. En estos casos el vuelco al corazón adquiere el carácter de un fenómeno vivido con un escándalo, con mucha publicidad y exposición por nuestra parte al público ludibrio. Cuando leemos que Fulano huyó a Brasil con una bailarina, o que Mengana dejó a marido e hijos para escapar con su amante, podemos estar seguros de que Fulano y Mengana estaban viviendo un tránsito de este tipo. La fuerza de este tránsito es tal que, muchas veces, acompaña una aventura sentimental o sexual que puede incluso ser la única en la vida de un sujeto: conozco a muchas personas que han tenido una única experiencia sexual en toda su vida, y justamente durante este tránsito. Hombres y mujeres que habían renunciado a cualquier proyecto sentimental para el futuro, por ejemplo por haber perdido a su pareja en edad avanzada, de repente ven despertarse sus propios sentimientos y encuentran a quien los acoge positivamente. ¡Recordemos que Urano es capaz de mover montañas! Esta previsible revolución sentimental puede también acontecerle a una hermana, a la madre, a una hija o una buena amiga nuestra. A nivel económico el tránsito puede corresponder a un ingreso de dinero imprevisto gracias a diversos motivos: una herencia, una donación, la llegada de sueldos atrasados e incluso una ganancia de juego, en los sujetos particularmente afortunados. También en relación con la salud, el tránsito puede indicar un período positivo en el que podemos recuperarnos de varias patologías, e incluso llegar a conocer un nuevo fármaco que va a resolver viejos problemas.

Urano en aspecto inarmónico con Venus

Cuando Urano transita formando un ángulo inarmónico respecto a nuestra Venus radical, los significados que acabamos de describir en relación al mismo tránsito pero en ángulo armónico, se ven aquí exasperados. El deseo de renovación en la vida sentimental deja paso a una verdadera furia que se adueña de nosotros y tiende a hacernos demoler años y años de relaciones sentimentales importantes. La inclinación a la destrucción en nuestra vida amorosa es muy elevada y en la mayoría de los casos se expresa de forma concreta. Bajo este tránsito podemos considerar la hipótesis de una separación, de un divorcio o de una ruptura definitiva. Aquí, mucho más que con las disonancias Saturno-Venus, pueden acabarse para siempre relaciones que parecían apoyarse en pilares de hormigón armado. Nuestra vulnerabilidad, a nivel afectivo y sentimental, es realmente muy elevada en estos meses. Hay muchas posibilidades de interrumpir una relación, y para siempre: hasta el punto que, si se ocuparan de astrología, no habría compañía de seguros que nos estipulase una póliza. Este tránsito es parte de aquella angosta gama de recorridos planetarios a través de los cuales un astrólogo puede hacer previsiones espectaculares: es tan elevada su incidencia real y objetiva, que cualquiera la puede verificar. A veces el tránsito se manifiesta solamente en el corazón de una mujer o de un hombre, pero se trata de un porcentaje realmente reducido de casos. En la mayoría de los casos sus efectos son teatrales, incluso pirotécnicos, cualquiera los puede ver. La ruptura sentimental domina el ranking de todo lo que puede acontecer durante este tránsito, pero no es lo único. En otros casos puede indicar un evento, casi siempre negativo y digno de atención, relativo a la vida de nuestra media naranja. En el tema natal de una persona, en efecto, podemos ver que su pareja está viviendo un gran amor, y quizá el sujeto cuyo mapa astral estamos estudiando ni lo sabe o no lo sabrá nunca. En algunos casos también podemos registrar una enfermedad de la pareja y, en los casos extremos, si muchos otros elementos del tema natal y del Retorno Solar lo confirman, también su fallecimiento. En todos los casos hasta aquí descritos es altamente improbable un regreso a la situación anterior después de la conclusión del tránsito. Urano es para las elecciones drásticas y definitivas. Sin embargo, sobre todo si hay al menos una separación de hecho que dura ya varios meses, es posible que se vuelva a componer la pareja afectada, cabe decirlo, por semejante torpedo. Pero incluso en tales circunstancias, no se trata nunca de un regreso completo a la situación anterior, puesto que el gobernador del Acuario es exigente y drástico en sus acciones. Estimadas profesionales y apreciados profesionales, gente común, ciudadanos de la llamada mayoría silenciosa e individuos que conducen normalmente una vida irreprensible bajo cualquier punto de vista se comportan como si hubieran perdido la razón y dan vida a episodios asombrosos, como una huída al extranjero con personas conocidas el día antes. ¿Se acuerdan de *El ángel azul*? ¿Del anciano profesor de bachillerato que enloquece por una bailarina ligera de cascos (Marlene Dietrich)? Pues bien, esta invención cinematográfica podría ser el emblema de la disonancia Urano-Venere. Para los adolescentes el tránsito podría corresponder a su primer acto sexual, mientras que para un anciano podría marcar el regreso, imprevisto e improbable, de un deseo sexual. Este tránsito puede incitar también a hombres y mujeres a nuevas experiencias sexuales, como relaciones homosexuales o sexo de grupo, etcétera. También puede acompañar una fase nueva en las relaciones con la pareja habitual, en el sentido de una sexualidad que se expresa con mayor fantasía e incluso con modalidades que se podrían cualificar de poco ortodoxas. Todo lo que acabamos de describir puede pasarle, sin embargo, no sólo al sujeto al que le toca el tránsito, sino a una figura femenina con la que el sujeto está relacionado: la madre, la hija, la hermana o una amiga. A nivel de la salud, el tránsito es bastante negativo ya que puede indicar enfermedades repentinas que, dependiendo del conjunto astrológico de la situación, pueden llegar a ser graves. El discurso relacionado con el dinero es peligroso: en estos meses se pueden perder enormes sumas de dinero en el juego, con inversiones equivocadas, préstamos que no nos devuelven (sobre todo a las citadas figuras femeninas) o robos.

Urano en aspecto armónico con Marte

Cuando Urano transita formando un ángulo favorable respecto a nuestro Marte radix, nos sentimos como si tuviéramos gancho. Nos sentimos al máximo, percibimos un empuje interior a la acción, a hacer más, incluso hasta el exceso. Raras veces nos sentimos tan en forma y enérgicos como ahora. Podríamos sentirnos listos para embarcarnos en iniciativas difíciles que requieren una gran dosis de valor y de iniciativa. Y justamente podría ser la iniciativa el emblema de este tránsito. Nos volvemos emprendedores y, si ya lo éramos, ahora podremos sorprender a los demás con nuestro valor y con la determinación con la que nos enfrentamos a cualquier cosa. Nuestra fuerza de voluntad está al máximo. Actuamos como si fuéramos pequeños leones. No nos asusta casi nada y las dificultades, en lugar de desanimarnos, nos estimulan. Un aura de juvenil entusiasmo flota a nuestro alrededor e incluso los demás se dan cuenta del óptimo estado de forma psicofísica que nos acompaña. Se trata del momento perfecto para poner en práctica todos los proyectos pendientes que teníamos guardados en un cajón. Nos arriesgamos más y tenemos que atrevernos más. No vacilemos en el trabajo ni en otras circunstancias, puesto que difícilmente podremos ser más persuasivos que ahora. Logramos tomar decisiones importantes en tiempos muy breves: somos sintéticos, esenciales, directos, prácticos y extremadamente eficaces. Nos movemos como si tuviéramos un segundo motor interior capaz de carburarnos al máximo. Se trata de un período realmente óptimo bajo muchos puntos de vista, pero sobre todo para los deportistas que podrían alcanzar plusmarcas a lo largo del tránsito Urano-

Marte. Sentiremos una fuerte atracción hacia los motores, los coches y las motos rápidas, incluso nos apetecerá pilotar aviones. Seguramente nos vendrán ganas de conseguir una patente de piloto o de paracaidista. Conduciremos el coche con toda la determinación que nos acompaña ahora. Sin embargo, cabe decir que igual que con los tránsitos Urano-Venus, también en este caso se notarán manifestaciones del tránsito que harían pensar más en un ángulo inarmónico que armónico. A menudo, en efecto, tal como sucede con los malos ángulos entre el señor del Acuario y el del Aries, también con este tránsito podemos ser víctimas de accidentes de todo tipo: de tráfico, como peatones, de alpinismo, en bicicleta, etcétera. Los últimos descubrimientos de la técnica nos pueden ayudar a fortalecer nuestro físico o a mejorar nuestro rendimiento deportivo y sexual (en el caso de los hombres).

Urano en aspecto inarmónico con Marte

Cuando Urano se encuentra formando un ángulo inarmónico respecto a nuestro Marte natal, asumimos actitudes muy radicales e intolerantes con cualquiera y con cualquier cosa. Esa cuota de revolucionario y de extremista que alberga en nosotros conquista su derecho de ciudadanía en este momento y nos induce a tomar decisiones extremas. No somos capaces de razonar con calma, de ser diplomáticos y tolerantes. Nos molesta la falta de voluntad y de rapidez ajena. Procedemos con impulsos más que con esfuerzos prolongados. Tenemos la tendencia a efectuar cambios a noventa grados, a dar vueltas imprevistas e importantes en todos los sectores de nuestra vida, desde el trabajo hasta el amor. Será necesario tener cuidado, porque a menudo lo que pasa durante este tránsito es que puede uno llegar a romper relaciones de gran importancia: sobre todo en el trabajo donde podríamos expresar, más que en otros sectores, la intolerancia que nos gobierna en estos meses. Corremos el riesgo de tirar por la ventana en pocos minutos el paciente trabajo de muchos años. Por otro lado, si existen situaciones que se arrastran desde hace años y que nos provocan una gran frustración, este tránsito también puede ser positivo, ya que nos ofrece la oportunidad de actuar como leones y no como un rebaño de cabras. Queremos decir todo lo que tenemos dentro y lo haremos, a cualquier precio. Ya no estamos dispuestos a mediar y nos atrevemos a levantar la voz con personajes a quienes hasta ayer temíamos. Es lícito pensar que muchos jóvenes han alimentado las filas de extremistas, terroristas, fascistas, durante un tránsito de este tipo. Incluso si somos profesionales muy apreciados, durante este tránsito tendremos ganas de salir a la plaza a protestar junto con los estudiantes, a ocupar edificios, a manifestar con mucho ruido y cosas parecidas. Conducir el coche, en estos períodos, es extremadamente arriesgado. Pero es igualmente peligroso viajar en moto, esquiar, patinar, zambullirse desde peñascos, hacer fogatas con gasolina, estar en contacto con armas de fuego, subir escaleras y escalar montañas, es decir, hacer todo lo que es canónicamente peligroso. Los riesgos de sufrir accidentes o de herirse son realmente muy elevados. Ninguna compañía de seguros debería aceptar asegurarnos en tales tránsitos. A los chóferes de autobús y a los pilotos de aviones, les deberían suspender el cargo hasta que termine este tránsito, para evitar que provoquen accidentes colectivos. También tenemos que evitar cuidadosamente las peleas, aunque si se trata de una regla que debería ser permanente en la vida de cualquiera. Si sufrimos un robo, o simplemente asistimos a un robo, por ejemplo en un banco, corremos el riesgo de que el primer proyectil disparado sea para nosotros. Mantengámonos lejos de manifestaciones de protesta en las calles, de las tribunas al lado de un circuito de Formula Uno, de incendios, llamas, etcétera. Tenemos que estar muy atentos a los cortocircuitos y a la explosiones si manejamos explosivos. Evitemos manejar fuegos artificiales, sobre todo los más peligrosos. Con este tránsito nuestras manos llegan a ser potenciales instrumentos de destrucción: no es nada raro que en estos meses rompamos objetos de valor debido a movimientos bastante torpes por nuestra parte. Intentemos prestar también la máxima atención en el trabajo porque podríamos cometer errores graves: sobre todo los cirujanos, anestesistas, empleados de torres de control aérea, etcétera. Durante este tránsito también son probables operaciones quirúrgicas. De repente se presenta una situación que requiere una lucha de nuestra parte, una contraposición con alguien o con una institución. Nuestro coche se estropea y notamos la tendencia a averías también en todos los aparatos que nos rodean, a partir de nuestro ordenador.

Urano en aspecto armónico con Júpiter

Cuando Urano circula formando un ángulo favorable respecto a nuestro Júpiter de nacimiento, sentimos que podemos tocar la buena suerte con la mano. Y en efecto el cielo nos da una mano, y si nosotros hacemos lo demás, este paso planetario puede realmente llegar a ser el espejo de una o más situaciones ganadoras en los campos más distintos de nuestra vida. Todas las formas de buena suerte, las pequeñas y las grandes, nos pueden afectar en estos meses, y no es exagerado imaginar incluso una posible ganancia de juego; aunque el juego es una variable que escapa casi siempre a cualquier tipo de interpretación, incluso astrológica. Sin embargo podemos decir que el que ya tiene buena suerte de nacimiento, tendrá muchas probabilidades de acertar, en este sentido. Pero la buena suerte que nos puede tocar y cuya característica es la de ser repentina e inesperada, es muy variada y puede llegar de muchas direcciones distintas. Un enemigo nuestro puede dejar de hacernos daño para siempre o un ser querido nuestro a quien apreciamos mucho consigue acabar repentinamente con sus problemas; una nueva terapia nos sustrae, por fin, de una esclavitud terapéutica que duraba desde hacía mucho tiempo; una intuición "genial" nos otorga, de un momento a otro, la llave para resolver un enigma que nos tenía bloqueados; el día menos pensado pueden publicar un concurso que podríamos ganar. O sea que, como lo decían los Romanos: *carpe diem*, aprovecha el momento. Las buenas oportunidades llegan sin preavisos, tenemos que estar listos para cogerlas al vuelo. Las vías de información y de comunicación más modernas y a la vanguardia pueden jugar un papel primario para ponernos en contacto con óptimas oportunidades: la más electiva es Internet. Así que hagámonos buenas navegaciones diarias, y aún mejor nocturnas, y apuntemos bien las antenas de nuestra sensibilidad para aprovechar las muchas ocasiones que nos esperan durante estos meses. Nuestro bienestar puede depender de la lejanía y, por lo tanto, programaremos viajes, largos viajes, para conseguir mejorar la salud, el trabajo y la cartera. El extranjero y los forasteros nos pueden ayudar, especialmente en aquellas disciplinas en las que estén a la vanguardia, en cualquier sector. Un amigo lejano nuestro nos hace llegar una buena noticia. Largos viajes nos favorecen desde un punto de vista neurológico. Lo mismo se puede decir para actividades deportivas y para la cercanía de animales que consiguen aliviarnos dolores o patologías. Emprendemos el estudio de asignaturas poco usuales como la filosofía, la teología, la astrología o el esoterismo, con medios a la vanguardia como Internet o sistemas de aprendizaje basados en el multimedia. Nuestros estudios universitarios o superiores se verán favorecidos gracias a la utilización del ordenador. De improviso una causa en el tribunal se resuelve a nuestro favor.

Urano en aspecto inarmónico con Júpiter

Cuando Urano pasa en aspectos disonantes respecto a nuestro Júpiter natal, debemos prestar atención a todos los posibles accidentes o a las adversidades que nos pueden llegar de la electrónica, la informática, las terapias basadas en irradiaciones, sobre todo lo que está relacionado con lo moderno y lo ultramoderno. Nos llegan malas noticias de forma imprevista.

A través del teléfono o de la televisión llegamos a conocer situaciones dolorosas para nosotros. La utilización de aparatos sofisticados y futurísticos nos provoca daños no indiferentes y esto afecta tanto a nuestro bolsillo como a nuestra salud. Evitemos por lo tanto, a lo largo de este tránsito, comprar y también usar aparatos sofisticados, el último grito de la técnica, de la alta tecnología en general. Hay una porción de mala suerte que nos afecta de repente y que nos puede ocasionar varios tipos de daños, sobre todo económicos. Podemos tener desgracias en los viajes, de manera particular en los viajes largos. La lejanía y el extranjero nos pueden causar daños de tipo neurológico. Vivir lejos de casa nos penaliza mucho y nos provoca ansiedad e insomnio. De repente nos vemos obligados a marcharnos para someternos a una terapia médica cuya estructura a la vanguardia no ha llegado todavía a nuestro país. Nos llega una mala noticia desde lejos, a través de Internet o de la antena parabólica. Los viajes en coche y en moto sería mejor evitarlos, puesto que corremos el riesgo de tener accidentes. Lo mismo vale para los viajes en avión, sobre todo si somos los pilotos del avión. El Retorno Solar podrá aclarar el tipo de peligro que nos acecha. Si el Retorno Solar de ese momento se apoya más en las Casas Tercera y Novena que en las otras, el peligro es más grande y cabe considerarlo con atención antes de decidir un desplazamiento en coche. Esto resulta aún más arriesgado si tenemos que cruzar zonas con niebla fuerte o con la carretera helada o durante una tormenta y con escasa visibilidad. Nuestros estudios universitarios o superiores sufren un interrupción brusca, momentánea o definitiva. Un excesivo nerviosismo se desata en nosotros durante estudios relacionados con la filosofía, la teología, el yoga, el Budismo, la astrología, etcétera. Evitemos recurrir a los jueces, a los abogados y a los tribunales porque la ley no nos es favorable en este momento, y puede manifestarse en sentido contrario a nosotros, a través de un testigo importante e inesperado.

Urano en aspecto armónico con Saturno

Cuando Urano viaja en ángulo armónico respecto a nuestro Saturno natal, sentiremos de repente un empuje ambicioso que nos proyectará en dirección de posibles conquistas laborales o, tal vez, sólo de mayor prestigio. Nos damos cuenta de que durante años nos han humillado y quizá nos hemos mostrado demasiado condescendientes con nuestros superiores en el trabajo, y ahora deseamos que se respete nuestra profesionalidad y nuestro valor. Es por ello que vamos hacia adelante con determinación y con un impulso que creíamos que pertenecía sólo a la juventud. En esta misma luz podemos leer nuestro acercamiento a todos los últimos descubrimientos de la técnica y de la ciencia que pueden ser útiles para nuestro proyecto ambicioso. Una noticia imprevista nos informa que hemos dado un paso adelante en la carrera. Personas ancianas se nos acercarán, en el momento menos pensado, para ofrecernos su apoyo para nuestro crecimiento profesional. Con la llegada de una nueva conciencia dentro de nosotros, vivimos la experiencia de una mayor madurez, de sabiduría y razón que nos proyectarán más conscientemente hacia adelante. Una disciplina nueva, di tipo psicológico o relacionada con la medicina alternativa, nos permite alcanzar un mejor equilibrio. A través de Internet podemos intentar encontrar nuevas tecnologías para el cuidado de los dientes o de los huesos, si estamos personalmente interesados en este tema o porque queremos proponerlo a un pariente, sobre todo a un padre ya anciano. También puede tratarse de medicinas que pueden retrasar nuestro envejecimiento. Se trata de un período positivo para restaurar, con nuevas técnicas, objetos y muebles antiguos de nuestra casa. De repente superamos una antigua prueba, a lo mejor justo en el momento menos esperado. Un problema antiguo se resuelve por sí sólo gracias al viento de renovación que afecta a nuestra persona o a todo el país. Nuestra circulación de la sangre mejora a través de nuevas técnicas no invasivas.

Urano en aspecto inarmónico con Saturno

Cuando Urano circula formando un ángulo inarmónico respecto a nuestro Saturno de nacimiento, es como si estuviéramos cruzando un río borrascoso. Habrá que tener cuidado, puesto que la destructividad será elevada dentro y fuera de nosotros. Nos moverán sentimientos agresivos y destructivos. Podríamos correr el riesgo de arrojar por la ventana largos años de paciente construcción de nuestro futuro económico, profesional, sentimental y de salud. Decisiones tomadas sin pensarlo bien, de prisa, sin volverlo a examinar otra vez, nos pueden hacer caer mucho más abajo en la escalera de nuestra evolución. Novedades de la ciencia y de la técnica nos ocasionan daños en la carrera, por ejemplo porque todos nuestros equipos de repente se vuelven obsoletos. Nos esforzamos en actualizar nuestro *know-how*, tratando de mantener el ritmo de la evolución de la ciencia, pero no lo conseguimos y esto nos causa una pérdida de prestigio. Nos pueden afectar viejas situaciones, antiguas relaciones de amistad, de trabajo o de amor. Todo lo que puede etiquetarse de viejo, acaba con afectarnos. Durante este paso planetario debemos tener cuidado para no sufrir daños también de viejas estructuras que se pueden encontrar en nuestra casa o en nuestra oficina, como las bombonas de gas que se usaban para cocinar en otros tiempos, instalaciones eléctricas vetustas, sistemas de calefacción de poco fiar, etcétera. Una cuota de mala suerte más o menos evidente nos aconseja que seamos prudentes en general, empezando con cualquier tipo de actividad física o de deporte arriesgado. Deportes como el esquí, el motociclismo, el automovilismo, el alpinismo, etcétera hay que considerarlos demasiado peligrosos como para poderlos practicar en estos meses. En efecto uno de los peligros de este tránsito es que suframos accidentes y fracturas en las extremidades. Nuevas técnicas terapéuticas, sobre todo relacionadas con el cuidado de los dientes y de los huesos, pueden causarnos serios daños. Lo mismo vale para todas las nuevas terapias basadas en la irradiación de ondas. Bajo este tránsito se hacen evidentes los daños de una larga exposición a rayos y a campos electromagnéticos, sobre todo para las personas que viven cerca de líneas de alta tensión, pero también para quienes se encuentran rodeados por aparatos electrónicos de cualquier tipo.

Urano en aspecto armónico con Urano

Cuando Urano pasa en aspecto armónico con nuestro Urano natal nos arrasa una ráfaga de renovación. Nuestro espíritu se dirige hacia adelante y aspira a elaborar la mayor cantidad de innovaciones posibles. Miramos hacia atrás y comprendemos que tenemos todavía mucho que hacer antes de jubilarnos, tanto si se trata del primer tránsito Urano-Urano como del último. Este tránsito está a nuestra persona como la primavera está a la naturaleza: es un florecer de ideas, proyectos, iniciativas, experimentaciones y exploraciones. Dentro y fuera de nuestra persona deseamos realizar una renovación completa, lo más proyectada posible en el futuro y en medio de los demás. Sentimos la necesidad de confrontarnos con el prójimo, de actuar junto a los demás y de echar por la ventana toda resistencia nuestra de tipo individual. Participar con los demás, anular nuestro propio Yo en función de un diseño estratégico colectivo, confundirse con la masa, son algunos de los sentimientos que nos gobiernan de forma centrífuga lejos de nuestra cáscara protectiva y egocéntrica. Tenemos la certidumbre, ahora, de que tenemos que actuar sin cerrarnos en nosotros mismos. La solución de muchos de nuestros problemas podría estar en nuestra proyección, de forma optimista, en la masa. Derribamos tabúes, acabamos con resistencias conservadoras y desarrollamos un espíritu de amistad e incluso de hermandad universal. Nuestra mente vive una estación brillante y produce ideas y proyectos que nos pueden hacer mejores a nivel humano, y que también nos pueden hacer crecer a nivel profesional o social. Nos sentimos empujados hacia una búsqueda de nuevas amistades y hacia una renovación completa de nuestra relación de amistad con los demás. Se trata de un período particularmente proficuo para aquellos cuya actividad principal se basa en los proyectos, como los arquitectos y los ingenieros. Pero todos podemos beneficiarnos de este paso planetario, puesto que nos suministra el carburante necesario para cualquier plan relativo al futuro. Se tratará, como ya se ha dicho, de cambiar página, de movernos hacia adelante de manera propositiva, de cambiar viejas costumbres, de quitarnos las zapatillas y la bata, de salir al aire libre a respirar aire puro, de destruir la eterna, o quizá no, calma de los sentimientos más conservadores que se albergan en nosotros. El darnos cuenta de que nos estamos haciendo viejos y obsoletos, nos da la energía suficiente para volver a proponernos de una manera nueva en el trabajo y en las relaciones con los demás. Todas las novedades nos pueden favorecer, incluso las de la ciencia, las de la alta tecnología, las de los últimos descubrimientos en el sector médico, psicológico y/o astrológico. Podemos encontrar soluciones ganadoras para nuestros problemas de siempre justo a través de los últimos descubrimientos en asuntos de terapias, en nuevas oportunidades de trabajo y de conocimiento de otros seres humanos, quizá a través de medios modernos como Internet, y todo lo que podrá llegar después de la madre de todas las redes. Abandonemos toda resistencia y hundámonos en el remolino de los cambios. Dejemos atrás la nostalgia y avancemos mirando hacia adelante, y no hacia atrás. Urano, con su fuerza devastadora, nos ayudará a cambiar en positivo nuestra existencia. Debemos aprovechar de este tránsito para echar por la ventana todo lo que se está llenando de moho en el sótano de nuestro corazón, y para pasar página de una vez por todas.

Urano en aspecto inarmónico con Urano

Cuando Urano transita formando un ángulo inarmónico respecto a nuestro Urano natal, corremos el riesgo de que nos arrastre el viento de las novedades. Lo que para los demás, por ejemplo para los sujetos Acuario o para los uranianos en general, podría ser una óptima ocasión de renovación y de rejuvenecimiento, para nosotros acaba por ser solamente una pesadilla, un feo monstruo que amenaza hacernos perder la tranquilidad y la estabilidad conquistada a caro precio. Creíamos haber recogido ya las velas o, por lo menos, haber llegado a una parada parcial de nuestro viaje terreno, cuando percibimos que el terreno debajo de de nosotros se está moviendo. Nos quedamos bastante desconcertados por los acontecimientos que nos hacen precipitar (esta es la sensación que percibimos) de nuevo en el mar violento de la vida. Buscábamos un puerto seguro y hemos encontrado el mar en fuerza nueve. Nos vemos obligados a arremangarnos la camisa otra vez y a volver a empezar desde el principio, o por lo menos desde muchos pasos atrás. Nos estábamos acunando en sueños de tranquilidad y nos encontramos delante con un monstruo que nos enseña sus colmillos amenazadores. El monstruo se llama futuro y nosotros lo tememos, como es justo que sea, pero quizá un poco demasiado. No estamos convencidos y no estamos dispuestos a volver a poner en discusión todo lo que habíamos adquirido, y mostramos muchas resistencias para aceptar los cambios. Pero la vida ha llamado de nuevo a nuestra puerta y requiere nuestra movilización plena e incondicional. Las novedades nos asustan y quisiéramos volver atrás, pero no nos lo conceden y tenemos que aceptar, de mala gana, lo que el destino nos tiene guardado. Probablemente nos veremos obligados a modificar muchas cosas, empezando con el trabajo y acabando con la vida sentimental, la manera de emplear el tiempo libre, el estilo de terapia que nos acompañaba hasta hace poco, etcétera. Debemos darnos cuenta de que nuestra posición de defensa no encaja para nada con la forma de vivir actual y que debemos sacrificar una parte de nuestro ego para participar de forma activa. En medio de los demás encontraremos la lucha, es verdad, pero también podremos rejuvenecer la sangre que nos circula en las venas. Una ráfaga de aire puro, al fin y al cabo, no nos puede perjudicar. Pero para llegar a ella tendremos que pasar por un nuevo temporal, lo que no nos gusta nada. De todas formas, tan sólo hay dos posibilidades: o cambiamos de forma espontánea o será Urano quien nos haga cambiar. No hay posibilidad ninguna de alejarnos de esta regla. Los últimos descubrimientos de la ciencia y de la técnica nos podrán dañar, así como nos podrían afectar amigos que creíamos de confianza. Renunciaremos de forma definitiva a viejos proyectos pendientes que guardábamos en un cajón. Este paso planetario puede llevar consigo, a parte de las novedades en sentido lato, también lutos.

Urano en aspecto armónico con Neptuno

Cuando Urano circula formando un ángulo armónico respecto a nuestro Neptuno natal, dentro de nosotros se mueven intereses esotéricos, sobrenaturales, filosóficos, religiosos, astrológicos, etcétera. De repente descubrimos que tenemos muchas cuestiones pendientes acerca de un mundo en el que no habíamos pensado nunca de forma profunda. Nos atrae mucho el misterio, y hay que entenderlo en sentido más general: la vida, la muerte, lo que es más grande que nosotros. Dichos intereses nos llevarán a excavar en tal dirección, a leer libros, presenciar conferencias, ver reportajes en la televisión, hablar con sacerdotes, psicólogos, astrólogos, esoteristas, personas con fuerte carisma, personajes que representan una guía para tantos seres humanos que, como nosotros, quisieran beber en el caudal del conocimiento. De repente descubrimos lo efímero que nos ha rodeado siempre y nos preguntamos cómo habíamos podido vivir hasta ese momento: a lo mejor con una venda delante de los ojos. Se trata de un interés fuerte, totalizador, que monopoliza nuestros pensamientos y que establece una hegemonía en nuestra actitud mental futura. Sentimos una especie de fiebre sobre nosotros y quisiéramos quemar las etapas para llegar pronto a conocimientos superiores, para recuperar una parte de nuestro tiempo perdido. Al mismo tiempo nos sentimos inclinados, cristianamente, hacia nuestro prójimo. Sentimientos inéditos, o poco conocidos, de hermandad y un espíritu de sacrificio que desconocíamos en nosotros, nos inducirán a actividades asistenciales y solidarias. Deseamos compartir los pesares del prójimo, hacer voluntariado y caridad de muchas maneras distintas. Si no somos creyentes, en este momento sentimos impulsos interiores que podrían abrirse en una fe que se está desarrollando dentro de nosotros. También nos atraerán las masas, los movimientos y los grupos religiosos. Es un período que favorece la participación a retiros espirituales colectivos, cursos de aprendizaje de disciplinas llamadas alternativas como el yoga, la macrobiótica, el shiatsu, la astrología, etcétera. Gracias a novedades terapéuticas lograremos liberarnos de la esclavitud de fármacos o de la adicción de nuestro organismo a tabaco, alcohol y/o drogas. Recursos inesperados e imprevistos nos permiten solucionar viejos problemas, librándonos de las cruces que arrastrábamos. Un imprevisto y largo viaje por mar nos entregará nueva energía y aliviará nuestro sistema nervioso. Quizá inesperadamente nos mudaremos para ir a ocupar una casa cerca del agua: a orillas de un río, de un lago, del mar…

Urano en aspecto inarmónico con Neptuno

Cuando Urano circula formando un ángulo inarmónico respecto a nuestro Neptuno radical, nuestro aparente equilibrio se ve trastornado por impulsos de fe o de interés hacia todo lo que es poco conocido o lo esotérico en sentido estricto. Vivimos mal una atracción hacia la astrología, la psicología del profundo, la parapsicología, el yoga, el orientalismo, la filosofía y el estudio de las religiones. Esta corriente repentina de intereses nos catapulta en un mundo que vemos poblado por fantasmas y por símbolos que nos molestan mucho. Nuestro sistema nervioso registra esta sensación y nos señala que todo esto nos puede trastornar mucho. Si nuestro terreno de base es algo neurótico, tenderá a crecer bajo este tránsito. Quisiéramos evitarlo, pero es difícil: probamos atracción y repulsión al mismo tiempo. Tal vez un sacerdote, un pseudo-mago o un psicólogo nos han hecho entrar en crisis con sus ideas y con sus palabras. Pensamos que no estamos preparados para este tipo de experiencia. Una profusión de angustias, fobias, ideas fijas nos asalta y rompe el aparentemente fuerte caparazón protector que nos envuelve, tal vez debido a un escepticismo por nuestra parte que siempre hemos profesado pero que nunca hemos verificado en la práctica. La proximidad a muchedumbres, a movimientos, a sectas nos puede dañar mucho y, por lo tanto, lo mejor sería que nos mantuviéramos a distancia de todo grupo, grande o pequeño, de personas movidas por una idea que busca afirmaciones a cualquier costo, con la espada en la mano o con el puñal en la boca. Este tránsito, en efecto, puede ser el crisol en que se podrían formar nuestras ideas extremistas, radicales e incluso terroristas. No nos sentimos nada serenos durante estos meses, por lo tanto corremos el riesgo de subyugarnos a la influencia de cualquier personaje que posea un particular carisma, la fascinación del líder. Un acontecimiento imprevisto nos provocará una aflicción seria, una cruz para nuestro futuro. Nuestro equilibrio general se encuentra comprometido por el exceso de humo, café, alcohol y/o drogas. Un accidente doméstico puede provocar una inundación en casa, o de cualquier manera desperfectos graves al circuito hidráulico. Nos vemos obligados a renovar la instalación de la calefacción. Vivimos una mala aventura en la mar y corremos el peligro de naufragio. Encontramos drogadictos en nuestro camino y sufrimos malas consecuencias.

Urano en aspecto armónico con Plutón

Cuando Urano circula formando un ángulo armónico respecto a nuestro Plutón natal, las fuerzas más interiores de nuestra persona tienden a aflorar a la superficie y a manifestarse. Podemos decir también que los instintos más animales (pero aquí hay que leerlo en el sentido mejor) llegan a ser solarizados, explicitados, traídos a la superficie. Estas fuerzas que afloran de las vísceras de nuestro inconsciente nos permiten ser más combativos en general, más motivados a vivir, a sufrir, a comprometernos para los sentimientos fundamentales: la conservación de la vida, el instinto a la reproducción para el mantenimiento de la raza y la necesidad de juntarnos con otro ser para formar una pareja. Se trata de instintos primordiales que todos tenemos dentro de nosotros, pero que quedan narcotizados por la costumbre de la vida diaria. Con el fuerte viento renovador de Urano estos estímulos vuelven a aflorar y nos proyectan muy positivamente hacia el futuro. Este paso planetario, por lo tanto, nos puede ayudar a recuperarnos después de una caída, después de una parada dramática de nuestra vida sentimental o laboral. Comprendemos que debemos contar con nuestras fuerzas y con ese instinto de conservación que caracteriza la vida de todos los seres vivos en esta Tierra, empezando por el mundo animal que no ha perdido nunca este tipo de referencia. Al contrario, los hombres y las mujeres sufrimos la involución de nuestra mejor parte animal para dirigirnos según modelos prefabricados y sintéticos, muy lejos de nuestra verdadera naturaleza. Con Urano formando un ángulo armónico respecto a nuestro Plutón radix puede también volverse a despertar nuestro deseo sexual después de un largo sopor. Notamos que crece nuestra atracción hacia nuestra pareja y también llegamos a ser más exigentes en cuanto al sexo. Además, gracias a un fallecimiento puede que lleguemos a poseer, inesperadamente, una suma de dinero o una propiedad inmobiliaria que no creíamos que nunca pudiese llegar a nosotros; o por lo menos, no tan temprano. O bien puede que un luto imprevisto nos permita conseguir crecimientos a nivel profesional, de conocimiento y de enriquecimiento interior. También se trata de un período bastante bueno para las búsquedas subterráneas de cualquier tipo: podríamos encontrar agua en un terreno nuestro u otros recursos preciosos. Queda relacionada con este tipo de tránsito también la excavación en sentido metafórico, como la que se produce en la psicoanálisis: durante estos meses podemos hacer importantes pasos adelante en nuestra evolución personal. De repente sentimos curiosidad por el asunto muerte o por el poder de un médium y podríamos tener experiencias interesantes en este campo. También nos sentimos más atraídos hacia la literatura o el cine *noir*. Tenemos mayores intereses hacia el fenómeno de la criminalidad. Sentimos la necesidad de plantear proyectos para nuestra sepultura futura.

Urano en aspecto inarmónico con Plutón

Cuando Urano pasa formando un ángulo inarmónico respecto a nuestro Plutón natal, es como si de repente se destapara la olla de nuestros instintos más animales y al mismo tiempo, destructivos. Esa parte de Landrú que se encuentra en cada uno de nosotros tiende a aflorar y a revindicar su derecho de ciudadanía en nuestra existencia. Se trata de un mal período en que sentimos que no tenemos los instrumentos idóneos para reducir o para reprimir, con la educación y con la civilización, lo que de menos civil y educado alberga en nosotros. Nuestro impulso dominante es el de la lucha y la destrucción, incluso relacionada con nuestra propia persona. Por ello, en este sentido, durante este tránsito podríamos inconscientemente viajar en direcciones masoquistas y de autolesión, por ejemplo fumando o bebiendo de forma excesiva, abusando de medicamentos o de drogas, durmiendo muy poco y exagerando con la actividad sexual. Aunque el peligro mayor está representado por los sentimientos que sentimos hacia los demás, sentimientos predominantes de atropello. Si todo esto se une al mayor deseo sexual que nos acompaña en este período, podríamos realmente cometer actos inciviles de los que luego nos avergonzaríamos. Desde luego, nuestra educación de base y el conjunto de los tránsitos nos podrán decir en qué porcentaje corremos riesgos parecidos. Cabe observar, sin embargo, que el Mr. Hyde que se encuentra en todos nosotros, incluso en las personas aparentemente más tranquilas, puede asomarse de repente justamente durante este tránsito. Podemos tener malos encuentros y un acto sexual ocasional, sin precauciones, nos podría causar serias enfermedades infectivas. Una acción nuestra no razonada e impulsiva nos puede hacer perder enormes cantidades de dinero o incluso una herencia, una donación, los bienes de nuestra pareja. Corremos el riesgo de perder cifras consistentes con el juego o en especulaciones imprudentes. Período peligroso debido a robos y atracos. Malas experiencias psíquicas en relación a la muerte o a sesiones de pseudo-espiritismo. Atracción morbosa para la literatura y el cine *noir* o para la criminalidad y los criminales. Posibles encuentros con criminales. De repente, de una excavación efectuada en una propiedad nuestra pueden aflorar secretos que hubiera sido mejor que siguieran siendo secretos. Otras veces el estado de inquietud provocado por este tránsito puede indicar estados de bloqueo sexual para las mujeres, y problemas de impotencia para los varones. Obsesiones relacionadas con el pensamiento de la muerte. Miedo de la muerte.

Urano en aspecto con el Ascendente

Véase: Urano en la Primera Casa

Urano en aspecto con el Medio Cielo

Véase: Urano en la Décima Casa

Urano en aspecto con el Descendente

Véase: Urano en la Séptima Casa

Urano en aspecto con el Fondo Cielo

Véase: Urano en la Cuarta Casa

Urano en tránsito por la Primera Casa

Cuando Urano pasa por nuestra Primera Casa, sentimos una fuerte exigencia de renovación general de nuestra vida. Las situaciones de estancamiento que en los años anteriores nos han impedido evolucionar, ahora pueden estallar. En efecto, tendemos a comportarnos exactamente como un volcán que estalla, como el tapón de una botella de champagne que se proyecta hacia arriba. Ya no estamos dispuestos a esperar: lo queremos todo y enseguida. Nos comportamos como presos que por fin salen del calabozo y descubren la alegría de reír, de cantar y de correr bajo el sol. Correr es el verbo justo que podemos poner como firma a nuestro estado de ánimo de estos años (el tránsito dura en media al menos siete años). Estamos hartos de esperar, hartos de mediar, somos intolerantes con todas las soluciones diplomáticas y prudentes. No queremos ser para nada prudentes y expresamos un fuerte radicalismo que quizá ya se encontraba dentro de nosotros anteriormente, pero sofocado; o tal vez acaba de nacer ahora, coincidiendo con este paso planetario. Si estamos abiertos a los cambios, disponibles a una renovación periódica de nuestra vida, favorables a pequeñas o grandes revoluciones de nuestra existencia, el tránsito será muy positivo y nos proyectará hacia un universo especial hecho de voluntad realizadora, de elecciones directas y esenciales, de acciones y de pensamientos que viajan juntos, de modernización de antiguas estructuras, de valor y de fuerza. Esto es lo que les pasa a los sujetos con poca voluntad (por ejemplo en el caso de sujetos con Marte en Piscis o en Cáncer). Sentirán la embriaguez de las decisiones tomadas de forma repentina y dando un puñetazo sobre la mesa: una experiencia irrepetible para ellos. Los del signo del Acuarios, los uranianos, pero también los del Sagitario, del Leo y del Aries, todos podrán vivir el tránsito de la mejor manera posible. Los demás, al contrario, lo podrían sufrir con terror y angustia. Todos los que querrían fortalecer el abrigo en que tratan de proteger la estabilidad de su propia vida, sentirán derrumbarse los cimientos, percibirán el peligro de un gran ciclón que viene a desestabilizar todas las cosas, a arriesgar su propio futuro, a plantar hipotecas en la seguridad del propio núcleo familiar. Además de correr, la otra palabra clave será cambiar, y tan sólo hay dos posibilidades: o cambiemos espontáneamente o será Urano quien nos haga cambiar. En este segundo caso no será posible saber de forma anticipada dónde nos afectará este tránsito. No es posible ni evitar el obstáculo, ni siquiera retrasar el momento de actuación de su programa. Durante estos años podrán modificarse realmente muchísimas cosas en nuestra existencia, desde el trabajo hasta la vida afectiva y sentimental, pasando por la salud y los intereses culturales. Podríamos empezar a practicar un deporte o a hacer movimiento aunque siempre fuimos sedentarios. O bien podríamos decidir alimentarnos, de ahí en adelante, según reglas precisas y ya no desordenadamente y sin un programa particular. A veces se notan también considerables cambios físicos como puede ser un robustecimiento o un fuerte adelgazamiento: nuestro cuerpo cambia aspecto, de una u otra manera. También el tránsito de Urano puede influenciar algunos lados de la personalidad: nos podremos descubrir más abiertos, más disponibles al diálogo, más originales e incluso un poco excéntricos, más predispuestos a vivir el momento. Si aceptamos equilibrios más precarios, un destino en que tengamos que jugarnos día tras día los partidos importantes, entonces este tránsito nos otorgará sus mayores beneficios. En caso contrario, el tránsito supondrá un estado psicofísico precario para nosotros, o incluso enfermedades más o menos serias, sobre todo si se juntan de forma siniestra en ese momento otros tránsitos maléficos o un Retorno Solar feo con valores en la Duodécima, en la Primera o en la Sexta casa. En los casos más serios podremos tener que someternos a operaciones quirúrgicas o podremos sufrir accidentes de diverso tipo.

Urano en tránsito por la Segunda Casa

Cuando Urano transita en nuestra Segunda Casa, nos sentimos empujados a buscar otros recursos de sustentamiento, de ganancia y de realización patrimonial. Comprendemos que las cosas, desde este punto de vista, no pueden seguir tal como ahora. Debemos liberarnos de viejos tabúes y arremangarnos la camisa para cambiar nuestra política económica, personal o familiar. Nos pondremos a buscar nuevas soluciones, a leer los periódicos especializados, solicitaremos otro empleo o trataremos de abrir actividades comerciales y/o industriales. Si no hubiera periódicamente tránsitos de este tipo, nunca nacerían nuevas empresas. En efecto, el temor que normalmente acaba con inhibir cualquiera vocación empresarial nuestra, durante este tránsito se reduce de forma considerable y nos permite dar un salto en el vacío: puede que aterricemos en un colchón o en el duro asfalto, dependiendo del conjunto de los tránsitos de ese período, de nuestro tema natal y del Retorno Solar que es el que puede jugar, como siempre, un papel muy pero que muy importante. El tránsito de Urano en la Segunda Casa moviliza mucho dinero, aunque depende evidentemente de nuestras posibilidades: tanto en ingreso como en salida. Difícilmente podremos mantener capitales o ahorros estables en estos años. Seguramente tenderemos a hacer circular nuestro capital, a hacer inversiones, a arriesgar, a vender y a comprar; cualquier cosa menos quedarnos parados desde un punto de vista económico. También es posible que cambie algo importante en nuestro aspecto, empezando con el corte de pelo hasta llegar a dejarnos crecer barba o bigote, sin excluir operaciones de cirugía estética que modifiquen, sustancialmente, nuestro aspecto. A veces corresponde también a dietas bastante drásticas para adelgazar o, al contrario, a un considerable aumento de peso determinado por diferentes factores, por ejemplo un embarazo. En otros casos se puede tratar de nuestra forma de vestir que cambia de una manera completamente imprevista: por ejemplo empezamos a vestir casual aunque siempre hemos tenido gustos clásicos. También puede que nos ocupemos inesperadamente de fotografía, de cine, de teatro, de gráfica publicitaria y de gráfica computerizada. La imagen podría llegar a ser nuestro punto fijo delante de nosotros, durante algunos años, y condicionarnos hasta el punto de decidir comprar televisores con pantallas gigantes para nuestra casa, cámaras y videocámaras profesionales, pantallas de alta resolución para el ordenador, videograbadoras sofisticadas, etcétera. También podremos adquirir una inesperada y agradable visibilidad, por ejemplo al participar en transmisiones televisivas o gracias a artículos sobre nosotros y/o fotos nuestras que aparecen en periódicos o en Internet. Cuando el tránsito se expresa de manera más negativa, es necesario tener cuidado puesto que podríamos sufrir grandes pérdidas económicas debidas a robos, malas inversiones, timadores, desperfectos en propiedades relacionados con incendios u otras calamidades naturales o no naturales, graves pérdidas con el juego, etcétera. También corremos el riesgo de quedar desfigurados por errores en intervenciones quirúrgicas, por accidentes, incendios y heridas. Existe el riesgo de daños enormes a nuestros equipos televisivos, cinematográficos, fotográficos e informáticos.

Urano en tránsito por la Tercera Casa

Cuando Urano atraviesa nuestra Tercera Casa natal, sentimos la necesidad de cambiar mucho en relación con nuestros vehículos y con nuestros sistemas de comunicación y de telecomunicación. Esta pequeña pero gran revolución podría empezarse a mostrar con un simple curso de dicción que nos permita hablar mejor y participar sin complejos en el mundo de la aldea global. Luego sentiremos el empuje de apoderarnos de todos los últimos hallazgos en el sector de la alta tecnología como teléfonos móviles e inalámbricos, fax, módem, líneas de fibra óptica reservadas para la utilización de Internet, antenas parabólicas, televisión de pago, etcétera. Durante estos años, seguramente creceremos mucho bajo este punto de vista e invertiremos mucho, tanto a nivel económico como en recursos energéticos. Probablemente cambiará significativamente nuestra viabilidad, en forma de tráfico pendular, semanal y mensual. Por ejemplo, puede que decidamos mudarnos e irnos a vivir al campo, para así conseguir una mejor calidad de vida, aunque sea a coste de tener que recorrer cien o doscientos kilómetros en coche cada día. Viajaremos con más frecuencia, serán viajes de trabajo o de placer, a lugares cercanos y lejanos. También podríamos empezar a utilizar medios de transporte nunca considerados hasta ese momento como la motocicleta, el hidroala y el tren. Pero la revolución de la que estamos hablando podría afectar incluso sólo nuestros estudios y suponer un período de matriculación a cursos, seminarios y prácticas, tanto universitarios como extraescolares. También puede que nos pongamos a escribir. Este tránsito nos podría proyectar en el universo de los escritores o de los periodistas (en este caso se podría tratar tanto de periodismo escrito como de periodismo televisivo, radiofónico, etcétera). Un hermano, un cuñado, un primo o un joven amigo nuestro será el protagonista de una revolución completa y positiva de su vida. Tenemos buenas experiencias comerciales. Si el tránsito se debe leer en negativo, ya que forma aspectos disonantes o bien debido a otros tránsitos negativos o a un Retorno Solar no bueno, tenemos que prestar mucha atención, sobre todo a los accidentes de tráfico en coche, en moto e incluso cuando cruzamos la calle. Lo mismo vale también para nuestros hermanos, cuñados, primos o jóvenes amigos que podrían protagonizar tanto desgracias en la carretera como infortunios de cualquier tipo, como enfermedades, operaciones quirúrgicas, separaciones conyugales, problemas con la justicia, etcétera. De repente la prensa podría empezar a ocuparse de nosotros y este hecho no nos gustará para nada. Será preferible guardar copias de los datos importantes, por ejemplo un libro que estamos escribiendo, porque si no corremos el riesgo de perderlo todo. Período de averías o de destrucciones de nuestros medios de comunicación y de telecomunicación, sin excluir ninguno. Empeoran nuestras relaciones con los citados parientes. Rompemos el contrato con un editor o con un diario con quien trabajábamos. Dejamos de estudiar de forma imprevista y decidimos abandonar la universidad o el instituto que frecuentamos. Negociaciones comerciales de las que nos ocupábamos con entusiasmo se revelarán rotundos fracasos. Posibles enfermedades del sistema nervioso o daños serios por exceso de humo.

Urano en tránsito por la Cuarta Casa

Cuando Urano transita en nuestra Cuarta Casa de nacimiento, nos mueve un considerable deseo de cambios en nuestra morada. Si no poseemos una casa de propiedad nuestra, es más que probable que nos vengan ganas de comprar una; pero más que tendencias, en este caso se trata de realidad y la casa la vamos a cambiar en serio, o la compraremos o alquilaremos otra vivienda. También podría tratarse de importantes trabajos de reestructuración en el ambiente donde dormimos o donde trabajamos: estudio, oficina, laboratorio, etcétera. Este tránsito puede indicarnos a menudo un cambio de trabajo o en el trabajo, por ejemplo para los empleados o funcionarios que pasan a otro cargo y, por lo tanto, también cambian de oficina o de sede. La casa, además de comprarla, la podríamos incluso recibir como herencia, donación, por ejemplo de parte de uno de nuestros padres, o bien de la pareja al separarnos. Este paso planetario también se puede referir a importantes y positivos cambios que afectan a nuestros padres, como un éxito público, un cargo importante que reciben, la curación de una grave enfermedad, la recuperación después de una operación, etcétera. En los casos en que el tránsito se expresa más en negativo que en positivo, podemos notar el imprevisto deterioro de la salud de uno de nuestros padres, su enfermedad, una operación e incluso su fallecimiento. En cuanto a la casa tendremos que estar particularmente atentos ya que podríamos sufrir un incendio, un atentado de la criminalidad organizada (en este caso no sólo la casa sino también otro local nuestro: oficina, comercio, tienda…). También corremos el riesgo de perder la casa como consecuencia de un embargo, por ejemplo debido a deudas impagadas o a vicios sustanciales en un cambio de propiedad. Otras veces el tránsito acaba siendo simplemente es el espejo de una separación entre cónyuges o entre convivientes, y el que tiene este tránsito de Urano es quien se ve obligado a mudarse de casa. También derrumbes y desperfectos debidos a sismos o corrimientos de tierra y otras calamidades pueden dañar seriamente o destruir nuestra casa. Con las expresiones peores del tránsito debemos incluso temer reclusiones u hospitalizaciones (que son formas de cambiar de casa). Siempre que, claro está, otros tránsitos y el mapa del Retorno Solar lo justifiquen. Pongamos atención a las unidades magnéticas de almacenamiento de datos de nuestro ordenador ya que se podrían estropear y ocasionarnos problemas graves. Posibles accidentes viajando en caravana o autocaravana. Clima inaguantable, de lucha y de tensión, dentro de las paredes domésticas. Desahucio inmediato por sentencia de tribunal.

Urano en tránsito por la Quinta Casa

Cuando Urano transita en nuestra Quinta Casa, empezamos a ocuparnos de repente de todas las actividades lúdicas y recreativas. Después de aproximadamente siete años en los que nos hemos ocupado mucho de la casa y de la familia, en los que hemos concentrado nuestras energías en una dirección endopsíquica y en los que hemos privilegiado lo privado respecto a lo público, sentimos ahora la exigencia de asomarnos de nuevo al exterior, de salir por la tarde, de frecuentar el cine y el teatro, de disfrutar de los fines de semana, de viajes, conciertos, noches de discoteca y de todas las formas posible de juego. Tenemos muchas ganas de divertirnos, divertirnos y divertirnos. Nuevas aficiones podrán asomarse en nuestro horizonte y, puesto que Urano es el artífice de esta renovación, es más que probable que se trate de aficiones relacionadas con la electrónica, la informática, la fotografía, la psicología, la astrología… Para muchos será el ordenador, para otros los videojuegos y para otros podrá ser la primera vez que se apasionen con los naipes o con el tapete verde de la ruleta. Pero el placer es una realidad sujetiva y, por lo tanto, se puede dirigir a trescientos sesenta grados diferentes y abrazar, por ejemplo, el estudio de las grandes batallas de la historia o el comienzo de una colección de sellos. Lo cierto es que aumentará claramente el tiempo que dedicaremos al recreo, sea cual sea. También es probable que durante este paso planetario comience un nuevo amor para nosotros. Nos enamoraremos o volveremos a enamorarnos, de la misma persona o de otra. Desde este punto de vista está por llegar una estación bastante incandescente de nuestra vida, con posibles golpes de efecto al respecto. Para muchas personas este tránsito está relacionado también con una maternidad o una paternidad. Esto vale también para aquellas parejas que creían ser estériles: muchas veces, cuando una mujer o un hombre han perdido todas las esperanzas en este sector, este tránsito les trae una fecundación, tan imprevista e inesperada como la misma naturaleza del señor del Acuario. Si tenemos que considerar el tránsito disonante, porque forma malos aspectos con los demás planetas o bien porque se forma de forma contemporánea con otros tránsitos negativos y con un Retorno Solar igualmente poco agradable (examinado un año a la vez), es probable que protagonicemos una maternidad o una paternidad no deseada. Un suceso imprevisto nos puede ocasionar un sinfín de problemas. En este sentido se podrían plantear decenas de ejemplos de mujeres que se han quedado embarazadas a pesar del dispositivo intrauterino o de otros medios "seguros" para la prevención del embarazo. Lo mismo vale para los varones: a pesar de la utilización considerada segura del profiláctico, con este tránsito muchos de ellos no pueden evitar el embarazo de su compañera. Urano, como decimos, mueve las montañas. No será un delgado estrato de látex quien detenga la voluntad revolucionaria de Urano, que en algunos casos parece estar inspirada directamente por el demonio. Tampoco hay que olvidar que las mujeres afectadas por este tránsito tienen altas probabilidades de aborto. También es necesario prestar atención para evitar posibles infecciones venéreas. Este período se encuentra potencialmente constelado por una o más roturas drásticas en la vida sentimental de un sujeto. Es más que probable que se deshagan relaciones supuestamente establecidas, que hombres y mujeres se enamoren de otra persona y que dejen a su propia pareja; que personas aparentemente tranquilas bajo ese punto de vista protagonicen pequeños escándalos dentro de su propio grupo de amistades o conocidos. Primeras experiencias sentimentales y sexuales, amores que vuelven, relaciones que terminan y sexualidades que vuelven a despertarse son algunas de las situaciones clásicas que acompañan el tránsito de Urano en la Quinta Casa radical de una mujer o de un hombre. A veces, en los casos más graves, si muchos otros puntos del análisis astrológico lo confirman, este tránsito puede indicar también la pérdida de la pareja, es decir su fallecimiento. Otras veces el tránsito indica enormes pérdidas de juego o en bolsa (se trata de todas formas de juego, de especulaciones). Posibles patologías de los órganos reproductivos y/o sexuales.

Urano en tránsito por la Sexta Casa

Cuando Urano transita en nuestra Sexta Casa radical, decidimos con frecuencia someternos a nuevas terapias para el cuidado de nuestra persona. Vivimos un cambio relacionado con el tiempo que decidimos dedicarle a nuestra persona, con cuidados tanto estéticos como de salud. A menudo bajo este tránsito nos apuntamos a un gimnasio, empezamos a practicar deporte, a hacer ejercicios para modelar los músculos y/o dedicamos una hora cada día al senderismo. A veces compramos una bicicleta estática y otras veces nos apuntamos al club de tenis que tenemos cerca de casa. Estudiaremos también dietas apropiadas, nos someteremos a fangos, curas termales, tratamientos para la piel, limpieza facial, masajes relajantes, sesiones de shiatsu o de quiropráctica, aplicaciones de acupuntura, terapias de radiaciones, exposiciones a lámpara UV, etcétera. Lo que cambia, y mucho, es nuestra atención sobre tales cosas. Empezamos a comprar los periódicos que tratan de salud, a ver transmisiones televisivas dedicadas a este argumento, a hacernos visitar con más frecuencia por el médico y a frecuentar mucho más las farmacias. Notamos un imprevisto interés por la higiene y la salud en nuestra persona, independientemente de los motivos que lo han ocasionado.

Uno de los motivos podría ser que después de aproximadamente siete años de tránsito de Urano en nuestra Quinta Casa, o sea siete años de vicios y de exageraciones, sentimos ahora la exigencia de efectuar en nuestro físico algunas "reparaciones". Pero también puede ser que el estancamiento de tantos años, por ejemplo respecto a una enfermedad crónica que creíamos que no se podía derrotar, ceda ahora el paso al viento renovador de Urano que nos induce a tomar la situación en mano para resolverla de una vez por todas. No hay nada más resolutivo que la voluntad de Urano. Nos informaremos mucho más, preguntaremos, navegaremos por Internet en búsqueda de sitios que nos puedan iluminar, haremos de todo hasta que consigamos informaciones preciosas. A nivel laboral, el paso planetario que estamos describiendo puede indicar una mudanza importante y positiva: decidimos intentar por fin, osar, agarrar con nuestras manos el destino que nos toca y alejarnos del periodo que nos ha gobernado hasta ese momento. De esta manera llegamos a ser protagonistas de cambios relevantes que pueden modificar, y de manera muy positiva, nuestra vida laboral. También es posible que contratemos a un colaborador o que enlacemos nuevas relaciones de trabajo basadas en el dinamismo y la fuerza. Si el tránsito se expresa de forma negativa, puede resultar bastante peligroso por la salud y puede marcar el inicio de una patología bastante importante. Pero en este caso, a diferencia del análogo tránsito de Saturno en esta misma Casa, no se tratará de una patología crónica, sino aguda. Durante estos aproximadamente siete años, si otros puntos del análisis astrológico lo confirman, cabe también prever una o varias operaciones quirúrgicas. Podremos tener que someternos a terapias a base de radiaciones, incluso algo destructivas. Cambio imprevisto y desagradable en el trabajo. Peligro de que nos despidan o que nos destinen a otro cargo, lo que nos ocasiona sufrimiento. Imprevistas interrupciones en las relaciones de trabajo. Peleas con colegas, colaboradores o superiores. Un colaborador o un criado, se marcha sin avisarnos previamente. Un dependiente nuestro nos lleva a juicio.

Urano en tránsito por la Séptima Casa

Cuando Urano pasa por nuestra Séptima Casa radical, cambia mucho nuestra relación con los demás. Si somos solteros, percibimos un gran deseo de unirnos, de formar una pareja, de establecer alianzas, crear sociedades y promover iniciativas en cooperación. En muchísimos casos se trata de matrimonio, del comienzo de una convivencia o del principio de un amor importante, pero en sentido institucional más que de aventura (un territorio que generalmente corresponde más a la Quinta Casa). Incluso los solterones más convencidos pueden decidir, con este paso planetario, cambiar de opinión y abdicar para comprometerse en una relación fija de pareja. Otras veces el enfoque del tránsito se desplaza hasta el trabajo y entonces puede indicar la fundación de una sociedad. En otros casos se puede tratar del inicio de una carrera política del sujeto (esta Casa, en efecto, está muy relacionada con la política). También es posible que, justamente en estos años, empecemos una causa importante, promovamos un juicio legal para obtener justicia en una cuestión cualquiera. Además, el tránsito puede indicar un período de grandes cambios en nuestro ser amado. Puede tratarse de años que marcan el ascenso de nuestra pareja, su brillante afirmación, su despertar por fin de actitudes pasivas y contemplativas. Nuestra relación de pareja se renueva y se moderniza mucho. Si hay que interpretar el tránsito como negativo, lo encontramos con una altísima frecuencia en los casos de divorcios o separaciones, tanto entre cónyuges casados como entre personas convivientes o vinculadas sin estar casadas. Desde este punto de vista, desgraciadamente el tránsito posee un impresionante grado de verificabilidad. Parece que Urano sea mucho más hábil y eficaz en deshacer que en construir. Por otro lado, tanto en la naturaleza como en las obras humanas, la destrucción es mucho más rápida y sencilla que la construcción. Los impulsos centrífugos y desasociativos están a su máximo nivel, lo que nos vuelve particularmente intolerantes con las faltas (o las presuntas faltas) de nuestro compañero o compañera. Ya no estamos dispuestos a recibir sin defendernos y empezamos a comportarnos con mayor agresividad. La acción de Urano se expresa sobre todo en el hacer cesar la indecisión, en cargar al sujeto con mucha energía para que tome decisiones netas, imprevistas, unidireccionales, concretas y sintéticas. Considerando todo ello, es muy probable una separación importante, pero este tránsito también puede indicar que nuestra media naranja está atravesando años borrascosos, con muchos golpes de efecto, lutos, pruebas, crisis existenciales, laborales, de salud, etcétera. El tránsito marca con frecuencia roturas de sociedades, salidas de cooperativas, abandono de grupos de trabajo. Crece nuestra voluntad separatista, en todos los sentidos del término e, incluso o mejor dicho sobre todo, en sentido político. Tenemos que prestar mucha atención porque podríamos incluso sucumbir a posibles papeleos administrativos. A menudo se trata de papeles legales que están relacionados con la separación que acabamos de citar, pero otras veces pueden estar relacionados con cualquier otro asunto. Posibles incriminaciones por parte de la Guardia de Financias o de cualquiera fuerza de policía. Los empresarios y los políticos son los que más deben temer imputaciones por delitos de corrupción, concusión, etcétera. Nos mueve una voluntad justicialista y quisiéramos declarar la guerra al mundo entero. Pero debemos prestar atención a posibles atentados, y no sólo de tipo político, sino también procedentes de la criminalidad.

Urano en tránsito por la Octava Casa

Cuando Urano pasa por nuestra Casa Octava, es posible que marque un cambio fundamental y positivo en nuestra vida como consecuencia de una muerte. Puede tratarse de un enemigo que se nos quita de en medio, o bien de un superior que, de esta manera, nos deja ocupar su cargo. En los casos mejores podría tratarse de un pariente que nos deja una herencia. Otras veces, puede tratarse de una persona querida, pero en este caso se puede tratar de un deceso que leemos como una liberación tras meses o años de sufrimientos. Digo esto sin implicaciones éticas o cristianas, se trata simplemente de constataciones, de hechos recopilados sin hipocresías. Sea cual sea el tipo de acontecimiento, el hecho de alejarnos de esta persona activa un mecanismo de renovación en nosotros y nos hace crecer mucho tanto internamente como externamente. También puede que ganemos en la lotería, las quinielas, el loto u otros juegos (si el tema natal y los demás tránsitos y el Retorno Solar justifican esta previsión). También puede llegarnos dinero a través de un regalo, una liquidación, una pensión, el retorno de un préstamo, o bien a través de nuestra pareja. O simplemente ganaremos sumas inesperadas gracias a nuestro propio trabajo. La sexualidad vuelve a despertarse y el tránsito puede marcar un punto de no retorno en el que nuestra sexualidad empieza a expresarse de manera algo diferente respecto al pasado. De repente empezamos a ocuparnos de la muerte, empezamos a pensar mucho en ella, y este pensamiento empieza a acompañarnos día tras día. Esto nos podría empujar a investir tiempo, dinero o trabajo para la tumba de familia, o para preparar nuestro mismo entierro. Durante el tránsito de Urano en su Octava Casa, mucha gente decide hacer testamento delante de un notario o hablar de cómo quiere ser sepultado. Podemos decidir ordenar excavaciones en búsqueda de agua o de otros elementos preciosos en una parcela de terreno que nos pertenece. O bien empezar un análisis del profundo con un psicoanalista. Brota en nosotros la pasión por la literatura policíaca y *noir*. En el caso de tránsito negativo nos podría afectar mucho el fallecimiento, a menudo repentino e imprevisto, de un ser querido. El deceso de alguien nos provoca una desgracia indirecta, como puede ser el caso de agentes que, al fallecer el profesional que los contrataba, pierden su trabajo. La Octava Casa no es sólo la casa de la muerte: más en general se refiere al fin de las cosas y, por lo tanto, podemos esperarnos incluso la interrupción de una relación que duraba desde hacía mucho tiempo. Bajo este paso planetario muchas parejas de amantes se separan. Sufrimos grandes y repentinas pérdidas de dinero debido a malas inversiones o especulaciones, estafas, préstamos que nunca nos retornarán, impuestos que no esperábamos, multas muy caras, robos en casa o por la calle. La tendencia del momento es hacia las hemorragias de dinero, que pueden estar ocasionadas también por la compra de un inmueble cuya entidad económica resulta ser superior a nuestras posibilidades. Es muy probable que en este período nos endeudemos o que solicitemos financiaciones a bancos, cuyos intereses tendrán un peso enorme en nuestro presupuesto mensual y anual. Se trata realmente de un momento muy malo de pérdidas patrimoniales. Tenemos que intentar cerrar de forma drástica todos los grifos de las salidas económicas, sobre todo si son superfluas o se pueden aplazar. Descubrimos con sorpresa que nuestra pareja se ha endeudado hasta el cuello. Cometemos locuras o incluso crímenes para procurarnos dinero. Período en absoluto negativo para el juego. Durante excavaciones en un terreno nuestro salen a la luz realidades que nos perjudicarán mucho, bajo todos los puntos de vista. Se interrumpe bruscamente un análisis nuestro de la mente profunda y lo viviremos como una señal de ausencia de crecimiento. Nos llegan gastos imprevistos relacionados con la capilla de nuestra familia en el cementerio o por el entierro de un ser querido. Sufrimos ataques nerviosos al frecuentar sesiones de pseudo-espiritismo o al ocuparnos de temas relacionados con la muerte. También este Urano nos podría procurar períodos de bloqueo sexual tanto a hombres como a mujeres. O al contrario, excesos de libido podrían llevarnos a buscar sexo mercenario. Posibles infecciones venéreas. Posibles patologías imprevistas en los órganos genitales o en el ano (generalmente se trata de hemorroides).

Urano en tránsito por la Novena Casa

Cuando Urano atraviesa nuestra Novena Casa nuestros pensamientos se centran en la lejanía, en sentido tanto geográfico-territorial como metafísico-trascendente. De repente nos afecta una gran sed de lejanía. Quisiéramos viajar, viajar a lugares lejanos y la mayoría de las veces es lo que nos sucede en realidad, y no sólo en nuestra fantasía. En efecto, en muchos casos nos vamos realmente de viaje y a veces permanecemos allí durante algún tiempo. La lejanía con que está relacionada la Novena Casa se puede identificar con aquellos territorios, países o regiones en que se habla un idioma o un dialecto distinto del nuestro. Por lo tanto es posible que no se trate de viajes tan lejanos sino también, por ejemplo, de un desplazamiento de dos o trescientos kilómetros, que será suficiente para modificar substancialmente nuestra vida y nuestras costumbres. Puede tratarse de viajes y desplazamientos de placer, pero también de permanencias lejos de nuestra casa por motivos de estudio o de trabajo. Otras veces, para que el tránsito se exprese no hace falta que nos desplacemos personal y físicamente: será suficiente que mantengamos relaciones con ciudades lejanas. Por ejemplo, con este tránsito un importador puede enlazar comercios con una nación cercana, sin que le sea necesario irse a vivir allí; un investigador puede empezar a seguir la escuela de un maestro lejano, pero quedándose en su propia casa a estudiar con los libros de ese autor. A veces se trata de exploraciones con el pensamiento, con la mente más que con el cuerpo: como en el caso de intereses relacionados con disciplinas como filosofía, teología, yoga, Budismo, astrología, parapsicología etcétera, que no pertenecen a nuestra vida diaria. El tránsito favorece todo tipo de estudio universitario o post-escolar, induciendo muchas personas a matricularse en la universidad, incluso a edades avanzadas, justamente en correspondencia con este paso planetario. Otras veces el tránsito explica un repentino interés por el deporte, especialmente en personas sedentarias que hasta entonces salían de casa sólo para ir a la oficina. Si el tránsito se expresa en lo negativo, debemos temer sobre todo un posible accidente de carretera: en coche, en moto, cruzando la calle o incluso en nuestra casa, por ejemplo corriendo de una habitación a otra. La antología de casos que se podrían enumerar como demostración de lo que acabamos de escribir es demasiado larga. En otros casos se trata de malas noticias que nos llegan inesperadamente de lejos: un pariente fallece en el extranjero; una referencia cultural nuestra se encuentra mal en una ciudad lejos de la nuestra; en un país con el que mantenemos negocios se cierran las fronteras o estalla una guerra civil, etcétera. También puede que estemos obligados a desplazarnos para someternos a cuidados médicos importantes o a una operación quirúrgica. O bien puede que tengamos que acompañar a un ser querido a otra ciudad por motivos parecidos. También puede suceder que lleguemos a descubrir que nuestra media naranja nos traiciona con una persona lejana. Corremos el riesgo de malas aventuras durante un viaje: nos pueden arrestar por motivos banales, nos pueden confiscar el pasaporte por irregularidades formales, nos puede afectar una enfermedad durante una excursión, podemos vernos involucrados en un accidente durante una exploración. Si el tránsito va acompañado por malos aspectos entre Urano y Marte, si esos mismos astros forman un ángulo mutuo disonante en el tema natal del sujeto y si el Retorno Solar lo justifica, también es posible prever un accidente de avión, pero las probabilidades que haya concomitancia de todas esas situaciones es realmente muy escasa: sin olvidar que los accidentes aéreos son los más raros de todos. Por otro lado, las probabilidades aumentan significativamente si el sujeto es el piloto del velívolo.

Urano en tránsito por la Décima Casa

Cuando Urano pasa por nuestra Décima Casa, deseamos renovarnos mucho a nivel social y profesional. Casi todos los autores de astrología omiten subrayar que esta Casa desempeña un papel considerable a nivel social, y se focalizan demasiado en el aspecto profesional: mientras que muchas veces sus significados afectan más a lo social que a lo profesional. Con frecuencia, muy a menudo, una mujer (más raramente esto le puede acontecer a un hombre) se casa y cambia su propia condición social, sobre todo si el cónyuge es una persona famosa, prestigiosa o particularmente rica. En este sentido, este tránsito lo encontramos muchas veces junto a un Júpiter pasando en tránsito por la Séptima Casa, o bien junto a un Retorno Solar con Júpiter en la Séptima Casa del RS. Otras veces se trata de un cambio de dirección a nivel profesional: sujetos que deciden cambiar radicalmente de trabajo; otros que a pesar de seguir ocupándose del mismo sector, modifican sustancialmente su propia manera de trabajar; individuos que echan las bases para un futuro nuevo trabajo, etcétera. Si favorecemos tales cambios, el tránsito nos trae cambios particularmente positivos y productivos. Pero si pertenecemos a signos más conservadores como Tauro, Capricornio, Virgo, Cáncer, las cosas son más problemáticas. En algunos casos el paso planetario del que estamos hablando se refiere a nuestra madre, y nos señala importantes novedades para ella, un nuevo matrimonio, un nuevo trabajo o su traslado a otra ciudad. Si el tránsito se debe leer en negativo, cabe prever reales insidias en el trabajo: políticos que pierden la confianza de los electores y no son elegidos, empresarios que fracasan, obreros en suspensión de contrato y son despedidos, profesionales que tienen que abandonar su actividad debido a la aprobación de normas más restrictivas en su sector de mercado, etcétera. Se trata siempre, de cualquier manera, de cambios repentinos y dramáticos. Este tránsito puede marcar la llegada de un divorcio o de una separación, y en este caso lo encontramos en el cielo del cónyuge más débil, que pierde así una buena posición social, una pareja prestigiosa, famosa o rica. Pero todo esto tiene que confirmarse también con otros tantos malos elementos de referencia en el Retorno Solar de ese año (en los párrafos relativos al Retorno Solar daremos más detalles sobre los peligros de la Décima Casa en relación con los tránsitos de Saturno y de Urano). También este tránsito puede indicar un cambio dramático en la vida de nuestra madre: la pérdida de su segundo marido o compañero, una enfermedad, la pérdida de su trabajo y, en los casos peores, no se puede excluir su deceso. Tampoco podemos excluir que cambien drástica y negativamente nuestras relaciones con ella.

Urano en tránsito por la Undécima Casa

Cuando Urano pasa por nuestra Undécima Casa florecen en nuestra mente ideas, proyectos, propósitos para el futuro, programas a corto y a largo plazo. Nuestra fantasía, alimentada por la efervescencia del tránsito uraniano en su propia Casa, se desencadena y puede parir ideas originales, quizá algo extravagantes y singulares pero que podrían, de una u otra manera, abrirnos nuevas oportunidades laborales, nuevos intereses culturales, de diversión y de amor. Se trata de un tránsito particularmente positivo para todos los que trabajan con creatividad: como los arquitectos, los artistas, los músicos, los poetas, los escritores, etcétera. Un interés musical inesperado nos empuja a estudiar música o a hacer práctica, como autodidactas, con un instrumento musical. Al mismo tiempo también crece nuestro deseo de amistad, de ensanchar el grupo de las personas con quienes deseamos relacionarnos. Esta voluntad nos inducirá a hacer nuevas amistades y a conocer a más gente. Podremos aprovechar también para conseguir una ayuda, un apoyo, una protección (en el sentido mejor: no hay que entenderlo como protección mafiosa). Un personaje importante que nos había asegurado su ayuda, con este tránsito llega a demostrarlo en la práctica. Es posible y probable que durante estos años suframos uno o más lutos, pero se trata de decesos que nos pueden ayudar de alguna manera, aunque por supuesto no los deseábamos para nada. En el caso de tránsito inarmónico, cabe prever uno o más lutos dolorosos y significativos, o bien un serio peligro de vida para un ser querido. Además es fácil imaginar que amistades recientes o antiguas dejen de existir. Romperemos las relaciones con algunas personas con quienes compartíamos alegrías y dolores. No se tratará sólo de amigos: puede tratarse de parientes (y no sólo los familiares más estrechos como padres, hijos, hermanos y hermanas, sino también tíos, primos y otros). Proyectos que acariciábamos desde hace tiempo se interrumpen bruscamente; tal vez un proyecto desarrollado durante este paso planetario nos provocará sólo problemas y dificultades de todo tipo. Un amigo es la causa de una desgracia nuestra imprevista. Perdemos una protección, quizá porque fallece el personaje que supuestamente nos tenía que ayudar o bien porque obtiene otro cargo, de donde ya no podrá asegurarnos su sostén. Nos vemos obligados a renunciar a tocar música.

Urano en tránsito por la Duodécima Casa

Cuando Urano pasa por nuestra Duodécima Casa natal, sentimos un repentino empuje en dirección del voluntariado de cualquier tipo, lo que nos induce a colaborar con cualquier forma de asistencia a los necesitados, a los pobres y a los enfermos. Se trata de un sentimiento sanitario y asistencial que puede brotar de la maduración de aspiraciones adormecidas dentro de nosotros y que ahora llegamos a reconocer o a solarizar; o bien puede tratarse de una nueva orientación nuestra hacia la vida, el mundo y los demás. Sentimos que debemos arremangarnos la camisa y participar de forma activa y constructiva en los esfuerzos de ese enorme y silenciosa multitud de seres nobilísimos que practican cualquier forma de voluntariado. Por este motivo frecuentaremos hospitales, orfanatos, Cáritas, el UNICEF y la Cruz Roja. En mayor o menor medida empezaremos a vivir de forma distinta nuestra relación con los demás. Crecerá en nosotros, además, un sentimiento místico, religioso; no necesariamente en sentido cristiano o católico, sino que puede estar relacionado también con una "fe" política, sindical, ecologista, etcétera. Durante estos años es muy probable que frecuentemos sacerdotes, psicólogos, astrólogos, maestros de vida y de pensamiento. Se trata de un período favorable para las investigaciones de cualquier tipo. Acontecimientos repentinos nos permitirán liberarnos de una antigua cruz, de una esclavitud que impedía nuestro crecimiento. Si el tránsito se expresa en negativo, puede resultar muy peligroso y puede acompañar un período de aproximadamente siete años de desdichas importantes, crisis existenciales, palos que nos llegan sin previo aviso. Cabe temer sobre todo enfermedades y operaciones quirúrgicas, sin poder excluir posibles accidentes, crisis en el trabajo y en las relaciones afectivas y sentimentales, y problemas con la ley. Si el tránsito se combina con otros elementos preocupantes del mapa astral y con malos tránsitos y Retornos Solares, se pone realmente muy peligroso y puede marcar cambios dramáticos en nuestra vida. Vivimos malas experiencias con la fe, nuestro equilibrio psicofísico se altera debido a fuertes sentimientos religiosos o por un fanatismo que nos pone en mala relación con cualquier tipo de credo: religioso, político, sindical... Un sacerdote, un psicólogo, un astrólogo, un mago, una figura líder nos penalizan mucho con su "evangelización". Apuros imprevistos trastornan nuestra vida. Tenemos experiencias de droga o nos intoxicamos por el consumo excesivo de medicamentos, café y alcohol. Vivimos una estación de neurosis, congojas, miedos y fobias. Drogadictos nos incomodan, nos ocasionan más de un problema. Nos llega una imprevista oleada de hostilidad de los demás hacia nosotros que nos coge indefensos. Nuevas enemistades escondidas perjudican nuestra vida. Nos llega una "cruz" importante que tenemos que aguantar: un pariente se enferma gravemente, otro pierde su autonomía y tenemos que asistirlo durante largo tiempo, nuestra pareja pierde el trabajo, etcétera.

10.
Tránsitos de Neptuno

Los tránsitos de Neptuno son muy lentos. Este planeta puede demorarse decenas de años en una misma Casa, y al mismo tiempo formar, durante años, ángulos tanto armónicos como inarmónicos con otros elementos del tema natal. Las palabras clave de Neptuno son: fantasía, inspiración, poesía, imaginación, relajamiento, pero también confusión, error, ofuscamiento, extremismo, fanatismo, alteraciones mentales, angustias, neurosis, fobias, temores y pánico. Sus tránsitos armónicos favorecen particularmente a los artistas, a los músicos, a los poetas y a los escritores. Marcan períodos en que elevamos nuestra atención al cielo, tanto en sentido religioso como en forma de fascinación hacia el misterio. Dan la medida de la elevación de nuestra libido, del reconocimiento de trascendencia y de espiritualidad que albergan en nosotros, de la sublimación de los instintos que nos afectan. Sus tránsitos nos influencian cuando sentimos atracción hacia formas de asistencia social, de voluntariado, de ayuda a los más pobres y a los que sufren. Durante algún tiempo nos convierten en potenciales médicos y enfermeros. Nos llevan a protagonizar en primer plano importantes luchas religiosas, políticas, sindicales, ecologistas... También desarrollan un interés temporal nuestro hacia el esoterismo, la astrología y la psicología. Pero cuando se ponen negativos, los tránsitos de Neptuno representan estados de conciencia alterados: los que afectan a drogadictos, alcoholizados, adictos a fármacos, exaltados políticos, extremistas de cualquier color, fanáticos de cualquier doctrina o disciplina, individuos con trastornos mentales, neuróticos, angustiados, deprimidos, paranoicos en sentido neurótico, o incluso psicóticos. Pueden cegar los ánimos, inducir a embrazar fusiles, incitar hacia cualquier forma de extremismo doctrinal, promover actitudes dictatoriales en los políticos al poder. La que podríamos definir como la madre de todas le guerra santas si excluimos las cruzadas de la Edad Media, o sea el extremismo islámico actual, es ciertamente hija de Neptuno. Nadie

puede ser más fanático y cegado del que vive bajo el tránsito disonante de
Neptuno respecto a su propio Sol, a la Luna, al Ascendente o a Marte. En
otros casos hay que interpretar estos recorridos planetarios como
interdicción para el sujeto, quien se halla impedido a hacer cualquier cosa
debido a la fuerte confusión que Neptuno lleva consigo. Puede tratarse
entonces de años de gran indecisión en que se pueden cometer graves
errores, desde los laborales hasta distracciones al volante, con todas las
consecuencias que esto puede comportar.

Neptuno en aspecto armónico con el Sol

Cuando Neptuno transita formando un ángulo favorable respecto a
nuestro Sol natal, aprovechamos de la llegada de una fuerte inspiración que
cuanto mayor es la componente fantasiosa de nuestro oficio más importante
se vuelve. Sentimos que nos envuelve una corriente de olvido en la que
nuestra percepción inconsciente se amplifica y nos regala sugestiones únicas.
La actividad de nuestro inconsciente está a su máximo nivel y la de la
racionalidad está al mínimo; y este hecho favorece cualquier actividad
creativa. Podemos aprovechar para escribir, pintar, escribir poesías y
componer o tocar música. Aunque no seamos particularmente receptivos y
no tengamos un sexto sentido como los del signo Piscis o como los que
nacen con el Sol u otros importantes elementos en la Octava Casa, nos
maravillaremos al notar que en estos meses haremos sueños fecundos y
llenos de informaciones sobre nosotros y nuestra vida, y notaremos más
sensiblemente todo lo que nos rodea y que no se manifiesta con palabras.
Sentimos también un fuerte impulso en sentido místico y trascendente.
Nos acercamos al misterio, sea cual sea la forma con la que se expresa:
religión, cristianismo, Budismo, islamismo o también esoterismo, astrología,
parapsicología, filosofía, yoga, etcétera. Nos sorprendemos al descubrir
tanta sensibilidad en esos campos, tal vez porque hasta ahora nuestra vida
ha sido eficiente, rígida y racional. En este momento nos interesan poco o
casi nada las cuestiones de balance familiar o de administración ordinaria
de nuestra vida laboral y dirigimos nuestros pensamientos y nuestra libido
en direcciones sublimadas por la propia libido: la elevamos en alto, muy en
alto. Comprendemos que el ser humano no es solamente el producto de
experiencias del pasado, sino también un ser con trascendencia, que mira
hacia al futuro. Un ser que aspira a gratificar tanto su alma como su cuerpo.
Sentimos que debemos participar de manera adecuada a esta solicitación
interior y, por lo tanto, nos atraerá la iglesia o cualquier forma de agregación
basada en los asuntos que acabamos de describir. Muy probablemente nos

encontraremos con sacerdotes, religiosos en general: pueden ser rabinos, monjes budistas o simplemente sujétos inspirados, como filósofos, astrólogos o maestros de disciplinas orientales. Probablemente nos agregaremos a un movimiento que podría ser político o sindical, puesto que también esos temas se pueden practicar con "misticismo" y/o con "fe". Se puede tener fe incluso viviendo ideas ecologistas o animalistas. Una bandera o una cruz se pueden llevar con igual sacralidad. También nos sentimos muy atraídos en la dirección de la asistencia a los pobres, a los enfermos y a los necesitados en general. Haremos lo posible, dentro de nuestra familia o en organizaciones como la Cruz Roja, Cáritas o el UNICEF, para ofrecer nuestra contribución a causas tan nobles. Quisiéramos hacer mucho más y haremos todo lo que está a nuestro alcance en los citados sectores. Nuestra contribución podría ser solamente económica pero también de esta forma nos sentiremos más en paz con nuestra conciencia. Nos hará sentir mejor lecturas en tema con nuestro estado de ánimo y trataremos de informarnos lo más posible sobre lo que en el mundo se hace para socorrer a los necesitados. Es probable que durante este paso planetario practiquemos voluntariado. Algún disturbo neurótico nuestro se podrá ver reducido gracias a terapias de psicofármacos, sobre todo con antidepresivos, químicos o naturales (como es el caso de la melatonina, de las tisanas de hierbas y de medicinas homeopáticas). La utilización de pequeñas "drogas" como el café nos podrá ayudar a superar este momento difícil. Nos atraerán las aguas y nos podrían favorecer mucho los largos cruceros por mar. Serán meses muy buenos también para aprender deportes marinos como el esquí acuático, la navegación a vela, el submarinismo con o sin bombonas de oxígeno.

Neptuno en aspecto inarmónico con el Sol

Cuando Neptuno se mueve formando un ángulo disonante respecto a nuestro Sol radix, vivimos una estación muy difícil y cargada. A veces este tránsito se produce durante meses enteros, pero con largos períodos de pausa y otras veces dura años sin interrupciones. En ambos casos supone muchos esfuerzos que pueden afectar duramente nuestro equilibrio psicofísico. Los signos de Fuego y los de Aire son los que mejor aguantan este tránsito. Sobre todo los de Cáncer, Piscis y Tauro lo viven muy mal. Una serie considerable de angustias, fobias, temores, depresiones se apodera de nosotros y nos hace vivir muy mal. Muchas veces se trata sólo de fantasmas absolutamente inexistentes e improbables, pero ¿quién dijo que esto nos haría sufrir menos? Puede que nos sintamos mortalmente angustiados por el peligro de ser víctima de abducciones de extraterrestres y no serían suficientes todas las garantías de esta tierra para hacernos sentir mejor. El pánico y la angustia son estados de ánimo totalmente subjetivos y nadie es capaz de enseñarnos cuáles son los asuntos por los que vale la pena preocuparse y cuáles no. Sin embargo, a menudo las fobias que tenemos están relacionadas con la realidad y con una enfermedad nuestra o de un ser querido, con una crisis económica, con dinero que debemos devolver y de los que no disponemos, con un examen que tenemos que aprobar por narices y para el que no nos hemos preparado de forma suficiente. Nos parece que vivimos en una pesadilla y nos quisiéramos despertar, de un momento a otro, para encontrar a alguien que nos eche sus brazos al cuello. Desgraciadamente este alguien tarda en llegar y por ello es posible que vivamos algunos de los meses más feos de nuestra vida. Nos sentimos sobre todo muy confundidos, no conseguimos evaluar bien las cuestiones y nos comportamos como borrachos conduciendo un coche. La confusión puede producir daños graves y corremos el riesgo de equivocarnos clamorosamente con graves consecuencias económicas, profesionales y sentimentales. Es precisamente bajo tránsitos de este tipo que podemos cometer los errores más vistosos y clamorosos de toda nuestra vida. Incluso las situaciones más sencillas que en tiempos normales no nos preocuparían nada, se vuelven ahora crípticas cuando nuestra mente las examina. Tanto si se trata de confusión como de angustias, el resultado no cambia y los daños son, normalmente, considerables. Otras veces las penalizaciones nos llegan de la asunción de medicinas, sobre todo psicofármacos, y del exagerado recurso a café, humo, alcohol e incluso droga. Con un tránsito de este tipo muchos jóvenes acaban con enriquecer las filas de los drogadictos, y luego tendrán dificultades enormes para quitarse el vicio. El aspecto solar y recto que normalmente puede caracterizar nuestra vida, muestra ahora una brusca inversión de marcha y tenderemos a comportarnos de manera muy poco leal, poco sincera y poco ortodoxa. Nos sentimos empujados hacia la mentira y a vivir en situaciones bastante turbias, tanto en el trabajo como en la vida de relación. También podemos vernos muy penalizados porque frecuentamos a sacerdotes, magos malos astrólogos, extremistas políticos, extremistas del deporte, fanáticos militantes de sectas, psicópatas y drogadictos. Todo lo que acabamos de escribir puede también afectar a una figura masculina importante para el sujeto como el padre, el compañero, un hermano o un hijo. Durante este paso planetario tenemos que prestar mucha atención a las anestesias y a los viajes por mar. Peligros en las inmersiones y de los líquidos en general. Relajamiento excesivo y tendencia a ganar peso, sobre todo debido a retención de líquidos. Peligros de asfixia o de intoxicaciones de gas.

Neptuno en aspecto armónico con la Luna

Cuando Neptuno se mueve formando un ángulo positivo (me doy cuenta de que esta terminología está mal vista por muchos que preferirían un lenguaje menos matizado e hipócrita, pero creo que esto exprese puntualmente el significado de mi razonamiento, sin dar vueltas alrededor de la cuestión) respecto a nuestra Luna natal, vivimos una estación muy fértil de creación artística, de inspiración poética, literaria o musical, en la que nos abandonamos al mundo de los sueños. Esto es mucho más fuerte ahora que durante los ángulos Neptuno-Sol. Se trata de un bonito tránsito que también nos puede hacer enamorar, pero que de una u otra manera está relacionado con aquella esfera de situaciones en que, afortunadamente, durante algún mes o un par de años más o menos, nos permite relajar los eslabones de la razón y del súper-Yo y nos permite mirar el mundo y la vida sin rejas de censura de ningún tipo. Las acciones se pueden censurar, los sueños no. Y durante este tale paso planetario se sueña muchísimo, tanto con los ojos cerrados como abiertos. Los que se encuentran bajo análisis de la mente profunda, durante estos meses lograrán producir y elaborar una cantidad realmente enorme de material onírico que favorecerá la mejor comprensión de sus propias fuerzas inconscientes. Los artistas, los escritores y los músicos serán sin duda alguna los que más disfrutarán de este tránsito. Nuestra pulsión de base es la de elevar el espíritu, de sublimar la libido. Miramos hacia arriba, hacia muy arriba. Subimos la fascinación del pensamiento religioso, en sentido lato. Nos quedamos fascinados, quizá por primera vez, por asuntos sagrados, por el misterio de la vida y de la muerte, por disciplinas como la filosofía, la psicología analítica, la astrología, el orientalismo y el yoga. Deseamos participar en funciones religiosas, encuentros entre creyentes, convenios sobre los temas ya citados, congresos y seminarios que tratan tales contenidos. Frecuentaremos a sacerdotes, astrólogos y psicólogos. Nos atraerán mucho las masas y es probable que en estos meses participemos en algún movimiento de cualquier tipo. También la política, el compromiso sindical o ambientalista pueden cautivar nuestra libido. Pero son sólo algunas de las posibles vías. Vivimos una estación de grandes ideales y nuestras intenciones de este período son las de comportarnos bien, lealmente, según principios sanos, honestos y dignos de respeto. Percibimos la necesidad de hacer algo para el bien de la humanidad y queremos ofrecer nuestra ayuda al prójimo. Quisiéramos mostrar concretamente nuestro compromiso y empeñarnos de manera solidaria, sanitaria y asistencial con los demás, sobre todo con los más necesitados. Sin embargo cabe notar que, respecto al tránsito armónico de Neptuno con el Sol, lo que estamos enumerando aquí queda a nivel más potencial que práctico: la Luna representa aquellas aguas que quisiéramos navegar pero que a menudo no navegamos para nada. Al contrario, los tránsitos con el Sol indican una actuación práctica y objetiva. En cualquier caso, no podemos excluir que también bajo este tránsito militemos dentro de una asociación de voluntariado. Bajo la influencia de este tránsito, muchas personas se vuelven creyentes y religiosas. Lo mismo puede referirse a una figura femenina y principal de nuestra vida: nuestra compañera, nuestra madre, una hermana o una hija. Fuerte atracción hacia el mar, los viajes en barco, los deportes acuáticos y el submarinismo. Atracción también hacia los sujetos neptunianos o con fuertes valores de Piscis en su tema natal.

Neptuno en aspecto inarmónico con la Luna

Cuando Neptuno circula formando un ángulo inarmónico respecto a nuestra Luna radix vivimos, pero algunas octavas más arriba, las mismas dificultades del tránsito Neptuno-Sol. Incluso podríamos decir que a nivel de ansiedades, de neurosis, de fobias y de ideas fijas, se trata en absoluto del tránsito más perjudicial de todos. Hasta las personas más equilibradas mentalmente llegan a sufrir mucho bajo el efecto de este paso planetario. Muchos monstruos se asoman a la conciencia y se introducen en nuestra vida diaria. Los miedos más inverosímiles pueden apoderarse de nosotros y hacernos la vida imposible. Como en el caso del aspecto Neptuno-Sol, también ahora puede tratarse de fobias completamente injustificadas a nivel lógico, pero nadie tiene el derecho de subestimar las pesadillas de los demás. Si nuestro compañero o nuestra compañera quieren controlar que la llave de paso del gas esté cerrada y lo hacen decenas de veces antes de acostarse, tampoco tenemos derecho a censurar o a condenar sus neurosis. Para algunas personas será la necesidad de lavarse las manos sin cesar, para otras será el temor de los ladrones o el miedo a las enfermedades: se trata siempre de angustias debilitantes que nos roban entusiasmo y que nos proyectan en un mundo hecho de pánico y de inseguridades. Cualquier intento de recorrer al razonamiento para neutralizar tales actitudes es completamente inútil. Los "monstruos", en este momento, pueden ser incluso completamente endógenos, autoparidos, sin ninguna relación con la realidad. Pero muchas veces existen motivos objetivos que causan nuestra condición de malestar y pueden estar relacionados con posibles deudas, con la enfermedad real de un ser querido, con el fallecimiento de otro ser querido, un despido en el trabajo, la traición de la pareja, etcétera. Con semejante piedra (Neptuno) sobre la cabeza pueden asaltarnos propósitos suicidas y, si el conjunto de los tránsitos, del tema natal y del Retorno Solar lo justifica, podemos incluso cometerlo de verdad. Alguien dijo que se recorre al suicidio cuando se está convencido de no poder sobrevivir a los cinco minutos siguientes: esto es lo que nos podría pasar con disonancias Neptuno-Luna. Incluso las personas ancladas con más fuerza en la realidad, más prácticas y racionales, al llegar este tránsito pueden vacilar y descubrirse frágiles y desprevenidas. A las personas ya gravemente trastornadas desde un punto de vista neurótico, el tránsito le puede provocar caídas verticales en este momento y, en casos extremos y afortunadamente no frecuentes, pueden mostrar señales de comportamiento psicótico. Neptuno también es confusión y con su tránsito, la sentimos realmente mucho. Non logramos administrar bien la realidad, cometemos errores de evaluación y de acción. Corremos el riesgo de sufrir pérdidas económicas o de prestigio debido a la niebla que envuelve nuestros pensamientos. Posición peligrosa para los pilotos de aviones, para los cirujanos, para los que trabajan en las torres de control de vuelo y para todas aquellas personas que tienen el destino de tanta gente en sus manos. A veces las angustias son producto del consumo de drogas, medicamentos, mucho café o alcohol. Posibles intoxicaciones de diverso tipo. Temores que nos afectan después de un coloquio con sacerdotes, psicólogos, malos astrólogos o magos. Peligros al frecuentar personajes relacionados con estas disciplinas. Peligros del mar. Se desaconseja viajar por mar durante este tránsito.

Neptuno en aspecto armónico con Mercurio

Cuando Neptuno transita formando un ángulo positivo respecto a nuestro Mercurio natal nuestros pensamientos, nuestra fantasía y nuestra imaginación logran convivir de forma armónica y, al mismo tiempo, hacen que seamos fértiles, creativos y racionales. Se trata de un período de gran lucidez mental, pero que no supone una antítesis a nuestra capacidad lógica, sino que se suma a ella. Podemos ser creativos o buenos ejecutores, el tránsito no supone un predominio específico de uno de los dos atributos respecto al otro. En nuestras discusiones con los demás seremos vencedores porque no sólo comprendemos perfectamente lo que nuestro interlocutor quiere decirnos, sino que también logramos formular muy bien nuestros propios pensamientos y, por lo tanto, nos expresamos mejor. Sentimos una mayor necesidad de comunicar: sobre todo con hermanos, hermanas, cuñados, primos y jóvenes amigos. Deseamos también viajar más y es probable que aumente nuestro tráfico pendular, sobre todo por mar o por lago. Nos sentimos atraídos por el agua y los viajes al mismo tiempo, pero se trata de desplazamientos frecuentes y cortos y no largos viajes. En cambio es probable que sea un pariente nuestro, uno de aquellos que acabamos de citar, el que haga un largo viaje por mar en este período, por ejemplo un crucero. También nos atraerán los estudios esotéricos, la lectura de libros de filosofía, psicología, teología, astrología, yoga... También nos interesarán las conferencias, las mesas redondas y los debates sobre tales asuntos. Podremos conocer a personas jóvenes y preparadas en esos temas. Nosotros mismos podríamos escribir algo acerca de estas materias. Gracias a que nuestra imaginación se encuentra al máximo y gracias a nuestra capacidad de organizar racionalmente nuestras ideas, durante este paso planetario podríamos incluso pensar en escribir una novela. Probablemente compraremos un ordenador para usarlo como ayuda para nuestros estudios de astrología; si ya tenemos uno, podría tratarse de comprar una impresora nueva para dibujar mejores mapas astrales. También es probable que consigamos hacer buenos negocios en estos meses: negocios relacionados con el mar, con los líquidos o con los temas que acabamos de enumerar. Un pariente nuestro se acerca a la astrología o a la teología, filosofía, etcétera.

Neptuno en aspecto inarmónico con Mercurio

Cuando Neptuno se mueve formando un ángulo disonante respecto a nuestro Mercurio radix, notamos una pérdida de lucidez mental. Nuestras facultades mentales trabajan al mínimo nivel o trabajan mal. Tenemos la tendencia a confundirnos, a mirar la realidad de forma equivocada. Ya dentro de nosotros no logramos ver las cosas de madera normal y las exageramos o las subestimamos. Esto acaba con penalizar nuestras comunicaciones con el exterior, dado que comprendemos menos lo que los demás nos dicen, y a la vez, nos expresamos mucho peor de lo normal. Hasta los más valientes oradores, durante los meses marcados por este paso planetario, tienen dificultades no sólo para hablar en público, sino también para comunicarse telefónicamente o por carta. Nuestras relaciones con hermanos, cuñados, primos y jóvenes amigos se desarrollan en la dirección de la confusión o de la falta de sinceridad: lo podemos notar en ellos, o bien ellos lo notan en nosotros. Tendemos a mentir con una cierta frecuencia, aunque normalmente no lo hacemos. Se trata de un período que afecta los viajes en general, debido a que nuestro nivel de vigilancia está a sus mínimos niveles: por lo tanto corremos el riesgo de provocar un accidente, tanto si nos desplazamos en coche, en moto o en bicicleta. Es necesario evitar también los viajes por mar. Nuestros estudios sufren una parada o quizá nos inducen una fuerte ansia, incluso verdaderas pesadillas. Lo mismo sucede con las lecturas sobre temas como astrología, psicología, esoterismo, parapsicología, yoga, teología, etcétera. Podemos tener malas experiencias debidas al encuentro con jóvenes psicólogos, jóvenes astrólogos o jóvenes magos. Un escrito en particular (por ejemplo una prueba escrita de admisión) nos quita el sueño y nos hace estar inquietos. Un hermano nuestro, un primo, un cuñado o un joven amigo atraviesa un período de gran neurosis o incluso de desequilibrio mental. Vivimos malas experiencias con sujetos con fuertes trastornos mentales o drogadictos, durante cortos viajes. Hacemos pésimos negocios mientras intentamos mostrar nuestra valentía a nivel comercial. Daños a nuestros medios de transporte provocados por el agua (inundaciones, desbordamientos, abundantes lluvias...). Vivimos malas experiencias al intentar fumar "hierba".

Neptuno en aspecto armónico con Venus

Cuando Neptuno viaja formando un ángulo armónico respecto a nuestra Venus de nacimiento, se enfatiza esa componente artística, pequeña o grande, que alberga en cada uno de nosotros. Nos atrae enérgicamente el arte, la música y la poesía. También estamos más atentos a la forma y no sólo al contenido de las cosas. Nos sentimos dirigidos positivamente hacia los demás y tendemos a mostrarnos más maleables y diplomáticos con el exterior. También nos ocuparemos más del cuidado estético de nuestra persona: vestimos mejor; elegimos con mayor cuidado las combinaciones de colores y de cortes de nuestras prendas, vamos con más frecuencia al peluquero o al estetista; controlamos más nuestro peso y la salud de nuestra piel. Dedicaremos fácilmente una parte del tiempo libre a visitar museos, exposiciones de fotos y de pinturas, muestras cinematográficas, galerías de arte, excavaciones arqueológicas, etcétera. Además es muy probable que con este tránsito nos enamoremos. Pero cabe precisar una cosa. Los tránsitos de Neptuno a menudo producen separaciones u otros eventos desagradables, incluso si se expresan a través de un trígono o de un sextil. En eso son parecidos a los tránsitos de Urano. Se desconoce la lógica que sirve de base a esta rareza, pero sin duda alguna todo el mundo puede averiguar la verdad de lo que acabo de escribir. Muchísimas personas, incluso después de decenios de convivencia o de relación estrecha y estable, llegan a separarse al llegarles un trígono Neptuno-Venus. Esto es tanto más efectivo cuanto más inarmónica es la situación general del cielo estudiado. En otras palabras, podemos decir que si el tránsito planetario que estamos describiendo se suma a malos aspectos de otros planetas, a malos aspectos contemporáneos y a un feo mapa de Retorno Solar, existen muchas probabilidades de que se trate de una rotura más que de un enamoramiento. Sin embargo, esto le puede acontecer no tanto o no sólo al sujeto bajo examen, sino también a una figura femenina muy cercana: su madre, su hija, su hermana o su mujer (en este caso puede querer decir que su propia compañera se enamora de otro). A nivel de salud cabe observar que este tránsito puede ayudarnos durante una convalecencia, a recuperarnos de las consecuencias de una enfermedad o de una dolencia, sobre todo en forma de psicofármacos o de antidepresivos naturales, como la melatonina. En cuanto al dinero, este tránsito puede significar sueños que producen una ganancia de juego, pero esto vale sólo para aquellos sujetos que en su nacimiento tenían posiciones tales que pueden justificar un evento de este tipo.

Neptuno en aspecto inarmónico con Venus

Cuando Neptuno circula formando un ángulo disonante respecto a nuestra Venus radix, en la mayoría de los casos se atraviesa un período muy duro en la vida sentimental. Angustias y confusión podrían ser las palabras clave que identifican este tránsito. Podemos afirmar con suficiente adherencia a la realidad que en toda pareja existe un tirano y una victima y, por lo tanto, refiriéndonos al asunto que estamos tratando, cabe decir que si en este momento nosotros somos el tirano, este tránsito señala que estamos viviendo una relación clandestina, un adulterio, una traición contra nuestro ser amado. Si, al contrario, somos las víctimas, el tránsito puede indicar que estamos sufriendo y mucho debido a la traición de nuestro compañero o de nuestra compañera. Sólo en casos muy raros este tránsito podría significar que nuestra media naranja nos está traicionando y que nosotros no los sabemos. Debido a la naturaleza del planeta, en la gran mayoría de los casos se trata de sufrimiento, de congojas, de aflicciones debidas precisamente al hecho que el motivo de nuestro sufrimiento se hace evidente y se manifiesta de manera muy dramática. Se trata de un tránsito realmente muy feo que, sea cual sea nuestro papel (víctima o tirano), hará que estemos mal, muy pero que muy mal. Las penas de amor son, tal vez, las más difíciles de aguantar. Nos sentimos como si el mundo se nos derrumbara encima, se nos pasan las ganas de vivir, tenemos considerables dificultades para levantarnos por la mañana y sentimos la necesidad de tomar antidepresivos. Desgraciadamente, lo peor es que este tránsito dura mucho y puede afectarnos durante dos o tres años seguidos. Un periodo de tiempo tan largo parece eterno, sobre todo si se sufre. Si somos nosotros los que vivimos un adulterio, nos sentimos muy confundidos y no podemos decidir qué es lo que tenemos que hacer: ¿Romper la vieja relación? ¿Irnos a vivir con el nuevo compañero? ¿Intentar mantener en pie las dos posibilidades? De todas formas nos asaltarán dudas y preocupaciones cada día. Todo esto puede también tocarle a una hermana nuestra, a nuestra madre o a nuestra hija. A nivel sexual el tránsito puede marcar un acercamiento a la pornografía, al sexo mercenario y a comportamientos muy poco ortodoxos. En cuanto al dinero, se trata de un período peligroso debido a posibles pérdidas de juego, inversiones equivocadas, robos, etcétera. Lo mismo vale para la salud: en este caso se trata sobre todo de salud mental, afectada por crisis existenciales y depresión. Además este tránsito puede indicar un período de angustias y neurosis para una figura femenina cercana a nosotros.

Neptuno en aspecto armónico con Marte

Cuando Neptuno circula formando un ángulo positivo respecto a nuestro Marte natal nuestras ideas, nuestras pasiones y nuestros credos se ven particularmente enfatizados. Nos sentimos transportados por el viento de las cruzadas: cruzadas de cualquier tipo y en cualquiera dirección. Nuestro estado de ánimo se ve trastornado en sentido positivo. Sentimos emoción en lo que hacemos y en lo que quisiéramos hacer. Nos sentimos entusiasmados por nuestras ideas y quisiéramos predicarlas a los demás, formar prosélitos y convencer a los escépticos. Sentimos que nos estamos siguiendo de verdad la justa dirección y nos maravillamos que los demás no estén de acuerdo con nosotros; o por lo menos, una parte de ellos. El corazón nos late fuerte, no sólo por un credo religioso: podemos vibrar con intensidad también por la política, el sindicato, el compromiso ecologista, la afirmación de cierto tipo de expresión profesional, etcétera. Con este tránsito se pueden "encender" tanto los que apoyan la liberalización de la droga como los aficionados al fútbol o al ajedrez. En este período podemos realmente hacer importantes pasos adelante en el sector en el que estamos especializados y llegar a realizar algo muy significativo. Los resultados que alcancemos serán aún más positivos si nos ocupamos de temas filosóficos, teológicos, psicológicos, astrológicos, esotéricos, parapsicológicos, etcétera. Tenemos muchas ganas de participar en grupo con los demás, de formar parte de asociaciones, agrupaciones políticas, cooperativas, movimientos, sindicatos, parroquias y cosas parecidas. También notamos que crece nuestra humanidad, ese pequeño o grande sentido sanitario y asistencial que vive en cada uno de nosotros. Nos atraen varias y diferentes formas de voluntariado. Estamos dispuestos a ocuparnos del prójimo y no sólo con las palabras sino también de una manera concreta y militante. Nos sentimos fascinados por la acción de entes como la Cruz Roja, Cáritas y el UNICEF. Apreciamos la gratificación espiritual que este tránsito nos puede otorgar, más que las adquisiciones materiales. Se verán favorecidas todas nuestras iniciativas que estén relacionadas con el mar, los lagos, los ríos y el agua en general: como nuevas instalaciones de calefacción en nuestra casa, conexiones a pozos artesianos de nuestro taller, renovación de la instalación hidráulica de nuestra cocina, puesta a punto de un barco para el verano y compra de equipos de deporte acuático. Se trata de un período en que podríamos divertirnos mucho con la pesca o con la pesca submarina. Meses muy buenos también para estrenar un comercio de líquidos, alcohol, fármacos y/o hierbas. Decidimos superar un problema patológico afrontando la cuestión con la ayuda de medicinas o psicofármacos. Una acción nuestra concreta nos aleja de la esclavitud de una neurosis, de angustias y de fobias. Nuestra fuerza de voluntad nos permite liberarnos del vicio del humo o del alcohol.

Neptuno en aspecto inarmónico con Marte

Cuando Neptuno transita en aspecto inarmónico con nuestro Marte natal, vivimos alteraciones de nuestro equilibrio interior. Nos sentimos muy atraídos por impulsos inflacionistas de muchos tipos. Nos sentimos trastornados, turbados, inquietos, pero sin comprender muy bien el motivo. Reconocemos que nos estamos comportando con fuertes exageraciones en todo lo que hacemos, pero no sabemos hacerlo de forma distinta. En estos meses (en algunos casos puede tratarse de años) tenemos un estado de conciencia alterado que nos induce a cometer incluso acciones que normalmente condenamos. Los impulsos nos llevan a comportarnos de manera extrema, radical. Es como si estuviéramos bajo el efecto de alguna droga, con un muy escaso control del Yo racional sobre las pulsiones más primitivas de nuestra persona. Nuestro estado de ánimo tan turbado nos proyecta sobre todo en dirección de las más extremas expresiones de la política, del movimiento sindical, religioso, ecologista, animalista, etcétera. Durante este paso planetario corremos el riesgo de que nos trastorne el hecho de frecuentar a sacerdotes, maestros de yoga, malos astrólogos, magos, psicólogos y/o filósofos. Con este tránsito, a nuestro sistema nervioso le puede afectar seriamente incluso una sencilla previsión que alguien hace acerca de nosotros, pero que nos provoca largos meses de angustia, temores, fobias y neurosis. En este período deberíamos tratar de frecuentar sólo gente alegre, que no tenga muchos problemas, incluso un poco necia, pero sobre todo que no sea neurótica: el motivo es que ahora nuestro nivel de absorción del ambiente es máximo. El tránsito resulta peligroso sobre todo para los políticos, para los que tienen el mando de una organización, un ejército, un movimiento cualquiera. Un dictador potencial, bajo el efecto de este tránsito puede trasformarse en dictador de verdad. Un comisario de policía que envía a sus agentes a disparar contra la muchedumbre de protestantes, un comandante de guardias fronterizas que dispara y hace disparar por nada y un político que se disocia de su corriente y provoca una crisis de gobierno con consecuencias institucionales son sólo algunos de los posibles ejemplos de cuánto puede ser perjudicial y funesto este tránsito. Muchos peligros, a nivel individual, pueden estar provocados por el empleo de fármacos y especialmente de psicofármacos, toxinas de café, alcohol y, más que cualquier otra cosa, droga. De este punto de vista, el tránsito es realmente peligroso, puesto que podría provocar que jóvenes se pierdan en el túnel de la drogadicción, con las consecuencias que todo el mundo conoce. Otros peligros pueden proceder de las masas: será mejor mantenerse a distancia de las manifestaciones callejeras, de las ocupaciones de facultades universitarias, de las huelgas en general, de las reuniones de nostálgicos, de las exasperaciones colectivas de la afición deportiva. Además, podemos correr peligros por mar o, de una forma u otra, relacionados con el agua. Así pues, el tránsito resulta peligroso para los pescadores submarinos, para los deportistas de disciplinas acuáticas, para los trabajadores que faenan en medio del agua. Peligros también de los escapes de gas y de los incendios que se pueden ocasionar. Además podemos vivir meses de grandes neurosis o angustias, incluso sin ningún motivo específico.

Neptuno en aspecto armónico con Júpiter

Cuando Neptuno viaja formando un ángulo favorable respecto a nuestro Júpiter radical, tendemos a relajarnos mucho y a vivir un poquito de renta, puesto que logramos atesorar las ventajas que habíamos adquirido anteriormente con nuestro trabajo. Nos sentimos más en paz con el mundo, nuestro pensamiento se vuelve positivo. Seguramente nos pertenece un optimismo superior a lo normal y queremos pensar que las cosas funcionarán de la mejor forma posible. Nuestra mejor condición mental nos permite resolver a nuestro favor situaciones profesionales potencialmente prometedoras. Los otros también perciben nuestro equilibrio y nos pueden patrocinar para un avance o una mejora laboral. Las mayores ventajas materiales tenderán a llegarnos de disciplinas relativas al todo el mundo esotérico, parapsicológico, astrológico, filosófico, religioso, de tipo orientalista, etcétera. Esto puede significar, por ejemplo, que después de años de práctica astrológica gratis, empezamos a cobrar para nuestras consultas, o bien que aprovechamos nuestra experiencia de yoga y abrimos un gimnasio, y de esta forma monetizamos, después de largo tiempo, nuestros estudios y conocimientos. Considerables ventajas también nos pueden llegar de las masas, de los movimientos, de las organizaciones de trabajadores, de los grupos de personas con un único credo común, por ejemplo si nuestro comercio se encuentra en un lugar que acaba de convertirse en lugar de culto. Podemos intentar, con buenos resultados, hacer negocios con sacerdotes, magos, lectores del tarot, o bien con músicos y artistas en general. Nuestra inspiración artística, si trabajamos en este sector, alcanza muy buenos niveles y permite que consigamos resultados concretos para nuestra carrera. Además, podemos hacer muy buenos negocios con los viajes por mar o con viajes relativos a cualquiera actividad acuática o relacionada con los líquidos: por ejemplo fundando una sociedad de transportes navales o abriendo una cervecería o una empresa de asistencia técnica para instalaciones de calefacción. Logramos comercializar un perfume, una esencia de nuestra invención, o fundamos una actividad independiente de suministro de gas para hospitales. Un largo crucero por mar nos proporciona de nuevo bienestar, también desde un punto de vista psicológico. Llegamos a conocernos mejor a nosotros mismos a través de la psicología o de la lectura del tema natal, y esto nos hace sentir mejor. Un sacerdote, un alto prelado o un juez nos ayudan a arreglar cuestiones que nos tenían preocupados. Una feliz intuición nos permite resolver favorablemente un pleito pendiente. Es un período realmente óptimo para cualquier tipo de viajes.

Neptuno en aspecto inarmónico con Júpiter

Cuando Neptuno transita formando un ángulo inarmónico respecto a nuestro Júpiter natal, logramos mantener un escaso control sobre nuestras acciones que se ven, a menudo, inflacionadas o exageradas. La falta de sentido crítico nos crea situaciones poco claras, confusas, complicadas. Vivimos en un clima en cuyo interior puede cundir fácilmente el engaño, la estafa o el timo, tanto nuestro como de los demás. Corremos el riesgo de sufrir daños económicos y materiales en general de las masas: por ejemplo debidos a protestantes, grupos de extremistas, escuadrones de fanáticos políticos o de hinchas deportivos. También podemos vernos perjudicados por individuos como magos y malos astrólogos, que pueden cobrarnos sumas desproporcionadas aprovechándose de nuestras desdichas y de nuestro estado de ánimo alterado. También podemos perder dinero por culpa de sacerdotes, psicólogos y jueces que nos desfavorecen, o sufrir robos por parte de drogadictos, maniacos y sujetos con trastornos mentales. Una hospitalización nuestra por motivos de depresión o de agotamiento nervioso, nos puede causar grandes daños económicos. Posibles daños procedentes del agua, como por ejemplo de inundaciones, desbordamientos de caudales, roturas de calderas o de instalaciones de calefacción. Grandes gastos para rehacer la instalación hidráulica de nuestra casa o del lugar en que trabajamos. También tendremos que prestar mucha atención a todas las formas de intoxicación que nos podrían afectar, tanto una sencilla borrachera como algo más. Los problemas podrán ser de tipo económico, por ejemplo si atropellamos a alguien con nuestro coche, o sencillamente físicos, debido al envenenamiento de nuestra sangre. Puede que fármacos con los que contábamos acaben por perjudicarnos. Una explosión en nuestros locales nos provoca grandes daños. Alimentos adulterados nos provocan problemas con la justicia. Recibimos una multa muy cara por haber vendido productos alimentarios caducados. Peligro de botulino en nuestra comida y de otras formas de envenenamiento alimentario. Peligro de proliferaciones tumorales en nuestro organismo: en estos períodos es particularmente peligroso fumar, comer embutidos y beber superalcohólicos. Corremos el riesgo de que nos roben una embarcación o de protagonizar accidentes con otras embarcaciones, con los consecuentes graves daños económicos.

Neptuno en aspecto armónico con Saturno

Cuando Neptuno circula formando un ángulo armónico respecto a nuestro Saturno radix, se crean las mejores condiciones para desarrollar esa parte de religiosidad o de misticismo, entendido en sentido lato, que existe dentro de nosotros. La austeridad de Saturno nos inclina al rigor, a la frugalidad, a la esencialidad y, de esta forma, nos aparta de los bienes materiales y de las tentaciones de los sentidos, favoreciendo así la orientación elevada de nuestra libido. Nos atrae particularmente todo lo que viaja en dirección del espíritu, de la conciencia en sentido superior, del control de los sentimientos más nobles sobre nuestra parte menos evolucionada. Nos atrae fuertemente el misterio en toda la extensión de este término y tratamos de descubrir, a nuestro alrededor, todas las huellas de una presencia divina. Nos ponemos de viaje para divisar lo desconocido, para intentar levantar la cortina que nos separa de los misterios como la muerte, el más allá y la existencia de Dios. Tendemos a ocuparnos mucho de religión, de filosofía, de orientalismo, de yoga, de Budismo, de astrología, de parapsicología y de esoterismo. Muchas vocaciones religiosas nacen durante este paso planetario, siempre que su predisposición exista ya en el tema natal. De todas maneras, aunque este tránsito no nos haga cambiar dirección para todo el futuro, tiene al menos el efecto de hacernos comprender la importancia de esa componente espiritual que, en mayor o menor medida, existe en cada uno de nosotros, y que es lo que nos diferencia de los animales. Bajo este tránsito, incluso los materialistas más convencidos se verán trastornados en sus convicciones y tendrán que admitir que sienten significativos impulsos místicos y trascendentes. A veces se trata de una elevación espiritual que toma forma a través de una dura experiencia, un grave obstáculo que se tiene que superar emblematizado por el "Gran maléfico" de la Tradición. En efecto, muchas personas, al perder a un ser querido o al vivir el drama de una enfermedad importante, acaban por comprender que la vida no está hecha sólo de posesión, sino que "ser" es tan importante como "tener". Otras veces el tránsito indica una vocación tardía, que se expresa en tarda edad: sujetos que a los cincuenta se hacen sacerdotes o que dejan su profesión próspera para irse a hacer de misioneros en África. Pero sin llegar a extremos tan pintorescos, este tránsito puede significar simplemente que comprendemos, con retraso, que poseemos una vocación sanitaria y asistencial y que, por lo tanto, empezamos, incluso a una edad avanzada, a dedicarnos a formas de voluntariado como por ejemplo la colaboración con la Cruz Roja, Cáritas, el UNICEF. Aunque seguramente sentiremos más la necesidad de enfocar nuestros esfuerzos y nuestra piedad hacia los viejos, los ancianos: en una palabra, esas personas que a menudo se quedan solos en el mundo, sin nadie que se ocupe de ellos. Otras veces el tránsito puede significar que nuestra parte mística, religiosa o trascendente nos lleva a asumir un cargo dentro de una organización guiada por algún credo: por ejemplo un sacerdote que es nombrado obispo, o un maestro de yoga que deja de ocuparse de Hata yoga (el primer nivel, el nivel físico) para pasar a la enseñanza superior de esa doctrina; o un astrólogo que se convierte en responsable de una organización astrológica nacional, regional o ciudadana. Cabe también decir que durante estos meses o años nuestra espiritualidad asume una forma muy puntual: deja de ser un ímpetu espontáneo e incontrolado del ánimo y se convierte en algo organizado por las fuerzas de la razón, controlado por cánones puntuales, sometido a una disciplina codificada. Esto puede significar que estudiamos con rigor y método para que los ímpetus espontáneos de nuestro inconsciente adopten una forma coherente.

Decidimos que queremos alcanzar niveles cada vez más altos de espiritualidad y nos comprometemos a fondo en ese sentido, renunciando a las cosas efímeras de la vida. Personas ancianas nos transmiten, y muy positivamente, sus enseñanzas y nos permiten crecer. Descubrimos, en tarda edad o de todas formas con retraso, nuestra pasión por el mar. Empezamos a tomar fármacos que nos permiten vivir mejor nuestra condición de ancianos.

Neptuno en aspecto inarmónico con Saturno

Cuando Neptuno pasa formando un ángulo inarmónico con nuestro Saturno natal, vivimos un período duro desde un punto de vista psicológico. El ansia o la depresión, la angustia y las fobias en general, marcan los confines de un territorio dentro del cual tenemos que vivir. Se trata de un tránsito realmente duro para la salud mental. No nos sentimos nada bien, y no tiene importancia si los monstruos que se agitan dentro de nosotros son reales o subjetivos: los sufrimientos que producen son iguales en ambos casos. Aunque las causas de todo ello pueden ser muy variadas, los resultados son idénticos. Uno o más temores nos penalizan en este período y terminan por inhibir la parte más vital de nuestra persona. Nos encontramos en una situación de equilibrio mental muy escaso. Muchas veces se trata del llamado agotamiento nervioso, pero podríamos hablar tranquilamente de neurosis que brotan de una dura experiencia a la que nos somete el destino. La pérdida de una persona querida, una enfermedad que nos afecta directamente, una grave situación económica que se crea por causa de un préstamo que no somos capaces de devolver nos hacen estar mal, hacen que veamos horribles espectros delante de nosotros. Una actitud paranoica se apodera de nosotros y nos hace pensar que la vida es mala, que el mundo está contra nosotros y que los demás nos quieren perjudicar. Nuestro equilibrio mental está por los suelos y nuestra tranquilidad está hecha pedazos. Pesadillas reales o imaginarias nos proyectan en un mundo de congojas y de fobias. A veces estas pesadillas están determinadas por un envejecimiento agudo que nos llega por diversos motivos y que nos hace pensar, con tristeza, en todo lo que puede acontecernos con el pasar de los años, con el acercarse de la muerte. La vejez, la nuestra o la de nuestros seres queridos, nos preocupa. Sufrimos daños por culpa de personas ancianas, tenemos que preocuparnos de la condición mental de nuestros familiares ancianos que están sufriendo. Nuestra espiritualidad trata de salir a la superficie, pero vivimos muy mal todo esto, con sufrimientos. Entramos en conflicto con la componente mística de nuestra persona ya que quisiéramos "aniquilarla" con la razón, quizá debido a nuestra orientación súper-racional. Nos vemos obligados a vivir mal como consecuencia de nuestra orientación mística: nos privamos de comodidades, aceptamos vivir en aislamiento, en clausuras forzadas en las que nos debemos privar de las comodidades de la vida moderna y tenemos que renunciar a cualquier forma de diversión. Decidimos vivir, después de una larga meditación, de manera militante, activa y sacrificándonos mucho, el cristianismo que hay en nosotros. Nuestra vocación potencial de tipo sanitario y asistencial nos penaliza mucho cuando decidimos expresarla concretamente y no sólo con palabras. Sufrimos daños debido al envejecimiento de una planta hidráulica o de calefacción, una vieja caldera, etcétera. Una vieja embarcación nuestra necesita reparaciones costosas o naufraga. La prolongada asunción de un fármaco perjudica de forma irreversible nuestro organismo. Una situación poco clara nos hace sufrir. La traición de un ser querido nos deja en un estado de postración. El hecho de frecuentar a un mago, a un malo astrólogo o a un falso místico nos ocasiona estrés y desesperación. Estamos obsesionados por una previsión catastrófica que alguien nos hace.

Neptuno en aspecto armónico con Urano

Cuando Neptuno circula formando un ángulo armónico respecto a nuestro Urano radical, de repente pueden despertarse esas fuerzas interiores que nos llevan a vivir una vida más espiritual, más adherente a modelos de crecimiento interior y de abandono de lo efímero en sentido lato. Para muchas personas este tránsito significa asomarse de golpe a esa increíble ventana que se abre sobre el mundo esotérico, mistérico y paranormal. Hemos vivido una vida entera creyendo que podíamos prescindir de lo sobrenatural, con la ilusión de poder seguir exclusivamente los caminos que nos propone la razón y, en cambio, descubrimos que nuestro inconsciente se encuentra respecto a la razón como la parte sumergida de un iceberg respecto a la emergente. Carl Gustav Jung descubrió, en la segunda parte de su vida, que aquel sótano con muebles muy antiguos que siempre aparecía en sus sueños no era otra cosa sino el recipiente de sus formidables intereses hacia el mundo de la alquimia, de la astrología y de las religiones orientales. De la misma manera también nosotros (quizá a través de la lectura de libros como *El retorno de los brujos* de Louis Pauwels y Jacques Bergier) podemos descubrir que existe un ilimitado universo de conocimiento y de saber que no hemos explorado nunca y que ahora queremos profundizar al máximo. Muchos, como me sucedió también a mi, bajo un tránsito análogo descubren por primera vez el yoga, la medicina homeopática, la acupuntura, la macrobiótica, la psicología analítica, la astrología y la filosofía. Todo esto puede realmente revolucionar nuestra vida y darle una dirección futura totalmente diferente respecto a la existencia anterior. Muchas veces esto sucede de repente, debido a un hecho completamente casual, pero los astrólogos no creen en la casualidad y saben que todo sucede en el marco de un dibujo complejo dentro del cual nos está permitido movernos. Un sueño, el encuentro con un sacerdote, con un psicólogo, con un amigo que se ocupa de astrología, con un maestro de yoga y de disciplinas orientales, puede cambiar nuestra vida para siempre. Se trata, casi siempre, de encuentros determinantes que suponen un cambio de marcha a noventa grados o, incluso, inversiones de ciento ochenta grados. La mayoría de las veces esto se producirá en un contexto muy agradable que cambiará nuestra vida de manera positiva, ensanchando mucho el horizonte que tenemos delante. En efecto, este paso planetario nos podrá abrir de par en par las puertas de una fuente de conocimientos de la que no dejaremos nunca de beber. De repente descubrimos que estos intereses ya albergaban dentro de nosotros pero que no los habíamos notado nunca, pero ahora queremos recuperar el tiempo perdido y nos arremangamos la camisa para aprender cuanto más posible y deprisa. La asunción de un fármaco de nueva producción consigue hacernos salir de un túnel oscuro repleto de sufrimientos. El inicio de un análisis de nuestra mente profunda nos ayuda a sentirnos mejor. Compramos un ordenador u otros equipos informáticos che nos facilitan el estudio y la práctica de la astrología. Tratamos de informatizar nuestro trabajo en campo esotérico.

Neptuno en aspecto inarmónico con Urano

Cuando Neptuno pasa formando un ángulo disonante respecto a nuestro Urano natal, corremos el riesgo de tomar decisiones apresuradas e invalidantes debido a la confusión que nos gobierna en ese momento. No somos para nada lúcidos y podemos sufrir muchos daños por la falta de claridad que nos afecta en ese período. Tenemos que comportarnos con la mayor prudencia, sobre todo para evitar posibles accidentes de cualquier tipo. El riesgo nos acecha cuando conducimos el coche, cuando viajamos en moto, cruzamos la calle, corremos en patines, en bicicleta, con esquíes y cuando practicamos cualquier deporte peligroso. Deberíamos evitar encender fogatas con gasolina, manejar armas da fuego, encontrarnos en compañía de amigos que bromean con las armas, trabajar con la corriente eléctrica, pilotar aviones o correr en coches de competición. El mayor riesgo de equivocarse y por los tanto de causar desastres individuales o colectivos, recae sobre todo sobre aquellos sujetos en cuyas manos está puesto el destino de una o más personas, como pueden ser cirujanos, anestesistas, técnicos de torres de control... Nos pueden afectar desgracias debidas a nuestro estado de ánimo turbado, por ejemplo por causa de una mala previsión que un astrólogo, un mago o una lectora del tarot efectúan acerca de nosotros. Nuestra condición psicológica, turbada por un disgusto que nos ha afectado hace poco, nos induce a cometer errores que podrían causar una desgracia. El comportamiento de una persona con trastornos mentales o de un drogadicto puede provocar daños materiales tanto a nuestra persona como a objetos que nos pertenecen. Un drogadicto nos puede hacer daño o nos puede atracar. Casi nos envenenamos con la asunción de medicamentos. Si somos toxicómanos corremos el riesgo de una sobredosis que pone en peligro nuestra vida. La asunción de alcohol en grandes cantidades nos puede causar un accidente. Nos vemos involucrados en desgracias que se refieren al mar o al agua en general. Peligro durante inmersiones subacuáticas. Trastornos mentales causados por desdichas que nos afectan de repente. Muchas veces encontramos este paso planetario en personas que empiezan a mostrar síntomas de desequilibrio mental por haber perdido repentinamente a un ser querido. Es el elemento desencadenante en muchos casos de psicosis: la clásica gota que hace desbordar un vaso ya lleno de angustias y de neurosis que pueden incluso llevarnos a la psicosis. Descubrimos de forma imprevista, y a costa propia, la existencia de enemigos escondidos o de historias secretas de personas queridas y muy cercanas a nosotros. Una traición de nuestra pareja nos deja en un estado de postración y de depresión. Corremos el riesgo de que nos dañen las masas, los grupos políticos, las grupos de hinchas del deporte.

Neptuno en aspecto armónico con Neptuno

Cuando Neptuno pasa formando un ángulo armónico respecto a nuestro Neptuno radix nuestra imaginación y nuestra vena artística, tanto si es grande como pequeña, se ven claramente enfatizadas. Nos sentimos muy inspirados, más fantasiosos, más dispuestos a dejar espacio a la imaginación y al sueño, tendemos más al abandono total, nos sentimos menos condicionados por la racionalidad y por las fuerzas interiores de censura. Podemos decir claramente que estamos atravesando un momento mágico, único en su género. Estamos hartos de estar siempre en guardia, con la máxima atención y condicionados por la desconfianza: deseamos abandonarnos, aunque sea sólo una vez, y soñar, proyectar, fantasticar libremente. Se trata de un período realmente extraordinario si nuestro trabajo es de tipo creativo y artístico. Pero de cualquier forma, pausas parecidas nos harán bien, si normalmente estamos siempre en alerta y preparados para protegernos. El sentimiento que nos dirige hacia los demás, en este momento, es completamente positivo: tenemos realmente propósitos cristianos hacia los demás, cristianos en el sentido mejor del término. Deseamos empeñarnos para socorrer a los más débiles, para expresar concretamente esa parte de interés sanitario y asistencial que alberga dentro de nosotros durante este paso planetario. Tenemos ganas de prodigarnos para los enfermos y los pobres; nos acercamos al voluntariado y no se puede excluir que en estos meses alimentemos las filas de los numerosos voluntarios de Cáritas, Cruz Roja y UNICEF. Percibimos una gran piedad para todos los que sufren y, si no lo expresamos al exterior, sin duda alguna lo mostraremos en nuestra familia y socorreremos a los miembros más necesitados. Sentimos crecer en nosotros también un sentimiento religioso que no debe necesariamente ser de tipo cristiano o católico, sino que puede también relacionarse con el Budismo, el islamismo o sencillamente con el misterio en general. Nos atraen las disciplinas que estudian el ser humano, el misterio de la vida y de la muerte, el orientalismo, la filosofía, la teología, la astrología y la parapsicología. Deseamos frecuentar lugares de culto y personajes que lo representan. Podremos ayudarnos mucho del contacto con sacerdotes, maestros de filosofía y astrólogos. También sentiremos el encanto de las masas y frecuentaremos retiros colectivos de oración, reuniones de hombres y mujeres inspirados en sentido místico, asambleas y congresos de las disciplinas que acabamos de citar. Con un tránsito de este tipo pueden nacer serios intereses esotéricos y muchos descubren que guardan dentro de sí un lado inexplorado digno de ser solarizado. Se trata de un período ideal para hacer viajes por mar o viajes a países donde las citadas disciplinas representan el icono mismo del país, como en el caso de India. Una terapia, por ejemplo a base de psicofármacos, nos podrá ayudar a superar este momento difícil. Una pequeña "droga" como el café, si nunca habíamos tomado una taza hasta ahora, nos puede ayudar a soportar situaciones en las que estamos muy involucrados.

Neptuno en aspecto inarmónico con Neptuno

Cuando Neptuno circula formando un ángulo inarmónico respecto a su misma posición radix, atravesamos un período muy difícil a nivel psicológico. Como con las disonancias luminares-Neptuno y Marte-Neptuno, también vivimos en este caso muchas angustias, temores, neurosis que pueden estar relacionadas con uno o más de un desdichado acontecimiento externo; o que se pueden clasificar como endógenas, esenciales, sin causa aparente. Nuestro equilibrio psicofísico queda alterado y la vida nos puede parecer muy dura y llena de fantasmas no identificables. Durante este tránsito nos damos cuenta realmente de cuánto puede ser subjetivo el concepto de sufrimiento. Los demás, los que nos rodean, podrían sonreír de nuestros temores y los podrían considerar tonterías, pero en nuestros ojos asumen dimensiones gigantescas. Podemos sentir ansia por los motivos aparentemente más fútiles e inverosímiles, como el miedo a un terremoto o a la muerte de nuestros padres, en un período en el que gozan de muy buena salud. Sufrimos, estamos mal, los vemos todo de color negro, nos sentimos atacados por la vida y el destino, vemos la realidad como un gran monstruo con largos colmillos listo para devorarnos. Durante estos meses vivimos como bajo una capa de plomo y esto nos lleva a pensar que todo el mundo está contra nosotros, que nos odian, que la vida es nuestra enemiga, que tenemos mala suerte y que todo nos irá mal. A veces este estado mental negativo está justificado por la asunción de fármacos y de psicofármacos en particular. Otras veces estamos mal porque hacemos uso de drogas como mucho café, alcohol, o incluso drogas en el sentido literal de la palabra. Debemos prestar mucha atención y permanecer lejos de personajes relacionados con las características más negativas que el planeta Neptuno representa: drogadictos, psicóticos, exaltados, fanáticos políticos o religiosos, extremistas de cualquier secta y grupo social, predicadores obsesionados por la voluntad de evangelizar a las masas, etcétera. Una mala previsión por parte de un astrólogo o de un mago nos puede procurar meses o años de pesadilla. Si el paso planetario se produce coincidiendo con otros tránsitos críticos y malos, o con un igualmente negativo Retorno Solar, se trata realmente de un momento crítico y tendremos que recurrir a una justa ayuda farmacológica o a la experiencia de un buen psicólogo que nos saquen fuera de tanta jaula mental. Tenemos que prestar atención también a los viajes por mar y a todos los peligros relacionados con el agua y con el gas. Peligro en las anestesias: si es posible, es mejor aplazar eventuales operaciones quirúrgicas.

Neptuno en aspecto armónico con Plutón

Cuando Neptuno pasa formando un ángulo favorable respecto a nuestro Plutón natal, nuestra inspiración artística puede llevarnos a la creación de obras realmente importantes, con las que podemos dejar la huella de nuestro recorrido en esta vida. Se trata de un tránsito muy poderoso y, si se acompaña con otros tránsitos armónicos y con un Retorno Solar particularmente favorable, puede otorgarnos dones de gran valor. Nuestro sentimiento religioso, que tal vez hasta ese momento había estado adormecido, estalla ahora con toda su potencia y nos proyecta en una dimensión que nunca habíamos conocido. Al mismo tiempo también puede suceder lo contrario: es decir, que Neptuno potencie los efectos de Plutón y que nuestra religiosidad o nuestro misticismo, nuestro potencial solidario y asistencial, nos lleven a conseguir cargos de gran responsabilidad dentro de organizaciones, asociaciones de caridad, grupos de voluntariado, etcétera. Esto suele suceder aunque nosotros no hayamos buscado el poder, sino solamente para obedecer al impulso de tipo trascendente que nos caracteriza bajo este tránsito. También puede que nos pongamos en contacto con personajes muy potentes en la jerarquía del grupo en el que desarrollamos nuestra actividad. O sea que, de una u otra manera, se potenciará mucho nuestra militancia, aunque con ella (como acabamos de decir) no queríamos conseguir ninguna "medalla al valor". Desde otro punto de vista podemos decir que bajo la influencia de este tránsito crecen mucho nuestras ganas de actuar de manera solidaria, sanitaria y asistencial. Nuestra manera de vivir la sexualidad se ve influenciada por impulsos exóticos que nos proyectan hacia nuevas experimentaciones. Nos sentimos más atraídos por el misterio de la muerte y puede que un luto nos haga crecer espiritualmente. Durante excavaciones en un terreno de nuestra propiedad puede brotar agua. Una particular inspiración nos guía en la tarea de investigación introspectiva y hace que cumplamos importantes pasos hacia adelante en una labor de análisis sobre nosotros mismos, bajo la guía de un psicoanalista. Sueños repletos de significado pueden inspirarnos números que nos otorgan una ganancia en la lotería semanal.

Neptuno en aspecto inarmónico con Plutón

Cuando Neptuno circula formando un ángulo inarmónico respecto a nuestro Plutón natal vivimos las angustias, las fobias, las neurosis ya típicas de la disonancia Neptuno-Neptuno, pero a una octava más arriba. Debemos recorrer a toda nuestra armonía interior y a nuestro equilibrio de fondo para no resbalar en el precipicio del miedo, de las pesadillas con los ojos abiertos, de las fobias a trescientos sesenta grados. Monstruos objetivos o subjetivos, salidos de una cruda realidad que nos afecta o construidos simplemente en nuestra mente, nos aferran y nos hacen sufrir. Desaliento y pensamientos paranoicos se adueñan de nosotros, nos convencemos de que el mundo y la vida nos tiene tirria, que el prójimo es nuestro enemigo y que incluso las personas que más queremos nos quieren perjudicar.

Cualquier intento de razonar y de redimensionar con la lógica estas fobias está destinado a fracasar y sólo una ayuda farmacológica o de un psicólogo experto nos puede alejar de tanto tormento. Si durante estos meses o años el conjunto de los tránsitos y del Retorno Solar es realmente malo, tenemos que esperarnos acontecimientos particularmente molestos que influirán sobre nuestro rendimiento profesional, pero sobre todo y de forma muy marcada, influirán en nuestra vida sexual. Bloqueos parciales o totales de sexualidad pueden acompañar este tránsito planetario tanto en los sujetos femeninos como en los masculinos. En efecto no es posible imaginar una vida sexual normal, cuando semejantes monstruos albergan en nuestro corazón o en nuestra mente. Sobre todo nos trastornan las figuras relacionadas con la religión o con sectas de cualquier tipo: malos astrólogos o magos, exaltados de cualquier disciplina, drogadictos, fanáticos políticos y extremistas de todo tipo de movimiento. Aventuras sexuales con los sujetos que se acaban de citar. Experiencias sexuales poco ortodoxas, recurso a la pornografía, al sexo mercenario, a las aventuras ocasionales que nos exponen al riesgo, entre otras cosas, de contagios de enfermedades infectivas. Una específica angustia nuestra o una actitud neurótica general nuestra nos perjudica profesionalmente y nos hace perder un trabajo de prestigio. Una confusión mental nos puede dañar mucho a nivel económico: por ejemplo porque alguien nos estafa, o porque prestamos dinero a sujetos totalmente informales. En un momento de confusión pedimos un préstamo y nos lo conceden, pero nos damos cuenta demasiado tarde de que no seremos capaces de devolverlo nunca. Vivimos un período de ansiedad por el temor de perder a un ser querido nuestro, como uno de nuestros padres o nuestra pareja. Un fallecimiento nos lanza en un estado de profunda postración. Tenemos experiencias negativas debido a que frecuentamos ambientes en los que se practica "espiritismo". Inundaciones o pérdidas ocultas de agua nos procuran enormes pérdidas patrimoniales.

Neptuno en aspecto con el Ascendente

Véase: Neptuno en la Primera Casa

Neptuno en aspecto con el Medio Cielo

Véase: Neptuno en la Décima Casa

Neptuno en aspecto con el Descendente

Véase: Neptuno en la Séptima Casa

Neptuno en aspecto con el Fondo Cielo

Véase: Neptuno en la Cuarta Casa

Neptuno en tránsito por la Primera Casa

Cuando Neptuno pasa por nuestra Primera Casa, sentimos una gran inspiración de tipo trascendente y religiosa. Esto nos puede empujar a interesarnos en temas referentes a la teología, el orientalismo, el yoga, el Budismo, la filosofía, la astrología, el esoterismo y la parapsicología. Obviamente, como siempre, cabe considerar también la edad en que esto se produce y el conjunto de los demás tránsitos, además de los Retornos Solares del período: pero a menudo el tránsito corresponde a un cambio radical en el credo religioso personal. Por ejemplo, se observa más de una vez a católicos que con este tránsito, cuando el planeta se encuentra muy cerca del Ascendente, se vuelven budistas, y a personas moderadamente religiosas que deciden consagrarse a Dios y entrar en un convento. El interés por los asuntos que afectan al espíritu es muy fuerte y tendemos a privilegiar decididamente el espíritu respecto a todo lo demás. Una fuerte corriente de sentido humanitario, cristiano en sentido lato, caritativo, nos puede empujar a ocuparnos activamente de los que sufren, de quienes más necesitan asistencia. Es probable que adhiramos a alguna forma de voluntariado, que frecuentemos instituciones como la Cruz Roja, Cáritas o el UNICEF. Sentiremos una gran piedad hacia los viejos, los niños huérfanos, los enfermos abandonados, los vagabundos, los extracomunitarios sin derechos y sin protecciones. Nos comprometeremos activamente, y no sólo a través de limosnas. Esa componente de enfermera de la Cruz Roja que en mayor o menor medida existe en cada uno de nosotros, y que tal vez ha permanecido siempre durmiente, ahora sale a la superficie y nos proyecta con entusiasmo en dirección de la caridad, lo que nos hace sentir finalmente hermanos de toda la humanidad. Durante este tránsito comprendemos que los bienes efímeros de la vida no pueden gratificarnos mucho y que no se vive solamente de posesión. Otras veces no se trata específicamente de una actividad sanitaria y asistencial, sino de un potencial espiritual en sentido lato que vuelve a despertarse, lo que nos induce a ocuparnos con asiduidad de cualquier argumento que se aleje de forma considerable de la vida diaria. Nos sentiremos atraídos por el encuentro con astrólogos, magos, maestros de yoga, espíritus iluminados, maestros de vida, personas sabias e inspiradas. También tenderemos a relajarnos, a abandonarnos, a bajar la guardia que hemos mantenido demasiado tiempo en actividad. Sentiremos sobre todo sentimientos de amor hacia el prójimo.

Las masas nos atraerán, y probablemente nos involucraremos en movimientos políticos, sindicales y ecologistas de diferentes inspiraciones. Si el tránsito se produce en condiciones generales inarmónicas, podremos sentirnos trastornados por angustias, fobias, temores y pequeñas y grandes neurosis de cualquier tipo. Si estas neurosis son endógenas, o sea si no están motivadas por evidentes problemas contingentes, todo podrá evolucionar de forma benigna. Si, al contrario, las neurosis están relacionadas con un gran problema existencial como el deceso de un familiar, una grave enfermedad nuestra o un gravísima crisis económica y laboral, entonces es posible caer en la psicosis, pero en este caso deberemos encontrar señales evidentes de la cosa ya en el tema natal del sujeto junto a Retornos Solares muy cargados (el tránsito puede durar años). En el mejor de los casos se tratará de angustias y fobias transitorias. Peligros también de la asunción de psicofármacos, de toxinas relacionadas con café, humo, alcohol y drogas propiamente dichas. Durante este tránsito muchos jóvenes se vuelven drogadictos. En cualquier caso notamos mucha confusión mental, un comportamiento poco decidido, un continuo vacilar y una falta de dirección concreta. Peligros de los encuentros con astrólogos, magos, sacerdotes, fanáticos religiosos o políticos, extremistas de todo tipo y drogadictos. Tendencia a engordar, a hincharse, por ejemplo debido a retención de líquidos. Proliferaciones de todo tipo, también en sentido mental. Actitudes inflacionistas, tendencias extremistas. Estados de conciencia alterados.

Neptuno en tránsito por la Segunda Casa

Cuando Neptuno pasa por nuestra Segunda Casa radix, desarrollamos un excepcional olfato por los negocios. Nos sentimos inspirados para promover más iniciativas empresariales y/o comerciales. Se amplia nuestro sentido de las oportunidades y somos capaces de proyectar iniciativas que nos podrían beneficiar desde un punto de vista económico. Los negocios no pueden brotar sólo de un buen proyecto racional, sino que dependen también de un sexto sentido que en este momento nos guía de forma muy sensata. Ideas felices nos inducen a hacer cosas egregias en el campo de las inversiones. Se verán particularmente favorecidas todas las iniciativas relacionadas de alguna manera con el esoterismo, el orientalismo, las religiones, la astrología, la parapsicología, el yoga, la macrobiótica, las hierbas medicinales, la acupuntura, la homeopatía, el shiatsu, etcétera. Podríamos incluso organizar cursos de tales disciplinas o abrir un gimnasio en el que estas disciplinas representen la principal actividad. Podremos poner en práctica, atesorándolos, nuestros conocimientos de las disciplinas llamadas fronterizas, poco usuales. Para algunos sujetos el tránsito significa hacerse astrólogos, empezar una práctica de astrólogo profesional, para otros podría tratarse del inicio de un comercio import-export con países del extremo oriente, para algunos la apertura de una farmacia, para otros la creación de una actividad relacionada con bombonas de oxígeno... Para algunos se tratará de inversiones en el sector marino, por ejemplo el inicio de una actividad naval. En el caso de tránsito de interpretación negativa, notaremos una gran confusión en materia de negocios, confusión que podría ser responsable de serios desastres en la situación económica personal. Errores ingenuos en la gestión de nuestro patrimonio nos podrán ocasionar serios perjuicios. Peligro de que nos estafen, nos timen o nos engañen. Nos encontramos en las condiciones ideales para llegar a ser víctimas de especuladores astutos y sin moralidad. De vez en cuando leemos en los diarios sobre sujetos que, tras la ilusión de ganancias fabulosas, entregan todos sus ahorros, los ahorros de una vida entera, a personajes que luego escapan con el botín. En estos casos nadie puede dárselas de sabiondo, porque incluso el hombre de negocios más atento y difidente puede caer en la trampa de Neptuno. El dinero no se puede multiplicar, menos en los casos de tráfico de droga y en la actividad de usura a costa de la pobre gente. Por lo tanto, durante estos años es mejor desconfiar de las propuestas extremadamente ventajosas que se reciben y que pretenden enriquecernos sin el sudor de la frente. Neptuno es muy, pero muy insidioso y es capaz de envolver con nieblas espesas nuestra razón y nuestra capacidad de ser lúcidos en cuestiones económicas. Peligro de recibir cheques falsos o sin cobertura. Con un Neptuno disonante que circula en nuestra Segunda Casa nosotros también podríamos recibir ofertas para buscar ingresos muy poco ortodoxos y para procurarnos dinero con engaños. Gastos enormes debidos a magos, pseudobrujos y exorcistas que nos estafan, personajes de moralidad dudosa, individuos que explotan el dolor ajeno prometiendo amores que nunca podrán volver o enfermedades que no pueden pasar con un filtro mágico. Dinero gastado por un vicio de cualquier tipo, incluso droga. Beneficios económicos obtenidos a través de la droga o del engaño. Pérdidas financieras debidas a accidentes del mar: se hunde un barco, se deteriora una mercancía por causa de humedad, etcétera. Enormes sumas de dinero gastadas en fármacos. Período de grandes preocupaciones por el dinero. Miedo de caer en la pobreza o de no poder devolver un préstamo recibido.

Neptuno en tránsito por la Tercera Casa

Cuando Neptuno circula por nuestra Tercera Casa radical, podemos aprovechar de una óptima inspiración para escribir o para estudiar. Nos encontramos realmente en las mejores condiciones para todas las actividades intelectuales, tanto relacionadas con la educación escolar/universitaria como relacionadas con la libre creatividad. Tránsito muy bueno para poetas y artistas en general, y para músicos buscando la justa inspiración para componer su música. Óptimo estado de ánimo para comunicar con el prójimo y para intensificar los canales de telecomunicación. Periodistas y publicitarios se verán favorecidos por una mejor capacidad comunicativa. Muchos viajes cortos o bien continuos desplazamientos por motivos de amor o de intereses religiosos, astrológicos, filosóficos o esotéricos. Inspiración romántica para trabajar en una novela. Hermano, primo, cuñado o joven amigo nuestro que se acerca muchísimo a la religión o que se convierte en astrólogo, militante político, activista en una organización humanitaria, voluntario o misionero en el extranjero. Período en el que desarrollamos intereses hacia el mar y compramos un barco para efectuar frecuentes excursiones por lago o por mar. Si el tránsito se considera disonante, es posible que uno de los familiares citados se vuelva drogadicto o tenga serios problemas de neurosis, de angustias o de depresión. Relaciones poco claras o neuróticas con familiares. Fuertes ansias por los estudios, por ejemplo por la preocupación de una posible interrupción. Los estudiantes universitarios y todos los que tienen que preparar un examen, por ejemplo para matricularse en un colegio profesional, pueden vivir este período con grandes temores de no conseguirlo. Estudios de materias esotéricas pueden perturbar el equilibrio psíquico de un sujeto. Excesivo tráfico pendular o viajes frecuentes por motivos religiosos, por atracciones políticas o por participar a reuniones esotéricas, astrológicas o filosóficas. Peligro de accidentes en la carretera. Se trata de un período bastante largo (puede durar incluso muchos años) y es por esta razón que un aviso a la prudencia en la guía tiene escaso significado si no lo encajamos en una estrategia básica puntual como planificar que durante un cierto número de años será aconsejable dejar de utilizar el coche para un traslado semanal y utilizar el tren como medio de transporte. Durante este paso planetario tendremos que prestar atención a los cambios de propiedad en la compraventa de coches de segunda mano. En efecto, es fácil caer en la trampa de alguien que nos revende un coche robado con documentos falsos. Tráfico pendular largo y forzoso vía mar: por ejemplo, un docente se ve destinado a una escuela situada en una isla, pero decide que no quiere irse a vivir en la isla y prefiere efectuar a diario el viaje de ida y vuelta de su casa al lugar de trabajo. Peligros en los viajes por mar. Malas experiencias de humo o de drogas ligeras. Experiencias negativas en actividades comerciales en las que queremos probar suerte sin tener ningún tipo de experiencia en el sector. Sufrimos estafas comerciales o somos nosotros los que tratamos de estafar a los demás. Temor de que nuestro teléfono se encuentre bajo control. Descubrimos, después de mucho tiempo, que nuestro teléfono ha sido clonado. Llamadas telefónicas o cartas anónimas nos dejan en un estado de depresión.

Neptuno en tránsito por la Cuarta Casa

Cuando Neptuno circula en nuestra Cuarta Casa radical, deseamos irnos a vivir en una casa a orillas del mar o de un lago. Vivimos los significados arquetípicos de la casa en su mejor forma: la casa como refugio, como abrigo o como útero artificial. Sentimos que podemos vivir una nueva romántica relación con nuestra demora y tendemos a idealizarla. Lo mismo vale para la familia, a la que vemos, quizá por primera vez, con ojos románticos e ideales. Nos atrae el sentido de privado y de concentración que puede ofrecernos. El mitologema de la Gran Madre se manifiesta ahora con toda su potencia y sugestión. Percibimos un enérgico empuje que nos induce a una visión mucho más introspectiva de la vida, reevaluamos lo privado respecto a lo público, necesitamos todo el calor familiar. Entretenemos nuevas y tiernas relaciones con nuestros padres. Y durante este paso planetario, nuestros padres podrían acercarse mucho más al culto religioso u ocuparse de disciplinas esotéricas, de astrología, parapsicología, esoterismo, yoga y todo lo que podría ser etiquetado de *new age*. Si el tránsito se manifiesta de forma negativa, es probable que nuestros padres estén atravesando un período de neurosis, congojas, fobias, ideas fijas de todo tipo y de desequilibrio mental. En los casos más serios podría tratarse incluso de manifestaciones psicóticas en su comportamiento. En otros casos puede que recurran de continuo a medicinas, psicofármacos, toxinas de cualquier tipo, incluso el alcohol y la droga. Puede tratarse por ejemplo de droga asumida para aliviar patologías bastante devastadoras. También puede que nosotros vivamos con ansia por la preocupación de perder a nuestros queridos, o por el temor que a ellos les pueda pasar algo desagradable. Muchas preocupaciones por la casa: miedo a perder la casa o a que nos la confisquen por una vieja deuda, temor de no conseguir pagar el préstamo, ansias debidas a la necesidad de reestructurar nuestra residencia sin disponer de los recursos económicos suficientes. Peligro de recibir una carta de desahucio del propietario de la casa. Daños provocados por una inundación o por pérdidas de agua. Trabajos costosos para renovar la planta hidráulica o la calefacción de nuestra casa o de nuestro lugar de trabajo. Angustias que nos agobian porque nos hemos mudado y ahora vivimos en la casa en la que falleció un ser querido. Situación confusa, poco clara, en torno a una casa heredada junto a otros familiares. Dudas sobre una paternidad. Temor de que nos encierren en una prisión o en un hospital. Hospitalización por motivos de depresión o, más en general, por trastornos mentales. Corremos el riesgo de perder una casa por vicios en el contrato o en los pasajes de propiedad. Miedo inmotivado a rituales de magia negra contra nuestra casa. Crisis depresiva que puede provocar que nos refugiemos, de forma temporal o definitiva, en un lugar de oración, por ejemplo un monasterio. Peligro de perder importantes archivos informáticos por la acción de algún virus.

Neptuno en tránsito por la Quinta Casa

Cuando Neptuno transita por nuestra Quinta Casa natal, nos expresamos con más romanticismo de lo normal. Nos sentimos transportados por sentimientos de amor, de enamoramiento, de fuerte atracción hacia un posible compañero o hacia la pareja ya existente. También actuamos con mayor preocupación con nuestra pareja y prestamos más atención a sus exigencias. Nos volvemos atentos con nuestra media naranja y estamos preparados para curarla, tanto en sentido figurado como en el sentido más concreto del término. También dedicamos mayor atención al aspecto lúdico y recreativo de la vida. Nuevos intereses para las disciplinas esotéricas, la parapsicología, la astrología, la magia, la ufología, etcétera, nos conducen a nuevos conocimientos en estos sectores, y tienden a transformarse en el hobby de nuestra vida. Deportes acuáticos como la navegación, la natación, la pesca submarina, el submarinismo, el esquí acuático y las zambullidas constituirán nuestro pasatiempo preferido. Nos compramos una barca para divertirnos durante los fines de semana. Percibimos un fuerte deseo de maternidad o de paternidad. Un amor nuestro o un hijo nuestro se interesan de teología, filosofía o astrología. Si el planeta pasa en nuestra Quinta Casa de manera disonante, el resultado es que vivimos una estación confundida o misteriosa a nivel sentimental. En la gran mayoría de los casos se trata de relaciones extramatrimoniales que empezamos y que llevamos adelante durante mucho tiempo, con todas las complicaciones que conllevan. O bien puede que descubramos que nuestro compañero o nuestra compañera viven una relación sentimental secreta. Muchas angustias en el amor. Pensamientos obsesivos relacionados con nuestra vida sentimental: miedo a que nuestra pareja nos abandone, que nuestro compañero o nuestra compañera puedan fallecer o estar mal, temor de que una relación nos tenga demasiado involucrados. Miedo a contagios venéreos. Preocupaciones de quedar embarazada o de dejar embarazada a una mujer con la que tenemos una relación. Mucha confusión en nuestra vida sentimental: no sabemos qué es lo que tenemos que hacer de nuestro futuro. Nuestra pareja o nuestro hijo están viviendo un período caracterizado por fuertes angustias y depresiones. Peligros de droga relativos a los sujetos citados. Puede que nosotros empecemos experiencias de droga, por pasatiempo. Puede que frecuentemos discotecas en las que circula droga y en las que conozcamos a drogadictos. Inclinación hacia la pornografía. Peligro de infecciones venéreas. Maternidad o paternidad ilegítimas. Grandes angustias por un hijo que está mal o que nos ocasiona problemas por cualquier motivo. Peligros del mar para un hijo nuestro. Adicción al alcohol que empieza por juego. Obsesiones por el juego. Relaciones sentimentales con drogadictos, fanáticos políticos o extremistas de todo tipo.

Neptuno en tránsito por la Sexta Casa

Cuando Neptuno viaja por nuestra Sexta Casa, el ambiente de trabajo y la compañía de las personas con las que trabajamos nos favorece a nivel de salud mental. Volvemos a tener confianza en nosotros mismos y percibimos sentimientos de real amistad hacia los colegas. Nos sentimos empujados a hacer cosas buenas a las personas con las que compartimos el día laboral: nuestros jefes, los colegas o los empleados. Nuestro espíritu sanitario y asistencial, tanto si es pequeño como grande, se orienta hacia el ambiente de trabajo. Logramos encontrar las curas correctas y los medicamentos eficaces que pueden aliviar nuestros sufrimientos, sobre todo los sufrimientos de tipo mental. Recorremos a la homeopatía, la acupuntura, la medicina macrobiótica, el shiatsu y otras formas de medicina alternativa para curarnos y de esta forma obtenemos resultados muy buenos. El mayor conocimiento de nosotros mismos, alcanzado a través del estudio de la astrología y de otras disciplinas parecidas, nos ayuda a superar problemas psicológicos. Efectuamos grandes pasos hacia adelante en el camino del equilibrio interior. Empezamos a trabajar en el campo astrológico, a organizar cursos de yoga, a practicar el shiatsu, a abrir restaurantes macrobióticos, etcétera. Contratamos a un colaborador experto en una de las disciplinas citadas. Si el tránsito se expresa de forma disonante, es probable que vivamos un período bastante largo de angustias, depresión, temores y neurosis en general. Nuestra salud mental nos provocará mucha preocupación, o bien puede que nos tenga preocupados el temor que podamos contraer una enfermedad importante. Posibles infecciones de diverso tipo. Recurso a los psicofármacos para curar una depresión. Envenenamientos de fármacos, alcohol y drogas. Peligros que provienen de la anestesia durante intervenciones quirúrgicas. Relaciones tensas y angustiantes en el trabajo. Nuestro jefe, durante este paso planetario, se comporta de forma muy neurótica, pero puede que seamos nosotros a comportarnos así con un empleado. Ideas obsesivas hacen que vivamos muy mal nuestro trabajo diario. Nuestro trabajo nos pone dramáticamente en contacto con el mundo de la droga, de las personas con trastornos mentales, de los fanáticos y de los extremistas de cualquier secta, religión o grupo político. Inicio de un trabajo peligroso que no nos permite mantener la serenidad. Confusión en el trabajo. Trabajo que nos obliga a largos viajes por mar. El miedo a sufrir acciones desleales por parte de antiguos empleados nos preocupa. Relaciones escondidas o poco claras en el trabajo. Dobles juegos en el trabajo, lo que nos induce a una actitud poco leal que normalmente no utilizamos.

Neptuno en tránsito por la Séptima Casa

Cuando Neptuno pasa por nuestra Séptima Casa, nos atraen las asociaciones de tipo idealista en campo político, religioso, ecologista, sindical, humanitario y asistencial en general. Es probable que nos asociemos con un partido o bien con Cáritas, la Cruz Roja, el UNICEF y con cualquier organización cuya bandera se aleje lo más posible del dinero y del aspecto materialista de la vida. Bajo este tránsito creemos en el matrimonio, en la relación de pareja, en la vida compartida con los demás en contraposición con cualquier forma de egoísta, en la esfera privada, casi aislados del mundo. Proyectamos muchos pensamientos positivos sobre nuestra pareja y sus posibilidades. Creemos firmemente en ella y estamos dispuestos a brindarle lo máximo de nuestro crédito acerca de todo lo que a ella se refiere. Si somos solteros, durante este tránsito pensamos seriamente en casarnos, lo vemos como un noble objetivo de la vida. Durante estos años podemos también asistir a una transformación de la vida de nuestra pareja, quien empieza a ocuparse de asuntos místicos, iniciáticos o esotéricos en general. Nuestra pareja se ocupa seriamente de astrología, yoga o religiones orientales, o bien su salud mental mejora gracias a una terapia de medicina alternativa. Una correcta intuición nos permite resolver a nuestro favor un largo pleito pendiente. Gracias a los consejos o al apoyo de un importante prelado, de un maestro de vida o de un astrólogo empecemos a ocuparnos de política. Si el tránsito es disonante, por ejemplo porque crea diferentes aspectos negativos o porque se verifica simultáneamente con otros tránsitos negativos, es muy probable que vivamos un período de gran confusión en nuestra relación matrimonial o de convivencia. No sabemos decidirnos sobre lo que queremos hacer con nuestra relación de pareja. Corremos el riesgo de querer mantener durante años una situación insostenible o bien ambigua, poco clara y turbia. También es posible que descubramos una traición de la persona a la que queremos, lo que nos provoca daños morales y psicológicos que van a durar años. La idea de casarnos o de crear una relación estable con alguien nos puede provocar miedo. Nuestra media naranja atraviesa un período de angustias, temores, depresiones, neurosis o, en los casos más graves, psicosis. Situación oscura del cónyuge que tiene una vida secreta que nadie conoce. Inicio de relaciones con drogadictos, fanáticos políticos o religiosos, exaltados de cualquier disciplina, malos astrólogos y magos. Muchas ansias y temores que proceden de la política o de sociedades a las que pertenecemos. Adherimos a una secta secreta con la esperanza de lograr beneficios prácticos y económicos, pero nos equivocamos mucho. Período de gran estrés de un socio nuestro. Miedo a la ley. Miedo de que nos arresten. Miedo a atentados. Esta posición la podemos encontrar en los sujetos desafiando la criminalidad organizada, recusando pagar sobornos a la mafia, atreviéndose a desafiar a asociaciones criminales. Tememos reacciones violentas por parte de nuestro compañero o compañera. Situación poco clara a nivel societario. Comportamiento poco correcto en relación con colaboradores o socios. La utilización de medicinas, psicofármacos, sustancias tóxicas como por ejemplo café o drogas podría afectar seriamente nuestra serenidad sentimental. Por causa del error de un magistrado nos vemos injustamente involucrados en un proceso con el que no tenemos nada que hacer. Sufrimos o promovemos acciones legales debido a daños ocasionados por inundaciones, desbordamientos, etcétera. Nos confiscan el carnet por conducir en estado de ebriedad. Miedo a controles e inspecciones fiscales.

Neptuno en tránsito por la Octava Casa

Cuando Neptuno transita por nuestra Octava Casa natal, podemos tener óptimas intuiciones para el juego. Sueños particulares nos pueden sugerir con cuáles números jugar. La intuición nos guía hacia posibles inversiones económicas ganadoras. Tenemos mayor olfato para los negocios. Somos capaces de proyectar iniciativas vencedoras en campo económico. Buenos consejos procedentes de religiosos, psicólogos, maestros de vida, astrólogos nos permiten obtener beneficios inesperados. Dejamos más espacio a los sentimientos y a la fantasía en nuestro trabajo. Conseguimos beneficios en campo religioso, esotérico o astrológico. Nuestra actividad sexual se enriquece a través de la fantasía y proyectamos nuevas modalidades de expresión de la sexualidad. Vivimos con mayor religiosidad y respeto el misterio de la muerte. El deceso de un pariente nuestro o de un amigo nos ayuda a crecer en sentido espiritual. Nos acercamos a Dios a través del dolor por un luto. Intuiciones particularmente buenas nos permiten dar importantes pasos hacia adelante en una tarea de análisis de nuestra mente profunda. Encontramos agua u otros líquidos preciosos durante excavaciones. Si el tránsito se expresa de forma principalmente disonante corremos el riesgo de tener crisis profundas de nuestro equilibrio mental, a causa de un fallecimiento. Perdemos a un ser querido y nos quedamos muy traumatizado por ello, hasta al punto que tenemos que recorrer a la curas de un psiquiatra o un neurólogo. Terapias de psicofármacos para superar el deceso de un ser querido. Temores y fobias de perder a personas queridas o que nosotros mismos podamos fallecer. Malas experiencias en campo espiritista. Se fortalece mucho en nosotros el miedo a la muerte provocado por el encuentro y los discursos de sacerdotes, astrólogos, psicólogos o magos. Pesadillas nocturnas o pesadillas diurnas nos aterrorizan en relación con la muerte. La actividad sexual queda fuertemente trastornada por ansias, fobias, neurosis de todo tipo y origen. Desviaciones sexuales. Sexualidad enferma. Sexo mercenario. Recurso a la pornografía para volver a despertar el deseo sexual. Relaciones sexuales con drogados o sujetos con serios trastornos mentales. Experiencias sexuales que traumatizan (en los niños). Confusión en los negocios y posibles pérdidas económicas enormes debido a malas inversiones. Somos víctimas de estafas, robos, atracos o timadores. Confusión que produce grandes daños económicos debidos a operaciones especulativas equivocadas. Temores y ansias por falta de dinero. Preocupaciones por un préstamo que tenemos que devolver pero que no logramos extinguir. El dinero nos obsesiona y nos lleva a cometer acciones incluso delictivas. Situación oscura acerca de una herencia que se tiene que compartir con otros familiares. Tememos que nos excluyan de una herencia. Peligro de muerte por ahogamiento. Daños patrimoniales debidos a desbordamientos o inundaciones. Infiltraciones de agua dañan nuestras propiedades.

Neptuno en tránsito por la Novena Casa

Cuando Neptuno transita por nuestra Novena Casa, la libido que nos pertenece asciende y vuela hacia arriba. La lejanía, en su sentido tanto geográfico-territorial como trascendente-filosófico, nos empuja hacia el exterior y nos proyecta centrífugamente. Se trata del momento en que deseamos realmente alejarnos del suelo y volar hacia el cielo, hacia donde dirigimos nuestra energía en el sentido más sublime posible. Nos mueve un sentimiento religioso, una necesidad de sobrenatural y unas ganas de divino. Buscamos en todas las direcciones a Dios o a algo superior al ser humano, nos quedamos fascinados por la filosofía, la teología, el estudio del islamismo, del Budismo y del orientalismo en general. Nos fascinan todas las disciplinas que intentan penetrar en el misterio de la vida y de la muerte. Queremos estudiar más, investigar, profundizar, penetrar en el misterio de ciencias como la astrología, la parapsicología y la interpretación de los sueños. Comprendemos que la vida no está hecha sólo de materia y materialismo. Creemos en una trascendencia del hombre, en su necesidad de sublimar los deseos carnales, de encaminarse hacia algo y no sólo de proceder de un pasado hecho de experiencias negativas. La idea de destino, de karma y de leyes divinas nos tiene fascinados. Quisiéramos dilatar lo más posible los territorios de potenciales exploraciones personales. Nos acercamos a un saber más profundo, más extraño a los asuntos que representan lo diario y lo banal que nos rodea. Se trata de un momento excelente para estudiar todas las asignaturas y las disciplinas que nos llevan lejos con la fe o con el pensamiento. Buenos años también para los estudios universitarios en general. Importantes viajes por motivos religiosos o largos cruceros por mar. Peregrinajes a lugares de culto. Viajes que nos afectan desde un punto de vista religioso. Experiencias místicas durante viajes. Encuentros con sacerdotes, chamanes, predicadores, astrólogos, místicos y maestros de yoga durante un viaje. Estudio de disciplinas esotéricas durante una estancia en el extranjero. Residencia cerca del mar durante una estancia lejos de nuestra casa. En caso de tránsito inarmónico debemos prever experiencias psíquicas negativas durante viajes. Posibles traumas vividos en el extranjero. Malas experiencias con drogadictos, sujetos psicóticos, fanáticos políticos o religiosos, durante nuestras permanencias lejos de casa. Vamos lejos por un cierto período para curar la depresión o un estado mental crítico. Ansiedad y temores durante viajes o bien una persona extranjera que entra en nuestras pesadillas: por ejemplo descubrimos que nuestra pareja tiene una relación sentimental con un sujeto que no ha nacido en nuestro país o en nuestra región. Peligro de accidentes en la carretera. Peligro durante viajes por mar, incluso naufragio. Daños debidos a masas o grupos de extremistas durante una estancia personal lejos de casa. Viajes con la esperanza de curar una enfermedad, nuestra o de un ser querido. Daños a nuestra salud mental por la lectura o el estudio de disciplinas esotéricas. Fanatismo religioso o político que amenaza de minar nuestro equilibrio psicofísico.

Neptuno en tránsito por la Décima Casa

Cuando Neptuno circula por nuestra Décima Casa podemos recibir un cargo importante, un avance, un reconocimiento especial de nuestro valor. Se trata de un tránsito que favorece sobre todo a los políticos y a los personajes públicos. Momento mágico en la carrera, sobre todo cuando el planeta se encuentra muy cerca del Medio Cielo. De improviso se nos abren oportunidades que nos pueden proyectar hacia un brillante futuro profesional. Muy buenas intuiciones que podrán valorizar nuestro trabajo. Excelentes proyectos de desarrollo laboral. Nuestra actividad podría encaminarse hacia una de las directrices relacionadas con el simbolismo neptuniano: psicoanálisis, astrología, magia, yoga, teología, filosofía, medicina alternativa, etcétera. Profunda inspiración que potencia y mejora nuestra producción, sobre todo si trabajamos en el campo artístico, literario, poético y musical. Período de inspiración muy proficua para directores de cine, músicos, novelistas y poetas. Nuestra actividad cambia y se acerca al mar o al agua: por ejemplo hacemos inversiones en la industria naval, en el sector de la pesca, en el turismo marino, en el comercio de vinos, de fármacos, de especias, de drogas (en sentido médico y curativo), del gas para uso doméstico y terapéutico y/o de los perfumes. Este tránsito puede indicar también un período de crecimiento místico o iniciático de nuestra madre, su acercarse a las varias mánticas, su reconocimiento de particulares facultades ESP, su imprevista actitud sanitaria y asistencial. Al contrario, si el tránsito se caracteriza por aspectos más inarmónicos que armónicos, es posible que vivamos un período, que también puede durar algunos años, de preocupaciones, temores, ansiedades y fobias relacionadas con el trabajo, con nuestra condición profesional o social (por ejemplo puede tratarse de uno de los dos sujetos de una pareja, angustiado por la separación de un compañero o de una compañera prestigiosos, cuya lejanía podría causar una baja en su propia escalada social). Para muchos obreros y empleados que se encuentran en suspensión temporal del contrato de trabajo, este tránsito planetario puede significar años vividos en el temor de perder definitivamente el trabajo. Un concurso, una prueba profesional, un proyecto laboral muy ambicioso que procuran ansiedades y preocupaciones. Situación profesional confusa. Ausencia de coherencia y de estrategias en el desarrollo de nuestra profesionalidad. Un grave error debido a la confusión nos puede provocar una pérdida de prestigio o serias dificultades en el trabajo (como puede ser el caso de un cirujano que se equivoca y ocasiona el deceso de un paciente). Actividad profesional que se vuelve peligrosa y que, por lo tanto, es fuente de pesadillas: por ejemplo en el caso de un policía trasladado a una sección de primera línea contra las organizaciones criminales. Agotamiento nervioso y desequilibrio psicofísico que afectan la carrera. Una mala previsión de un astrólogo o de un mago nos hace temer por nuestro trabajo. Personajes de la criminalidad organizadas o relacionados con el tráfico de droga se involucran en nuestra profesión. Situación de seria neurosis o de psicosis para nuestra madre. Período de desequilibrio para ella, quizá por la asunción de sustancias tóxicas, de alcohol o de drogas. Puede que abuse de fármacos. Ansiedad y preocupaciones para ella. Peligro de que muera por ahogamiento. Grave crisis religiosa suya.

Neptuno en tránsito por la Undécima Casa

Cuando Neptuno circula por nuestra Casa undécima, tenemos la oportunidad de conocer a personas fascinantes y completamente especiales. El grupo de nuestros amigos se enriquece de artistas, poetas, escritores, músicos y personas extraordinarias. Entraremos en contacto con individuos de fuerte carisma, iniciados, con fuertes impulsos trascendentes, con sacerdotes, místicos, filósofos, maestros de yoga, astrólogos, psicoanalistas, fascinadores de masas, profetas, arrastradores de masas y sujetos de encanto irresistible. Los citados personajes podrían hacer mucho por nosotros, no sólo a nivel de conocimientos y de la posible ampliación de nuestros límites mentales, sino también de los apoyos materiales que nos ayudarían para mejorar nuestro trabajo o nuestra salud. Nos encontramos en la mejor condición de adivinar el tipo de ayuda más idóneo, el que más necesitamos. Percibimos con claridad de qué parte debería llegarnos una ayuda. Ampliamos nuestros proyectos como nunca y se desarrolla ulteriormente nuestro lado creativo. Somos capaces de plantear proyectos a largo plazo y, sobre todo, de elaborar proyectos ganadores en el campo de las disciplinas esotéricas. Si el tránsito se presenta de forma disonante, debemos temer las malas compañías y evitar relacionarnos con sujetos con trastornos mentales, fanáticos políticos y religiosos, obsesionados, individuos cegados por un delirio constante, ofuscados en la mente por la asunción de alcohol, de drogas y de fármacos. Pseudomagos y pseudoastrólogos peligrosos igual que un psicopático. Sujetos muy poco recomendables que nos pueden llevar por malos caminos o que pueden desequilibrarnos a nivel mental. Nos enfrentamos a crisis existenciales y religiosas debidas a la influencia negativa de amigos que se revelan improvisamente dañinos y peligrosos. Una mala experiencia de luto nos deja en un estado de postración psíquica. La pérdida de un amigo o de una persona querida nos tiene desesperados. Recurrimos a psicofármacos o a sustancias tóxicas para sustraernos de la angustia de una muerte que no logramos aceptar. Vivimos una profunda crisis nerviosa a causa de un peligro de muerte que hemos corrido nosotros o un ser querido. La idea de la muerte nos obsesiona. Peligro de muerte por ahogamiento, por droga o por envenenamiento de fármacos. Propósitos suicidas.

Neptuno en tránsito por la Duodécima Casa

Cuando Neptuno circula por nuestra Duodécima Casa radix, deberíamos dedicar mucho tiempo a la investigación en general. Se trata pues de un período óptimo para dejarnos concentrar y para explorar todos los territorios misteriosos delante de nosotros, pertenecientes tanto al esoterismo como a la ciencia. Sentimos una fuerte atracción para las exploraciones tanto territoriales como de pensamiento. Reconocemos un llamada profunda que brota dentro de nosotros y que quisiera dirigirnos principalmente a territorios canónicamente pertenecientes a Neptuno: la historia de las religiones, el estudio del Oriente, el conocimiento de la filosofía, de la teología, de la astrología, del yoga, de la psicoanálisis, de todo lo que podría etiquetarse de esotérico. Durante este tránsito sale a la superficie la parte mejor de nosotros, la que se dirige al área de solidaridad y asistencia a los demás, la que entiende expresarse sobre todo a nivel espiritual. Quisiéramos ocuparnos de los demás, de los ancianos, de los niños y de los enfermos, de los inmigrados, de las poblaciones del sur del mundo; en definitiva, de todos los que sufren. Quisiéramos hacer algo concreto, dejar constancia con los hechos y no sólo con las palabras, de nuestro cristianismo militante. Sentimos la necesidad de hacer voluntariado, de acercarnos a organizaciones como Cáritas, la Cruz Roja o el UNICEF. Haremos beneficencia, más limosna en la calle, nos empeñaremos mucho más en ayudar al prójimo, aunque sea sin ni siquiera salir de casa, puesto que podemos tener en nuestra misma familia a un viejo enfermo que necesita nuestros cuidados. A través de la fe volvemos a recuperar un antiguo equilibrio y nos sustraemos a la dependencia de un fármaco. Un psicólogo o un sacerdote o un astrólogo nos ayudan a estar mejor a nivel mental. Superamos un problema antiguo, lo que nos devuelve la serenidad y acaba con las incesantes pesadillas que nos atormentaban en los últimos años. Nos sentimos mejor al frecuentar ambientes religiosos o esotéricos. Si el tránsito se manifiesta en condiciones disonantes debemos temer la aparición o el empeoramiento de trastornos mentales, ansias y neurosis. En los casos peores, si el conjunto de los demás tránsitos lo justifica y si este tránsito planetario se suma a más de un Retorno Solar particularmente negativo, podría incluso haber episodios de psicosis. Fuertes tendencias a mirar el mundo y la vida con ojos paranoicos. Nos podremos convencer que los demás nos quieren dañar, que el destino es nuestro enemigo, que la vida está en contra de nosotros. Corremos el riesgo de caer en formas profundas de depresión y de recurrir a psicofármacos e incluso a drogas. Período verdaderamente peligroso y oscuro de nuestra vida en el que corremos el riesgo de caer en un largo túnel vertical. Pruebas existenciales que nos afectan seriamente a nivel mental. Encuentros con drogadictos, maniacos religiosos, exaltados políticos, extremistas de todo tipo que dañan significativamente nuestra salud mental. Pánico como consecuencia de catastróficas previsiones de astrólogos o de magos. Daños y problemas importantes a causa de muchedumbres, de rebeliones callejeras y de hinchadas deportivas. Enemigos escondidos que traman contra nosotros. Peligros relacionados con el agua, el gas y las anestesias. Temores relacionados con operaciones quirúrgicas a las que debemos someternos. Escándalos relativos a una parte secreta de nuestra vida. Posibles encarcelaciones o internamientos. Pruebas de todo tipo.

11.
Tránsitos de Plutón

Los tránsitos de Plutón son como una apisonadora capaz de destruir o desplazar cualquier cosa. Un ciclo completo del último planeta conocido de nuestro sistema solar puede durar un cuarto de milenio, aproximadamente doscientos cincuenta años: por lo tanto, su recorrido sobre un punto determinado del tema natal de un sujeto puede durar incluso muchos años seguidos, concediéndole una órbita de algunos grados antes y de algunos grados después del aspecto puntual creado por Plutón. Sus efectos son seguramente devastadores, pero también positivamente espectaculares si los sabemos distinguir, en su lectura, de los tránsitos simultáneos de planetas más rápidos. Plutón está seguramente relacionado con las fuerzas más primitivas de nuestra persona y marca las transformaciones increíbles que un hombre o una mujer pueden encontrar a lo largo de su propia existencia. Si actúa en positivo, Plutón puede representar la metamorfosis maravillosa de un ser humano que encuentra en sí mismo las energías y los recursos suficientes para cambiar completamente, y en positivo, su propia vida. Si al contrario, actúa en negativo, el planeta libera toda la potencia de sus fuerzas primitivas, animales y destructivas de las que puede disponer. Así pues, sus tránsitos pueden acompañar renacimientos reales, resurrecciones de cualquier tipo de escombros. Pero pueden también constituir el fondo de la destrucción total de un ser humano. Al igual que los tránsitos de Urano con Plutón, y un poco menos los de Saturno, si los tránsitos de Plutón se producen de forma contemporánea con Retornos Solares particularmente negativos, pueden representar realmente momentos dramáticos en la vida de un sujeto. A nivel psíquico, pueden ser incluso más temibles que los tránsitos de Neptuno. Sus referencias generales están relacionadas con el signo del Escorpio y con la Octava Casa.

Plutón en aspecto armónico con el Sol

Cuando Plutón viaja formando un ángulo armónico respecto a nuestro Sol radix, tendemos a concentrarnos en los problemas fundamentales de nuestra vida y a descuidar los que consideramos secundarios. Esto se hace visible en cualquier sector y puede significar, por ejemplo, intentar llevar a cabo negocios colosales (si somos comerciantes), quizá desatendiendo la venta de pequeños accesorios que supondría mayores ingresos para nuestra actividad. Nuestra atención se centra en todo lo "grandioso", espectacular y gigante. Esto es válido tanto en el comercio como en la industria, o en la producción tanto artística como artesanal. Impulsos inflacionistas e hipertróficos acaban por condicionarnos por completo y hacen que nos dirijamos sólo hacia objetivos gigantescos. No somos capaces de interesarnos a problemas modestos y apuntamos directamente hacia adelante persiguiendo metas superlativas. Naturalmente esto puede suponer efectos muy positivos porque nos permite alcanzar resultados que no podremos alcanzar nunca más en otros términos; aunque también acaba por acondicionarnos en sentido único. Volvamos al ejemplo comercial anterior: el proveedor de equipos hospitaleros podría, por ejemplo, rechazar competir con la administración de un hospital sobre una suministración de probetas de plástico no reutilizables, donde podría ganar incluso el treinta por ciento en las ventas; y se centra en cambio en la suministración de un equipo muy sofisticado de resonancia magnética con el que, si todo marcha bien, podrá ganar el uno por ciento del coste del equipo. En resumidas cuentas, aunque la segunda suministración suponga un precio con muchos ceros, si se adjudicara el concurso su ganancia final sería muy inferior al que hubiera obtenido con el suministro de materiales plásticos no reutilizables. Pero precisamente de esto se trata: su libido, su atención, se centra en todo lo que puede definirse como grandioso, extraordinario, gigante. Si proyectamos esto en cualquiera dirección, podemos comprender que el director de cine intentará realizar una súper película, que el escritor querrá escribir un segundo *Guerra y paz*, que el arquitecto querrá crear una nueva Manhattan, etcétera. En definitiva, como acabamos de decir, nos encontramos en un período de tiempo caracterizado por megalomanía que, sin embargo, también nos puede ayudar excepcionalmente para alcanzar metas difíciles. Nuestra voluntad, durante este paso planetario, es muy extraordinaria y nos permite expresar lo mejor de nuestras fuerzas y el máximo de nuestro talento. Podemos sacar fuera de nosotros un coraje de leones y enfrentarnos con el impulso justo a cualquiera dificultad que se interponga entre nosotros y el éxito de cualquiera iniciativa. Se trata de un magnifico tránsito que nos hace recuperar después de una caída, que nos permite volver a empezar desde el principio después de cualquier tragedia. Nos da un valor titánico para superar cualquier problema.

Plutón en aspecto inarmónico con el Sol

Cuando Plutón viaja formando un ángulo inarmónico respecto a nuestro Sol natal, vivimos en un período en el que podremos representar las disonancias Neptuno-Sol, pero alguna octava más arriba. Se trata de años en los que desarrollamos un terreno neurótico bastante fuerte, con angustias, fobias, temores e ideas fijas de todo tipo. Podemos captar sobre todo ideas paranoicas que nos hacen imaginar que todo el mundo nos es hostil y enemigo, que la vida nos está en contra, que el destino se está ensañando con nosotros y que todo lo nuestro está destinado a fracasar. Nos sentimos como si viviéramos bajo una manta de depresión y lo vemos todo oscuro, negro e inevitable. También cabe añadir un fuerte autolesionismo y masoquismo a todo campo. Durante este paso planetario podemos tener la tentación de hacernos claramente daño: por ejemplo a través de comportamientos exagerados y destructivos como excediéndonos con el tabaco, con las bebidas heladas, abusando del alcohol y de los licores, durmiendo muy poco o nada, llevando una vida sexual exagerada, etcétera. La pulsión sexual es realmente muy fuerte, pero se trata de erotismo más que de sensualidad: lo que significa que puede mejorar mucho nuestra actividad respecto al sexo, pero por otro lado también puede significar bloqueos, puesto que a veces el resultado puede no ser tan bueno cuando uno hace determinadas cosas de manera demasiado cerebral. Además, podríamos tener la tentación de vivir experiencias muy complicadas referentes al sexo, como relaciones múltiples, homosexuales o poco ortodoxas. También nos podría atraer la pornografía y el sexo mercenario. En resumen, en estos años sale a la superficie la parte más animal (en sentido negativo) de nuestra persona y corremos el riesgo de causar daños a los que nos rodean y a nosotros mismos. No es raro llegar a la violencia con este tránsito. Si a lo largo de toda la vida podemos llegar a ser criminales, éste es el momento en que puede suceder con mayores probabilidades. Sexo y violencia parecen caminar del brazo en estos años. Sentimientos de odio y de venganza se adueñan de nosotros y tendremos que apelarnos de verdad a toda nuestra civilización y educación si queremos evitar transformarnos en instrumentos en las manos malvadas de Plutón. Estamos hablando de años en los que corremos el riesgo de caer hacia abajo, muy abajo, y en los que podríamos hacer las experiencias más dramáticas de nuestra vida, desde el hospital a la cárcel. Debemos apelarnos de verdad a todos nuestros mejores recursos si queremos salir casi indemnes de un tránsito de este tipo. La envidia, el odio y el rencor son sentimientos que podrían pertenecernos, y no de forma leve, durante los años marcados por el tránsito inarmónico Plutón-Sol. Posibles serias peleas en familia o en el trabajo. Todo lo que acabamos de enumerar puede tocarnos no a nosotros directamente, sino a nuestro compañero, nuestro padre, nuestro hijo o a un hermano nuestro.

Plutón en aspecto armónico con la Luna

Cuando Plutón viaja formando un ángulo armónico respecto a nuestra Luna natal nos sentimos muy atraídos por lo que puede definirse esotérico, alejado de la vida diaria. Percibimos intereses por Oriente, las religiones, la filosofía, la astrología, la parapsicología, la ufología, pero sobre todo por el espiritismo, el mundo de los muertos, la criminalidad, la literatura, el cinema *noir* y el sexo. Estos intereses se nos presentan de manera prepotente, podríamos decir incluso exagerada. Ahora somos capaces de profundizar como nunca tales asuntos y llegar a ser incluso expertos en los mentados sectores. Durante este tránsito usualmente nos mueven grandes pasiones que pueden ser tanto de amor como sólo de atracción física. En particular, para algunas mujeres este tránsito puede representar un verdadero punto de no retorno de su propia vida sentimental y, en muchos casos, incluso una maternidad. Bajo este punto de vista se pueden notar los efectos más espectaculares del tránsito: incluso mujeres que se creían estériles, pueden vivir la extraordinaria experiencia de la maternidad. Algo muy parecido le puede pasar también a un hombre, pero a alguna octava más baja. Además, este tránsito puede vehicular sentimientos contrastantes y muy fuertes hacia figuras femeninas cercanas como nuestra madre, una hermana, una hija o una buena amiga. Los citados sujetos pueden ser protagonistas de los efectos antes descritos, y por ejemplo puede suceder que nuestra madre vuelva a casarse aunque ya sea entrada en años, o que vuelva a tener un hijo cuando nosotros ya somos adultos. Normalmente se trata de un verdadero ciclón en nuestras afecciones, pero de signo generalmente positivo. Además, podemos hablar de pasiones que nacen o que decaen relativas a asuntos muy variados, puesto que también pueden estar relacionadas con una afición, con intereses culturales, con el empleo del tiempo libre, etcétera. Nuestra fuerza de ánimo se ve amplificada y somos capaces de poner nuestra pasión al servicio de causas nobles, de cruzadas positivas de todo tipo. Proyectos importantes relativos a la casa: compra, venta, mudanza, reestructuración. Excavaciones en terrenos nuestros o exploración de nuestro inconsciente con la ayuda de un psicoanalista. Aproximación mental y más madura al misterio de la muerte.

Plutón en aspecto inarmónico con la Luna

Cuando Plutón circula formando un ángulo inarmónico respecto a nuestra Luna natal, nos mueven fuertes pulsiones destructivas y autodestructivas. Nos encontramos en un período caracterizado por significativos problemas psíquicos, con tendencias a la depresión, a las angustias, a una visión muy lóbrega de la vida. Se nos pasan las ganas de vivir y nos resulta muy fatigoso levantarnos de la cama por la mañana. Vemos todo pintado de negro y estamos convencidos de que esto durará para siempre jamás. Un pesimismo crónico se adueña de nosotros y hace que actuemos como perdedores, que arrojemos la toalla antes de que sea oportuno hacerlo. Se apodera de nosotros una desconfianza fuerte en nosotros mismos y en los demás. No tenemos ganas de crear nada ni de comprometernos en ninguna iniciativa. Un deceso, o bien sólo el temor inmotivado a la muerte, nos deja fuera de juego. Se trata de una verdadera fobia que puede condicionarnos mucho, hasta hacernos creer que se está acercando nuestra fin. A menudo este paso planetario puede ser también responsable de intenciones suicidas. Frecuentar ambientes en los que se practica el espiritismo nos puede afectar mucho. Durante estos años, nos conviene mantenernos alejados de la magia, de la astrología, de la teología, del esoterismo y de la parapsicología en general. También tendremos que prestar mucha atención en las amistades que frecuentemos, puesto que podríamos entrar en contacto, incluso íntimo, con mafiosos, criminales, drogadictos, psicóticos y fanáticos de cualquier tipo. También nuestra manera de vivir el sexo se verá algo trastornada y podría provocarnos bloqueos de tipo sexual. Al contrario, en otros casos puede tratarse de exageradas pulsiones sexuales que nos podrían empujar hacia el sexo mercenario o hacia experiencias muy poco ortodoxas que acabarían por agraviar nuestro estado de equilibrio mental, ya demasiado expuesto. Todo lo citado podría referirse no tanto a nosotros, sino más bien a una figura femenina cercana a nosotros: nuestra madre, nuestra compañera, nuestra hija, nuestra hermana o una buena amiga. En estos años también puede que suframos considerables daños en nuestra casa o es posible que cometamos una gran tontería en relación con nuestro patrimonio inmobiliario: por ejemplo una venta temeraria, posiblemente a personas que no nos ofrecen ningún tipo de garantía de la solvencia de sus compromisos de pago. Los más sensato sería que evitáramos cualquiera operación inmobiliaria mientras dure este tránsito plutoniano. Posibles enfermedades del estómago y del seno. Pérdida accidental del contenido de todo el disco duro de nuestro ordenador.

Plutón en aspecto armónico con Mercurio

Cuando Plutón pasa formando un ángulo armónico con nuestro Mercurio de nacimiento, se ven potenciadas todas nuestras facultades mentales. Nos sentimos muy lúcidos y capaces de trabajar al máximo con nuestra mente. Nuestros pensamientos son claros y logramos hacernos entender de forma magnífica. Al mismo tiempo, entendemos también perfectamente a nuestros interlocutores cuando nos exponen algo. Deseamos ampliar nuestras comunicaciones y también las telecomunicaciones. En este sentido haremos compras concretas que nos permitan efectuar comunicaciones al mayor nivel permitido por la tecnología actual: por ejemplo compraremos los últimos modelos de teléfono móvil, líneas de fibra óptica reservadas al utilizo de Internet, antenas parabólicas, etcétera. También es probable que compremos un coche muy potente o prestigioso, una moto, una autocaravana, un avión personal (si pertenecemos a esa selecta élite de personas importantes que se lo pueden permitir). Aumentarán seguramente nuestros desplazamientos diarios, semanales, mensuales y nuestro tráfico pendular. Si no tenemos carnet de conducir, seguramente haremos el examen para conseguirlo y lo mismo vale para el carnet de moto o de lancha motora o para el título de piloto. Se trata de un período realmente espléndido para estudiar, investigar, leer y escribir. Si frecuentamos la universidad, conseguiremos sin duda alguna aprobar un gran número de exámenes durante este paso planetario. Nos quedaremos fascinados ante lecturas, estudios y escritos de tema policiaco u oculto. Puede que participemos en congresos, seminarios y conferencias sobre estos temas. Durante los años de los que nos estamos ocupando es más que probable que un hermano, un cuñado, un primo o un joven amigo nuestro vivan un gran éxito o accedan a posiciones de mando o de prestigio. Al mismo tiempo se fortalecerán nuestras relaciones con ellos. Si nos dedicamos normalmente a la escritura, es muy probable que escribamos un libro extraordinario, muy importante, que podrá hacernos famosos. Lo mismo vale si practicamos la profesión de periodista. Por otro lado, puede que seamos capaces de embarcarnos en comercios y de llevar adelante muy buenos negocios, aunque esto no sea nuestro oficio habitual. Podremos marcar significativos pasos adelante en la lucha contra una enfermedad respiratoria importante. Si nos comprometeremos a fondo, podremos incluso sacarnos el vicio del humo.

Plutón en aspecto inarmónico con Mercurio

Cuando Plutón circula formando un ángulo inarmónico respecto a nuestro Mercurio natal, vivimos años de confusión a nivel mental. Tenemos dificultades para hacer orden en nuestro cerebro y no somos capaces de hacer programas y planes claros y creíbles. Nos expresamos con mayor dificultad, también comprendemos menos fácilmente los discursos de la gente. El clima a nuestro alrededor es de confusión en el mejor de los casos, si no de intriga, sospecha y maquinación secreta. La calumnia, la charla y la intriga son los ingredientes de las situaciones que protagonizamos durante este paso planetario, como víctimas y como verdugos. No nos comportamos nada lealmente, y al mismo tiempo sufrimos la falta de lealtad de los que nos rodean. Cartas y llamadas telefónicas anónimas nos pueden llegar o afectarnos muy de cerca. La mentira parece ser el común denominador de los sujetos que atraviesan este período. No se puede excluir que nuestro teléfono esté bajo control y no podemos ni siquiera negar la posibilidad que seamos nosotros los que intentemos poner bajo control el teléfono de un ser querido nuestro. Si otros tránsitos negativo importantes, el Retorno Solar y el tema natal mismo lo justifican, podríamos sufrir un grave accidente de tráfico. Nos roban un auto importante, o lo perdemos en un accidente de tráfico, independientemente de que nos hayamos hecho daño o no. Descubrimos que nuestro teléfono satelitario ha sido clonado y tenemos que pagar facturas telefónicas astronómicas. Cartas, telegramas o llamadas telefónicas que nos cambiarán la vida. Un hermano, un primo, un cuñado o un joven amigo nuestro pueden encontrarse en el centro de un escándalo o de un importante proceso, o pueden ser protagonistas activos o pasivos de crímenes. Se rompe duramente el parentesco con uno de los sujetos citados. Nos vemos obligados a movilizarnos con mucha energía para socorrer a los citados sujetos, o bien se instaura entre ellos y nosotros una relación que tenemos que mantener secreta. Nos asignan a otro cargo, lo que durante largos años nos obliga a un doloroso e insoportable tráfico pendular diario. El corte de una línea de trenes afecta seriamente a nuestro tráfico pendular diario. Un intento comercial nuestro nos ocasiona enormes pérdidas económicas. Nos afecta una grave enfermedad pulmonar o incrementamos mucho el número de cigarrillos que fumamos a diario.

Plutón en aspecto armónico con Venus

Cuando Plutón pasa formando un ángulo armónico respecto a nuestra Venus natal, nos afecta pero de forma agradable una gran pasión amorosa. Es mucho más que probable que con este tránsito nos enamoremos locamente. Aunque seamos tranquilos sujetos de media edad, sentiremos la misma atracción de Ulises hacia las sirenas, y no será suficiente mandarnos atar al mástil del barco que nos está transportando: se tratará de una pasión que puede durar muchos años y que, tarde o temprano, nos hará cometer algo asombroso. Esas tranquilas personas con la cabeza parcialmente encanecida que abandonan su familia y su trabajo para escapar a Brasil con la asistenta o con la secretaria, podrían ser las víctimas (o los afortunados elegidos) de este tránsito planetario. Lo mismo vale para las mujeres. De todas maneras se tratará de un enamoramiento ciego, loco, sin condiciones, incluso superior a los que encontramos durante los tránsitos de Urano. Si no estamos casados, el tránsito puede justamente conducirnos al matrimonio. En la misma medida es probable una maternidad o una paternidad durante estos años. A otro nivel es también posible que vivamos una gran pasión artística: la poesía, el teatro, el canto, la música en general, la pintura o la fotografía. Muchos sujetos empiezan a recopilar objetos de arte en este período. Empezaremos, quizá por primera vez en nuestra vida, a frecuentar museos, galerías de arte, muestras fotográficas y/o excavaciones arqueológicas. Estudiaremos la historia del arte, compraremos CD-ROM de las mayores colecciones museales. O bien puede que empecemos a coleccionar con entusiasmo obras de arte o más simplemente objetos decorativos, antigüedades, alfombras o porcelanas. Visitaremos en este caso las almonedas y las tiendas de anticuarios, compraremos revistas del sector. También puede que empecemos a ocuparnos activamente de nuestro aspecto físico: cuidaremos atentamente nuestra forma de vestir, las joyas, el maquillaje y el peinado; frecuentaremos institutos de belleza, baños termales para el cuidado de la piel, masajistas, estetistas, etcétera. En muchos casos los sujetos interesados en este paso planetario decidirán someterse a intervenciones de cirugía estética o a dietas muy rígidas para adelgazar. Después del tránsito, nuestro aspecto estético casi nunca es el mismo de antes. Durante el tránsito puede suceder que una hermana, nuestra madre, nuestra compañera o una buena amiga vivan un momento de gran popularidad, de éxito personal, de prestigio reconocido por todo el mundo. Si hay resentimientos entre ellos y nosotros, es casi cierto que podremos curar viejas heridas y rencores. Probables sumas de dinero que llegan de forma inesperada. Grandes entradas o ganancias de juego. Se resuelve o mejora nuestra situación económica. Nos conceden un préstamo importante, una hipoteca con la que ya no contábamos. Nuestra salud se recupera. Una cura muy eficaz nos permite salir de un largo túnel de enfermedad.

Plutón en aspecto inarmónico con Venus

Cuando Plutón viaja formando un ángulo inarmónico respecto a nuestra Venus natal, corremos el riesgo de que insanas pasiones nos arrasen y nos empujen a entretener relaciones poco recomendables. Podríamos estar obsesionados por un amor imposible o que no se podría vivir en público. Empiezan amores extramaritales, relaciones con individuos involucrados con el crimen, o bien demasiado jóvenes, o demasiado viejos. Atracción hacia formas de sexualidad poco ortodoxas. Principio de relaciones homosexuales. Peligro de escándalo referente a nuestra vida sentimental. Búsqueda de amor mercenario. Gran peligro de contraer enfermedades venéreas. Caída en la pornografía o en relaciones inconfesables. Prácticas sexuales particulares, período de impotencia o de frigidez. Problemas sexuales en general. Operaciones quirúrgicas relacionadas con órganos o funciones sexuales. Maternidad o paternidad que mejor hubiera sido evitar en absoluto. Peligro de que nazcan niños enfermos o minusválidos. La razón queda cegada por la pasión. Dramas sentimentales. Acciones criminales por los llamados "casos de honor". Homicidios o heridas por motivos pasionales. Celo obsesivo que nos induce a poner bajo control el teléfono de casa o a ponerle una espía a nuestra pareja. Descubrimos que nuestro compañero o nuestra compañera tiene una doble vida. Situación escandalosa de nuestra madre, nuestra hermana, nuestra compañera o una joven amiga nuestra. Posibles acciones criminales por parte de una de las citadas figuras femeninas muy cerca de nosotros; puede que sufran una seria enfermedad. Posibles serias enfermedades también para nosotros. Problemas psíquicos para una pariente nuestra. Pasión sentimental que nos procura serias neurosis, o incluso un estado psicótico. Peligro de perder enormes cantidades de dinero: sobre todo por motivos sentimentales, pero también en relación al juego, al vicio en general. Nos endeudamos por causa de una mujer o de un hombre. Enfermedades de la sangre o intoxicaciones debidas a todo tipo de abusos. Gastos exagerados para comprar objetos de arte. Nos estafan cuando compramos un cuadro, joyas, alfombras y/o antigüedades. Nos roban en casa o en la oficina: pinturas, cuadros, porcelanas preciosas, objetos de arte en general. Sufrimos un proceso por detención de material arqueológico.

Plutón en aspecto armónico con Marte

Cuando Plutón circula formando un ángulo armónico respecto a nuestro Marte natal, nos sentimos realmente muy en forma y con la capacidad de enfrentarnos a las iniciativas más duras y fatigosas. El dicho *mens sana in cuerpo sano* es actual como nunca. Nuestro motor interior gira a la máxima velocidad y podemos pedirle más a nuestro organismo. Nuestra voluntad también viaja a latitudes inusuales, lo que nos permite ser mucho más ambiciosos, pedir más, osar mucho. El superávit de voluntad de que disponemos bajo este tránsito no nos vuelve arrogantes, pero sí que en nuestra conducta se nota claramente que no le permitiremos a nadie que nos deje de lado o que nos ignore. Mostramos ese mínimo de prepotencia que emana de la confianza en nosotros mismos, de nuestro ser conscientes que podemos trabajar de la mejor manera posible y que podemos razonar con lucidez. Con la mente despierta y con el cuerpo en forma, podemos así recorrer largos caminos y dirigirnos hacia metas ambiciosas. Somos conscientes de todo esto, por lo tanto osamos más de lo normal. A nivel físico las cosas no podrían funcionar mejor y, si somos deportistas, se trata del momento adecuado para intentar establecer algún record. De lo contrario, si normalmente no practicamos deporte, se trata del mejor momento para empezar. También en lo sexual nuestro rendimiento se hace claramente mejor (válido para los hombres). En efecto, son los hombres los que pueden obtener los mejores resultados de este tránsito. A nivel más mental e intelectual, podemos observar mayores intereses afines a los dos astros en cuestión: literatura y cine policíaco u oculto, curiosidad por el ambiente criminal y por el tema de la muerte en general, frecuentación de clubes o ambientes en los que se practica el espiritismo o algo que así se quiere definir, expediciones espeleológicas, excavaciones arqueológicas, búsquedas de líquidos o de minerales subterráneos. En periodos como éste podrían aflorar, en los sujetos jóvenes, fuertes intereses hacia la actividad de notario, de geólogo, de psicólogo, de psicoanalista y de médico legal. Posibles trabajos en la capilla de nuestra familia, en el cementerio. Gracias a nuestra imposición, a la mayor confianza en nosotros mismos, sabemos hacer respetar nuestros derechos en cuestiones de herencia o referentes a pensiones, liquidaciones y premios de producción.

Plutón en aspecto inarmónico con Marte

Cuando Plutón viaja formando un ángulo inarmónico respecto a nuestro Marte natal tiende a surgir la parte más animal, en el sentido peor del término, que alberga dentro de nosotros. Se trata de nuestra parte salvaje, la que nos hace decir, según la antigua locución, *homo homini lupus* (el hombre es un lobo para el hombre). Se trata de energías primitivas, de pulsiones que se remontan a la noche de los tiempos, cuando justamente el hombre era muy parecido a las fieras que lo querían devorar. Nuestros instintos más inconfesables; la parte seguramente menos noble que nos caracteriza; esa cuota de bestialidad que, debido al fenómeno de la proyección psicológica, siempre hemos atribuido a los demás (desde los infieles de los tiempos de las cruzadas a los pieles rojas del siglo pasado y a los nazistas en tiempos más recientes) son, en cambio, un componente real de nuestra persona que, precisamente durante este tipo de tránsitos planetarios, sube a la superficie y nos lleva al borde de un precipicio más allá del cual podemos incluso encontrar comportamientos criminales que nos pertenecen y que no hubiéramos sospechado nunca que pudieran existir en nosotros. Evidentemente, para arrojar la toalla frente al comportamiento civil, debe existir un rastro de ello en nuestro tema natal; aunque también es verdad que es durante estos tránsitos cuando se puede manifestar el mister Hyde que duerme dentro de nosotros. Podríamos decir, sin ni siquiera exagerar demasiado, que el tránsito en cuestión podría ser la manifestación de la existencia del demonio, debido a la negatividad de las fuerzas en juego en este momento. Ellas nos pueden llevar, como acabamos de decir, a perpetrar maldades, actos criminales de la peor especie y para cualquier fin. Uno de los alicientes principales puede ser el sexo, entendido aquí como amalgama entre la pulsión destructiva, de muerte, y la del fornicar, o sea de la peor representación de la actividad sexual. Casi no vale la pena mencionar que esto tiende a manifestarse casi exclusivamente en los hombres, tal como nos enseña la historia de las violaciones desde los albores de la civilización hasta la actualidad. Quizá ninguna otra palabra puede describir, mejor que la violación, el estado de ánimo que gobierna a los seres humanos víctimas de este tránsito. Se trata sin duda alguna de uno de los alicientes más utilizados en la antología de las acciones más malvadas de la humanidad. Después de ello, o en paralelo, se encuentra el dinero, la posesión, el poder: pero no estamos lejos de las bestialidades que acabamos de citar. Con semejantes "banderas" delante, los llamados seres humanos se han manchado, siguen manchándose y se mancharán siempre, con los peores delitos. Pero nosotros estamos intentando examinar este asunto desde el punto de vista más laico posible, evitando caer en el moralismo y haciendo lo posible para describir el tránsito y nada más. Y el tránsito, más o menos coloreado por adjetivos, sigue siendo lo que es: una bárbara manifestación de lo peor que el hombre puede hacer a los demás hombres, a los animales y a las cosas. Plutón en malo aspecto con Marte significa destructividad, pero también autodestructividad y, en los casos límite y más dramáticos, si muchos otros elementos del tema natal y del Retorno Solar lo justifican, podemos contar tantos suicidios como homicidios. En los casos menos límite encontraremos sencillamente comportamientos de los que, por su agresividad o violencia, tendríamos que avergonzarnos y que, una vez pasado el tránsito, quisiéramos olvidar lo antes posible. En el punto opuesto a una furia sexual violentadora, podemos encontrar incluso estados de impotencia momentánea o de bloqueo sexual en las mujeres. Peligro de infecciones venéreas y de abortos o de enfermedades ginecológicas y de operaciones quirúrgicas que afectan los órganos genitales. Fobias, obsesiones, angustias, ideas fijas y neurosis relativas a la muerte. Miedo a la muerte. Luto importante que nos hace precipitar en crisis profundas. Peligro de muerte para nosotros o para un ser querido. Peligro de enormes pérdidas de dinero por inversiones imprudentes, estafas, atracos, robos, préstamos que concedemos pero que no volvemos a recuperar nunca más, juegos de azar y juegos en bolsa. Pérdida de herencias. Empeora rápidamente la situación patrimonial del cónyuge. Nuestra pareja contrae fuertes deudas. Atracción morbosa hacia los temas criminales y la literatura *noir* en general. Accidentes o peligro de muerte durante expediciones subterráneas o excavaciones.

Plutón en aspecto armónico con Júpiter

Cuando Plutón circula formando un ángulo favorable respecto a nuestro Júpiter natal nos sentimos llenos de un fuerte optimismo, miramos hacia adelante con confianza, y sobre todo confiamos mucho en nuestras propias fuerzas. Nos encontramos seguramente en una fase positiva de nuestra vida. Deseamos construir, progresar y realizar grandes empresas. Bajo este cielo pueden nacer empresas particularmente importantes, tanto a nivel comercial como industrial o artesano. Un trocito de buena suerte, o tal vez más de un trozo, está de nuestro lado y nos permite triunfar respecto a los objetivos que nos planteamos a nosotros mismos o que nos plantean los demás. Posible momento de crecimiento en la carrera, sobresueldo, gratificaciones de diverso tipo en el trabajo. Probable afirmación nuestra a nivel social o bien a nivel estrictamente laboral. Posible crecimiento a través de una unión, un matrimonio o una asociación. Conquista de récord de tipo atlético o premios de cualquier tipo: literario, científico o artístico. Período de popularidad del que podemos aprovechar sobre todo a nivel político. Superamos brillantemente una prueba importante. Volvemos a crecer después de una mala caída económica, profesional, etcétera. Solución diplomática de una larga "guerra". Se resuelve positivamente un largo pleito pendiente. Ayudas de todo tipo a nivel de causas judiciales. Absolución en un proceso. Aprueban una nueva ley que nos saca de apuros. Posible indulto que nos soluciona una mala situación nuestra.

Intervención de un personaje político o jurídico importante que nos echa una mano. Viajes extraordinariamente importantes. Larga y positiva permanencia en el extranjero. Solución de un problema nuestro en el extranjero o lejos de casa (por ejemplo en otra ciudad de nuestro país). Aprendizaje facilitado de un idioma extranjero, de una lenguaje informático o de un nuevo software. Matrimonio o relación sentimental con una persona extranjera o de otra ciudad. El tránsito facilita nuestro acercamiento a las disciplinas esotéricas, a la teología, a la psicología, a la filosofía, a la astrología, al yoga y al orientalismo. Exploraciones en la lejanía en sentido trascendente y metafísico.

Plutón en aspecto inarmónico con Júpiter

Cuando Plutón circula formando un ángulo inarmónico respecto a Júpiter exageramos en casi todo lo que hacemos, tanto a nivel mental como físico. Hipertrofias de pensamiento o exceso de ingenuidad. Drástica pérdida de sentido crítico. Excesiva confianza en el mundo, en la vida y en los demás. Peligro de sufrir significativas penalizaciones debido a nuestro exceso de "candor". La confianza aumenta como nunca, lo que nos expone a todo tipo de riesgo, sobre todo en las cuestiones económicas, comerciales, profesionales y empresariales. La subestima de los problemas nos puede llevar a embarcarnos en una empresa, de tipo tanto comercial como industrial o artesanal, sin protegernos de forma suficiente. Tendemos a partir con el pie equivocado. Nos endeudamos excesivamente debido a un exceso de confianza en nuestros recursos y en la ayuda de la buena suerte. Contamos demasiado con el apoyo que podría llegarnos de parientes, amigos, conocidos y patrocinadores. Megalomanía no justificada por las reales condiciones en que actuamos. La hipertrofia puede estar relacionada también con el aspecto físico de nuestra persona, y manifestarse con un rápido y excesivo aumento de peso, con el crecimiento anormal de un órgano o, en el peor de los casos, con una proliferación tumoral. Posibles problemas procedentes de intoxicaciones de la sangre o del hígado. Excesiva exposición a toxinas, lo que podría causarnos una seria patología. Problemas con la justicia. Posible sentencia desfavorable para nosotros. Perdemos una causa importante. Un magistrado o un abogado mantienen una actitud negativa hacia nosotros. Posibles pérdidas enormes de dinero debidas a estafas, robos, atracos, dinero prestado y nunca devuelto, especulaciones imprudentes en bolsa, juego de azar, deudas del cónyuge, etcétera. Mala administración de bienes. Daño patrimonial. Penalizaciones en la repartición de una sucesión. Problemas de carácter legal por una liquidación, una pensión o el pago de un trabajo atrasado. Nos conceden un importante préstamo pero que difícilmente seremos capaces de devolver. Una tasa gravosa nos llueve inesperadamente sobre la cabeza. Herencia negativa. Problemas judiciales como consecuencia de un deceso. Posibles infecciones venéreas. Gastos prohibitivos por funerales o excavaciones en parcelas de nuestra propiedad.

Plutón en aspecto armónico con Saturno

Cuando Plutón se mueve formando un ángulo armónico respecto a nuestro Saturno natal, somos capaces de controlar mejor la energía que fluye dentro de nosotros. Podemos decir que nos encontramos en la condición diametralmente opuesta a la que se crea durante las disonancias Plutón-Marte, en las que no somos capaces de administrar las fuerzas más instintivas y brutales de nuestra persona; mientras aquí, el control racional de los instintos está a su máximo nivel. La sabiduría, la experiencia y la madurez participan juntas para permitirnos ser sobre todo seres pensantes y no sólo animales de apariencia civil. A nivel más externo y objetivo podemos decir que los astros nos ayudan a salir, brillantemente, de una gran prueba y que Plutón formando un ángulo armónico con Saturno nos permite desembarazarnos de un problema viejo y no fácil de solucionar. Se puede tratar de un problema tanto de trabajo como de salud o de vida sentimental. Fuerzas excepcionales llegan a nuestro auxilio y nos ayudan a salir de una mala contingencia. Estas fuerzas se encuentran tanto dentro de nosotros, porque reaccionamos mejor a las dificultades diarias, como a nuestro alrededor, en el cielo que nos gobierna durante este paso planetario. Un poco de buena suerte está de nuestro lado: no una buena suerte aguda y con características "pirotécnicas", sino una buena suerte más subterránea, lenta, pero igualmente positiva, que se puede presentar bajo el aspecto grave de un viejo, de una persona anciana, de un personaje importante y mucho más maduro que nosotros. Posibles resultados buenos e importantes en el cuidado de nuestras enfermedades óseas o dentales. Terapia muy propicia a la mejora de nuestra piel. Volvemos a recuperar nuestra cabellera gracias a diferentes técnicas o prótesis dentarias que nos rejuvenecen. Paso adelante en la carrera. Recibimos un cargo especial en el trabajo o un galardón artístico, literario, poético, etcétera. Una obra nuestra obtiene un reconocimiento histórico, permanente y definitivo. Se establece una relación muy importante entre nosotros y una persona anciana. Un viejo familiar o amigo nuestro, vive un momento de máxima popularidad o recibe un cargo importante.

Plutón en aspecto inarmónico con Saturno

Cuando Plutón circula formando un ángulo inarmónico respecto a nuestro Saturno natal, nos sentimos muy desalentados e incluso deprimidos. Nos parece que todo tiene que ir mal, que el destino está en contra de nosotros, que la vida es nuestra enemiga y que los demás nos quieran perjudicar. Es una sensación de derrota, una tendencia a arrojar la toalla, un momento muy pero que muy difícil. Momento, o mejor dicho: período que puede durar incluso algunos años. No tenemos ganas de explorar nuevos caminos y tememos mucho lo que nos pueda suceder a corto plazo. Con semejante pesimismo difícilmente podremos tener ganas de invertir fuerzas y capitales en alguna empresa comercial, industrial o artesana. Y, en efecto, esta voz interna que nos sugiere desistir no está muy equivocada, puesto que una porción de "objetiva mala suerte" nos afecta muy de cerca. Los problemas, enfatizados por el maléfico gigantismo de Plutón, tienden a ser mayores, en todos los sentidos. Si el destino nos envía un ladrillo en el cogote, se tratará de un ladrillo muy grande. Lamentablemente este tipo de tránsito no es nunca relativo a aspectos minoritarios o insignificantes de nuestra vida. Si el tránsito es contemporáneo con otros recorridos negativos y uno o más Retornos Solares críticos, corremos el riesgo de caer por los suelos, y de mala manera. Se tratará normalmente de problemas económicos, pero no sólo. Posibles pérdidas consistentes de dinero por robos, atracos, préstamos que concedemos y no recuperamos, pérdida de herencia, herencias negativas, impuestos imprevistos, problemas económicos del cónyuge, juego de azar, especulaciones imprudentes de bolsa, etcétera. También puede que nos concedan una financiación importante pero que no seremos capaces de devolver. A nivel de salud podemos tener problemas tanto psíquicos como físicos: neurosis y angustias, fobias, ideas fijas. Problemas psicosexuales, estados de temporal impotencia, bloqueos de frigidez, enfermedades venéreas, operaciones a los órganos reproductivos o hemorroides. Peligro de propagaciones tumorales. Crisis existencial debida a un fallecimiento. Serios daños, incluso económicos, como consecuencia de un luto. Obsesiones relacionadas con la idea de la muerte. Desafortunadas experiencias de ocultismo o de espiritismo. Atracción morbosa para los temas de crónica negra y criminal. Daños patrimoniales como consecuencia de excavaciones.

Plutón en aspecto armónico con Urano

Cuando Plutón circula formando un ángulo armónico respecto a nuestro Urano natal, percibimos una corriente regeneradora dentro de nosotros y nos adelantamos para realizar importantes cambios en nuestra vida. El espíritu de renovación nos rodea y nos induce a una profunda transformación de destino, primero mental y luego material. Miramos hacia adelante con optimismo y somos conscientes que la solución de muchos de nuestros problemas está en la renovación de todo lo que nos pertenece. Pero renovación no es sinónimo de destrucción y, por lo tanto, no debemos interpretarla como el presagio de días negros en los que perderemos realidades importantes para nosotros. Más que nada se tratará de volver a proyectar el futuro: al menos en las formas, si no en la sustancia. Es inevitable el recurso a todo lo que encaja con el futuro, con la alta tecnología y con los últimos descubrimientos de la ciencia. Las soluciones a nuestros problemas, sobre todo a nuestros problemas más grandes, llegarán de las novedades, de cambios netos, de revoluciones a noventa grados, de iluminaciones que caen como bombas. Debemos equiparnos para administrar el futuro de manera muy dinámica, pero sobre todo abierta, sin escudos defensivos, evitando encerrarnos en nosotros, en el bastión de nuestros temores. Tenemos que osar, y osar mucho. Las soluciones a nuestros mayores problemas también pueden ofrecérnoslas los sujetos uranianos: por ejemplo los Acuarios, los artistas, los personajes originales y excéntricos. Un episodio inmediato e inesperado llega para ayudarnos y nos permite resolver una situación difícil. Una nueva terapia a base de ondas electromagnéticas o de radiaciones en general, nos ayuda a superar una enfermedad que nos afligía desde hacía tiempo. Tenemos que saber aprovechar las situaciones en el momento oportuno, mantener los reflejos alerta porque cuando pase a nuestro lado, la suerte no se detendrá. Durante este paso planetario podremos establecer amistades muy significativas y preciosas, conocer a personajes famosos o poderosos que nos podrían patrocinar en casi todas nuestras actividades. Período en que buscaremos mucho más la amistad. Muchos proyectos ambiciosos que podrán realizarse, al igual que los menos destacados. Meses o años de excepcional efervescencia mental, de lucidez en las ideas y en los proyectos, de potencia en el aprender nuevas técnicas en cualquier disciplina. Podremos recibir un refuerzo importante de equipos informáticos útiles para nuestro trabajo. Visión emancipada y no doliente de la muerte. Un luto imprevisto nos favorece. Herencia inesperada. Posibles ganancias de juego o relativas a la especulación en la bolsa. Situación patrimonial del cónyuge que cambia en positivo. Imprevista salida nuestra o de un ser querido nuestro, de una situación de peligro de vida. Importantes adquisiciones obtenidas a través de excavaciones. Viajes fructuosos en nuestro inconsciente. Imprevisto interés por el ocultismo, el espiritismo y por la literatura *noir*.

Plutón en aspecto inarmónico con Urano

Cuando Plutón viaja formando un ángulo inarmónico con nuestro Urano natal nos sentimos muy inquietos y deseamos renovar mucho nuestra vida, a cualquier precio. Pero más que de voluntad de mejora dentro de una regeneración, se trata de un sentido de insatisfacción con propósitos destructivos. Desmantelar podría ser el verbo más idóneo para describir nuestro estado de ánimo de este período. Durante este paso planetario sentimos una fuerte intolerancia hacia todo lo que amenaza con detener y bloquear nuestra vida: pero, a pesar de que nosotros percibamos las novedades como vehículo de realidades positivas, no hay garantías de que lo serán de verdad. Al contrario, en la mayoría de los casos las novedades de estos años pueden provocar daños graves, desencadenando verdaderas crisis existenciales con graves consecuencias. Verdaderos rayos pueden abatirse sobre nosotros y ocasionarnos problemas existenciales de primer nivel. Algunas pruebas importantes nos afectan de forma imprevista. Posibles pérdidas económicas repentinas a causa de robos, atracos, estafas, fraudes, herencias que no llegan o que son negativas, imprudentes experiencias de juego de azar, especulaciones atrevidas en bolsa, bancarrota imprevista de nuestra pareja, etcétera. Un deceso repentino nos proyecta en una realidad muy negativa. Pérdida inesperada de un importante punto de referencia de nuestra existencia, de tipo económico o afectivo. Posible insurgencia imprevista de serias enfermedades. Rarezas o problemas sexuales. Posibles operaciones a los órganos genitales o por hemorroides. Crisis psicológicas de distinta naturaleza. Preocupaciones por la muerte nuestra o de nuestros parientes. Peligro de luto. Trauma psíquico debido al hecho que se frecuentan agrupaciones de tipo oculto o espiritista. Desaventuras con sujetos criminales. Interés morboso para el crimen organizado y la literatura *noir* en general. Daños patrimoniales procedentes de excavaciones. Interrupción de trabajos debido a las sorpresas que surgen durante las excavaciones. Muerte violenta de un ser querido. Riesgo de muerte violenta también para nosotros, si todos los tránsitos y los relativos Retornos Solares coinciden en esta dirección. Riesgo de detención o de reclusión.

Plutón en aspecto armónico con Neptuno

Cuando Plutón circula formando un ángulo armónico respecto a nuestro Neptuno natal asistimos al despertar de nuestra espiritualidad, si existe; o en caso contrario, notamos el brotar de sentimientos que se inspiran en la espiritualidad. Difícilmente podrá tratarse de estados de ánimo diferentes a los que indican una real inspiración mística, la necesidad de lo sobrenatural, el deseo de vivir el misterio de lo sobrenatural. A lo mejor, si realmente no somos creyentes y después de este tránsito no cambiamos de opinión, se tratará de todas formas, de una gran inspiración poética, artística o de sueño. Registraremos seguramente una dilatación positiva del inconsciente que tenderá a prevalecer sobre las fuerzas del Yo, y a dejar de lado la razón omnipresente para otorgarle más espacio a las fuerzas del interior. Magnífico período para compositores de música, artistas en general, escritores y poetas. Fenomenal recuperación después de un problema de droga o de un estado psíquico crítico, de neurosis o incluso de pequeñas formas de psicosis. Si habíamos atravesado un período en que los fantasmas de la noche de nuestra consciencia habían tomado la delantera frente a las fuerzas de la razón, ahora tenemos todas las herramientas para subir desde el fondo del precipicio y volver a vivir bastante normalmente. En otros casos puede suceder exactamente lo contrario: a través de una crisis religiosa o un período de gran inspiración mística, logramos superar una prueba importante del destino, como la pérdida de un ser querido, un serio problema de trabajo o de dinero o una enfermedad. Se fortalecen nuestras potencialidades en cuanto a la posibilidad de involucrarnos con pasión o con fanatismo dentro de un movimiento, de una causa que consideramos justa; y podemos realmente aprovechar el viento de la "cruzada" en la que nos inspiramos, para alcanzar objetivos importantes. Durante estos meses o años somos capaces de dedicarnos por completo a un ideal: político, religioso, sindical, ecologista, animalista, profesional, etcétera. Nuestra atracción hacia todo lo que puede definirse esotérico es muy fuerte, por lo tanto podemos hundirnos en disciplinas como la astrología, la filosofía, la teología, el yoga, el Budismo, etcétera. Agregarnos a una muchedumbre, a masas, a movimientos colectivos hace que aflore nuestra personalidad y puede incluso llevarnos a ocupar cargos públicos, o cargos de gran responsabilidad. La cercanía de un prelado potente, de un astrólogo famoso, de un psicólogo importante, nos favorece mucho y nos proporcionará extraordinarias ocasiones de crecimiento. Grandes viajes con el pensamiento, o también en la práctica: sobre todo largos viajes por mar. Perfecta recuperación de problemas gracias a la asunción de psicofármacos. El alcohol o el café, en dosis moderadas, puede ayudarnos a salir de una crisis.

Plutón en aspecto inarmónico con Neptuno

Cuando Plutón circula formando un ángulo inarmónico respecto a nuestro Neptuno natal, vivimos estados de conciencia alterados que pueden llevarnos a sufrir serias desdichas en nuestra vida. Nos sentimos íntimamente trastornados y notamos una condición de estable inquietud interior. Podremos esforzarnos mucho para convencernos a nosotros mismos de que se trata sólo de fantasmas interiores y no de espectros reales ante nosotros: la realidad es antes que nada subjetiva y luego objetiva, por lo tanto los monstruos que vemos son monstruos de "carne y hueso" y ni siquiera los buenos consejos de un psicólogo nos pueden tranquilizar. Una acumulación de angustias, temores e ideas fijas nos condiciona y levanta una muralla de neurosis delante de nosotros, una muralla que difícilmente se puede derribar. Nunca como en este momento necesitamos una ayuda tanto farmacológica como humana. Pasamos nuestros días como bajo el efecto de una droga, con muchos espectros que se agitan dentro y fuera de nosotros. No conseguimos tener una visión serena de la realidad, y los eventos de la vida terminan por amplificar este estado de elevada tensión psicológica. En algunos casos nuestro estado está relacionado con la asunción intensiva de toxinas, como café, humo o alcohol o, en el peor de los casos, con sustancias estupefacientes. En los años que acompañan este tránsito podemos asomarnos al mundo de la droga y de la adicción en general. Otras veces puede tratarse de consecuencias de un largo autosuministro de fármacos y de psicofármacos: la química, en este tránsito, desempeña un papel decisivo sobre nuestro destino. En otros casos, podemos igualmente registrar daños mentales, pero como consecuencia de un temor causado por la frecuentación de un sacerdote, un astrólogo, un mago o un psicólogo. Otras veces es el mismo asunto del que nos ocupamos lo que hace crecer dentro de nosotros el miedo y la angustia. Por ejemplo, muchas personas que aprenden a leer las efemérides durante estos años acaban por vivir estados de conciencia alterada, debidos justamente a los temores que les pueden surgir al escrutar los tránsitos futuros con un ánimo ya poco en equilibrio. Lo mismo vale para sueños espantosos o para reportajes televisivos impactantes con los que podemos entrar en contacto. Es obvio que en sujetos sanos y no sometidos a este tipo de tránsito, tales eventos no provocarían ningún efecto perjudicial, pero en este caso pueden ser fatales. En los casos peores podemos incluso vivir episodios psicóticos. Peligro de las masas, de los movimientos, de la participación a protestas callejeras, huelgas, ocupaciones de carreteras, etcétera. Peligro por mar, incluso de naufragio. Fuertes angustias y temores relativos a la muerte: debidas a un luto o sencillamente al pensamiento recurrente de nuestro final o del de nuestros familiares. Inundación de los sótanos de una propiedad nuestra. Angustias que nos afectan por la falta de dinero o por dinero perdido en el juego, la bolsa, por un robo o un atraco.

Plutón en aspecto armónico con Plutón

Cuando Plutón circula formando un ángulo armónico con nuestro Plutón natal, nos maravillamos nosotros mismos del excelente estado de gracia que nos caracteriza en relación con la voluntad de vivir, de construir cosas importantes, de estrenar nuevos proyectos, de ganar a cualquier precio. Sin duda alguna contamos también con la presencia de un poco de agresividad y de presunción, pero se trata de los ingredientes básicos que forman a un empresario, por ejemplo. Si un empresario no creyera ser al menos un poquito especial, ¿cómo podría superar todos los problemas que se interponen a un proyecto comercial, industrial o artesanal? La aumentada voluntad nos permite superar viejos obstáculos, muchos de los cuales son obstáculos sólo por falta de compromiso de parte nuestra. Ahora, en cambio, disponemos de todos los recursos para enfrentarnos a ellos y para resolverlos. Pero no se trata sólo de una mayor voluntad, sino también de una ayuda no ponderable que nos llega desde arriba, del cielo tanto en sentido místico como laico (astrológico). Es probable que durante estos meses o años obtengamos reconocimientos significativos por nuestro trabajo: un aumento de sueldo, un avance, un cargo especial, un premio o atestados de confianza. Este tránsito podría corresponder a uno de los momentos más importantes de nuestra vida a nivel de crecimiento profesional o de prestigio. La potencia de Plutón como apisonadora, en efecto, puede evidenciarse tanto en positivo como en negativo. El último planeta conocido del sistema solar puede representar el icono de las importantes metas que logramos conquistar. Se trata de metas que pueden ser de tipo afectivo, o relativas a la curación de una enfermedad. Los demás tránsitos respecto al tema natal y la observación de los Retornos Solares del mismo período, podrán aclararnos en qué sector obtendremos las mayores satisfacciones. También mejora nuestra condición física y la potencia que podemos explotar a nivel atlético y deportivo en general. Tránsito óptimo para los deportistas profesionales que podrían conseguir muchos récords. Óptimo tránsito también a nivel sexual, con un sensible despertar de intereses en la esfera sexual (indicación más válida para los hombres que para las mujeres). Ayudas de personajes famosos. Posibles adquisiciones patrimoniales, por ejemplo a través de una herencia, una ganancia de juego, una liquidación, el enriquecimiento del cónyuge, etcétera. Fuerte interés por los temas policíacos, el crimen organizado y la literatura *noir* en general. Un luto nos cambia la vida en positivo. Importante trabajo de investigación introspectiva durante un análisis de nuestra mente profunda. Excavaciones que nos podrían aportar riqueza.

Plutón en aspecto inarmónico con Plutón

Cuando Plutón pasa formando un ángulo inarmónico con nuestro Plutón natal atravesamos un duro momento en el que nos encontramos ocupados intentando frenar a la parte más salvaje y animal de nuestra persona, contando con la las fuerzas de la razón, de la educación y de la civilización. Las fuerzas primitivas que se encuentran dentro de nosotros, herencia ancestral de remotos instintos bestiales que nos pertenecían en calidad de mamíferos en busca de alimento, tratan de volver a aflorar y tenemos que recurrir a todo el poder de control que se encuentra a nuestra disposición para poderlas bloquear. Se trata sobre todo de instintos destructivos y autodestructivos, de expresiones sádicas y masoquistas de nuestra persona. El lobo que se encuentra en nosotros se despierta de nuevo e intenta ser un lobo para sus semejantes. Si durante nuestra vida realizaremos acciones criminosas, es muy probable que sea durante un tránsito planetario de este tipo, o durante el tránsito Plutón-Marte, que es muy parecido a éste. El Mr. Hyde que se encuentra en nuestro interior y que normalmente duerme, ahora, como el despertar de un licántropo, se manifiesta con todo su dramatismo y, si otros elementos de los tránsitos y de los Retornos Solares contemporáneos lo justifican, nos puede inducir a cometer acciones de las que nos arrepentiremos o nos avergonzaremos. Durante estos meses o estos años aflora la parte menos noble de nosotros, y casi todos nuestros comportamientos se inspiran en el odio, la agresividad y la contraposición respecto a los demás. Seguramente no nos sentiremos llamados hacia el sentimiento cristiano y no pensaremos ni siquiera de lejos en proponernos en actividades de voluntariado. Fuertes impulsos sexuales nos condicionarán e inducirán a considerar el sexo más como una forma de erotismo, pornografía y desviación que como una forma de complemento al amor. En otras palabras, nos sentimos mucho más empujados hacia la violación que hacia el abrazo y las ganas de ternura. Naturalmente en las mujeres es distinto y el tránsito podría significar sencillamente una fuerte curiosidad en campo sexual, deseo de trasgresión, búsqueda de aventuras sexuales. Pero también es posible que el tránsito lleve consigo períodos de impotencia para los hombres y de bloqueo sexual para las mujeres. Peligro de enfermedades sexuales o de operaciones a los órganos de reproducción o al ano (por ejemplo hemorroides). Aventuras con sexo mercenario o con sujetos muy poco recomendables. Encuentros con ambientes criminales, con sujetos fuera de la ley. Grandes fobias relacionadas con la muerte o con el pensamiento de la muerte. Lutos que nos dejan por los suelos o que, de una u otra manera, suponen serios problemas para nosotros. Herencias negativas (un ser querido nuestro fallece y nos deja sólo deudas). Pérdidas de juego o de bolsa, peligro de robos, atracos, estafas. Tenemos cantidades enormes de impuestos por pagar. Concedemos préstamos pero no volvemos a recuperarlos. Descubrimos ahora que nuestra pareja está hundida en deudas, quién sabe desde cuándo. Peleas por cuestiones de herencia. Neurosis que nos provoca el hecho de frecuentar ambientes relacionados con el ocultismo o con el espiritismo. Desperfectos debidos a excavaciones (por ejemplo se derrumban edificios durante las tareas de reestructuración de sótanos).

Plutón en aspecto con el Ascendente

Véase: Plutón en la Primera Casa

Plutón en aspecto con el Medio Cielo

Véase: Plutón en la Décima Casa

Plutón en aspecto con el Descendente

Véase: Plutón en la Séptima Casa

Plutón en aspecto con el Fondo Cielo

Véase: Plutón en la Cuarta Casa

Plutón en tránsito por la Primera Casa

Cuando Plutón viaja por nuestra Primera Casa nos arrasa el viento de las pasiones. Una ráfaga de energía nos transporta por los senderos de una vida vivida a alta frecuencia. Nos sentimos más fuertes y más determinados y estamos dispuestos a osar, a arriesgarnos, a hacer más. Nos desembarazamos de esa parte de estancamiento, mínima o máxima, que nos había caracterizado hasta este momento, y decidimos que tenemos que realizar algo importante en el trabajo, en la vida sentimental o en relación con nuestro estado de salud. Una energía de este tipo nos puede resultar muy útil, especialmente en las actividades que suponen un riesgo empresarial para crear empresas comerciales, industriales, artesanales a partir de la nada. Para tener éxito debemos estar convencidos de que poseemos una marcha más y, en efecto, durante este paso planetario somos también un poco más presuntuosos: algo no siempre negativo en estas circunstancias. También nuestra energía crece durante estos años, y podemos intentar marcar batir algún récord si practicamos deporte a nivel agonístico. Paralelamente dispondremos de una mayor potencia sexual (los hombres) o bien un deseo sexual más marcado (las mujeres). Naturalmente, cabe leer el tránsito en el contexto de la edad del sujeto, sin olvidar que un tránsito de este tipo puede durar treinta, cuarenta o más años y, si nos toca ya en nuestra edad madura, tenemos que disminuir un poco lo que acabamos de enumerar para adaptarlo a los años de vida del sujeto. Lo que menos depende de la edad es que este tránsito puede acompañar períodos en los que nos atraerá todo lo que tiene que ver con lo oculto, el espiritismo, el crimen y la literatura *noir*. Posibles experiencias ESP (percepciones extrasensoriales) en los sujetos más sensibles: premoniciones, telepatía, visiones... Si el tránsito se produce con modalidades inarmónicas o negativas (no tengamos miedo de escribir o de pronunciar esta palabra, aunque la moderna demagogia pretende obligarnos a llamar invidentes a los ciegos, minusválidos a los incapacitados, sujetos de escasa honestidad a los ladrones, etcétera) delante de nosotros se nos presenta un ciclo de años difíciles, años caracterizados por angustias, obsesiones, temores, neurosis de todo tipo, autolesionismo, masoquismo, destructividad y autodestructividad. Los pensamientos más turbios pueden adueñarse de nosotros e incluso llevarnos a la destrucción de nosotros mismos. Propósitos suicidas, en sentido lato, más o menos conscientes. Aniquilamiento de nuestra propia vida sentimental. Rotura con parientes, amigos y personas queridas. Hundimiento en un túnel sin salida de droga, sexo y crimen. Tendencia a la prostitución, a la pornografía, a las desviaciones sexuales y a las depravaciones de todo tipo. Peligros para el estado de salud mental. Frecuentación de sujetos muy poco recomendables. Angustias relativas a la muerte: debidas a un luto concreto o al pensamiento de la muerte en general. El contacto con ambientes en los que se practica el espiritismo, el ocultismo, la magia negra, la demonología, etcétera, perjudica a nuestro equilibrio. Atracción morbosa hacia los asuntos criminales. Exploraciones subterráneas (también en sentido psicológico) muy peligrosas. Sentimientos de odio, de venganza y de guerra.

Plutón en tránsito por la Segunda Casa

Cuando Plutón circula por nuestra Segunda Casa acariciamos ambiciosos proyectos patrimoniales. A nivel económico sólo nos interesan las grandes empresas y tendemos a descuidarnos de las más modestas. Aumentan en nosotros las potencialidades empresariales que todos poseemos en mayor o menor medida. Empezamos a ocuparnos seriamente de problemas patrimoniales: leemos la prensa del sector, seguimos los movimientos de la bolsa, escuchamos a los expertos, visitamos sitios específicos en Internet y nos documentamos de todas las formas posibles. Aunque poseamos sólo poco dinero para invertir, lo haremos como los magnates de Wall Street cuando invierten sus millones. Nuestra atención se siente cautivada, saturada, por el tema del dinero y difícilmente, en otros período de nuestra vida, nos interesará tanto este tema como ahora. Si el tema natal es favorable en este sentido, con el empuje de la libido podremos realmente acumular fortunas. En efecto, es probable que sea cual sea nuestro trabajo en ese momento, demos un cambio de marcha muy neto y que nos embarquemos en aventuras empresariales, llegando a muy altos niveles aunque hayamos empezado con poco. En otros casos, puede que nos llegue una suma consistente de dinero independientemente de nuestros esfuerzos por conseguirla, por ejemplo una herencia que nos cambia la vida. A otro nivel, puede que recibamos una oferta para ocuparnos de cualquier actividad que esté relacionada con el teatro, el cine, la televisión, la fotografía, la gráfica, el diseño, la gráfica publicitaria, la gráfica con ordenador, etcétera. Muchos actores empiezan así su carrera artística. Lo mismo vale para directores de cine, guionistas, escenográfos, guionistas, etcétera. También es probable que, sea cual sea nuestro trabajo, consigamos mucha visibilidad: quizá con participaciones a transmisiones televisivas, manifestaciones públicas, mesas redondas, conferencias, etcétera. En otros casos podemos sentir la necesidad de cambiar claramente nuestro aspecto, y por lo tanto empezaremos una dieta severa, practicaremos deporte para adelgazarnos, nos someteremos a una intervención de cirugía plástica, cambiaremos el corte y el color del pelo, empezaremos a vestir de forma muy distinta a la de antes (por ejemplo con chaqueta y corbata si hasta ese momento vestíamos "casual"). Si el tránsito se expresa de manera disonante, corremos serios riesgos de que precipite nuestra situación económica o, de todas formas, de sufrir enormes pérdidas de recursos patrimoniales. Pero esta eventualidad debe estar ya escrita en el mapa astral, y deberá ir acompañada por otros tantos tránsitos elocuentes sobre este asunto, y desde luego, por malos Retornos Solares. También puede que sintamos el impulso a cometer acciones delictivas, o de todas formas poco ortodoxas, para ganar más dinero. Posibles relaciones con el crimen organizado por dinero. Durante este tránsito los posibles binomios pueden ser: dinero-sexo, dinero-crimen, dinero-droga, dinero-muerte (homicidio, pero también suicidio), dinero-prostitución, dinero-pornografía, etcétera. Un problema de dinero nos puede arrojar en la depresión más profunda. Contraemos deudas gigantescas con bancos o usureros. Peligro de muerte por haber contraído una deuda que no se puede saldar. Deudas de juego. Especulaciones equivocadas. Pérdidas debidas a fantasías de potencia en campo económico. Megalomanía que nos lleva a la destrucción. No olvidemos que todo es subjetivo y que por lo tanto, si a un modesto artesano lo angustia una deuda relativamente pequeña, puede pasar que el artesano agigante la deuda en su mente y elija el suicidio pensando que sea la única manera para superar sus problemas. A otro nivel este tránsito puede significar que alcanzamos una fuerte visibilidad que era mejor evitar (por ejemplo debido a un escándalo en el que estamos involucrados) o que nuestro aspecto empeore mucho, porque engordamos o debido a una herida, una operación o una enfermedad. Atracción hacia el cine *hardcore*. Nos involucramos en grabaciones de películas pornográficas. Nos roban importantes aparatos de fotografía, de cine, de gráfica con el ordenador, etcétera.

Plutón en tránsito por la Tercera Casa

Cuando Plutón circula por nuestra Tercera Casa de nacimiento vivimos años en los que tenemos la oportunidad de llevar a cabo importantes estudios de todo tipo. Tanto si se trata de exámenes universitarios como de estudios por nuestra cuenta, lograremos obtener lo mejor de lo mejor gracias a nuestra concentración que, durante este tránsito planetario, se encuentra realmente al máximo. Nuestra mente se muestra lúcida, despierta, preparada para intercambiar rápidamente informaciones en ambas direcciones: input y output. Podemos atrevernos con los más sencillos cursos de idiomas hasta las asignaturas más especiales que pueden enriquecer nuestro patrimonio cultural, en relación con la profesión que desarrollamos. Lo mismo vale para los escritos, que en estos años podrían materializarse alrededor de un testo capaz de otorgarnos la fama. Para los que son más sensibles al concepto de comunicación a través del automóvil y no de los libros, podemos considerar la hipótesis de la adquisición de un coche prestigioso, caro, potente y rápido. Lo mismo puede valer para una moto o una furgoneta, un camión o un autobús. Además, este tránsito puede indicar un momento de gran afirmación social, profesional, sentimental para un hermano, un primo, un cuñado o un joven amigo nuestro. Nuestras capacidades de hacer negocios se verán potenciadas, aunque nuestro trabajo no tenga nada que ver con el comercio. Si el tránsito se expresa en negativo es probable que una prueba importante, como puede ser un luto, nos imponga abandonar los estudios o suponga un retraso nuestro importante. Neurosis, angustias, fobias por un examen que debemos afrontar o por un concurso en el que tenemos que participar, una conferencia en la que tenemos que hablar, un libro que nos hemos comprometido a escribir en poco tiempo.

Estudios de ocultismo, espiritismo, magia negra que comprometen nuestro equilibrio psicofísico. Un hermano, un primo, un cuñado o un joven amigo nuestro se convierten en protagonistas de un hecho criminal o de un escándalo sexual, o se ven afectados por una grave crisis nerviosa. Empeoran significativamente nuestras relaciones con los citados parientes. Serio accidente de tráfico en coche o en moto o por cruzar la calle, que afecta a los citados parientes o a nosotros en persona. Nos roban un coche muy caro. Un familiar nuestro padece un luto por accidente de tráfico. La prensa nos ataca. Sale en las librerías un panfleto que habla de nosotros. Un libro nuestro es objeto de escándalo o de ataques de parte de nuestros enemigos. Peligro de sufrir estafas en los negocios, pero también puede que seamos nosotros los que tenemos un comportamiento estafador. Posibles enfermedades pulmonares o respiratorias graves en general, sobre todo a causa del humo. Nuestras impresoras sufren averías importantes.

Plutón en tránsito por la Cuarta Casa

Cuando Plutón transita por nuestra Cuarta Casa radical pensamos en la ambiciosa compra de una casa. Si en otros tiempos habíamos planteado proyectos acerca de una adquisición inmobiliaria, en este período haremos lo mismo pero anhelando una demora muy especial por su extensión, importancia, lujo, posición y exposición. Nuestros proyectos en este sentido se dirigirán hacia lo grandioso, casi siempre más allá de nuestras posibilidades, pero no hasta el punto de que el proyecto sea irrealizable. Con este tránsito es casi seguro que nuestro sueño se convertirá en realidad. Pero cuando hablamos de casa hay que entender, eventualmente, también el lugar en el que trabajamos, la segunda casa de nuestras vacaciones, una multipropiedad, una autocaravana… Si, al contrario, nuestra intención no es efectuar una compra inmobiliaria, podrá tratarse de una reestructuración, de consistentes trabajos de manutención o de un cambio de nuestro hábitat habitual. También en este caso tenderemos a pensar a la grande, y nuestras intenciones no se verán inspiradas por el ahorro. Como de todos es sabido, el tránsito dura muchos años: por lo tanto, durante este período, podremos efectuar trabajos a trompicones, parando y reanudando continuamente, por etapas, con intervalos más o menos largos; pero el resultado final será una casa nueva, más bonita, más acogedora, que nos gratificará mucho. Además, puede que se trate solamente de una mudanza y no de una compra o de una reestructuración. Aun así, actuaremos pensando en una operación poco indolora a nivel económico. Además de todo esto, podemos prever un período de gran fama, prestigio o éxito profesional para nuestros padres, particularmente para nuestro padre. Podría recibir un cargo de responsabilidad, crear una obra significativa, se volverá famoso o más sencillamente conseguirá un éxito privado en el campo sentimental o se recuperará de forma óptima de una enfermedad. Nuestras relaciones con los padres se hacen más asiduas y significativas. Muy a menudo esta Casa se refiere también a los suegros: a ellos se pueden referir todas las consideraciones que acabamos de enumerar. Si el tránsito asume un significado inarmónico, debemos temer grandes problemas relativos a nuestro hábitat, problemas que pueden incluir desde el desahucio motivado por las razones más disparatadas, hasta la destrucción del hábitat por terremoto, incendio, inundación, explosión culposo, escape de gas, etcétera. A veces podemos perder el inmueble también por motivos legales, por vicio de procedimiento en el momento de su compra, porque descubrimos demasiado tarde que la casa que hemos comprado estaba hipotecada o bien porque nos llegan noticias por primera vez de un heredero del que no sabíamos nada. Quizá nos quitan la casa porque no somos capaces de pagar los plazos de la hipoteca o porque un familiar nuestro la perdió en el juego. Aunque compramos una casa nos quedamos en la calle, ahogados por las deudas. De todas formas, nos endeudaremos para comprar una casa. Acciones ilegales o incluso criminales, para tomar posesión de una casa. El problema de la casa que no tenemos nos conduce a un serio agotamiento nervioso. Compramos la casa de un criminal o mafioso. En el edificio donde vivimos se producen tráficos ilícitos y corremos el riesgo de vernos involucrados en ellos. Mala influencia de una casa que nos lleva al borde de una seria neurosis o de una psicosis. Muchas fobias, temores, angustias relativas al hábitat, tanto doméstico como laboral. Nos equivocamos completamente en una operación de compraventa inmobiliaria, con grandes daños económicos. Nos estafan en la compraventa de un piso, o nosotros intentamos estafar a alguien en este sentido. Nos peleamos violentamente con nuestros padres o con nuestros suegros por la posesión de una casa. Nos excluyen de una herencia inmobiliaria en la que creíamos tener todo el derecho. Durante excavaciones en un terreno nuestro se descubre algo que nos pone frente a una evidencia dramática, criminal y espantosa. Uno de nuestros padres, en particular nuestro padre, comete un grave crimen penal o atraviesa un período caracterizado por trastornos mentales, angustias gigantes, temores, neurosis y actitudes al límite de la psicosis. Escándalo sexual que afecta a uno de nuestros padres. Uno de nuestros padres fallece, lo que nos hunde en la angustia y en una crisis difícil de superar. Muerte violenta de nuestro padre o de nuestra madre.

Plutón en tránsito por la Quinta Casa

Cuando Plutón transita por nuestra Quinta Casa radical, percibimos un relevante impulso creativo en sentido lato. Si somos artistas, viviremos un período de gran producción con la posibilidad de generar obras que nos entregarán a la historia, y esto es válido tanto en campo pictórico como cinematográfico, musical, literario, etcétera. Aunque no seamos artistas, nos sentiremos igualmente muy creativos y podremos empezar a cultivar una nueva afición relativa a una cualquiera forma de inspiración, tanto artística como no artística. A veces el deseo creativo se dirige hacia su expresión más natural y se materializa a través de una maternidad o una paternidad. Considerando el carácter especial del planeta involucrado, debemos pensar que se trata de una concepción destinada a marcar un momento importante de nuestra vida: como por ejemplo la llegada de un heredero que perpetuará nuestro nombre, que traerá nueva linfa vital a nuestra relación de pareja, que bautizará una fase nueva de gran responsabilidad con la que nos enfrentaremos a la vida. Además, durante este tránsito planetario también es posible que dirijamos mucha libido en dirección amorosa, y los años así abarcados nos verán protagonistas de una larga estación de aventuras, amores ocasionales, pero también amores intensísimos con el mismo compañero, a nivel tanto de sentimientos como sexual. Explosión de los sentidos y gran atracción hacia el sexo. Período de dirección lúdica y recreativa de la libido. Nacimiento de una pasión importante a nivel de afición. Mucho tiempo dedicado a aficiones, deporte, cine, teatro, conciertos, música en general, danza, juegos de naipes, casino, especulaciones en bolsa, carreras de perros y de caballos, apuestas, nuevos y excitantes intereses que pueden abarcar tanto el ordenador como el estudio de los clásicos griegos, pasando por la cocina o la jardinería. También puede que se fortalezca nuestra relación con un hijo o con una hija, o que ellos destaquen de forma brillante por un récord, un premio que reciben, un cargo de responsabilidad y de prestigio que reciben, la curación de una enfermedad seria, un matrimonio o el inicio de una convivencia. La Quinta Casa significa también enseñanza y este tránsito puede marcar el comienzo, para nosotros, de una actividad didáctica. Si el tránsito se manifiesta de manera disonante, debemos temer la posibilidad de precipitar en un vicio dañoso para nuestra salud, nuestra imagen o nuestro bolsillo. Peligro de convertirnos en esclavos de los juegos de cartas o insaciables frecuentadores del casino. Enormes sumas perdidas en la mesa verde, con especulaciones de bolsa o en las carreras de caballos. Sexo desenfrenado. Peligro de infecciones sexuales y de nacimientos ilegítimos. Escándalos relativos al sexo o a una paternidad o maternidad ilegítima. Atracción hacia el mundo de la pornografía, de la prostitución, del sexo en sus formas más deletéreas y destructivas. Crímenes cometidos por el sexo o por el vicio en general. Relaciones íntimas con criminales o personas peligrosas. Períodos de impotencia para los hombres y de bloqueo sexual para las mujeres. Peligro de abortos o de que nazcan niños minusválidos o con graves malformaciones. Hijo o hija que se ven envueltos en un escándalo, que cometen un crimen o que empiezan a frecuentar ambientes criminales. Relación agresiva y de ruptura que se crea entre nosotros y un hijo nuestro. Muerte o peligro de muerte, por causas violentas, para un hijo. Grandes estados neuróticos que nos afectan debido a preocupaciones por nuestros hijos. Hijos que nos ocasionas temores exagerados.

Plutón en tránsito por la Sexta Casa

Cuando Plutón circula por nuestra Sexta Casa, volcamos nuestras ambiciones en nuestro trabajo. Quizá planeamos crecer, desarrollar, revisar positivamente nuestra actividad profesional, y en efecto hay buenas posibilidades de que esto suceda durante este tránsito. También puede ser que durante este tránsito contratemos un nuevo colaborador o colaboradora importantes, por el lugar que van a ocupar o porque nos serán muy útiles, aunque se limiten a tareas humildes. En efecto, podrá tratarse tanto de un trabajador especializado, experto, licenciado, culto como de una asistenta que simplemente se ocupa de la casa, pero cuyo papel nos permitirá alcanzar una importante emancipación, al dejarnos mucho tiempo libre. Durante este tránsito tendremos la oportunidad de contratar a alguien que podría revelarse un colaborador eficaz, precioso, de confianza, útil, devoto, y que va a quedarse mucho tiempo con nosotros. También es posible que un colega o empleado o superior nuestro tenga un ascenso durante este tránsito, y que le toque una condición importante, prestigiosa, que le otorgue fama o popularidad. También es posible que el tránsito se refiera a nuestra salud: en este sentido puede significar que nos recuperamos de una enfermedad casi inesperada, la curación de una patología seria, la solución de algún problema de salud que creíamos sin esperanza. En este sentido podremos movilizar todas nuestras energías y nuestras mejores potencialidades para dirigirnos, a todo campo, a ocuparnos de nuestra salud. La podremos alcanzar a través de una severa dieta desintoxicante, actividad física, curas termales, masajes tradicionales y shiatsu, acupuntura, medicina homeopática, fangos, ondas electromagnéticas y todo lo que pueda servir para devolvernos un estado de bienestar. En ese caso se tratará, más que de un fármaco milagroso, de la acción coral de diferentes terapias que, juntas, nos regalarán de nuevo un estado de salud que parecía comprometido. Si, al contrario, el tránsito se expresa en negativo, debemos temer una enfermedad no secundaria ni marginal, o sea una patología que podría ser importante o seria, sin poder excluir nada. Se tiene que entender de tipo tanto estrictamente somático como psíquico y podría referirse a un estado de gran postración psicológica, de congojas, depresiones, neurosis más o menos serias, tal vez relacionadas con un deceso. A nivel laboral, puede tratarse de un delito de cualquier tipo que comete un colaborador nuestro; o bien un escándalo, incluso de tipo sexual, que puede arruinar la reputación de uno de nuestros empleados. Puede que un hecho criminal o un escándalo sexual nos involucren a nosotros también junto con un trabajador nuestro o que trabaja con nosotros. Empleado que se pone enfermo de forma grave. Corremos el riesgo de perder el empleo o un trabajo importante. Nos pueden despedir. Posibles obsesiones, temor a perder el trabajo, lo que nos lleva a un estado de postración. Nos despiden en relación a un deceso o como consecuencia de un deceso. Serios accidentes laborales. La ley se ocupará de nuestro trabajo.

Plutón en tránsito por la Séptima Casa

Cuando Plutón transita por nuestra Séptima Casa es muy probable que tengamos muchas ganas de casarnos, pero – como todos los tránsitos de Plutón – no se trata solamente de una vocación abstracta sino de una realidad objetiva: y si no estamos casados todavía o ya no lo estamos, es muy probable que lo hagamos en realidad. Incluso los solterones más empedernidos se pueden decidir, durante este tránsito, a invertir la ruta y a embarcarse en una relación fija de pareja, con o sin la bendición del ayuntamiento o de la Iglesia. Así pues, el tránsito también puede marcar, sencillamente, el comienzo de una convivencia. En estos años tendemos a pensar que es útil para nosotros juntarnos, tanto en sentido sentimental como asociativo en general: por trabajo, para hechos culturales, para fines comerciales, políticos, religiosos o ideales. Muchas personas empiezan así un camino político. Bajo otros puntos de vista, este tránsito puede indicar, al contrario, un momento de gran prestigio, fama, afirmación de nuestra pareja, de un socio en negocios o de una persona que representa nuestra referencia cultural de mayor importancia. Durante el paso de Plutón en la Séptima Casa, también sucede que logramos superar un litigio serio: por ejemplo con una sentencia de inocencia en un proceso importante o en un expediente que llevaba años sin juicio, o que nos había expuesto a la pública atención de una manera poco deseable. Si, al contrario, el tránsito se manifiesta sobre todo con aspectos disonantes, puede acompañar un divorcio personal, la separación definitiva de nuestro compañero o de nuestra compañera o la interrupción de una relación que duraba desde hacía muchos años. Bajo este tránsito se deshacen sociedades que parecían inoxidables, consorcios políticos, culturales, ideales que parecían no deber perecer nunca. Al mismo tiempo, también debemos temer serios apuros con la justicia, inspecciones de la Guardia de Finanzas, controles de policía o procesos, inclusos graves, a los que podríamos debernos someter. Posible encarcelamiento. Incriminación por delitos importantes, contra el patrimonio o contra terceras personas. Gran escándalo que hace que la crónica criminal se ocupe de nosotros. Escándalo que afecta a nuestro cónyuge o a un socio nuestro: pueden ser incriminados por crímenes graves. Peligro de atentados físicos o de panfletos que se difunden atacando a nuestra persona o a nuestra pareja. Atentados de la criminalidad organizada a nuestras propiedades. Serios ataques políticos contra nosotros.

Plutón en tránsito por la Octava Casa

Cuando Plutón transita por nuestra Octava Casa, podemos obtener ganancias fuera de lo normal. En efecto, podemos ser capaces de explotar un tránsito único en su género, un recorrido planetario que podría hasta volvernos ricos de golpe: y esto, gracias a una importante negociación comercial (por ejemplo en calidad de intermediarios en un negocio colosal) o ganando un concurso de alcance mundial, o también consiguiendo valorizar un bien nuestro que no parecía destinado a transformarnos la vida (como por ejemplo un terreno que adquiere un valor diez veces superior debido a una venturosa modificación de un plano regulador). Puede tratarse también de logros directos del trabajo, pero más raramente porque en cambio, normalmente, debemos referirnos a dinero que en cierto sentido nos llega desde arriba, como en el caso de una ganancia millonaria de juego, una herencia más o menos imprevista, una adquisición patrimonial a través del matrimonio, o cualquier otra forma de llegada afortunada e imprevista de la suerte, vestida de billetes verdes del banco. La importante realización patrimonial puede también llegarnos de la venta de un inmueble nuestro o de otro bien igualmente precioso. El tránsito también puede significar el enriquecimiento imprevisto y espectacular, bajo determinados aspectos, de nuestra media naranja. Vuelve a despertarse nuestra actividad sexual. Consistente aumento de la libido relativa al sexo. Posible escalada social a través de un deceso. Un luto que nos abre la vía a una gran afirmación profesional o nos otorga un papel de prestigio que anteriormente nos habían negado. Gran herencia espiritual. Acercamiento profundo al misterio de la muerte. Nuestra catarsis a través de un luto. Pasión para el ocultismo, la magia y el espiritismo. Poderes psíquicos que se revelan en nosotros por primera vez. Fantásticas experiencias de telepatía, clarividencia, fenómenos ESP. Grandes exploraciones subterráneas, excavaciones fructuosas en nuestras propiedades. Importantes exploraciones de nuestro inconsciente con la ayuda de un psicoanalista. Al contrario, si el tránsito es negativo puede indicar enormes pérdidas económicas, verdaderas hemorragias de dinero debidas a robos, atracos, estafas, préstamos que no nos devolverán nunca, devaluación de títulos, empresas comerciales, industriales o artesanales que fracasan miserablemente, sustanciosas ayudas que debemos dar a nuestro compañero, gastos enormes para salvar un familiar, endeudamientos de todo tipo. Con este tránsito es casi más peligroso recibir dinero que devolverlo, puesto que se podría tratar, por ejemplo, de grandes financiaciones que logramos obtener pero que determinarán luego nuestra ruina patrimonial, ya que no conseguiremos liberarnos de la deuda nunca jamás. Peligroso endeudamientos con usureros, relacionados o no con la criminalidad. Posible usura de parte nuestra, si tenemos semejantes tendencias criminales ya señaladas en nuestro tema natal. Ganancias relacionadas con acciones criminales. Enriquecimiento a través de la prostitución o de otras actividades ilícitas. Delito cometido por motivos económicos. Acciones ruines contra familiares, para conseguir una ganancia. Fallecimiento de un pariente que nos precipita en dramas patrimoniales. Herencias negativas. Deceso de la pareja, lo que va a destapar un pozo sin fin de deudas. Ideas homicidas o suicidas por problemas patrimoniales. Relaciones sexuales con prostitutas. Sexo mercenario. Desviaciones sexuales de todo tipo. Crímenes sexuales. Intentos de violación que cometemos o de los que somos víctimas. Período de impotencia para los hombres o de bloqueo sexual – o sea frigidez – para las mujeres. Alianza entre sexo y muerte. Tendencias necrófilas o parecidas. Gran desequilibrio mental a causa de un fallecimiento o por el miedo a la muerte. Malas experiencias que nos provocan neurosis relacionadas con el ocultismo, el espiritismo o la magia negra. Miedo al demonio. Obsesiones relativas a presuntas brujerías recibidas. Frecuentamos ambientes o personajes involucrados con la criminalidad. Peligro de enfermedades venéreas o de operaciones a los órganos sexuales y al ano. Hallazgos espantosos durante excavaciones. Se destapan zonas peligrosas de nuestro inconsciente. Malas experiencias en psicoanálisis. Fallecimiento de un pariente que nos precipita en el pánico. Daños en la tumba de nuestra familia. Enormes gastos por un entierro.

Plutón en tránsito por la Novena Casa

Cuando Plutón transita por nuestra Novena Casa nuestra libido se proyecta decididamente hacia la lejanía, en sentido tanto geográfico-territorial como metafísico-trascendente. Si ya habíamos considerado anteriormente irnos a vivir lejos, en el extranjero o posiblemente en otra ciudad u otra región, ahora nuestra determinación en este sentido se hace concreta, realizadora, final, ineludible. Ya no podemos esperar y pasamos seguramente a la fase ejecutiva del proyecto, a cualquier precio. De todas formas, normalmente se trata de algo que nos enriquecerá, que nos hará mejores, que nos hará crecer mucho bajo cualquier punto de vista, posiblemente incluso a nivel de poder o de dinero. Nuestra situación social/profesional, nuestro prestigio, la imagen que los demás tienen de nosotros: todo puede aumentar en positivo en función de un desplazamiento, de una emigración nuestra. Otras veces este tránsito puede significar que una condición nuestra de éxito o de popularidad puede depender de un largo viaje que decidimos hacer, quizá en contraposición con años de inmovilidad, incluso de tipo físico. Nuevos horizontes se nos abren con el hecho de viajar a lugares lejanos. Pero esta lejanía también se debe entender a nivel metafórico y puede querer decir navegar esas aguas que siempre hubiéramos deseado surcar pero que no hemos navegado nunca: como en el caso de de las exploraciones en los interminables territorios de la filosofía, la teología, el esoterismo, la parapsicología, la astrología, el yoga, el orientalismo y el *new age* en sentido amplio. Se abre delante de nosotros una nueva e importante fase de vida con el inicio de un curso universitario, el estudio de un idioma (incluso los lenguajes de programación), la participación a una práctica profesional, a un seminario de preparación de post-licenciatura, etcétera. Desde el extranjero o mediante un forastero nos llega un premio, un reconocimiento de nuestro trabajo o una ocasión brillante de crecimiento. Un pariente que vive lejos nos da dinero, podría tratarse de una herencia. Fuerte pasión sexual con un sujeto que vive en el extranjero, o bien con nuestra pareja pero durante un viaje o una estancia lejos de casa. Si el tránsito se manifiesta en el sentido peor, corremos el riesgo de vivir una mala aventura en el extranjero: un arresto, una incriminación, un escándalo, un grave accidente o un peligro de vida. El deceso de un pariente nuestro que vive lejos nos precipita en una crisis psicológica profunda. Gran depresión que nos afecta mientras vivimos lejos de casa. Grandes fobias, angustias y depresiones durante un viaje. Viajes penosos y dramáticos por motivos de salud: la nuestra o la de nuestros familiares. Pésimas experiencias con sujetos poco recomendables a quienes encontramos durante un período de vacaciones. Experiencias sexuales a riesgo durante viajes o con personas extranjeras. Crisis psicológicas debidas al estudio de asuntos como la astrología, la magia negra, el ocultismo y el espiritismo. Frecuentamos personajes que vienen de lejos y esto afecta a nuestro sistema nervioso. Probables problemas graves con la ley.

Plutón en tránsito por la Décima Casa

Cuando Plutón transita por nuestra Décima Casa se movilizan todas nuestras energías para apoyar la ambición. Queremos hacer más, contar más, aumentar nuestro poder en la sociedad, tanto si pertenecemos a la categoría de los personajes públicos como si, al contrario, formamos parte de la llamada mayoría silenciosa. Pero no se trata de una ambición que se apoya sencillamente en la vanidad, sino de una justa estimación de nuestras reales posibilidades en ese momento. También los demás se dan cuenta de esto, y no es nada raro que justamente en este período logremos marcar tantos puntos importantes en la campaña en favor de nuestro crecimiento profesional. Podremos recibir, con no pocas probabilidades, cargos de prestigio, avances de categoría, cargas honoríficas o concretas, gratificaciones laborales de cualquier tipo y nivel. Lo mismo puede también decirse de nuestra madre, a la que los astros nos señalan ascendiendo a nivel profesional o sentimental, o bien recuperándose de una enfermedad. También es probable que durante este tránsito se produzca una relación nueva e importante con la persona que nos dio la vida. Pero si el tránsito se expresa en negativo, debemos temer fracasos en el sector laboral y esto es tanto más verdadero cuanto más se encuentra en un equilibrio inestable nuestra profesión. En otras palabras, cabe distinguir entre un empleado público, que corre seguramente menores riesgos de que lo despidan, aunque teóricamente se prevea una posibilidad de este tipo; y un empresario, un libre profesionista, un artesano, un político, un actor, un artista, un músico, un escritor, todos ellos figuras que pueden precipitar hacia abajo de un momento a otro. El médico entonces, deberá prestar muchísima atención para no cometer errores que le podrían incluso costar la cárcel; y lo mismo se puede aplicar a los políticos que huelen a corrupción o a los ingenieros que ponen su propia firma bajo un proyecto audaz y poco creíble. Todo el mundo, o casi todos si excluimos la categoría ya citada, corremos realmente serios peligros profesionales en este período, e incluso los que no corren directamente el riesgo de perder su trabajo, deberán temer un posible drástico oscurecimiento de su propia imagen por culpa de los medios de comunicación de masa o sencillamente en el ámbito restringido de su propio lugar de trabajo. Escándalo que nos daña mucho en el trabajo. Posible desviación criminal de nuestra actividad. Probables contactos de trabajo con criminales, prostitutas y sujetos muy poco recomendables. Acciones criminales para mejorar nuestra propia condición social. Un deceso nos puede dañar a nivel profesional. Escándalo que afecta a nuestra madre o su condición psicológica grave: en el caso peor, si muchos otros aspectos del tema natal y de los Retornos Solares lo justifican, también puede haber peligro de muerte o de suicidio.

Plutón en tránsito por la Undécima Casa

Cuando Plutón recorre nuestra Undécima Casa acariciamos proyectos ambiciosos. Por magnificencia y grandiosidad, se parecerán a los proyectos que inspiraron a Luís XIV, el Rey Sol, cuando indicaba a sus arquitectos cómo deseaba que le realizasen los jardines y las fuentes de su palacio. No somos capaces de pensar en pequeño y una hipertrofia que se encuentra muy cerca de la megalomanía, nos quita sentido crítico y nos proyecta sólo hacia empresas con la E mayúscula. Evidentemente, no se trata de un daño en sí: al contrario, podría ser una ventaja. El ingeniero querrá crear un nuevo puente de Brooklyn, el artista una nueva Capilla Sixtina y el escritor una moderna *Divina Comedia*: y al mismo tiempo se desinteresarán respectivamente del proyecto del nuevo edificio del catastro, del sistema de semáforos del barrio periférico y del diseño gráfico de la cartelera anunciando un encuentro cultural en biblioteca. A diferencia del tránsito descrito en el párrafo anterior, éste no prevé necesariamente la realización o la realización inmediata de las ideas, pero puede servir de base para algo muy importante que quizá vamos a realizar veinte o treinta años más tarde. Durante este recorrido planetario es también posible que recibamos el patrocinio de personajes influyentes, amigos que cuentan, conocidos potentes. Se nos pueden abrir muchas puertas, pero sólo de centros de control; más raramente las de humildes secretarios (lo que al contrario puede acontecer con tránsitos menores, por ejemplo con un rápido tránsito de Júpiter). También tenemos la posibilidad de conocer a personas muy interesantes e útiles que más tarde se desarrollarán en amistades. Un amigo o una amiga se vuelven famosos, reciben un cargo prestigioso u obtienen un éxito sin igual. Si el tránsito acontece en lógica disonante, puede que un amigo nuestro se vea involucrado en un escándalo o que incluso lo incriminen o arresten, o que corra peligro de muerte. A menudo volvemos a encontrar este tránsito (aquí mucho más a menudo que en la Octava Casa) en circunstancia de lutos: sobre todo de lutos importantes, devastadores a nivel psicológico, fatales por sus consecuencias materiales y dramáticos por las circunstancias en que se producen. Posible suicidio u homicidio en el que se encuentra involucrada una persona amiga. Amigos que se hunden en el vicio, que frecuentan a personajes criminales, prostitutas, transexuales y paidófilos. Grave crisis psicológica de personas a las que queremos mucho, aunque no se trate de nuestro ser amado. Proyectos criminales. Nos protegen personajes pertenecientes a la criminalidad, pero no vamos a ser capaces de librarnos de ellos. Quizá su protección nos impone pedirles préstamos a usureros, lo que nos destruirá a nivel económico.

Plutón en tránsito por la Duodécima Casa

Cuando Plutón transita por nuestra Duodécima Casa, para nosotros se podrían abrir las ventanas de territorios ilimitados de investigación, como aquellos explorados por *El retorno de los brujos* de Louis Pauwels y Jacques Bergier. Expresamos muy fuertes intereses por el esoterismo, la parapsicología, el ocultismo, la astrología, la teología y la filosofía. El sentimiento de humanidad y de espíritu solidario y asistencial que alberga en nosotros en su estado potencial, para los que sí lo tienen, estalla en toda su potencia y se manifiesta con las obras y ya no sólo con las palabras. Grandes acciones de voluntariado exaltan la espiritualidad que tenemos dentro de nosotros. Socorremos a los pobres, a los ancianos, a los enfermos y a los emigrados de todo sur del mundo. Explosión de un fuerte misticismo que nos puede llevar incluso a decisiones definitivas y absolutas: como entrar a un orden religioso o agregarnos a misiones en los continentes más pobres de la Tierra. Encuentro extraordinario con un maestro de vida, un sacerdote carismático, un santo, un apóstol, un astrólogo, un clarividente o un hombre de horizontes muy anchos. Elección luminosa de clausura, de pobreza, de retiro en meditación. Triunfo de las investigaciones ocultas de todo tipo, también éxito inesperado en indagaciones de policía. Reconocimiento liberatorio de la existencia de enemigos secretos. Al contrario, si el tránsito se expresa en negativo, podemos bajar a los peores infiernos que se puedan imaginar: los del vicio, de la droga, de la criminalidad, de las aberraciones sexuales como la paidofilia, de las neurosis devastadoras e incluso de las psicosis. Dependiendo de la gravedad del tránsito y de los demás tránsitos planetarios simultáneos, y por supuesto de los relativos Retornos Solares, es posible una nuestra caída vertical con muy pocas probabilidades de volvernos a levantar. Los que a pesar de todo lo consigan, podrán decir que de veras habían viajado al infierno y han vuelto a ver la luz, que han vivido una catarsis, una resurrección, que eran serpientes y se han convertidos en águilas. Los terroríficos escenarios que Víctor Hugo describió en *Los miserables* (la cárcel, los hospitales, las alcantarillas, la miseria, las enfermedades, el odio fratricida, el mal en todas sus disparatadas manifestaciones) podrán constituir el fondo de este tránsito que puede ser, tal vez, el peor en absoluto, o uno de los peores entre todos los tránsitos. La destrucción determinada por la apisonadora de Plutón, que aplasta todo lo que se encuentra debajo de él, y durante decenas de años sin cesar, difícilmente se puede comparar con los daños que provoca cualquier otro tránsito. El suicidio y el homicidio pueden ser otros dos importantes ingredientes de este tránsito: y pueden acompañar dignamente también los territorios de novelas como *Crimen y castigo* u otros del mismo género de literatura rusa. Grandes enemigos secretos que se desatan contra nosotros. En el mejor de los casos, se trata de cartas anónimas que provocarán un escándalo en el que nos veremos involucrados. Posible incriminación o detención. Hospitalización. Puede que nos ingresen en una casa de cura por graves trastornos nerviosos. Fuertes neurosis o psicosis. Traumas muy duros a causa de lutos. Episodios psicóticos debidos a encuentros con magos, malos astrólogos y adeptos de Satanás. Obsesiones de muerte. Depresiones muy profundas.

12.
Las Casas del Retorno Solar

Ascendente de Retorno Solar en la Primera Casa radical, stellium o Sol en la Primera Casa del Retorno Solar

Aquí se hace necesaria una explicación más clara. Ya en otras publicaciones mías, especialmente en el *Trattato pratico di Rivoluzioni solari*, he intentado explicarme con la mayor claridad posible pero, o yo no fui suficientemente claro o mis lectores no lo entendieron perfectamente. Así pues, ahora lo intentaré de nuevo, enfatizando ulteriormente los significados de esta posición; con la esperanza que, al gritar más alto, me puedan comprender y escuchar. Según mi experiencia, la Duodécima, la Primera y la Sexta Casa son tres sectores muy peligrosos en el Retorno Solar, extremamente dañinos casi al mismo nivel. "Casi al mismo nivel" quiere decir que si la Duodécima vale cien puntos de negatividad, la Primera y la Sexta valen noventa y ocho. Así es, las cosas son así. Parece ser que, anteriormente, me han malinterpretado muchas veces, al punto que muchos de mis alumnos o lectores me señalaron su alegría por haber evitado un Ascendente en la Duodécima Casa que en cambio se habría posicionado en la Primera: pero les aseguro que en la práctica no existe ninguna diferencia entre la maldad de una Duodécima Casa y la de una Primera o una Sexta Casa. Las tres son funestas, perjudiciales y extremamente negativas. No me voy alargar en la cuestión del presunto crecimiento que obtendríamos y en la consecuente bondad de estos sectores: ya he discutido el tema en otra parte de este volumen así como en otros textos míos. Quisiera en cambio detenerme en los significados de tanta maldad. Así pues, considerado como implícito el alcance negativo y peligroso de las tres Casas, y confiando haber sido esta vez más claro que las otras veces, voy a tratar de eliminar otro equívoco importante. Muchas veces he explicado que los efectos deletéreos de este sector interceptado por el Ascendente, por un stellium o por el Sol del Retorno Solar, se registran sobre todo a nivel de salud. Pero también en este caso he sido malinterpretado. Muchas veces, en efecto, he visto a consultantes maravillarse mucho al constatar que, a un año exacto de mis previsiones, no habían tenido ningún problema de salud pero en cambio "habían sido dejados o traicionados por su mujer". ¿Y de qué se trata pues, si no de salud? ¿Cómo piensan que se siente un ser humano al ser abandonado por su pareja? ¡Como en un infierno! Y justamente, esta Casa nos hace sentir exactamente así. Tanto si hablamos de personas abandonadas por su pareja como de políticos incriminados que pierden el poder, o de empresarios cuya situación económica acaba patas arriba; de chicos que suspenden en la escuela; de deportistas heridos en un accidente o de enfermos de tumor y de infarto, ¿qué cambia? Al fin y al cabo encontramos sólo sufrimiento: mucho, muchísimo sufrimiento. Quiero repetirlo por lo tanto otra vez, y espero que esta vez quede claro: la Primera Casa, así como la Duodécima y la Sexta, representa el calidoscopio de todas las posibles desgracias que pueden afectar a un sujeto; desgracias a trescientos sesenta grados, a todo campo, ninguna excluida: de los problemas de amor a los económicos, de los de justicia y de cárcel a los escándalos, a las enfermedades somáticas, a las graves depresiones y un larguísimo etcétera. Es necesario entender la salud tanto a nivel físico como psíquico, y la depresión no hace menos daño que un carcinoma. Los motivos de sufrimiento pueden ser los más disparatados posibles y tienden a abarcar todo el universo del padecer humano, sin saltar ni un solo problema: desde los reumatismos a la desesperación que lleva al suicidio. Esta es la razón por la que nadie debería decir, en este sentido: "¡No me preocupo de esto porque gozo de buena salud!". Aquí la salud tiene que ver pero hasta un cierto punto porque, en el caso de un gran disgusto, no será el colesterol o la glicemia los que se resentirán de ello sino la desesperación personal, que puede provocar daños mucho más serios. Dicho esto, es también verdad que en la mayoría de los casos se puede tratar sólo de un problema físico: como una artrosis que empeora, un problema de dientes, un cálculo renal que se tiene que expulsar, una hepatitis viral, un soplo en el corazón o cualquier otra dolencia. A veces, y no raramente, la susodicha posición se refiere a una operación quirúrgica que tenemos que afrontar entre un cumpleaños y el siguiente: una intervención que puede ser banal, como una rinoplastia en el tabique nasal desviado, o importante como un by-pass en el corazón, un trasplante de hígado o de riñón o la extirpación de un carcinoma. Esta combinación también se refiere a las largas convalecencias, la recuperación después de un tratamiento de quimioterapia que se ha prolongado durante largas semanas. Cuando la Primera Casa se expresa en positivo – pero son casos muy raros – puede indicar un embarazo que modifica el cuerpo de una manera evidente. Lo mismo puede decirse de un evidente aumento o disminución del peso, de un cambio sustancial del aspecto físico debido a una operación de cirugía plástica o a grandes modificaciones de la imagen del sujeto: cambios en la barba, en el corte y en el color del cabello, en el bigote y en el bronceado de la piel. Por último, hablando de salud, cabe incluir también – aunque quizá no encaje mucho – el aspecto del carácter de un sujeto: el hecho de ser más o menos introvertido, de volverse más abierto o más insociable, de registrar un mayor pesimismo o una hipocondría que no había antes, de mostrarse más o menos agresivo, etcétera. Pero, insisto, todas estas formas "absolutorias" de expresión de la Primera Casa que acabo de enumerar, no pueden servir de ninguna coartada plausible: la Primera Casa es básicamente muy negativa y muy, pero muy peligrosa. Desde luego, aquí como en otros lugares, vale una regla fundamental: si el sujeto tiene quince años las probabilidades de un tumor o de un infarto serán muy remotas, pero si tiene cuarenta años o más, las probabilidades crecen de manera exponencial y de igual forma los peligros. Es de esto que deriva la regla que dice que, cuando uno ya no es tan joven y al ir envejeciendo, un Ascendente, un stellium o un Sol en la Primera casa en el Retorno Solar, son realmente fatales.

Ascendente de Retorno Solar en la Segunda Casa radical, stellium o Sol en la Segunda Casa del Retorno Solar

Los significados son principalmente económicos. Traducida en pocas palabras, esta posición supone un mayor circulación de dinero: pero tanto en entrada como en salida. Esto quiere decir que el sujeto podrá ganar mucho más, contar con más bienes a su disposición, acceder a mayores recursos económicos, o bien registrar una verdadera hemorragia de dinero. Usualmente es más frecuente el segundo caso, y también aquí me espero las protestas que llegarán de una buena parte de lectores: "Pero ¿por qué debe haber o debemos suponer que haya más acontecimientos negativos que positivos?". No es culpa mía. Hagan algunas miniestadísticas y verán: por cada sujeto que gana en las quinielas ¿cuántas personas se endeudan con los bancos, con los parientes, con los amigos o con los usureros? ¿Acaso es una invención mía que con el dinero, así como en cualquier otro sector de la vida, por cada persona que se alegra hay al menos otras mil llorando? ¿Queremos hacer como los avestruces y esconder la cabeza en la arena? ¿O usar la demagogia y decir todos juntos, como en una película de Frank Capra, que la vida es bonita y maravillosa? Sí, lo podemos decir:

pero no nos olvidemos de añadir que el número de las desdichas a las que estamos expuestos cada día y cada año es superior y de mucho al de las cosas bonitas que nos pueden pasar. ¿Será pesimismo o tal vez simplemente realismo? No lo quiero saber: yo aquí estoy tratando de no estafar a mis lectores, y todas las eventuales acusaciones de pesimismo, hasta cierto punto no me tocan. Así pues, como acabo de decir, sin duda alguna muchos más gastos que ingresos, con las oportunas excepciones. ¿Cuáles son estas excepciones? Para empezar, los cielos natales de esos sujetos que, como el Rey Midas, convierten en dinero todo lo que tocan: esas personas que conseguirían vender incluso langostas en África y neveras en Alaska y que saben ganar millones de cualquiera manera, independientemente de su valor. Para ellos, para los que en el pasado hayan demostrado ya tener una suerte alucinante, a salvo de cualquier crisis económica nacional o mundial, sin duda alguna una Segunda Casa importante en el Retorno Solar puede significar mucho dinero en entrada. Pero también para los que reciben muy buenos tránsitos simultáneos y un conjunto igualmente positivo de valores globales del Retorno Solar. O bien para los que saben con seguridad que van a recibir dinero: por ejemplo los que han puesto en venta un piso y que, aunque vayan a ganar con ello menos de lo debido, recibirán de todas formas una lluvia de millones. Lo mismo puede decirse de los que han madurado una liquidación, están esperando la llegada de una herencia ya decretada, saben por cierto que van a recibir una donación, etcétera. En los demás casos, la prudencia no será nunca suficiente: con semejante posición, por ejemplo, si empiezan trabajos en casa y piensan gastar diez, será fácil que al final gasten cincuenta o ciento. La única manera para defenderse respecto a esta situación, cuando haya motivos objetivos de temor, es cerrar drásticamente los grifos de salida de cualquier compra superflua. Pero la antagonización de los tránsitos y de las posiciones del Retorno Solar no constituyen el tema de este libro, que se dirige a todo el mundo y no sólo a quienes me siguen en la práctica de la *Astrología Activa*. Estos últimos podrán encontrar mayores detalles en otros libros míos, como *Il sale dell'astrologia*, *Il trattato pratico di Rivoluzioni solari* y *Esercizi sulle Rivoluzioni solari mirate*. En otros casos notamos que este sector tiene mucho efecto en el aspecto, en la imagen del sujeto. Por ejemplo, puede suceder que durante ese año el sujeto adquiera una imprevista visibilidad debido a su participación a una o más trasmisiones televisivas, o porque su foto aparece en un periódico. Otras veces el sujeto cambia aspecto y empieza a vestir clásico en vez de casual, con traje y corbata, o viceversa. O bien se deja crecer la barba, se quita el bigote, se aclara el color del cabello o se lo corta, se somete a cirugía plástica facial, pierde o gana mucho peso, hace gimnasia y desarrolla los músculos, abandona o empieza a utilizar gafas o lentes de contacto, etcétera. Otras veces se trata del comienzo de una pasión fotográfica o cinematográfica, la compra de un televisor nuevo, una pantalla de alta definición para el ordenador, un vídeo costoso, un equipo de cámara oscura o un conjunto de software y hardware para el diseño gráfico al ordenador. El sujeto hace un curso de CAD (diseño asistido por ordenador) o de dibujo y gráfica publicitaria, de estilista, etcétera. Otras veces el sujeto se acerca al teatro, al cine, a la dirección de películas o a la escenografía, empieza una colección de videos, se apunta en un fórum del cine, compra todas las revistas de cine o lee las biografías de los actores. Atención también a robos, estafas, atracos, cheques en blanco, tirones, dinero prestado que no nos devuelven, préstamos que obtenemos pero que no seremos capaces de devolver.

Ascendente de Retorno Solar en la Tercera Casa radical, stellium o Sol en la Tercera Casa del Retorno Solar

Podrá parecer banal, pero es así: la cosa más probable que sucederá entre dos cumpleaños interceptados por estas posiciones es la compra o el robo de un coche, una moto, una furgoneta, un camión o un autobús. También podrá tratarse de trabajos de arreglos importantes, de averías mientras estemos de viaje, de posibles choques y en los casos más graves, cuando otros elementos lo justifiquen, incluso accidentes bastante serios. Casi siempre durante el año haremos muchos viajes o desplazamientos cortos pero continuos, un mayor y consistente tráfico pendular por los motivos más disparatados: por estudio, trabajo, terapias médicas, amor, etcétera. Será más que posible que participemos en cursos o estudios, tanto en calidad de estudiantes como de docentes: cursos de idiomas, exámenes universitarios, seminarios, prácticas profesionales, cursos para conseguir el carnet de conducir, para aprender a usar el ordenador, etcétera. Además, casi seguramente, si imaginamos nuestro diario del capitán para el año que pasa entre dos cumpleaños como si fuera un diario nacional, los titulares a nueve columnas dirán: hermanos, hermanas, primos y cuñados. Estos sujetos podrán convertirse en los protagonistas del año, y lo podrán ser tanto en positivo como en negativo. Todo dependerá, desde luego, de los tránsitos de base y del conjunto del Retorno Solar. Si, por ejemplo, el Ascendente de RS cabe en la Tercera natal y el Sol de RS se encuentra en la Duodécima, deberemos temer disgustos relativos a los citados sujetos: disgustos que pueden estar relacionados con una enfermedad de nuestros familiares, con una crisis patrimonial o sentimental que les afecta o bien con riñas entre nosotros y ellos. De todas formas serán los protagonistas, tanto en el bien como en el mal. Lo mismo vale para cuñados y primos. Si al contrario tenemos, por ejemplo, un Sol en la Tercera de Revolución y un Ascendente en la Quinta radical, podría tratarse de una maternidad o de una paternidad de un familiar nuestro. Y lo mismo sucede con todas las demás posibles combinaciones entre tránsitos y Retorno Solar. Sin embargo, no olvidemos que las posiciones individuales del tema natal pueden darnos muchas aclaraciones sobre las etapas más importantes de nuestra vida e iluminarnos también sobre un Retorno Solar singular. Si opinan que este método mío es eficaz y digno de estudio, les aconsejo estudiar también mi *Guida all'astrologia*: su 4ª edición italiana (1998) ha sido casi completamente actualizada a la luz de mi experiencia actual. Este libro podría constituir una ayuda también para los astrólogos más expertos, que podrán reflexionar mejor sobre las posiciones del tema natal y sobre todos los asuntos en los que, con razón, creen tener ya una preparación suficiente, pero que sin embargo no se verían penalizados si profundizaran estos asuntos a la luz de la que podríamos llamar "mi escuela": la importancia de la Undécima Casa en los lutos, la relación entre la Duodécima y la Sexta Casa y la ceguera, el binomio Cáncer/informática, el discurso acerca de la libido, la importancia de la dominante, etcétera. A lo largo del año de validez de este tipo de RS, también puede que escribamos algo, que recibamos la oferta de una colaboración periodística con un periódico, una cadena TV privada o una emisora de radio. Podremos embarcarnos en la poesía o en la prosa, o tratar de escribir un ensayo relativo a los temas que más conocemos. También puede que hagamos una compra importante en el campo de las telecomunicaciones: un teléfono móvil o inalámbrico, un fax, un equipo para navegar por Internet o una antena por satélite. En los casos peores es también posible que en esos doce meses la prensa se ocupe en negativo de nosotros: nos veremos involucrados en un escándalo, un periódico nos atacará, una cadena creará una campaña denigratoria contra nosotros... Posibles compras o daños relativos a impresoras. Nuevo programa procesador de textos.

Ascendente de Retorno Solar en la Cuarta Casa radical, stellium o Sol en la Cuarta Casa del Retorno Solar

Uno de los acontecimientos mucho más probables en estos doce meses, es una operación importante de tipo inmobiliario que podrá concretizarse principalmente en una de las siguientes maneras: compraventa de un inmueble, mudanza entre una demora y otra, y trabajos de reestructuración en el interior de un hábitat. Y cuando decimos hábitat cabe referirse tanto al ambiente doméstico, donde uno duerme, como al laboral: la oficina, el laboratorio, el taller, tanto si se trata de una propiedad nuestra o de una oficina pública. Por ejemplo para algunos puede significar el traslado a otra oficina postal, a otra agencia de banco, etcétera. Es realmente muy improbable que no se realice ninguna de estas tres posibilidades, aunque ninguna de ellas esté prevista. Lo mismo se puede decir de una multipropiedad o autocaravana, una caravana, una casa de campo, un garaje y cualquier otra cosa que, de forma directa o indirecta, se pueda asociar al concepto de casa. En los casos más banales se podrá tratar sólo de un barnizado de la cocina o del cuarto de baño, o de la sustitución de las persianas, de una nueva instalación de calefacción, de la construcción de un altillo, de una nueva decoración en la sala de estar, etcétera. Si todo esto no sucede, es también posible que recibamos una carta de desahucio de nuestro dueño de casa, o que un arrendatario nuestro nos provoque grandes problemas. También podría tratarse de trabajos en el edificio en el que se encuentra ubicada una propiedad nuestra, de impuestos a pagar por la casa o de desperfectos que nuestra casa u oficina ha sufrido debido a terremotos, incendios y otras calamidades, naturales o no. Problemas con quien vive en nuestro mismo edificio. Peleas con el portero o con un vecino de casa. Nuevo vecino que nos molesta mucho. Cuando el conjunto de los tránsitos y del Retorno Solar es muy malo, se trata de una posición bastante peligrosa ya que podría indicar una hospitalización o incluso una detención (pero en este segundo caso es más probable que desempeñe un papel la Casa Octava o la Duodécima). Si dicha posición se presenta junto con valores de Tercera y especialmente de Novena, es probable que nos mudemos a otra ciudad de forma temporal o definitiva: para muchos dependientes públicos, profesores, empleados de banca etc., esta posición nos puede informar de manera indirecta, de un avance en la carrera. Posible compra de un disco duro importante o de otro dispositivo de almacenamiento masivo de gran tamaño para nuestro ordenador. Riesgo de que estos discos se estropeen, y daños debidos a la pérdida de los datos allí conservados. Posible primera página dedicada a nuestros padres en general, a nuestro padre en particular. Si el conjunto de la situación es favorable, podrá tratarse de un momento mágico para ellos, de un amor, de la curación da una enfermedad, de un éxito profesional, etcétera. En caso contrario, sobre todo si ellos son ancianos, debemos temer que puedan estar muy mal o incluso, en casos muy graves, que fallezcan. A veces esta posición indica también una pelea o relaciones tensas entre nosotros y nuestros padres. Todas estas consideraciones también se pueden referir a nuestros suegros. Todas las referencias a operaciones inmobiliarias pueden referirse también a nuestros padres. Y para finalizar, es posible que recibamos una herencia inmobiliaria durante este año.

Ascendente de Retorno Solar en la Quinta Casa radical, stellium o Sol en la Quinta Casa del Retorno Solar

Muy a menudo se trata del comienzo o del final de un amor. Un año en el que el aspecto predominante será el sentimental, tanto en positivo como en negativo y, como siempre, sólo el conjunto de los tránsitos y del Retorno Solar nos podrá aclarar si hay que leerlo de forma positiva o negativa. Sin embargo, no por ello debemos pensar en una extrema relativización del problema, porque si lo hiciéramos esto acabaría por impedirnos cualquiera posibilidad de solucionarlo: las cosas son muy claras ya que, si encontramos también valores de Primera, de Duodécima y de Sexta Casa, y en este caso también de Octava, significa que sufriremos por un amor, que nuestro amado o nuestra amada nos dejarán o nos traicionarán. En caso contrario, se tratará de eventos muy agradables y gratificantes a nivel sentimental: un enamoramiento, un amor, un nuevo amor, una situación de varios amores al mismo tiempo (para los que disfruten de ello), etcétera. En los casos muy graves, podemos encontrar también la muerte del cónyuge. En general, esta Casa nos habla de mayor actividad lúdica y recreativa que significa más cine, más teatro, más conciertos, más discoteca, más cenas fuera, más fines de semana, más sexo, más viajes, más juegos de naipes, de ruleta o de bolsa. Según la edad del sujeto y su nivel cultural, su clase social, sus posibilidades económicas y otros, podremos intentar comprender en qué dirección se expresará su actividad lúdica y recreativa, sin olvidar que prácticamente ella no tiene límites, tal como enseñan los que teorizaron acerca de la "fisiología del placer": se puede gozar ensartando una calabaza con un cuchillo puntiagudo o estudiando la filosofía greca, pasando por los videojuegos, las escuchas telefónicas, la utilización del ordenador, los coches deportivos, el ajedrez, la equitación, los deportes en general e incluso con el lanzamiento de piedras a los coches desde un puente. No existe prácticamente un límite a la diversión, el único que podemos localizar es el del placer: y sobre gustos no hay disputas. Las consideraciones que acabamos de hacer acerca del amor tienen aquí igual valor y, queda claro por ejemplo que, si existe una Segunda Casa en evidencia, o incluso una Octava, es probable que el sujeto gaste mucho dinero para la diversión o que pierda mucho con especulaciones de bolsa erróneas. El aspecto puede referirse también a un nacimiento: bajo esta configuración astral podemos convertirnos en madres o padres, o podemos volver a serlo. Esto también puede interpretarse en positivo o en negativo, dependiendo de si lo deseamos, si se trata de un "accidente", si la cosa puede comportar problemas físicos, etcétera. También es posible que el Retorno Solar así concebido indique un aborto o un problema, más o menos serio, para uno de nuestros hijos. Se va desde el suspenso en la escuela o a la enfermedad, pasando por un amor feliz o infeliz, por eventuales problemas de malas compañías, por el descubrimiento de que fuman porros, por daños económicos en familia por su culpa, por un problema de educación con el que tendremos que enfrentarnos, etcétera. Muchos padres tiemblan cuando en un Retorno Solar esta casa se encuentra ocupada por el Ascendente, el Sol o un stellium. En la realidad las cosas nunca son tan dramáticas, considerando el hecho que los recursos de los muchachos son realmente tantos y los peligros, a nivel de salud, que les pueden afectar no son al final tan terribles. En la mayoría de los casos puede tratarse de leves enfermedades, caídas o accidentes, a veces, pero casi nunca de hechos realmente serios. La Quinta Casa para un político, puede indicar también el nacimiento de una nueva agrupación política, de una asociación o de una inauguración.

Ascendente de Retorno Solar en la Sexta Casa radical, stellium o Sol en la Sexta Casa del Retorno Solar

Lo que hemos explicado en relación con la Primera Casa, se puede aplicar casi al 100% también a la Sexta. Olvídense de que se trata de la Casa de la salud, o sea olvídense de que ella pueda provocar sólo problemas de salud. Seguramente en la base de un año de problemas a trescientos sesenta grados se encuentra la salud, pero no sólo la salud. El concepto es lo que ya hemos expresado: una Sexta Casa anuncia problemas y desgracias de todo tipo, se trata de una Casa que junto con la Primera y la Duodécima, casi perfectamente alineadas entre sí, provoca desdichas a todo campo. Cuando le toque un Ascendente en la Sexta radical, un Sol o un stellium en este mismo sector del Retorno Solar, cabe prever un año muy duro desde cualquier punto de vista: se separarán de la pareja, les despedirán, perderán el trabajo, tendrán problemas con la ley y quizá también conocerán la cárcel; les fallecerá un familiar, estarán en el centro de un escándalo, se pondrán enfermos más o menos seriamente, sufrirán accidentes u operaciones quirúrgicas, y un largo etcétera. Al final, en la base de todo esto habrá problemas de salud, pero estos problemas se deben considerar tanto en sentido estrictamente físico como psicológico: grandes estados depresivos, angustias, fobias, temores de todo tipo, desánimos difíciles de superar y todo ello por un motivo cualquiera que, como acabo de escribir, puede que no tenga nada que ver directamente con la salud y, en cambio, puede estar relacionado con el trabajo, el amor, la ley, etcétera. En definitiva, quisiera volver a subrayarlo otra vez y espero que sea de una vez por todas: una Sexta en evidencia en el Retorno Solar es igual como la Primera o la Duodécima; las tres casi con el idéntico valor, quieren decir pruebas, problemas y desgracias de todo tipo. Se trata de una Casa maléfica y ya está, no hace falta perder tiempo para analizar el tipo de desgracias que nos traerá. Sólo en casos muy raros se manifestará en los específicos valores con la que está asociada: problemas en las relaciones de trabajo, desavenencias con colegas, superiores o colaboradores. Se puede tratar también de un avance de nivel, del traslado a otra oficina, de una rotación entre colegas, pero sólo en casos muy raros; e incluso en esos casos el efecto final siempre será el mismo: mucha inquietud, sufrimiento y padecimientos de todo tipo. Naturalmente también podrá indicar, como dicen los manuales, una enfermedad no necesariamente grave que se manifiesta quizá por primera vez; y sólo en este caso, podemos decir que tiene alguna utilidad porque señala al sujeto la existencia de una patología que estaba escondida y que, en cambio, a partir de ahora se manifestará y se podrá solucionar. Para los jóvenes no es particularmente peligrosa: aun así anuncia suspensos en la escuela, crisis juveniles de amor, lutos que afectan al muchacho o a la muchacha, etcétera. Pero, como ya he explicado en otra parte de este texto, para los muchachos es difícil que esta posición pueda indicar enfermedades graves, sobre todo tumores; mientras para quien haya superado los cuarenta, esta Casa se vuelve realmente fatal y peligrosa. Otras veces este sector si puede "deshinchar" sencillamente a través de una operación no necesariamente importante como la tonsilectomía y la apendicectomía, la eliminación de un cálculo en la vesícula biliar, un ligero *lifting*, alguna intervención de limpieza profunda de los dientes, la que se efectúa cortando las encías y empleando cincel y martillo para quitar el tártaro. Esta última operación es muy molesta e impresionante aunque no supone ningún peligro para el paciente y se vuelve necesaria, muchas veces, cuando el sujeto supera los cuarenta años de edad. Durante este año también es posible que contratemos a un dependiente o que perdamos a uno, que recibamos la intimación de una causa de trabajo por parte de un ex dependiente nuestro o que tengamos serios problemas por causa de uno de ellos.

Ascendente de Retorno Solar en la Séptima Casa radical, stellium o Sol en la Séptima Casa del Retorno Solar

Se trata casi siempre de la llegada de papeleos legales y administrativos de todo tipo. Puede tratarse de un litigio con la pareja, de la separación o del divorcio, y también de cualquier tipo de problemas con la justicia. Con este tipo de RS, personas que nunca habrían imaginado tener algo que ver con jueces y tribunales se ven rodeadas, en cambio, de abogados y de papeles legales. Yo creo que las Casas realmente malvadas son la Duodécima, la Sexta y la Primera, casi al mismo idéntico nivel; luego viene la Octava, pero que normalmente no me da mucho miedo aunque podría dar problemas tanto económicos como de final de relaciones o de situaciones. Inmediatamente después de la Octava, pero casi al mismo nivel, pondría la Séptima Casa por su virulencia, que puede provocar desde un simple disputa en familia hasta atentados del crimen organizado. La Séptima, en efecto, es también la Casa de los enemigos declarados que pueden ser tanto la ley, vestida de fiscal, como la mafia a través de sus emisarios que están acostumbrados a expresarse con las bombas, los incendios dolosos, los atentados, los tiroteos en las piernas, las heridas y los homicidios. Así pues, si entre cumpleaños y cumpleaños se pone en evidencia una Séptima Casa, podemos estar seguros de que deberemos enfrentarnos con hostilidades. Como acabo de decir, en un sinfín de casos lo más probable es una disputa con nuestro amado, una separación o un divorcio, pero puede tratarse también de visitas de control tributario, de la confiscación del carnet de conducir por grave infracción del código de circulación, de la denuncia por parte de una entidad pública, de nuestro teléfono bajo control porque nuestro número lo han encontrado en la agenda de un criminal, etcétera. Sin embargo, en muchos casos seremos nosotros mismos los que produzcamos los citados papeleos: es decir que el efecto de esta Casa se notará en un aumento de nuestra beligerancia, independientemente de si somos personas pacíficas o no. Nos atraerá más la política, el compromiso militante en una asociación, un partido, un movimiento ecologista, un grupo de fe, etcétera. También tendremos más ganas de asociarnos, por ejemplo con un competidor comercial para fundar una sociedad. Con este tipo de cielo se pueden formar o disolver muchas sociedades: de negocios, empresariales, artesanas, de estudio, de alianza política, etcétera. También puede que descubramos una traición de nuestra pareja o, al contrario, que decidamos casarnos o empezar una relación sentimental nueva, una convivencia o una relación escondida.

Ascendente de Retorno Solar en la Octava Casa radical, stellium o Sol en la Octava Casa del Retorno Solar

Esta posición significa, en primer lugar, una mayor circulación de dinero que, a su vez, tiene que entenderse tanto como dinero en entrada como en salida. Al igual que para la Segunda Casa, aquí también será el conjunto de los tránsitos el que nos haga comprender en qué dirección viaja el flujo de dinero. Si por ejemplo el Ascendente de RS cae en la Cuarta Casa natal y hay un stellium en la Octava Casa de RS, tan sólo hay dos posibilidades: el sujeto vende una casa (y en este caso el dinero entra) o compra un inmueble, cambia de domicilio, hace trabajos en la casa (y en este caso el dinero sale). En la mayoría de los casos, por las razones que ya expliqué y no por pesimismo, en general se trata de enormes (en relación a la renta del sujeto) salidas, incluso de una verdadera hemorragia de dinero. Los motivos pueden ser los más disparatados: la adquisición, el alquiler o la reestructuración de un inmueble, impuestos por pagar, los plazos de la hipoteca, la compra de un coche, etcétera. A su vez, el dinero en entrada puede proceder de una herencia, de una ganancia de juego, de un sueldo atrasado, de una liquidación, de una pensión, de un aumento de sueldo, de una donación a nosotros o a nuestra pareja, etcétera. Existen muchas personas que temen, a veces con terror, esta Casa. Yo no puedo estar de acuerdo de ninguna manera: en primer lugar porque, si hablamos de lutos, la Undécima Casa es mucho más peligrosa que la Octava; y en segundo lugar porque en el noventa y nueve por ciento de los casos se trata de significados económicos y patrimoniales, y tan sólo en el uno por ciento puede tratarse de lutos. Y aunque se trate de lutos, en la mayoría de las situaciones podrá haber un luto no directo (un amigo, un primo, un cuñado) y solamente en un pequeño porcentaje de acontecimientos se tratará de un luto que nos afecte de cerca; o en casos muy pero que muy raros, se podría tratar de nuestro propio deceso, si otros elementos del análisis lo permiten sospechar (sobre todo el examen de todos los temas natales y los temas de Retorno Solar de los familiares más íntimos). Podemos decir, en cambio, que la Octava Casa se refiere seguramente al final de las cosas: por lo tanto, a menudo testimonia el final de un amor, de un noviazgo, de una convivencia, de una relación extramarital o de un matrimonio. En este sentido, esta Casa puede ser perjudicial, pero – en mi opinión – siempre mucho menos que las Casas ya citadas que son las que nos deberían provocar temor e inducirnos a buscar posibles soluciones. Otras veces la Octava puede estar relacionada también con la cárcel, pero también en este caso se trata de una restringida minoría de casos. Son posibles, en cambio, enfermedades de la esfera sexual y/o ginecológica. Peligro de muerte para nosotros o para un familiar nuestro (peligro que puede quedarse sólo en peligro potencial). Año importante a nivel sexual debido a una mayor actividad o a la interrupción de la actividad sexual (lo que a menudo nos informa sobre la nueva "apertura" de una relación o sobre su final). Posibles temores y fobias relacionadas con la idea de la muerte. Interés para la criminalidad, el ocultismo, la magia y el espiritismo. Posibilidad de obtener un préstamo o una financiación. Podríamos tener dificultades para pagar los plazos de un préstamo recibido anteriormente. Daños a nuestro patrimonio inmobiliario, accionario, etcétera. Peligro de robos, tirones y atracos.

Ascendente de Retorno Solar en la Novena Casa radical, stellium o Sol en la Novena Casa del Retorno Solar

Casi siempre indica uno o más de un viaje importante durante el año. En nuestra época, los viajes intercontinentales ya no asustan a nadie: por lo tanto se tratará sobre todo de viajes bastante largos, tanto de vacaciones como de trabajo, salud, estudio, etcétera. También es posible que durante el año tengamos relaciones importantes con extranjeros o sujetos nacidos en otras ciudades o en otras regiones. Una obra nuestra (literaria, periodística, musical, profesional de los más disparatados géneros) alcanzará una acogida particular fuera de nuestro ámbito habitual de actividades. También es posible que la lejanía a la que se refiere esta Casa no debamos entenderla a nivel geográfico y territorial: sino en sentido metafísico, trascendente y cultural. En este sentido es bastante probable que, en los doce meses abrazados por este tipo de Retorno Solar, nos embarquemos en estudios profundos, a lo mejor de asignaturas como la astrología o la filosofía o la historia de las religiones; o en exploraciones del universo del yoga, del orientalismo, del esoterismo y de la parapsicología. Otras veces se tratará, sencillamente, de estudios universitarios, de cursos post-licenciatura, de prácticas profesionales para empleados, de seminarios intensivos, de cursos de idiomas extranjeros o de cursos para aprender a utilizar el ordenador. Tendremos acceso seguramente a conocimientos superiores, incluso respecto al mismo asunto del que nos ocupamos normalmente. Pongamos un ejemplo. Si nos ocupamos normalmente de astrología, entonces querrá decir que si el Ascendente, un stellium o el Sol ocupan la Novena Casa, pasaremos ese año estudiando los Retornos Solares, las Direcciones primarias, las armónicas u otras técnicas más avanzadas respecto a la base de la asignatura. Otras veces la Casa Novena podría manifestarse con un rotundo impulso religioso, tanto en positivo como en negativo: por ejemplo a través de una profunda crisis verdadera que podría llevarnos a una situación de dificultad diaria. He visto por ejemplo, y no pocas veces, a sujetos con esta posición del RS que abrazaban el Budismo o perdían la fe en Dios, a causa de una desgracia sufrida. Otras veces es posible que acontezca un accidente durante el año (entendido siempre entre dos cumpleaños): en general se trata de accidentes de tráfico en coche, moto, bicicleta, o al cruzar la carretera. Pero otras veces el accidente puede referirse también a una simple caída, con consecuencias más o menos serias, al correr de una habitación a otra de la casa o al subir a una escalera. También es posible que esta Casa se manifieste como principio o intensificación de una actividad deportiva, o como relación un poco especial con los animales.

Ascendente de Retorno Solar en la Décima Casa radical, stellium o Sol en la Décima Casa del Retorno Solar

Se trata seguramente de la Casa más bonita. Cuando encontremos esta combinación se producirán una o más emancipaciones, premios, satisfacciones, crecimientos y mejoras en nuestra vida. Algunas de las cosas mejores que nos pueden pasar durante nuestra vida, estarán seguramente relacionadas con estas posiciones. Cada uno de nosotros tenemos que ajustar nuestra sensibilidad respecto a este ítem: pues más allá de su interpretación subjetiva, esta Casa tiene un valor diferente de individuo a individuo y sólo el examen directo de un sujeto podrá decirnos hasta qué punto será capaz de disfrutar de esta situación de manera positiva. Para algunas personas sus efectos son espectaculares, pirotécnicos, hasta el punto de pensar en un milagro. Para otros se trata de ventajas menos rimbombantes pero igualmente positivas. Pero no todo el mundo es capaz de reconocer las ventajas que esta Casa le ofrece ya que, muy a menudo, tienen expectativas unidireccionales que les impiden darse cuenta, de forma transparente, de la gran positividad que la acción de la Décima Casa les traerá en los doce meses siguientes. Pongamos algunos ejemplos. Un intelectual recibe varios reconocimientos prestigiosos de su valor, pero no los valorará de forma positiva, ni siquiera mínimamente, puesto que se esperaba entradas de dinero. Una mujer que esperaba ventajas profesionales y sentimentales subestimará enormemente haber conseguido perder treinta kilos de peso y haber pasado de una condición de obesidad a una condición de normalidad. Un profesional se espera negocios importantes y no se da cuenta que, por primera vez en su vida, ha conseguido aprender a usar el ordenador y ha pasado a formar parte, de esta manera, de un mundo mucho más emancipado que el suyo. Una mujer que ha discutido con sus hijos y espera que se produzca un acercamiento, aprende a nadar a la edad de cincuenta años o vuela por la primera vez en su vida: librándose así, de golpe, de toneladas de lastres. Un sujeto descubre por fin el origen de su enfermedad y esto le permite liberarse, después de decenas de años, de la esclavitud de un fármaco; aunque no lo aprecia porque esperaba conseguir cosas a nivel patrimonial. Una mujer, normalmente deprimida y angustiada, termina su terapia de análisis de una vida entera, pero no es capaz de comprender el alto valor de esta emancipación. A una anciana señora se le muere el familiar inmovilizado en una silla de ruedas que lleva treinta años cuidando. A un profesional cuyos padres son ya muy ancianos y están enfermos y que se obstinan en seguir viviendo solos, le llega por fin la noticia que han decidido irse a vivir en una residencia de ancianos dirigida por doctores. El dueño de un ordenador utiliza un sistema operativo muy "propietario", que tiene la posibilidad de utilizar muy pocas aplicaciones; lo cambia e instala un sistema operativo mucho más conocido que le permite utilizar miles y miles de programas. La lista podría seguir hasta el infinito y si he insistido un poco con los ejemplos es porque me doy cuenta que muchas veces la mayoría de la gente no reconoce los excelentes resultados de esta Casa. Otras veces, el malentendido entre las expectativas y los resultados alcanzados en la realidad es debido a que el interesado se espera una serie de acontecimientos preciosos y, en cambio, durante el año tal vez se verifica sólo uno, del tipo que acabo de describir. Si el sujeto fuera una persona objetiva, tendría que reconocer que aun así ha conseguido resultados excepcionales y positivos. Para muchas personas, sobre todo para las mujeres, esta Casa desempeñando un papel en el tema de RS puede traerles un amor importante, un matrimonio o incluso el comienzo de la convivencia. También en este caso tengo que decir que he hablado con muchas personas que no habían reconocido en ningún caso la positividad del acontecimiento (lo que desde luego no quiere decir que el matrimonio dure eternamente: la combinación astrológica que estamos considerando se refiere sólo a ese año. Lo importante, lo más importante, es si durante aquellos doce meses tocaron o no las campanas, nada más). Esta combinación de RS resulta enfatizada si durante el mismo año el sujeto recibe también un óptimo tránsito: por ejemplo Júpiter sobre el Sol o en buen aspecto con el Medio Cielo. En este caso, el valor de la Décima aumentará enormemente y podemos conseguir lo que yo llamo el *Retorno Solar bomba*. En estos casos los resultados son aún más impactantes, pero también en este caso no debemos dejar correr el pensamiento como cabalgando en el viento, ni parir fantasías de potencia en que esperemos el billete millonario de la lotería o un cargo de diputado. Otras veces, este tipo de Solar nos podrá indicar sencillamente la adquisición de un nuevo e importante cliente que con el tiempo supondrá grandes frutos en el trabajo. Al contrario, si durante el año hay tránsitos negativos, sobre todo de Saturno y de Urano respecto a Sol, Luna, Ascendente y Medio Cielo, será necesario interpretar las cosas de una manera totalmente diferente. En estos casos podemos sufrir una verdadera derrota para el sujeto: un fracaso económico, profesional, político, físico, psicológico, de prestigio, etcétera. Como podrán ver también en los ejemplos de este mismo libro y de otros libros míos, sin duda alguna la combinación de tránsitos malos junto a una Décima Casa de RS puede ser incluso más negativa que una Duodécima Casa. Existe un tercer caso: cuando, junto a valores de Décima, encontramos tránsitos positivos y negativos al mismo tiempo. En dicha circunstancia cabe evaluar, antes que nada, el trabajo del sujeto. Si se trata de un político y el tránsito negativo es el de Saturno junto con la Luna, se trata de una combinación extremadamente peligrosa que preanuncia una fuerte impopularidad y una terrible pérdida de poder. En cambio, si el mismo tránsito le toca a un sujeto con una profesión de arquitecto yo me fiaría sin duda alguna de una situación en la que, junto a la Décima de RS, existe sí el tránsito disonante de Saturno, pero simultáneo a otro tránsito óptimo como puede ser el de Júpiter respecto al Medio Cielo, por ejemplo. No puede haber una regla puntual y unívoca y en esto, desde luego, vale la experiencia del astrólogo. Si se trata de un astrólogo que ha acumulado una experiencia poderosa, podrá comprender con relativa facilidad en qué dirección irá evolucionando la situación.

Ascendente de Retorno Solar en la Undécima Casa radical, stellium o Sol en la Undécima Casa del Retorno Solar

Muchas veces, y mucho más a menudo de lo que se puede opinar, cuando el Ascendente, el Sol o un stellium de RS se encuentran en esta Casa anuncian un luto durante el año: mucho más de lo que puede hacer la Octava Casa. El luto puede afectar tanto a los familiares del sujeto como a sus amigos, conocidos, personas de su alrededor, aunque no sean propiamente parientes. Otras veces puede tratarse de un peligro de vida, tanto para los parientes como para los amigos. Es algo que se demuestra por sí sólo: es suficiente examinar cuántas veces se encuentra presente en casos de muerte la Undécima Casa en los horóscopos de los familiares (y no de las víctimas), y cuántas veces se encuentra presente la Octava. Se darán cuenta de la enorme incidencia de la Undécima respecto a la Octava, y aparecerá evidente lo que en otra parte de este libro y en otros textos míos pueden leer: no consigo explicarme cómo es posible que ningún colega se haya dado cruenta antes que yo de tanta aplastadora evidencia. Cuando esta Casa no nos habla de un luto durante los doce meses de validez del RS, anuncia que habrá una considerable rotación en las amistades: es decir, que habrá amigos que se alejarán de nosotros y que llegarán otros nuevos. Seguramente, a nivel de amistades, no podrá tratarse de un año cualquiera. También puede pasar que esta Casa se exprese con apoyos que conocidos y personas influyentes nos otorgan para que accedamos a un puesto de trabajo, a una ocasión de trabajo interinal, a un avance para nuestra empresa, etcétera. Se trata también de la Casa de los proyectos: por lo tanto, es cierto que haremos muchos proyectos durante el año. A pesar de que este sector evoca la muerte, yo creo que no debemos considerarlo en ningún caso un sector malo. En primer lugar porque creo que la muerte se deba considerar como un evento inevitable y, por lo tanto, no catastrófico. Y en segundo lugar porque si el Ascendente, el Sol o un stellium cayeran en otra Casa, esto no querría decir que no habría luto ninguno, sino que el sujeto viviría el luto de una manera menos dramática. Un Ascendente en la Duodécima, en la Primera o en la Sexta, créanme, es cien veces peor. Esta Casa, además, podría hablarnos también de un interés momentáneo o definitivo por la música.

Ascendente de Retorno Solar en la Duodécima Casa radical, stellium o Sol en la Duodécima Casa del Retorno Solar

Cuando esta Casa se encuentra fuertemente involucrada en el cielo de RS, nos hace comprender cuánto suenan falsas las consideraciones sensatas en apariencia, pero en realidad fariseas, de aquellos autores que fingen esforzarse para convencer a sus lectores o a sus alumnos de que esta Casa no es malvada y que, al contrario, promueve el crecimiento y la sabiduría en los sujetos que la viven con intensidad. Lo repito de nuevo: yo no tengo dudas sobre el hecho que esta Casa haga crecer al interesado y que lo mejore incluso a nivel espiritual; pero la pregunta es si el sujeto prefiere tener un tumor, ser encarcelado, la muerte de un hijo o el abandono por parte de su pareja y de esta manera crecer… o si al contrario prefiere no crecer para nada y evitar todo esto. En estos casos, parece como si los autores interrogados sobre este asunto no se encuentran con clientes terrestres, sino con interlocutores marcianos o de otro mundos. ¿Creen ustedes que sus consultantes aceptarían esta teoría de que la Duodécima Casa no es para nada mala si, un año más tarde, volviesen a contactarles para contarles que fracasaron en el trabajo, que los acreedores les acechan, que se están sometiendo a una radioterapia y que acaban de descubrir que su hijo se droga? Yo creo que no y considero que se trata de la peor Casa que existe: pero sólo de una medida mínima, casi imperceptible, respecto a la Primera y la Sexta. Si me permiten, es precisamente sobre esto que deberían valorar mi escuela respecto a la de otros autores, empezando por

Volguine. Creo que no es suficiente que les hable de cada Casa en términos alarmistas para llegar a la conclusión de que hay terror por todas partes. No, yo creo que es mucho más correcto proceder sin red, asumirse responsabilidades puntuales, elaborar clasificaciones y colocar signos de admiración y luego, cada uno pruebe a interpretar los tránsitos y los Retornos Solares juntos, según la escuela de Volguine o de los demás fundadores de escuelas que ustedes prefieren; luego hagan lo mismo según estos preceptos míos y háganme saber qué porcentaje de acierto han alcanzado con las previsiones según los dos métodos. Yo no demonizo esta Casa porque soy pesimista. Es exactamente lo contrario: es la maldad de este sector lo que me vuelve pesimista. Su virulencia yo la mido en el campo, no de manera teórica. Si quisiera enumerarles las cosas que les han sucedido a miles y miles de consultantes míos en presencia de esta Casa, no sería suficiente un libro entero y, además, se prohibiría su lectura a los menores de dieciocho años, ya que sería más terrorífico que una película de Dario Argento. La Duodécima Casa la encontrarán ustedes en las peores desgracias de su vida. Es un juego de niños hacer previsiones en presencia de una fuerte Duodécima Casa: será suficiente decir que se pasan todos los apuros de este mundo a trescientos sesenta grados, a todo campo: desde el amor a los problemas con la ley, a las enfermedades, las operaciones quirúrgicas, las enormes dificultades económicas, los lutos y un largo etcétera. Por supuesto, esto lo estamos diciendo entre nosotros y ustedes no deberán expresarse así con sus consultantes. Deberán utilizar todos los sistemas oportunos para tranquilizarlos y, sobre todo, para ayudarlos a enfrentarse o a neutralizar tanta contingencia. Pero esto no constituye el tema de este libro: los que me siguen en la práctica de la *Astrología Activa* (y tan sólo ellos), podrán leer pormenores en más libros míos, como *Il trattato pratico di Rivoluzioni solari*. Yo aquí sólo tengo que alertarles, para que sepan que si un sujeto se toma una Duodécima casa en el Retorno Solar pasará toda una serie de problemas: desde la exclusión de un concurso vital para él a la enfermedad grave de un familiar, pero sin excluir nada en el amplio panorama de las desgracias que le pueden afectar a un común mortal. Es inútil intentar establecer de qué se tratará: en la mayoría de los casos, como ya hemos dicho, se tratará de problemas a todo campo o bien de una única, específica y muy dura prueba. En este segundo caso, las cosas irán todavía peor porque la fatalidad de esta Casa no se diluye en dosis homeopáticas, sino que tiene un impacto concentrado y muy duro. Si la conocerán de forma suficiente, aprenderán que no se puede desear esta Casa ni siquiera a nuestro peor enemigo. Cuando un Ascendente se encuentra en signos de larga o muy larga ascensión como Cáncer, Leo, Virgo y Piscis, esta Casa le puede tocar a la misma persona durante muchísimos años, cada cuarto año: esto es algo realmente difícil de aguantar. Aquí, como en los demás casos, no existe mucha diferencia si es la Duodécima Casa del tema natal que contiene el Ascendente del RS o si es la Duodécima Casa del Retorno Solar que contiene el Sol o un stellium del Retorno Solar. A veces el Sol de RS se encuentra sólo dos-tres grados encima de la cúspide de separación entre la Duodécima y la Undécima Casa y esto es algo bastante arriesgado, porque muchísimas horas de nacimientos se registran de forma redondeada por exceso y el sujeto resulta que ha nacido diez-quince minutos antes de la hora oficial. Esta es la razón por la que muchas personas se toman el Sol del RS en la Duodécima pensando que lo tienen en la Undécima, pero la maldad de los acontecimientos del año los convencen pronto de lo que ha sucedido a sus espaldas. Y sin embargo, esto les va a servir en el futuro.

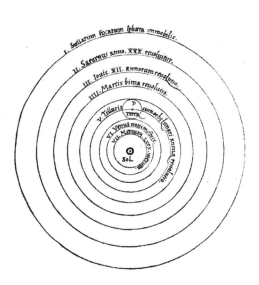

13.
Los astros en las Casas del Retorno Solar

Cabe repetir aquí lo que ya se ha explicado: es decir que la "avidez", o sea la intención de explicar todos los detalles uno por uno o cada mínimo detalle del Retorno Solar, no sólo no sirve para aclarar mejor las cosas sino que, seguramente, acaba complicándolas y haciendo que sean mucho menos transparentes. Recuerden: es necesario considerar sobre todo tres elementos: es decir, dónde cae el Ascendente de RS respecto a las Casas de nacimiento, luego dónde cae un stellium de RS respecto a las Casas de RS, y por último dónde cae el Sol de RS respecto a las Casas de RS. A estas alturas añadiría las indicaciones procedentes de la posición de los maléficos en las Casas del Retorno Solar, de manera particular Marte; y la posición de Júpiter y de Venus en las Casas del RS. Les desaconsejo que intenten forzar ulteriormente las ya preciosísimas y exactísimas informaciones ya en su poder. Si empiezan a querer establecer si un planeta es retrógrado, si se encuentra en malo aspecto con otro, si es señor de tal Casa, etcétera, terminarán por recopilar un tal número de variables que el efecto final se podría parecer a una realidad de los últimos años: las sondas lanzadas por las agencias espaciales nos están mandando una cantidad tal de datos que, aunque se detuvieran todas hoy mismo, no bastarían los próximos dos, trescientos años para poder interpretarlos todos; y no es seguro que tanta información pueda aclararnos algo de la situación celeste. En definitiva, yo no quiero decir que no sirva de nada saber si un planeta de RS recibe buenos o malos aspectos, sólo quiero subrayar que el valor de tal información es mínimo: por ejemplo, si queremos cuantificar esta cosa sin querer proporcionar valores exactos, podríamos decir que la valencia de esta información en el marco de un RS es igual a 0,1 respecto a otras posiciones principales que podrán valer, digamos 70, 85 ó 92, etcétera. Si tienen presente esta escala de valores, se darán cuenta que es perfectamente inútil establecer, por ejemplo, si en la Casa de RS de un sujeto de setenta años Marte recibe buenos o malos aspectos: sus efectos serán siempre perjudiciales en cualquier caso.

14.
Luna de Retorno Solar en las Casas del Retorno Solar

Por lo que se refiere a la Luna de forma particular, es necesario observar que se trata de un astro que supone una importancia realmente mínima en la economía de un Retorno Solar y, como mucho, nos informa de algún estado de ánimo, de ciertas tendencias particulares, de algo que quisiéramos hacer pero que no haremos... En un ranking global de valores, por importancia yo pondría la Luna de RS no digo en la última posición, pero sí en una de las últimas y esto de forma muy distinta de lo que haría en la interpretación de un tema natal.

En la Primera Casa, la Luna establece humores variables durante el año, un continuo oscilar de la voluntad entre propositiva y ausente. Ideas que cambian a menudo durante los doce meses de validez de este Retorno Solar. Actitud más pasiva, menos firme, más influenciable, más perceptiva. Mayor sensibilidad general. Comportamientos caprichosos e indecisos. Falta de fiabilidad cuando se trata de la verificación de proyectos importantes.

En la Segunda Casa nos hace pensar seguramente en una situación económica a ciclos alternos: positiva y negativa a intervalos diferentes, durante el año. Emotividad que condicionará las decisiones en campo patrimonial. En este campo seremos influenciables, sobre todo con nuestros seres queridos. Poca decisión en nuestros propósitos de lucro. Escasa atención a los problemas de dinero. Propensión a ocuparse, durante los doce meses de este Retorno Solar, de fotografía, cine, teatro, imagen, aspecto personal, diseño gráfico con el ordenador, etcétera.

En la Tercera Casa, puede significar dependencia psicológica de hermanos, hermanas, primos y cuñados, o relaciones alternas con ellos. Propensión a los viajes, pero que no es seguro que se vea premiada con hechos. Interés por las comunicaciones y las telecomunicaciones. Rendimiento alterno en los estudios: algunos meses buenos y otros malos. Proyectos de automoción o referentes a la compra de una moto.

En la Cuarta Casa puede indicar muchos sueños, incluso con los ojos abiertos, relacionados con la compra de una casa, una mudanza o trabajos en nuestro hábitat. Situación muy inestable relativa a la salud de nuestros padres o a nuestra relación con ellos. Tenemos ganas de vida privada, de pasar muchas horas en casa. Podría tratarse de un deseo bastante realizable.

En la Quinta Casa significa, casi seguramente, enamoramiento durante el año. Para los que pierden fácilmente la chaveta, puede anunciar más de un enamoramiento durante el año. Relaciones alternas con la pareja o con los hijos. La situación escolar, de salud o sentimental de los hijos tiene altos y bajos. Nuevos intereses relacionados con las aficiones. Ganas de ir más a menudo al cine, al teatro o a la discoteca. Deseo de aumentar la cuota de diversión durante el año (recuerden que es válido siempre de cumpleaños a cumpleaños).

En la Sexta Casa suele representar un mayor interés – al menos a nivel de las intenciones declaradas – hacia la salud o el aspecto estético de la propia persona o de la de los demás. Intereses en campo médico. Lecturas de revistas de medicina divulgativa. Intención de tomar parte en cursos de shiatsu, de pranoterapia, de macrobiótica, etcétera. Relaciones con muchos altos y bajos en el ambiente de trabajo. Lo mismo vale para las relaciones del sujeto con sus dependientes, colaboradores o criados, secretarias, etcétera.

En la Séptima Casa significa relaciones con altos y bajos en el ámbito matrimonial o con la media naranja, con la persona con la que el sujeto convive o con la que mantiene una relación. Atracción hacia la vida matrimonial alternada con períodos de rechazo. Intenciones en relación a todo tipo de asociación. Deseo de aliarse con alguien. Preocupaciones alternadas con certezas en campo legal.

En la Octava Casa indica, un poco como la homóloga posición en la Segunda Casa, ciclos alternos con el dinero durante el año: deseo de ganar más, pero también algún peligro de pérdidas a nivel patrimonial. Expectativas en el campo de las herencias. Posible llegada de un préstamo pero que luego se desvanece. Mayor atracción sexual.

En la Novena Casa significa ciertamente mayor deseo de viajar, de moverse y de mudarse. Casi siempre se trata sólo de un deseo, sin efectos de tipo práctico. Pasión por el extranjero. Atracción para todo lo exótico, lejano, aunque sólo sea a nivel cultural: ganas de ocuparse de filosofía, teología, astrología, esoterismo, orientalismo, yoga, etcétera.

En la Décima Casa señala un poco más de ambición, pero no apoyada por acciones convincentes en ese sentido. El sujeto querría subir más alto, pero sin subir a pie los escalones. Altos y bajos en el prestigio durante el año. Relaciones alternas con la madre. Madre que pasa de estados positivos a estados menos buenos, sobre todo en su salud.

En la Undécima Casa del Retorno Solar, la Luna significa muchas ganas de amistades y de nuevas amistades. Relaciones con los amigos caracterizadas por altos y bajos. Extrema volubilidad en los proyectos. Proyectos infantiles. Tentativas, pero no muy convencidas, de pedir ayuda a personas influyentes. Posibles estados depresivos como consecuencia de un deceso.

En la Duodécima Casa, la Luna indica deseo de aislamiento y de clausura. Favorable a los retiros espirituales o de meditación. Instabilidad a nivel mental. Crisis nerviosas. Un poco de angustias y fobias. Acciones negativas que el sujeto recibe de mujeres. Pequeños disgustos relacionados con seres queridos de sexo femenino. Actitudes alternas en dirección asistencial, sobre todo relativas a los propios parientes.

Por lo que se refiere a la posición de Mercurio en las Casas de Retorno Solar, es válido casi todo lo que ya se ha escrito sobre la Luna: su importancia es muy pero que muy escasa, aunque no es completamente nula. Mercurio nos sugiere el sector en el que acabaremos por gastar o invertir nuestras mayores energías y recursos mentales, en el que se registrará mayor movilidad por nuestra parte.

En la Primera Casa, Mercurio nos anuncia un año de mayor movilidad física y mental. Seremos más activos, más dinámicos y más eléctricos. Esto no significa más fuertes: pero sí más rápidos, por lo menos en la apariencia. Algún crítico de este tema podría observar que se trata más de aire movido que de acciones de verdad y, en parte, es así. Los demás nos verán más jóvenes y frescos, también a nivel mental; nuestra persona tenderá a participar en la vida de los demás con espíritu de camarada y de goliarda, en el sentido mejor de estos términos.

En la Segunda Casa, Mercurio tenderá a favorecer el brote de ideas, pequeñas invenciones, picardías, lo que nos favorecerá en los negocios y, más en general, favorecerá la circulación de dinero en nuestros bolsillos. De alguna manera, la circulación de dinero también podría estar relacionada con modestas actividades comerciales, independientemente de si trabajamos o no en ese sector. Nuestros comercios, en particular, podrían estar relacionados con las comunicaciones y las telecomunicaciones. Gastamos dinero para comprar un coche o una moto.

En la Tercera Casa, Mercurio favorece mucho las comunicaciones y las telecomunicaciones. Nos empujará a comprar equipos que sirven para satisfacer este tipo de exigencias: como fax, teléfonos móviles e inalámbricos, equipos para navegar por Internet y antenas por satélite. Mayor tráfico pendular o muchos viajes cortos, sobre todo por motivos de estudio o bien para visitar a hermanos, primos, cuñados y jóvenes amigos. Se verán favorecidas todas las actividades intelectuales. Posibles estudios, cursos, seminarios, congresos y escritos.

En la Cuarta Casa puede indicar una actividad comercial que uno de nuestros padres o los dos padres inician; o también una transacción comercial relacionada con una casa, un oficina o un taller. Cuestiones inmobiliarias que nos ponen en relación con hermanos, primos y cuñados. Frecuentes cambios de casa o bien tráfico pendular entre una casa y otra.

En la Quinta Casa puede establecer un renovado interés por el juego en sentido lato, por todas las actividades lúdicas y recreativas: sobre todo las de tipo goliárdico, un poco infantiles. Un hijo que se marcha, que se desplaza con frecuencia o que está ocupado con actividades intelectuales. Relaciones de juego con muchachos o con personas más jóvenes. Nacen o se desarrollan aficiones particularmente mercuriales como jugar al bridge, resolver crucigramas, descifrar acertijos, etcétera.

En la Sexta Casa, Mercurio puede indicar leves patologías de carácter nervioso durante el año, o bien alergias y enfermedades de enfriamiento. Daños a causa del humo. Continuos desplazamientos que podrían empeorar nuestra salud. Se contrata a una persona joven en la empresa o como criada. Terapias a base de aerosol o de cualquier otra forma de inhalación.

En la Séptima Casa del Retorno Solar, Mercurio favorece la tendencia a la unión, sobre todo en actividades comerciales. Pero puede indicar también una actividad comercial de la pareja o una mayor frecuencia en los desplazamientos de la pareja. Posibles encuentros sentimentales con personas más jóvenes. Viajes emprendidos con nuestro compañero o con nuestra compañera.

En la Octava Casa, el tercer planeta del sistema solar puede favorecer una mayor circulación de dinero, pero que puede ser tanto en entrada como en salida, y que puede depender tanto de pequeñas ganancias de juego, lotería, quinielas... como de pérdidas por robos, estafas, tirones, cheques sin cobertura, etcétera. Dinero gastado en viajes o para comprar medios de transporte. Peligro de vida para un familiar o un amigo joven.

En la Novena Casa, así como en la Tercera pero a una octava más alta, Mercurio favorece muchos desplazamientos e incluso viajes importantes. Deseo de continuo movimiento, en sentido tanto físico como mental. Interés por un idioma extranjero o bien por la filosofía, la teología, la astrología, el esoterismo, el yoga, etcétera. Viaje importante de un hermano, un primo, un cuñado o un joven amigo. Posible relación de amistad o de amor con un joven extranjero o un habitante de otra región.

En la Décima Casa puede significar mayores viajes y desplazamientos de nuestra madre o el estreno, para ella, de una actividad comercial. Mayores desplazamientos nuestros para ir a ver a nuestra madre. Ideas brillantes que favorecen nuestro crecimiento profesional. Actividad comercial que nos hace crecer en la escala social. Trabajo relacionado con los vehículos, los transportes, las comunicaciones y las telecomunicaciones: como por ejemplo la apertura de una agencia de viajes.

En la Undécima Casa, Mercurio revoluciona bastante el capítulo de nuestras amistades. Posibles nuevas amistades muy juveniles durante los doce meses que abarca este Retorno Solar, siempre entre un cumpleaños y el cumpleaños siguiente. Apoyo por parte de jóvenes amigos. Proyectos comerciales de todo tipo. Proyectos de viaje.

En la Duodécima Casa, Mercurio favorece todas las actividades de investigación: sobre todo en los sectores del esoterismo, de la astrología, de la filosofía, de la teología, del yoga, de la parapsicología, etcétera. Ligeras pruebas que afectan a un hijo joven, un primo, un hermano o un cuñado. Pruebas relativas a estafas o robos sufridos. Leve peligro de accidentes en la carretera. Flujo de correspondencia anónima y calumniadora.

16.
Venus de Retorno Solar en las Casas del Retorno Solar

Venus es una pieza para nada despreciable en el tablero de los acontecimientos del año y sería injustificado subestimarla. Venus no nos puede ofrecer soluciones milagrosas, pero sí bastante válidas y, sobre todo, a diferencia de Júpiter, Venus no muestra ese efecto de "oscilador biestable" que describimos en otra parte de este libro. El porqué no lo sabemos y, quizá, este hecho escandalizará a los estudiosos que se dejan atraer sólo con las certidumbres absolutas. Pero créanme, el mundo está repleto de certidumbres pseudoabsolutas, así como de vendedores de humo y de aire frito. Yo creo que una declaración de humildad frente a misterios de este tipo, más que asustar al estudioso tiene que animarle, ya que estas incertidumbres surgen tras una larga práctica, se verifican "in loco" y prescinden de cualquiera teorización que quiera hacernos pensar que todo se tiene que explicar necesariamente dentro de un algoritmo, tanto si es sencillo como complejo. Mi opinión es que el intento forzado de hacer cuadrar necesariamente el círculo no debería atraernos sino hacernos sospechar.

Venus en la Primera Casa del Retorno Solar nos hace ser más afables con los demás y destila en nosotros ese licor llamado buenismo. Sin duda alguna nos hace ser más indulgentes y también más autoindulgentes. Deseamos con mayor fuerza proyectarnos centrífugamente hacia el exterior y confiamos más en el género humano. Pero también es verdad que, a menudo, esta posición hace aumentar la cuota de narcisismo, pequeña o grande en el origen, que alberga en nosotros. Así que no debemos maravillarnos si en este año empezamos a llevar una pulsera de oro (los hombres), un pendiente, a teñirnos el cabello o a cuidar mucho nuestro aspecto físico. Esta posición puede representar también una protección para la salud y, más en general, una protección hacia todas las adversidades del año. Si el astro se encuentra presente en la Casa junto a uno o más maléficos, puede ejercer una acción calmante, reequilibradora, que acaba por favorecer la economía de todo el año al que se refiere el Retorno Solar.

En la Segunda Casa, como decía antes, no notamos ningún efecto "oscilador biestable". Con Júpiter en la Segunda de RS, como ya hemos explicamos en otros capítulos, podemos tener verdaderas hemorragias de dinero, además de significativos flujos de dinero en entrada. Con Venus en la Segunda los efectos positivos se leerán a una o más octavas inferiores a las de Júpiter, pero – claramente – casi siempre serán de signo positivo. Se trata de una ayuda no despreciable que vale más de un genérico "reconstituyente", de un "hepatoprotector". A veces Venus ayuda realmente a salir de una contingencia seria. Puede representar una pequeña buena suerte que llega en nuestra ayuda, dinero extra que nos ayudará a resolver una emergencia, el préstamo de un pariente o de un amigo, un recurso imprevisto, una actitud más tolerante por parte de nuestros acreedores o la posibilidad de una nueva entrada. Posibles efectos también acerca del tema del pasión por la fotografía, el cine, el teatro, la imagen en sentido lato. Es muy probable que compremos cámaras fotográficas, videocintas, televisores de gran tamaño, pantallas de alta resolución para el ordenador, tarjetas gráficas de gran velocidad, equipos de CAD o más en general para dibujar con el ordenador, vídeos, etcétera. Adquisición de visibilidad o de mayor visibilidad a través de una transmisión televisiva, de fotos en un periódico, la cita en un libro, etcétera. Nuevo e interesante aspecto exterior. Mejora de nuestro físico gracias a una intervención de cirugía plástica. Dinero invertido en objetos de arte o gastado por amor o para complacer a nuestro ser querido. Dinero que nos llega a través de la intervención de la pareja.

En la Tercera Casa puede indicar la compra de un coche nuevo o, puesto que Venus tiene una influencia algo inferior respecto a la de Júpiter, quizá sólo podría tratarse de trabajos de "maquillaje" en nuestro coche. Posibles viajes cortos, sobre todo de placer, durante el año. Agradable tráfico pendular. Viajes o desplazamientos por motivos sentimentales. Mejoran las relaciones con hermanos o hermanas, primos y cuñados. Año positivo para uno de ellos. Buenas posibilidades en los estudios de todo tipo y nivel. Capacidad de seguir con provecho cursos de cualquier tipo, desde el del carnet de conducir al necesario para aprender a utilizar el ordenador o para dominar un idioma extranjero. Se potencian nuestros instrumentos de comunicación y de telecomunicación. Óptimo año para pasar a un teléfono móvil, uno inalámbrico, un fax, una centralita telefónica, una antena por satélite o una impresora mejor para el ordenador. Aprendizaje de software de escritura con ordenador. Buenas posibilidades de escribir, desde simples artículos a obras enteras. Lo mismo vale para los compositores de música. Paréntesis sentimental para un familiar cercano. La prensa podría ocuparse de nosotros de forma positiva.

En la Cuarta Casa encontramos a menudo a Venus, cuando durante el año conseguimos disfrutar por fin de una casa en la que se han efectuado largos trabajos de renovación. O bien esta misma posición anuncia un cambio de residencia, la mejora de la propia condición de vivienda, que cambia caso por caso, según la edad del sujeto. Por ejemplo, en el caso de muchachos puede significar que consiguen disponer de una habitación más grande después del matrimonio del hermano o de la hermana mayor. Para una mujer o un marido representa, a menudo, la vuelta a su propia casa después de una separación. Un padre anciano zarandeado desde hace tiempo entre alojamientos poco acogedores encuentra, finalmente, el lugar perfecto en una casa propia o en casa de un hijo o una hija. Otras veces esta posición indica trabajos en el propio apartamento que lo hacen mejoran y hacen que sea más acogedor; pero se trata de una posición menos frecuente, en este caso, respecto a la indicada por Marte en esta misma posición: el planeta rojo ilustra mejor el trabajo de los obreros en casa, el derrumbe de semanas de polvo, frío, ausencia de habitabilidad de los locales... De todas maneras, se trata casi siempre de ventajas inmobiliarias: menos poderosas de las indicadas por Júpiter, pero para nada despreciables. Puede que mejore la salud de uno de los padres, o que mejoren las relaciones entre el sujeto y sus padres.

En la Quinta Casa, existen muchas probabilidades de un nuevo amor o de una consolidación considerable de un amor precedente. Se trata realmente de una buena posición que difícilmente provoca desilusiones en las expectativas de quien lo alberga. Con esto no quiero decir que esta posición genere milagros a nivel sentimental: milagros seguramente no, pero efectos positivos sí. Si no se trata de la mejora de la vida sentimental podrá tratarse, en cambio, de un año vivido de una manera más agradable a nivel lúdico y recreativo: habrá más cine, teatro, discotecas, cenas fuera, viajes y juego. Y el juego puede ser el juego clásico, el de cartas, o bien cualquier otro tipo de actividad tal como dice el refrán: "Sobre gustos, no hay nada escrito...". Será posible divertirse con los medios más disparatados y, por lo tanto, no tenemos que esforzarnos mucho para adivinar, a priori, de qué manera se divertirá el sujeto. Buenas noticias de los hijos: a nivel escolar, sentimental o de salud. Mejoran las relaciones del sujeto con sus hijos. Período favorable a la enseñanza o a la procreación. Nacimientos, no sólo en sentido genético. Llegada de nuevas aficiones. Mejora de la salud del sujeto gracias a una vida llena de mayores deleites. Más sexo.

En la Sexta Casa, Venus del Retorno Solar ayuda bastante a salir de problemas de salud. En las convalecencias, en las secuelas de una operación, después de un accidente, esta posición es una de las mejores para recuperar salud y bienestar. Año muy bueno para empezar una cura, una nueva terapia, una actividad en el gimnasio, masajes, fangos, curas termales en general, dietas de desintoxicación o adelgazantes, intervenciones estéticas de diverso tipo. Es difícil que esta posición se exprese en negativo. Por este motivo no me preocupo casi nunca en ver si los planetas en las Casas del Solar reciben buenos o malos aspectos: sigo esperando a que me contacte un sujeto al que no le haya pasado nada dramático o de muy negativo gracias a un "espléndido" Sol de RS en la Duodécima Casa de RS. Al contrario, muy pocas veces o tal vez nunca, he encontrado una Venus en la Sexta de RS que afectara a la salud. Con esta posición astral es también posible encontrar a un válido colaborador para la oficina o para la casa, o tratar de encontrar trabajo o un nuevo trabajo. Mejoran las relaciones en el ambiente de trabajo. Posible amor con un colega, un superior o un colaborador. Dinero gastado para la salud.

En la Séptima Casa, Venus se comporta de manera muy diferente respecto a la condición que hemos explicamos acerca de la homóloga posición de Júpiter en tránsito: en la casi totalidad de los casos, Venus en esta Casa de RS beneficia el matrimonio, la convivencia y la salud de cualquiera relación. Sugiere una posible pacificación para las parejas en crisis o el comienzo de una nueva relación, una convivencia o un matrimonio. Favorable también en las relaciones de sociedad con terceras personas en el sector comercial, artesanal, político, de estudio, etcétera. También ayuda a resolver de manera favorable las cuestiones legales o a empezar nuevas cuestiones que serán inicialmente muy positivas. Puede que mejore la situación profesional o la salud del cónyuge del sujeto. Comienzo de una actividad en campo político. Amor para el compañero o para la compañera.

En la Octava Casa, Venus facilita las adquisiciones de dinero a través del trabajo o, más probablemente, procedentes de ganancias, donaciones, herencias, aumentos de capital del cónyuge, etcétera. Con esta posición astral es bastante fácil que podamos obtener préstamos, subvenciones, financiaciones, siempre que – evidentemente – estén correctamente relacionados con las reales condiciones específicas que determinan su obtención. En otras palabras, si el sujeto no posee ningún inmueble es totalmente improbable que le concedan una financiación muy elevada, con o sin Venus de Retorno Solar en la Casa Octava. Esto podría parecer en absoluto obvio y por tanto sería inútil subrayarlo: pero lo hago porque sigo notando importantes expectativas en los utilizadores de las informaciones astrológicas que, muchas veces, hacen aumentar demasiado sus propias esperanzas de ganarse una llave universal que les abra las puertas de la riqueza o de la felicidad. A menudo esta posición nos informa de una agradable actividad sexual del sujeto. Ventajas de una muerte o de excavaciones de todo tipo, incluso las realizadas en el Yo profundo.

En la Novena Casa, Venus nos regala muy a menudo viajes muy agradables o un amor con un extranjero. El forastero podrá no ser necesariamente extranjero, sino por ejemplo uno que vive en una ciudad distinta de la nuestra. Posible amor durante un viaje. Viaje con el compañero o la compañera, con la relativa paréntesis sentimental satisfactoria. Muy buen período en particular para los cruceros. Se verán favorecidos todos los estudios superiores o relativos a asuntos poco convencionales como filosofía, teología, astrología, parapsicología, esoterismo, yoga, orientalismo, etcétera. Traslado favorable para el trabajo. Resolución de un problema de salud nuestro o de una figura femenina muy cerca de nosotros, en un hospital extranjero o ubicado en otra región. Buena suerte económica lejos de casa. Mejora la condición económica del sujeto a través de comercios con personas o con países extranjeros.

En la Décima Casa, es seguramente una buena posición para nuestro trabajo, para obtener reconocimientos de prestigio o sustanciosos desde un punto de vista económico. Se verán favorecidas las condiciones para una mejor carrera, para un avance de grado o para alcanzar un cargo de mayor responsabilidad. Recibimos un premio en dinero o en forma de título académico. Una obra de nuestro talento, de nuestro ingenio, de nuestra perseverancia alcanza su justo reconocimiento. Período de expansión profesional. Buenas condiciones para iniciar un nuevo trabajo. Situación sentimental satisfactoria para nuestra madre o mejora de las relaciones entre ella y nosotros. Nuestra madre obtiene una afirmación profesional o mejora su estado de salud psicofísica.

En la Undécima Casa, Venus suele otorgarnos buenas y nuevas amistades, o bien hace que mejoren las relaciones de amistad que anteriormente se habían deteriorado. Posibles ayudas económicas por parte de amigos. En estos doce meses podremos tocar con la mano el significado de la solidaridad de los amigos, cuando las condiciones de nuestro tema natal lo sugieran (por ejemplo no es probable que quien tenga un malo Saturno de nacimiento en la Undécima, pueda gozar de lo que acabamos de describir). Posibles ayudas de personas influyentes, incluso si no pueden considerarse amigos nuestros. Óptimos proyectos para el futuro. Ayuda para que nosotros o un ser querido nuestro evitemos un peligro de vida.

En la Duodécima Casa, Venus funciona exactamente como Júpiter pero a una octava más baja. Nos ayuda a superar todas los apuros actuales: enfermedades, conflictos en las relaciones, problemas legales o económicos, disgustos con los hijos, con los familiares, etcétera. Su acción es particularmente útil cuando en la misma Casa de Retorno Solar se encuentran también maléficos: en ese caso Venus lleva adelante una acción reequilibradora, de protección a trescientos sesenta grados. Buena posición también para todas las actividades de investigación o para las satisfacciones que podríamos recibir del voluntariado, de la atención a los pobres, los viejos, los enfermos y todos los que sufren. Recuperación después de una enfermedad. Un pequeño ángel de la guarda baja del cielo para ayudarnos. Pero también es verdad que, esta misma posición, puede indicar muchas veces problemas de amor durante el año.

17.
Marte de Retorno Solar en las Casas del Retorno Solar

Se trata de una posición realmente muy temible: mucho más de la de Saturno, Urano, Neptuno y Plutón. Desconozco el por qué, pero es así. Después de la presencia de Ascendente, stellium y Sol de Retorno Solar en la Duodécima, Primera y Sexta Casa, la de Marte en las citadas tres Casas es realmente una condición muy peligrosa. También en las demás nueve Casas Marte hace mucho ruido y, casi siempre, se trata de dolores. Estudien con atención los siguientes párrafos y verifiquen. La radicalidad de este planeta tan sólo es inferior a la de Urano y, sin embargo, en el tiempo en que vive y muere un Retorno Solar, parece adquirir una fuerza penetrante mucho más intensa que la del gobernador del Acuario.

En la Primera Casa Marte es muy, pero muy malo. Pero como siempre, cabe distinguir si el sujeto es un muchacho, un adulto o un anciano. En el último caso los daños pueden ser muy graves. Los muchachos pueden salir airosos con una operación de amígdalas o de apéndice, con una extracción dental, una caída del ciclomotor o la fractura de una extremidad. Para los adultos, generalmente la cosa es mucho más pesada, puesto que esta posición de Marte puede indicar incluso enfermedades y operaciones importantes, que pueden incluir desde una extirpación de cálculos de la vesícula biliar, a un tumor, un transplante o un infarto. Se trata seguramente de una de las posiciones más graves en absoluto en un Retorno Solar. Cabe decir, sin embargo, que aunque en la inmensa mayoría de los casos se refiera a una operación, un accidente o una enfermedad física grave, algunas veces – y no en raros casos – esta posición puede indicar un grave estado de preocupación del sujeto, una postración psíquica, una crisis nerviosa, una fuerte depresión o un estado de angustia. Todas estas cosas las pueden producir serios disgustos en la vida sentimental (como el ser abandonados por la pareja), en la situación económica (que sufre un crac), en la situación laboral (políticos cuya carrera cambia en negativo después de un escándalo o que se ven incriminados por corrupción, etcétera), en la situación afectiva (tras la muerte de una persona querida), etcétera. Así pues, a veces esta posición está relacionada más con el aspecto psicológico que con el físico, pero no uno de forma más ligero que el otro. En un único caso podemos hablar de posición no mala: para los sujetos que tienen un Marte de nacimiento muy débil, por ejemplo en Piscis o en Cáncer, la presencia de Marte de RS en la Primera Casa puede indicar un año a la grande, con decisiones fuertes, acciones concretas e inmediatas, con un activismo que provoca placeres que el sujeto no ha sentido nunca. Y sin embargo, incluso en esos casos, junto al lado muy positivo de la cosa debemos registrar siempre un posible accidente con la moto, una caída de las escaleras, etcétera. Sin duda alguna – válido para todas las franjas de edad consideradas y para cualquiera condición descrita antes – también habrá mucha energía más, acompañada por mucha agresividad, que el sujeto sufre o impone: por lo tanto aumentará mucho el peligro de riñas, peleas y roturas durante los doce meses del RS. También la energía sexual (para los hombres) podría beneficiarse de esta posición y, como consecuencia, se verá favorecida la intensidad sexual en las relaciones de todo el año.

En la segunda Casa, casi siempre, Marte es responsable de una hemorragia de dinero. Se tiende a perder el control y a gastar mucho, demasiado, más de lo posible: con la consecuencia de un endeudamiento o del agotamiento total de todos los recursos. También puede tratarse de robos, atracos, estafas contra el sujeto; aunque cabe incluir en la lista negativa también los préstamos concedidos y no recuperados, pero sobre todo los gastos excesivos. Encontramos esta posición muchas veces cuando hay también valores de Cuarta Casa: con semejante posición pensamos gastar diez, por ejemplo por tareas de mejoras en la casa, y acabamos por gastar cincuenta o ciento. A veces prevemos sólo una compra importante, como el ordenador o el coche nuevo, luego nos llueven impuestos atrasados, mejoras en el edificio, viajes no programados, enfermedades y terapias costosas, ayudas a familiares en apuros y ¡paf! – el "tapón" salta. Se tienen que evitar de la manera más absoluta las especulaciones en bolsa y todas las formas de inversión comercial, empresarial o industrial en sentido lato: a menos que en otros puntos del Retorno Solar del sujeto y en su historia personal pasada haya fuertes, evidentes y tranquilizantes señales opuestas.

En algunos casos (pero se trata de una minoría) esta posición puede ser positiva, porque el sujeto utiliza mucha libido en la dirección de las ganancias y por ello hace lo posible y se compromete mucho para llenar más su cartera. Otras veces esta posición nos informa de una mayor atención del sujeto hacia los temas relacionados con la imagen: la fotografía, el cine, el teatro, el diseño gráfico, la gráfica CAD, la gráfica publicitaria, las presencias en la televisión, una mayor visibilidad que a menudo el sujeto conquista con insistencia. En relación con ello, habrá gastos consistentes que justamente se inclinan hacia los instrumentos técnicos, desde el software hasta el hardware, para realizar lo que acabamos de enumerar. Es prácticamente imposible no encontrar una de estas formas presentes durante el año en que se presenta esta posición de Marte y, por lo tanto, dirijan su "interrogatorio" de manera casi policial para entender de lo que se ha tratado. Alguien dice: "Sólo he aprendido a utilizar bien el vídeo o la máquina fotográfica…" ¿Y les parece poco? Recuerden que nos estamos refiriendo siempre a los doce meses de Antonio Álvarez o de Dolores Jiménez o de Fulano y no necesariamente al diario del año más importante en la vida de Napoleón Bonaparte. Mayor cuidado en la propia manera de vestir. Movimientos de energías para mejorar el propio aspecto físico. El aspecto que mejora gracias al compromiso de la voluntad: por ejemplo haciendo deporte y perdiendo kilos. Posible intervención de cirugía estética. Grande y mayor atención por la manera de vestir y el aspecto físico en general. Posibles apariciones en la televisión o en los periódicos. Probable dinero impugnado en el trabajo o en la familia.

En la Tercera Casa, aunque pueda parecer algo muy banal, Marte anuncia casi siempre un accidente de coche, de moto, de bici, o como peatón: por ejemplo al subir al autobús o al cruzar la carretera. El accidente será más o menos serio dependiendo de las demás posiciones del Retorno Solar y del conjunto de los tránsitos involucrados. Otras veces esta combinación puede anunciar el robo del coche o de la moto, o desperfectos por averías que sufren nuestros vehículos. También puede suceder que, durante los doce meses de validez del Retorno Solar, nos lleguen malas noticias o tengamos disgustos o peleas con hermanos, hermanas, primos, cuñados, tías y tíos, sobrinos y sobrinas. A veces puede tratarse también de acontecimientos graves, si el Retorno Solar también enseña valores de Duodécima, de Primera, de Sexta y Undécima Casa, con – al límite negativo – el peligro de serias enfermedades, de accidentes o de muerte para uno de los familiares citados. Así pues, al leer estas líneas, alguien podría verse inducido a no posicionar nunca Marte en este sector del cielo del Solar: ¡grave error! Diré incluso más: cada vez que en el día del cumpleaños Marte y Saturno (y les podemos añadir Urano, Neptuno o Plutón) distan diez-quince grados entre ellos, o incluso mucho menos, personalmente siempre intento hacerlos caer en esa Casa porque la considero la menos peligrosa. Alguien podría observar que, de esa manera, se arriesga la vida de los citados familiares en este específico segmento familiar, pero no estoy de acuerdo. En primer lugar, porque pienso que si nosotros consideramos peligrosos, digamos, los próximos meses para un hermano, no tendremos que esquivar nosotros la Tercera Casa sino que tendría que irse él a relocar su propio RS; y en segundo lugar, por los motivos generales que explico en mi libro *Nuovo Trattato di Astrologia*, Ed. Armenia. Además, podremos tener que efectuar un molesto tráfico pendular durante el año o, de una manera u otra, un sinfín de desagradables desplazamientos. Crisis en los estudios o serias dificultades en ellos: exámenes suspendidos o pérdida de concursos. Averías importantes y desperfectos relevantes incluso en los equipos de telecomunicación: el fax, el teléfono móvil o inalámbrico, la antena por satélite, la impresora, el módem, la línea de Internet, etcétera. Problemas con la prensa, ataques procedentes de periódicos o de la televisión, polémicas escritas. Mayor agresividad hacia y desde el ambiente que nos rodea, como en las relaciones ocasionales y poco importantes: con el empleado detrás de la ventanilla, con el revisor en el tranvía, con el dependiente de una tienda, etcétera. Daños relativos a los envíos: paquetes que enviamos y que nunca llegan a su destino, cartas que nos llegan abiertas o bultos que se dañan durante el transporte. Daños ocasionados por el humo y en general a las vías respiratorias. Entre los accidentes de movimiento o desplazamiento podemos enumerar también los que nos pueden afectar al cruzar la carretera, al caer por las escaleras de casa, por una escalera portátil o mientras corremos para contestar el teléfono, etcétera. Un viaje nuestro podría verse anulado por huelgas, manifestaciones de protesta en general, avería de un avión, etcétera.

En la Cuarta Casa se trata casi siempre de trabajos que hacer entre las paredes domésticas o en la oficina, el laboratorio y el taller. Es una de las posiciones menos "malvadas" del planeta rojo y, sin embargo, no debemos subestimarla. A veces los daños en la casa pueden ser considerables: derrumbes, incendios o alteraciones del suelo. Otras veces se trata de daños de tipo económico: impuestos a pagar, hipotecas cuyos plazos no podemos solventar, gastos enormes por tareas de reestructuración.

O bien esta posición puede indicar que recibimos cartas de desahucio, que tenemos problemas legales con un arrendatario, con la administración del inmueble, con un vecino de casa o con el portero. Otras veces este aspecto sirve para indicar problemas de salud para nuestros padres y/o suegros (incluso los padres del novio o de la novia, de un amante, etc.) o nuestras peleas con ellos. Posibles hospitalizaciones nuestras o de nuestros padres. Problemas con la caldera de la calefacción, con las bombonas del gas o con posibles cortocircuitos. Será más prudente disponer de un extintor en la casa, también proteger bien la casa en nuestra ausencia ya que podríamos recibir la visita de ladrones. Daños a los dispositivos de almacenamiento masivos del ordenador, riesgo de perder los datos de nuestros archivos. En los últimos años (ver el capítulo sobre la cuestión de la salud en el epílogo del libro) una posición de este tipo indica, con una probabilidad bastante elevada, el peligro de una hospitalización o de una operación quirúrgica. Con las reglas de la exorcización de los símbolos (por ejemplo las que se han descritos en el libro *Astrologia Attiva*, Edizioni Mediterranee), será posible controlar esta combinación astral con una cierta seguridad. Sería conveniente someterse voluntariamente a una pequeña intervención quirúrgica aproximadamente un mes después del día del cumpleaños: no en los peligrosos veinte días después del cumpleaños, pero tampoco muchos meses más tarde, cuando Marte podría haber escogido ya por su cuenta dónde golpear… En otros casos, con Marte de RS en la Cuarta Casa del Solar, el sujeto puede llegar a quejarse de haber pasado el peor año de su vida, pero sólo porque tuvo un clima de mayores conflictos en el hábitat laboral o doméstico. Si el sujeto hubiera acabado bajo las ruedas de un tren, ¿hubiera dicho lo mismo?

En la Quinta Casa Marte acompaña casi siempre un clima de mayores conflictos en la relación sentimental. Sin embargo, esto no supone necesariamente el final de una relación de pareja. En la mayoría de los casos se trata sólo de un clima más tenso, con discusiones y contrastes incluso de carácter diario. Sólo en una minoría de los casos, si lo confirma el resto del Retorno Solar y de los tránsitos, se puede temer una separación temporal o definitiva. En pocos casos muy raros, cuando el cuadro global es realmente fatal, podría indicar una grave enfermedad o el fallecimiento de la pareja. Posibles contrastes incluso con los hijos, o preocupaciones por ellos con o sin motivos. Seguramente esta posición puede estar relacionada con enfermedades de nuestros muchachos, suspensos en la escuela, crisis sentimentales que les provocan depresión, problemas de droga, malas compañías, accidentes con la moto, etcétera. Otras veces, Marte en la Quinta del Solar nos habla de un aborto durante los doce meses de validez del Retorno Solar, de un embarazo difícil, de un parto cesáreo o de problemas post-parto. Al contrario, en su mejor expresión este particular ítem zodiacal indica muchas energías gastadas en la diversión, una libido muy orientada a lo lúdico y recreativo, diversión a través del deporte, intensa actividad sexual, aficiones marciales, récord deportivo de un hijo… en definitiva, momento de grandes energías para un muchacho nuestro. La Quinta Casa es también la casa de nuestros hijos "indirectos": los alumnos de la clase para los profesores, o bien un socio joven que consideramos como un segundo hijo. En estos casos podemos y debemos prever eventos desagradables relacionados con este tipo de microuniverso existencial. Es posible que tengamos una pelea importante con un hijo o una hija, o bien puede que un hijo nuestro se pelee con su mujer. Muchas energías gastadas para seguir una nueva e interesante afición. Estrenos en actividades artísticas o creativas en general: teatro para aficionados, TV, danza, pintura, escultura, etcétera. Posible pasión (perjudicial) por el juego o las especulaciones en general (incluso las inversiones bancarias).

Marte en la Sexta Casa es una de las tres posiciones más peligrosas, siendo las demás la Primera y la Duodécima. En sujetos adultos, maduros o ancianos, establece el peligro que durante el año haya una enfermedad que puede ser incluso importante, una operación o un accidente con consecuencias a nivel físico. Se oscila entre las patologías más leves como una gastritis o una bronquitis, hasta las enfermedades más serias como infartos, trasplantes o reanimación en caso de accidentes de tráfico. Como siempre, para entender el nivel de peligrosidad de esta posición es necesario considerar el conjunto del cielo de Retorno Solar y del tema natal del sujeto. El programa *Scanner* del software *Astral*, con su índice de peligrosidad del año, puede ayudarnos a comprender el nivel de gravedad de la cosa; pero siguiendo las reglas expuestas en este libro podrán trabajar tranquilamente sin él y decidir por su cuenta. La edad, lo repito otra vez, es fundamental: por lo tanto, un muchacho corre realmente peligros (relativamente) poco graves. Vale la pena explicar mejor este concepto. No quiero teorizar que los muchachos no puedan sufrir enfermedades como tumores malignos o infartos cardíacos: digo sólo que para ellos las probabilidades son realmente mínimas. Cito un número casual que seguro está equivocado, pero que puede dar la idea: digamos que uno de cada tres mil muchachos se enferma de cáncer. Entonces es como si al muchacho que ha venido a consultarnos, le pusiéramos en las manos un revólver con tres mil huecos en el tambor pero con una sola bala dentro y giráramos muchas veces el tambor al azar. Luego, sugiriendo al joven que juegue a la ruleta rusa consigo mismo, imaginémonos que apostamos todo lo que tenemos a que el joven no se va a matar. El cálculo de probabilidades está totalmente a nuestro favor (estas consideraciones, en los últimos tiempos, las he vuelto a considerar en parte, a la luz de lo que escribo en el epílogo del presente libro acerca de la "Cuestión de la salud"). En cambio, en el caso de un sujeto de cincuenta años, tal vez no nos encontramos en la relación de probabilidad de uno a uno, pero seguro que tampoco en la de uno contra tres mil. Con esto quiero decir que para los muchachos un Marte en la Sexta, así como en la Primera o en la Duodécima del RS, no tiene que asustarnos más de lo normal. Y de todas formas, esta posición tanto para los muchachos como para los adultos, también puede referirse a un problema psicológico y no somático. Por ejemplo si sufrimos un disgusto, una desilusión, una traición de nuestro ser amado, un problema con la justicia, la pérdida de un trabajo, un problema económico, un grave luto, Marte en la Sexta del RS indica un período de gran sufrimiento, y no necesariamente una pulmonía o un aborto. Entre las mayores probabilidades de desgracias que, lo repito, debemos considerar a trescientos sesenta grados y no sólo relativas a la salud (espero que esta vez sea bastante claro, puesto que todo esto lo he escrito otras veces pero muy pocos lo han comprendido), se encuentran los disgustos relacionados con el trabajo, los pleitos pendientes de dependientes o ex dependientes nuestros, accidentes laborales y graves peleas en el ambiente de trabajo. Casi nunca (por no decir nunca a secas) he visto una expresión positiva de esta posición, aunque se encuentre rodeada por trígonos y sextiles o en su posición de trono. Además, no olviden que incluso cuando – en apariencia – no nos está pasando nada serio durante el año, podríamos – al contrario – haber sufrido considerables daños sin saberlo: como puede ser el caso del comienzo de una patología importante que sólo unos años más tarde se manifestará con toda su evidencia. Piensen, por ejemplo, en la hepatitis C que todos los años afecta a miles de nuevas víctimas, que en su mayoría ignoran y seguirán ignorando durante años que han contraído la enfermedad.

En la Séptima Casa Marte me da un poco más miedo que en la Octava y, por lo tanto, si tuviera que indicar (pero no lo hago) una cuarta Casa muy malvada después de la Primera, la Sexta y la Duodécima, yo diría la Séptima. Se trata, en el noventa y nueve por ciento de los casos, de papeleos legales y/o administrativos. También puede significar litigios con la pareja, separaciones, divorcios, contenciosos con o sin la presencia de un abogado. También puede haber cuestiones administrativas o legales no referidas a la relación de pareja: podemos tener problemas con la justicia, sufrir un proceso, serias sanciones disciplinarias, multas muy caras, controles tributarios, acusaciones más o menos violentas a través de la prensa o de la televisión y cartas más o menos amenazadoras. Con Marte en la Séptima podríamos ser víctimas también de atentados mafiosos a nuestras propiedades o a nuestra persona. Peligro de tiroteos en las piernas. En los casos más serios: peligro de asesinato, pero siempre si encontramos justificaciones muy válidas para formular una hipótesis tan grave (todos los cielos de los familiares se deberían expresar en este sentido). Las peleas pueden referirse a un vecino de casa, al portero, al administrador de la finca, a un colega o a un adversario político. Es posible que nos confisquen el carnet de conducir o que nos incriminen por haber ofendido a un funcionario público. También corremos el riesgo de que nos pegue un drogadicto para robarnos el coche o el móvil. También podríamos ser nosotros los que produzcamos el papeleo legal: para reivindicar un crédito, para que se haga justicia a un abuso que hemos sufrido, o para defendernos de una calumnia... Se trata de un año en el que aumentará nuestra beligerancia, lo que por ejemplo también puede suponer la militancia activa en un partido, guerras o cruzadas a favor de los débiles, de los oprimidos o de las minorías de todo tipo. Participamos a marchas por el ambiente, contra el racismo y por el trabajo. Temporada de grandes ideales y de fervor político o religioso. Intentos de alistarse en las fuerzas de la policía, vigilantes o ejército. Sin embargo, aunque la queramos interpretar en positivo bajo el impulso de un saludable aunque improbable optimismo, se trata realmente de una pésima posición de Retorno Solar, que es necesario tratar con guantes porque, en el mejor de los casos, anuncia un período de doce meses caracterizado por una declarada hostilidad por parte de los demás contra nosotros; un año durante el que no podremos esperarnos ninguna indulgencia y ningún descuento por parte del prójimo.

En la Octava Casa Marte, al igual que en la Segunda, anuncia casi siempre hemorragias de dinero. Es difícil poder equivocarse y esta posición posee un elevado grado de verificabilidad. Incluso un ciego o un miembro del CSICOP podría darse cuenta. En general se tratará de gastos de todo tipo: en particular para la casa o el coche; pero también se habla de robos, atracos, tirones, estafas, préstamos concedidos y nunca devueltos, impuestos que pagar, plazos de hipotecas, deudas de nuestra pareja, etcétera. También tendremos que estar atentos a posibles pérdidas de juego. Otras veces se trata de cuestiones legales relacionadas con herencias, cesiones, donaciones, pensiones y liquidaciones; disputas con parientes por cuestiones de herencia. En casos mucho más raros podrá tratarse de serios disgustos relacionados con lutos o peligros de vida de familiares nuestros. Mayor actividad sexual. Posible estrés o temores relativos al espiritismo, a la magia y al ocultismo. Miedo a la muerte. Problemas de carácter sexual. En estos doce meses hay que evitar de la manera más absoluta todas las especulaciones en bolsa o las actividades de tipo empresarial/comercial/industrial, a menos que otras importantes partes del cielo de RS o la historia personal de la vida del sujeto no nos otorguen informaciones lo suficientemente tranquilizantes en este campo. El temor a una muerte violenta para el sujeto o para sus seres queridos, que casi siempre aterroriza a los neófitas e incluso a los colegas astrólogos, es tan sólo una eventualidad muy rara que, en mi opinión, ni siquiera merece la pena de tomar en consideración.

En la Novena Casa Marte nos anuncia muy a menudo accidentes de tráfico: con el coche, la furgoneta, la moto, la bicicleta o como peatón cruzando la carretera. Más en general, tengo que decir que he encontrado esta posición muchísimas veces cuando me he topado con accidentes de mis consultantes, incluso accidentes que no tienen nada que ver con la circulación: como la caída de una escalera, una herida accidental, la fractura de un fémur, un accidente durante la práctica de un deporte, etcétera. Así pues, se trata de una posición bastante insidiosa, aunque no se encuentra entre las más peligrosas. En efecto, muchas veces se trata simplemente de contratiempos durante viajes: como cuando la línea aérea nos envía las maletas a Hong Kong mientras nuestro destino es París, o cuando nos alojamos en un hotel y durante la noche descubrimos, con horror, que hay cucarachas "vagando" por la habitación. Podemos también tener problemas legales en el extranjero, molestias de la policía de un país que no es el nuestro, agresiones en otra ciudad y desaventuras patrimoniales lejos de casa. A veces esta posición sugiere la idea de curas médicas u operaciones quirúrgicas en algún hospital extranjero. Posibles problemas universitarios. Un pariente nuestro lejano está mal y este hecho nos obliga a partir. Percances de viaje de todo tipo; pero en el primer lugar del ranking se encuentra el peligro de accidentes de coche. Cabe recordar que todos los años, sólo en Italia fallecen más personas en las autopistas que las víctimas de una cualquiera de nuestras guerras de independencia, y un ejército de personas quedan mutiladas sin piernas, brazos, ojos... Al contrario, tan sólo uno cada dos millones y medio de vuelos está destinado a terminar en un desastre y, por lo tanto, es completamente inmotivado el miedo a volar con esta posición astral. Por otro lado, es obvio que si el sujeto es piloto, digamos de un *Piper*, o si viaja en helicóptero, las posibilidades de accidente aumentan de manera considerable. Desperfectos en los medios de transporte. Pelea con un referente cultural extranjero. Gastamos muchas energías para aprender un idioma extranjero o un lenguaje de programación del ordenador. Crisis religiosas y problemas ocasionados por el estudio de la filosofía, la astrología, el esoterismo, la parapsicología, etcétera. Dicha posición es claramente la peor para viajar, pero es también la que yo quisiera poder elegir para toda la vida: si la comparo con todas las demás, me doy cuenta de que es la menos malvada de todas.

En la Décima Casa Marte suele tener casi la misma cantidad de significados positivos y negativos. Gastamos muchas energías para crecer a nivel profesional. Llegamos al agotamiento para mejorar nuestra condición social. Nos esforzamos mucho para emanciparnos respecto a cualquier tipo de problema. En negativo, esta posición sugiere dificultades en el trabajo, peligro de perder el trabajo, escándalos que nos afectan a nivel profesional, guerras por motivos profesionales, contrariedades por parte de adversarios, pero también de amigos o de socios del trabajo, posibles daños a nuestras empresas, accidentes de tipo profesional (por ejemplo un médico que provoca la muerte accidental de un paciente). Crisis de salud de nuestra madre (o de nuestra suegra) o situación de conflicto con ella. En los casos muy graves, si otras posiciones del tema natal y del Retorno Solar lo confirman, también se puede prever el deceso de la madre del sujeto. Con mucho menos énfasis pero con más probabilidad, se tratará de un año de obstáculos para el crecimiento y la emancipación o luchas para alcanzar la emancipación: por ejemplo, una joven mujer puede romper las relaciones con su propia madre para irse a vivir sola. Una operación quirúrgica puede aportar una mayor emancipación (por ejemplo, la aplicación de extremidades artificiales).

En la Undécima Casa Marte significa, en la gran mayoría de los casos, que nos metemos con un amigo o con un pariente lejano. Posibles lutos en familia, si otros elementos del Retorno Solar y de los tránsitos lo confirman. Peligro de vida para amigos o parientes: en los últimos años las enfermedades en general, y las tumorales en particular, han ido progresando intensamente, por lo que podremos asistir a una pequeña escabechina de amigos, conocidos, colegas y parientes. Para los que practican el cumpleaños elegido sería, sin embargo, un gran error evitar la ocupación de esta Casa: por los numerosos motivos que he explicado muchas veces y en muchos de mis libros. Contrariedades con un personaje potente que nos patrocinaba. Gastamos muchas energías con la amistad y los amigos. Hacemos lo imposible para apoyar a las personas que amamos. Muchas energías prodigadas en proyectos, en todos los sectores. Compromiso en campo musical. A una octava más baja, esta posición es tan sólo inferior a Marte en la Séptima y nos traerá seguramente mucha hostilidad por parte de los demás; hostilidad inmotivada en la mayoría de los casos. Un clima de fuerte tensión nos acompañará durante todo el año y no podremos comprender porqué somos capaces, sin tener intención ninguna, de suscitar tanta antipatía a nuestro alrededor. En estos doce meses no podremos esperarnos ningún descuento y/o indulgencia por parte de nadie y por ningún motivo.

En la Duodécima Casa Marte suele traer una gran cantidad de problemas a todo campo, o bien un único daño específico y muy grave. Valen las mismas consideraciones de Marte en la Primera Casa y en la Sexta Casa, por lo tanto no merece la pena volver a repetir lo que ya se ha dicho. Posición muy peligrosa para la salud, tanto física como mental. Graves crisis nerviosas, de angustia, depresivas; por un disgusto sentimental, económico, profesional o político, por un escándalo, la pérdida de una persona amada, por haber sido abandonados o traicionados por la pareja, por un fracaso escolar, por problemas serios de salud: cálculos de la vesícula biliar, tumor, SIDA, infarto o transplante. Posible detención u hospitalización. Incriminación por parte de magistrados. Aviso de inculpación. Escándalos que nos afectan o que afectan a un ser querido nuestro. Graves estados de agitación mental, también debidos a previsiones torpes de pseudomagos o curanderos. Temor por una presunta grave enfermedad. Enemigos secretos que nos perjudican de todas formas. Riesgos de perder el trabajo, de que nos despidan. Problemas a trescientos sesenta grados.

18.
Júpiter de Retorno Solar en las Casas del Retorno Solar

Se trata de una posición bastante importante porque nos cuenta dónde se encontrarán nuestros mayores recursos durante los doce meses de validez del Retorno Solar. La ayuda de Júpiter se revelará imprescindible por lo que respecta al resultado global del año al que se refiere el Retorno Solar. Júpiter nos puede echar una mano tanto en calidad de propulsor, ofreciéndonos un ventaja hacia una determinada dirección, como en calidad de ángel guardián, limitando los daños de una cierta situación. Sin embargo, es necesario prestar atención a su "funcionamiento" en tres Casas en particular: en la Segunda, en la Séptima y en la Octava. En estos tres sectores, el señor del Sagitario se manifiesta a menudo de forma contraria respecto a lo que debería ser su conducta clásica. Aconsejo la lectura, al respecto, de lo que se ha descrito en relación con el tránsito de Júpiter en esas mismas tres Casas natales.

En la Primera Casa, Júpiter suele tener un efecto muy positivo en lo que concierne la recuperación después de estados depresivos, debilidades físicas y mentales, convalecencias después de operaciones quirúrgicas, salidas de serias contingencias económicas, profesionales, sentimentales, familiares, bajones debidos a lutos y disgustos. Quien normalmente suele tener mucha desconfianza, con esta posición de Júpiter en el RS tienden a bajar la guardia, consideran al prójimo con mayor confianza y demuestran mayor ingenuidad y un menor sentido crítico. Se trata de una combinación que favorece los contactos sociales, las aberturas en general, pero que es perjudicial debido a los posibles camelos que el sujeto puede sufrir del prójimo. Es necesario prestar una atención particular porque esta posición facilita la aparición de exceso de peso, ya que nos hace relajar y nos hace "ensanchar" el corazón. En los casos más negativos puede favorecer las proliferaciones de todo tipo, incluso las patológicas. Hipertrofia en general, excesos, exageraciones en las valoraciones. Sin embargo, incluso queriendo leer esta posición como una fuente de problemas, debemos considerar este planeta como fundamentalmente positivo, hasta el punto de apreciarlo como una de las mayores protecciones para la salud e incluso para la "buena suerte", entendido en el sentido más general posible. Si se encuentra en estricta conjunción con el Ascendente puede actuar como un verdadero "Prozac" de los astros, puesto que procura una acción antidepresiva muy eficaz: un verdadero beneficio después de un año de problemas.

En la Segunda Casa nos encontramos en una de las tres posiciones que tenemos que tratar con un cuidado particular. Lean, en el capítulo relativo a los tránsitos de Júpiter, lo que he escrito en relación con el oscilador biestable. Lo vuelvo a repetir aquí en pocas palabras. En la electrónica, un oscilador biestable es un circuito que determina, por cada impulso en entrada, la inversión de la señal en salida. Por ejemplo, al llegar el primer impulso, el oscilador hace que se encienda una bombilla en salida. Si llega un segundo impulso, hace que se apague, si llega un tercer impulso hace que se encienda otra vez, etcétera. Esto quiere decir que la posición de Júpiter en las tres Casas citadas suele determinar una inversión del estado anterior. En la Segunda Casa, Júpiter de RS significa seguramente mayor circulación de dinero, pero puede ser tanto en entrada como en salida. Para saber cuál de las dos direcciones tomará, será necesario evaluar la situación en su conjunto. He aquí unos ejemplos. Si esta posición se asocia con Casas importantes desempeñando un papel durante el año, como la Duodécima, la Primera o la Sexta, es casi seguro que se tratará de dinero en salida. Si se trata de hombres de negocios o empresarios con un Saturno en tránsito por la Segunda o la Octava, es casi seguro que se tratará de dinero en salida. Si el sujeto está haciendo trabajos en casa o está comprando un piso, y tiene valores de Cuarta en el Retorno Solar, también en este caso se habla de mucho dinero en salida, una verdadera hemorragia de dinero. Si, al contrario, hay valores de Cuarta y el interesado está vendiendo un piso, esta posición indicará mucho dinero en entrada. Razonando de esta manera, es posible establecer casi siempre la dirección del flujo de dinero. Si un obrero se encuentra en suspensión temporal del contrato de trabajo y tiene malos tránsitos, con Júpiter en la Segunda de RS podrá incluso perder definitivamente su trabajo y quedarse en la calle. También tenemos que considerar, y no será un elemento secundario del entero análisis, la situación natal del sujeto: quien es capaz de vender langostas en África o neveras en Alaska, aumentará sus ingresos incluso con esta combinación. Al contrario, los que tienen una atávica mala suerte económica, se tienen que preparar para volver a tener problemas en este sector. Esta posición puede señalar también un aumento de la "visibilidad" del sujeto que probablemente, durante el año, participará en transmisiones televisivas o tomará parte en ceremonias públicas, le fotografiarán, aparecerá en los telediarios, etcétera. Es probable que desarrolle intereses gratificantes en el sector de la fotografía, del cine, del teatro, de la gráfica, de la gráfica publicitaria, del diseño y del diseño asistido por ordenador. Comprará equipos relacionados con los sectores citados. Mejora del aspecto del sujeto a través de una dieta, una nueva manera de vestir, un corte de pelo diferente, bigote y barba, una nueva dentadura, una operación de cirugía plástica, etcétera. Prestará mucha atención a su manera de vestir. Con esta posición es casi imposible que durante el año el sujeto no se compre una pantalla o un televisor de gran tamaño, o que no se aficione, aunque tal vez sin continuidad, a la fotografía o a las grabaciones con video. A lo mejor su foto aparecerá en la presa o mejorará su vista gracias a una intervención de cirugía láser en los ojos. Si se trata de un actor, gozará de mayor visibilidad durante el año, por ejemplo a través de una publicidad.

En la Tercera Casa, Júpiter acompaña de forma muy banal pero también muy frecuentemente, la adquisición de un coche nuevo o de una moto, un ciclomotor, una bicicleta, una furgoneta o cualquier otro medio de transporte. Posibles viajes de placer y un sinfín de desplazamientos. Tráfico pendular feliz relacionado con un trabajo nuevo, un amor o una mejora de la salud. Muchas comunicaciones y telecomunicaciones. Posible compra de un teléfono móvil, de un aparato inalámbrico o de un fax, de una centralita telefónica, una antena por satélite, un módem, un equipo para navegar más rápido por Internet, una impresora, un nuevo programa de escritura con ordenador. Muy buenas noticias que llegan por carta, telegrama, fax o teléfono. Resultados óptimos en los estudios. Diversos exámenes superados sin problemas para los estudiantes universitarios. Buenas posibilidades de ganar concursos. Cursos frecuentados en calidad de estudiantes o de docentes. Inscripciones útiles a cursos de idiomas, de ordenador, especializaciones postlicenciatura, prácticas, seminarios intensivos, participación en conferencias, debates y mesas redondas. Buen período para escribir. La prensa nos trata de manera positiva. Óptimos resultados por parte de hermanos, hermanas, primos y cuñados. Mejora en las patologías pulmonares. Buenas ideas y negocios a nivel comercial. Con una posición de este tipo puede producirse también la primera alfabetización informática: por ejemplo, una persona de cultura que llevaba cincuenta años escribiendo con bolígrafo y papel, empieza a utilizar Word. Con esta posición muchas personas aprueban por primera vez el examen para el carnet de conducir o náutico.

En la Cuarta Casa, casi sin excepciones Júpiter acompaña ventajas inmobiliarias. Estas ventajas pueden consistir en una buena operación de compraventa, en la realización de un importante negocio inmobiliario o en una mudanza o, también, en tareas de reestructuración tanto en la casa como en la oficina, en el laboratorio, en el taller, en la tienda, etc. Esto es válido tanto para propiedades nuestras como para los locales en los que trabajamos. Por ejemplo, para un empleado de banco esta posición puede significar su traslado a otra agencia más nueva y cómoda. Quien tiene intención de comprar una casa no debería dejar escapar esta posición. Muy buenas cosas también para los que han debido aguantar, durante años, incomodidades ambientales y que ahora por fin pueden tomar posesión de su propia casa. Júpiter en la Cuarta puede referirse a personas que, después de viajar mucho, consiguen gozar de su propia casa durante un cierto período. Posible herencia inmobiliaria. Desde otro punto de vista esta condición puede ilustrar una mejor condición de nuestros padres (o suegros) y en particular de nuestro padre (o de nuestro suegro): a nivel económico, profesional, sentimental o de su salud. Las mejoras relativas al hábitat pueden también referirse a nuestros padres o suegros (también pueden ser los padres del novio o de la novia). Mejoran las relaciones entre el sujeto y sus padres. Posible compra de una autocaravana o de una multipropiedad. Alquiler de un nuevo estudio o de un piso de soltero. Compramos nuevos e importantes dispositivos de almacenamiento para el ordenador. Júpiter en la Cuarta Casa también puede indicar un renovado clima de serenidad en casa o en el ambiente de trabajo: estaremos bien en nuestro hábitat, quizá después de un "vendaval". Aunque de forma paradójica, esta ubicación de Júpiter de RS podría estar relacionada con una enfermedad: aprovechamos mucho la casa porque, debido a una enfermedad, no podemos ir al trabajo.

En la Quinta Casa, Júpiter suele mostrarse de manera bastante espectacular y facilita mucho los encuentros sentimentales y los nuevos amores, a menos que el sujeto no tenga una atávica mala suerte en este sector. Pero cabe precisar una cosa. Muchos usuarios de astrología, que al mismo tiempo son aficionados de esta materia, piensan que esta posición les asegura el derecho, por defecto, al amor. En efecto, las cosas no funcionan así y lo mismo vale, por ejemplo, para los estrenos. Muchas veces me ha pasado que alguien se haya dirigido a mí para que le calcule la fecha buena para el estreno de una actividad comercial y luego, años más tarde, se ha quejado de que, a pesar de mis consejos, las cosas se desarrollaron muy mal a nivel económico. Pero esto es bastante lógico, ya que las variables en juego no son sólo astrológicas, sino que también tienen en cuenta, y mucho, de las condiciones de mercado. Así pues, si alguien trata de vender abrigos de piel en los trópicos, terminará muerto de hambre aunque haya inaugurado su negocio bajo un cielo espectacular. De la misma manera sucede también que, un hombre decididamente feo o muy poco atractivo, si intenta conquistar a una mujer durante una recepción en la que participan muchos cadetes de una prestigiosa escuela naval, guapos y atractivos, difícilmente conseguirá abrir una brecha en el corazón de una mujer. Así pues, esta posición astral, entre cumpleaños y cumpleaños, podrá traer un nuevo amor muy bonito o la vuelta de la persona amada, pero siempre que existan las condiciones objetivas que acabamos de citar. De todas formas, el sujeto se divertirá más durante el año. Esta diversión podrá llegarle del juego de cartas, de los videojuegos, de la música, del ordenador, pero también de la lectura de los textos de Tolstói y de Verga: sobre gustos, no hay nada escrito... A veces he escuchado a personas que, al terminar su Retorno Solar admitieron que hubo diversión para ellos, sin duda alguna, pero que se trató sencillamente del placer de volver a hablar con la gente después de un período de aislamiento. Posibles actividades deportivas, más cine, teatro, cenas en el restaurante, fines de semana, sexo, discoteca y conciertos. Una o muchas buenas noticias de los hijos o de los jóvenes en general (vale mucho sobre todo si el sujeto es docente). Se supera un problema relacionado con la prole. Posibilidad de generar un hijo, incluso cuando no se desea: con esta posición aumenta mucho la fertilidad del sujeto, tanto femenino como masculino. Sólo en casos muy raros debemos interpretar esta posición en negativo y puede indicar, por ejemplo, problemas por parte de los hijos. Volviendo a hablar del amor, que gracias a Dios sigue siendo el asunto más popular de todos, quisiera añadir que para las personas "no taradas" en este sector, Júpiter en la Quinta de RS anuncia ciertamente un año hermoso para el amor o para el sexo: puede tratarse de un nuevo encuentro o puede ser la vuelta de una persona amada. Alguien dice: "Yo tan sólo quiero a Alfonso, y no me interesa nadie más que él…". Pero los astros saben mirar más lejos que nosotros y, a menudo, aunque no se trate de Alfonso, el sujeto lo agradece igualmente.

En la Sexta Casa, el señor del Sagitario consigue curar bastante bien las situaciones a nivel de la salud. Se trata por lo tanto de una válida ayuda en la curación de las enfermedades y nos ofrece recursos, a veces inesperados, para ayudarnos en nuestro bienestar psicofísico. Actúa muy bien en las convalecencias y, más en general, en la recuperación después de malos períodos debidos a disgustos sentimentales, económicos, profesionales, así como después de lutos importantes. Las terapias que empiezan durante este Retorno Solar tienen muchas más probabilidades de triunfar, de obtener resultados concretos y positivos. Período favorable también para las intervenciones quirúrgicas, sobre todo de carácter estético. Posible mejora en el trabajo o en las relaciones de trabajo. Óptimas posibilidades en la contratación de nuevos dependientes, colaboradores en la oficina, asistentas y colaboradores interinales o a tiempo parcial. Un viejo rencor en el ambiente de trabajo se acerca a su solución positiva. Un dependiente nuestro vive un óptimo momento, bajo diferentes puntos de vista. El trabajo que antes vivíamos con preocupación o duramente, ahora nos resulta agradable o fácil. Ventajas en todos los tipos de terapia, de los fangos a las curas termales en general, del shiatsu a la fisioterapia, de las dietas para adelgazar o de desintoxicación al gimnasio. Posibles satisfacciones procedentes de un animal doméstico. Recuerden que las posiciones más protectivas para la salud son: Júpiter y Venus en la Sexta Casa o bien Júpiter y Venus en la Primera o Duodécima Casa (esta última posición, sobre todo si se encuentran muy cerca del Ascendente, es seguramente muy buena para la salud, pero normalmente es infeliz para las relaciones sentimentales).

En la Séptima Casa de RS Júpiter se comporta, más o menos, como cuando se encuentra en tránsito por la Séptima Casa radical. Normalmente, debido al ya explicado efecto "biestable", nos ayuda a resolver los problemas de nuestra relación sentimental, de pareja, y los problemas relacionados con papeleos administrativos o legales. Si no tenemos una relación sentimental y la deseamos profundamente, si existen al menos las bases teóricas para que esto pueda producirse, sin duda alguna podemos contar con un encuentro interesante durante los doce meses siguientes, un encuentro importante que podría incluso convertirse en una relación bastante estable. Aunque nuestra vida sentimental ha sufrido recientemente una crisis, una separación momentánea, una difundida agresividad, con el inicio del nuevo Retorno Solar que contiene Júpiter en la Séptima, existen realmente muchísimas probabilidades de que el problema se solucione, que logremos reestablecer un clima pacífico y agradable en nuestra vida de pareja. Lo mismo vale para las cuestiones legales, los procesos, las causas, los problemas pendientes con la justicia: si están investigando sobre nosotros, si estamos bajo proceso, si estamos metidos en una causa que nos consume, es muy probable que encontremos un recurso importante, una ayuda inesperada, un apoyo milagroso que nos alejen de los problemas o que haga que se pronuncie una sentencia en nuestro favor, o la menos dura posible para nosotros. Al contrario, si nuestra relación de pareja está funcionando perfectamente y no tenemos ningún tipo de problema con la ley, Júpiter en la Séptima nos puede traer serias causas, separaciones, incluso un divorcio, papeleos administrativos de todo tipo, problemas con la ley, ataques por parte de las instituciones o de individuos, enemigos declarados, incluso atentados o intentos de atentado, tiroteos en las piernas, intentos de robo, atracos, etcétera. El mecanismo, como ya se ha dicho, lo desconocemos, pero es un hecho que, basado en miles y miles de Retornos Solares observados y estudiados, yo puedo afirmar todo esto con la certeza de que esta regla vale en la inmensa mayoría de los casos, por no decir en el ciento por ciento de los casos. Lo mismo se puede afirmar en relación con el cónyuge, el compañero, la compañera, y es válido – desde luego – también para un eventual socio en negocios, estudios, política, etcétera. Más allá de la bipolaridad que he definido "biestable" existe, sin embargo, un valor que yo he encontrado siempre presente en correspondencia de esta posición: durante los doce meses examinados nuestro compañero, novio o novia, prometido o prometida, marido/mujer, socio/socia, brillarán por algún motivo. Puede que estén mejor de salud o que tengan un crecimiento profesional, social, etcétera. De todas formas el período es bueno para encontrar a un socio, si esto forma parte de nuestras expectativas.

En la Octava Casa, al igual que en la Segunda, Júpiter significa con total seguridad un considerable y mayor flujo de dinero, comparado con el presupuesto del sujeto interesado: para alguien serán pocos miles y para otros serán millones. Este flujo puede proceder tanto en entrada como en salida y puede depender de herencias recibidas, donaciones, ganancias de juego, liquidaciones, pensiones, créditos atrasados, ganancias extra, negocios, mediaciones, pero también pérdidas de juego, robos, enormes gastos para la casa, deudas de la pareja, estafas, especulaciones en bolsa y/o de cualquier otro tipo, préstamos que no se devuelven nunca, etcétera. Si no tenemos cuidado, con esta posición corremos el riesgo de sufrir verdaderas hemorragias de dinero. A veces sus efectos son engañadores porque, por ejemplo, nos favorece en una petición de préstamo, de subvención, de financiación, consiguiendo que nos concedan cifras enormes, pero luego no seremos capaces de devolver tales sumas y, por lo tanto, al final su posición en la Octava Casa se revelará fatal para nosotros. Posibles ventajas de un deceso, y no sólo de tipo económico. Buenas posibilidades en las investigaciones subterráneas, profundas, incluso las que se refieren a nuestra psique. Mejoras en nuestra vida sexual. Este último punto no se puede interpretar mal y, a menudo, nos informa de manera indirecta de la llegada de un amor o de la resolución positiva de un conflicto con la pareja. Se amplifican nuestros poderes psíquicos. Ventajas en el ámbito del cementerio.

En la Novena Casa, Júpiter significa casi siempre largos y magníficos viajes, viajes a lugares lejanos, largas estancias lejos de casa, ventajas obtenidas en el extranjero o gracias a personas forasteras, o relacionadas con otras regiones o ciudades de nuestro mismo país. El extranjero, la lejanía, bajo cualquier punto de vista, nos favorece, nos beneficia, nos ayuda mucho en el trabajo, con el dinero, la salud, el amor y la fama. Hospitales y médicos extranjeros consiguen curarnos. Nos ofrecen trabajos o colaboraciones en otras ciudades. Posibilidad de frecuentar universidades y cursos extranjeros. Especializaciones que podemos conseguir en el extranjero. Se ven favorecidos los estudios superiores, tanto universitarios como los que se refieren a temas lejos de la vida diaria, materias como la filosofía, la astrología, la parapsicología, la teología, el yoga, etcétera. Aprendizaje de un idioma extranjero, de un lenguaje de programación o de un software particularmente complejo. Período excelente para irse a vivir a otra ciudad o para ponerse de acuerdo con personas o entidades fuera de nuestra región. Si quisiéramos trazar los confines ideales al área de correspondencia de la Novena Casa, deberíamos decir: la Novena Casa corresponde a cualquier lugar en el que se habla un idioma o un dialecto diferente respecto al nuestro. En mi práctica de largos años de estudios de Retornos Solares he podido notar muchísimas veces que esta posición corresponde, por ejemplo, también al primer vuelo de sujetos con fobia al avión.

En la Décima Casa, la ocupación de Júpiter, en un tema de Retorno Solar, es casi siempre positiva y anuncia un crecimiento que a menudo es de tipo profesional, pero que más en general podría consistir en cualquier otra forma de emancipación: como aprender a nadar o a tomar pastillas (hay individuos adultos que no lo consiguen), liberarse de una persona desagradable, conseguir volar por vez primera, someterse a cirugía ocular y adquirir una agudeza visual de 10/10, aprender perfectamente el inglés, un nuevo idioma o la utilización del ordenador, fortalecerse a nivel psicológico, vencer miedos o tabúes, plantear proyectos ganadores para el futuro, conocer a personas que podrían cambiarnos la vida, terminar los estudios en la universidad, comprar la casa de nuestros sueños, tener un hijo o encontrar un marido y un largo etcétera. Pero es necesario puntualizar que esta posición es mucho menos poderosa del Ascendente de RS en la Décima Casa radical (pero que sin embargo tiene muchas contraindicaciones que en este caso no existen). Desconozco el porqué, pero lo he experimentado miles de veces. Los resultados que se alcanzan con Júpiter en la Décima de RS son casi siempre irreversibles. En mi opinión, después de decenas de años de experimentaciones, con la excepción de casos muy particulares, un Júpiter estrictamente conjunto con el Medio Cielo es lo mejor que pueda haber en un tema de Retorno Solar. En algunos casos esta posición nos habla de un óptimo período para la madre del sujeto, de una renovada vitalidad profesional, de una temporada de celebridad, de ventajas económicas, de buena salud o de satisfacciones sentimentales para ella, o bien se puede referir a que mejoran las relaciones entre el sujeto y su madre.

En la Undécima Casa Júpiter nos ayuda mucho, a través de amigos influyentes, conocidos importantes, apoyos de personas con poder, de hombres políticos, magistrados, altos funcionarios, personajes que nos pueden dar trabajo, ofrecernos cargos de responsabilidad, encargarnos de peritar, otorgarnos trabajos en licitación, pero también, más sencillamente, puede tratarse de atajos para que nos opere un famoso cirujano o nos visiten grandes especialistas, recomendaciones para que logremos matricularnos en un curso o en un club exclusivo, apoyos a trescientos sesenta grados sin excluir nada, pasando incluso por la llamada telefónica al mecánico de confianza para que nos controle mejor el coche. En los doce meses cubiertos por esta posición podremos tener más facilidades de todo tipo, y percibir a nuestro alrededor el aliento caluroso de los amigos, las mejores expresiones de la amistad. Muy buenos proyecto. Proyectos de crecimiento profesional. Proyectos que funcionan. Posibles ventajas de un deceso. Peligro de muerte para nosotros o para un familiar nuestro, pero que se supera muy bien. Año en el que entablaremos nuevas y óptimas amistades. Júpiter en la Undécima (que siempre se interpreta en positivo) se encuentra sólo a una octava más baja de Júpiter en la Séptima Casa.

En la Duodécima Casa, Júpiter vive quizá su mejor condición, puesto que aunque no nos favorece en ninguna dirección particular, funciona como un comodín, como un ángel protector que nos ayuda a salir de todas las situaciones negativas o de peligro, nos echa una mano a recuperar y a salir de los problemas. Es realmente una panacea para una buena recuperación después de una enfermedad, para alejarnos de problemas judiciarios, para superar una tragedia económica, para recuperarnos del dolor de una separación o de un luto. Sus efectos nunca son espectaculares, pero si el sujeto es capaz de ser honesto consigo mismo se vuelven muy evidentes. Su presencia en esta Casa del Retorno Solar nos garantiza bastante que no se vivirá un año dramático bajo ningún punto de vista: aunque caminemos sobre una cuerda de acero colgada entre dos rascacielos, siempre podremos contar con una "red" debajo de nosotros. Es esta la posición que, más que las demás, nos debe hacer apreciar un planeta tan bueno, cuando quiere serlo.

19

Saturno de Retorno Solar en las Casas del Retorno Solar

Saturno de Retorno Solar es mucho, pero mucho menos temible de Marte de Retorno Solar. También esta regla surge de un observación muy larga "in situ", es decir de una práctica de casi treinta y cinco años (en febrero de 2004) sobre miles y miles de Retornos Solares, elegidos y no elegidos. Desconozco el porqué, pero es así. Probablemente la razón de una menor virulencia de este planeta se debe al hecho que su expresión, tendencialmente crónica, se adapta poco a la periodicidad del Retorno Solar que abarca sólo doce meses. Aunque no metería la mano en el fuego sobre esto. Pero es un hecho que lo he visto muchísimas veces en Casas Duodécimas, Primeras y Sextas en las que no ha producido grandes daños, lo que no puede decirse del señor del Aries y del Escorpión que, cuando se encuentra en esas mismas posiciones, puede llegar a ser incluso devastador. Sin duda alguna Saturno del RS representa un sector en el que tendremos que comprometernos, y mucho, durante el año, con grandes esfuerzos pero no necesariamente con resultados negativos. Muchas veces, en efecto, nos anuncia también el sector en el que se pueden conseguir particulares premios, pero a costo de sacrificios.

En la Primera Casa, Saturno establece el clima, en sentido psicológico, de un año: un panorama de fondo, un entorno de melancolía, tristeza, depresión, desaliento, carencia de entusiasmos, pero no necesariamente a la máxima potencia. Más bien indicará un crecimiento interior que se manifestará por medio de un comportamiento más controlado por parte del sujeto; una manera de manifestarse más sobria, más contenida, con una mejor gestión de la mímica facial, de la manera de gesticular y de la posición global del cuerpo. Esta combinación denuncia la falta casi total, durante el período al que se refiere ese RS, de cualquier forma de entusiasmo o de fuerza arrasadora y arrastradora. El año podrá ser bastante apático, fatigoso, cuesta arriba, con pocas diversiones pero constructivo y positivo para los crecimientos de tipo psicológico. Es posible un mayor aislamiento durante el año (entendido siempre entre dos cumpleaños): tendencia a la sobriedad, poca atención a los placeres de la carne, menor reclamo sexual tanto para la mujer como para el hombre. Posible adelgazamiento. Probables problemas de huesos o dentales. Si se encuentra muy cerca del Ascendente, su forma de manifestarse será más pesada en todo lo que acabamos de describir y el año podría incluso llegar a ser el espejo de esta única posición. Esto incide, sobre todo, a nivel de tristeza-melancolía-pequeña depresión, pero – más allá de las consideraciones que pueden leer en el capítulo sobre la salud (en el epílogo de este libro) – nunca lo he visto manifestarse a niveles preocupantes.

En la Segunda Casa, Saturno indica una contracción de las entradas económicas o bien problemas económicos debidos a mayores salidas, gastos imprevistos, impuestos a pagar, trabajos en casa o en la oficina que tienden a acabar con las reservas, grandes o pequeñas, que se guardamos en el banco. Período un poco difícil con el dinero en general. El conjunto del Retorno Solar y de los tránsitos podrá aclarar, casi siempre, el motivo de tales hemorragias o ausencia de entradas: por operaciones inmobiliarias, gastos médicos, reestructuraciones de locales, viajes, pérdidas en el juego, etcétera. Si se trata de un personaje público: posible disminución de su visibilidad (por ejemplo, durante el año aparecerá menos en la televisión o en la prensa). A veces esta posición puede indicar un cambio en la manera de vestirse o de presentarse: tendencia hacia el estilo clásico si hasta ese momento el sujeto vestía casual, eliminación de la barba o del bigote (o, al contrario, el sujeto se los deja crecer), uso del sombrero en invierno, etcétera. Posible interrupción de una afición fotográfica, cinematográfica, teatral; o al contrario, gran compromiso para aprender a usar un software de diseño gráfico, para comprar una pantalla de alta resolución o un equipo profesional para grabar o efectuar videos. El aspecto personal suele empeorar y, por ejemplo, en el caso de una mujer muy atractiva, con esta posición astrológica notamos que envejece o, menos dramáticamente, que pierde drásticamente esa "luz" que muchas veces caracteriza, tal vez sólo en la mirada, la juventud de una persona que demuestra muchos menos años de los que tiene en realidad. En aparente contradicción con esto, encontramos sujetos que se comprometen muchísimo (incluso económicamente) para mejorar su propio aspecto: por ejemplo sometiéndose a intervenciones de cirugía estética.

En la Tercera Casa, Saturno puede indicar muchos gastos para comprar un coche nuevo, pero a veces anuncia también el robo del coche o bien costosas reparaciones, con o sin accidentes de tráfico. En la mayoría de las veces representa problemas en las relaciones con hermanos, hermanas, cuñados, cuñadas, tíos y tías, primos y primas, sobrinos y sobrinas o crisis existenciales y/o enfermedades-problemas para ellos. Si esta posición se refiere a sujetos jóvenes y menos jóvenes que estudian, es casi siempre índice de una interrupción temporal o definitiva en sus estudios. Al contrario, puede indicar una matriculación tardía en la universidad, cursos muy difíciles de idiomas extranjeros, prácticas profesionales laboriosas, etcétera. Posición particularmente dañina para los escritores: ellos vivirán un período de casi total falta de inspiración o producción literaria. Las comunicaciones y las telecomunicaciones "sufrirán" bastante durante el año en cuestión. Rotunda disminución de la correspondencia enviada y recibida. Lectura de libros serios, difíciles y pesados. Posibles disgustos relacionados con la prensa: por ejemplo los diarios o la televisión se ocupan en negativo de nosotros. Otras veces esta posición astrológica se refiere a un mayor y más molesto tráfico pendular debido a los motivos más disparatados: docentes trasladados a escuelas lejanas, estudiantes que tienen que frecuentar universidades de otras ciudades, hombres y mujeres que viajan sin cesar para ir al encuentro de la persona (poco) amada, terapias médicas que requieren desplazamientos, etcétera. Pocos viajes durante el año. Será necesario prestar ayuda, incluso a nivel económico, a ese puntual segmento familiar que acabamos de delimitar en este párrafo. Posibles manifestaciones de patologías respiratorias.

En la Cuarta Casa, Saturno se refiere, en la inmensa mayoría de los casos, a problemas con o por parte de los padres. Encontramos esta posición en los casos de enfermedad y de hospitalización de los padres, con o sin intervenciones quirúrgicas. En los casos más negativos, pero sólo si todo el conjunto de los tránsitos y del Retorno Solar junto con el análisis de los temas natales de todos los familiares lo confirman, puede tratarse incluso de la pérdida de uno de los padres (mucho más el padre, aunque no se trata de una regla absoluta). Lo mismo vale también para los abuelos y para los suegros. Otras veces se trata de gastos enormes o de considerables sacrificios para comprar una casa, para reestructurarla o para efectuar una mudanza, tanto en el ámbito doméstico como en el ámbito laboral. Considerables gastos en la finca o para renovar parte de la decoración de la casa. Impuestos patrimoniales atrasados o relativos a un cambio de propiedad o a una sucesión inmobiliaria. Grandes sacrificios para devolver una hipoteca obtenida anteriormente. Importantes trabajos de mantenimiento. Abandono forzoso de la casa (para las parejas que se separan) o cambio forzoso de domicilio debido a hospitalización o, en los casos peores, a la detención del sujeto. La atmósfera del hábitat (entendido tanto en sentido doméstico como laboral) se hace cargada. A veces, en sujetos jóvenes, una posición de este tipo puede significar también el comienzo de un proceso de mayor maduración – tal vez acompañado por la boda – en la dirección del "corte del cordón umbilical". Daños en la propia casa debidos a eventos naturales como terremotos, inundaciones, incendios, etcétera. La humedad empieza a penalizar nuestro hábitat. Problemas de salud en el estómago o con los dispositivos de almacenamiento masivo de nuestro ordenador.

En la Quinta Casa Saturno anuncia, casi sin posibilidad de error, una clara interrupción o una temporal limitación de toda la actividad lúdica y recreativa. Habrá muy pocas diversiones durante el año o bien habrá distracciones pero de tipo "pesado": como el estudio de asignaturas clásicas, de la historia antigua, de la numismática, etcétera. Muchísimas veces encontramos esta posición en los Retornos Solares de sujetos separándose de su propia pareja o que interrumpen, por un poco de tiempo, su relación extramatrimonial. Seguramente habrá poco o muy poco sexo en este período. Posibles problemas para nuestros hijos: escolares, de malas compañías, de asunción de drogas, etcétera. Probable embarazo indeseado, aborto o embarazo difícil y parto cesáreo. En otros casos sucede exactamente lo contrario: un pareja decide, después de muchos años de matrimonio, tener hijos pero se dan cuenta de que no los pueden tener. Esto provoca una neurosis doble que empuja a los dos cónyuges a intentar todo lo imposible para procrear e iniciar un calvario de gabinetes de médicos y especialistas, para conseguir ese pequeño milagro. Posibles disgustos al descubrir la traición de la persona amada. Pérdidas de juego o por especulaciones de bolsa. Se abandona una afición anterior. El año estará marcado por una mayor sobriedad y muy pocas salidas de tipo mundano. Un hijo o una hija obligan al sujeto a asumirse mayores responsabilidades en la vida. Empobrecimiento del deseo sexual. Si el sujeto se encuentra en la edad canónica para que esto acontezca, inicio de la menopausia o del climaterio.

En la Sexta Casa Saturno, al contrario de Marte, en la mayoría de los casos no debería generar ningún pánico ni temores incontrolados: casi siempre indica la cronicización de trastornos, en general de tipo físico, que ya conoce el sujeto al que le toca esta posición astrológica. O quizá empieza una nueva patología de duración muy larga. A menudo se trata también de la aparición de problemas de huesos o dentales, como artrosis, reumatismos, enfermedades de enfriamiento, etcétera. Sólo si el conjunto del Retorno Solar, junto con los tránsitos, es malo de verdad, habrá motivo de preocuparse y estar alerta para luchar contra serios problemas de salud. Pero podría tratarse también de la salud mental y, por lo tanto, los problemas podrían estar relacionados con crisis depresivas o de ansias como consecuencia de disgustos sufridos durante los doce meses del Retorno Solar. Otras veces se tratará de problemas en el ambiente de trabajo: un nuevo rector que nos dificulta la vida, la llegada de un nuevo colega que tiene un carácter insoportable, un clima de hostilidad determinado por diversos elementos, la ausencia de un colega que nos obliga a trabajar mucho más... Posible traslado a otra oficina, acciones de acoso laboral o simplemente de general antipatía dentro del ambiente de trabajo. Sacrificios hechos por la salud: dietas para adelgazar y desintoxicantes, visitas frecuentes a lugares termales, a institutos de fisioterapia, a centros de masajes shiatsu y de acupuntura, etcétera. Es probable que un colaborador muy válido abandone al sujeto; podría ser también una asistenta, una secretaria o un dependiente. Inicio de terapias farmacológicas masivas. Posible enfermedad o muerte de un animal doméstico.

En la Séptima Casa, Saturno anuncia la llegada de problemas en la relación de pareja. Muy a menudo esto supone que la pareja se separe de forma temporal o definitiva. Otras veces, en cambio, esta posición puede significar que el ser amado del sujeto está en crisis, está mal, atraviesa un período duro por los más disparatados motivos. Posible separación también de un socio. Llegada de papeleos administrativos/legales o empeoramiento de la situación en cuestiones legales. Peligro de incriminación por parte de magistrados, controles tributarios, inspecciones de policía, implicación en causas y procesos, convocación para atestiguar, apertura de expedientes a propio cargo, pérdida de causas, condenas, multas a pagar, confiscación del carnet de conducir, ataques de diversos tipos incluso por parte de ciudadanos privados, guerras continuas con el prójimo. En los casos más graves, pero que son mucho menos frecuentes respecto a los indicados por la análoga posición de Marte, Saturno en la Séptima del RS puede acompañar atentados a la persona o a los propios bienes. En los casos mejores se trata de un "crecimiento", sobre todo a nivel profesional, de la propia pareja y también de un aumento de altivez, de su despegue de nosotros. Posición particularmente desfavorable para los políticos. En otros casos podemos disponer de una condición opuesta en apariencia y relacionada con el comienzo de una convivencia o de una vida matrimonial: se tratará pues de un matrimonio "con la muerte en el corazón" o basado casi exclusivamente en el oportunismo.

En la Octava Casa, la presencia de Saturno en el cielo de Retorno Solar atestigua la llegada de una difícil situación económica, o su neto empeoramiento si ya se encuentra comprometida. Se tratará de menores entradas o de mayores salidas. A menudo encontramos esta posición en los cielos de industriales y empresarios obligados a una situación de escasez de dinero porque, por ejemplo, una entidad pública sigue sin pagarles un trabajo terminado ya desde hacía tiempo o un suministro ya entregado hacía años. Otras veces se tratará de las consecuencias de un fuerte endeudamiento anterior, por el cual durante este año el sujeto tiene que saldar la cuenta. Muchas personas caídas en las redes de los usureros, se encuentran en semejantes condiciones; o, al contrario, son justamente situaciones parecidas las que pueden inducir a un sujeto a caerse en la red de un usurero. Enormes impuestos que pagar, pérdidas de juego, posibles robos y atracos que sufre el sujeto, o bien considerables pérdidas – por ejemplo, por la aceptación de cheques al descubierto. Pérdida de una herencia o feroces batallas para poder adquirir por fin un bien heredado. Problemas con liquidaciones o pensiones. Posibles deudas del cónyuge. Conseguimos obtener una financiación o un préstamo, pero que nos obligará a pagar intereses muy elevados y plazos mensuales muy altos. En definitiva, dicho sea sin metáforas: esta posición se encuentra seguramente entre las peores a nivel económico, pero se justifica ampliamente si el sujeto tiene que hacer operaciones inmobiliarias (compra, reestructuración, mudanza) puesto que en ese caso cabe hablar de inversiones, no de dinero tirado por la ventana. Lo mismo se puede decir para la compra de herramientas útiles para la profesión. Probable disminución o interrupción de la actividad sexual. Temporales problemas de carácter sexual, como frigidez e impotencia. Posibles problemas de hemorroidas (sobre todo en los nativos del Escorpión). Miedo a la muerte. Experiencias negativas con sesiones de espiritismo, sectas o magos. Posible luto familiar o relativo a un amigo. Final de una relación.

En la Novena Casa, Saturno de RS desaconseja rotundamente hacer viajes durante el año, aunque en caso de viajar el sujeto podrá sufrir molestias, más que serios problemas. Pocos viajes o ningún viaje durante el año. Muchas veces el sujeto se ve obligado a partir por problemas de salud personales o de familiares. Otras veces esta posición indica que el sujeto tiene que alejarse por fuerza de su casa por motivos de estudio, de trabajo o de carácter judicial. Posibles accidentes relativos a viajes: pero mucho menos probables de los anunciados por un Marte en esta misma Casa de Retorno Solar. El extranjero o los extranjeros nos desfavorecen y, por "extranjero" es necesario entender cualquier lugar donde se hable una lengua o un dialecto distintos de los propios. Un pariente lejano está mal o vive un período difícil, o un ser querido se encuentra lejos de nosotros y este hecho nos hace sufrir. El sujeto se aleja de su propio amor. Una empresa extranjera o de otra región le quita una representación vital. Una referencia cultural que vive lejos, abandona al sujeto o fallece. Se interrumpen de forma temporal o definitiva nuestras relaciones culturales con una universidad extranjera, un grupo de investigación de otra ciudad o un editor de otra región. Nuestras obras sufren ataques y hostilidad lejos de los lugares donde vivimos. Malas noticias de todo tipo que llegan desde "fuera". Un proyecto relacionado con la lejanía decae en los doce meses en cuestión. Vivimos una crisis religiosa o relativa al estudio de asuntos como la filosofía, la teología, la astrología, el esoterismo, etcétera. Viajes a los que tenemos que renunciar. Nostalgia de casa. Sin embargo, en muchísimos casos notamos – al contrario – un año extraordinario en cuanto al crecimiento espiritual y relativo al trascendente.

En la Décima Casa, Saturno deja constancia de un momento difícil o muy difícil a nivel profesional o sencillamente para nuestro prestigio personal. Momento de impopularidad para un personaje público, un político o un hombre del mundo del espectáculo. Posible pérdida del trabajo (por ejemplo para obreros que se encuentran en suspensión temporal del contrato de trabajo). Renuncia al trabajo. Jubilación anticipada o jubilación impuesta. Entrega, con la muerte en el corazón, de dimisiones voluntarias. Retiro doloroso del mundo del trabajo. Enfermedad o accidente que nos obliga a abandonar el trabajo de forma temporal o definitiva. Un paso atrás en la emancipación: por ejemplo nos revocan un privilegio que nos pertenecía y que nos permitía ausentarnos a menudo de la oficina. Podíamos usar la fotocopiadora o el fax de un familiar, pero que ahora se marcha llevándose consigo los aparatos (se trata sólo de un ejemplo entre los miles posibles para aclarar mejor el concepto de emancipación negada o perdida). Al contrario, sin embargo, Saturno en la Décima Casa de Retorno Solar puede significar un compromiso nuestro, con sufrimiento, para crecer a nivel profesional: como puede ser estudiar de forma intensiva un idioma extranjero o matricularse en la universidad a una edad ya no joven. Nuestra madre (o abuela o suegra) está mal o empeora nuestra relación con ella. En los casos más serios, si el conjunto de los tránsitos y del Retorno Solar lo justifica, es posible incluso el deceso de nuestra madre, abuela o suegra.

En la Undécima Casa, Saturno de Retorno Solar significa en la gran mayoría de los casos la pérdida (debida a su deceso o a su alejamiento físico) de un amigo o de un familiar, de un colega o de un pariente lejano, o bien el peligro de vida de dichas personas. Otras veces indica más modestamente el fin de una amistad o una seria pelea con amigos o con familiares. Un proyecto queda interrumpido, o se acaba la protección de un personaje influyente que nos patrocinaba. Los encuentros con nuestros amigos se hacen más raros. Pocas amistades nuevas durante el año. Añoramos la música. Posibles problemas en el oído. Notamos menor calor a nuestro alrededor. El clima general es el de una mayor – y a veces silenciosa – hostilidad hacia nosotros. No podremos contar con ningún elemento de buena suerte durante el año: aún peor, la suerte nos será contraria, tanto en las cosas pequeñas como en las grandes. Nuestro "parque" de amigos y parientes se empobrecerá drásticamente.

En la Duodécima Casa, Saturno es el índice de pruebas generalizadas que nos pueden afectar a trescientos sesenta grados, pero de latitud maléfica muy inferior a lo que podría penalizarnos la presencia de un Marte en la Duodécima de RS. Podrá tratarse tanto de problemas de dinero como de problemas de amor, de justicia o de salud. El conjunto de los tránsitos y del Retorno Solar nos podrá aclarar de qué se trata. En la mayoría de los casos, sin embargo, si a parte de esta posición el Retorno Solar es bastante bueno, no debemos temer nada grave: se tratará de molestias, más que de serios líos durante el año. Posibles problemas debidos a una clausura forzada, una hospitalización o, en el peor de los casos, de encarcelación. Depresión, desaliento y abatimiento psíquico. Hostilidad a nuestro alrededor, pero casi siempre escondida. Si Saturno se encuentra muy cerca del Ascendente, esta posición resulta bastante malvada y valen las mismas consideraciones que hemos escrito antes y a propósito de Saturno en la Primera Casa (cuando está en estricta conjunción con el Ascendente).

20.
Urano de Retorno Solar en las Casas del Retorno Solar

Como Saturno, Neptuno y Plutón, también Urano de RS se expresa de manera mucho menos pesada respecto a Marte y, a diferencia del planeta rojo, tiene a menudo un efectivo carácter de renovación relativa al sector ocupado. En el período entre finales de los años Ochenta y los años Noventa, observé muchísimas veces a Urano en compañía de Neptuno, incluso en la Primera, en la Sexta y en la Duodécima Casa: sus efectos casi nunca fueron temibles para el sujeto interesado.

En la Primera Casa, más que producir cambios importantes Urano actúa en sentido "nervioso": es decir que normalmente atestigua un período de mayor ansiedad, nerviosismo, insomnio, ligeros ataques de pánico, malestares generales; pero no es casi nunca nada importante en negativo. Sin embargo, también son posibles cambios de actitud en el sujeto, si lo confirman otros puntos del tema natal y del mapa de RS del propio sujeto. En general acompaña una mayor apertura hacia el exterior. También son posibles cambios físicos, de peso, de actitud general en las relaciones con el prójimo y con los familiares más cercanos.

En la Segunda Casa, Urano tenemos que ponerlo en relación con novedades patrimoniales, no necesariamente de signo negativo. Seguramente se encuentra presente en esas situaciones en las que el sujeto gana o gasta mucho, hace algo para cambiar su propio nivel de vida, se inventa nuevos trabajos, recibe un premio, una herencia, una liquidación, una pensión o salarios atrasados. El mayor flujo de dinero puede depender también de la venta de un inmueble o de gastos excesivos para reestructurar una casa. De todas formas, su presencia nos advierte que la vida del sujeto, a nivel patrimonial y por lo menos durante ese año, no será nada tranquila sino que registrará más de un golpe de efecto. Casi por obligación, lo encontramos en todas las situaciones en las que se registra una importante operación inmobiliaria: compra, venta, compraventa, reestructuración y mudanza en el ámbito tanto doméstico como laboral. Peligro de pérdidas de dinero con el juego o en la bolsa. Dinero prestado que no devuelven. Gastos imprevistos y/o inesperados. Cambio, a veces radical, del aspecto físico del sujeto: relativo al cuerpo o a la manera de vestir, al peinado, etcétera. Imprevisto interés por el cine, la fotografía, el diseño gráfico con ordenador, el *home theatre*, el teatro, los foros de cine, las cámaras de vídeo, etc.

En la Tercera Casa, Urano puede señalar el cambio del propio coche, pero también el robo del vehículo o un choque trasero, un accidente en el que nos veremos involucrados. Posible brusca interrupción en las relaciones con hermanos, hermanas, primos y cuñados; o bien cambios radicales en su vida. Brusca inversión de rumbo en los estudios. Estudios que se interrumpen de repente o, al contrario, que empiezan de forma inesperada. Estudios de disciplinas innovadoras, de electrónica, de informática, de fotografía o de astrología. Imprevisto tráfico pendular durante el año. De repente nos ponemos a escribir o la prensa se ocupa de nosotros. Posibles averías de los equipos relacionados con las comunicaciones y con las telecomunicaciones. Riesgo de accidente para un familiar. Llegan cartas, telegramas y llamadas telefónicas imprevistas y dramáticas. Para los que no están alfabetizados a nivel informático, esta posición puede representar su bautismo de la escritura con ordenador o el estreno de un buzón de correo electrónico.

En la Cuarta Casa, un sinfín de veces Urano indica un repentino cambio de domicilio por los más disparatados motivos: que pueden ser un nuevo trabajo, el traslado a otra oficina tanto en una empresa pública como privada, un desahucio que nos obliga a desalojar, una separación del cónyuge, la necesidad de reducir los gastos y la obligación de alojarnos en casa de parientes, etcétera. Atención a los cortocircuitos y a los incendios accidentales. Posibles daños de eventos naturales, como por ejemplo los rayos. Inesperada posibilidad de recibir una casa en donación o en herencia. Pérdida accidental de un inmueble, quizá como deuda de juego o porque el sujeto no tiene los recursos para pagar los plazos de la hipoteca. Trabajos en casa o en la oficina, decididos al último momento. Uno de los padres del sujeto se enferma o fallece de improviso (puede ser un abuelo o uno de los suegros). Padres, abuelos o suegros que de manera drástica y/o repentina cambian un aspecto de su propia vida: por ejemplo vuelven a casarse. Posibles daños serios, durante el año, a los dispositivos de almacenamiento masivos del ordenador.

En la Quinta Casa, Urano se podría llamar "rotura del condón". Posibles maternidades y paternidades inesperadas. Riesgo de embarazos imprevistos o no programados. Interrupciones accidentales del embarazo. Adelanto accidental del parto. Posibles complicaciones imprevistas durante el parto, o parto cesáreo. Inicio de un nuevo amor que nos coge de sorpresa. Interrupción inmediata de un amor. Golpes de efecto en nuestra relación sentimental. Descubrimos, por sorpresa, que nuestra pareja ama a otra persona. Peligro de accidentes para nuestros muchachos. Repentino cambio de vida para un hijo o cambio en nuestra relaciones con él. Nuevas aficiones de tipo uraniano que nos apasionan mucho (por ejemplo música, informática y electrónica). Nuestra pareja podría sufrir un accidente de tráfico o una operación quirúrgica imprevista. Posible principio de patologías cardiacas.

Para Urano en la Sexta Casa, vale más o menos todo lo dicho en relación con la Primera. Lo he visto un montón de veces en esta Casa y tan sólo en casos raros (pero junto con otras posiciones malas) lo he podido relacionar con desdichas significativas. En la mayoría de los casos puede anunciar problemas de ansiedad, nerviosismo, insomnio: y será suficiente disminuir durante el año la cantidad de café o tomar sedativos ligeros, también de tipo natural, para menguar los efectos de su presencia en la Casa que se atribuye a la salud. Posibles importantes novedades, al contrario, en el trabajo: nuevo encargo que supone un cambio de oficina o de ambiente; nuevos colegas de trabajo, otros jefes o colaboradores; un colaborador o un criado se marcha sin avisarnos previamente. Probables terapias a efectuar basadas en radiaciones de todo tipo. Utilización de equipos nuevos, el último grito de la ciencia y de la técnica, para curar una patología que nos afecta. Golpes de efecto en nuestro ambiente de trabajo.

En la Séptima Casa, Urano es bastante incisivo. A menudo, muy a menudo, marca un cambio drástico en la situación matrimonial o en la relación de pareja, sea cual sea: en sentido sentimental, sexual, comercial, político, de estudio, etcétera. Nuestra pareja cambia de vida de forma inesperada, debido a que consigue un trabajo nuevo, o por un luto, o porque recibe un cargo prestigioso... De repente empiezan a llegar (o terminan de llegar) papeleos administrativos. Probables cuestiones legales de las que nos tendremos que ocupar durante el año. Golpes de efecto en el tribunal. Posible accidente o enfermedad (aguda) de nuestra pareja. Gran inestabilidad en cualquier tipo de relación con los demás.

En la Octava Casa, Urano puede determinar una pérdida consistente y repentina de dinero. Impuestos inesperados, requerimientos de pago de los que nada sabemos, endeudamiento de nuestra pareja a nuestras espaldas, robos, atracos, tirones, estafas, especulaciones equivocadas en bolsa, mala suerte en el juego que nos proyecta en un mar de problemas económicos; pero también la llegada inesperada de una herencia, de una ganancia de juego, de una donación, de una pareja rica, etcétera. Posibles problemas sexuales debidos a ansiedad y nerviosismo. Luto repentino o peligro de muerte para un familiar o un amigo. Sorpresas durante excavaciones. Brotan nuevos intereses en el campo del ocultismo, del espiritismo y de la magia. Formas innovadoras de sexualidad que nos permiten refrescar nuestra relación de pareja.

En la Novena Casa Urano de RS significa, bastante a menudo, un viaje no programado y que se hace necesario por los más disparatados motivos, tanto positivos como negativos: estudios universitarios, una especialización, un cursillo, un congreso, un ciclo de conferencias, unas vacaciones, la visita a un pariente lejano, la exigencia de curarse en un hospital extranjero o de acompañar a un pariente enfermo, la búsqueda de un trabajo, la entrevista con un editor, con un patrocinador o con un network. Peligro de accidente durante un viaje o de acontecimientos imprevistos que hacen que se vuelva problemático. Muchos se preguntan si corren o no peligros con el avión y conviene abrir un paréntesis sobre este asunto. Antes que nada cabe recordar, aunque es obvio, que el avión es uno de los medios de trasporte más seguros en el mundo, si no incluso el más seguro en absoluto. Las probabilidades de sufrir un accidente aéreo son de mucho inferiores a las de sufrir un accidente de tráfico: se trata realmente de una diferencia abismal. Un Urano en la Novena de RS, a nivel teórico podría indicar un accidente aéreo, pero sólo si el sujeto contiene esta información peligrosa ya en su propio tema natal (por ejemplo, una conjunción Marte-

Urano en la Novena radical) y tan sólo si el conjunto de los tránsitos y del Retorno Solar lo confirman. Con un discreto Retorno Solar, por ejemplo sin la presencia de una doble conjunción Saturno-Marte sobre la conjunción natal de Marte-Urano en la Novena Casa radical, podemos asegurar al sujeto que se acueste tranquilo, puesto que no corre ningún riesgo. Evidentemente, se tiene que hacer otro tipo de discurso si somos los pilotos del avión y más aún si se trata de un "Piper".

En la Décima Casa, Urano suele anunciar cambios de dirección en el trabajo o, incluso, cambios de trabajo. Nuevas modalidades con las que desarrollamos nuestra actividad profesional. Introducción de equipos y de tecnologías modernas en nuestro trabajo, como una completa informatización de nuestra actividad. Nuestra profesión puede tomar direcciones imprevistas. Las grandes novedades – de trabajo, sentimentales o de salud – podrían referirse también a la madre (o a la abuela o a la suegra) y a la relación que tenemos con ella.

En la undécima casa, Urano señala en muchos casos un luto para el sujeto. El luto, de todas formas, no podrá referirse necesariamente a un pariente: sino que podría referirse a un amigo, un conocido, una persona influyente que nos patrocinaba o que nos apoyaba en general. Y en vez de tratarse de un luto, podría ser un peligro de vida que corre un familiar o una persona querida. Se interrumpe de repente una amistad. Nuevos e interesantes amigos. Recambio considerable en las amistades. Aparece una persona que nos podría ayudar. Nuevos e interesantes proyectos. Posible nuevo interés por la música.

En la Duodécima Casa de RS, Urano señala casi siempre la llegada de una prueba que cae como una bomba. Imprevista mala noticia relativa al trabajo, al dinero, a la salud, a la vida sentimental o a los afectos familiares. No se trata de una posición agradable, pero tampoco muy peligrosa. Seguramente es menos pesada, y digo mucho menos, de la homóloga posición de RS de Marte. A comienzos de los años Noventa la encontré muchísimas veces junto a Neptuno y casi nunca correspondió a tragedias en la vida de las personas examinadas. Las pruebas podrían estar relacionadas con las novedades, pero también con la técnica, con los últimos gritos de la ciencia: lo que por ejemplo podría significar que sufriremos mucho durante el año instalando un nuevo sistema operativo que nos bloqueará el ordenador, provocando la pérdida de datos preciosos además de un montón de tiempo y dinero.

Neptuno de RS, como Saturno, Urano y Plutón, no supone un grande peso en el Retorno Solar y, sobre todo, no tiene un gran peso negativo. Más que nada, nos informa acerca de la dirección que tomarán nuestros temores, nuestras fobias del año, y de qué manera tenderemos a desarrollar nuestras neurosis de ese período. Sin embargo, todo es relativo: una vez, una señora de sesenta años de muy buena cultura y clase social alta, lloró aproximadamente durante dos horas delante de mí porque se había creado una incompatibilidad de carácter entre ella y la asistenta, pero el marido se negaba a despedirla. Es decir, si para mí la muerte de un animal doméstico no representaría un dolor atroz, me doy perfectamente cuenta de que este tipo de evento podría llevar a otro sujeto hacia una grave crisis depresiva. Si me expreso diciendo que "no tiene un gran peso negativo", me refiero evidentemente a una escalera virtual de valores trazada por la mayoría de los seres humanos y en la que, si para algunas personas un tumor maligno es un factor de crecimiento espiritual, representa en cambio para la inmensa mayoría de los seres humanos una de las peores realidades de la vida.

En la Primera Casa, Neptuno nos habla de tendencias neuróticas que podríamos definir "esenciales", o sea sin una causa concreta. Nos sentimos inquietos, asustados y, a veces, no conseguimos ni quisiera definir nuestras angustias. Seguramente nos encontramos en un período de dificultad a nivel psicológico. Tenemos mucha confusión en la cabeza y tendemos a intoxicarnos cada vez más con café, alcohol, humo, psicofármacos o drogas de diverso tipo. Fuerte espiritualidad e intereses en campo esotérico, astrológico, parapsicológico y teológico. Trascendencia e impulsos en dirección solidaria y asistencial. Confusión mental que nos bloquea en las decisiones y en las acciones.

En la Segunda Casa, Neptuno nos hace vivir doce meses marcados por temores económicos: pensamos que no vamos a sobrevivir, que sucumbiremos por las deudas contraídas anteriormente, que acabaremos en la miseria, sobre todo en la vejez. Sentimos la necesidad de intoxicarnos mucho, con mucho café, alcohol o medicinas, para superar este momento feo que afecta casi exclusivamente a los problemas patrimoniales. Pero puede que logremos ganancias ocupándonos de líquidos, de actividades marinas o bien de arte, música, astrología, magia o lectura del tarot. Situaciones poco claras en nuestros negocios. Un supuesto astrólogo, mago, sacerdote, maestro espiritual nos puede timar. Posible aspecto "místico" que nos caracteriza durante el año.

En la Tercera Casa, Neptuno termina por oscurecernos el cerebro y ocasionarnos una drástica pérdida de lucidez mental. Tenemos dificultades para formular nuestras ideas de manera coherente y lógica. Apenas logramos entender a los demás y hacernos entender. Nuestra correspondencia estará afectada por preocupaciones o recibiremos llamadas telefónicas igualmente angustiantes. Podríamos vivir un tráfico pendular marítimo (por ejemplo un docente que a diario tiene que ir a enseñar en una escuela ubicada en una isla). Posible período de serias neurosis para un hermano, un primo, un cuñado (pero también tíos y sobrinos de ambos sexos) o relaciones falsas y confusas entre nosotros y los citados familiares. Grandes preocupaciones por los estudios. Gran nerviosismo por un concurso. No sabemos bien en qué dirección proseguir nuestros estudios. Confusión también en las escrituras. Correspondencia neurótica en Internet. Posibles accidentes de tráfico o de movimiento debido a distracciones o errores debidos a poca claridad mental.

En la Cuarta Casa Neptuno quiere decir, sobre todo, muchas preocupaciones, temores y angustias por la casa. Miedo a no conseguir pagar el alquiler o los plazos de la hipoteca, miedo de perder la casa o de que nos desahucien. Preocupaciones por haber iniciado, quizá subestimando su importancia, trabajos demasiado complejos en nuestra casa. Peligros del agua: inundación de nuestra vivienda, por ejemplo debido a rotura de tubos, daños hidráulicos, etcétera. Posibles angustias por la salud de nuestros padres (o abuelos o suegros, incluso eventuales ex suegros) o relaciones neuróticas entre ellos y nosotros. Clima muy confuso en familia. Posible duda sobre una paternidad. Perdemos de una manera rara los datos del disco duro del ordenador: por ejemplo por un error en las instrucciones que nosotros mismos hemos escrito.

En la Quinta Casa, Neptuno indica sobre todo muchas angustias y temores por nuestros hijos, o neurosis que nos asaltan al intentar procrear sin conseguirlo. Posibles fuertes celos y temores en nuestra relación sentimental. Vicios y "desviaciones" en nuestras aficiones (por ejemplo pornografía). Nuestro hijo está mal a nivel mental, quizá porque lo obsesiona un examen que tiene que aprobar o bien por problemas sentimentales o de salud. Peligros para nuestro hijo a causa del mar o riesgos que corre a causa de la droga. Situación confusa en nuestra vida sentimental. Posible principio de una relación extramatrimonial o descubrimiento de una traición por parte de nuestra pareja.

En la Sexta Casa Neptuno actúa principalmente en dirección de ansias, neurosis, fobias de todo tipo y a menudo sin una causa concreta. Tenemos miedo de las enfermedades, de perder el trabajo o de entrar en conflicto con nuestros colegas de trabajo. Preocupaciones en general en el ambiente de trabajo. Confusión en las relaciones con colaboradores o superiores. Un criado nos ocasiona aprensión. Comportamiento ambiguo de un colaborador, o angustias existenciales por su parte. Recurso a fármacos y psicofármacos para salir de una patología. Dobles juegos en nuestra actividad laboral.

En la Séptima Casa, Neptuno se centra en nuestros temores relativos a la relación de pareja y a nuestra vida familiar. Posible período de neurosis del compañero o de la compañera. La idea de casarnos nos asusta o sentimos temores provocados por una sociedad. Preocupaciones de tipo judicial. Angustias por haber recibido un aviso de inculpación. Poca claridad en la relación de pareja o en las relaciones con un socio. Traicionamos a alguien o alguien nos traiciona. Problemas de ley por el hecho de militar entre extremistas políticos o fanáticos religiosos.

En la Octava Casa, Neptuno puede significar que nos agobiamos a causa de un luto o por miedo a la muerte provocado, quizá, por una enfermedad grave que afecta a una persona a la que queremos mucho. Neurosis y fobias generadas por el hecho de frecuentar círculos o asociaciones que practican espiritismo, ocultismo, magia negra, etcétera. Grandes preocupaciones de carácter económico. Nos sentimos angustiados por una deuda importante que hemos contraído. Una financiación que nos han concedido nos quita el sueño. No sabemos cómo pagar los plazos de una hipoteca o un impuesto enorme que nos llega por sorpresa. Las fobias y los temores afectan nuestra vida sexual. Posibles inundaciones durante excavaciones en parcelas de nuestra propiedad.

En la Novena Casa, Neptuno nos brinda muchos viajes felices en la lejanía, en sentido tanto geográfico-territorial como metafísico-trascendental. Fuerte atracción hacia el extranjero y los cruceros. Deseo de orientar la propia libido lo más alto posible. Sentimientos religiosos, trascendencia, atracción por la espiritualidad en todas sus formas. Práctica de filosofía, teología, yoga, orientalismo, astrología y esoterismo. Neurosis que nos afectan durante una estancia lejos de casa o durante viajes y ataques de pánico por miedo al avión. Peligros de naufragio durante el año. Desaventuras marinas. Preocupaciones por los estudios universitarios. Confusión que nos provoca accidentes de circulación.

En la Décima Casa, Neptuno representa las angustias que se apoderan de nosotros en relación con el trabajo, el temor de perderlo o de que nos despidan y las preocupaciones por posibles retrocesos en la escala social. Empezamos a ocuparnos, por trabajo, de líquidos, alcohol, fármacos, drogas (también en sentido médico-curativo), magia, astrología, lectura del tarot, lectura de la mano, parapsicología y esoterismo. Ponemos en marcha una actividad comercial con la curia. Nuestra madre atraviesa un período de grandes tensiones mentales, angustias, depresión, o las relaciones con ella se vuelven angustiantes. Peligros marinos para nuestra madre. Confusión al tomar decisiones laborales.

En la Undécima Casa, Neptuno puede significar que amigos nuestros corren peligros por mar, o incluso deceso de amigos o parientes por ahogamiento (pero sólo si todas las demás indicaciones del Retorno Solar y de los tránsitos justifican una previsión tan grave). Amigos que caen en una depresión o que se intoxican con café, humo, alcohol y drogas. Nuestras relaciones con los amigos se hacen angustiantes. Fuertes temores de que una persona influyente deje de ayudarnos. Proyectos bloqueados por temores. Conocimiento de nuevos amigos entre los artistas y los músicos en particular, o los astrólogos, los religiosos, etc.

En la Duodécima Casa, Neptuno nos cuenta que los mayores apuros del año, con mucha probabilidad, estarán relacionados con un estado mental precario, con angustias, preocupaciones, miedos y temores de todo tipo. El hecho de frecuentar a sacerdotes, falsos magos o astrólogos, filósofos, ocultistas, etcétera, nos afecta mucho. Peligros en contacto con la droga o con drogadictos. Muchos peligros en los viajes por mar. Hospitalización, sobre todo por problemas nerviosos. Angustias a trescientos sesenta grados. Si en el sujeto existe ya una pequeña predisposición a la "paranoia", esta posición de RS podrá inclinarlo ulteriormente en este sentido.

22

Plutón de Retorno Solar en las Casas del Retorno Solar

Plutón de RS, come ya he dicho antes, no representa una posición peligrosa o particularmente hostil en el cielo anual de un sujeto. Muchas veces hasta un Plutón en la Duodécima, entre la multitud de casos que he estudiado, no ha producido nada grave. Menos, evidentemente, en aquellos casos en los que encontramos a este Plutón en un Solar con, digamos, un Ascendente de RS en la Primera Casa radical: pero en este caso, a misas dichas, ¿habrá sido Plutón o habrá sido el Ascendente el responsable de los daños? Yo creo seguramente en la segunda hipótesis. Más que nada Plutón parece expresarse, durante el año, más a nivel psicológico que a nivel de eventos tangibles.

En la Primera Casa Plutón actúa potenciando la voluntad del sujeto y, en algunos casos, lo lleva a imponerse sobre los demás, incluso de una manera algo prepotente. Arrogancia, agresividad y violencia podrían ser los límites extremos de esta posición si el conjunto del tema natal y del Retorno Solar lo justifican. Tendencias inflacionistas e hipertróficas. Exageraciones de todo tipo. Grandiosidad y manías de fantasías de potencia.

En la Segunda Casa enfoca nuestra atención económica en dirección de objetivos grandiosos y, la mayoría de las veces, nos hace perder el autobús de los destinos posibles. El sujeto tiende a perseguir sólo objetivos importantes y a descuidar los pequeños pero que tal vez le podrían devolver más. Posibles exageraciones en los gastos, o considerables dificultades económicas. Negocios importantes y deudas igualmente imponentes.

En la Tercera Casa, Plutón puede anunciar un año extraordinario para un hermano, un primo o un cuñado; un año en el que los familiares citados podrían subir al vértice de la escena publica, volverse famosos, conseguir un óptimo trabajo o realizar un proyecto importante. En negativo significa una importante prueba para un pariente o familiar implicado en un escándalo, sobre todo sexual, incriminado por la ley o con grandes problemas psicológicos. Compramos un coche prestigioso o casi tenemos un accidente o nos roban el coche.

En la Cuarta Casa Plutón puede acompañar la llegada de una donación, de una herencia relacionada con un inmueble o con la compra de un inmueble por nuestra parte. Importantes trabajos de reestructuración en casa, en la oficina o en el taller. Riesgo de desahucio o de perder la casa. Dificultades con los plazos de la hipoteca. Daños importantes provocados por eventos naturales. Importante afirmación de uno de los padres, sobre todo el padre, o enfermedad importante de los padres. Nuestras relaciones con ellos podrían volverse agresivas.

En la Quinta Casa, la presencia de Plutón de Retorno Solar podría dejar constancia de un gran enamoramiento por nuestra parte: nos colamos por alguien y esta situación nos deja por los suelos y nos tortura. Amores con sujetos plutonianos, escorpiónicos y posiblemente criminales. Fuerte pasión sexual. Sexo en todas sus formas, incluso las menos ortodoxas. Gran afirmación de un hijo en la escuela, en el deporte y en el trabajo. Peligros y disgustos por causa de un hijo o relacionadas de alguna manera con un hijo o hija. Una prueba importante relacionada con un muchacho nuestro. Inicio de aficiones poco lícitas.

En la Sexta Casa, Plutón puede significar una patología de una cierta importancia; aunque como acabo de explicar, raras veces he encontrado que esta posición sea realmente peligrosa y su incidencia negativa es cien veces menos pesada que la de Marte en las Casas maléficas – o "maléficas" si prefieren, con y sin de comillas. Posible curación "milagrosa". Grandes problemas con un dependiente. Un dependiente se revela un criminal, un maníaco sexual, una persona con trastornos mentales, un fuerte neurótico o un poseído en sentido oculto. Un importante cargo de trabajo.

En la Séptima Casa Plutón podría también anunciar un matrimonio, pero mi experiencia respecto a este planeta en las Casas de Retorno Solar me dice que Plutón sólo, por su cuenta, no puede significar casi nada; mientras que junto a otros valores poderosos, contribuye a que un año sea espectacular. Posible separación o divorcio. Rotura en una sociedad. Cónyuge o socio que tienen problemas con la ley, tal vez por hechos criminales. Atracción hacia sujetos plutonianos. Problemas con la ley. Importante proceso.

En la Octava Casa Plutón podría acompañar un luto importante, una crisis psicológica como consecuencia de un luto que le tira al sujeto por los suelos, un fuerte miedo a la muerte, por nosotros o por un ser querido. Pulsiones sexuales malsanas o fuerte empuje sexual. En caso negativo, habrá un significado opuesto: estados de impotencia o bloqueos temporales de frigidez. Grandes cantidades de dinero perdidas en el juego o por robos. Daños de tirones, estafas o préstamos nunca recuperados. Problemas de tipo económico de distinto tipo. Posible ganancia de juego o importante herencia.

En la Novena Casa, Plutón nos advierte que serán posibles viajes largos o permanencias duraderas en el extranjero o de todas formas lejos de casa. Un extranjero o un sujeto no nacido en nuestra ciudad desempeñará un papel determinante durante el año. Da señales de vida un pariente nuestro que vive lejos o nos desplazamos para una operación quirúrgica nuestra o de un ser querido. Posibles e importantes estudios universitarios o exploraciones culturales en la filosofía, la teología, el esoterismo, el orientalismo, la astrología, etcétera. Peligro de accidentes durante los viajes.

Plutón en la Décima Casa puede acompañar un cargo prestigioso, un trabajo importante que nos encargan, un aumento de salario o un ascenso en la estructura jerárquica de la empresa. Posible cambio rotundo e importante en nuestro trabajo o bien grave crisis laboral. Caída social, pérdida de prestigio y de popularidad. Madre con importantes problemas neuróticos y obsesivos. Enfermedad seria de nuestra madre o rotura de nuestras relaciones con ella.

En la Undécima Casa, Plutón puede ser el icono de un grave luto que nos afectará durante el año, pero no necesariamente de un pariente. Un personaje prestigioso e influyente nos ofrece una consistente ayuda para que mejore nuestra condición social o profesional. Pérdida de un patrocinador precioso. Nuevas e importantes amistades. Rotura clamorosa con un amigo. Proyectos hipertróficos.

En la Duodécima Casa nos tendríamos que esperar desdichas de latitud casi infinita y, en cambio, sus daños no son muy superiores a los producidos en las demás once Casas. Posible prueba importante durante el año. Se tratará en general de problemas psíquicos, neuróticos, de sexo y de agresividad. Pulsiones destructivas y autodestructivas. Posible violencia ejercida o sufrida. Pruebas relacionados con la religión, la magia, la astrología y el ocultismo.

23.
El índice de peligrosidad del año

¿Qué es el *Índice de peligrosidad del año* y cómo se lee? Empecemos diciendo que no es imprescindible en la lectura conjunta de tránsitos y de Retornos Solares, para establecer la peligrosidad de un determinado año para un sujeto. No es imprescindible, pero sí que es útil. Luigi Miele y yo hemos desarrollado un programa llamado *Scanner*, que forma parte del grupo de programas de astrología profesional *Astral*, para ayudar a aquellos estudiosos que, en el trabajo de análisis que yo propongo en el presente libro y en otros, quieran basarse en el soporte de un dato absolutamente objetivo que pueda representar un punto de referencia cierto en una evaluación que de todas formas contiene elementos subjetivos de análisis. En otras palabras, hemos puesto a disposición de todos los estudiosos un número que, en síntesis, les ofrezca la medida de la peligrosidad de un año. Por lo tanto, lo repito, el índice no es imprescindible, sino que respalda las reglas enumeradas en este testo para ayudar en la tarea de descifrar los principales acontecimientos de un año. El índice tiende a establecer el grado de peligrosidad del año y no su valor de positividad. Me gustaría resaltar perfectamente este punto para destacar que el valor positivo indicado para cada año (en los cien ejemplos siguientes) justo después del valor negativo, sólo tiene un valor ilustrativo, de referencia y no pretende significar nada como al contrario lo significa, y con un grado de verificabilidad muy elevado, la puntuación negativa. Lo que quiero decir, en otras palabras, es que el índice positivo no funciona. Sería largo explicar el porqué, pero sustancialmente puedo afirmar que el objeto de este libro, como ya explicamos en el prólogo, era y es ilustrar los elementos de mayor peligro y no los positivos.

Dicho esto cabe añadir que el Índice de peligrosidad del año, construido comprimiendo en un algoritmo todas las reglas expresadas en el primer capítulo, no pretende ser el mismo juicio de Dios, sino que puede representar, con una gran precisión, el parámetro de alerta cuando un año es muy peligroso para el sujeto. Para poderlo comprender tenemos que subdividir la puntuación en tres franjas:

A) Entre –60 y –100 el índice es muy elevado y corresponde, sin excepción, a años dramáticos para el sujeto. Como verán el los cien ejemplos siguientes, esto no puede dejar ningún tipo de duda y quien posee el citado software, cuando encuentra este valor en los Solares de los sujetos que está examinando lo puede usar sin ni siquiera efectuar razonamientos, como si fuera un contador Geiger que suena una alarma en cuanto el valor es demasiado elevado. En el carrusel de ejemplos siguientes, podrán leer y evaluar hechos dramáticos de todo tipo, eventos que no deberían dejar ni la más mínima duda sobre la lectura de los acontecimientos propuesta en este libro según mi método. Entre ellos destacan el arresto de Benito Mussolini (–84), el derrumbe del mito Bettino Craxi (–90), el arresto de Gigi Sabani (–84), el aviso de inculpación para Giulio Andreotti (–70), la acusación de paidofilia para Woody Allen (–74), el terrible campeonato mundial de Diego Armando Maradona (–84), la cadena perpetua de Pietro Pacciani (–78), el intento de suicidio de Loredana Berté (–72), las dimisiones, relacionadas con el escándalo de *Mani Pulite*, del alcalde de Turín Diego Novelli (–74), la detención del *boss* mafioso Gaetano Badalamenti (–60), la fractura en la pierna de Mara Venier (–76), el gravísimo accidente de Paola Borboni (–98), la detención de Indira Gandhi (–62), la cadena perpetua de Franco Freda (–84), el accidente de tráfico del entrenador Gigi Radice (–66), el grave luto de Winston Churchill (–64), el homólogo luto de Sigmund Freud (–60), la acusación de drogadicción para el hijo de Adele Faccio (–88), la detención de Angelo Rizzoli (–76), la detención de Alberto Rizzoli (–76), la espectacular detención de Enzo Tortora (–84), la condena por estafa del financiero Franco Ambrosio (–84), el infarto de Gianni Agnelli (–70). Ya me dirán si son pocos…

B) Entre –40 y –60 la puntuación sigue siendo alta y refleja años igualmente difíciles y duros, aunque a una octava más baja. Valgan los ejemplos del tiroteo en las piernas de Indro Montanelli (–50), la fractura de una pierna de Gianni Agnelli (–50), el atentado a Ronald Reagan (–42), el luto de Víctor Manuel de Saboya (–52), la operación al corazón de Gianni Agnelli (–52), la protesta contra el obispo de Palermo, el cardenal Salvatore

Pappalardo (−52), la orden de detención para el intrigante Francesco Pazienza (−46), la condena a quince años de cárcel para Renato Curcio (−56), la detención de Víctor Manuel de Saboya (−42), la condena de Camilla Cederna (−50), el derrumbe político de Claudio Martelli (−52).

C) Entre −20 y −40 es necesario prestar atención. El índice de peligrosidad del año señala igualmente eventos importantes y graves, pero con una sola condición: por lo tanto distinguiremos dos situaciones diferentes. Si en esta franja de puntuación los tránsitos son malos pero el Retorno Solar no presenta elementos de peligro (según todo lo que se ha ido indicando en el presente libro), se puede estar casi seguros al ciento por ciento que al sujeto no le va a pasar nada dramático. Al contrario, si los tránsitos son insignificantes o poco "malos" mientras que el Retorno Solar presenta aunque sea un único elemento de preocupación (por ejemplo un Ascendente de Revolución en la Primera, en la Sexta o en la Duodécima Casa radix), la situación es de todas formas peligrosa. Consideren los ejemplos de esta franja relacionados con el accidente de Dacia Maraini (−32), la triste historia del actor Carmelo Bene que pegaba a su esposa (índice negativo −20, lean bien este ejemplo), los problemas del hijo de Paolo Villaggio (−34), el secuestro de Aldo Moro (−32), la incriminación de Claudio Abbado (−28), la destitución de Giovanni Leone (−36), la detención por droga de Franco Califano (−30), la condena de la terrorista Adriana Faranda (−26), el secuestro de la novela de Alberto Moravia *La vida interior* (−36), la cadena perpetua de la "amante diabólica" Franca Ballarani (−34), la detención de la terrorista Susanna Ronconi (−34), la detención de Patrizio Peci (−26), la incriminación de los jugadores de fútbol Enrico Albertosi (−40) y Giuseppe Savoldi (−30), la herida del bandido Renato Vallanzasca (−32), el divorcio de Carolina de Mónaco (−36), la detención de Mario Moretti, la orden de detención de Licio Gelli (−32).

A todo esto quisiera añadir que si el índice de peligrosidad del año se encuentra comprendido en los intervalos explicados, no significa que durante el año entre un cumpleaños y el siguiente, se verificará por fuerza un acontecimiento dramático: pero es seguro, me arriesgaría a decir al ciento por ciento, que si se produce un hecho dramático encontramos ciertamente un índice de peligrosidad alto. En este caso, como en otros casos en astrología, no somos capaces de explicar al ciento por ciento el funcionamiento de esta "extraña máquina", pero con las reglas expuestas en el presente volumen me parece haber logrado ofrecerles indicadores bastante fiables de los acontecimientos importantes de un año. El trabajo de muchos años, mío y de mis alumnos o lectores, me ha confirmado esta idea y espero recibir siempre nuevas confirmaciones. Mi mayor ambición, lo he declarado muchas veces, no es lograr otorgar claves absolutas de lectura de la astrología, sino establecer las reglas principales de una lectura técnica, capaz de orientar de manera bastante exhaustiva el trabajo de los astrólogos.

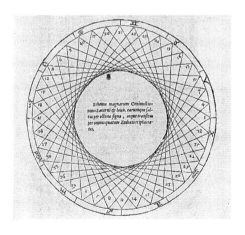

24.
Mapas de ejemplos

Prefacio a los ejemplos

Los cien ejemplos de las páginas siguientes se han elegido de forma voluntaria de entre los casos que nos ofrece la historia y no de nuestros archivos personales. El motivo ha sido el de evitar una crítica que fácilmente nos hubiera afectado: la de haber inventado casos de los que no era posible efectuar ninguna comprobación.

El orden de aparición se ha establecido de la forma siguiente: en un primer momento habíamos establecido presentar un número muy elevado de ejemplos (trescientos o cuatrocientos), pero luego nos dimos cuenta de la poca comercialización que hubiera tenido un libro de este tipo. Esta es la razón por la que, en la edición „reducida", sólo se han explorado algunos años y se han abandonado otros tantos. Nuestra fuente de mayor información ha sido los anales de *Storia Illustrata*, realmente un precioso archivo de eventos y de fechas. A esto hemos añadido los datos procedentes del archivo Bordoni, del archivo Rodden y del nuestro personal.

Dadas las premisas ya aclaradas en el prefacio de este libro nos hemos limitado sólo a los casos „negativos", abandonando los demás pero introduciendo, aunque sólo fuera para favorecer una mínima y parcial comparación, pocos casos de eventos agradables.

Notarán además que los casos de decesos propuestos son realmente muy pocos y esto es debido a que estamos convencidos de que la muerte directa del sujeto es poco previsible, mientras es mucho más fácil prever el luto de un familiar (encontrarán algunos ejemplos también de estos casos).

Debemos agradecer la buena precisión de los cálculos y la óptima claridad de los mapas astrales a los programas de astrología profesional *ASTRAL*.

LA DETENCIÓN DE MUSSOLINI

Tras el invierno de 1943, Benito Mussolini vio nublarse el cielo sobre su cabeza. Las nubes se materializaron el 25 de julio, cuando el Rey lo destituyó y el *Duce* fue detenido y deportado al Gran Sasso de Italia. Cabe destacar que el 1 de agosto de 1943 a las 4h 06' GMT, en el cielo de Roma se produjo un eclipse de sol, eclipse al que la Tradición atribuye eventos muy negativos para los monarcas y los gobernadores en general. Veamos ahora los tránsitos. Plutón, aproximadamente a 6° en Leo, se encontraba prácticamente sobreexpuesto al Sol y a Mercurio natal. Neptuno formaba una sesquicuadratura con Marte radix. Urano, al encontrarse a aproximadamente 8 grados de Géminis, sobrevolaba la conjunción natal de Luna-Marte-Saturno. Saturno se encontraba a aproximadamente 22 grados en Géminis y creemos que no era tan importante por su cuadratura con Urano radix como porque entraba en la 8ª Casa, que es la Casa del final de las cosas. Júpiter también estaba casi perfectamente en conjunción con el Sol natal. ¿Qué astrólogo hubiera podido descifrar lo que le iba a pasar sin leer los Retornos Solares con nuestro método? El RS relativo al período del que estamos hablando tenía el Sol en la Sexta (algo pésimo, fatal) y un igualmente feo (especialmente para un político) Marte en la Séptima. Además, todo esto le pasó a pocos días de su cumpleaños y algunos lectores sabrán, por otros libros míos, la importancia que le doy a este detalle. *Dulcis in fundo* la puntuación negativa calculada con el método Discepolo-Miele es de – 84, con una subpuntuación positiva de +32. Todo el caso nos parece bastante cristalino y digno de nota a nivel astrológico.

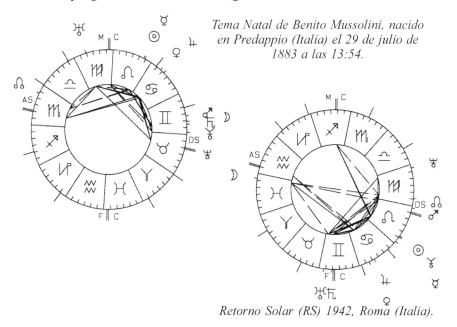

Tema Natal de Benito Mussolini, nacido en Predappio (Italia) el 29 de julio de 1883 a las 13:54.

Retorno Solar (RS) 1942, Roma (Italia).

LA MUERTE DE MUSSOLINI

Ocupémonos ahora de la trágica muerte del dictador italiano, consecuencia de su detención y fusilamiento que tuvieron ambos lugar en Dongo: la detención el 27 de abril y el fusilamiento el 28 del mismo mes de abril del año 1945. Plutón no se destacaba entre los tránsitos. Neptuno era sextil al Sol radix y sobre ello merece la pena recordar que a veces un tránsito armónico de un planeta lento lleva consigo, respecto a un luminar, un acontecimiento grave. Urano, aproximadamente 11° en Géminis, seguía campeando, todavía desde hacía aproximadamente dos años, sobre la fatal conjunción natal Luna-Marte-Saturno. No tenemos casi nada más que decir. Miremos ahora el RS y notaremos que, calculado para el año 1944 y por tanto abarcando el período que estamos considerando, nos da un AS a aproximadamente 8° en Virgo, en la Décima Casa natal: cuando el AS cabe en la Décima pero los tránsitos son negativos, el conjunto es bastante peligroso; y Marte en conjunción con el AS del RS, además del stellium formado por cuatro astros alrededor del Ascendente, en las Casas 12ª y 1ª, también era muy peligroso. La prueba „objetiva", y no porque favorece lo que estoy diciendo, es que la puntuación negativa Discepolo-Miele es bastante alta: –64 (con un 40 positivo).

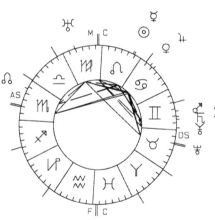

Tema Natal de Benito Mussolini, nacido en Predappio (Italia) el 29 de julio de 1883 a las 13:54.

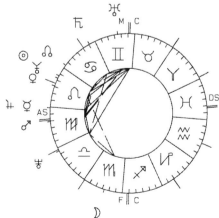

Retorno Solar (RS) 1944, Como (Italia).

LA MISMA TRAGEDIA VISTA POR CLARETTA

La misma tragedia de las páginas anteriores pero según la otra protagonista: Claretta Petacci, que proyectó hasta el holocausto final su devoción hacia el hombre que amaba. A finales del mes de julio de 1943 Plutón en tránsito era perfectamente opuesto a su Venus y a su Medio Cielo. Neptuno se encontraba en trígono con el Ascendente (pueden presentarse angustias incluso con los trígonos) y Urano se encontraba a aproximadamente 8° en Géminis, en conjunción con su Marte natal en la Primera Casa y en cuadratura con el Sol radix. El RS correspondiente nos daba un AS en la Sexta Casa. Y para finalizar, la puntuación negativa era de –48 y la positiva +22.

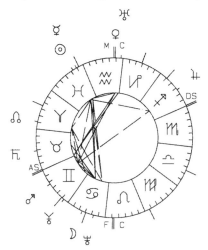

Tema Natal (TN) de Clara Petacci, nacida en Roma (Italia) el 28 de febrero de 1912 a las 10:15 de la mañana.

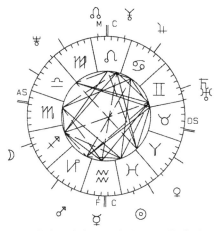

Retorno Solar (RS) 1943, Roma (Italia).

Y LAS LUCES SE APAGARON

Los partisanos acechaban y Clara sabía perfectamente que, si permanecía al lado de su anciano y enfermo compañero, habría arriesgado la piel. Pero como perfecta Piscis, quiso cuidar a Benito hasta el último respiro, cuando a finales de aquel frío abril de 1945 los capturaron a los dos en Dongo (Como) y los fusilaron en el mismo lugar. ¡Urano estaba exactamente a 11° de Géminis, pegado al Marte natal en la Primera! Todo el mundo sabe que Marte en la Primera Casa, en determinadas circunstancias puede ser indicio de muerte violenta, y en este caso lo fue. Urano estaba, evidentemente, también en cuadratura con el Sol. Saturno, a 7° de Cáncer, se encontraba en ancha conjunción con la Luna (¿pero ustedes harían como ciertos astrólogos alemanes, que descartan aspectos con órbitas de 5°?). El RS fue, cabe decirlo, una „obra maestra": el AS en la Primera Casa, el Sol en la 11ª (lutos y muerte), y Urano y Marte en los ángulos del cielo. El índice de peligrosidad del año era –46, respecto a una puntuación positiva de +26.

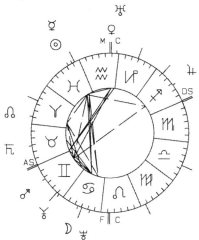

Tema Natal (TN) de Clara Petacci, nacida en Roma (Italia) el 28 de febrero de 1912 a las 10:15 de la mañana.

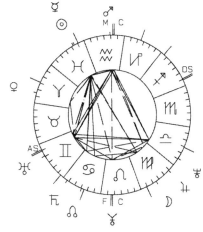

Retorno Solar (RS) 1945, Roma (Italia).

LA CAÍDA DEL MITO BETTINO CRAXI

¡La caída de Bettino Craxi es un ejemplo perfecto! El líder del Partido Socialista Italiano dimitió de su cargo el 11 de febrero de 1993, pocos días antes de su cumpleaños (presten siempre atención a los días cercanos a la fecha del cumpleaños), después de dieciséis años y medio de liderazgo de su partido, que con él se había convertido en el segundo mayor partido político de Italia. Plutón a 25° de Escorpio (en todo el libro daré siempre las posiciones con una aproximación de un grado, porque no creo que una mayor precisión sea esencial) se encontraba en estricta conjunción con el Medio Cielo; mientras Neptuno y Urano, ambos a 20° de Capricornio, se encontraban muy cerca del Ascendente que, gracias a este particular, podríamos adelantar de aproximadamente 5 grados. Saturno estaba sobre Saturno natal, a 21° de Acuario. Marte a aproximadamente 8° de Cáncer: sobre la Luna radix. El Retorno Solar 1992/1993 es una „obra maestra", en su género: ¡el Ascendente en la 1ª Casa, y el Sol y un stellium (con dos maléficos) en la Duodécima! El índice de peligrosidad del año (método Discepolo-Miele) era muy elevado y alcanzaba una cuota de –90 (con +22 de valor positivo).

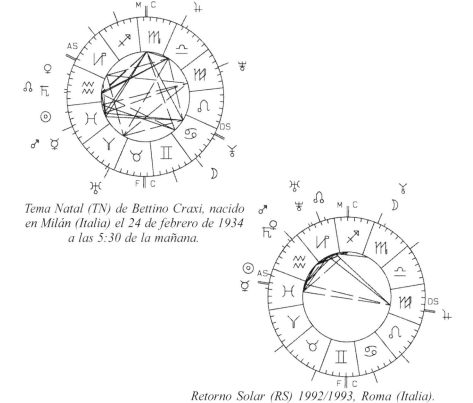

Tema Natal (TN) de Bettino Craxi, nacido en Milán (Italia) el 24 de febrero de 1934 a las 5:30 de la mañana.

Retorno Solar (RS) 1992/1993, Roma (Italia).

CAE TAMBIÉN SU DELFÍN

De la iniciativa judicial llamada *Mani Pulite* (Manos Limpias) no pudo escaparse Claudio Martelli. El entonces ministro de la Justicia, el 10 de febrero de 1993 tuvo que dimitir de su cargo como consecuencia del escándalo que había involucrado a casi todos los principales exponentes del gobierno italiano. Plutón, a 25° de Escorpio, estaba de cuadratura con el Medio Cielo natal del ex ministro socialista. Urano y Neptuno se encontraban a 20° de Capricornio, en sesquicuadratura con el Urano natal del segundo mayor exponente del Partido Socialista. Saturno a 20° de Acuario, era opuesto a Júpiter natal. ¡El RS 1992/1993 nos da un Sol en la 12ª Casa! El índice de peligrosidad del año era –52 con una puntuación positiva de +12.

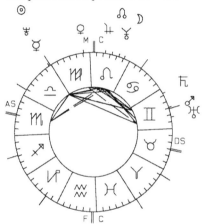

Tema Natal (TN) de Claudio Martelli, nacido en Milán (Italia) el 24 de septiembre de 1943 a las 11:00 de la mañana.

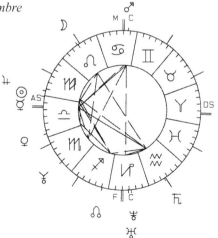

Retorno Solar (RS) 1992/1993, Roma (Italia)

EL SEÑOR DE LORENZO EMPIEZA A CAER

El comienzo del final (político) de Francesco De Lorenzo, ministro y miembro del Partido Liberal Italiano, fue imperceptible y delicado. Alguien podría decir que es porque sus tránsitos no eran terribles (y en efecto no eran nada fatales o peligrosos); otros que este político liberal, a quien solían tachar de arrogante, no había comprendido la profundidad del precipicio que le esperaba. Si un colega astrólogo hubiera examinado este caso sin considerar los Retornos Solares como herramienta predictiva, habría incluso podido afirmar que el sujeto se hallaba en la víspera de un año positivo para él. Pero el RS no miente nunca: ¡el Ascendente estaba en la Primera Casa! Entre los tránsitos encontramos una oposición Plutón – Mercurio radix y una cuadratura de Urano y Neptuno con el Medio Cielo. También Saturno estaba de cuadratura con Mercurio. El índice de peligrosidad del año era –38 con +28. De Lorenzo dimitió del cargo de Ministro de la Salud Pública el día 19 de febrero de 1993.

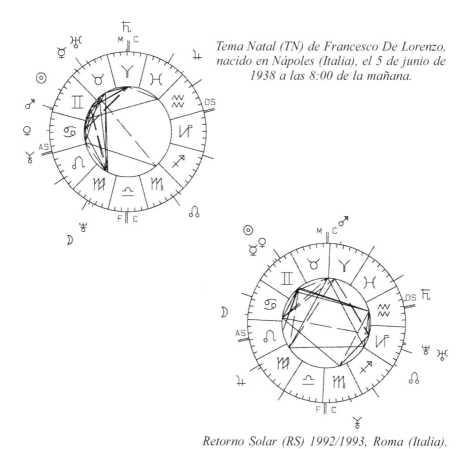

Tema Natal (TN) de Francesco De Lorenzo, nacido en Nápoles (Italia), el 5 de junio de 1938 a las 8:00 de la mañana.

Retorno Solar (RS) 1992/1993, Roma (Italia).

LOS ESTIGMAS DE PADRE PÍO

Padre Pío es uno de los personajes más fascinantes que he podido estudiar a nivel astrológico (véase *Ritratti di celebrità*, ed. Ricerca ,90). El 20 de septiembre de 1918, el humilde fraile de Pietrelcina recibió los estigmas. Este acontecimiento se puede leer de muchas maneras diferentes, incluso con las risas sonoras que los señores del CICAP (que corresponde al CSICOP italiano, liderado por el periodista divulgador científico Piero Angela) emitirían si les pidieran una opinión sobre esto. Pero yo, personalmente, aunque no poseo convicciones firmes en asuntos de fe, leo la cosa con el mayor respeto: y veo que el religioso capuchino, hombre tosco pero muy grande, vivió el acontecimiento con un tormento interior de latitud excepcional. Ese día Plutón, a 7° de Cáncer, estaba exactamente sobre la Luna radix del sujeto. Neptuno a 9° de León formaba una cuadratura con el Ascendente. Urano a 25° de Acuario formaba cuadratura con esa estrecha y fantástica conjunción natal Marte-Neptuno que explica una parte del misterio de Padre Pío. Saturno, a 23° de Leo, formaba con ella una cuadratura por el otro lado y Marte, en tránsito por la 1ª Casa, estaba en su oposición. En el RS encontramos el Sol en la 12ª Casa. El índice de „peligrosidad" del año era muy elevado: –68 con +32.

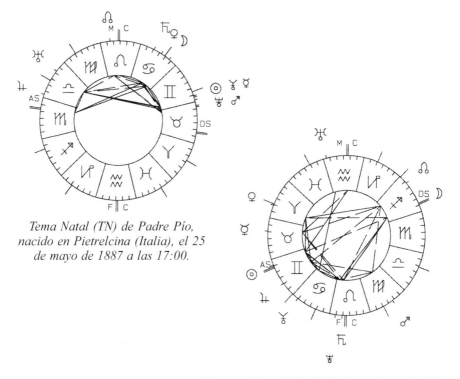

Tema Natal (TN) de Padre Pío, nacido en Pietrelcina (Italia), el 25 de mayo de 1887 a las 17:00.

Retorno Solar (RS) 1918, Pietrelcina (Italia).

ESCÁNDALO INMORAL QUE INVOLUCRA A GIGI SABANI

En el mes de julio de 1996, en plena canícula, cuando la política no daba noticias debido a la pausa veraniega, estalló en Italia el escándalo „Sabani – Mérola" del apellido de los dos presentadores que fueron acusados de pedir prestaciones sexuales a las jóvenes concursantes de belleza de varios premios, a cambio de juicios más benevolentes en la fase de votación. Gigi Sabani fue detenido y al recuperar su libertad, declaró: „¡Me han destruido la carrera y también la vida!". Desconocemos el día puntual de la detención, y por esto voy a dar valores un poco aproximados. Urano, a 3° de Acuario, estaba de cuadrado con su Luna natal y Saturno, a 8° de Aries, se oponía ampliamente al Sol al que llegaba también una cuadratura de Júpiter. Marte en tránsito estaba opuesto a Marte natal. Esto es todo. ¿Hubieran podido imaginar una catástrofe con estos tránsitos? Yo personalmente no, pero si hubiéramos visto su RS, entonces sí, ¡claro que sí! El Sol estaba en la Sexta de RS, el Ascendente de RS estaba en la Sexta Casa radical. Había un stellium en la Sexta Casa del Retorno Solar. ¿Acaso no llevo años yo sosteniendo, desde mis primeras publicaciones, que la Sexta Casa – en orden de importancia negativa – está en el tercer lugar del ranking, después de la 12ª y después de la 1ª? Además, aquí encontramos también un Marte en la Séptima y creo que ya me he expresado de manera muy exhaustiva acerca de su peligrosidad en relación con posibles problemas con la ley. El índice de peligrosidad del año para el amado presentador italiano era muy elevado: –84 con +14.

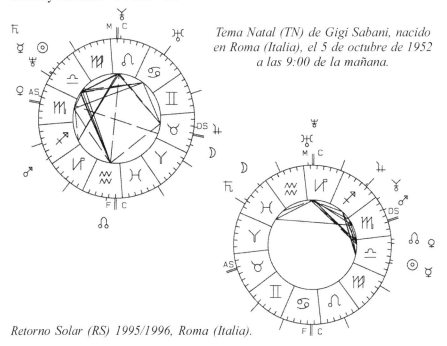

Tema Natal (TN) de Gigi Sabani, nacido en Roma (Italia), el 5 de octubre de 1952 a las 9:00 de la mañana.

Retorno Solar (RS) 1995/1996, Roma (Italia).

IRENE VA A LA GUERRA

En el mes de agosto de 1996 Irene Pivetti es expulsada – al pie de la letra – del partido *Lega Nord*. Tan sólo pocos meses antes, había perdido el cargo de presidente de la Cámara de Diputados, el tercer cargo institucional más importante en Italia. O sea que fue un año negro para la que fue la más joven presidente de la Cámara italiana. Plutón, aproximadamente a 1° de Sagitario, daba cuadratura a Urano. Saturno estaba prácticamente „sentado" sobre su Descendente radix. Júpiter formaba una cuadratura tanto con el Ascendente como con el Descendente. En realidad es muy poco, para perder tanto poder de una sola vez. Pero si miramos el RS... Al observar el Solar, nos damos cuenta de que a doña Irene le había tocado nada más y nada menos que el Ascendente en la 12ª Casa. El índice de peligrosidad del año era –44 con +18.

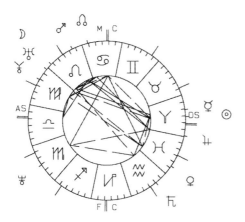

Tema Natal (TN) de Irene Pivetti, nacida en Milán (Italia), el 4 de abril de 1963 a las 18:20.

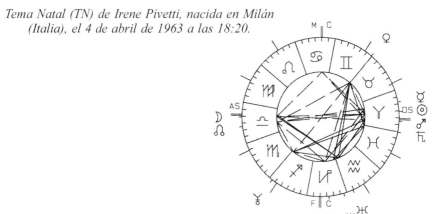

Retorno Solar (RS) 1996, Roma (Italia).

AVISO DE INCULPACIÓN PARA GIULIO ANDREOTTI

El creador de la frase: „El poder consume… ¡a quien no lo tiene!", recibe el día 27 de marzo de 1993 una notificación de los magistrados de Palermo que están llevando a cabo una investigación sobre él. Tal vez eso puso fin a su carrera de político, aunque creo que nadie podrá quitarle nunca su cargo de senador vitalicio (ha estado presente desde 1946 en el Parlamento italiano). Plutón a 25° del Escorpio estaba de cuadratura con Urano natal. Urano y Neptuno, aproximadamente a 21° de Capricornio, se encuentran casi exactamente sobre el Sol radix. Saturno a 26 de Acuario estaba en conjunción con Urano natal. Marte a 17° de Cáncer está en amplia oposición con el Sol. Adivinen ¿dónde está el Ascendente del Retorno Solar? ¡En la 12ª Casa! Siempre en el RS, notamos también Marte en la Séptima. El índice de peligrosidad del año es −70 con +34.

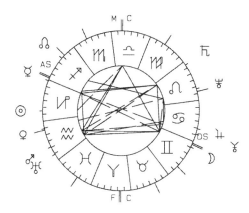

TN de Giulio Andreotti, nacido en Roma (Italia) el 14 de enero de 1919 a las 6:00 de la mañana.

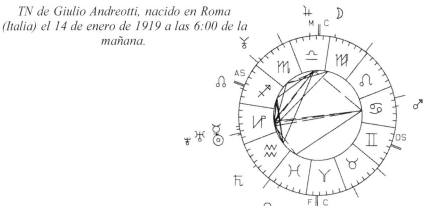

Retorno Solar (RS) 1993, Roma (Italia).

EL CLARINETE DE WOODY ALLEN PIERDE FUERZA

El 7 de junio de 1993 la actriz Mia Farrow denuncia a su marido Woody Allen por supuestas molestias sexuales a una de sus hijas adoptivas. Se trata de un momento terrible para este director tan amado en todo el mundo. Parece que suelo se abra bajo sus pies. Plutón, a 24° de Escorpio, estaba de cuadratura perfecta con la Luna radix. Urano y Neptuno, aproximadamente a 21° de Capricornio, dan cuadratura a Venus y forman conjunción con Marte natal. Saturno a 1° de Piscis se encuentra sobre el Descendente. Júpiter es trígono con el Medio Cielo (la gran „popularidad" de ese momento...); Marte a 21° de Leo se opone a la Luna. Hay bastante para ni siquiera considerar el RS, pero si lo consideramos encontramos una „carta conocida": el Sol de Retorno Solar en la 6ª Casa del RS. El índice de peligrosidad del año es –74 con +12.

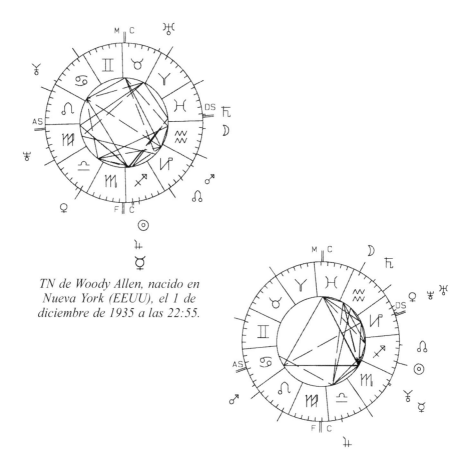

TN de Woody Allen, nacido en Nueva York (EEUU), el 1 de diciembre de 1935 a las 22:55.

Retorno Solar (RS) 1992/993, Nueva York (EEUU).

FAUSTO BERTINOTTI ES ELEGIDO SECRETARIO

El 23 de enero de 1994, Fausto Bertinotti es elegido secretario del partido de izquierdas italiano *Rifondazione Comunista*. Plutón se encuentra a 28° de Escorpio y podría considerarse trígono con el Sol: pero, sinceramente, para este planeta tan lento, la órbita en este caso me parece demasiado ancha. Al contrario, Urano y Neptuno a 22° de Capricornio forman un trígono exacto con el Medio Cielo. Saturno se encuentra sobre el Descendente. Júpiter, a 13° de Escorpio, forma un sextil con la Luna. El Retorno Solar ve el Sol y un stellium en la 10ª Casa. El índice de peligrosidad del año es –24 con +40. Dos observaciones muy rápidas: 1) como pueden ver, el valor positivo del índice de peligrosidad es casi el doble respecto al negativo y el acontecimiento fue de tipo feliz; 2) Marte sobre el Ascendente de RS podía hacer temblar, pero el índice negativo apenas inferior al umbral de –20 y mitad respecto al valor positivo, habrían podido ayudar al astrólogo a entender la situación si hubiera utilizado el método Discepolo-Miele.

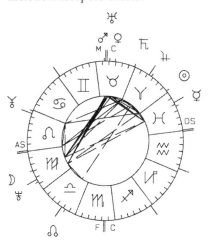

TN de Fausto Bertinotti, nacido en Milán (Italia) el 22 de marzo de 1940 a las 15:40.

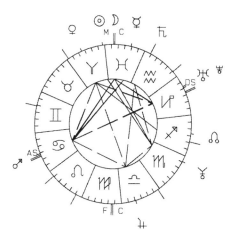

Retorno Solar (RS) 1993/1994, Roma (Italia).

BERLUSCONI GANÓ LAS ELECCIONES

El 28 de febrero de 1994 Silvio Berlusconi ganó las elecciones políticas en Italia, asegurándose la butaca de Primer Ministro. Plutón en tránsito a 29° de Escorpio forma un trígono perfecto con el Plutón natal. Saturno a 4° de Piscis es trígono con el Medio Cielo y con Venus. Júpiter a 15° de Escorpio forma un trígono con la Luna. ¡Y el Ascendente del Retorno Solar está en la 10ª! El índice de peligrosidad es –16 con +26: es decir, la puntuación positiva es mayor respecto a la negativa, que se encuentra claramente más arriba del umbral representado por el número –20, y que es el umbral que yo y Luigi Miele hemos establecido como límite que es mejor no superar si se desea estar tranquilo con el año astrológico que viene. Naturalmente, como pueden ver en estos ejemplos, un –25 ó –26 ó –27 no son terribles, mientras que un –40 ó un –60 ó un –80 son casi siempre fatales. Una de las ventajas del módulo *Scanner* del programa *ASTRAL* es que pueden volver a medir el índice de peligrosidad del año tantas veces como quieran, por cada hipótesis de relocación elegida del RS, y averiguar enseguida si han sido hábiles para evitar los golpes de los astros.

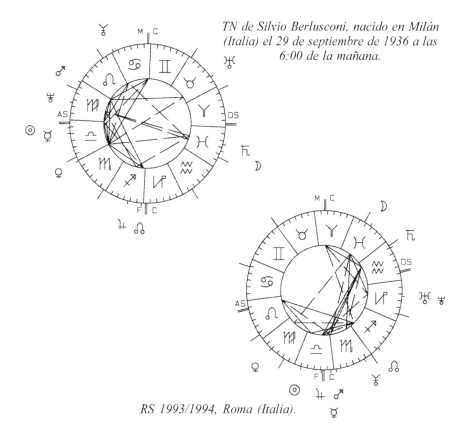

TN de Silvio Berlusconi, nacido en Milán (Italia) el 29 de septiembre de 1936 a las 6:00 de la mañana.

RS 1993/1994, Roma (Italia).

LA MUERTE DE MASSIMO TROISI

El 26 de agosto de 1993 el periódico para el que trabajo, *IL MATTINO* de Nápoles, publicó un artículo mío sobre Massimo Troisi. En el artículo, desconociendo por completo que nuestro actor estuviera enfermo del corazón, escribía que me tenía preocupado su salud y le aconsejaba celebrar su cumpleaños en otro lugar (algo que no creo que hiciera). Unos pocos meses más tarde, exactamente el 4 de junio de 1994, el actor nacido en San Giorgio a Cremano falleció justo después de haber terminado de rodar la película *El cartero (y Pablo Neruda)*. La muerte es y sigue siendo un misterio enorme, incluso para nosotros los astrólogos, y con este ejemplo no pretendo demostrar lo inevitable que es este evento, sino el año duro que esperaba al cómico napolitano a nivel de salud. Cuando cesó de vivir, Neptuno y Urano formaban una cuadratura con su conjunción natal Saturno-Neptuno, pero no me atrevo a atribuir una gran importancia a este aspecto porque opino que son mucho más pesados y peligrosos los tránsitos de los planetas lentos respecto a los puntos recipientes rápidos del tema natal (incluidos el Ascendente y el Medio Cielo). Saturno a 13° de Piscis se encontraba sobre Mercurio radix. Júpiter a 6° de Escorpio se encontraba opuesto a la Luna, y con la Luna estaba perfectamente en conjunción Marte en tránsito. Y sin embargo, con sólo viendo estos tránsitos no me habría nunca atrevido a lanzar esa alarma a través de las páginas de un periódico. Lo que me daba miedo era, al contrario, una vez más como en muchas otras ocasiones, el Retorno Solar, independientemente de los recorridos planetarios. El RS tenía un Ascendente en la 12ª Casa radix y nacía con una estrecha conjunción Saturno-Sol. El índice de peligrosidad del año era –44 con +22: no muy elevado, pero neto en su diferencia entre puntuación negativa y puntuación positiva, y además determinado principalmente por el Retorno Solar. Razonen un segundo: el RS había como „memorizado" el tránsito de Saturno sobre el Sol en el instante del *return*, y que ya no subsistía cuando el joven actor falleció. Algunos colegas míos que se obstinan en declararse escépticos respecto a los Retornos Solares, deberían meditar una vez más también sobre este específico caso.

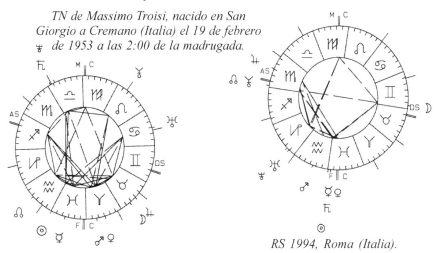

TN de Massimo Troisi, nacido en San Giorgio a Cremano (Italia) el 19 de febrero de 1953 a las 2:00 de la madrugada.

RS 1994, Roma (Italia).

LA DETENCIÓN DE O.J. SIMPSON

El 18 de junio de 1994 el ex jugador de fútbol americano O. J. Simpson fue detenido, después de una rocambolesca evasión grabada en directa por la TV, por el asesinato de su fascinante ex mujer y del joven amante de ella. Los tránsitos son casi todos en apariencia muy bonitos (y en efecto, muy a menudo son peligrosos también los aspectos armónicos de Urano, Neptuno y Plutón respecto a los mayores puntos receptivos de un tema): Plutón trígono con la Luna y con Mercurio, Neptuno opuesto a Mercurio, Urano sextil con la Luna y opuesto a Mercurio, Júpiter trígono con Venus, Marte en conjunción con el Medio Cielo, en cuadratura con el Ascendente y opuesto a Júpiter. Como pueden ver, los tránsitos respecto a la Luna y a Venus son excelentes. Pero si observamos el Retorno Solar nos damos cuenta de que Marte está en la 12ª en oposición con la Luna, y que Saturno está en la 5ª. Simpson fue declarado inocente por una corte regular, pero personalmente, también basándome en su RS, creo que es culpable. La puntuación del índice de peligrosidad es –48 (con +48).

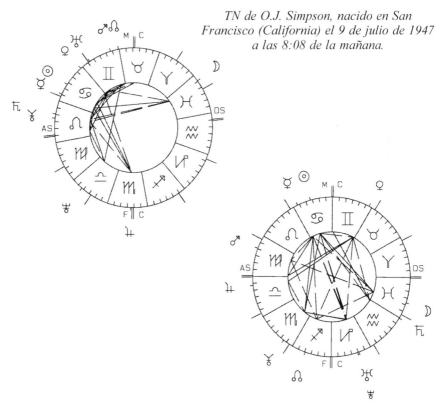

TN de O.J. Simpson, nacido en San Francisco (California) el 9 de julio de 1947 a las 8:08 de la mañana.

RS 1993/1994, Los Ángeles (California).

EL PÉSIMO MUNDIAL DE MARADONA

El 30 de junio de 1994 Diego Armando Maradona fue expulsado del mundial de fútbol por haber resultado positivo en el control antidopaje después del partido frente a Nigeria. Es una de las páginas más feas de la historia del campeón argentino. Plutón se encontraba en conjunción con el Ascendente, Saturno con la Luna (es éste uno de los tránsitos que personalmente más temo), Júpiter con el Sol y Marte con el Descendente (la ley, los papeleos administrativos y/o legales). Como pueden ver, la doble pareja Saturno-Luna y Júpiter-Sol puede dar una popularidad negativa que es lo peor que se puede imaginar. El Retorno Solar es un verdadero desastre: Ascendente en la 12ª, Sol en la 12ª, stellium en la 12ª, Marte sobre el Ascendente (esta posición es realmente fatal y puede corresponder no sólo a accidentes y operaciones quirúrgicas, sino también a terribles estados de depresión y angustia). La puntuación del índice de peligrosidad no hubiera podido ser más explícita: −84 con +20.

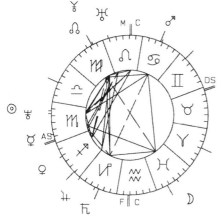

TN de Diego Armando Maradona, nacido en Lanús, provincia de Buenos Aires (Argentina), el 30 de octubre de 1960 a las 6:05 de la mañana.

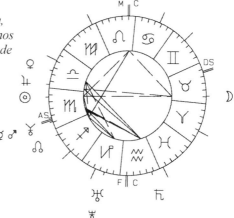

RS 1993/1994, Buenos Aires (Argentina).

EL DECESO DEL SENADOR SPADOLINI

No se tienen que maravillar si no encontramos (con la excepción de una) posiciones terribles en los astros del insigne senador italiano Giovanni Spadolini en el momento de su fallecimiento, el 4 de agosto de 1994. El fin de la vida sigue siendo el misterio más grande para todo el mundo, incluso para nosotros los astrólogos. Para un enfermo de cáncer la muerte representa a menudo una liberación, y por lo tanto puede acontecer bajo configuraciones astrales positivas. No es una casualidad que el índice de peligrosidad de ese año nos daba, para el ex líder del Partido Republicano Italiano, −16 con +12. El único tránsito realmente significativo era Urano, que desde la Sexta Casa daba oposición casi exacta a su Marte natal en la 12ª, en Cáncer (falleció por un tumor en el estómago). Saturno transitaba por la 8ª, Plutón era trígono con Urano y con Marte, Marte recorría la 11ª Casa formando una cuadratura respecto a Urano. El Retorno Solar, bonito en su conjunto, nos señala de manera sencilla pero eficaz, un Ascendente en la 8ª Casa y Urano con Neptuno en la 11ª. Es necesario aclarar que el deceso de Massimo Troisi fue una situación totalmente diferente, puesto que el sujeto padeció mucho en sus últimos meses de vida. Sus compañeros de rodaje cuentan que tenían que llevarlo a brazos durante la grabación de *El cartero (y Pablo Neruda)* y que no podía trabajar más de un cuarto de hora cada día.

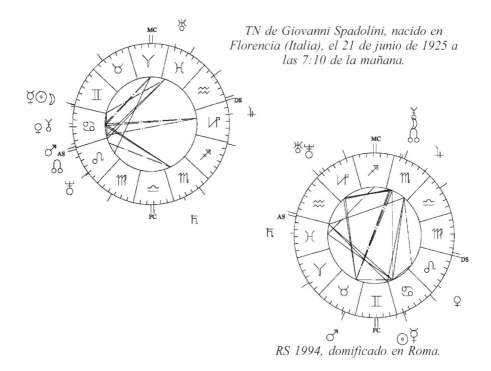

TN de Giovanni Spadolini, nacido en Florencia (Italia), el 21 de junio de 1925 a las 7:10 de la mañana.

RS 1994, domificado en Roma.

LA ENFERMEDAD Y LA MUERTE DE MOANA POZZI

La actriz porno Moana Pozzi falleció en un hospital francés el 17 de septiembre de 1994, enferma de cáncer en el hígado. Se desconoce si estaba enferma de SIDA. El suyo es un caso astrológicamente mucho más cercano a la muerte de Massimo Troisi que a la de Giovanni Spadolini. Moana se enfermó de manera grave después de su cumpleaños, y los pocos meses que la separaron de la muerte fueron terribles. Y en efecto la puntuación en este caso, es de –60 con +26. Plutón era trígono con Marte, Neptuno con la Luna, Urano – en tránsito por la 11ª – se oponía a Marte, Saturno estaba en conjunción con el Ascendente, sextil al Sol y opuesto a Plutón, Marte en tránsito se encontraba en conjunción con su posición natal y en sextil con la Luna. Sin duda alguna, en este caso la pareja Urano-Saturno ha sido determinante. Pero lo ha sido mucho más el Retorno Solar, enseñándonos un terrible Ascendente en la 12ª y los igualmente terribles Marte y Saturno en la 1ª. Urano y Neptuno los encontramos en la 11ª.

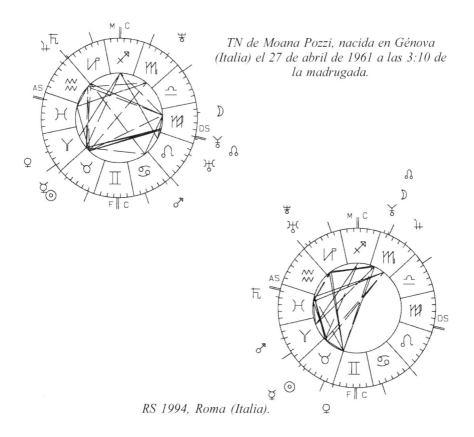

TN de Moana Pozzi, nacida en Génova (Italia) el 27 de abril de 1961 a las 3:10 de la madrugada.

RS 1994, Roma (Italia).

LA DETENCIÓN DE ANTONIO GAVA

El 20 de septiembre de 1994, el ex ministro democristiano Antonio Gava fue detenido por sobornos que había supuestamente recibido. Observen cómo este caso puede ilustrar perfectamente, una vez más (por si acaso fuera necesario), que incluso con tránsitos no necesariamente terribles, un Retorno Solar malo puede traer acontecimientos tristes durante el año que abarca los doce meses de un cumpleaños al siguiente. ¿Y cuáles son las primeras tres condiciones de un Retorno Solar pésimo? Recuerden: el Ascendente, el Sol o un stellium que ocupen la 12ª, la 1ª ó la 6ª Casa. Y he aquí el Ascendente de RS en la 6ª Casa. Los tránsitos son Urano recorriendo la 4ª (repentino cambio de domicilio), Saturno en cuadratura con Marte, y Marte en conjunción con el Medio Cielo. El índice de peligrosidad del año es –50 (respecto a +18).

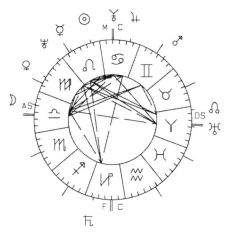

TN de Antonio Gava, nacido en Castellammare di Stabia (Italia) el 30 de julio de 1930 a las 11:00 de la mañana.

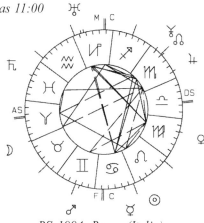

RS 1994, Roma (Italia).

PIETRO PACCIANI CONDENADO A CADENA PERPETUA

El 1 de noviembre de 1994 el tribunal de Florencia reconoce al campesino Pietro Pacciani culpable de la serie de asesinatos cometidos por el bautizado „monstruo de Florencia", y lo condena a cadena perpetua. Plutón se encuentra en cuadratura con el Medio Cielo y en sesquicuadratura con su propia posición radical, Júpiter forma una cuadratura con el Medio Cielo y con Neptuno, y Marte la forma con Saturno. El Retorno Solar es pésimo: el Sol y un stellium muy fuerte en la 12ª. Como consecuencia, la puntuación es muy alta: –78 con +22.

TN de Pietro Pacciani, nacido en Florencia (Italia), el 7 de enero de 1925 a las 15:00.

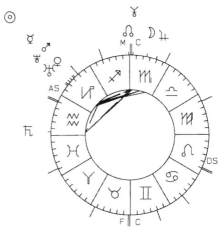

RS 1994, Florencia (Italia).

UN AÑO DIFÍCIL PARA ALESSANDRA MUSSOLINI

El mes de noviembre de 1996 Alessandra Mussolini, diputada italiana de la derecha, que en aquella época pertenecía a la alianza „Polo delle Libertà", tuvo que enfrentarse a una doble y difícil situación: por un lado su marido, ex oficial de la Policía Fiscal, se encuentra involucrado en la segunda oleada de encuestas de *Mani Pulite* llamada „Tangentopoli 2"; y por el otro, el partido en el que militaba (MSI) se integra en un nuevo partido, *Alianza Nacional*, liderado por Gianfranco Fini – pero como no estaba de acuerdo con las declaraciones de Fini, doña Alessandra lo abandona. Plutón está en semicuadratura con el Medio Cielo (cuando la semicuadratura y la sesquicuadratura realizan una órbita muy estrecha, valen exactamente como una cuadratura). Neptuno está en conjunción con Mercurio y en sesquicuadratura con Plutón, Saturno está en sesquicuadratura con Neptuno. El Retorno Solar nos enseña un malo Ascendente en la 1ª. El índice de peligrosidad es –42 con +26.

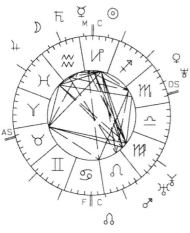

TN de Alessandra Mussolini, nacida a Roma (Italia) el 30 de diciembre de 1962 a las 13:00.

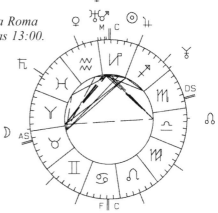

RS 1995/1996, Roma (Italia).

LAS DIMISIONES DE SILVIO BERLUSCONI

El 22 de diciembre de 1994 Silvio Berlusconi presenta las dimisiones del cargo de Primer Ministro. Se trata de un momento muy duro de su recién estrenada carrera política, después del éxito de hacía pocos meses (¡pero con un Retorno Solar muy diferente!). Plutón en tránsito estaba en trígono con el Plutón natal, Urano en semicuadratura con la Luna, Saturno en conjunción con la Luna (a 5 grados) también formaba oposición con Marte, trígono con el Medio Cielo y sextil con Urano; Júpiter formaba cuadratura con Marte y trígono con Plutón. Y por último, Marte estaba en perfecta conjunción con su propia posición natal: a 0 grados. El Retorno Solar nos da un Ascendente en la 1ª y un Sol en la 12ª. La puntuación era –40 con +12.

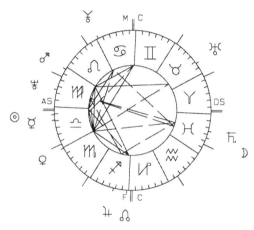

TN de Silvio Berlusconi, nacido en Milán (Italia) el 29 de septiembre de 1936 a las 6:00 de la mañana.

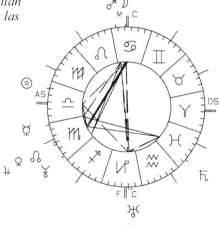

RS 1994, Roma (Italia).

ANTONIO DI PIETRO ABANDONA LA MAGISTRATURA

Si contemplamos los tránsitos y el Retorno Solar del momento en que Antonio Di Pietro dejó la magistratura, el 6 de diciembre de 1994, podemos formarnos una idea diferente del acontecimiento respecto a lo que declararon entonces los periódicos: el Ministerio Público de *Mani Pulite* no se encontraba en un mal momento, y quizá su elección fue también motivada por proyectos futuros positivos y ambiciosos. El Ascendente del Retorno Solar está en la 7ª: ¡la guerra! Plutón estaba en sextil con Venus y en cuadratura con Júpiter, Neptuno formaba trígono con Mercurio, Urano constelaba el mismo aspecto con Mercurio y Saturno, Saturno en tránsito formaba cuadratura con Marte y trígono con Urano, Júpiter estaba en cuadratura con Júpiter natal y Marte se oponía a Júpiter. El índice era −38 con +4.

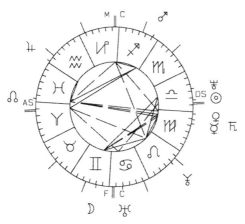

TN de Antonio Di Pietro, nacido en Montoro di Bisaccia (Italia) el 2 de octubre de 1950 a las 17:30.

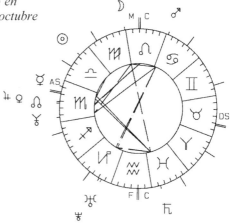

RS 1994, Bérgamo (Italia).

UN AÑO SÚPER PARA ALBERTO TOMBA

El 22 de diciembre de 1994 (a los pocos días de su cumpleaños) Alberto Tomba gana el eslalon en Alta Badia: se trata de la tercera competición ganada en tres días. Para el esquiador apodado „la bomba" se trata de un momento de esplendor. Los tránsitos positivos son muchos y fastuosos: Neptuno se encuentra al mismo tiempo en trígono con el Medio Cielo, en sextil con Saturno y con Neptuno, y en trígono con Plutón; Urano está en semicuadratura con Mercurio pero en trígono con el MC y con el Urano natal, y sextil con Saturno y con Neptuno; Saturno está en sextil con Venus y en cuadratura con el Ascendente; Júpiter está en conjunción con el Ascendente (¡a 0 grados!) y en trígono con Júpiter radix; Marte en cuadratura con el Ascendente. El Retorno Solar es espléndido: el Ascendente en la Décima, la Luna dominante en el Medio Cielo y grandes trígonos diversos. Esto demuestra algo que ya he notado muchas veces: el Retorno Solar parece „apoyar" a los tránsitos y a menudo tenemos un Solar óptimo junto a tránsitos muy buenos, o un Solar fatal con tránsitos muy malos. En estos casos se puede estimar de lleno el valor de la *Astrología activa*, sobre todo con los Retornos Solares Elegidos. La puntuación del índice de peligrosidad es 0 (¡cero!) con +34.

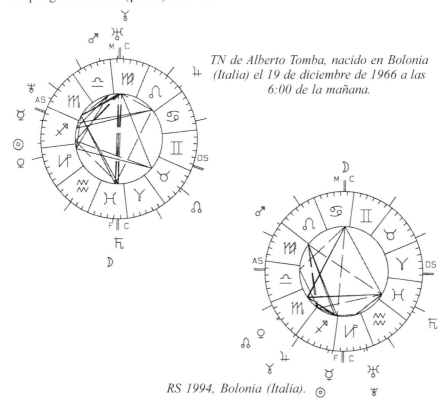

TN de Alberto Tomba, nacido en Bolonia (Italia) el 19 de diciembre de 1966 a las 6:00 de la mañana.

RS 1994, Bolonia (Italia).

EL TRÁGICO CUMPLEAÑOS DE DACIA MARAINI

Una vez más la crónica nos ofrece la posibilidad de demostrar lo importante que es el período cerca del cumpleaños y en particular el día mismo del cumpleaños. El 13 de noviembre de 1996, día de su cumpleaños (pero a nivel astrológico el Retorno Solar se había formado la noche anterior) la escritora Dacia Maraini iba en bicicleta por las calles de Roma cuando la atropelló un coche cuyo conductor ni siquiera se detuvo para asistirla. Como consecuencia del accidente sufrió la fractura del fémur. La escritora tuvo que someterse a una delicada intervención quirúrgica llevada a cabo por un equipo de médicos franceses. El día del accidente Plutón estaba en conjunción a 0 grados con el Medio Cielo; Urano formaba trígono con Marte (muchísimas veces este aspecto es tan peligroso como la cuadratura o la oposición o la conjunción), sextil con el Medio Cielo, sesquicuadratura con Saturno y oposición con Plutón; Saturno se encontraba en semicuadratura con la Luna, en cuadratura con Venus, en oposición con Marte y en trígono con el Medio Cielo y con Plutón; Júpiter estaba de sextil con la Luna y con Saturno; por último Marte se oponía a Saturno y formaba un trígono con Urano. El Retorno Solar, de manera bastante espectacular, tiene un Marte en la Duodécima Casa y un stellium incluido el Sol, en la Tercera Casa. La puntuación nos muestra un índice de peligrosidad de −32 con +28.

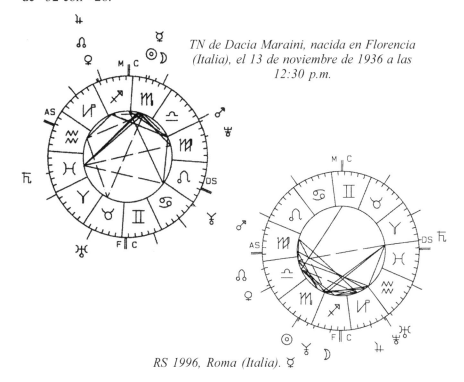

TN de Dacia Maraini, nacida en Florencia (Italia), el 13 de noviembre de 1936 a las 12:30 p.m.

RS 1996, Roma (Italia).

DETIENEN A LAURA ANTONELLI POR DROGA

El 27 de abril de 1991 detuvieron a la actriz Laura Antonelli por posesión de droga en su casa de Cerveteri. Ese día Plutón estaba a 120° grados exactos de distancia del Medio Cielo; Neptuno en conjunción con el Descendente; Urano igual y además en cuadratura con Marte y en sesquicuadratura con el Urano natal; Saturno formaba un sextil con el Sol y la Luna, una semicuadratura con el Medio Cielo y una oposición con Plutón. A su vez, Júpiter se posicionaba en trígono con el Sol (este aspecto, cuando el conjunto de los tránsitos es pesado y, sobre todo, cuando el RS es malo, puede ser un elemento pésimo porque hace que del sujeto se hable en las primera páginas: una forma de popularidad, sí, pero de tipo totalmente negativo) y con la Luna, en sesquicuadratura con el Medio Cielo, en semicuadratura con Júpiter radical y en conjunción con Plutón. Y por último, Marte proyectaba una cuadratura a la Luna y a Marte natal, y formaba una conjunción muy estrecha (1°) con el Ascendente. En este caso es la presencia de Urano y Neptuno en el Descendente, principalmente, la que podía hacer sospechar grandes problemas de papeleos administrativos, de problemas con la ley. Y el Retorno Solar puntualiza aún mejor este corolario: el Sol se encuentra afligido en la Séptima Casa y Marte campea, aún más peligrosamente, en la Primera Casa. El índice de peligrosidad está fijado en – 46 puntos (respecto a +32).

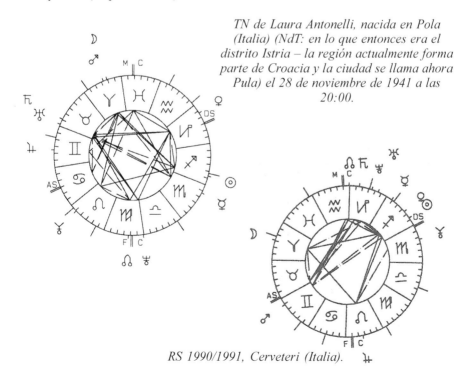

TN de Laura Antonelli, nacida en Pola (Italia) (NdT: en lo que entonces era el distrito Istria – la región actualmente forma parte de Croacia y la ciudad se llama ahora Pula) el 28 de noviembre de 1941 a las 20:00.

RS 1990/1991, Cerveteri (Italia).

INTENTO DE SUICIDIO DE LOREDANA BERTÉ

El 24 de abril de 1991 Loredana Berté, como consecuencia de una pelea con su compañero Björn Borg, intentó suicidarse, pero gracias a Dios no lo consiguió. Ese día Plutón estaba en cuadratura con su posición natal y lo mismo hacía Neptuno que estaba también opuesto con Urano; Urano en tránsito se encontraba en muy estrecha conjunción con la Luna (1°), en semicuadratura con Marte y con Júpiter, en trígono con Venus y en sesquicuadratura con el Ascendente; Saturno forma una sesquicuadratura con Mercurio y Saturno natal; y por último Júpiter estaba en semicuadratura con Mercurio. El Retorno Solar, una vez más, no podía ser más elocuente: Saturno en conjunción con el Ascendente, y el Ascendente del Retorno Solar en la 12ª Casa. El índice de peligrosidad estaba en –72 con +16.

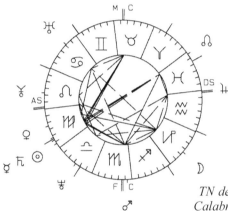

TN de Loredana Berté, nacida en Bagnara Calabra (Italia) el 20 de septiembre de 1950 a las 3:25 de la mañana.

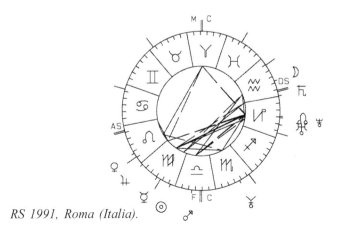

RS 1991, Roma (Italia).

EXPLOTA LA FINCA DE PIPPO BAUDO

El 3 de noviembre de 1991 hay una explosión en la finca del popular presentador Pippo Baudo en Acireale (Sicilia). Años después se conocerá que mandantes y ejecutores pertenecían a la mafia, que de tal manera quiso perseguir al presentador siciliano por haber hecho declaraciones contra la mafia. El día del atentado notamos Plutón en trígono con Saturno y Neptuno en trígono con su propia posición natal; Urano en tránsito se encontraba en conjunción con la Luna y a 120° de distancia del Urano radical; Saturno forma una sesquicuadratura con Sol, Marte y Neptuno, un sextil con el Ascendente y un semisextil con el Medio Cielo; Júpiter estaba en trígono con la Luna y con Urano, en cuadratura con Mercurio y con Venus, y en semicuadratura con Plutón; Marte se encontraba en oposición con Urano y en sextil con Neptuno. El Retorno Solar presenta un elocuente Saturno en la Séptima Casa (la de los enemigos declarados) y un Marte en la 1ª Casa (posición realmente pésima). El índice de peligrosidad se sitúa en –56 puntos respecto a +16.

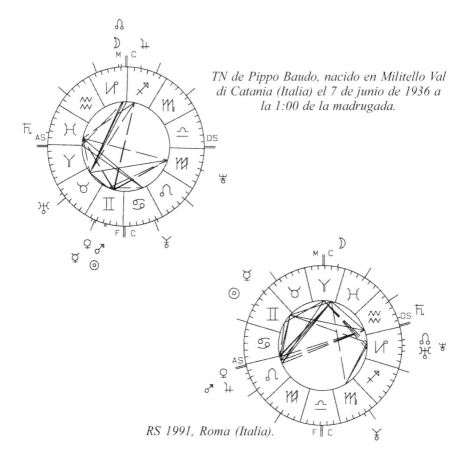

TN de Pippo Baudo, nacido en Militello Val di Catania (Italia) el 7 de junio de 1936 a la 1:00 de la madrugada.

RS 1991, Roma (Italia).

CARMELO BENE PEGA A SU MUJER

El 4 de marzo de 1992 el estimado actor, dramaturgo e intelectual Carmelo Bene pega a su esposa embarazada y pelea de forma violenta con la policía. Plutón está perfectamente en trígono con la Luna; Neptuno está en trígono con su propia posición natal y en conjunción con Júpiter; Urano también está en conjunción con Júpiter y trígono con Neptuno; Saturno forma sesquicuadratura con Mercurio, sextil con Marte y cuadratura con Urano; Júpiter está perfectamente en conjunción con el Sol y da semicuadratura a la Luna y cuadratura a Marte; Marte en tránsito forma sextil con Marte radix, oposición con el Medio Cielo y cuadratura con Urano. El Retorno Solar nos da un hermoso stellium en la 10ª con Sol, Júpiter y Venus, y un Ascendente en la 1ª Casa. La puntuación del índice de peligrosidad del año es igual a –20 con +56. Se trata de un caso que debe hacer reflexionar mucho. El conjunto de los tránsitos es globalmente muy bonito, y dudo mucho que un colega hubiese podido prever un momento tan negro para el ecléctico artista italiano sin utilizar los Retornos Solares. Y hay más: tampoco un astrólogo utilizando los Solares pero no según mi escuela sino, por ejemplo, según la de Alexandre Volguine, difícilmente hubiera podido desvelar la trampa. Perdonen la inmodestia, pero no creo haber leído otros autores fuera de mí mismo, que con caracteres cubitales – o, si prefieren, con los signos de admiración – les hayan advertido que, independientemente de los tránsitos, si encuentran un Ascendente del RS en la Primera Casa radical, tienen que ponerse a temblar porque van a enfrentarse con un año muy negro. Siempre el abajo firmante ha declarado, más de una vez, que las parejas 10ª/12ª ó 10ª/1ª ó 10ª/6ª son muy malas y casi siempre producen las primeras páginas negativas en los diarios, que es lo que pasó también en este caso. Noten además que el índice de peligrosidad es bastante bajo porque, prácticamente, sólo es debido al Ascendente en la 1ª Casa. Pero también en este caso, he advertido de persona que si el índice de peligrosidad esta incluido, aproximadamente, entre –20 y –40, cabe observar tanto los tránsitos como el Retorno Solar: tan sólo si es el Solar el que manda admoniciones negativas, nos encontramos en presencia de un año de una u otra forma peligroso para el sujeto.

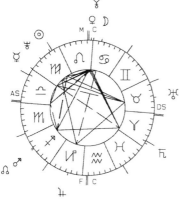

TN de Carmelo Bene, nacido en Campi Salentina (Italia) el 1 de septiembre de 1937 a las 9:30 de la mañana.

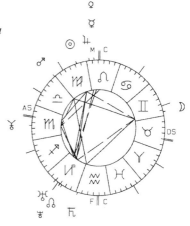

RS 1991/1992, Roma (Italia).

BRIGITTE BARDOT INTENTA SUICIDARSE

El 15 de noviembre de 1992 Brigitte Bardot intenta suicidarse de nuevo y la salvan „in extremis". He aquí un caso realmente interesante para nuestros estudios. Los tránsitos no eran para nada graves y desafiamos a cualquier astrólogo que no utiliza los Retornos Solares a que nos diga cómo hubiera podido prever un año tan grave para la actriz francesa. Júpiter estaba incluso en conjunción a 2° con el Sol y trígono con la Luna, y los tránsitos malos de Marte solos no lo pueden explicar nada. Al contrario, el Retorno Solar presenta un locuaz Ascendente en la 1ª Casa, que lo cuenta todo. A este propósito tengo que destacar una cosa. Me sigue sucediendo todavía en la actualidad, a muchos años de distancia de la salida de mis libros más importantes sobre los Retornos Solares, que alumnos que se declaran devotos y con la intención de seguir con atención mis consejos, decidan relocar sus Solares para evitar valores de 12ª Casa y que los sitúen en la 1ª, que es una posición que podemos considerar casi equivalente al 100%. ¿Es posible que durante todos estos años yo no haya conseguido que comprendan que la 1ª Casa es extremadamente peligrosa, casi exactamente como la 12ª? Espero que con la gran cantidad de ejemplos propuestos en este libro, mis lectores puedan convencerse de esta verdad que no encontrarán escrita nunca en otros libros que no sean los míos. Veamos ahora los tránsitos. Plutón está en sextil con Venus y en cuadratura con Saturno; Neptuno en sextil con el Ascendente; Urano semisextil con el Ascendente, cuadratura con el Medio Cielo y trígono con Neptuno; Saturno trígono con la Luna, sextil con el Ascendente y trígono con el Medio Cielo; Júpiter en conjunción con el Sol y trígono con la Luna; Marte en semicuadratura con la Luna y con Neptuno, se encuentra en cuadratura con Mercurio, Júpiter y Urano, y está en conjunción con Plutón. El índice de peligrosidad es de –52 con +24.

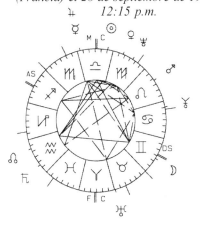

TN de Brigitte Bardot, nacida en París (Francia) el 28 de septiembre de 1934 a las 12:15 p.m.

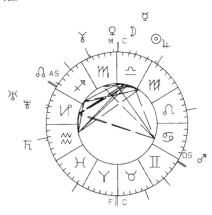

RS 1992, París (Francia).

AVISO DE INCULPACIÓN PARA BETTINO CRAXI

El 15 de diciembre de 1992 Bettino Craxi recibe un aviso de inculpación de los magistrados de *Mani Pulite*. También en este caso, como en otros varios casos tratados en este libro, nos encontramos frente a una situación de tránsitos que, si excluimos el de Marte, no son tan malos: pero relacionado con ellos encontramos un Retorno Solar espantoso. Este hecho me ha siempre convencido, en oposición con las escuelas de pensamiento astrológico que me precedieron, que el Retorno Solar siempre termina por desempeñar un papel primario en las vicisitudes humanas, más importante que los tránsitos. Entre los tránsitos que voy a enumerar, el único que podía hacer pensar en la caída definitiva del ex líder socialista era Plutón en semicuadratura con la Luna y en conjunción, por 1°, con el Medio Cielo. Pero no creo que los colegas que rechazan los Retornos Solares hubieran podido prever, sólo con estos tránsitos, un año tan infernal para el jefe del Partido Socialista Italiano. Los tránsitos eran los siguientes: Plutón en semicuadratura con la Luna, sextil con el Ascendente y semisextil con Júpiter, conjunto con el Medio Cielo y trígono con Plutón radical; Neptuno en semicuadratura con el Sol, sextil con Mercurio y con Marte y semisextil con Saturno; Urano sextil con Marte; Saturno semisextil con Marte; Júpiter en cuadratura con la Luna, trígono con Venus y semisextil con Neptuno; Marte trígono con Mercurio y con el Medio Cielo, en conjunción con el Descendente y con Plutón, trígono con el Medio Cielo, cuadratura con Júpiter y Urano y semicuadratura con Neptuno. El Retorno Solar nos enseña un stellium con Sol, Marte y Saturno en la 12ª Casa y el Ascendente en la 1ª. Júpiter sobre el Descendente nos informa, de manera elocuente, de los problemas judiciales. ¡El índice de peligrosidad está fijado a −86 respecto a +18!

TN de Bettino Craxi, nacido en Milán (Italia) el 24 de febrero de 1934 a las 5:30 de la mañana.

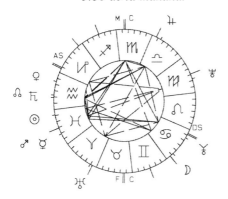

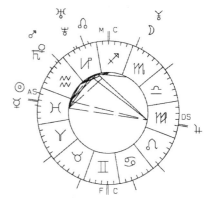

RS 1992, Roma (Italia).

MARA VENIER SE FRACTURA UNA PIERNA

El 10 de octubre de 1995, en el programa en directa de la televisión *Domenica in...*, la presentadora Mara Venier, bailando con un corpulento periodista deportivo, cae de mala manera por el suelo y se fractura una pierna. Plutón está en cuadratura con Júpiter y en sextil con Saturno; Neptuno se encuentra en cuadratura con el Sol, con Mercurio y con Venus. Urano forma una cuadratura perfecta (de 90°) con el Sol, una sesquicuadratura con el Medio Cielo, un semisextil con Júpiter y un trígono con Saturno; Saturno forma cuadratura con Marte, semisextil con la Luna, oposición con el Saturno radical y conjunción con el Descendente; Júpiter se encuentra en semicuadratura con el Sol, en conjunción con Marte y en cuadratura con el Ascendente; Marte envía una cuadratura a la Luna, a Júpiter y a Plutón; un semisextil a Venus y una sesquicuadratura a Urano. El Retorno Solar es un ejemplo perfecto: un stellium de no menos de cinco astros en la Sexta Casa, entre ellos el Sol. Consideren que el evento sucedió pocos días antes de la fecha de cumpleaños de la presentadora. El índice de peligrosidad vale –76 puntos con +10.

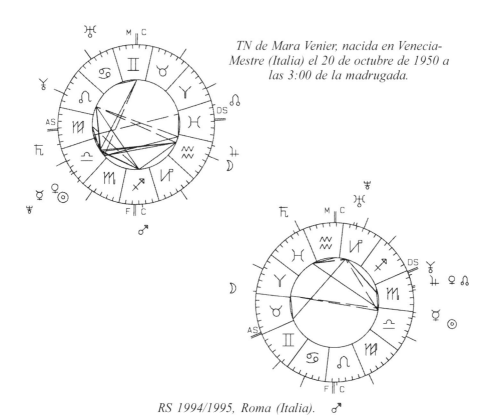

TN de Mara Venier, nacida en Venecia-Mestre (Italia) el 20 de octubre de 1950 a las 3:00 de la madrugada.

RS 1994/1995, Roma (Italia).   ♂

DETIENEN A RINO FORMICA EN BARI

El 28 de marzo de 1995, en el marco de esa gran revolución de las costumbres italianas que se llamó *Mani Pulite*, detuvieron también al ex ministro socialista Rino Formica, en Bari. Pongan atención a los tránsitos de este interesante caso: Neptuno en semicuadratura con el Sol, con Júpiter y con Saturno, sextil con Mercurio y con Urano; Marte opuesto a la Luna, en conjunción con el Fondo del Cielo, en sesquicuadratura con Mercurio y con Urano, trígono con Saturno y semisextil con Plutón. ¿Y piensan ustedes, en serio, que un astrólogo que no utilizase los Retornos Solares habría podido prever un año tan negro para el señor Formica? Si piensan que sí, ¿basándose en qué? ¿En aquellas tres míseras semicuadraturas de Neptuno? ¿O en los tránsitos de Marte, que por sí solos no dicen nada de nada? ¿O bien basándose en una tan ancha conjunción de Saturno con el Sol (a los 7°) y en la de Urano con la Luna (6°)? No, así no nos entendemos: si no queremos trucar los dados del partido, debemos admitir que en este caso los tránsitos no nos dicen nada de nada de la tragedia personal de este hombre, que de un día a otro pasó de ser ministro a, podríamos decir, quedarse en la calle. Si al contrario, miramos su Retorno Solar, descubrimos un Ascendente en la Sexta Casa. Dirán ustedes: „¿Esto es todo?". Digo yo: „¿Les parece poco?". ¿Tal vez no he escrito muchas veces, ya en otros libros, que cuando les toca un Ascendente, el Sol o un stellium en la 12ª, en la 1ª o en la 6ª Casa, tienen que huir lo más lejos posible aún antes de preguntarse el porqué? Un Ascendente en la Sexta Casa es algo muy pero que muy pesado, algo extremadamente crítico, que puede traer consigo tanto serias enfermedades como también grandes tragedias de amor, de afectos familiares, de trabajo y de papeleos legales y administrativos. El resultado de todas estas tragedias individuales siempre es una salud que se derrumba, y de una manera muy marcada. El índice de peligrosidad marca –42 con +10.

TN de Rino Formica, nacido en Bari (Italia) el 1 de marzo de 1927 a las 10:15 de la mañana.

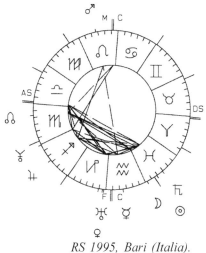

RS 1995, Bari (Italia).

EL SECUESTRO DE ALDO MORO

El 16 de marzo de 1978 en *Via Fani* en Roma, las Brigadas Rojas secuestran a Aldo Moro y masacran a sus cinco escoltas. El líder de la DC será asesinado el 9 de mayo siguiente. El acto terrorista de las Brigadas Rojas suscitará indignación y rabia en la conciencia civil y marcará las primeras etapas de una masiva campaña estratégica y política con la que el estado italiano logrará acabar, al menos en la parte más preponderante, con el fenómeno terrorista en nuestro país. Los tránsitos son realmente fatales: Plutón formaba sextil con la Luna y Venus, y trígono con Urano; Neptuno se ponía en sesquicuadratura con el Medio Cielo y con su propia posición radix; Urano estaba en cuadratura con la Luna, con Venus y consigo mismo (o sea, con Urano radix), en semicuadratura con el Sol y conjunto con Marte (se trata aquí de una amplia conjunción de 6°, pero voy a explicarles pronto por qué era importante); Saturno se ponía en sextil con el Ascendente; Júpiter en cuadratura con el Sol, en semicuadratura con la Luna, en trígono con el Ascendente y en semisextil con Saturno; y por último, Marte se encontraba en conjunción con Saturno y en cuadratura con Mercurio y con el Ascendente. El Retorno Solar nos da un Ascendente de RS en la 10ª y yo he repetido muchas veces que esta posición es muy peligrosa cuando se determina en contemporánea con tránsitos malos, sobre todo los de Saturno y de Urano. En este caso, durante el año cubierto por este RS hubo un muy peligroso tránsito de Urano sobre el Marte natal en la 1ª Casa: ¡y es justamente aquí donde se formó la „trampa"! El Marte de Retorno Solar en la 11ª nos habla de la muerte violenta acontecida en ese año; Saturno en la 1ª hace lo mismo, en cuanto a la desesperación del político en cautividad. El índice de peligrosidad del año vale –32 con +32.

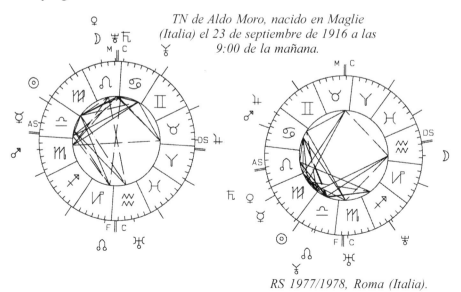

TN de Aldo Moro, nacido en Maglie (Italia) el 23 de septiembre de 1916 a las 9:00 de la mañana.

RS 1977/1978, Roma (Italia).

SOPHIA LOREN INVESTIGADA

El 15 de abril de 1978 Sophia Loren se encuentra involucrada en una investigación de la Policía Tributaria por presunta exportación de capitales al extranjero. En esa época, este hecho suscitó mucho escándalo y la actriz lo vivió de manera muy negativa. He aquí los tránsitos de ese día: Plutón se encontraba en conjunción con Mercurio y en sextil con Marte; Neptuno en sextil con la Luna y con Mercurio y en semicuadratura con el Medio Cielo; Urano en cuadratura con Marte y en sextil con Neptuno; Saturno en oposición con la Luna y consigo mismo y en sextil con Júpiter; Júpiter en cuadratura con el Sol, en conjunción con el Descendente (esta posición indica casi siempre la llegada de „papeleos administrativos o legales"), en trígono con el Medio Cielo y en sextil con Urano; Marte en cuadratura con el Medio Cielo y con Urano, y en conjunción con Plutón. El Retorno Solar es un ejemplo perfecto, con su Ascendente en la Séptima (la ley, los procesos) y con ese Marte en la Duodécima Casa que muy a menudo indica un accidente o una operación quirúrgica, pero que muchas veces también significa una situación de gran ansiedad, de serias preocupaciones. El índice de peligrosidad del año marcaba –52 con +34.

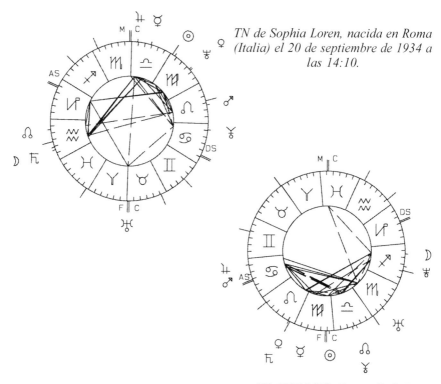

TN de Sophia Loren, nacida en Roma (Italia) el 20 de septiembre de 1934 a las 14:10.

RS 1977/1978, Roma (Italia).

TAMBIÉN CARLO PONTI INVESTIGADO

También el marido de Sophia Loren, el productor de películas Carlo Ponti, fue investigado. He aquí sus tránsitos de ese día: Plutón en sextil con Mercurio y en cuadratura con Saturno; Júpiter en conjunción con el Sol y en semisextil con la Luna; Urano en semicuadratura con el Medio Cielo y en sesquicuadratura con Plutón; Saturno en trígono con el Medio Cielo y con Júpiter, y semisextil con Neptuno; Júpiter en cuadratura con el Ascendente, en semisextil con Saturno y en conjunción con Plutón; Marte en sesquicuadratura con el Sol, opuesto a Venus y a Urano, trígono con el Ascendente, sextil con Saturno y semisextil con Plutón. En efecto no se trata de tránsitos muy pesados, pero miremos el Retorno Solar: Júpiter en la Séptima Casa (los „papeleos") y un stellium con el Sol, entre la Duodécima y la Primera Casa. El índice de peligrosidad estaba en −58 con +18.

TN de Carlo Ponti, nacido a Magenta (Italia) el 11 de diciembre de 1912 a las 13:00.

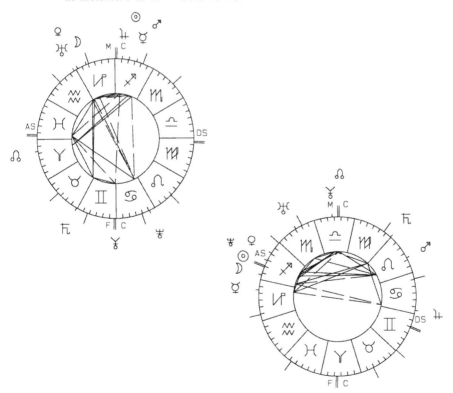

RS 1977/1978, Roma (Italia).

TAMBIÉN CLAUDIO ABBADO INVESTIGADO

El 29 de abril de 1978 el director de orquesta Claudio Abbado se ve involucrado en la investigación de la Policía Tributaria por presunta exportación clandestina de capitales. He aquí sus tránsitos: Plutón está en trígono con Saturno; Neptuno en cuadratura con Júpiter; Urano en sextil con Júpiter y en cuadratura con Saturno; Saturno en semisextil con Venus, Marte y Plutón, en cuadratura con el Ascendente y en trígono con Urano; Marte en conjunción con la Luna, en semicuadratura consigo mismo, opuesto a Saturno y semisextil con Neptuno. El Retorno Solar, como en los casos más ejemplares, nos da Júpiter en la Séptima Casa del RS y el Ascendente en la Séptima Casa radix. Quisiera subrayar una vez más la manera espectacular con la que el Retorno Solar nos señala los acontecimientos más importantes de un año. Quien lo niega, en la mayor parte de los casos, lo hace tan sólo porque no lo sabe interpretar. El índice de peligrosidad del año marca –28 con +30.

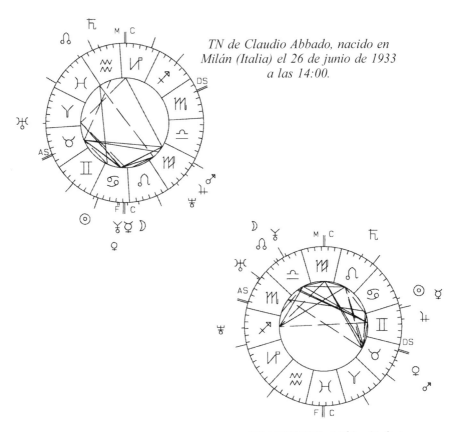

TN de Claudio Abbado, nacido en Milán (Italia) el 26 de junio de 1933 a las 14:00.

RS 1977/1978, Milán (Italia).

LA DESTITUCIÓN DEL PRESIDENTE LEONE

El 15 de junio de 1978 dimite de su cargo el sexto presidente de la República Italiana Giovanni Leone, como consecuencia del terremoto político provocado por el escándalo de corrupción relacionado con los aviones Lockheed. He aquí sus tránsitos: Plutón en sesquicuadratura con la Luna, conjunto con Marte y en cuadratura con Urano; Neptuno en semicuadratura con Mercurio y en sextil con Marte; Urano en conjunción con el Sol, en semicuadratura con Venus y con el Ascendente, en sesquicuadratura con el Medio Cielo y en sextil con Júpiter y consigo mismo; Saturno opuesto con la Luna, en sextil con Mercurio, Medio Cielo y Plutón, en semisextil con el Ascendente y en sesquicuadratura con Urano; Júpiter en trigono con el Sol, en cuadratura con Marte, en sextil consigo mismo, opuesto con Urano y conjunto con Neptuno; Marte opuesto a la Luna, sextil con Mercurio, semisextil con Venus, semicuadratura con Marte, sesquicuadratura con Urano y semicuadratura con Neptuno. El Retorno Solar nos da un Ascendente en la Décima Casa radix. Otra vez nos encontramos frente a un caso interesante. Como he escrito un sinfín de veces, el Ascendente en la 10ª es muy peligroso si se acompaña con tránsitos inarmónicos, sobre todo de Urano y de Saturno. Aquí tenemos no uno, sino tres tránsitos muy críticos: Urano conjunto con el Sol; Urano en mal aspecto con el Medio Cielo; y Saturno, de tránsito por la Décima, opuesto a la Luna. Cabe destacar que el trígono de Júpiter con el Sol podía engañar a muchos estudiosos que tratasen leer este Retorno Solar sin seguir las reglas que yo describo en este texto y en otros anteriores. No amo celebrarme, pero aquí se trata de un punto fundamental: puesto que a menudo me contestan los Retornos Solares y la manera en que yo los leo, ¿me pueden indicar en cuál otro testo se escribe que semejante Retorno Solar hay que considerarlo muy peligroso? El índice de peligrosidad vale –36 con +42.

TN de Giovanni Leone, nacido en Nápoles (Italia) el 3 de noviembre de 1908 a las 3:00 de la madrugada.

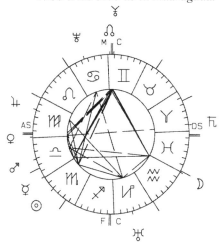

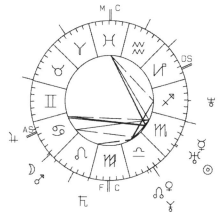

RS 1977/1978, Roma (Italia).

PAOLA BORBONI ENVIUDA Y SE FRACTURA LOS HUESOS

El 16 de junio de 1978 la anciana actriz Paola Borboni sufre un serio accidente de circulación junto con su joven marido Bruno Vilar: él fallece y ella se fractura muchos huesos (en el momento de su nacimiento tenía una triple conjunción Sol – Marte – Luna en la Sexta Casa, en Capricornio). Sus tránsitos eran: Plutón en cuadratura con la Luna y con Marte, y semicuadratura con Júpiter; Neptuno opuesto a Plutón; Urano en sextil con el Sol, con la Luna y con Marte, en semicuadratura con Saturno y en sesquicuadratura con Neptuno; Saturno en sesquicuadratura con el Sol y la Luna, en trígono consigo mismo y en sextil con Neptuno; Júpiter opuesto a Marte y en cuadratura con el Medio Cielo; Marte en sesquicuadratura con el Medio Cielo y consigo mismo, en semisextil con el Ascendente, en cuadratura con Júpiter y en trígono con Saturno. El Retorno Solar no podría ser más explícito: Saturno en la Tercera Casa, cuatro astros (entre ellos el Sol) en la Sexta Casa y el Ascendente en la Duodécima. El índice de peligrosidad del año vale –90 con +28. En casos como éste hasta un profano de la astrología podría ser capaz de prever un año terrible para un sujeto, y aconsejarle que busque a un experto para elegir la relocación del Retorno Solar. Además de un pésimo Retorno Solar, en este caso existen también tránsitos muy inarmónicos. Pero si hacen una prueba y calculan el índice de peligrosidad de ese año, pero indicando como lugar del cumpleaños Lisboa y no Roma, obtendrán un índice que es casi la mitad: –58.

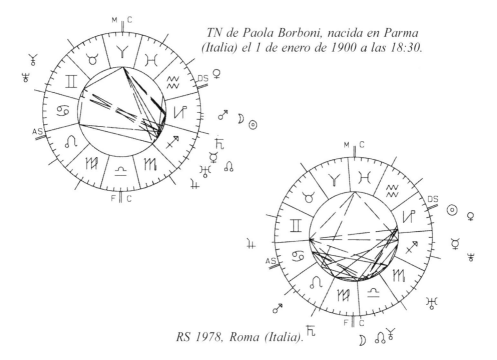

TN de Paola Borboni, nacida en Parma (Italia) el 1 de enero de 1900 a las 18:30.

RS 1978, Roma (Italia).

QUINCE AÑOS DE CÁRCEL PARA RENATO CURCIO

El 23 de junio de 1978 condenan a Renato Curcio a 15 años de cárcel por ser el jefe histórico de la agrupación terrorista Brigadas Rojas. He aquí sus tránsitos: Plutón en semicuadratura con Saturno y sesquicuadratura con Urano; Neptuno en semicuadratura con la Luna; Urano en conjunción con Venus y en semicuadratura con Neptuno; Saturno en sextil con la Luna y Mercurio, cuadratura consigo mismo y semisextil con Neptuno; Júpiter en semicuadratura con Saturno y con Urano; Marte en semicuadratura con Mercurio, sextil con Venus, sesquicuadratura consigo mismo y en semisextil con Plutón. Estos tránsitos no nos parecen para nada dramáticos y aunque lo sean, no son tan relevantes como para hacernos suponer semejante „paliza" para el sujeto. Pero consideremos el Retorno Solar: el Sol está en la Primera Casa y notamos un stellium entre la Duodécima y la Primera. El índice de peligrosidad vale –56 con +42.

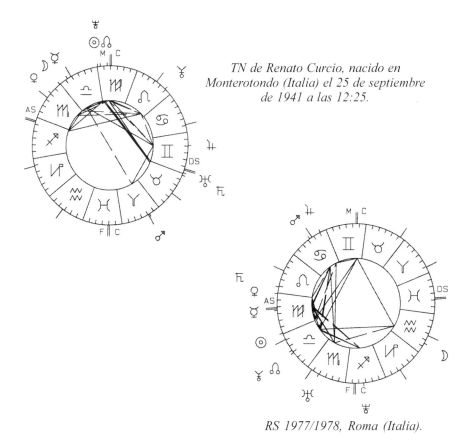

TN de Renato Curcio, nacido en Monterotondo (Italia) el 25 de septiembre de 1941 a las 12:25.

RS 1977/1978, Roma (Italia).

EL BANDIDO VALLANZASCA CONDENADO A CADENA PERPETUA

El 8 de junio de 1978 condenan a Renato Vallanzasca a cadena perpetua por el asesinato de un agente de policía cometido en el año 1976. He aquí sus tránsitos: Plutón en sextil con la Luna, en sesquicuadratura con Mercurio, en semisextil con Saturno y en conjunción con Neptuno; Neptuno en conjunción con la Luna, en sesquicuadratura con el Ascendente, en trígono con el Medio Cielo y con Plutón, y sextil con Neptuno; Urano opuesto al Sol (con un sólo grado de órbita), semisextil con la Luna, sesquicuadratura con Venus y sextil con Saturno; Saturno cuadratura con Mercurio y opuesto a Júpiter; Júpiter sextil con el Sol y con Saturno, semicuadratura con Mercurio y cuadratura con el Medio Cielo; Marte cuadratura con Mercurio y opuesto a Júpiter. El Ascendente de Retorno Solar está en la Décima Casa y este hecho, junto con el Sol en la 12ª y con un stellium entre la 12ª y la 1ª, además de la oposición de Urano al Sol, es lo que parió el resultado que sabemos. El índice de peligrosidad vale −62 con +32.

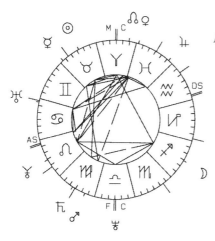

TN de Renato Vallanzasca, nacido en Milán (Italia) el 4 de mayo de 1950 a las 10:30 de la mañana.

RS 1978, Milán (Italia).

VÍCTOR MANUEL DE SABOYA DISPARA A UN TURISTA

El 18 de agosto de 1978 Víctor Manuel de Saboya, de vacaciones en Córcega, dispara un tiro a un joven alemán por motivos fútiles, y le encarcelan. El muchacho, alcanzado en los testículos, después de muchas intervenciones y largos meses de terribles sufrimientos, fallece en un hospital de su país. He aquí los tránsitos: Plutón en cuadratura con Júpiter; Neptuno en semisextil con Júpiter; Urano en sesquicuadratura con el Medio Cielo; Saturno opuesto a la Luna, en semicuadratura con el Ascendente y en sesquicuadratura con Júpiter; Júpiter en sesquicuadratura con la Luna, opuesto a Mercurio, en trígono con el Medio Cielo y en conjunción con Plutón; Marte en sesquicuadratura con el Sol y opuesto a Venus. ¿Y dónde piensan que se encontraba el Ascendente del Retorno Solar? En la Duodécima Casa, exactamente. El índice de peligrosidad vale –42 con +26.

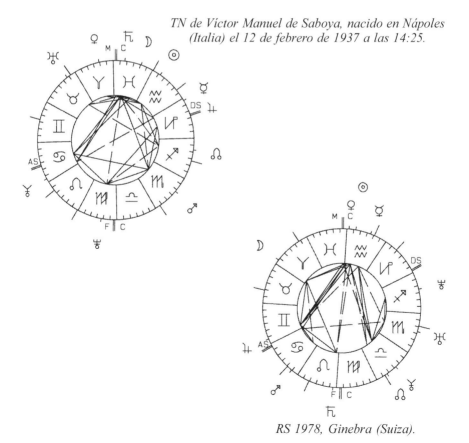

TN de Víctor Manuel de Saboya, nacido en Nápoles (Italia) el 12 de febrero de 1937 a las 14:25.

RS 1978, Ginebra (Suiza).

DETIENEN A INDIRA GANDHI

El 19 de diciembre de 1978 expulsan a Indira Gandhi del parlamento indio y la encarcelan. He aquí los tránsitos: Plutón en semicuadratura con Mercurio y trígono con Urano; Neptuno en sextil con Urano; Urano en cuadratura con el Ascendente y consigo mismo, y en sesquicuadratura con Plutón; Saturno en sesquicuadratura con la Luna, trígono con Venus, en conjunción con Marte y semisextil con Saturno; Júpiter trígono con Mercurio, semisextil con Marte y con Plutón, y en conjunción con Neptuno; Marte en semisextil con Mercurio, trígono consigo mismo, sesquicuadratura con Ascendente y Medio Cielo, semicuadratura con Urano y opuesto a Plutón. El Retorno Solar nos da un Ascendente en la Décima y un stellium de sólo 5 astros – entre ellos el Sol – en la Sexta Casa. Ya este hecho habría bastado para que el Ascendente en la Décima funcionara al contrario de sus caracteres básicos: pero no olvidemos que había también una cuadratura de Urano con el Ascendente, lo que no es poco. El índice de peligrosidad vale –62 con +14.

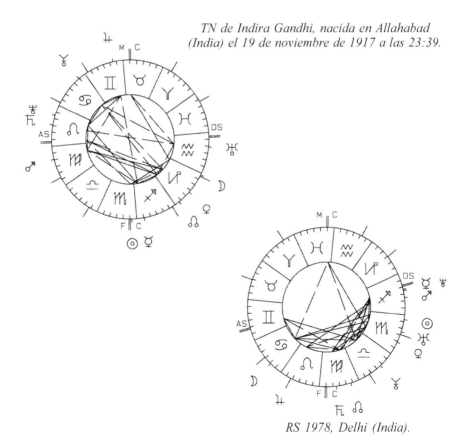

TN de Indira Gandhi, nacida en Allahabad (India) el 19 de noviembre de 1917 a las 23:39.

RS 1978, Delhi (India).

CADENA PERPETUA PARA FRANCO FREDA

El 23 de febrero de 1979 sentencian al terrorista Franco Freda a cadena perpetua por la masacre provocada por una bomba que estalló el 12 de diciembre de 1969 en *Piazza Fontana* en Milán. Plutón está en trígono con el Sol; Neptuno en sextil con el Sol, semicuadratura con Venus y con el Ascendente, en conjunción con Marte, trígono con el Medio Cielo y sesquicuadratura con Plutón; Urano en cuadratura con el Sol y opuesto a sí mismo; Saturno está opuesto con Mercurio y trígono con Júpiter y consigo mismo; Júpiter está opuesto a Venus, en cuadratura con el Ascendente y en conjunción con Plutón; Marte está en conjunción con el Sol, en sextil con Marte y en cuadratura con Urano. El Retorno Solar ve a Sol, Marte y Mercurio en conjunción en la Primera Casa, algo que – una vez más – demuestra que esta Casa es casi tan maléfica como la duodécima. He descubierto esta verdad con la experiencia: puesto que en ningún texto, entre todos los que he estudiado, he encontrado nunca una indicación de este tipo. Al contrario, a través de la práctica de miles y miles de Retornos Solares y de Retornos Solares Elegidos, he podido descubrir esta realidad que aparecerá tan clara como el agua a cualquier estudioso que la quiera comprobar respecto a los años más negros de su propia vida o de la vida de su seres queridos. El índice de peligrosidad nos brinda una puntuación de –84 con +34.

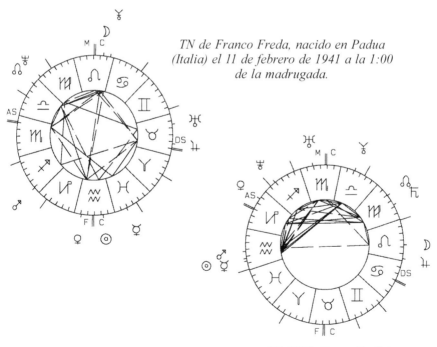

TN de Franco Freda, nacido en Padua
(Italia) el 11 de febrero de 1941 a la 1:00
de la madrugada.

RS 1979, Roma (Italia).

GRAVE ACCIDENTE DE CIRCULACIÓN PARA GIGI RADICE

El 17 de abril de 1979 Gigi Radice, entrenador del *Torino Football Club*, se ve envuelto en un serio accidente de circulación y se hiere de manera grave. He aquí sus tránsitos: Plutón en conjunción con Marte y en semisextil con Júpiter; Urano en sesquicuadratura con el Ascendente y en conjunción con Júpiter; Saturno en sesquicuadratura con el Sol, en cuadratura con la Luna y en sextil con el Ascendente; Júpiter opuesto a Mercurio y en cuadratura con Neptuno; Marte sextil con la Luna, con Mercurio y con Venus, opuesto a sí mismo, en cuadratura con el Ascendente y en semisextil con el Medio Cielo. En paralelo con unos tránsitos realmente muy cargados, encontramos una muy estricta conjunción Sol-Marte en la Primera Casa del Retorno Solar. La puntuación del índice de peligrosidad es de –66 con +22.

TN de Gigi Radice, nacido en Maderno (Italia), el 15 de enero de 1935 a las 15:30.

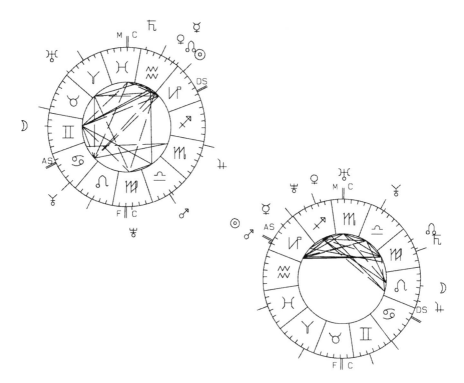

RS 1979, Turín (Italia).

DETENCIÓN DE FRANCO CALIFANO POR POSESIÓN DE DROGA

El 2 de mayo de 1979, tras la denuncia de una actriz, detienen al cantante Franco Califano por cuestiones de droga y de prostitución. El día 11 del mismo mes lo condenan a seis meses de cárcel por posesión de armas (le encontraron una pistola el 2 de mayo). Sus tránsitos eran: Plutón en semicuadratura con Mercurio y opuesto a Saturno; Neptuno en cuadratura con el Sol (es éste el tránsito clave que explica de manera exhaustiva el acontecimiento del que estamos hablando) y consigo mismo; Urano opuesto a sí mismo y en sextil con Neptuno; Saturno en conjunción con Marte; Júpiter en semisextil con Mercurio, en cuadratura con el Ascendente y en conjunción con Plutón. Marte en semisextil con la Luna, en sesquicuadratura con Mercurio y consigo mismo, y en conjunción con Saturno. El Retorno Solar nos muestra a Júpiter en la Séptima Casa del RS y al Ascendente en la Séptima Casa natal (la ley, los procesos) además de un stellium con el Sol en la Octava Casa. La Octava Casa aparece a menudo en los casos de encarcelamiento. El índice de peligrosidad da –30 con +26.

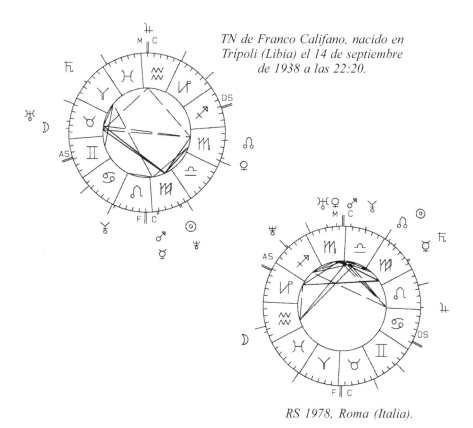

TN de Franco Califano, nacido en Trípoli (Libia) el 14 de septiembre de 1938 a las 22:20.

RS 1978, Roma (Italia).

EL ESCÁNDALO PÓSTUMO DE LA REINA VICTORIA

El 21 de mayo de 1979 el diario *Daily Telegraph* declara que la Reina Victoria I se habría casado en secreto con John Brown, su servidor y cuidador de los caballos, y del matrimonio habría incluso nacido un hijo. Los tránsitos de ese día eran: Plutón en sesquicuadratura con Sol y Luna, opuesto a Marte y en trígono con Júpiter; Urano en cuadratura con Júpiter; Saturno en cuadratura con la Luna (tránsito que procura muchísima impopularidad) y con el Ascendente, y en trígono con Mercurio; Júpiter en sextil con el Sol, la Luna y el Ascendente; Marte semisextil con el Sol, la Luna y el Ascendente, en conjunción con Mercurio y en cuadratura con el Medio Cielo. El Retorno Solar tiene un Ascendente en la Sexta Casa (presente en cada año conteniendo una cualquiera desgracia de relieve), un Sol en la Octava Casa y la conjunción Marte-Saturno sobre la cúspide de la Décima Casa. Este caso nos permite remarcar dos aspectos importantes de la astrología: que un horóscopo funciona también después de la muerte de un sujeto, y que los días alrededor del cumpleaños son días muy críticos.

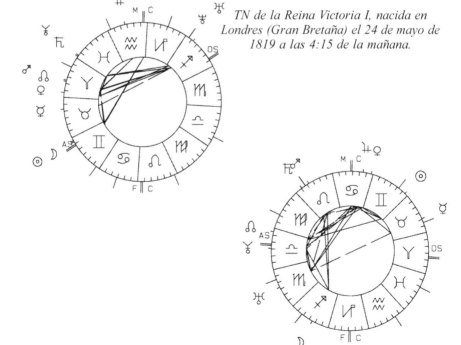

TN de la Reina Victoria I, nacida en Londres (Gran Bretaña) el 24 de mayo de 1819 a las 4:15 de la mañana.

RS 1978, Londres (Gran Bretaña).

CONDENAN A LA ESCRITORA Y PERIODISTA CAMILLA CEDERNA POR EL ESCÁNDALO DEL PRESIDENTE LEONE

El 28 de junio de 1979 condenan a Camilla Cederna a pagar una multa de un millón de liras italianas y otros 45 millones de liras en reparaciones. Anteriormente había publicado un libro en el que atacaba duramente a la familia del Presidente de la República Italiana Giovanni Leone y la habían denunciado por difamación. Se trata de una condena muy pesada, no tanto a nivel económico sino más bien por el prestigio de la periodista. Los tránsitos de esa época eran: Plutón en sextil con el Ascendente; Neptuno en semicuadratura con el Sol, sextil con Venus y en conjunción con el Ascendente; Urano en cuadratura con Venus y en semisextil con el Ascendente; Saturno en trígono con Mercurio y sesquicuadratura con Urano; Júpiter era opuesto al Sol, en sesquicuadratura con Marte, sextil con el Medio Cielo, en cuadratura consigo mismo y en semicuadratura con Plutón; Marte en trígono con el Sol y con Urano, y semisextil con Saturno. El Retorno Solar nos enseña de manera teatral una muy estrecha conjunción Sol-Marte en la Séptima Casa de RS y el Ascendente de RS en la Octava radix. El índice de peligrosidad del año está fijado en –50 respecto a +18.

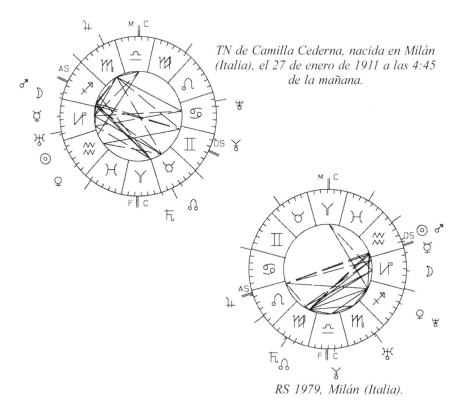

TN de Camilla Cederna, nacida en Milán (Italia), el 27 de enero de 1911 a las 4:45 de la mañana.

RS 1979, Milán (Italia).

SIETE AÑOS DE CÁRCEL PARA LA TERRORISTA ADRIANA FARANDA

El 4 de julio de 1979 condenan a Adriana Faranda a siete años de cárcel por las armas encontradas en su refugio. He aquí sus tránsitos de ese día: Plutón en sextil con el Sol, cuadratura con Venus, trígono con el Medio Cielo y en conjunción con Neptuno; Neptuno en sextil con el Medio Cielo, cuadratura con Saturno y trígono con Plutón; Urano en cuadratura con el Sol, el Medio Cielo y Plutón, trígono con Venus, sextil con Saturno y semisextil con Neptuno; Saturno en conjunción con Mercurio, en cuadratura con el Ascendente y en sextil con Urano; Júpiter en conjunción con el Sol, sextil con el Ascendente y con Neptuno; Marte en cuadratura con Mercurio y con Júpiter, en conjunción con el Ascendente y en semisextil con Urano. El Retorno Solar enseña un stellium pesado, con Sol y Saturno, en la Séptima Casa y otro stellium en la Octava. El índice de peligrosidad nos da una puntuación de –26 con +34.

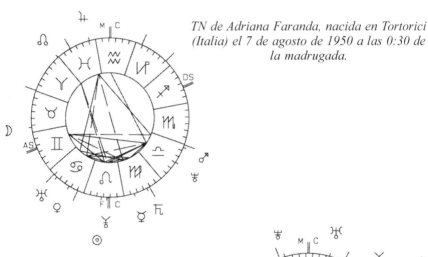

TN de Adriana Faranda, nacida en Tortorici (Italia) el 7 de agosto de 1950 a las 0:30 de la madrugada.

RS 1978, Roma (Italia).

SECUESTRAN LA NOVELA DE ALBERTO MORAVIA „LA VIDA INTERIOR"

El 18 de octubre de 1979 Donato Massimo Bartolomei, Procurador de la República Italiana en la ciudad de L'Aquila, manda secuestrar en todo el territorio nacional la novela de Alberto Moravia „La vida interior". Los tránsitos de esa época eran: Plutón en semicuadratura con Sol y Luna; Neptuno en trígono con el Medio Cielo y en cuadratura con Saturno; Urano en cuadratura con el Medio Cielo y trígono con Saturno; Saturno en cuadratura con Venus, semicuadratura con el Ascendente y opuesto a Saturno; Júpiter en cuadratura con el Sol y en conjunción con la Luna; Marte en cuadratura con Mercurio, en conjunción con el Medio Cielo y con Júpiter, y semisextil con Neptuno. Los tránsitos de Marte son particularmente significativos en un episodio de escándalo como éste, pero ellos solos no habrían producido nada si no se hubieran apoyado en los demás tránsitos de los planetas lentos. El Retorno Solar nos da el Ascendente de RS en la Tercera Casa natal y Júpiter de RS en la Séptima Casa de RS. Pero para un escritor que solía escribir casi un libro al año, un Ascendente en la Tercera Casa no podía subrayar la salida de un nuevo libro: por lo tanto, si el reflector del año estaba apuntado sobre esta Casa, esto debía significar seguramente algo importante relacionado con una novela, pero ¿qué? Júpiter en la Séptima Casa, como ya sabemos, muy a menudo anuncia papeleos administrativos y legales y en este caso los papeles legales llegaron puntualmente. El índice de peligrosidad está fijado en −36 respecto a +30.

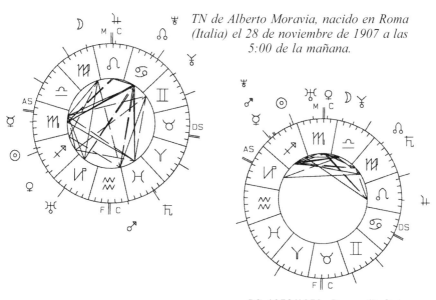

TN de Alberto Moravia, nacido en Roma (Italia) el 28 de noviembre de 1907 a las 5:00 de la mañana.

RS 1978/1979, Roma (Italia).

CONDENAN AL INVESTIGADOR PRIVADO TOM PONZI POR INTERCEPTAR TELÉFONOS

El 5 de octubre de 1979 condenan al famoso detective privado Tom Ponzi a 22 meses de cárcel por haber escuchado llamadas telefónicas ajenas sin autorización. He aquí los tránsitos de ese día: Plutón en semicuadratura con Marte y sesquicuadratura con Urano; Neptuno en trígono con su propia posición natal; Urano en semicuadratura con el Sol, sesquicuadratura con la Luna y opuesto al Medio Cielo; Saturno en trígono con el Medio Cielo; Júpiter en semisextil con el Sol y consigo mismo, y en conjunción con Venus, con Marte y con el Ascendente; Marte en semisextil con la Luna. En efecto, el doble tránsito de Urano disonante con los luminares bastaría en sí para explicar un acontecimiento tan pesado para el sujeto: pero si nos fijamos en el Retorno Solar vemos un Ascendente en la Primera Casa, que vale más que cualquier otra explicación. El índice de peligrosidad vale –40 puntos con +14.

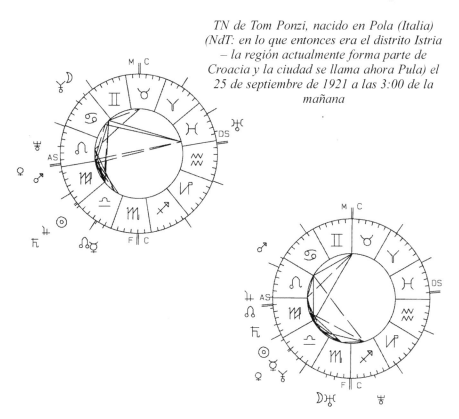

TN de Tom Ponzi, nacido en Pola (Italia) (NdT: en lo que entonces era el distrito Istria – la región actualmente forma parte de Croacia y la ciudad se llama ahora Pula) el 25 de septiembre de 1921 a las 3:00 de la mañana

RS 1979, Milán (Italia).

CADENA PERPETUA PARA LA AMANTE DIABÓLICA

El 2 de mayo de 1977 condenan a cadena perpetua a Franca Ballerini, apodada *amante diabólica* por haber matado a su marido con la ayuda de su amante. He aquí los tránsitos de ese día: Plutón en conjunción con Neptuno; Neptuno en sesquicuadratura con el Sol y con Venus, semicuadratura con Júpiter y trígono con Plutón; Saturno en conjunción con Plutón; Júpiter en sesquicuadratura con la Luna, semisextil con Mercurio y semicuadratura con Marte; Marte en semisextil con Mercurio, semicuadratura con el Medio Cielo y sextil con Júpiter. Seguramente el recorrido de Neptuno en las cercanías del Descendente y en mal aspecto con el Sol puede considerarse el tránsito más pesado y explicativo de la condena. El Retorno Solar nos da un pésimo Saturno en conjunción con el Descendente (la sentencia desfavorable de la justicia) y un Marte en la Primera Casa que – de manera análoga con su posición en la Duodécima Casa de Retorno Solar – siempre indica doce meses muy malos, marcados por una operación quirúrgica, un accidente o un acontecimiento, de una u otra manera, muy desagradable. El índice de peligrosidad vale –34 con +28.

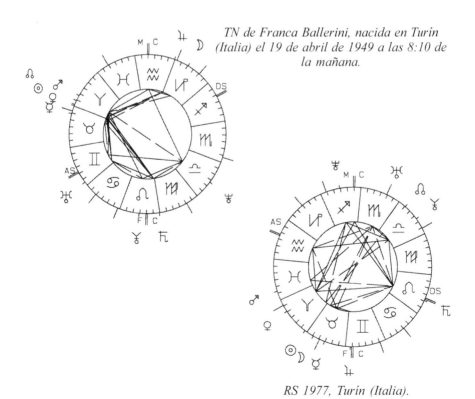

TN de Franca Ballerini, nacida en Turín (Italia) el 19 de abril de 1949 a las 8:10 de la mañana.

RS 1977, Turín (Italia).

LA CORTE DE CASACIÓN CONTRA RAQUEL MUSSOLINI

El 11 de mayo de 1977 la Corte de Casación niega la devolución a la viuda del *Duce* de los bienes que le habían confiscado durante la posguerra. He aquí los tránsitos: Plutón en sextil con Marte y en cuadratura con Saturno; Neptuno en conjunción con Marte; Urano en sextil con el Ascendente, en conjunción con el Medio Cielo y en cuadratura con Júpiter; Saturno en trígono con Marte y opuesto a Júpiter; Júpiter en semicuadratura con el Sol y con Mercurio, opuesto a Marte y en conjunción con Plutón; Marte en trígono con Marte, cuadratura con el Ascendente, sextil con Júpiter y sesquicuadratura con Saturno. Seguramente el tránsito de Urano por el Medio Cielo en disonancia con Júpiter, y el Júpiter en mal aspecto con el Sol aparecen como los más significativos en relación con una sentencia desfavorable de tribunal. El Retorno Solar es igualmente claro: el Ascendente en la Primera Casa radix, Marte en la misma Casa pero del RS, y Saturno en conjunción con el Descendente (la mala suerte en las causas). Come se puede notar, muy a menudo el Retorno Solar nos puede otorgar indicaciones muy claras sobre el éxito de un pleito pendiente. El índice de peligrosidad está fijado en la puntuación de –52 respecto a +28.

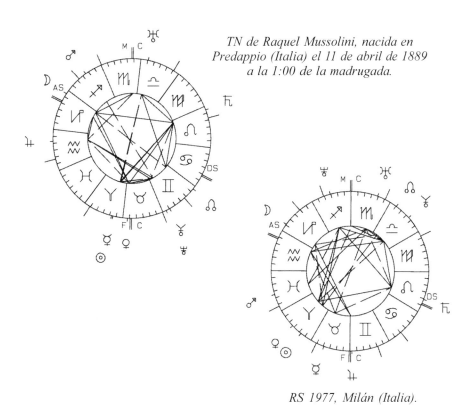

TN de Raquel Mussolini, nacida en Predappio (Italia) el 11 de abril de 1889 a la 1:00 de la madrugada.

RS 1977, Milán (Italia).

LAS BRIGADAS ROJAS DISPARAN AL PERIODISTA MONTANELLI EN LAS PIERNAS

El 2 de junio de 1977 las Brigadas Rojas tirotean a Indro Montanelli en las piernas. Este episodio de terrorismo inspira una viñeta satírica al caricaturista Forattini: el entonces director de un importante diario italiano, Eugenio Scalfari, tiroteándose en sus propias piernas por envidia *(NdT: Montanelli era considerado, y lo es todavía, el mayor periodista italiano de todos los tiempos)*. He aquí los tránsitos: Plutón en semisextil con el Ascendente y semicuadratura con el Medio Cielo; Neptuno en sesquicuadratura con el Sol y con Venus, semisextil con el Ascendente y trígono con Saturno; Urano (es éste el planeta que explica mejor el acontecimiento) en cuadratura con Marte, sesquicuadratura con Plutón y en conjunción con el Ascendente (en este texto, en los varios ejemplos presentados hemos considerado siempre órbitas bastante modestas; pero en este caso hemos aceptado una conjunción a 4° porque el Ascendente podría también encontrarse más cerca de Urano, si la hora de nacimiento se rectificara incluso poco); Saturno en cuadratura con el Ascendente; Júpiter en sextil con Saturno y semisextil con Neptuno; Marte en conjunción con el Sol, con Mercurio y con Venus. El Retorno Solar nos da un Sol en la Duodécima Casa, un stellium entre la Duodécima y la Primera casa del RS, y el Ascendente en la Séptima radix. Y es justamente esta última combinación, relacionada con los enemigos declarados, la que se encuentra muy a menudo en relación con atentados, heridas y asesinatos. Ya me he encontrado varias veces esta posición en los Retornos Solares de personas asesinadas. El índice de peligrosidad vale –50 con +32.

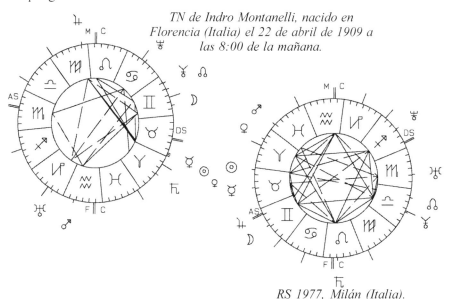

TN de Indro Montanelli, nacido en Florencia (Italia) el 22 de abril de 1909 a las 8:00 de la mañana.

RS 1977, Milán (Italia).

INDIRA GANDHI PIERDE EL PODER

El 21 de marzo de 1977 el *premier* indio Indira Gandhi dimite de su cargo de Primera ministra después de 11 años de poder sin rivales. He aquí los tránsitos relativos a ese acontecimiento: Plutón en semicuadratura con el Sol, cuadratura con Venus y sextil con Saturno; Neptuno opuesto a Júpiter (éste es una posición bastante insidiosa para un político); Urano en sextil con Venus y con Marte; Saturno en semisextil con Marte, sextil con Júpiter, y en conjunción con Neptuno; Júpiter opuesto a Mercurio y en sesquicuadratura con Venus; Marte en cuadratura con el Sol, semisextil con la Luna, semicuadratura con Venus y trígono con Plutón. El Retorno Solar tiene el Sol en conjunción con Marte en la Duodécima Casa y un stellium entre la Duodécima y la Primera Casa. El índice de peligrosidad vale –70 puntos con +22.

TN de Indira Gandhi, nacida en Allahabad (India) el 19 de noviembre de 1917 a las 23:39.

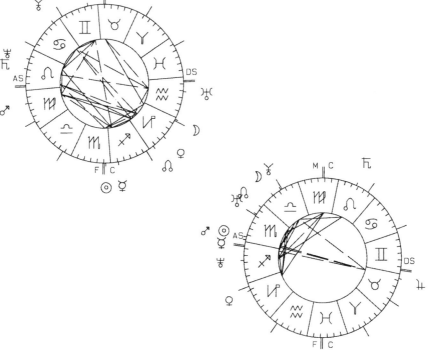

RS 1976/1977, Delhi (India).

ESTALLA UNA BOMBA EN EL PORTAL DE LA CASA DE COSSIGA

El 7 de abril de 1977 una bomba estalla delante del portal de la casa del entonces ministro de Asuntos Internos, Francesco Cossiga. No se trata de un episodio grave, puesto que los daños materiales son modestos y el líder político no se encuentra implicado directamente en el atentado. He aquí los tránsitos: Plutón en cuadratura con Mercurio, sextil con Venus y con Saturno, y en semicuadratura con Neptuno; Urano en cuadratura con Venus, opuesto a Júpiter y en semisextil con Saturno; Saturno en conjunción con Venus, en cuadratura con Júpiter, y en trígono consigo mismo y con Urano; Júpiter en sextil con el Sol, semicuadratura con Mercurio y con Plutón, y en cuadratura con Neptuno; Marte en trígono con Mercurio y con Saturno, y en cuadratura con Plutón. El Retorno Solar nos habla de un genérico peligro o hecho negativo relacionado con el Ascendente en la Octava Casa; pero luego puntualiza que, del cumpleaños '76 al cumpleaños '77, habrá problemas relativos a la casa (stellium y Saturno en la Cuarta). El índice de peligrosidad es muy bajo: –16 con +12.

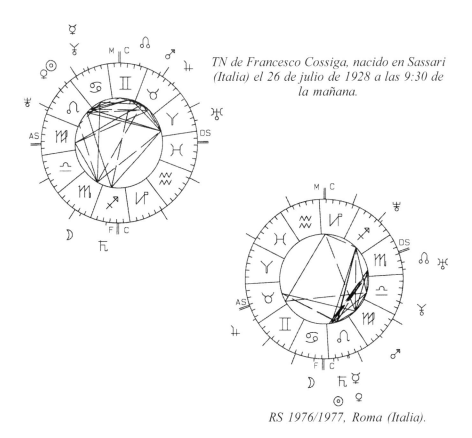

TN de Francesco Cossiga, nacido en Sassari (Italia) el 26 de julio de 1928 a las 9:30 de la mañana.

RS 1976/1977, Roma (Italia).

DETIENEN AL BRIGADISTA PATRIZIO PECI

El 20 de febrero de 1980 detienen en Turín a Patrizio Peci, uno de los jefes de las Brigadas Rojas, después de siete meses de seguimientos. He aquí los tránsitos: Plutón en conjunción con Saturno, en cuadratura con Urano, en conjunción con Neptuno y sextil con Plutón; Neptuno en sesquicuadratura con el Sol, opuesto a Venus, sextil con Saturno y con Neptuno, y trígono con Plutón; Saturno en cuadratura con Venus (un aspecto disonante entre Saturno y Venus se encuentra a menudo en los casos de detención de prófugos, tal vez porque subraya que con la detención se interrumpe su vida sentimental o sexual); Júpiter en semisextil con el Sol y semicuadratura con Saturno, con Urano y con Neptuno. Marte en semicuadratura con el Sol, con Saturno, con Urano y con Neptuno. Marte también está opuesto a la Luna, y una vez más se puede notar lo teatrales y puntuales que son los tránsitos de Marte en todas las desgracias humanas; pero ellos tienen valor tan sólo si se apoyan a otros tránsitos más pesados: como en este caso, el de Neptuno con el Sol. El Retorno Solar nos da un stellium con el Sol en la Octava Casa (el cautiverio) y un Marte en la Séptima (problemas con la justicia). El índice de peligrosidad vale –26 con +4.

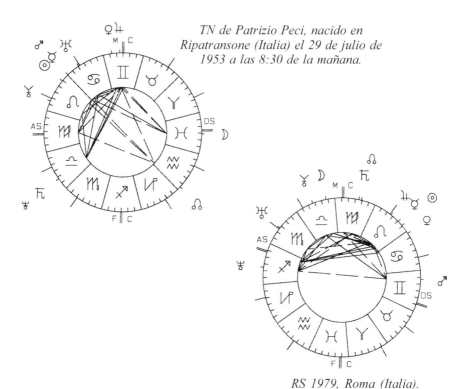

TN de Patrizio Peci, nacido en Ripatransone (Italia) el 29 de julio de 1953 a las 8:30 de la mañana.

RS 1979, Roma (Italia).

EL PORTERO SIN GUANTES ENVUELTO EN EL ESCÁNDALO DE LAS APUESTAS

El 3 de marzo de 1980 estalló en Italia el enésimo escándalo que iba a contribuir, en las últimas décadas del siglo pasado, a que nuestro país alcanzara el primer lugar en un ranking mundial elaborado por periodistas alemanes sobre el nivel de corrupción de todas las naciones del planeta. Esta vez se trata de fútbol. Las conciencias de los italianos parecieron turbarse de manera particular, puesto que una multitud de aficionados que adoraban a sus campeones, se despertaron una mañana con la terrible sospecha de que los jugadores trucaban los partidos para que apostadores sin escrúpulos pudiesen enriquecerse gracias a resultados „inesperados". En ese escándalo se ven envueltos tres de los campeones más amados por los aficionados italianos: Enrico Albertosi *(NdT: el último portero italiano que jugaba sin guantes)*, Giuseppe Savoldi y Paolo Rossi. Vamos a examinar los tres casos a la luz de los tránsitos y de los Retornos Solares. Empezamos con Enrico Albertosi y sus recorridos planetarios de ese día: Plutón en trígono con Marte; Neptuno en semicuadratura con el Sol y semisextil con Venus; Urano en conjunción con Venus y en sextil con Neptuno; Saturno en semicuadratura con el Sol (éste, junto con el tránsito de Neptuno inarmónico respecto al primer luminar, parecen ser los tránsitos más importantes y responsables de esta vicisitud), sextil con Venus y en conjunción con Neptuno; Júpiter en semisextil con Plutón; Marte en semicuadratura con la Luna, sesquicuadratura con Mercurio, y semisextil con Plutón. El Retorno Solar tiene el Ascendente en la Octava Casa y Marte en la Séptima: un redoble bastante desagradable y peligroso. El índice de peligrosidad está fijado en –40 respecto a +34.

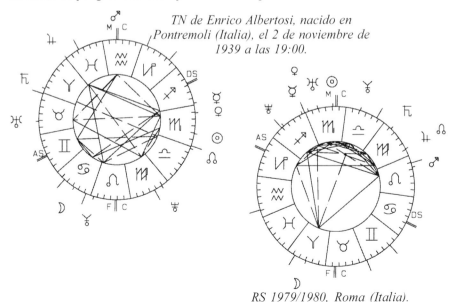

TN de Enrico Albertosi, nacido en Pontremoli (Italia), el 2 de noviembre de 1939 a las 19:00.

RS 1979/1980, Roma (Italia).

„BEPPE" SAVOLDI Y EL ESCÁNDALO DE LAS APUESTAS EN EL FÚTBOL

También Giuseppe Savoldi está involucrado en este ejemplo de delito al estilo italiano. He aquí sus tránsitos: Plutón en cuadratura con la Luna (este tránsito, a los 0° de órbita, es bastante importante); Neptuno en semisextil con la Luna y con Júpiter, y sesquicuadratura con Saturno; Urano en sextil con Marte, en conjunción con Júpiter y en semicuadratura con Neptuno; Saturno en trígono con Marte y sextil con Júpiter; Júpiter en sesquicuadratura con la Luna y semisextil con Saturno. El Retorno Solar nos enseña un clarísimo Ascendente en la Primera Casa y un Neptuno en la Séptima que hace pensar en las angustias del sujeto en la dirección de los hechos legales. El índice de peligrosidad del año vale −30 con +38.

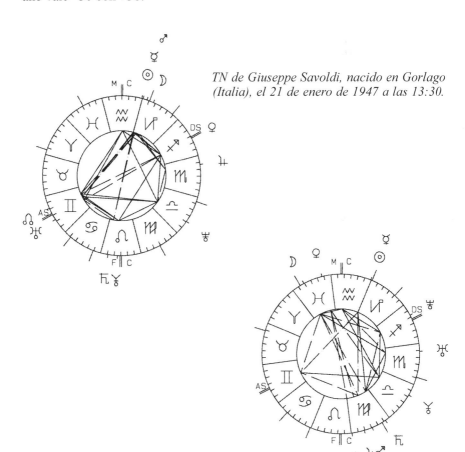

TN de Giuseppe Savoldi, nacido en Gorlago (Italia), el 21 de enero de 1947 a las 13:30.

RS 1980, Roma (Italia).

TAMBIÉN „PABLITO" SE VE IMPLICADO EN EL ESCÁNDALO DE LOS FUTBOLISTAS

También Paolo Rossi, muy amado por el público, se encuentra entre los nombres de las personas investigadas en esta fea página de la historia de nuestro país. He aquí sus tránsitos: Urano en conjunción con Saturno; Saturno en sesquicuadratura con la Luna (pienso que éste es el tránsito peor); Júpiter en semisextil con Mercurio y con Urano, y sesquicuadratura con el Ascendente; Marte en sesquicuadratura con el Ascendente y en conjunción con Plutón; El Ascendente cae en la Octava Casa y encontramos un stellium con el Sol, entre la Primera y la Duodécima Casa: no se podría pretender mayor claridad de un Retorno Solar. El índice de peligrosidad vale –50 con +14.

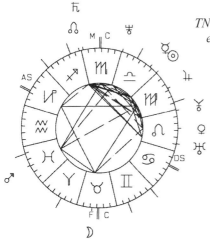

TN de Paolo Rossi, nacido en Prato (Italia) el 23 de septiembre de 1956 a las 15:00

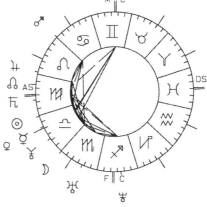

RS 1979/1980, Roma (Italia).

LA EVASIÓN DEL TERRORISTA CORRADO ALUNNI

El 28 de abril de 1980 doce detenidos consiguen procurarse armas, no se sabe cómo, y se fugan de la cárcel de San Vittore, en Milán. Cientos de agentes rodean la zona de inmediato y comienza la caza al hombre con disparos por las calles de la capital de la región de la Lombardía. Entre los fugados se encuentra el terrorista Corrado Alunni de las Brigadas Rojas, y el bandido Renato Vallanzasca. Ambos terminarán heridos y detenidos poco después de su evasión. Veamos ambos casos empezando con el de Alunni: Plutón en semisextil con el Sol y semicuadratura con Venus y con Júpiter; Neptuno en semicuadratura con Mercurio, y en trígono con Marte y con Saturno; Urano en conjunción con el Sol y en cuadratura con Marte, Ascendente y Saturno (a estos cuatro tránsitos del octavo planeta podemos definirlos incluso como espectaculares); Saturno en sextil con el Sol, semicuadratura con Mercurio, semisextil con Marte y consigo mismo; Júpiter en conjunción con el Descendente (ulteriores problemas con la ley) y en cuadratura consigo mismo (ídem, como el anterior); Marte en conjunción con el Descendente (igual que para Júpiter), en cuadratura con Marte (como el anterior) y en semicuadratura con Neptuno. El Retorno Solar tiene el Sol en la Duodécima Casa y un stellium entre la Duodécima y la Primera Casa. Marte en la Novena se reencuentra a menudo en casos de accidentes o heridas, y no sólo por desgracias de la circulación. El índice de peligrosidad del año está fijado en –58 respecto a +20. De este episodio se puede destacar lo inoportuno que fue – por parte de esos criminales – llevar a cabo su proyecto de evasión. Seguramente no tuvieron en cuenta la posición de los astros.

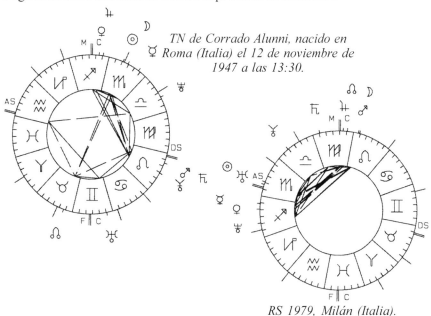

TN de Corrado Alunni, nacido en Roma (Italia) el 12 de noviembre de 1947 a las 13:30.

RS 1979, Milán (Italia).

DURANTE LA FUGA HIEREN TAMBIÉN A RENATO VALLASCANZA

Durante el mismo intento de evasión relatado en la página anterior, hirieron y detuvieron también al bandido Renato Vallanzasca. He aquí los tránsitos: Plutón en sesquicuadratura con Júpiter (la mala suerte de esa operación); Neptuno en cuadratura con Marte (la confusión relacionada con la acción marcial); Urano sextil con Marte; Saturno en conjunción con Marte (la peor posición para promover una „guerra"); Júpiter en cuadratura con Mercurio y en sesquicuadratura con el Medio Cielo; Marte en cuadratura con Mercurio, en sesquicuadratura con el Medio cielo, opuesto a Júpiter y en semicuadratura con Neptuno. El Retorno Solar nos da un bien claro Ascendente en la Primera Casa radix. El índice de peligrosidad se queda en los –32 respecto a +12.

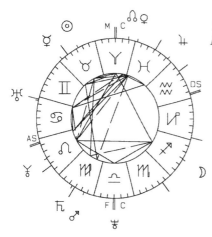

TN de Renato Vallanzasca, nacido en Milán (Italia) el 4 de mayo de 1950 a las 10:30 de la mañana.

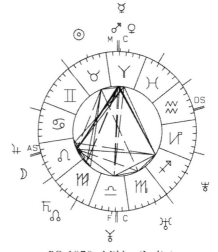

RS 1979, Milán (Italia).

CARLO DONAT CATTIN EN APUROS

El 7 de mayo de 1980 los italianos se sorprenden al descubrir que Marco, hijo de Carlo Donat Cattin, uno de los mayores exponentes de la DC, era un terrorista implicado directamente en el asesinato del comandante de Policía Rosario Berardi. Se trata de un momento muy duro para el padre de Marco, que como consecuencia de ello sufrirá serios daños políticos y se verá obligado, en poco tiempo, a dimitir de los cargos que tenía en ese período. La cosa suscitará más de un escándalo, puesto que los partidos de oposición acusarán al entonces Presidente del Gobierno Francesco Cossiga de haber protegido, de alguna manera, la fuga al extranjero de Marco. Los tránsitos del exponente democristiano son realmente muy duros: Plutón sextil con Venus y trígono con Marte y Medio cielo; Neptuno opuesto a Marte, en cuadratura con el Ascendente y en sesquicuadratura consigo mismo; Urano sextil con el Ascendente, trígono con Júpiter, sesquicuadratura con Plutón; Saturno sextil con Mercurio, semisextil con Venus, en conjunción con el Ascendente (un verdadero mazazo para un político), cuadratura con el Medio cielo (como el anterior) y sextil con Júpiter; Júpiter opuesto a Urano (gran favorecedor de escándalos); Marte sextil con el Sol y opuesto a Urano. El Retorno Solar nos da un Ascendente en la Sexta Casa radical. Llevo muchos años esforzándome para hacer comprender la peligrosidad de esta posición, incluso a aquellos alumnos míos que no siempre la perciben, como también la del Ascendente en la Primera Casa. Esas dos posiciones se encuentran casi al mismo nivel del Ascendente en la Duodécima, apenas un paso por debajo de ella: pero es como huir del fuego y dar en las brasas. Con un Ascendente de este tipo se pueden tener problemas a todo campo, no sólo con la salud sino también con el amor, los afectos familiares, el trabajo, la ley, los escándalos, y un largo etcétera. El índice de peligrosidad, en este caso, vale –46 puntos con +20.

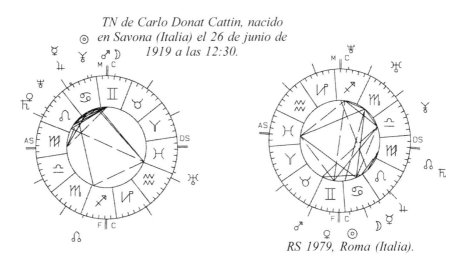

TN de Carlo Donat Cattin, nacido en Savona (Italia) el 26 de junio de 1919 a las 12:30.

RS 1979, Roma (Italia).

MICHELE SINDONA SE CORTA LAS VENAS

El 13 de mayo de 1980, pocos días después de su cumpleaños, en una cárcel de Nueva York el financiero Michele Sindona intenta suicidarse cortándose las venas. Lo salvan los carceleros encargados de controlarlo a vista. Sus tránsitos eran los siguientes: Plutón en cuadratura con el Medio Cielo, semicuadratura con Saturno y sesquicuadratura con Urano; Neptuno en sesquicuadratura consigo mismo; Urano en semisextil con Marte y sesquicuadratura con Plutón; Saturno en sesquicuadratura con el Ascendente y en trígono con el Medio Cielo; Júpiter en trígono con Mercurio, Venus y el Ascendente; Marte en trígono con Mercurio, Venus y Ascendente, en sesquicuadratura con el Medio cielo, en conjunción con Saturno y opuesto a Urano. En el Retorno Solar, el elemento de relieve es sin duda alguna un Marte en la Primera Casa: una posición peligrosa que a menudo puede anunciar incluso un suicidio. El índice de peligrosidad es –42 con +42.

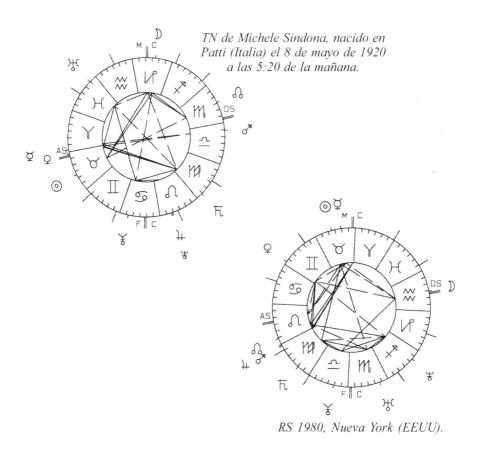

TN de Michele Sindona, nacido en Patti (Italia) el 8 de mayo de 1920 a las 5:20 de la mañana.

RS 1980, Nueva York (EEUU).

EL DIVORCIO ENTRE CAROLINA Y PHILIPPE JUNOT

El 5 de octubre de 1980 Carolina de Mónaco solicita el divorcio del marido, Philippe Junot, con quien se había casado el 28 de junio de 1978. Los tránsitos de la hermosa y desdichada princesa eran: Plutón en sesquicuadratura con el Ascendente; Neptuno en conjunción con el Medio cielo (tránsito que a menudo anuncia cambios de condición social, en positivo o en negativo), en sesquicuadratura con Urano y en semicuadratura consigo mismo; Saturno en trígono con el Sol, en conjunción con Júpiter (a los 0° de órbita, y con Júpiter en la Séptima Casa radical) y en semisextil con Neptuno y Plutón; Marte en semicuadratura con Mercurio y Venus, y en cuadratura con Plutón. El Retorno Solar, como elemento más significativo nos enseña un Ascendente en la Séptima. Como está escrito en otra parte de este libro y en otras publicaciones mías, esta posición funciona como un relé biestable, en el sentido que tiende a hacer cambiar de condición: si el sujeto es soltero, esta posición promueve una unión; pero si la unión ya existe en el momento en que se forma esta condición astral, a menudo provoca su quiebra. El índice de peligrosidad del año vale −36 con +34.

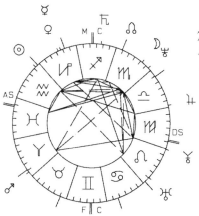

TN de la princesa Carolina de Mónaco, nacida en Monte Carlo (Principado de Mónaco) el 23 de enero de 1957 a las 9:27 de la mañana.

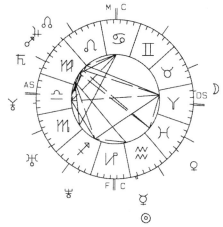

RS 1980, Monte Carlo (Principado de Mónaco).

LAS ACUSACIONES DE MARCO BARBONE INCULPAN A TONI NEGRI

El 17 de octubre de 1980 Marco Barbone, acusado del asesinato del periodista Walter Tobagi, llama en causa al filósofo y pensador marxista Toni Negri atribuyéndole graves responsabilidades terroristas. Se trata seguramente de un momento muy negro para el teórico del terrorismo. Veamos los tránsitos: Plutón en semicuadratura con Venus y con Neptuno, y en semisextil con Júpiter; Neptuno en sesquicuadratura con Mercurio y en cuadratura con Júpiter; Urano en sextil con Júpiter y en trígono con Plutón; Saturno en sextil con Mercurio, en conjunción con el Descendente y en cuadratura con el Medio cielo (y estos dos últimos tránsitos son „de manual"); Marte en trígono con Mercurio, en cuadratura con Venus y en trígono con el Ascendente. El Retorno Solar es muy pesado, con un Ascendente en la Sexta Casa y un Sol en la Duodécima: uno de los peores emparejamientos que puede haber. El índice de peligrosidad del año vale –54 con +24.

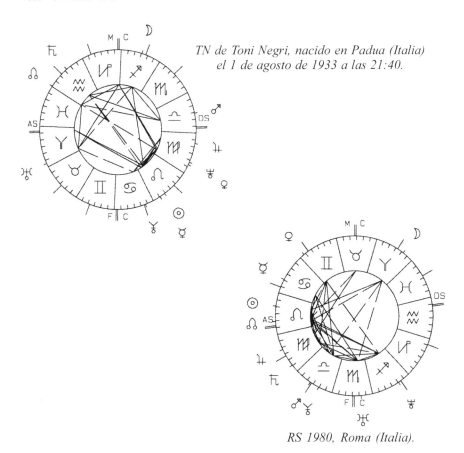

TN de Toni Negri, nacido en Padua (Italia)
el 1 de agosto de 1933 a las 21:40.

RS 1980, Roma (Italia).

INFARTO PARA EL LÍDER DEMOCRISTIANO BENIGNO ZACCAGNINI

El 30 de octubre de 1980 Benigno Zaccagnini, uno de los jefes de la Democracia Cristiana italiana de ese período, sufre una crisis cardiaca y lo hospitalizan en Rávena. He aquí sus tránsitos: Plutón opuesto a la Luna y a Mercurio (este doble tránsito parece ser el más importante en esta vicisitud) y en cuadratura con Neptuno; Neptuno en trígono con la Luna; Saturno en sesquicuadratura consigo mismo y en trígono con Urano; Júpiter en conjunción con el Descendente, en cuadratura con el Medio Cielo (un impedimento para la carrera y para el trabajo), en trígono con Urano y en cuadratura con Plutón; Marte en sesquicuadratura con el Sol y en conjunción con Júpiter. El Retorno Solar nos informa de un Ascendente en la Sexta Casa radical, de un Sol en la Octava de RS (el peligro de vida) y de un Marte en la Duodécima de RS: cualquier alumno de mi escuela, con tales posiciones, hubiera podido prever con los ojos cerrados un serio problema de salud para el sujeto. El índice de peligrosidad del año vale –56 con +24.

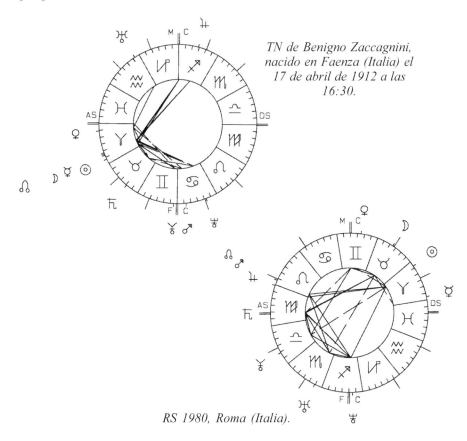

TN de Benigno Zaccagnini, nacido en Faenza (Italia) el 17 de abril de 1912 a las 16:30.

RS 1980, Roma (Italia).

DETIENEN A LA TERRORISTA SUSANNA RONCONI

El 3 de diciembre de 1980 detienen en Roma a la terrorista Susanna Ronconi. He aquí sus tránsitos de ese día: Plutón en sextil con Venus; Neptuno en trígono con Venus; Urano en sesquicuadratura con Mercurio, Júpiter y consigo mismo, y en sextil con Saturno; Saturno en cuadratura con el Sol (éste, junto a Júpiter en mal aspecto con el primer luminar, es el tránsito peor para este evento) y con Urano, y en semicuadratura con Venus (vuelve, como ya dicho, un malo aspecto de Saturno con Venus que significa, probablemente, que con su detención también se interrumpe una historia sentimental del sujeto); Júpiter en cuadratura con el Sol y con Urano y en semicuadratura con Venus; Marte opuesto al Sol, a Mercurio y Urano, en sesquicuadratura con Venus, y en cuadratura con Júpiter. Como pueden notar del conjunto de los tránsitos, la conjunción de nacimiento Sol-Urano en la Octava Casa es un punto neurálgico y crítico del tema del sujeto, hasta el punto que cuando al sujeto le afecta más de un tránsito malo, se produce un acontecimiento muy nefasto para él. El Retorno Solar, una vez más, es ejemplar: el Ascendente en la Primera Casa y el Sol en la Octava. El índice de peligrosidad se queda en –44 puntos respecto a +14.

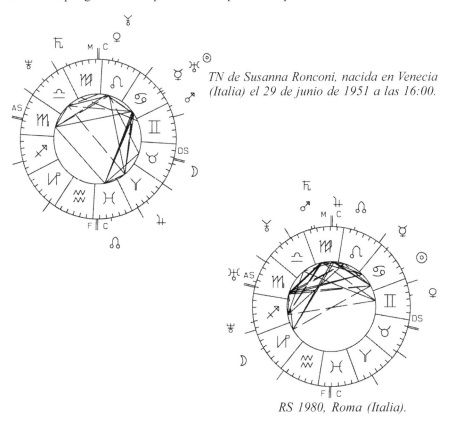

TN de Susanna Ronconi, nacida en Venecia (Italia) el 29 de junio de 1951 a las 16:00.

RS 1980, Roma (Italia).

UN FAN ASESINA A JOHN LENNON

El 9 de diciembre de 1980 el gran John Lennon es asesinado en Nueva York por un fan desequilibrado que nunca fue capaz de aclarar bien los motivos de su acto. En casi todos los casos de deceso es mucho más interesante ver el acontecimiento desde la parte de los familiares, más que desde la del fallecido. En efecto, no siempre la muerte es transparente en el análisis del astrólogo: pero lo es mucho más si se examinan los temas de los parientes. Cuanto más temas natales y de Retorno Solar de familiares tenemos a disposición, más es posible prever un deceso. Los tránsitos de Yoko Ono, esposa del cantante de los Beatles, eran: Plutón en semicuadratura con la Luna y con Neptuno, en sesquicuadratura con Mercurio, en semisextil con Júpiter y en cuadratura consigo mismo; Neptuno en cuadratura con Júpiter, en semicuadratura con Saturno y en trígono con Urano; Urano en cuadratura con el Sol y en cuadratura con el Medio Cielo (estos dos tránsitos, junto con la conjunción de Saturno al Ascendente, son los dos mayores indicadores del episodio); Saturno en sextil con la Luna, en conjunción con el Ascendente, en cuadratura con el Medio Cielo, en trígono con Saturno y en semisextil con Neptuno; Júpiter en conjunción con el Ascendente, en cuadratura con el Medio Cielo, en trígono con Saturno y en semisextil con Neptuno; Marte en semicuadratura con el Sol, semisextil con la Luna y con Venus, trígono con Marte, cuadratura con el Ascendente y trígono con Neptuno. El Retorno Solar nos da un Ascendente en la Undécima Casa (los lutos) y un Sol en la Séptima (el acontecimiento más importante del año es referente al marido). Además podríamos también presumir, y con motivo, que Yoko Ono haya nacido algún minuto después de la hora oficial de nacimiento: en este caso, en su Retorno Solar también habría Marte en la Primera, opuesto al Sol. El índice de peligrosidad, sin considerar esta última posición, vale –28 puntos con +24.

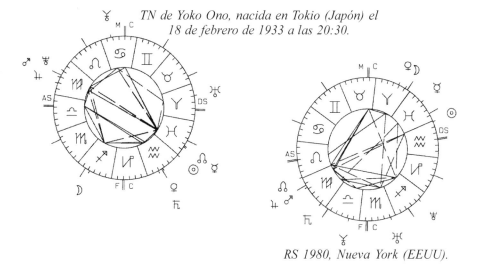

TN de Yoko Ono, nacida en Tokio (Japón) el 18 de febrero de 1933 a las 20:30.

RS 1980, Nueva York (EEUU).

GIANNI AGNELLI SE FRACTURA UNA PIERNA

El 1 de febrero de 1981 Gianni Agnelli estaba esperando cerca de un remonte de esquí en Saint-Moritz, cuando dos esquiadores que habían salido de la pista se precipitan sobre él. El presidente de la FIAT sufrió una fractura múltiple no alineada en la pierna izquierda. He aquí sus tránsitos de aquel día: Plutón en sextil con el Ascendente; Neptuno en conjunción con 0° al Ascendente (es éste el tránsito mayormente responsable de lo acontecido) y en cuadratura con Saturno; Saturno en sextil con Neptuno y en cuadratura con Plutón; Júpiter en sextil con Neptuno y en cuadratura con Plutón; Marte en sextil con el Ascendente. El Retorno Solar tiene de relevante tan sólo el Ascendente en la Sexta Casa: pero basta y sobra. El índice de peligrosidad se para en –50 puntos respecto a +26.

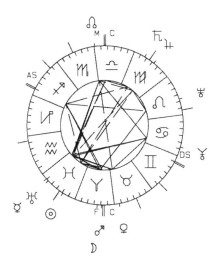

TN de Gianni Agnelli, nacido en Turín (Italia) el 12 de marzo de 1921 a las 2:30 de la mañana.

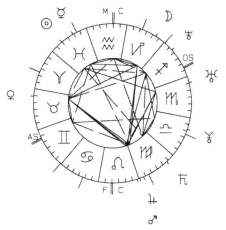

RS 1980/1981, Turín (Italia).

RONALD REAGAN HERIDO EN UN ATENTADO

El 30 de marzo de 1981 el presidente de los Estados Unidos de América Ronald Reagan recibe una herida en el pulmón en un atentado en Washington D. C. por un joven ex neonacista. Al principio el presidente no se da cuenta de la gravedad de la herida, e ingresa en el hospital bromeando con los médicos, preguntándoles si son republicanos o demócratas. Se verá más tarde que la herida es bastante seria ya que la bala había provocado un hueco en un pulmón. He aquí sus tránsitos de ese día: Plutón en semisextil con el Ascendente y en sextil con el Medio Cielo; Neptuno en semicuadratura con la Luna, en semisextil con el Ascendente y con Urano y en trígono con el Medio Cielo; Saturno en cuadratura con Marte y en semicuadratura con el Ascendente (éstos son los únicos dos tránsitos dignos de relieve en un episodio que, como veremos dentro de poco, se explica mucho más con el Retorno Solar que con los tránsitos planetarios); Marte en semisextil con la Luna y en sesquicuadratura con el Medio Cielo. El Retorno Solar presenta un muy elocuente Ascendente en la Primera Casa. El índice de peligrosidad del año, basado casi exclusivamente en este último punto, asigna una puntuación de –42 con +36.

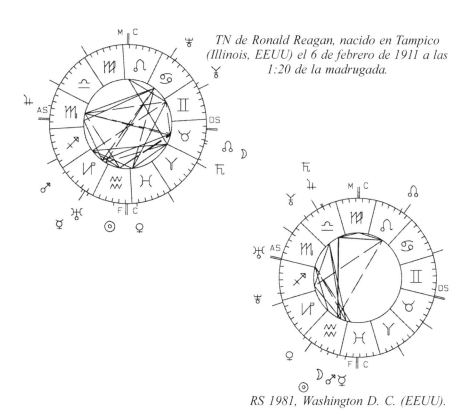

TN de Ronald Reagan, nacido en Tampico (Illinois, EEUU) el 6 de febrero de 1911 a las 1:20 de la madrugada.

RS 1981, Washington D. C. (EEUU).

DETIENEN AL TERRORISTA MARIO MORETTI

El 4 de abril de 1981 detienen en Milán al terrorista Mario Moretti, fugitivo desde hacía años. Veamos los tránsitos: Plutón en cuadratura con el Sol, con Venus, con Marte y con Saturno (este cuádruplo tránsito disonante es el mayor responsable del acontecimiento vivido por el sujeto) y en semicuadratura con el Ascendente; Neptuno en semisextil con el Sol, sextil con Júpiter y en sesquicuadratura con Plutón; Urano en sextil con el Medio Cielo: Saturno en cuadratura con la Luna (también este tránsito es pésimo) y con Mercurio, y en conjunción con Neptuno; Júpiter en cuadratura con la Luna y en conjunción con el Medio Cielo (a menudo la popularidad llega por acontecimientos negativos); Marte en cuadratura con Mercurio (el mal encuentro con las fuerzas del orden), en trígono con el Ascendente y con Plutón, en sextil con Urano y opuesto a Neptuno. El Retorno Solar nos da un Ascendente en la Octava (la cárcel) y un Sol en la Séptima (problemas con la justicia). El índice de peligrosidad del año vale –30 puntos con +36.

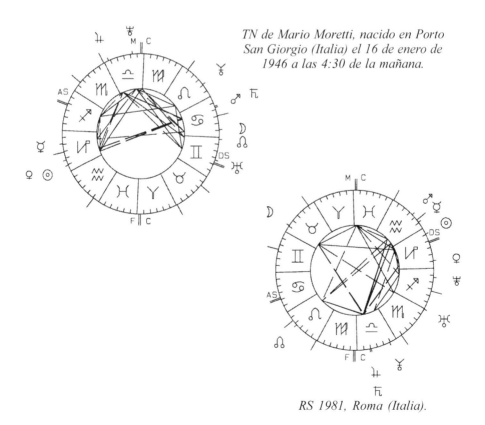

TN de Mario Moretti, nacido en Porto San Giorgio (Italia) el 16 de enero de 1946 a las 4:30 de la mañana.

RS 1981, Roma (Italia).

LA ORDEN DE DETENCIÓN DE LICIO GELLI

El 22 de mayo de 1981 se emite orden de arresto contra Licio Gelli, el Gran Maestre de la Logia masónica italiana *Propaganda Due* (P2). Los tránsitos de ese día, para él, son los siguientes: Plutón en sesquicuadratura con Venus y en sextil con Saturno; Neptuno en trígono con Saturno y en sesquicuadratura consigo mismo; Urano en conjunción con el Medio Cielo y en cuadratura consigo mismo (éste, junto con la disonancia Saturno-Luna, es el tránsito más fuerte); Saturno en cuadratura con la Luna y con Plutón, en trígono con Venus y con el Ascendente; Júpiter en cuadratura con la Luna y en trígono con Venus y con el Ascendente; Marte en cuadratura con Saturno y en semicuadratura con Plutón. El Retorno Solar nos enseña un Ascendente en la Primera y un tupido stellium en la Octava. El índice de peligrosidad vale –32 puntos con +12.

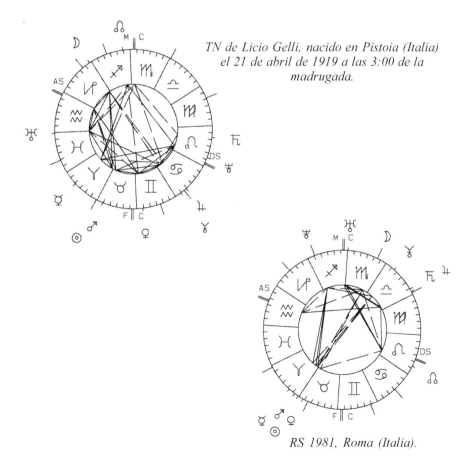

TN de Licio Gelli, nacido en Pistoia (Italia) el 21 de abril de 1919 a las 3:00 de la madrugada.

RS 1981, Roma (Italia).

EL MILLONARIO FRANCO AMBROSIO CONDENADO POR ESTAFA

El 22 de septiembre de 1981 el tribunal de Lugano condena al financiero Franco Ambrosio a 5 años de cárcel por estafa contra un banco suizo. Sus tránsitos eran los siguientes: Plutón en conjunción con el Sol y en cuadratura con la Luna (y son justamente estos dos primeros, los tránsitos más pesados que explican perfectamente el acontecimiento), en semisextil con Venus y en cuadratura con Saturno; Neptuno en sextil con el Sol, en semisextil con la Luna y con el Medio Cielo; Urano en sextil con Venus, semicuadratura con Júpiter y trígono con Saturno; Saturno en conjunción con Júpiter y sextil con Plutón; Júpiter en cuadratura con el Medio Cielo y trígono con Urano; Marte en sextil con Júpiter y en conjunción con Plutón. El Retorno Solar está muy cargado: el Ascendente está en la Sexta Casa, el Sol en la Primera y hay un stellium entre la Duodécima y la Primera. El índice de peligrosidad del año es igual a −84 con +26.

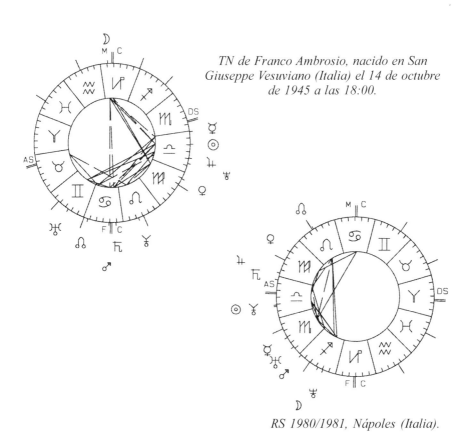

TN de Franco Ambrosio, nacido en San Giuseppe Vesuviano (Italia) el 14 de octubre de 1945 a las 18:00.

RS 1980/1981, Nápoles (Italia).

EL INFARTO CARDIACO DE GIANNI AGNELLI

El 23 de marzo de 1982 Gianni Agnelli, pocos días después de su cumpleaños e inmediatamente después de haber charlado con el entrenador del equipo de fútbol *Juventus*, tiene un infarto del miocardio y es trasladado al hospital *Le Molinette* en Turín. Los tránsitos son realmente fatales: Plutón en semisextil con el Ascendente y en semicuadratura con Júpiter; Neptuno en conjunción con el Ascendente (éste es uno de los más pesados pero no es el único) y en sesquicuadratura consigo mismo; Urano en sesquicuadratura con la Luna y con Marte, en cuadratura con Venus y consigo mismo y en semicuadratura con el Medio Cielo; Saturno opuesto a la Luna y a Marte, en sesquicuadratura con Mercurio y con Urano, en conjunción con el Medio Cielo (a menudo este tránsito es un indicador indirecto de enfermedades o accidentes, ya que monitoriza un período de retraso o de parada en la actividad profesional) y en semisextil con Saturno; Júpiter en semicuadratura con el Ascendente y con Saturno, y en trígono con Plutón; Marte opuesto a la Luna, semisextil con Júpiter y sextil con Neptuno. El Retorno Solar no es menos: un fuerte stellium, con la conjunción Marte-Saturno, en la Duodécima. El índice de peligrosidad del año vale –70 puntos con +30.

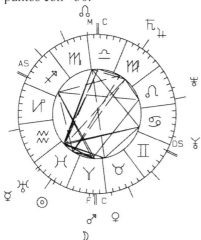

TN de Gianni Agnelli, nacido en Turín (Italia) el 12 de marzo de 1921 a las 2:30 de la mañana.

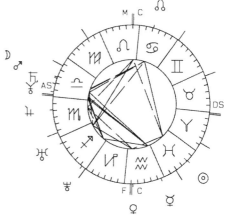

RS 1982, Turín (Italia).

GIORGIO BENVENUTO CONTESTADO POR LOS HUELGUISTAS

El 26 de marzo de 1982, durante un discurso delante de trescientos mil obreros de la industria mecánica que se habían juntado en Roma procedentes de toda Italia, el líder de sindicato Giorgio Benvenuto sufre una protesta muy dura con silbidos e insultos. Si la cosa puede parecer poco relevante y para nada comparable con los demás graves acontecimientos utilizados como ejemplos en estas páginas, será buena cosa recordar que para un líder político, perder la confianza de la gente puede ser la mayor de las desgracias. He aquí sus tránsitos de ese día: Plutón en cuadratura con Júpiter (quizá sea justamente el tránsito disonante más pesado); Neptuno en semisextil con Júpiter, en cuadratura con Saturno y en sesquicuadratura con Urano; Urano en semisextil con Mercurio, en conjunción con Venus y en sextil con el Medio Cielo; Saturno en trígono con la Luna y con Marte y en semisextil con Neptuno; Júpiter en sextil con Mercurio, opuesto a Urano y en semicuadratura con Neptuno; Marte en sextil con el Sol, conjunto a la Luna, en semicuadratura con Venus, en conjunción con Marte y en cuadratura con el Ascendente. El Retorno Solar evidencia un Ascendente neto en la Duodécima Casa, un stellium (con el Sol) en la Octava Casa, un Marte en la Décima y una fea conjunción Saturno-Plutón en la Séptima (las enemistades declaradas). El índice de peligrosidad del año toca los –48 puntos con +44.

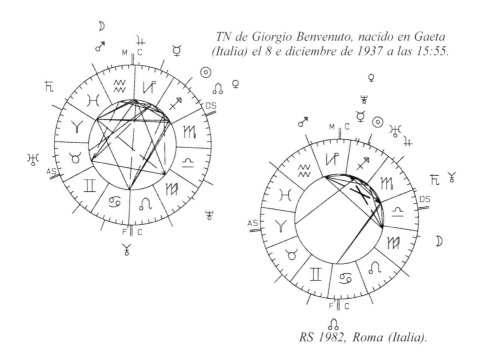

TN de Giorgio Benvenuto, nacido en Gaeta (Italia) el 8 e diciembre de 1937 a las 15:55.

RS 1982, Roma (Italia).

SOPHIA LOREN ESCOGE LA CÁRCEL

El 19 de mayo de 1982, al no querer perder la posibilidad de volver a Italia cada vez que quiera, Sophia Loren decide volver a Roma y entregarse a las autoridades italianas para someterse a los treinta días de cárcel a los que la habían condenado por evasión fiscal en 1977. La acogerá la cárcel de Caserta, donde en efecto sólo pasará 16 días, transcurriendo los demás 14 detenida en su propio domicilio. He aquí sus tránsitos: Plutón en semicuadratura con Venus, en conjunción con Júpiter y en cuadratura con Neptuno; Neptuno en cuadratura con el Sol, sesquicuadratura con Marte y sextil con Júpiter; Urano en semicuadratura con Mercurio y en semisextil con el Ascendente y con el Medio Cielo; Saturno en conjunción con Mercurio y en sextil con Marte; Júpiter en sextil con el Ascendente, en conjunción con el Medio Cielo (a menudo este tránsito lleva popularidad negativa: pero cabe también subrayar que tal vez en este caso funcionó a favor de la actriz, quien al llegar a Roma recibió montones de flores y cientos de *flashes* de los *paparazzi*) y opuesto a Urano; Marte en conjunción con el Sol, en semicuadratura con Marte, cuadratura con el Ascendente y semisextil con el Medio cielo. El Retorno Solar nos revela un stellium muy fuerte, con Sol y Saturno, en la Séptima (los problemas con la ley) y un Marte en la Sexta Casa que es un indicador genérico, pero importante, de desgracias. El índice de peligrosidad vale –36 puntos con +12.

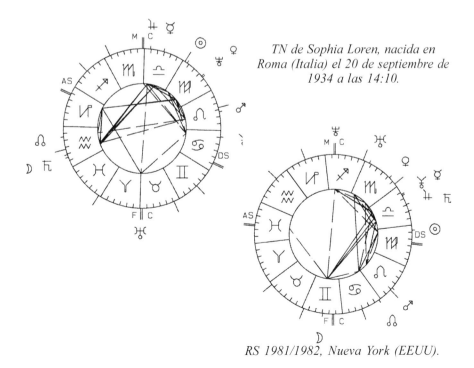

TN de Sophia Loren, nacida en Roma (Italia) el 20 de septiembre de 1934 a las 14:10.

RS 1981/1982, Nueva York (EEUU).

EL ACCIDENTE DE ESTEFANÍA DE MÓNACO

El 15 de septiembre de 1982 Estefanía de Mónaco, en coche con su madre la princesa Grace Kelly, sale de la carretera y cae por un barranco de una de las estradas del Principado. Su madre fallece y ella queda herida. Hubo inmediatamente muchas polémicas puesto que se difundió el rumor de que era Estefanía la que conducía y sin carnet, y que esa fue la causa del accidente. He aquí los tránsitos de ese día: Plutón en cuadratura con Mercurio y con Venus (he aquí – probablemente – el punto caliente de los tránsitos); Neptuno en semisextil con Venus y trígono con el Ascendente; Urano en sextil con Marte y en cuadratura con Saturno; Saturno sextil con el Ascendente, sesquicuadratura consigo mismo y semisextil con Neptuno; Júpiter en cuadratura con el Sol y con la Luna; Marte sextil con Mercurio, con Venus y consigo mismo, y en cuadratura con el Ascendente. El Retorno Solar muestra una conjunción muy fea de Marte-Saturno en la Primera, una Luna en la Octava y un Urano en la Tercera. El índice de peligrosidad del año vale –40 con +8.

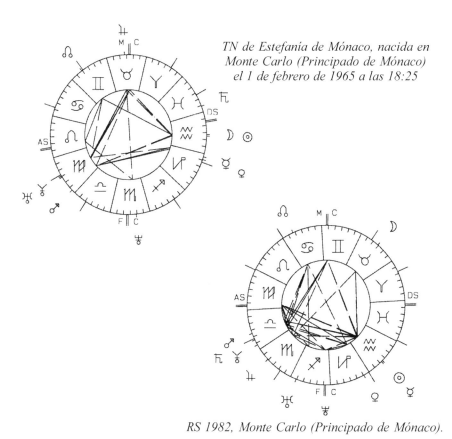

TN de Estefanía de Mónaco, nacida en Monte Carlo (Principado de Mónaco) el 1 de febrero de 1965 a las 18:25

RS 1982, Monte Carlo (Principado de Mónaco).

GRAVE LUTO PARA WINSTON CHURCHILL

Siempre de la serie *el horóscopo funciona incluso después de la muerte del sujeto*, examinamos el luto que le tocó al gran estadista inglés el 23 de septiembre de 1982, cuando falleció su hija Sarah. He aquí los tránsitos: Plutón en conjunción con Júpiter; Neptuno en conjunción con Venus (este tránsito, junto con el otro de cuadratura Urano-Luna, representa el fulcro astral del evento), en sextil con Júpiter y en semicuadratura con Saturno; Urano en cuadratura con Venus, semicuadratura con Marte y sextil con el Ascendente; Saturno en semicuadratura con el Sol, sextil con Venus y en conjunción con Júpiter; Júpiter en cuadratura con Saturno; Marte en conjunción con el Sol, en cuadratura con la Luna, semicuadratura consigo mismo y sextil con el Ascendente. El Retorno Solar visualiza un Ascendente en la Duodécima y un Marte en conjunción con el Ascendente. El índice de peligrosidad del año vale –64 puntos con +44.

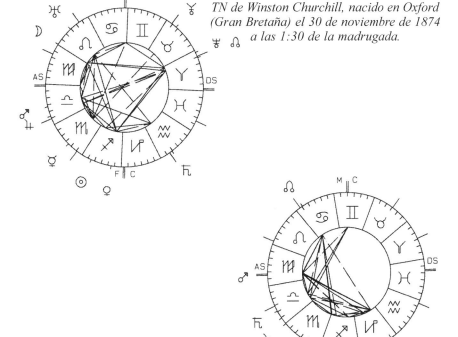

TN de Winston Churchill, nacido en Oxford (Gran Bretaña) el 30 de noviembre de 1874 a las 1:30 de la madrugada.

RS 1981/1982, Londres (Gran Bretaña).

DETIENEN DE NUEVO A SUSANNA RONCONI

El 28 de octubre de 1982, en Milán, detienen por segunda vez a la terrorista Susanna Ronconi, que se había escapado de la cárcel de Rovigo en el mes de enero del mismo año. He aquí los tránsitos: Plutón trígono con Marte y semisextil con Saturno; Neptuno en cuadratura con Saturno; Urano en cuadratura con el Medio Cielo y en semicuadratura con Neptuno; Saturno trígono con Marte y semisextil con Saturno; Júpiter opuesto a la Luna, en conjunción con el Ascendente, semisextil con Neptuno y en cuadratura con Plutón; Marte trígono con Venus, opuesto a sí mismo y en cuadratura con Saturno. Como pueden notar, no se trata de tránsitos particularmente duros, pero si observan el Retorno Solar... se darán cuenta que el Ascendente cabe en la Octava Casa y que el Sol está en la Primera. El índice de peligrosidad del año es –34 puntos con +18.

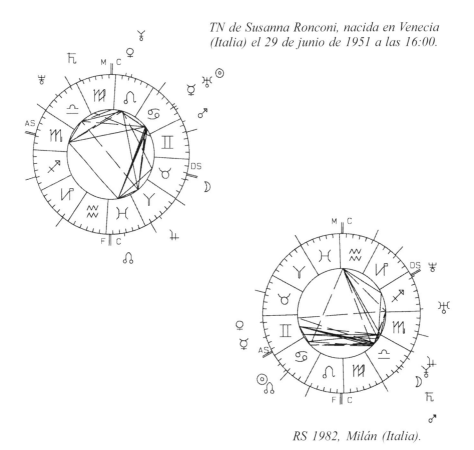

TN de Susanna Ronconi, nacida en Venecia
(Italia) el 29 de junio de 1951 a las 16:00.

RS 1982, Milán (Italia).

LA REINA DE INGLATERRA RECRIMINA A SU HIJO ANDRÉS

El 27 de octubre de 1982, al final del conflicto de las Malvinas, la reina Isabel II se enfada y acaba con uno de los muchos escándalos de contenido principalmente sexual que constelan su reinado: intima a su hijo Andrés a romper su relación con la actriz porno Koo Stark. He aquí los tránsitos: Plutón en sesquicuadratura con Venus y en semisextil con el Medio Cielo; Neptuno en semisextil con el Medio Cielo y con Saturno, en cuadratura con Urano y en trígono con Neptuno; Urano en trígono con Mercurio (éste es uno de los tránsitos más llamados en causa en este tipo de episodios: no olvidemos que incluso los trígonos y los sextiles de los planetas lentos respecto a los planetas veloces pueden traer situaciones muy desagradables); Saturno en sesquicuadratura con Venus y en semisextil con el Medio Cielo y con Saturno; Júpiter en cuadratura con la Luna y con Marte, sesquicuadratura con Mercurio y trígono con Venus y con Plutón; Marte trígono con el Sol y con Neptuno, sesquicuadratura con la Luna, semisextil con el Medio Cielo y con Saturno, y cuadratura con Urano. El Retorno Solar muestra un Ascendente y un Sol en la Octava y un Marte en la Primera (índice muy negativo en general). El índice de peligrosidad vale –42 puntos con +24.

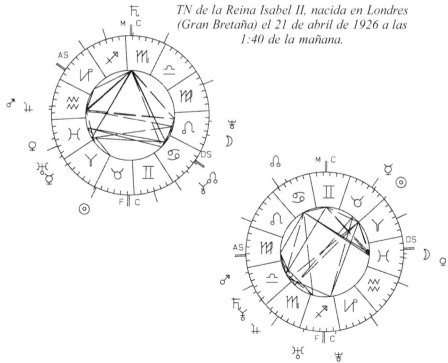

TN de la Reina Isabel II, nacida en Londres (Gran Bretaña) el 21 de abril de 1926 a las 1:40 de la mañana.

RS 1982, Londres (Gran Bretaña).

FALLECE LA HIJA DE FREUD

El 9 de octubre de 1982 fallece en Londres, a la edad de 86 años, Anna Freud, la hija del gran Sigmund. Veamos el acontecimiento en los astros del padre: Plutón opuesto a Venus (este tránsito, junto al otro de Saturno opuesto a Venus, explica de manera exhaustiva lo acontecido) y en trígono con Saturno; Neptuno en trígono con Venus y en semicuadratura con el Ascendente; Urano sextil con Marte; Saturno opuesto a Venus; Júpiter opuesto al Sol y en sesquicuadratura consigo mismo y con Saturno; Marte opuesto a la Luna. El Retorno Solar nos muestra un Sol en la Duodécima y un stellium muy fuerte y maléfico en la Sexta. El índice de peligrosidad del año vale –60 puntos con +18.

TN de Sigmund Freud, nacido en Freiberg (NdT: se trata de Príbor, localidad de Moravia en la República Checa) el 6 de mayo de 1856 a las 18:30.

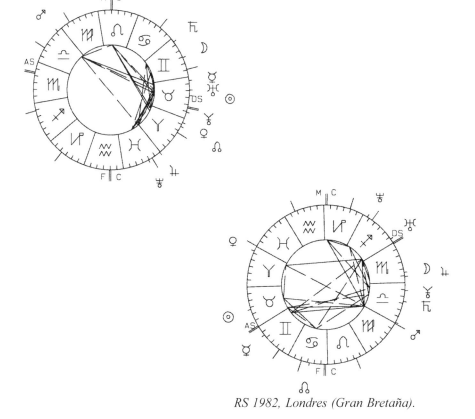

RS 1982, Londres (Gran Bretaña).

JERRY LEWIS SOMETIDO A UNA OPERACIÓN A CORAZÓN ABIERTO

El 21 de diciembre de 1982 en Nueva York operan al famoso actor americano Jerry Lewis de un by-pass en las coronarias: la intervención dura cinco horas. He aquí los tránsitos de ese día: Plutón opuesto a la Luna (éste y la disonancia Neptuno-Sol aparecen como los dos tránsitos mayormente responsables de lo acontecido); Neptuno en cuadratura con el Sol, con el Medio Cielo y con Urano, y en semisextil con Marte y con Saturno; Saturno opuesto a la Luna (y no es poco); Júpiter en sesquicuadratura con Mercurio y con Plutón, en trígono con el Medio Cielo y en conjunción con Saturno; Marte en cuadratura con Mercurio, en semicuadratura con Saturno y opuesto a Plutón. El Retorno Solar nos da un elocuente Ascendente en la Sexta. El índice de peligrosidad vale –54 puntos con +28.

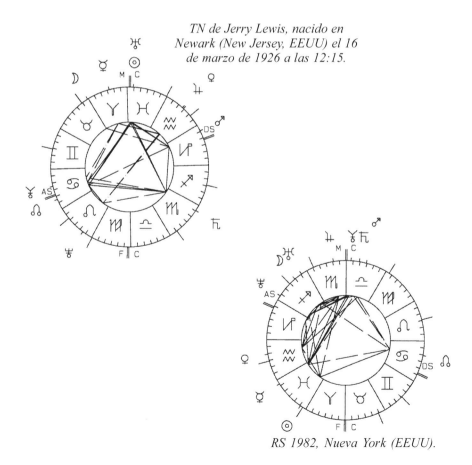

TN de Jerry Lewis, nacido en Newark (New Jersey, EEUU) el 16 de marzo de 1926 a las 12:15.

RS 1982, Nueva York (EEUU).

CADENA PERPETUA PARA ADRIANA FARANDA

El 24 de enero de 1983 Adriana Faranda y Mario Moretti, junto con otros treinta miembros de las Brigadas Rojas, reciben la sentencia de cadena perpetua por el asesinato de Aldo Moro. Veamos ambos casos empezando por Adriana Faranda: Plutón en conjunción con Marte (se trata claramente de un tránsito muy relevante, junto al de Neptuno-Sol, en el caso que estamos tratando); Neptuno en sesquicuadratura con el Sol y sextil con Marte; Urano en cuadratura con Mercurio; Saturno en trígono con Júpiter y en semicuadratura consigo mismo; Júpiter en cuadratura con Mercurio y consigo mismo, y en sesquicuadratura con Venus; Marte opuesto a Mercurio, conjunto con Júpiter y en trígono con Urano. El Retorno Solar nos entrega un Ascendente en la Octava y un Sol en la Séptima. El índice de peligrosidad vale –40 puntos con +18.

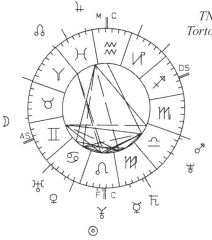

TN de Adriana Faranda, nacida en Tortorici (Italia) el 7 de agosto de 1950 a las 0:30 de la madrugada.

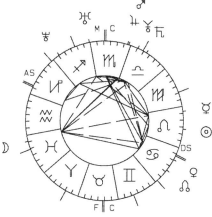

RS 1982/1983, Roma (Italia).

CADENA PERPETUA TAMBIÉN PARA MARIO MORETTI

El 24 de enero de 1983 condenan también a Mario Moretti a cadena perpetua por el asesinato de Aldo Moro. He aquí los tránsitos: Plutón en semisextil con el Medio Cielo y en sesquicuadratura con Urano; Júpiter en sextil con Júpiter y en sesquicuadratura con Plutón; Urano en semicuadratura con el Sol y con Venus, en conjunción con el Ascendente (éste tránsito, junto al otro Urano-Sol, es seguramente el responsable del gran ladrillo caído en la cabeza del terrorista con una condena similar), en semisextil con Mercurio, en sesquicuadratura con Marte y con Saturno, y sextil con Neptuno; Saturno trígono con la Luna y semisextil con el Medio Cielo; Marte en trígono con la Luna, en cuadratura con Venus y en sesquicuadratura consigo mismo y con Saturno. El Retorno Solar anuncia un Ascendente muy elocuente en la Duodécima Casa. La puntuación del índice de peligrosidad es de –54 con +38.

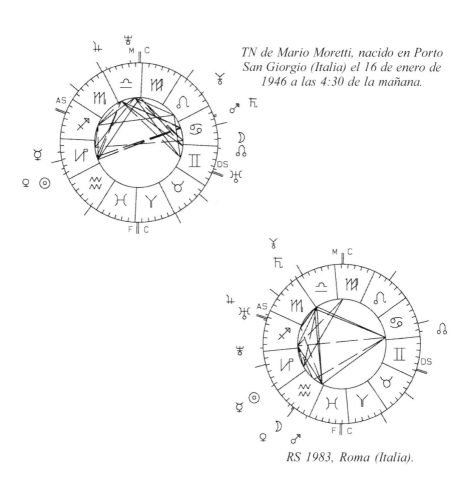

TN de Mario Moretti, nacido en Porto San Giorgio (Italia) el 16 de enero de 1946 a las 4:30 de la mañana.

RS 1983, Roma (Italia).

GOLPE MORTAL A RAFFAELE CUTOLO

El 29 de enero de 1983 Raffaele Cutolo, jefe de la *Nueva Camorra Organizada*, sufre un golpe muy duro: sus rivales, pertenecientes a la *Nueva Familia*, asesinan a dos de los „tenientes" de más confianza del llamado boss de Ottaviano: Vincenzo Casillo y Mario Cuomo. Visto en la óptica del sujeto, se trata de un acontecimiento gravísimo: además de tratarse de un claro desafío a muerte, representa también la „mutilación" de las manos de Cutolo, que desde la cárcel utilizaba sobre todo a los dos asesinados para llevar adelante sus programas. He aquí los tránsitos de ese día: Plutón en sextil con la Luna, en conjunción con el Ascendente (este tránsito aparece muy poderoso, en negativo, junto al otro Saturno-Ascendente), en sesquicuadratura con Júpiter y en semisextil con Neptuno; Neptuno en trígono con la luna y en cuadratura consigo mismo; Urano en conjunción con Mercurio (este último podría leerse aquí como „interfaz" del sujeto respecto al mundo exterior) y en trígono con el Medio Cielo y con Plutón; Saturno en semicuadratura con el Sol (también este tránsito es muy nefasto), en cuadratura con Venus, con el Medio Cielo y con Plutón, y en conjunción con el Ascendente. Júpiter en trígono con Plutón; Marte en cuadratura con Mercurio. El Retorno Solar nos da un neto Ascendente en la Duodécima y un stellium en la Primera. El índice de peligrosidad vale –56 puntos con +36.

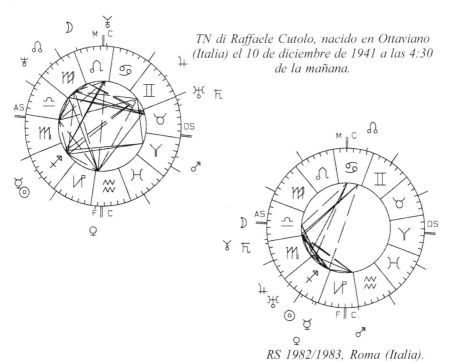

TN di Raffaele Cutolo, nacido en Ottaviano (Italia) el 10 de diciembre de 1941 a las 4:30 de la mañana.

RS 1982/1983, Roma (Italia).

EL HIJO DE ADELE FACCIO SOSPECHADO DE TERRORISMO

El 27 de febrero de 1983 fue un día muy negro para la diputada italiana Adele Faccio: su hijo Dario es detenido bajo sospecha de pertenecer al grupo terrorista *Brigate Rosse*. Los tránsitos del exponente del Partido Radical eran los siguientes: Plutón en trígono con Urano; Neptuno en semisextil con Mercurio, sextil con Urano y sesquicuadratura consigo mismo; Urano en sesquicuadratura con el Medio Cielo; Saturno en semicuadratura con la Luna y en trígono con Urano; Marte en trígono con Mercurio y en semisextil con Urano. Como se puede notar, los tránsitos no eran tan malos o pesados, pero miren el Retorno Solar: el Ascendente en la Primera Casa, el Sol en la Primera Casa y hay un stellium muy fuerte entre la Duodécima y la Primera. Desde luego la puntuación es muy elevada: –88 con +10.

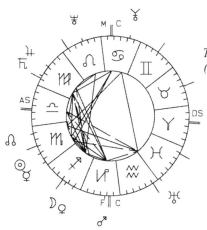

TN de Adele Faccio, nacida en Pontebba (Italia) el 13 de noviembre de 1920 a las 4:20 de la mañana.

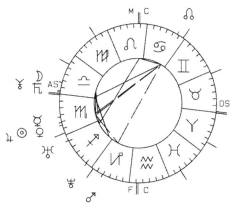

RS 1982/1983, Roma (Italia).

ANGELO RIZZOLI ENCARCELADO

El 18 de febrero de 1983 los hermanos Angelo y Alberto Rizzoli, editores, y el administrador Bruno Tassan Din son encarcelados por presuntos déficites en el balance de la casa editora italiana *Rizzoli*. Desconocemos los datos de nacimiento de Bruno Tassan Din y por lo tanto examinamos la situación de los dos hermanos editores; empezando con Angelo, que sufrió trece meses de cárcel preventiva para luego verse absuelto en el sumario. He aquí sus tránsitos: Neptuno opuesto a Marte y en semicuadratura con el Medio Cielo; Urano en conjunción con el Descendente (problemas con la ley: este tránsito, junto con la conjunción Júpiter-Descendente, es una bomba a punto de estallar, que en la casi totalidad de los casos provoca accidentes con la ley o un divorcio con el cónyuge), opuesto a sí mismo y en trígono con Plutón; Saturno en semisextil con Venus y con Neptuno, y en sesquicuadratura con Marte; Júpiter en conjunción con el Descendente, opuesto a Urano y en trígono con Plutón; Marte trígono con el Sol y con Mercurio, sextil con la Luna, en cuadratura consigo mismo y con Saturno, y en sesquicuadratura con Plutón. El Retorno Solar nos da un Ascendente en la Sexta, un Sol en la Primera y un muy repleto stellium entre la Duodécima y la Primera. El índice de peligrosidad vale –76 con +28.

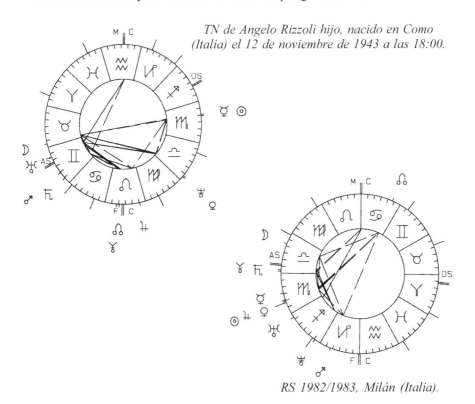

TN de Angelo Rizzoli hijo, nacido en Como (Italia) el 12 de noviembre de 1943 a las 18:00.

RS 1982/1983, Milán (Italia).

DETIENEN TAMBIÉN A ALBERTO RIZZOLI

El caso de Alberto Rizzoli es, desde el punto de vista del estudio astrológico, más interesante todavía que el de su hermano Angelo. En efecto, a Alberto lo llevaron a la cárcel justo el día de su cumpleaños. Pero cabe tomar en consideración el Retorno Solar de 1982 y no el de 1983, ya que su genetlíaco tuvo lugar pocas horas después del arresto. He aquí los tránsitos de ese día: Plutón en trígono con el Sol y con el Ascendente, y en semicuadratura con el Medio Cielo; Neptuno en sextil con el Sol, en sesquicuadratura con la Luna y en sextil con el Ascendente; Urano opuesto a sí mismo, sextil con Neptuno y trígono con Plutón; Saturno (de tránsito por la Séptima Casa) en cuadratura con Marte, trígono con Saturno, y semisextil con Neptuno; Júpiter opuesto a Urano, sextil con Neptuno y trígono con Plutón; Marte opuesto a Júpiter y en sesquicuadratura con Plutón. El Retorno Solar es todo un programa: Ascendente en la Duodécima, Sol en la Primera y stellium maléfico en la Octava. El índice de peligrosidad vale –76 puntos con +28.

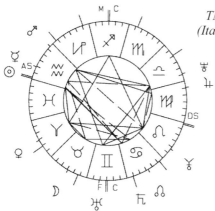

TN de Alberto Rizzoli, nacido en Canzo (Italia) el 18 de febrero de 1945 a las 7:25 de la mañana.

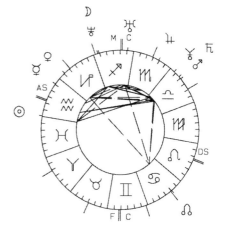

RS 1982/1983, Milán (Italia).

GRAVE LUTO PARA VÍCTOR MANUEL DE SABOYA

El 18 de marzo de 1983 fallece en Ginebra el último rey de Italia, Humberto de Saboya, por un tumor en los huesos. Miremos el acontecimiento desde la parte del hijo: Plutón en cuadratura con Mercurio y consigo mismo; Neptuno en semisextil con Mercurio y en cuadratura con el Medio Cielo; Urano en cuadratura con la Luna (éste es el tránsito más importante) y con el Medio Cielo, y trígono con Venus; Saturno en sesquicuadratura consigo mismo y en semicuadratura con Neptuno; Júpiter en cuadratura con la Luna, semicuadratura con Mercurio, trígono con Venus y sesquicuadratura con Plutón; Marte en cuadratura con el Ascendente y con Júpiter. El Retorno Solar nos enseña el Sol y la Luna en la Sexta Casa y un stellium en la Cuarta. El índice de peligrosidad tiene un valor de –52 respecto a +24.

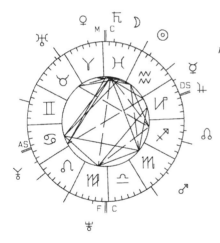

TN de Víctor Manuel de Saboya, nacido en Nápoles (Italia) el 12 de febrero de 1937 a las 14:25.

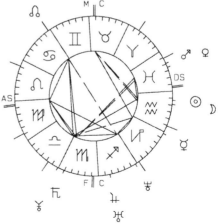

RS 1983, Ginebra (Suiza).

OPERACIÓN CARDÍACA PARA GIANNI AGNELLI

El 11 de marzo de 1983, el día antes de su cumpleaños, el senador Gianni Agnelli se somete a una delicada operación de *by-pass* aortocoronario del corazón en Nueva York. He aquí sus tránsitos: Plutón en semicuadratura con Júpiter; Neptuno en sesquicuadratura consigo mismo; Saturno en sesquicuadratura con el Sol, trígono con Mercurio y con Urano y opuesto a Venus; Júpiter en cuadratura consigo mismo y trígono con Neptuno; Marte en trígono con Neptuno y en cuadratura con Plutón. Como se puede notar, se trata de tránsitos para nada graves, con la excepción de la disonancia Saturno-Sol; pero si miramos el Retorno Solar nos damos cuenta de un muy temible stellium en la Duodécima casa. El índice de peligrosidad vale −52 puntos con +14.

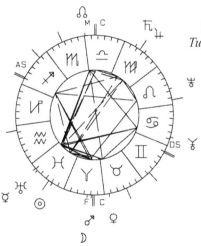

TN de Gianni Agnelli, nacido en Turín (Italia) el 12 de marzo de 1921 a las 2:30 de la mañana.

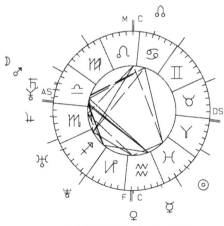

RS 1982, Turín (Italia).

PROTESTAN CONTRA EL OBISPO DE PALERMO

El 27 de abril de 1983 el cardinal Salvatore Pappalardo, obispo de Palermo, celebra una misa en la cárcel del *Ucciardone,* pero la mafia ordena a los detenidos que no participen; ninguno de los 1090 reclusos presencia la ceremonia. Se trata de un grave acto de desafío a un sacerdote que siempre ha estado en primer plano, a riesgo de su propia vida, en la lucha contra *Cosa Nostra.* He aquí los tránsitos de ese día: Plutón en semisextil con el Sol y en semicuadratura con Mercurio, con Venus y con el Ascendente; Neptuno en cuadratura con el Sol (es éste el tránsito más significativo, junto con el siguiente); Urano en cuadratura con el Ascendente y trígono con Neptuno; Saturno en semisextil con el Sol y en semicuadratura con Mercurio y con Venus; Júpiter en cuadratura con el Ascendente y trígono con Neptuno; Marte en sesquicuadratura con el Sol y en trígono con Mercurio, con Venus y con el Ascendente. El Retorno Solar muestra un Ascendente en la Sexta (espero haber aclarado e incluso demostrado que la Duodécima, la Primera y la Sexta son Casas muy maléficas cuyos efectos negativos se pueden captar siempre a 360 grados, a todo campo: en el trabajo, en la salud, en los afectos, en el dinero, en los pleitos pendientes, etcétera), un Sol en la Séptima (cualquiera forma de hostilidad, ataque, guerra, amenaza, protesta tiene que ver con esta Casa) y un stellium en la Octava (para esta Casa vale el razonamiento hecho anteriormente relativo a las otras tres Casas, pero con una latitud de importancia – gracias a Dios – mucho menor). El índice de peligrosidad vale –52 con +12.

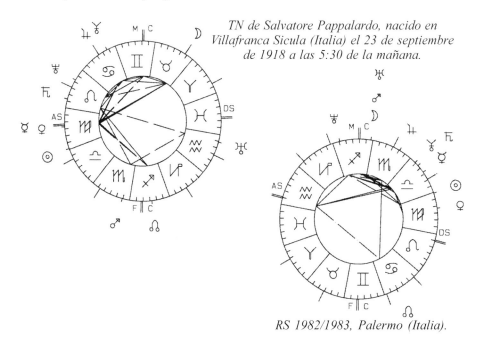

TN de Salvatore Pappalardo, nacido en Villafranca Sicula (Italia) el 23 de septiembre de 1918 a las 5:30 de la mañana.

RS 1982/1983, Palermo (Italia).

ORDEN DE CAPTURA PARA EL ESPECULADOR FRANCESCO PAZIENZA

El 29 de abril de 1983 detienen, por estafa, al especulador Francesco Pazienza. He aquí sus tránsitos de ese día: Plutón en conjunción con Júpiter y en sesquicuadratura con Urano; Neptuno en cuadratura con el sol (esta es la disonancia más fuerte); Urano sextil con la Luna y con Neptuno y trígono con Mercurio, Venus y Plutón; Saturno en sesquicuadratura con Urano; Júpiter sextil con la Luna y con Neptuno, trígono con Mercurio y con Venus y en semicuadratura con Júpiter; Marte sextil con Marte, el Medio Cielo y Saturno. El Retorno Solar nos da un Ascendente en la Duodécima y el Sol, con Marte, en la Séptima: más claro no se puede... El índice de peligrosidad vale –46 con +36.

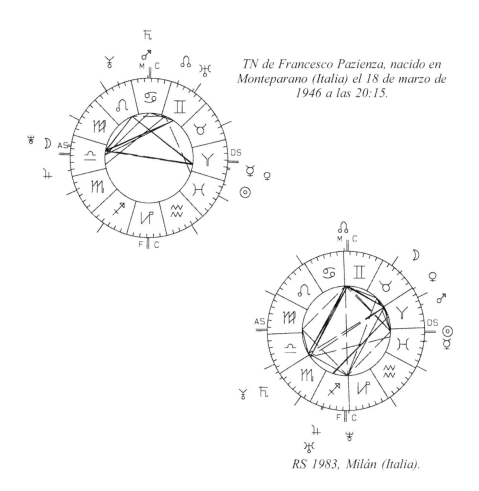

TN de Francesco Pazienza, nacido en Monteparano (Italia) el 18 de marzo de 1946 a las 20:15.

RS 1983, Milán (Italia).

LA CLAMOROSA DETENCIÓN DE ENZO TORTORA

El 17 de junio de 1983 se representa lo que quizá sea recordada en la historia de los últimos cincuenta años de vida de nuestro país, Italia, como la farsa más grotesca y al mismo tiempo más terrorífica que nunca se haya podido imaginar. El periodista Enzo Tortora, popular presentador de programas televisivos, viene detenido delante de las cámaras y trasladado, entre dos *carabinieri*, a la cárcel. Lo acusan de ser un jefe de la *camorra*. La sorpresa y la incredulidad de los italianos es general, y más tarde se sabrá la verdad: es decir, que el estimado presentador de la TV italiana es totalmente extraño a los hechos de la camorra de los que se le acusa. Pero mientras tanto, Enzo Tortora había transcurrido meses en la cárcel, había visto destruir su propia vida profesional y, al poco tiempo, fallece de tumor: un tumor casi sin duda relacionado con los sufrimientos padecidos. Los tránsitos de este acontecimiento sensacional no podrían sino etiquetarse con el mismo adjetivo: Plutón en semisextil con Mercurio; Neptuno en semisextil con Mercurio y en semicuadratura con el Ascendente; Urano en conjunción con el Sol (!); Saturno en semisextil con Mercurio; Júpiter en conjunción con el Sol (!), en sesquicuadratura con la Luna y en trígono con Urano; Marte sextil con el Medio Cielo y opuesto a Saturno. Además el Retorno Solar es un sello: el Sol está en la Duodécima Casa, el Ascendente cae en la Primera y hay un stellium entre la Duodécima y la Primera. El índice de peligrosidad no es menos y marca –84 puntos con +24.

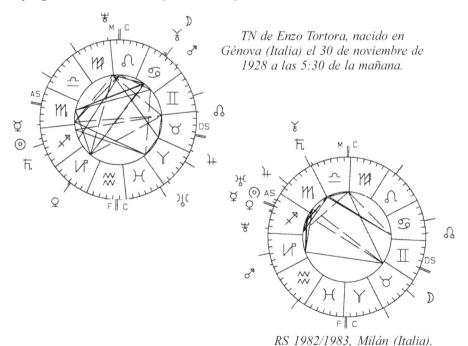

TN de Enzo Tortora, nacido en Génova (Italia) el 30 de noviembre de 1928 a las 5:30 de la mañana.

RS 1982/1983, Milán (Italia).

PROBLEMAS JUDICIALES PARA EL HIJO DE PAOLO VILLAGGIO

En la casa de Paolo Villaggio, actor, cómico, escritor y director, creador del personaje de *Ugo Fantozzi*, el 31 de agosto de 1983 muere la novia de su hijo Pier Francesco. La pericia médica establece que fue por causas naturales; pero mientras se esperaba la sentencia, aparecieron rumores que decían que la muchacha había muerto por una sobredosis de droga. Los tránsitos del popular actor son los siguientes: Plutón en semicuadratura con Venus y con Neptuno, y en trígono con el Ascendente y con el Medio Cielo; Neptuno en conjunción con el Descendente (sin duda alguna, es éste el tránsito más pesado que podría traducirse en angustias relacionadas con la justicia) y en sextil con el Medio Cielo; Urano en sextil con Saturno y en sesquicuadratura consigo mismo; Saturno en semicuadratura con Mercurio; Júpiter en sesquicuadratura con Urano; Marte en trígono con Venus, en semicuadratura con el Ascendente y en semisextil con Neptuno. El Retorno Solar está representado por un Sol al límite entre la Sexta y la Quinta (yo creo que en realidad se encuentra en la Sexta) y un Marte en la Séptima. Neptuno y Urano están en la Quinta Casa. El índice de peligrosidad calculado con el Sol en la Quinta nos da –34 con +28 (pero si el Sol, como creo yo, ocupara la Sexta Casa el índice crecería de manera considerable).

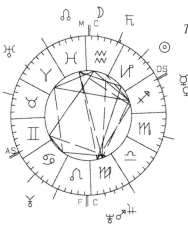

TN de Paolo Villaggio, nacido en Génova (Italia) el 30 de diciembre de 1932 a las 15:45.

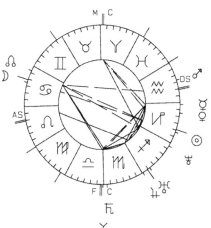

RS 1982/1983, Roma (Italia).

LAS DIMISIONES DEL ALCALDE DIEGO NOVELLI

El 11 de octubre de 1983 el alcalde de Turín Diego Novelli se ve obligado a dimitir de su cargo por causa del escándalo de los sobornos en que se habían visto implicados algunos concejales de su ayuntamiento. Los tránsitos de ese día son los siguientes: Neptuno en sesquicuadratura con el Medio Cielo; Urano en semisextil con el Ascendente, en semicuadratura con Saturno y en sesquicuadratura con Plutón; Saturno en cuadratura con la Luna y en conjunción con el Ascendente (estos dos tránsitos, considerados juntos, son una verdadera guillotina para un político), opuesto a Mercurio y a Venus, y en sextil con Neptuno; Júpiter en semicuadratura con Saturno; Marte en trígono con Mercurio y con Venus, en sesquicuadratura con Saturno, en conjunción con Neptuno y en semicuadratura con Plutón. El Retorno Solar evidencia un Ascendente en la cúspide de la Octava Casa, una conjunción Sol-Marte en la Duodécima y un stellium en la Sexta. El índice de peligrosidad del año vale –74 puntos con +16.

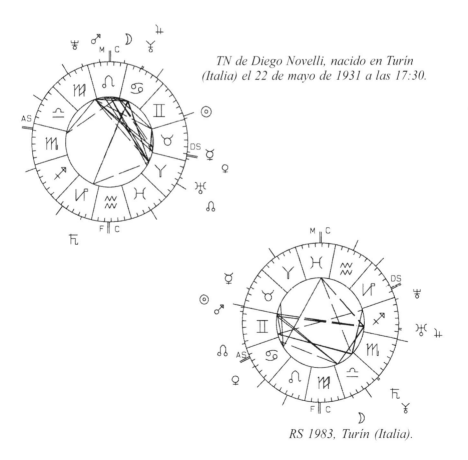

TN de Diego Novelli, nacido en Turín (Italia) el 22 de mayo de 1931 a las 17:30.

RS 1983, Turín (Italia).

CALIFANO DETENIDO POR PRESUNTAS RELACIONES CON LA CAMORRA

El 12 de marzo de 1984 Franco Califano es detenido por orden de los jueces que mandaron el *maxiblitz* contra la camorra, en cuya ocasión también fueron detenidos el periodista Enzo Tortora y el presidente del equipo de fútbol de *Avellino Calcio*, Sibilio. La acusa contra el popular cantante romano es de mantener presuntas relaciones con la camorra. Veamos los tránsitos: Plutón en sextil con Mercurio y en cuadratura consigo mismo; Neptuno en sesquicuadratura con Urano; Urano en conjunción con el Descendente (!) y en trígono con Saturno; Saturno opuesto a Urano; Júpiter en sesquicuadratura con la Luna, en sextil con Venus, y en semicuadratura con el Medio Cielo y con Júpiter; Marte en sextil con el Sol, opuesto a la luna y en cuadratura con el Medio Cielo y con Júpiter. El Retorno Solar se caracteriza por un Sol en la Sexta, un Saturno sobre el Descendente y un stellium en la Octava. El índice de peligrosidad del año vale –40 puntos con +12.

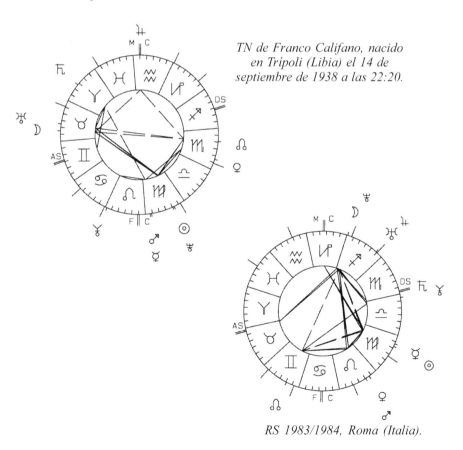

TN de Franco Califano, nacido en Trípoli (Libia) el 14 de septiembre de 1938 a las 22:20.

RS 1983/1984, Roma (Italia).

EL JEFE MAFIOSO TANO BADALAMENTI DETENIDO EN ESPAÑA

El 8 de abril de 1984, con una acción combinada de las policías italiana, estadounidense y española, detienen en Madrid al *boss* Gaetano (Tano) Badalamenti, uno de los máximos exponentes de la mafia. Luego lo extraditaron a EEUU por los numerosos crímenes relacionados con el tráfico de droga que había cometido en América. He aquí sus tránsitos: Plutón en sesquicuadratura con Urano; Neptuno en semicuadratura con Júpiter; Urano en sextil con Mercurio y en cuadratura consigo mismo; Saturno en semisextil con Mercurio, en semicuadratura con el Ascendente, en sesquicuadratura con el Medio Cielo, en conjunción con Júpiter y en trígono con Urano y con Plutón; Júpiter en cuadratura con Mercurio, en trígono con Marte y opuesto a Plutón; Marte en semicuadratura con Mercurio, en sextil con el Ascendente y en sesquicuadratura con Plutón. El Retorno Solar nos enseña el Ascendente en la Sexta Casa, Sol en la Séptima y Marte en la Sexta (elemento muy negativo en general). La puntuación, en este caso, vale –60 con +26.

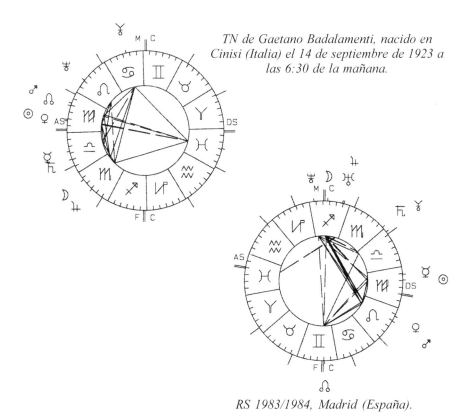

TN de Gaetano Badalamenti, nacido en Cinisi (Italia) el 14 de septiembre de 1923 a las 6:30 de la mañana.

RS 1983/1984, Madrid (España).

DROGA FATAL PARA DAVID KENNEDY

El 24 de abril de 1984, en su habitación en un hotel del Palm Beach se encuentra el cadáver de David Kennedy. Era el cuarto hijo del senador Robert, que había sido asesinado en 1968 en Los Ángeles. El deceso de David, que llevaba años drogándose, es debido a una sobredosis de cocaína. Veamos el acontecimiento desde el observatorio astral del padre difunto: Urano, de tránsito por la Octava casa, en sesquicuadratura con la Luna (es éste el tránsito más relevante) y en semisextil con Venus; Saturno en sextil con Venus y en trígono con Plutón; Júpiter en semicuadratura con el Sol, en conjunción con Venus y opuesto a Plutón; Marte en conjunción con el Sol, en sextil con la Luna, trígono con Urano y cuadratura con Neptuno. El Retorno Solar muestra el Ascendente en la Primera, el Sol al borde entre la Sexta y la Séptima casa y Marte en la Quinta. El índice de peligrosidad vale –64 puntos con +8.

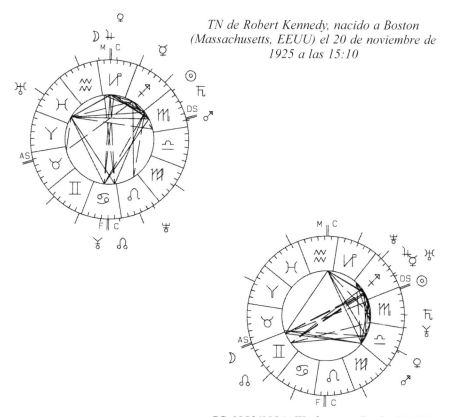

TN de Robert Kennedy, nacido a Boston (Massachusetts, EEUU) el 20 de noviembre de 1925 a las 15:10

RS 1983/1984, Washington D. C. (EEUU).

Epílogo

25.
Prefacio a la segunda edición

Este libro ha tenido siempre un gran éxito. En pocos años, aunque se trata de un texto de más de quinientas páginas y de gran formato, se ha impreso tres veces y ha llegado a su segunda edición. Su versión francesa, publicada por la prestigiosa editorial *Èditions Traditionnelles* (que nos han ofrecido las mejores obras de la astrología mundial, empezando por los libros de André Barbault y de Henri J. Gouchon) se ha agotado en pocos meses (más abajo pueden leer dos e-mails franceses sobre este tema).

Así pues, una vez más el público ha querido premiar la *Verdad*. No la verdad absoluta, sino la de un estudioso que dice sólo las cosas que ha experimentado miles de veces, y que no habla nunca a nivel teórico o fingiendo conocer asuntos de los que no sabe nada.

La relación, aunque muchas veces silenciosa, con miles y miles de lectores, es una de las realidades más gratificantes de mi vida. Yo escribo para mis lectores y ellos me premian comprando muchas copias de mis textos: no me preocupo de las inexistentes reseñas por parte de algunos colegas mediocres, ni del hecho que en biografías escritas por expertos improvisados de esta materia, estos libros (por obvios motivos de celos: ¿no sabían que existe este sentimiento?) se encuentran en las últimas posiciones de una lista llevada a cabo con la intención de premiar a los pertenecientes a uno u otro equipo…

El hecho de sentir la máxima estima por el mayor astrólogo del mundo entero y de los últimos dos siglos, me basta y sobra para toda la vida; pero me gratifica todavía más la aprobación de miles de lectores que reservan mis nuevas obras con meses de anticipación.

En pasado mes de octubre, mi editor el Dr. Giovanni Armenia y yo nos quedamos sorprendidos puesto que el libro se agotó de improvisto, en su tirada de entonces. Teníamos ya proyectada una nueva edición para el mes de octubre de 2004 y, por los tanto, la primera impresión original italiana del libro que tienen ahora en sus manos faltó durante aproximadamente un año en las librerías.

Al preparar la nueva edición pensaba cambiar muchas cosas y añadir otras cien páginas: pero al volverlo a leer me he dado cuenta que, así como era el libro, me convencía perfectamente, y que sólo necesitaba un muy ligero *lifting* – que es lo que estoy llevando a cabo en este epílogo, añadiendo pocos pero significativos capítulos nuevos.

Ya sólo me queda despedirme de ustedes y desearles muy buenos estudios, pero antes déjenme expresar mi agradecimiento a los amigos Mariagrazia Pelaia, Pino Valente y Lorenzo Vancheri por la ayuda que me han brindado durante la realización de la nueva versión italiana de *Tránsitos y Retornos Solares*.

Nápoles, 27 de marzo de 2004, a las 10:25 (es una hermosísima mañana de primavera, a pesar de las previsiones de un pésimo tiempo atmosférico).

A continuación dos mensajes e-mail que recibí de Francia, y su traducción al castellano

Cher Monsieur,

Je recherche désespérément votre livre en français " Traité complet d'interprétation des transits et des R.S. en Astrologie. Hélas, en France, il est épuisé, impossible de m'en procurer. Peut-être en avez-vous encore.

Faites-le moi savoir par e-mail, je vous enverrai un chèque en Euros et dès réception, vous pourriez me l'envoyer. Merci beaucoup. Meilleurs voeux pour 2004. Astrologiquement vôtre.

....

Paris - France

Cher Monsieur,

Merci de m'avoir répondu si rapidement. Bien sûr que j'ai contacté les Editions Traditionnelles et toutes les librairies Astrologiques. Mais tous m'ont répondu que votre livre était épuise. Je vous informe que j'ai appris tout récemment son existence sur le site d'Astrologie libre où on ne fait que des éloges de votre livre. Et comme je suis moi-même astrologue, j'ai tenu absolument à le posséder.

J'ai encore une petite chance de le trouver d'occasion, peut-être. Encore un grand merci et mes meilleurs voeux pour l'année 2004 pour vous et toute l'Italie.

Grenoble

Muy Señor Mío

Busco desesperadamente su libro en francés *"Traité complet d'interprétation des transits et des R.S. en Astrologie.* Lamentablemente en Francia se ha agotado, es imposible conseguirlo. Tal vez Usted dispone todavía de alguna copia.

Por favor, si me lo confirma por e-mail, le enviaría un cheque en Euros y usted me podría mandar el libro después de recibirlo. Le agradezco mucho de antemano. Mis mejores deseos para el año 2004. Astrológicamente:

....

París - Francia

Muy Señor Mío

Gracias por contestarme tan rápido. Evidentemente me he puesto en contacto con *Editions Traditionnelles* y todas las librerías Astrológicas. Pero me han contestado que su libro se había agotado. Quisiera informarle que acabo de conocer de su existencia en el sitio *Astrologie libre*, donde no paran de elogiar su libro. Puesto que yo misma soy astróloga, me gustaría mucho disponer de una copia.

Quizá me queda todavía una pequeña esperanza de encontrarlo usado. Otra vez mil gracias y mis mejores deseos para el año 2004 a usted y a toda Italia.

Grenoble

26.
Previsiones: porqué sí

Quiero puntualizar que lo que voy a escribir no pretende representar a grandes o a enormes cantidades de colegas, sino que se trata simplemente de mi opinión sobre este tema, en el pleno respeto de quienes no opinan de la misma manera.

Pero sin embargo, tengo que decir que en mi larga carrera de astrólogo (treinta y cuatro años de estudios y de práctica muy intensos, a la fecha de enero de 2004) he escuchado muchas veces a colegas que declaraban que las previsiones en astrología son imposibles o no creíbles; y en la mayoría de los casos he tenido la clara evidencia (a partir de acontecimientos que ellos mismos relataban) que no habían sido capaces de producir previsiones fiables, y este hecho les llevaba a declararse contrarios al intento de trazar las líneas del futuro a personas o a grupos de personas.

Pero existen también estudiosos que realmente no están interesados en este tema o que están convencidos, de manera fundamental y sincera, de la imposibilidad de esta operación y, por lo tanto, ni siquiera lo intentan.

Yo estoy a favor de ello porque cada día consigo afinar más mi técnica predictiva y consigo alcanzar resultados que considero extremadamente interesantes y gratificantes a nivel de este desafío. Puesto que, en efecto, se trata realmente de un desafío.

Según mi manera de ver las cosas, se enfatiza demasiado esta práctica que no tiene nada que ver ni con lo paranormal ni con lo milagroso: quizá se trata de un problema fundamental que ocasiona un grande equívoco que, a su vez, comporta una actitud de extrema preocupación respecto al asunto de este capítulo. En efecto, son muchos los que confunden pronóstico con previsión.

El pronóstico, como ya tuve la oportunidad de escribir hace tiempo, es cuando nosotros decimos que en la carrera de caballos del próximo domingo ganará Trotecito, o que el primer número extraído de la tómbola, el sábado que viene, será el 28.

Al contrario, si estudiamos el desarrollo de un proceso de calefacción de dos litros de agua en una olla, y conociendo la presión barométrica de ese lugar, la temperatura del ambiente, la energía en términos de calor que cedemos a la olla, la tensión de vapor de la habitación, etc., podremos prever que el agua hervirá – digamos – en doce minutos: esto es una previsión. En campo astrológico, me dirán, las variables son muchas y no todas se pueden controlar; es verdad, pero esto no puede hacer que equivoquemos por completo una previsión. Siempre he declarado en mis escritos que las variables fundamentales que determinan el destino de un ser humano son esencialmente tres: la huella astral (en el momento del nacimiento y visto a través de las diferentes técnicas predictivas), el ADN del sujeto (es decir, el ácido desoxirribonucleico que transporta los genes y las "informaciones" sobre todo de los padres, pero también de los abuelos y de todos los antepasados) y las variables ambientales (políticas, sociales, históricas, económicas, geográficas, etc.) de una época y de un territorio en el que se nace y se vive.

He aquí el motivo por el que opino que una previsión sea más fiable cuanto más cerca se encuentra el astrólogo a su consultante, y viceversa. Si examino los tránsitos y el Retorno Solar de una mujer de la que llevo años ocupándome, y en la que incluso he efectuado una corrección del horario de nacimiento, de la que conozco la vida anterior, su estado de salud, profesional y sentimental, de la que recuerdo bastante bien incluso la situación de sus familiares, en este caso seré capaz de redactar previsiones muy concretas: hasta el punto que acabo afirmando que el RS, leído junto a los tránsitos según las reglas que he indicado en muchos de mis libros, es un "Tribunal de Casación" – es decir, el supremo orden de juicio. Es el que nos relata, hasta en sus más mínimos detalles, lo que le pasará al sujeto. Pero si me esfuerzo estudiando las estrellas del Presidente de la República, de quien no sé nada a nivel de vida privada y personal, y del cual no sé nada tampoco de su vida pasada y no pública, está claro que podría decir necedades, aunque a lo mejor consiga localizar las líneas esenciales de su próximo año.

La mayor parte de las personas de las que me ocupo, siguen encontrándome desde hace años o décadas para que les ayude a entender y también a mejorar su propia vida. Otros no vuelven más porque no quedan satisfechos por los motivos más disparatados: según cuentan, no se realizaron algunas previsiones (o lo que ellos creyeron entender de mis previsiones. Lean sobre este tema, en italiano: http://www.cirodiscepolo.it/Articoli/aspettative.htm); o bien el *feeling* entre nosotros no ha sido bueno o, al contrario, las previsiones fueron tan exactas que sus utilizadores se asustaron. En un hipotético concurso/censo/ estadística serían mucho más numerosos los satisfechos respecto a los insatisfechos. Pero yo no quiero convencer a nadie y estoy explicando sólo el porqué, a mi entender, se deben hacer previsiones. Yo creo que el primer motivo es porque, si reciben el apoyo de una técnica válida y de una gran experiencia, funcionan muy bien.

El segundo motivo que quisiera plantear es de tipo ético: las previsiones sirven para ayudar al prójimo. Y a este punto, aunque no lo quiera, me veo obligado a introducirme en una polémica de la que habría prescindido con mucho gusto. Según algunos colegas (pero no todos) la persona que hace previsiones (o la mayor parte de los que practican las previsiones) produce "terrorismo predictivo o astrológico".

Tratemos de examinar esta afirmación con la ayuda de una lupa y recurramos, a la fuerza, en una metáfora de tipo médico. Un paciente consulta con un gastroenterólogo y el doctor, después de los exámenes oportunos, le dice: "Señor mío, o deja de tomar ácido acetilsalicílico (es decir Aspirina) o su úlcera va a degenerar en cáncer del estómago. No sólo le aconsejo que evite esa molécula del grupo de fármacos que toma normalmente, sino también que proteja las paredes de su estómago con Ranitidina o con moléculas aún más avanzadas.". Y bien: ¿ustedes creen que este médico está haciendo terrorismo predictivo o está salvando al paciente?

Así pues cuando yo o uno de mis alumnos o colegas de mi escuela decimos: "Mire señora, si usted se queda en Brescia el día de su próximo cumpleaños, le llegará un cielo de *return* solar muy pesado y podría correr riesgos serios en relación con la salud. Pero si se traslada y se regala un magnífico viaje a Sharm, en Egipto, usted podrá "esquivar" bastante sus problemas de salud y también mejorar, al mismo tiempo, su situación laboral.". Que me digan entonces: ¿se trata de hacer terrorismo predictivo o de ayudar al prójimo?

¿Y quién dijo que las previsiones son siempre malas? Al descubrir muy buenas oportunidades para un investigador científico que anhela obtener una cátedra, podríamos aconsejarle trasladarse, por ejemplo, y festejar su próximo genetlíaco en Vancouver, en Canadá, para potenciar cien veces dichas posibilidades.

En el álbum de los recuerdos más queridos de mi vida hay personas que no lograban encontrar al compañero o la compañera de su vida y que hoy están felizmente casados; otras que estaban bloqueadas a nivel profesional y que luego "estallaron"; otras que consiguieron tener un hijo después de muchos años de intentos y podría seguir durante largo tiempo. ¿Todo esto les parece terrorismo?

Yo lo refiero con serenidad, sin excesivas autoindulgencias, con la conciencia de que estoy diciendo la verdad y que no estoy interesado en someterme a "pruebas de virilidad" en este sentido: tengo que limitar mucho el número de personas de las que me puedo ocupar, y no tengo ningún interés en hacerme ningún tipo de publicidad. También mis libros se imprimen sin cesar aunque reciban pocas reseñas o ninguna, mis alumnos son muchísimos y su número sigue aumentando.

En pocas palabras, el mensaje que quiero dejar es: tengan fe en su propio saber; equivocándose se aprende y además se podrán estudiar previsiones muy fiables, que podrán ayudar muchísimo a que nuestro prójimo viva mejor.

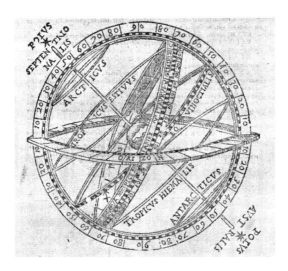

27.
La cuestión de la salud

Este capítulo, aunque en apariencia se encuentra lejos del tema del capítulo anterior, está relacionado estrechamente con él y más adelante comprenderán el porqué.

Este breve y personal informe tiende a trazar lo que, en mi opinión, es la situación actual de la salud del planeta y de la humanidad que vive en él. Recomiendo una lectura que le otorgue su justo significado: es decir, sin considerarlo relativo a individuos particulares (a Fulano, a Mengano, a quien escribe, a mi hija de diecinueve años, al Presidente del Consejo o al líder de la oposición) sino a toda la humanidad, sin excluir a nadie, empezando por los niños hasta llegar a las personas más ancianas. Debo reconocer que estas consideraciones personales podrán parecer bastante alarmantes e incluso agobiantes, pero también estoy convencido de que pueden ser muy útiles a nivel práctico. Si no fuera así, se trataría sencillamente de un lamento a todo campo que induciría a las personas hacia la depresión y el suicidio; mientras en realidad, en la óptica de la *Astrología Activa*, se trata de intentar alcanzar un objetivo exactamente opuesto: es decir, proteger la vida de las personas.

Esta disertación personal pretende estimular las reacciones de los lectores e inducirlos a poner en práctica todos aquellos recursos que cada uno de nosotros consideramos útiles para mejorar la situación de nuestra propia salud.

A estas alturas tenemos que dar marcha atrás y, como prólogo, partir de un dato objetivo. ¿Cuál es este dato objetivo, de hecho? Yo estoy escribiendo en julio de 2003, llevo 33 años practicando los Retornos Solares Elegidos y, efectuando una estima por defecto, hasta la fecha he enviado como mínimo a 16.000 (dieciséis mil) personas a transcurrir su propio cumpleaños elegido lejos, en un lugar oportuno, con los resultados que vamos a examinar ahora. Pero parámonos a considerar la situación de hace tres años: llevaba yo casi treinta años dirigiendo a varios sujetos a celebrar su cumpleaños en un lugar elegido (aproximadamente doce mil personas). Pues bien, en esa proporción resultaba que frente a doce mil personas que habían partido por su cumpleaños elegido y con treinta años de práctica, había tenido yo sólo el caso (un sólo caso) de una joven mujer de poco más de treinta años de edad (una muy buena amiga mía, de Roma), que al año siguiente – si recuerdo bien – de su primer cumpleaños elegido, sufrió un carcinoma al seno: un tumor bastante difícil de tratar y en estado avanzado, lo que obligó a los médicos a efectuar una mastectomía total.

En esa ocasión me quedé muy desconcertado: en un primer momento pensé que la hora de nacimiento que ella me había comunicado fuera equivocada; pero luego, volviendo a estudiar los documentos y los testigos del sujeto y volviendo a revisar el tema natal de esa persona, me convencí de que la hora era correcta y que, si se había tratado de una equivocación, no podía tratarse de ese dato. Por otro lado consideraba – y sigo opinando todavía igual – que no había cometido ningún error de método en la elección de ese cumpleaños. En cualquier caso, incluso frente a este episodio, la estadística estaba a mi favor de una manera aplastante, puesto que sólo un caso entre 12 mil personas que partieron para relocar su Retorno Solar durante treinta años de práctica, podía significar solamente dos cosas: que nuestro Señor me quiere mucho y por los tanto me ha ayudado de manera extraordinaria, o bien que el método funciona. Excluyendo el primer caso, porque no pienso merecerme tanta estima, afecto o protección por parte de nuestro Señor, creo en cambio que sea válida la segunda hipótesis: o sea que el método funciona de verdad. Cabe decir que en esa ocasión, en lugar de intentar esconder la mala noticia, le di la mayor difusión, tal como pueden verificar leyendo las fuentes: pues escribí sobre este caso al mismo tiempo en Internet, en mi revista (*Ricerca '90*) y en mis libros – desde luego sin dar el nombre del sujeto y sin publicar sus datos personales. En esa ocasión, si yo hubiera tenido casos que esconder, ellos hubieran salido a la luz. Lo que quiero decir es que, al haber escrito yo que mi único caso de fracaso era el "de una joven mujer, abogado y de Roma" hubieran salido a la luz otros casos, puesto que es muy probable que alguien apareciese en el web, donde todo el mundo puede tener acceso, para recordarme que tal vez me había "olvidado citar al contador de Villabajo" o que había "borrado el caso de la ama de casa de Villarriba y del arquitecto de Villaenmedio", y un largo etcétera. Sin embargo, como acabo de explicar, esos hipotéticos casos no han salido a la luz: lo que indica de manera muy clara el hecho que – *y éste es un punto fundamental* – la citada estadística a la que me refería antes, es pura verdad. En otras palabras, sobre doce mil personas partidas por su cumpleaños elegido hasta aproximadamente hace tres años, había tenido yo

un único caso de enfermedad seria. En esa ocasión escribí: "No sé explicar lo que ha pasado: cuando sea capaz de hacerlo, *si* un día sea capaz de hacerlo, les contaré lo que sucedió."

Ahora hagamos otro pequeño paso adelante hasta llegar al mes de marzo de 2002. En ese mes, en más o menos diez días, el mundo se me cayó encima. Es que cinco jóvenes mujeres de entre cuarenta y cincuenta años aproximadamente, de las que me ocupaba a nivel astrológico, vinieron a visitarme precisamente con pocos días de distancia, y me contaron que les habían encontrado un cáncer. Pues bien, cuatro de esas mujeres tenían Retornos Solares terribles y no lo habían querido relocar, aunque yo les había avisado y con mucho énfasis. Cabe decir que lo reconocieron de forma espontánea, sin dificultad: incluso se acordaron de que, al acompañarlas hasta la puerta, había yo seguido insistiendo para que se fueran de viaje; pero no hubo manera humana de convencerlas. En ese caso hubo cuatro tumores de seno y uno de garganta.

La quinta mujer partió por primera vez para elegir su Retorno Solar y el día después del cumpleaños, ya de vuelta en Italia, le descubrieron un cáncer al seno que evidentemente había madurado con anterioridad. En esa época no me afectaron las eventuales responsabilidades que podían recaer en mí, puesto que no había ninguna responsabilidad objetiva por mi parte; pero me quedé muy trastornado y pensé que, "si en un espacio tan pequeño como el de mi estudio, en un tiempo tan corto como unos diez días y en una población tan restringida como la que se pone en contacto conmigo para las consultas astrológicas, he registrado cinco casos de tumor, significa que esta enfermedad está explotando, al pie de la letra, en todo el mundo."

He estudiado estadística y sé que no se puede razonar de esta forma con esa ciencia, pero mi intuición me empujaba a investigar.

De esa profunda angustia empezó para mí una ininterrumpida investigación, que conduje basándome no en fuentes lábiles o risibles como podrían ser los artículos de revistas o páginas Internet sensacionalistas, sino acudiendo a las fuentes primarias y originales como los mayores centros de investigación del mundo sobre tumores, entre los que se encuentra el sitio del *Instituto Nacional del Cáncer* (http://www.cancer.gov/espanol), es decir el centro mundial de investigación sobre el cáncer, agencia del gobierno federal de los Estados Unidos de América; o el sitio del gran oncólogo italiano Umberto Veronesi; o los sitios de otros institutos franceses, que en hecho de investigación y cura del cáncer están, a mi parecer, en la vanguardia aún más que Estados Unidos; y muchos otros sitios.

Durante esos meses me centré de forma particular en el cáncer del seno, y envié a los mayores centros mundiales un mensaje por correo electrónico en el que pregunté "si, por favor, por motivos de estudio, podían indicarme cuántos casos de tumor del seno habían registrado en su instituto, en mujeres de más de cincuenta años de edad, año por año, durante el período del 1980 al 2002". Pues bien, los diversos centros de investigación me contestaron pronto de manera muy amable por e-mail, cada uno en su propio idioma, diciéndome que podían proporcionarme sin problemas los datos solicitados, pero sólo hasta el año 1977. Entonces no paré hasta conseguir una "recomendación" para poder hablar directamente con el oncólogo encargado de las estadísticas en el hospital *Pascale* de Nápoles (especializado en la investigación y en la terapia de los tumores), le llamé por teléfono y le pregunté "por qué sólo hasta el año 1997". Me contestó lo siguiente: "Sabe usted, la burocracia… las estadísticas… la epidemiología… nosotros siempre estamos un par de años atrasados respecto a los datos reales…" Pero yo insistí: "Perdone, pero no se trata de dos años: aquí estamos hablando de cinco años, de 1997 a 2002, y además, me perdonará usted la franqueza, pero yo no le pregunto cuántos casos de recidivas han archivado, o cuántos casos de mortalidad, de complicaciones, de metástasis, etc. etc. se han producido: no, he preguntado sólo cuántas pacientes han entrado en su hospital, día a día, en 1988, en 1989, en 1990 etc. y usted hubiera podido coger el registro y leer tres hoy, dos ayer, tres anteayer..., luego hubiera podido sumar los números con la calculadora y darme enseguida un número. ¿Me lo puede dar ese número?"

"¡No!" "Y ¿por qué?" "Sabe usted, la burocracia… la epidemiología… las estadísticas…" "Muy bien, gracias, hasta la vista."

Entonces empecé a pensar, y lo pienso desde entonces, que los datos que nos daban los canales públicos eran todos falsos. Pero no he dejado de investigar y, más allá de los datos que se han publicado (y que, repito, creo que son falsos), cuento con los testimonios de muchos médicos entre los cuales se encuentran enfermos de cáncer, o de algunos oncólogos que conozco que, cuando vienen a mi estudio me piden que apague la grabadora y me susurran: "Le contaré algo con la grabadora apagada, pero si lo publica lo negaré públicamente." Y luego, con la grabadora apagada confiesan: "Sí, estamos convencidos de que no se trata de una mujer de cada siete como en el 1977 (mujeres que han superado ya los cincuenta) sino que evaluamos la hipótesis de que estamos cerca de un porcentaje de una de cada tres." Una de cada tres significa que una mujer tiene cáncer y otras dos lo tendrán dentro de poco, en un máximo de cuatro o cinco años, o de todas maneras en el futuro: la verdad es que se trata de algo muy impresionante.

Pues bien, al continuar mi investigación yo tenía una idea personal sobre las posibles causas que podían ocasionar el derrumbe de este, por así decirlo, "muro de Berlín" por lo que se refiere al avance no del capitalismo y/o de la libertad (según los puntos de vista del quien quiera comentar ese particular evento histórico) sino de la progresión de la enfermedad respecto a la situación sanitaria de la entera humanidad.

Y las cuentas, el razonamiento, eran bastante fáciles. Yo pensaba que "habrá aumentado mucho la contaminación en los últimos años, habrán disminuido mucho nuestras defensas inmunitarias y esas son las razones por las que el mal se extiende."

Cabe destacar que, además del cáncer (que a partir de ese momento fue para mí como un dique que se derrumba: cada día recibo dos, tres, y a veces cuatro llamadas telefónicas de personas que conozco, que me cuentan que les han diagnosticado un tumor), muchos sujetos me informan de haberse enfermado – por ejemplo – de nódulos en la tiroides, de la enfermedad celíaca (intolerancias alimenticias, en especial al gluten), de haber desarrollado alergias muy fuertes de la piel, de los órganos respiratorios y de los ojos, de haberse enfermado de hepatitis o de otras enfermedades virales. Además, me resulta que hayan vuelto a difundirse formas endémicas de tuberculosis, de sífilis y de diversas enfermedades infectivas. Otras enfermedades "nuevas" como el SRAS o SARS, han aparecido por primera vez (como saben, la que tuvimos el invierno pasado es tan sólo la primera, pero temo que habrá otras). Incluso ha habido epidemias de citomegalovirus o de otras enfermedades causadas por un virus que, procedente del aire que respiramos, nos hace estar un mes en la cama con fiebre de hasta 40°C; formas de astenia general afectan a muchas personas; la mitad de la población *de más de cuarenta años* se ha vuelto estéril; innumerables hombres sufren impotencia sexual antes de los cuarenta años o, en los casos mejores, una pérdida enorme de su deseo sexual, de sus fuerzas físicas y podríamos seguir con páginas enteras esta investigación tan poco divertida.

Por no hablar del mar de depresiones, cefaleas, dolores reumáticos, dolores óseos y un larguísimo etcétera (todo, desde luego, en medida mucho mayor respecto a hace diez años).

Pero lo que yo necesitaba para poder demostrar el presente *teorema* era un dato objetivo: y el dato objetivo "finalmente" lo he encontrado. El invierno pasado, estamos por lo tanto hablando del año 2003, se publicó un artículo primero en los Estados Unidos (*Washington Post*) y luego en Italia (*Corriere della Sera*), que nos contaba que un grupo de activistas ambientalistas americanos, o sea de personas que se dedican de forma exclusiva a este trabajo, que son entendidos, expertos de la materia (entre los que se encuentra la compañera de un líder ambientalista americano, una señora que lleva diez años comiendo sólo macrobiótico), habían tenido una idea brillante y que se dijeron: "Hasta la fecha nosotros hemos mantenido bajo control la contaminación del *cubo de la basura llamado Tierra* y hemos examinado la contaminación de las aguas, del aire y del terreno, pero nunca nos hemos puesto a examinar la contaminación del *cubo de la basura llamado Hombre…* pues esta vez lo vamos a hacer." Fue así que esas personas se sometieron a un examen muy especial, uno que es posible llevar a cabo sólo en pocas universidades del mundo, con análisis sofisticados en una de las universidades norteamericanas más prestigiosas que les costó 5.000 dólares a cada uno. Resultó que cada uno de ellos tenía en el cuerpo 101 sustancias *altamente* carcinógenas: empezando por la dioxina y siguiendo con el cianuro, el arsénico, el plomo, el mercurio y un largo etcétera. Esto en igual medida tanto los hombres como la mujer, la que vivía con la ilusión de llevar diez años comiendo macrobiótico. Digo "con la ilusión" porque la pobrecita cultivaba su arroz integral en el jardín de su casa en el noreste de San Francisco, en esos inmensos bosques donde filmaron la película *Rambo*, donde no existen zonas industriales importantes y donde ni siquiera se señalan contaminaciones atmosféricas importantes, donde no pasan cables de alta tensión, etc.

Ella, evidentemente, en su terreno no utilizaba sustancias químicas: pero no era consciente de que, cada vez que llovía, en su huerto caía dioxina, cianuro, arsénico, plomo, mercurio, etc. De esto aprendemos dos cosas. La primera es que todos nosotros tenemos en nuestro cuerpo las citadas 101 sustancias altamente carcinógenas (con leves oscilaciones en los valores medidos), y la segunda es que no podremos expulsarlas jamás de nuestro cuerpo. El nivel de contaminación es mucho más elevado del que padecieron las víctimas de la nube de dioxina en Seveso en el año 1976, por poner un ejemplo. En aquella ocasión, todo el país observó horrorizado las imágenes en el telediario, pero actualmente estamos todavía más contaminado que aquellos desdichados.

¿Qué es lo que pienso yo? Yo pienso que con el nivel de contaminación que todos tenemos en nuestro organismo, al menos los que tienen más de 50 años, digamos los que como yo tienen entre 55 y 60 años, en los próximos diez años – estoy convencido de esto – nos enfermaremos todos de cáncer. *Todos* quiere decir del primero al último, sin excepciones. Pero también estoy convencido de que la medicina ha progresado mucho y, por lo tanto, una buena parte de las personas con un tumor maligno se salvará.

Ahora, reconstruyendo un poco el recorrido desde el punto de vista de la

Astrología Activa, tengo que decir que si nosotros llevamos ya diez años con la enfermedad en el cuerpo, el cumpleaños elegido no nos puede proteger al 100 por ciento, sino sólo al 80 por ciento (*grosso modo*) y nos puede proteger en relación con el futuro, pero no con el pasado. Es así que consigo explicarme el caso de esa amiga mía de Roma, que seguramente estaba enferma de cáncer desde hacía ya tres o cuatro años, *in progress*, y se manifestó bajo un buen Retorno Solar: lo que creo que contribuyó muchísimo en su salvación, puesto que ya hemos llegado a su cuarto (si no me equivoco) cumpleaños elegido y está muy bien de salud, sin ninguna recidiva.

Es por esta razón que les invito, en primer lugar y una vez más, a que tomen en consideración la idea de relocar su Retorno Solar todos los años, y no un año sí y otro año no; y en segundo lugar, dado que no podemos protegernos de las enfermedades pasadas, les invito a que utilicen toda una serie de protecciones que consideramos útiles para defender nuestra salud: *soportes* que para alguien podría ser la medicina homeopática, para otros las Flores de Bach o la pranoterapia, la acupuntura, los masajes shiatsu y – ¿por qué no? – incluso los rezos a Padre Pío, a la Virgen María, a Mahoma o a Buda. Para otras personas, una medicina muy eficaz podría ser el amor, que es un antioxidante muy fuerte (cuando se está enamorado es difícil enfermarse). Para otros puede tratarse de los tradicionales medios de la ciencia: por ejemplo ahora ya casi todos los médicos están convencidos de que dosis masivas de vitamina C y E, y también de melatonina, tienen una fuerte acción antioxidante y ayudan a luchar contra el cáncer. Además cabe recordar que, ante la pregunta "Dado que todos los alimentos están envenenados, ¿cuál es la manera correcta de alimentarse?" la respuesta de grandes médicos es la siguiente: 1) comer muy poco; 2) cambiar a diario lo que uno come, puesto que pequeñas dosis de venenos diferentes tomados cada día hacen mucho menos daño que el mismo veneno tomado todos los días.

Según esta manera de pensar, el que come sólo *mozzarellas* todos los días y en grandes cantidades, a lo mejor fallecerá antes de otros que no tienen estas costumbres alimenticias: porque comerá siempre el mismo tipo de veneno, que se acumulará en exceso hasta matarlo. Al contrario, el que come un poco de veneno de las verduras, un poco de veneno diferente de la pasta o de la carne o del pescado, tendrá mayores posibilidades de salvarse.

Les recomiendo también que no me pidan descuentos sobre el kilometraje del viaje de relocación del Retorno Solar: no tiene sentido, en esta época en la que tenemos que enfrentarnos con un enemigo con los colmillos tan afilados, pensar que nos podemos desplazar sólo hasta Londres o París. En cambio, tendremos que preguntarnos lo siguiente: "¿Es posible viajar a la Luna para defenderme mejor? ¡Porque si es posible, yo me marcho hasta la Luna!'".

Pues bien, después de aclarar todo esto, es evidente que invito a todo el mundo a que sea más agresivo contra el enemigo formado por la contaminación y la enfermedad. Evidentemente, invito a todo el mundo a que evite sobre todo esas toxinas que tomamos voluntariamente con el humo, el alcohol, las drogas, los medicamentos, etcétera.

También quisiera observar que, personalmente, tengo una cierta esperanza para los muchachos de hoy, puesto que creo que estamos cambiando genéticamente: así como los ratones que se acostumbran a los cebos envenenados y, por lo tanto, ya no logramos matarlos y hemos perdido nuestra guerra contra ellos; de manera análoga creo que incluso nosotros los seres humanos, nos estamos lentamente acostumbrando al veneno. Pero creo que con los seres humanos el proceso es muy lento, mucho más lento del que sufren los ratones y, por lo tanto, a lo mejor cuando los chicos y las chicas de hoy tengan sesenta años, quizá irán al doctor para enseñarle los resultados de los análisis y el doctor les dirá: "¡Señora mía, usted tiene esa dioxina un poco demasiado alta, tiene que reducirla!", así como un médico de hoy diría: "Usted tiene la glicemia demasiado alta, ¡tenemos que hacer algo!". Pero supongo que todo esto tendrá que ver sólo con los muchachos del futuro, y que nosotros (los que ahora tenemos más de 50-60 años) lamentablemente nos encontramos demasiado expuestos. Por lo tanto, repito, mi opinión es que el Retorno Solar Elegido no es la lámpara de Aladino, no es Lourdes ni tampoco Padre Pío: pero es uno de los soportes más importantes, uno de los escudos más protectivos que existen para defendernos de la enfermedad, en una medida de eficacia que podríamos indicar cercana al ochenta por ciento respecto al peligro. Me doy cuenta de que ese veinte por ciento que queda sin protección sigue siendo terrible, pero de todas maneras es evidente la diferencia entre una protección de un escudo de ochenta por ciento y la ausencia total de protección, que es lo que nos sucede cuando pasamos todos nuestros cumpleaños en nuestro lugar de residencia habitual, sufriendo a veces posiciones astrales que son realmente insidiosas. Yo creo que en este caso no podemos de la manera más absoluta, y digo *absoluta*, correr este riesgo; por lo tanto, les invito con decisión a que actúen en esta dirección puntual y a que sigan practicando tanto el cumpleaños elegido como la *exorcización del símbolo*.

Por último, quisiera recomendarles también, en relación con lo dicho sobre la salud (que espero que hayan leído con atención sin aburrirse), que les desaconsejo firmemente que intenten convencer a los escépticos a relocar sus Retornos Solares. Tengo un montón de alumnos, e incluso muy buenos colegas, que obligan a sus padres ochentones a subir a un avión para un cumpleaños elegido cuando los pobrecitos no creen nada de esto; pero lo hacen y se someten a sufrimientos terribles sólo para satisfacer a sus hijos.

Cuando en el año 1995 me convencí de que dentro de un año iban a fallecer tanto mi padre como mi madre, no hice nada para que relocasen sus Retornos Solares, ya que ellos no creían en absoluto en esta técnica. Entonces esta es mi exhortación: ustedes márchense, váyanse de viaje, reloquen sus Solares y los de sus hijos, puesto que sobre ellos tienen ustedes una responsabilidad directa; pero nunca obliguen a nadie porque se trataría de violencia mental, empezando por sus padres o por los ancianos, si ellos no creen en la validez de los Retornos Solares Elegidos.

Pues bien, esto es todo; pero evidentemente, tanto en mis páginas web como en mi revista, podrán seguir la progresión de esta investigación que considero un *archivo* temporal y que, por lo tanto, tengo que actualizar sin cesar, intentando transmitirles en el futuro todas las noticias que puedan sernos útiles para defendernos mejor.

¿Por qué todo esto está relacionado con el razonamiento sobre la validez de las previsiones en la astrología?

Trataré explicarlo a continuación. Pero antes quisiera volver a subrayar un concepto que sostengo desde hace años.

Al evaluar los acontecimientos en relación a nuestros movimientos "elegidos", no olvidemos tener en cuenta las variables de la cuestión. Cuando nuestros enemigos viscerales e históricos calculan las variables que desempeñan un papel en el destino humano, no se les ocurre ni por un momento considerar la influencia de los astros. Al contrario, nuestros más fanáticos y ciegos partidarios olvidan que las variables de la cuestión son más de una: no se limitan sólo a la "influencia" de aquellas *piedrecillas* que giran sobre la cabeza. Hubo una discusión que trataba en parte este tema, en 1997, en la televisión italiana. Fue durante el programa *Corto Circuito* que Canale 5 transmitió el 30 de marzo, Domingo de Pascua, a las 23:45, en una mesa redonda sobre la Bioética. Los moderaban Daria Bignardi y Gian Arturo Ferrari. Los invitados al debate eran el filósofo Giacomo Marramao, el cura don Roberto Colombo, el escritor y psicólogo de fe islámica Gabriele Mandel, el biólogo Edoardo Boncinelli (con quien había yo trabajado en el CNR de Nápoles en 1967) y un escritor de cuyo nombre no me acuerdo. Se discutía de clonación (o como rectificaba el biólogo, de *clonaje*). Debate interesante, bajo varios aspectos. Se hablaba del miedo (¿del hombre? ¿de la Iglesia?) a crear "dobles" humanos, pero – afortunadamente – semejante tontería la dejaron enseguida de lado.

Sin embargo, los invitados tan cultos olvidaban evidenciar un detalle muy importante: el de la relación hombre-astros. Dejemos de un lado el problema del alma en el ser clonado: no porque no es un problema importante, sino porque correríamos el riesgo de encaminarnos hacia discusiones estériles y totalmente inútiles a nivel práctico; más bien consideremos los demás aspectos. Todos los participantes parecían estar más o menos convencidos de la existencia de dos variables fundamentales tales que impiden, de hecho, la posibilidad de que dos seres humanos sólo en apariencia parecidos (como los gemelos monocigóticos) puedan ser totalmente idénticos. Las dos variables fundamentales son la matriz genética, o sea la información que contiene el ácido desoxirribonucleico, y la matriz histórica que nos dice cuánto cada ser humano está influenciado por las condiciones geográficas, económicas, políticas, sociales y culturales del lugar y del período en que nace y vive. A este punto pasó algo imprevisto: el biólogo Edoardo Boncinelli sacó una nueva variable que, me parece, nunca se había nombrado en precedentes debates sobre este tema; es decir el hecho que la conexión entre las neuronas, cuando nace una nueva vida intrauterina, se produce de manera totalmente casual y determina realmente, por sí misma, esa unicidad absoluta que es un ser humano. El científico no tuvo mucho tiempo para poder explicar sus razones, pero me pareció que lo que él había querido decir, desde un punto de vista totalmente laico, y lícitamente laico, es que esa variable no es nada más que el *alma*. De todas formas, que queramos llamarla *alma* o que al contrario queramos definirla según las especificaciones de la biología, el hecho es que es realmente una tercera variable de la cuestión. Pero ¿y con los astros qué hacemos? ¿Tal vez hemos olvidado que si queremos enumerar todas las variables, la astrológica es la cuarta y no la menos importante (yo creo que ocupa el primer lugar del ranking)?

La corta premisa que acaban de leer nos introduce a otro concepto fundamental, relacionado con las previsiones en astrología:

Actualidad del lenguaje predictivo

Daré un ejemplo. De todos los párrafos que componen este volumen, consideremos el que corresponde a Júpiter de Retorno Solar en la Tercera Casa (de RS, desde luego). En él se dice, entre otras cosas, que el sujeto durante el año se dedica a la escritura o participará en cursos relativos a los ordenadores. En efecto, sólo para citar un ejemplo, una mujer que ha pasado los cincuenta y que desarrolla un oficio intelectual y cualificado, aunque había odiado con todas sus fuerzas el ordenador en los años anteriores, con el actual Retorno Solar en que Júpiter ocupa la Tercera Casa ha empezado a tomar clases de informática y a escribir muchísimo con el programa *Word*, a pesar de haber escrito durante una vida entera con papel y bolígrafo.

Y bien, ¿piensan ustedes que dentro de cincuenta años esto será todavía posible? Evidentemente no, puesto que todo el mundo escribirá con el ordenador a partir ya desde la escuela primaria, y esto a partir de los próximos años. Pero los significados cambiarán sólo un poco; y una homóloga persona del futuro, por ejemplo, podría empezar a escribir novelas. En definitiva, el símbolo hay que seguirlo en su expresión relacionada con los tiempos y con el desarrollo también cultural del ser humano: lo que era la biga romana hace dos mil años, actualmente lo es el automóvil.

De la misma manera podemos afirmar que las reglas descritas en este libro funcionan en muchísimos casos, pero hay que leerlas con inteligencia.

Personalmente siento poder afirmar, casi en forma apodíctica, que hace diez años quien se ponía en marcha cada año para relocar su Retorno Solar estaba casi totalmente protegido de enfermedades importantes que se pueden manifestar a los cincuenta o a los sesenta años de edad. Actualmente, por los motivos ya expuestos, esto no es verdad: pero sigue siendo un hecho que quien se pone en marcha para relocar su Retorno Solar, y hace que por ejemplo Marte no ocupe ni la Primera ni la Sexta ni la Duodécima Casa, en caso de una enfermedad seria podrá salir mejor parado de uno a quien le toca un Ascendente de RS en la Primera Casa natal, un Sol de RS en la Sexta casa de RS o un stellium de RS en la Octava de RS.

Para darles una ulterior demostración de esto, les propongo el tema natal de dos mujeres extranjeras pertenecientes a generaciones diferentes. La primera (figura A), más anciana, de nacimiento presentaba un Marte en Cáncer en la Primera Casa. En su época (o sea cuando ella era joven) con una posición de este tipo se podía afirmar sin la menor duda o con un porcentaje muy elevado de acierto en la previsión, que se enfermaría gravemente, durante su vida, del estómago o del seno: y en efecto hace muchos años, cuando el tumor del seno era una cosa muy rara, ella lo padeció.

También la mujer de la figura B, más joven, hace poco se vio afectada por el mismo mal, pero – como pueden ver – de nacimiento no presenta ningún carácter especificadamente distintivo como lo tenía su homóloga en tal desgracia. Sí, claro, podríamos tal vez forzar la interpretación diciendo que la mitad de la Casa Primera ocupa el signo de Cáncer y que su Luna es conjunta con Marte: pero sería muy forzado, puesto que podría presentarles otros casos de jóvenes mujeres con tumor del seno, pero que no tienen ni el menor pretexto en relación con el signo del Cáncer o con la Luna.

Así pues, debemos concluir una vez más diciendo que las previsiones hay que hacerlas sobre todo con un gran bagaje de experiencia, y que más exactas serán cuanto más el astrólogo sea digno de pertenecer a la especie del *Homo sapiens*.

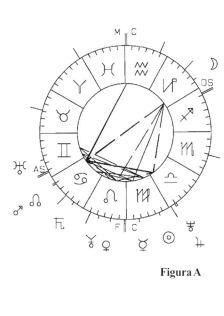

Figura A

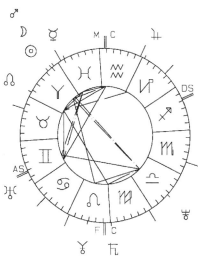

Figura B

28.
Qué se tiene que hacer cuando no se puede partir

En muchos casos, por un sinfín de motivos disparatados, aunque se quiera mucho no siempre es posible irse de viaje para elegir el lugar de relocación de su cumpleaños. En esas situaciones solemos tener dos posibilidades: el cumpleaños que no se pudo elegir servía para potenciar algo que nos interesaba de forma particular (amor, dinero, carrera, etc.) o bien tenía la finalidad de protegernos de probables problemas relacionados con malas posiciones astrales en el Retorno Solar Básico (el RS domificado según el lugar donde vivimos de costumbre).

En el primer caso, creo que no hay mucho poco que comentar y, como mucho, se puede confiar en la buena suerte (junto a una serie de acciones positivas y concretas para ganarnos la "suerte" en el sector en el que la estábamos buscando).

En el otro caso también hay dos posibilidades diferentes: es necesario "parar" – pongamos – un Marte en la Séptima Casa (normalmente indicativo de "guerras" distintas) o un Saturno en la Segunda o en la Octava (anunciando casi siempre falta de beneficios, pérdidas de dinero o muchos gastos económicos) o bien nos enfrentamos a aquellas posiciones particularmente adversas/negativas como el Sol, el Ascendente, un stellium o Marte en la Primera, Sexta o Duodécima Casa (o también un stellium en la Octava).

De las dos, la segunda situación es la más dura de superar, puesto que puede ocasionarnos problemas a todo campo, casi en todos los sectores de nuestra vida: salud, dinero, trabajo, sentimientos, hijos, etc. (aunque no necesariamente "hasta morir").

Si tenemos que mantener controlado un Marte en la Quinta o un Saturno en la Décima, podemos tomar en consideración las acciones específicas que he explicado en mi libro **Astrologia Attiva**, *edizioni Mediterranee*.

Al contrario, en el caso de los sectores "muy malvados" ya citados, cabe estudiar una estrategia que pueda ser "polivalente" y que pueda relacionarse y coordinarse con una serie de acciones voluntarias puestas en práctica por nosotros mismos, independientemente de los casos específicos individuales.

Sé que lo que estoy escribiendo topará con la abierta contraposición de los que afirman que cada caso es único en el mundo y que, por ese motivo, no se pueden confeccionar previsiones fiables para cualquiera; pero personalmente no estoy de acuerdo y les voy a explicar el porqué. En mi opinión, tal como lo hacemos en las ciencias físicas, cabe distinguir entre teoría y práctica. Por ejemplo, si filosofeando afirmamos que a nivel teórico no podemos estar seguros de que una pluma, después de haber intentado dejarla flotando en el aire mil millones de veces, siempre caerá al suelo, en lo práctico podemos decir con tranquilidad que "cada vez que soltamos una pluma flotando en el aire, ella caerá al suelo".

De la misma manera, si en un casa de urgencias médicas llega un automovilista que sufrió un accidente muy malherido en varias partes del cuerpo, si queríamos actuar según dicen los que sostienen la tesis contraria a la mía, deberíamos primero efectuar todos los análisis clínicos disponibles (e incluso los que no existen todavía…) y luego intervenir con una terapia "estudiada científicamente". Al contrario, lo que pasa – y justamente – es que el médico de guardia sabe perfectamente que, independientemente de todos los análisis clínicos del caso y de la historia clínica del paciente además del desconocimiento de las enfermedades de los parientes ascendentes del malherido, si sale sangre en abundancia del hombro lo primero que tiene que hacer es detener la hemorragia, y luego pasar a las demás emergencias singulares, incluso una a la vez, pero siempre en la óptica de un médico que tiene (o que debería tener) una visión holística del paciente.

De la misma manera, basado en mi experiencia, creo que es legítimo establecer reglas que puedan ser válidas en la inmensa mayoría de los casos, aunque desconozco el microcosmos específico del caso singular concreto: si el sujeto es vegetariano o carnívoro, si es laico o religioso, si es liberal o estatalista, etcétera…

Puesto que no sufro complejos de inferioridad que en estos caso me provoquen vacilaciones paralizantes, ni tampoco me quedan exámenes por pasar (al menos con una gran parte de los colegas vivientes), como hago normalmente voy a emplear un lenguaje directo y claro, sabiendo que legiones de astrólogos sentirán horror (o fingirán sentirlo) por la crudeza de mi manera de razonar.

Así pues, simplificando lo más posible (a beneficio del usuario final de estas recomendaciones) diré que la cuestión, vista desde una cierta perspectiva, es bastante sencilla: en el momento de un cumpleaños, de un mal cumpleaños que no queremos o que no podemos evitar, es como si nosotros firmáramos una letra de cambio en blanco a los astros; y algunos de ellos vendrán, durante el año, a exigir el pago.

Si aceptamos este principio (a los que no creen en ello, nadie les obliga a seguir leyendo las líneas siguientes), es evidente que cuanto más temprano pagamos nuestras deudas mejor. Además, puesto que no sabemos cuánto debemos dar, es preferible dar mucho: aún más de lo debido, para que no nos pidan otra cosa que podría afectarnos a trescientos sesenta grados y dañarnos mucho, en el caso en que afecte intereses específicos importantes para nosotros.

Tan sólo estas dos reglas básicas nos podrían ayudar muchísimo en la estrategia de contener un año "disonante", pero podemos dar otros pormenores.

La experiencia que tengo me permite afirmar que los astros (aunque desconozco los motivos) se comportan como los antiguos dioses del Olimpo – es decir, de manera infantil y caprichosa – hasta el punto que su "ira" se aplaca sobre todo si ofrecemos "sacrificios humanos". Dichos sacrificios no tienen nada que ver con actos de brujería, satanismo, magia negra y otras prácticas parecidas, sino deberían considerarse siempre en la óptica de la *exorcización del símbolo*. No sé el porqué, pero una larga serie de ejemplos me ha convencido que podríamos definir algunos planetas "maléficos" como vampiros que sobre todo quedan satisfechos cuando se derrama sangre. Es por ello que – en todos los casos en los que no se puede elegir la relocación de los Retornos Solares, y de manera particular de los Retornos Solares malvados – el consejo que creo que se puede brindar es que se sometan a una operación quirúrgica un mes después del cumpleaños.

Y digo un mes, porque los veinte días antes y los veinte días después de cada cumpleaños son días críticos y potencialmente peligrosos: por lo tanto, yo no me metería voluntariamente bajo las manos de un cirujano en las semanas críticas; pero tampoco esperaría demasiado, puesto que podrían llegar ya los primeros reclamos de "pago" incluso antes de que yo haya hecho nada para "exorcizar los símbolos". Evidentemente, no podemos burlarnos de los astros y con un simple empaste de una muela cariada no vamos a resolver nada: se hace necesaria una intervención de verdad. ¿No tienen nada en suspenso de tipo quirúrgico? ¿Seguro? Lo primero que tiene que hacer, siempre aproximadamente un mes después del cumpleaños, sería un chequeo completo donde poder descubrir, por ejemplo, si tienen pequeños cálculos en la vesícula biliar o en los riñones, y bajo indicación del médico podrían necesitar una intervención. Posibles operaciones relativas a quistes cutáneos y ginecológicos o a hemorroides, apéndice, amígdalas o hernias, y todo lo que se puede añadir en campo quirúrgico, podrían ciertamente hacer bajar mucho la "temperatura" de ese año.

Tal vez alguien dirá: "¿Y si luego es justamente el año malo lo que me causa complicaciones operatorias?" Es verdad, pero pienso que esto es un riesgo que es necesario correr, mucho menos peligroso que esperar un eventual infarto que puede tener éxitos muy inciertos.

También una cirugía plástica podría ser útil, tanto en el caso de que salga bien como de que salga mal (nuestro objetivo es el de "aplacar las iras" de los llamados astros maléficos).

¿Qué hacer si no tenemos en absoluto ninguna intervención quirúrgica a la que nos podamos someter? Pues bien, entonces debemos actuar de manera diferente y por ejemplo pedirle a un dentista que nos haga un *curretaje a cielo abierto*: es la intervención de limpieza profunda de los dientes, la que se hace con un corte vertical de las encías con un bisturí, luego se quita (con una fresadora de alta velocidad) el tártaro que suele encontrarse entre encías y dientes; y al final, se vuelve a coser las encías cortadas. Se trata de un tipo de intervención bastante impresionante, pero nada peligrosa o costosa, que tiene uno que "distribuirse" a lo largo de los meses.

No todos los dentistas podrían estar dispuestos a practicarlo si vieran que no es necesario, sin embargo algunos médicos sí lo hacen para fortalecer las encías y de manera preventiva.

Esto, por lo que se refiere a las intervenciones quirúrgicas y a la sangre.

¿Qué más se puede hacer? Un poco de todo, en la lógica de los sacrificios (pero sin olvidar que de esta manera estaríamos así a muchas medidas de distancia de la primera opción): mucho estudio, mucho trabajo, leer mucho por la tarde, y libros que requieren esfuerzos; muy pocas salidas por diversión, dietas para adelgazar o desintoxicarse efectuadas con un cierto "fundamentalismo" ascético; la posible decisión de una separación en amor, la disolución de una sociedad, el corte de muchas ramas secas en sentido lato.

También hacer voluntariado (pero no en dosis homeopáticas) podría ser útil. También son muy útiles las renuncias: renuncien al coche o al ordenador nuevo, renuncien al viaje al Caribe, jugar a dos cartas en cuestiones de amores, etc.

Las palabras claves del año deberían ser: trabajar o estudiar duro, renunciar drásticamente a los placeres, procurarse sufrimientos que puedan hacernos crecer (como estudiar por la tarde en vez de relajarnos con la televisión u otras diversiones), dedicarse muchísimo a los demás, mortificar el propio *ego*, escoger la clausura voluntaria, retirarse variadas veces en meditación o en plegaria. En definitiva: dar, dar, dar y seguir dando.

Estas reglas, experimentadas muchísimas veces por personas que me han escuchado y también en persona en las ocasiones en las que no pude partir, no han garantizado nunca el mismo resultado protectivo de un cumpleaños-escudo elegido, pero han sido capaces de aliviar bastante un año que se presentaba muy problemático.

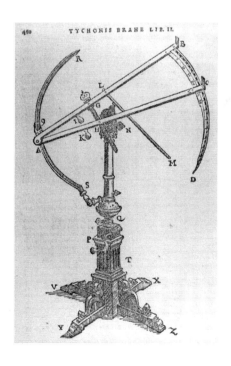

Como ya he escrito, nos encontramos en el campo de un laboratorio de investigación *in progress*. Es necesario actualizar sin cesar el archivo temporal que – día tras día – va recopilando las indicaciones de nuestras experiencias; pero si me pongo a mirar hacia atrás y pienso en los progresos gigantes realizados en más de treinta años de estudios e investigaciones, pero sobre todo de experiencias en el campo, creo que puedo afirmar que en este laboratorio se han descubierto y establecido reglas de importancia fundamental. Son reglas que nos permiten, por lo menos, no volver a repetir errores muy graves que se podían cometer en los inicios de esta maravillosa aventura, cuando en práctica no existía ningún tipo de literatura científica que pudiera guiar a los estudiosos en el recorrido del camino de los Retornos Solares Elegidos. Es cierto que hemos dejado a heridos en el campo, pero era algo inevitable en un trabajo muy experimental como éste. Es por esto que acabo siendo poco tolerante, y a veces duro e intolerante, con los que pretenderían corregir las reglas que marcan en la actualidad mi camino porque creen haber descubierto reglas mejores basándose en el estudio de dos o tres Retornos Solares relocados.

Créanme, no se trata de la manera correcta de trabajar. En un sector en el que está uno relacionado con la vida de las personas, no hay lugar para esa astrología de salón donde se pueden expresar incluso las tonterías más grandes nunca escuchadas en la historia de la astrología: el Capricornio es muy hábil en manualidades, el Cáncer es vanidoso, el Virgo es prepotente…

En este sector es como meter una escopeta cargada en manos de un niño y, si los niños no son lo suficientemente grandes, maduros y expertos, pueden imaginarse ustedes qué puede pasar.

No pretendo dejarles las tablas de la ley de la Biblia sobre esta materia, pero sí una base muy válida para iniciar en la que yo mismo seguiré trabajando y haciendo investigaciones, junto con mis alumnos y mis valientes colegas de la misma escuela. Pero fíjense e imagínense si tuviéramos que volver a empezar desde el principio; y si tuviéramos todavía aprender que, por ejemplo, el Ascendente del RS en la Primera Casa natal es exactamente tan perjudicial como el Ascendente del RS en la Duodécima, siempre natal.

Espero que, después de los muchos libros y artículos publicados y siempre ilustrados con un gran número de casos prácticos utilizados como ejemplos, mi lector se haya convencido al menos sobre un punto fundamental: el Retorno Solar no se puede leer como si fuera un tema natal. Si no comprenden esto, es mejor que se ocupen de otras cosas.

Cuando alguien que lleva muchos años siguiéndome, me pregunta: "Pero el Ascendente en la Sexta Casa, ¿no podría significar que cambio de trabajo?" la verdad es que se me cae el alma a los pies.

Creo que las situaciones más peligrosas son las que se crean entre los lectores que han leído algo mío, pero sin seguirme de manera sistemática en todos mis escritos y que, a pesar de ello se aventuran a relocar sus propios Retornos Solares o los de los demás, basándose en escasas nociones en este asunto y sin las oportunas actualizaciones.

Sin embargo, también es verdad que no es tan fácil seguirme en la evolución de mis investigaciones, puesto que sus resultados los publico a veces sólo en mi revista, a la que incluso alumnos que se proclaman fieles no están suscritos; o los anuncio verbalmente durante conferencias, o los transmito por Internet con un mensaje de respuesta dentro de una lista de correspondencia.

He aquí pues el valor de un libro como éste, en el que puedo recopilar, tras varios años, bajo forma de capítulo resumen las principales observaciones y recomendaciones que pienso poder dejar a los que me siguen en este fascinador, pero también peligroso camino.

He aquí pues lo que quisiera recordar y recomendar:

1) El Retorno Solar nos da indicaciones muy preciosas, casi siempre "espectaculares", sobre el período de un cumpleaños al cumpleaños siguiente: es una tontería enorme pensar que pueda funcionar con meses o semanas de anticipación o de retraso respecto al día del cumpleaños.

2) No existe ninguna diferencia en los daños que puede procurar una Duodécima, una Sexta y una Primera Casa de Retorno Solar.

3) Un stellium entre la Duodécima y la Primera vale exactamente como un stellium en la Duodécima, incluso si – por ejemplo – encontramos a Júpiter en la Duodécima Casa y a Venus y Mercurio en la Primera.

4) Los aspectos angulares de los astros de Retorno Solar, valen muy poco respecto a la posición de los astros en las Casas, así que no se hagan ilusiones si su Marte en la Sexta de RS está sostenido sólo por trígonos y sextiles: en la práctica, el resultado será idéntico al de un Marte afligido.

5) El cielo de Retorno Solar es más influyente, de largo, que el tema natal con los relativos tránsitos: por lo tanto, no se hagan ilusiones si durante un año con el Sol en la Primera de RS estarán protegidos por un tránsito de Júpiter en conjunción con el Sol radical. Pero al mismo tiempo no se angustien por un Urano que les transita sobre Marte natal en la Duodécima Casa, si llevarán a cabo un buen Retorno Solar Elegido. La regla vale en los dos sentidos y no es el parto de una actitud paranoica, a lo sumo del contrario: ¿un pesimista enviaría a más de mil personas al año a relocar su Retorno Solar si no estuviera convencido de poder mejorar su vida de manera sensible?

6) Para elegir el Retorno Solar no utilicen tanto la Décima Casa, a menos que la sepan emplear de verdad: cuando no se posee una sólida experiencia es mucho mejor ponerle un Júpiter en conjunción con el Medio Cielo, o Venus o el Sol en conjunción con el Medio Cielo, más que un AS en la Décima que en muchos casos puede perjudicar de verdad al interesado.

7) Para quedarse tranquilos y no tener sorpresas negativas, pongan el Ascendente de RS al menos a dos grados y medio de distancia de una cúspide peligrosa, y hagan la prueba para ver si esta distancia queda igual también si modifican la hora de nacimiento del sujeto hacia atrás unos 30-45 minutos.

8) Nunca pongan un astro potencialmente peligroso cerca de la cúspide de una casa "maléfica". El Sol no es peligroso en sí, pero ya dijimos que el Retorno Solar hay que leerlo de una manera muy diferente del tema natal y si nuestro primer luminar estaciona, pongamos, cinco grados más arriba de la Duodécima casa, esto puede volverse peligroso en el caso en que, del sujeto examinado, utilicemos una hora de nacimiento aproximada por exceso (lo que sucede casi en la totalidad de los casos). Lo mismo vale, por ejemplo, con un Marte en la Quinta Casa que a veces les parece que está muy lejos de la cúspide de la Sexta, pero no han tenido en cuenta que están trabajando en un segmento de circunferencia ocupado por signos de corta ascensión y que por lo tanto, incluso una sola media hora de "marcha atrás" les puede perjudicar seriamente.

9) El Sol o el Ascendente en la Octava casa, si no se puede evitar y si no hay alarmas particulares en el tema del sujeto, se puede admitir: pero no deben dejar por ningún motivo un stellium en la Octava Casa puesto que con esta configuración, la Octava casa podría llegar a ser tan mala como las demás tres Casas muy malvadas que ya conocen.

10) Si no consiguen irse de viaje, traten de utilizar la reglas de la exorcización de los símbolos – por ejemplo una operación quirúrgica elegida – pero eviten someterse a análisis médicos importantes o a operaciones quirúrgicas en los veinte días antes y en los veinte días después del cumpleaños: y no sólo de su cumpleaños, sino también del cumpleaños de sus seres más queridos.

11) Vuelvan a repasar bien las treinta reglas (actualizadas con las presentes) del libro para comprender bien, por ejemplo, que si Fulano tiene serios problemas económicos en curso, lo último que necesita es que le pongan un Júpiter en la Segunda u Octava Casa.

12) Acojan la filosofía de los pequeños pasos, con Retornos Solares mediocres pero que permiten graduales mejoras o pasos hacia adelante, año tras año, más que intentar provocar el "éxito de la vida" que a veces podría arruinar a su asistido.

13) En cuanto a los lugares para elegir la relocación, traten de utilizar sólo sitios geográficos en que existe un aeropuerto de línea regular y eviten viajes del tipo "500 kilómetros en la jungla en un todoterreno": en casos como esos, los peligros del viaje podrían ser muy superiores a los relativos de quedarse en casa con un mal Retorno Solar.

14) Nadie les impide experimentar y hacer investigación en este sector, pero no tengan la arrogancia de escribir nuevas reglas basándose en algunas decenas de Retornos Solares Elegidos que, directa o indirectamente, hayan experimentado.

15) Una enfermedad importante puede presentarse también en un año en el que el Retorno Solar es muy positivo: depende del hecho que, por ejemplo, un proceso carcinógeno iniciado con siete o diez años de anterioridad, al punto justo de maduración, tarde o temprano se descubre y no hay RSE que lo pueda evitar. Pero en estos casos un buen RSE corriente nos puede ayudar a iniciar muy bien el trabajo de recuperación respecto a la enfermedad.

16) Un Saturno, un Urano, un Neptuno o un Plutón se pueden posicionar en la Primera o en la Sexta o en la Duodécima Casa de RS (los he puesto allí miles de veces sin tener nunca el menor accidente), pero – desde luego – si se pueden evitar, es mejor quitarlos.

17) La Undécima Casa, mucho más que la Octava, está relacionada con los lutos, pero no por esto debemos evitar utilizarla en un RS: se muere una única vez y a lo largo de la vida son pocos los lutos importantes que uno sufre. Lo mismo vale para la Tercera y la Novena en relación con posibles accidentes, y para la Quinta en relación con los hijos, etcétera.

18) Traten de llegar al lugar del Retorno Solar al menos tres-cuatro días antes del cumpleaños ya que eventuales huelgas de aviones, fiebres del último momento o niños que enferman la misma tarde antes de su partida, les podrían impedir el viaje.

19) Si creen en este instrumento, utilícenlo cada año, como si se tratara de una vacuna contra la gripe: relocar el cumpleaños cada tres-cuatro años no tiene ningún sentido.

20) No pidan y no acepten descuentos de kilometraje: o viajan o no. Desplazarse una hora de vuelo tan sólo para quitarse Marte de la Duodécima casa pero dejar el Sol en la Primera, es una de las operaciones más inútiles e incluso más necias que se puedan hacer.

21) No torturen a sus parientes ancianos para que reloquen su cielo de cumpleaños: les aconsejo que no traten de convencer a nadie sobre este asunto, puesto que al contrario, éste requiere una fuerte convicción para practicarlo de la manera correcta.

22) Cada Retorno Solar Elegido debería conseguir tres objetivos fundamentales: proteger al sujeto de las cosas más desagradables que le podrían acontecer durante el año; mejorar sus condiciones de vida; intentar corregir ulteriormente su hora de nacimiento con el empleo de los "sensores" (pongan siempre algún astro importante en la cúspide entre dos Casas para poder averiguar un año más tarde, si el astro ha ocupado los grados inmediatamente antes o después de donde ustedes pensaban que se encontraría. La búsqueda de la hora puntual de nacimiento de un sujeto no debería terminar nunca).

23) No se pongan a considerar un nuevo sujeto si no les entrega tanto la hora indicada por sus padres como la hora que consta en el extracto de nacimiento del registro civil del ayuntamiento de su lugar natal.

24) Un astro que se encuentra a menos de dos grados y medio de una cúspide peligrosa, aunque se conozca la hora de nacimiento con la precisión del segundo, hay que considerarlo *dentro* de la casa "malvada".

25) Recuerden que Saturno gana siempre sobre Júpiter, sobre Venus, sobre el Sol, etc. Por lo tanto es evidente que no podemos dejar, por ejemplo, un Saturno en el Medio Cielo de RS con la ilusión de que el Sol y Júpiter en la

Décima del mismo RS puedan desequilibrar sus efectos muy negativos. Por el mismo motivo, sabiendo qué quiere decir "zona Gauquelin" tampoco podremos dejar, por ejemplo, a un Júpiter en la Décima en conjunción con cinco grados del Medio Cielo, y a un Saturno a la misma distancia del MC pero en la Novena Casa: al final será Saturno el que prevalezca y, en relación con el trabajo, la emancipación, el éxito y el prestigio, el sujeto tendrá un año decididamente saturnino y no jupiterino. Lo mismo vale si dejamos Saturno y Júpiter en la Séptima, en la Segunda, etcétera.

Me paro aquí, pero el archivo sigue siendo *temporal*.

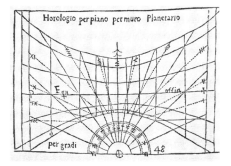

30.
Bibliografía esencial

- **André Barbault** – *Il pronostico sperimentale in astrologia [El pronóstico experimental en astrología]*, Mursia.

- **André Barbault** – *L'astrologia e la previsione dell'avvenire [La astrología y la previsión del porvenir]*, Armenia.

- **André Barbault** – *Trattato pratico di astrologia [Tratado práctico de astrología]*, Morin.

- **AA. VV.**, *Ricerca '90* (1990 a 1997), Ricerca '90.

- **Grazia Bordoni** – *Raccolte varie di dati di nascita [Recopilaciones de datos de nacimiento]*, Editadas por la autora.

- **Angelo Brunini** – *L'avvenire non è un mistero [El porvenir no es un misterio]*, Editado por el autor.

- **Ciro Discepolo** – *Effemeridi, volumi vari [Efemérides, varios volúmenes]*, editados por Armenia, Blue Diamond Publisher, Capone.

- **Ciro Discepolo** – *Guida ai transiti [Guía a los tránsitos]*, Armenia.

- **Ciro Discepolo** – *Guida all'astrologia [Guía a la astrología]* (IIIa edición actualizada, 1989) – Armenia.

- **Ciro Discepolo** – *Il nuovo dizionario di astrologia [El nuevo diccionario de astrología]*, Armenia.

- **Ciro Discepolo** – *Il sale dell'astrologia [La sal de la astrología]*, Capone.

- **Ciro Discepolo** – *Trattato pratico di Rivoluzioni solari [Tratado práctico de Retornos Solares]*, Blue Diamond Publisher.

- **Ciro Discepolo y Luigi Miele** – *Astral, programmi vari [Astral, varios programas]*, Astral.

- **Reinhold Ebertin** – *Cosmobiologia: la nuova astrologia [Cosmobiología: la nueva astrología]*, C.E.M.

- **Henri J. Gouchon** – *Dizionario di astrologia [Diccionario de astrología]*, Armenia.

- **Robert Hand** – *I transiti [Los tránsitos]*, Armenia.

- **H. Freiherr von Klöckler** – *Corso di astrologia [Curso de astrología]*, Mediterranee.

- **Lisa Morpurgo** – *La natura dei transiti [La naturaleza de los tránsitos]*, Longanesi.

- **Andrea Rossetti** – *Breve trattato sui transiti [Breve tratado sobre los tránsitos]*, Blue Diamond Publisher.

- **Alexander Volguine** – *Tecnica delle Rivoluzioni solari [Técnica de los Retornos Solares]*, Armenia.

Compendio

31.
Breve prefacio al compendio

Este breve compendio tiene el objeto de estimular en el lector principios culturales de reflexión que lo puedan inducir a profundizar los varios asuntos tratados en este libro, pero que fundamentalmente son dos: la *exorcización de los símbolos* y el *Retorno Solar Elegido*. Para conseguirlo voy a proponerles conexiones con el psicoanálisis ante todo e, intencionalmente, no con el psicoanálisis junguiano que parece predecible, considerando el actual contexto del estudio que están leyendo: sino con el psicoanálisis freudiano y con el análisis transaccional.

He intentado validar la idea de la huida como valor de nuestra vida y no ya como pseudo-valor negativo, como nos lo querían hacer creer los positivistas a ultranza. En efecto, la opinión de muchos es que el ser humano siempre debería enfrentarse con las insidias de la vida con mucha pasión y superarlas con la consciencia y con su propia fuerza de voluntad. Pero ¿cuál sería el motivo? Al contrario, el psicoanálisis nos enseña que es esencial para la vida del hombre que existan mecanismos de huida (lean acerca de ello el corto párrafo siguiente sobre el ensayo de Anna Freud acerca del fenómeno de la represión).

En mi opinión, la huida no debe ser sinónimo de cobardía, sino que debería tener la misma dignidad, en la "guerra", respecto a la palabra "ataque".

En la naturaleza, sobre todo en el mundo animal, hablar de huida es lo mismo que el fenómeno de la depredación: existen animales que persiguen y animales que son perseguidos ¿y alguien, criticando nuestra *Weltanschauung*, querría que la gacela, en lugar de escapar se girara y se enfrentara al león?

Quisiera agradecer de todo corazón al profesor Antonio Speranza por los consejos que supo ofrecerme en relación a la redacción de este corto apéndice.

La huida en un ser humano como en un animal o en un insecto, es sin duda alguna una actitud psicológica antes que una acción verdadera. Es evidente, por lo tanto, que los más cualificados para ocuparse de la huida en el intento de explorar sus raíces atávicas, son los psicólogos, y me parece que un texto más que otros ha examinado tales mecanismos. Se trata del libro de Anna Freud, la hija del gran Sigmund, titulado *El Yo y los mecanismos de defensa* que leí en su edición italiana de G. Martinelli & C., Florencia. En la presentación de este libro al lector italiano, Isidoro Tolentino escribe: "Las defensas psíquicas no sólo se pueden dirigir contra los peligros procedentes del interior, tesis afirmada por Sigmund Freud y ahora ya universalmente aceptada en el pensamiento psicoanalítico; sino que también pueden ser expresiones de huida del dolor y de los peligros procedentes del mundo real. Anna Freud describe tres mecanismos que tienen este objeto: la negación de la fantasía, la negación mediante palabras y acciones, y la limitación defensiva de las funciones del Yo, que representan la contribución original de sus estudios."

Digamos entonces, incluso antes de hablar de la huida del dolor interiorizada en sentido psíquico, que la naturaleza nos ofrece mecanismos de fuga que no sólo son éticamente correctos, sino también debidos. Fíjense en la retracción de la mano de una fuente de calor demasiado fuerte, como una llama: que es lo que impide a un niño todavía incapaz de distinguir entre el bien y el mal, que se haga daño. Como no tendría mucho sentido mantener la mano en la dirección del mordisco de una serpiente, tampoco es lógico seguir aceptando los porrazos de un loco, independientemente del motivo por el que el loco nos está pegando.

Desde un punto de vista mental, psicoanalítico podemos decir, el mecanismo de huida y de defensa es menos solar y evidente que una mano que se esconde bajo los golpes de un martillo. En su citado libro, Anna Freud llega a decir incluso que, acerca de ello "...todas las medidas defensivas adoptadas por el

Yo contra el Es, actúan de manera silenciosa e invisible." Es interesante el ejemplo que hace la estudiosa de lengua alemana para explicar esta cosa: una niña tenía envidia del pene paterno y había fantaseado morder el órgano masculino de su padre pero, al no poder aceptar de manera consciente semejante fantasía, había desarrollado una neurosis en la cual se sentía mal delante de la comida e incluso vomitaba si la obligaban a comer.

Evidentemente, estas "huidas" son todo lo contrario que trasparentes para la consciencia, y tienden a escaparse incluso del tratamiento psicoanalítico: "...el paciente de esta manera se encuentra violando la regla fundamental del análisis o, como nosotros solemos decir, pone en marcha las 'resistencias'. Esto significa que la intrusión del Es en el Yo ha provocado un contraataque del Yo en relación con el Es."

En campo junguiano, el razonamiento no es muy diferente, y no queremos perdernos en analizar la diferencia Es/alma o Es/inconsciente. Un ejemplo lo podemos encontrar en la película de Federico Fellini $8\frac{1}{2}$. El director de cine de Rímini rodó esta película después de otras ocho y de un episodio incluido en una película rodada por diferentes directores. Pero sobre todo se trata del largometraje que fue rodado después de un largo análisis del profundo que Fellini hizo en Roma con Gianfranco Tedeschi. $8\frac{1}{2}$ es la historia del director Guido que, tal vez por temer la invasión del Yo y del súper-Yo en su mundo interior, quiere huir de la realidad y planea rodar una película en la que se ve a una joven mujer vestida de blanco, con el pelo largo y suelto, corriendo al lado de fuentes de agua pura en un lugar termal (la chica, el agua pura, las fuentes, el lugar termal, son todos símbolos del *alma*). Pero al lado de Guido hay un crítico cinematográfico, un cierto Daumier, que ejerce una acción estimulante para el director: "¿Pero qué quieres hacer? Esta escena que piensas rodar no tiene sentido. Debes construir una historia concreta que tenga un principio, una continuación, un final...". El Lector ya habrá comprendido que Daumier no es nada menos que el súper-Yo de Guido. ¿Y cómo resuelve Fellini el duelo Guido/Daumier que atraviesa toda la película? Haciendo colgar al crítico cinematográfico, lo que permite así al director liberar las fuerzas del alma (la escena final con los payasos del circo tocando como locos las músicas de Nino Rota en lo que es, evidentemente, un escape liberatorio de las voces interiores…).

Anna Freud reconoce diferentes tipos de defensa: la falta de acciones, el *transfert*, el *transfert* de los impulsos libídicos, el *transfert* de defensa, etc. La huida, según la autora, se expresa sobre todo como resistencia durante el análisis: "Si no es posible afirmar que cada resistencia deriva de una medida defensiva del Yo, sin embargo cada acto de defensa contra el Es durante el análisis no puede sino traducirse en una forma de resistencia al trabajo del analista."

También Wilhelm Reich, en sus obras, describe "algunas actitudes del cuerpo como la firmeza y la rigidez, ciertos particulares aspectos de la personalidad como la sonrisa estereotipada, ciertas maneras de comportarse irónicas, altivas y arrogantes que son todos residuos de procesos defensivos muy activos en pasado que se han disociado de sus situaciones originarias y se han transformado en rasgos permanentes del carácter, forma la llamada *coraza caracterial...*" (obra citada, pág. 42).

Así prosigue la hija de Freud: "el término de *defensa*, que he empleado en los capítulos anteriores, es el más remoto representante del punto de vista dinámico en la teoría psicoanalítica. Lo encontramos por primera vez en 1894, en el estudio de Freud sobre *Las psiconeurosis de defensa..*"

La famosa psicoanalista concluye así su ensayo (página 186): "En los capítulos anteriores he tratado de clasificar los diversos mecanismos de defensa según las situaciones ansiógenas específicas que forman su base, y he ilustrado mis observaciones con un cierto número de ejemplos clínicos. Un conocimiento más profundo de la actividad del inconsciente nos permitirá establecer un día una clasificación más puntual. La conexión histórica entre las experiencias típicas que son parte del desarrollo de un individuo y la producción de mecanismos de defensa particulares queda todavía en gran parte oscura..."

Personalmente quisiera concluir este capítulo con tres ejemplos prácticos. El primero me afecta en primera persona. A la edad de veinte años empecé mi primer análisis de la mente profunda con un analista junguiano. Lo que me empujó a hacerlo fue un problema impelente que tenía entonces; aunque más tarde, resuelto dicho problema en muy poco tiempo, seguí el análisis para un enriquecimiento intelectual de mi persona. En aquella época sufría mucho de claustrofobia, a tal punto que en cuanto se cerraban las puertas de un tranvía, por ejemplo, yo sentía una angustia incontenible que me hacía desmayar. ¿De qué tiene medio? me preguntó el analista. Y yo, al examinar el problema con una lupa, contesté que se trataba justamente del miedo a desmayarme y, por lo tanto, el temor a lo que podían pensar los otros de mí es lo que hacía aumentar sin límites mi ansiedad y mi angustia. Entonces mi analista me sugirió: "En cuanto entre en un tranvía, y antes de que se cierren las puertas, advierta a todos los presentes que dentro de pocos segundos se desmayará." Así lo hice y, desde entonces, no me volví a desmayar.

Pasemos ahora al examen de dos casos astrales. El sujeto A es un empresario napolitano que lleva diversos años ya sin venirme a visitar, y yo tengo la sospecha de que haya fallecido. Cuando venía a consultarme, las consultas duraban como mucho quince minutos, porque el sujeto ni siquiera abría la boca. Me decía *buenos días* al llegar y *buenos días* al despedirse, sin añadir nunca ni una sola palabra. Yo siempre le preguntaba qué le había sucedido en un determinado año que me parecía haber sido algo trágico para él. Pero él siempre evitaba responder. Un día, quizá para premiar mi valor interpretativo, me dijo que en aquel famoso año le habían robado siete mil millones de liras, y él no había denunciado el robo porque se trataba de dinero no declarado a las autoridades tributarias. Su tema natal nos muestra fuertes valores Saturno (cerca del Ascendente) y Virgo. Un cierre fuerte enfatizado también por la natural reserva de los valores Escorpión. El miedo, acaso relacionado con las fobias de la sesquicuadratura Plutón-Sol, había hecho lo demás.

El sujeto B, a su vez, es una persona que en todos los años que hace que nos encontramos no habrá dicho nunca más de diez palabras en total. Nuestras consultas son muy cortas, puesto que nos saludamos, hablo sólo yo, él finge no oír eventuales preguntas que le planteo, nos saludamos y se va. En su tema natal encontramos fuertes valores Capricornio y Virgo y una Luna dominante que tal vez le hace temer descubrirse demasiado.

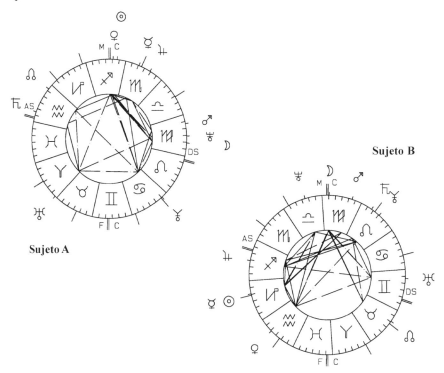

Sujeto B

Sujeto A

33.
Referencias a la psicología transaccional

En el análisis transaccional se propone un esquema particular de lectura de los estados del Yo y de las consiguientes relaciones que pueden existir entre tales estados, en dos o más individuos. Pero empecemos por el principio y veamos cómo esto puede afectar al discurso de la *Astrología Activa*. Tomamos como punto de referencia el libro de Eric Berne editado en España por Ediciones Grijalbo: "*¡Hola!... ¿Y luego?*". Aquí, de manera muy esencial, se teoriza que la estructura del Yo no es algo único e indistinto como sucede en otras teorías psicoanalíticas, sino más bien una estructura vertical a tres niveles de complejidad. Refirámonos ahora a la figura que se propone aquí y leamos del libro: "La figura 1A representa por lo tanto el diagrama de la personalidad completa de cada ser humano, y comprende cualquier cosa que un ser humano puede oír, pensar, decir o hacer (su versión simplificada está representa en la figura 1B). Un análisis más detallado no nos lleva a descubrir nuevos estados del Yo, sino sólo subdivisiones dentro de los estados primarios. Resulta por lo tanto evidente que un estudio cuidadoso enseñará, en la mayor parte de los casos, dos componentes del Yo Padre: una que deriva del padre y la otra de la madre; y destacará también las componentes Padre, Adulto, Niño dentro del estado del Yo Niño que ya se encontraban cuando el Niño se estructuró, como se puede verificar al observar a un niño en carne y hueso. Este análisis de segundo orden queda esquematizado en la figura 1C. En el diagnóstico de los estados del Yo, la separación de un modelo de comportamiento-sensación de otro se llama *análisis estructural*.

El análisis transaccional intenta descubrir cuáles son las actitudes equivocadas del Yo con los demás y sobre todo en el interior de la familia donde se crean los *dramas*: "...otra manera eficaz para descubrir la trama del guión en sus líneas esenciales es preguntarle a la persona interesada: 'Si tu vida familiar se representara en un escenario ¿qué tipo de obra teatral piensas que sería?'.

Los dramas familiares suelen tomar el nombre de tragedias grecas, como por ejemplo Edipo y Electra, guión tipo en el que el muchacho lucha contra el padre para la posesión de la madre, mientras que la muchacha quiere al padre todo para ella. Pero el analista del guión también tiene que saber lo que pueden hacer los padres, a quienes aquí por comodidad llamaremos Opide y Artkele. Opide es la otra cara de la tragedia de Edipo y expresa los deseos sexuales, abiertos o reprimidos que sean, de la madre hacia el hijo; mientras que Artkele es la otra parte de Electra y evidencia los deseos sexuales del padre hacia la hija. Una investigación más profundizada revelará casi siempre transacciones bastante evidentes que demuestran cómo estos deseos no son imaginarios, aunque el padre suele intentar disimularlos jugando a 'Tormenta' con el hijo. Es decir, que el padre trastornado intenta cubrir los deseos sexuales de su Niño hacia su propia prole al transformarse en Padre y al comportarse con la prole de manera tal que se produzca una discusión. Pero luego estas sensaciones acaban por manifestarse sin excepciones en cuanto es posible, a pesar de los esfuerzos hechos para esconderlas tanto jugando a 'Tormenta' como con otros expedientes. Cabe decir que los padres más felices siguen siendo los que admiran y se sienten atraídos de manera abierta hacia sus propios hijos sin intentar esconderlo nunca."

Por lo tanto, como se ha leído, también la psicología de dirección transaccional prevé una constelación del símbolo, un escape del símbolo. En efecto, durante estas sesiones, el analista invita a los participantes a que representen sobre un hipotético escenario sus propios dramas interiores. Según lo representado, el paciente deberá cambiar de voz, volverse niño, ser llorón o autoritario y un largo etcétera. Este tipo de análisis prevé por tanto una exposición, una representación, una descarga de las fuerzas que oprimen desde dentro. Como en el caso del psicólogo-psiquiatra Gianfranco Tedeschi, también aquí se hace vivir el símbolo, aunque con modalidades diferentes.

Entre los astrólogos se encuentra el colega y amigo Paolo Crimaldi que, al ser también psicólogo con una dirección principal transaccional, invita a sus pacientes-consultantes a que representen, en sentido teatral, su propio tema natal.

He tocado intencionalmente una tecla que no me pertenece para demostrar que lo que digo de la exorcización de los símbolos no es algo restringido necesariamente a una sola matriz junguiana, sino que puede considerarse en sentido mucho más amplio.

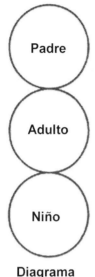

Diagrama
estructural
de la personalidad
Figura 1A

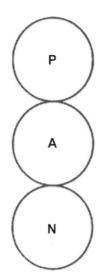

Un diagrama
estructural
simplificado
Figura 1B

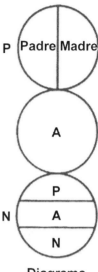

Diagrama
estructural
de segundo orden
Figura 1C

34.
Breves enlaces con la mitología

En la literatura universal de todos los tiempos e incluso en la *fiction*, normalmente el viaje se asocia a símbolos positivos, a la regeneración, a la búsqueda de uno mismo (como en la novela *El cielo protector* de Paul Bowles), de la fe (como en el película *La Vía Láctea* de Luís Buñuel) o de la dulce meta como en la *Odisea* de Homero. Aquí podríamos encontrar las raíces antiguas de la simbología positiva relacionada con los *Retornos Solares Elegidos*.

Este texto no quiere abrir paréntesis para convertirlos en viajes específicos en materias que no nos pertenecen; por lo tanto, encontrarán aquí enunciados brevemente sólo los conceptos básicos de este discurso. Por lo demás, les aconsejo estudiar el estupendo libro de Károly Kerényi *Los dioses de los griegos*, publicado en Italia por Edizioni EST, Milán, 1998.

A continuación les presento, en cambio, lo que dice la Enciclopedia Treccani sobre *Hermes*: se trata de un texto que contiene la esencia del discurso general que constituye la materia del presente volumen que están leyendo.

"...Hermes es también el antiguo protector de las carreteras; y no menos antigua es su veneración bajo este aspecto, de divinidad siempre presente y activa donde también los hombres se mueven y actúan. Digno de consideración especial es, bajo tal propósito, el culto del dios cerca de los montones de piedras y los pilones cuadrangulares coronados por la imagen de su cabeza, que se encontraban a lo largo de las carreteras y de los cruces. Y también bajo este aspecto Hermes sigue siendo una divinidad benéfica y omnipresente, el dios que protege las vías del comercio y de la actividad humana; y que por ello es invocado por todos los viandantes y también por los cazadores y los soldados, y considerado como un dios distribuidor del buen éxito y de la buena suerte [Es éste el paso, uno de los pasos de la mitología en el que se destaca la conexión entre los viajes, entre los desplazamientos y la buena suerte en general. N.d.A.]. A este significado suyo se relacionan los epítetos que la época antigua le da al dios, puesto que él reparte ganancias afortunadas: es decir, las de los que saben actuar con astucia, incluidos por lo tanto también las de los ladrones.

El carácter de dios protector..."

35.
Breves enlaces con la religión romana

Hemos mencionado de manera muy breve símbolos de la antigua Grecia, pero ahora veamos cómo marchaban las cosas en una cultura más cercana a la nuestra. Me refiero a la Roma imperial. Se trata de un asunto realmente muy difícil, puesto que a pesar de lo que se cree, tenemos relativamente pocos restos arqueológicos de esa época. El punto de la situación lo podemos sacar de un ensayo bastante difícil en su exposición. Se trata del libro de John Scheid *La religión en Roma* publicado en Italia por Editori Laterza.

Aquí encontramos descritos dos ejemplos interesantes en relación con lo que estamos analizando (*exorcización de los símbolos*).

"...otro ejemplo contribuirá a aclarar estas observaciones. Lo encontramos en el registro de los desperfectos provocados en un sujeto sagrado, como por ejemplo la violación de un santuario o el robo de un objeto sagrado (el llamado *sacrilegium*). El sacrilegio de Pleminius es muy famoso. Después de conquistar Locri en el año 204, Pleminius, el legado de Escipión, abandona la ciudad al saqueo, viola los templos y profana sobre todo el tesoro del santuario de Proserpina. Una delegación de ciudadanos de Locri decide ir a quejarse de esta fechoría frente al senado. Los senadores, irritados con Pleminius y con su superior Escipión, piden informaciones a los pontífices en cuanto a las medidas religiosas a tomar, y mandan al lugar de los hechos a una comisión para expiar el sacrilegio y abrir una investigación sobre Pleminius y Escipión. Una vez llegada a Locri, la comisión devuelve los tesoros robados evaluándolos el doble de su valor, y ofrece los debidos sacrificios purificadores [*exorcización de los símbolos*, N.d.A.]. Luego arrestan a Pleminius…".

He aquí el segundo ejemplo: "En el año 173, el censor y pontífice Quintus Fulvius Flaccus saqueó el templo de Hera Lacinia en Crotona: le quitó las tejas de mármol para cubrir con ella el templo de la Fortuna ecuestre que estaba construyendo en Roma. Se produjo una gran conmoción en la ciudad. El censor recibió las críticas del senado, no sólo por haber profanado un templo, sino sobre todo por haber destinado a la inevitable ruina un edificio que, como censor, habría sido su deber conservar y salvaguardar. Así pues, Fulvius se vio acusado de una especie de '*Amtsverbrechen*' que involucraba en un sacrilegio al *pueblo romano*: 'Y aquella acción, que habría podido parecer increíble se la hubiesen cometido contra edificios privados, la cumplía demoliendo los templos de los dioses inmortales e involucraba en el sacrificio construyendo templos con las ruinas de otros templos.'

Al mismo tiempo, el senado dio orden de devolver al jefe Lacinio las tejas robadas y de ofrecer *piacula* a Juno [*exorcización de los símbolos*, N.d.A.] y todo, evidentemente, en nombre del pueblo romano, implicado de forma involuntaria."

36.
Astrología Activa y magia

Según opinan algunos críticos severos con las técnicas descritas en este libro y que forman la base de la *Astrología Activa*, nosotros actuaríamos en sentido mágico. No sé en qué medida sea necesario explorar, desde este punto de vista, el fondo cultural que se encuentra en la base de nuestros estudios, ni tampoco si merece la pena buscar las raíces epistemológicas que podrían reconocer como verdaderas las técnicas que utilizamos, pero – al fin y al cabo – también nos preguntamos si es tan importante establecer si es necesario considerarlo o no como una forma de magia.

Antes que nada, trataremos de definir qué es lo que se debe entender por magia. He aquí la definición de la versión en castellano de la enciclopedia *Encarta* de Microsoft:

Magia Arte de influir en el curso de los acontecimientos o adquirir conocimientos por medios sobrenaturales. La magia está relacionada con la alquimia, el ocultismo, el espiritismo, la superstición y la brujería. El término deriva de la palabra magi *(magia), uno de los elementos religiosos babilónicos que fueron incorporando los magos, casta de sacerdotes de la antigua Persia que se ocupaban de todo lo relacionado con lo oculto. Los griegos y romanos también practicaron la magia. Según los antropólogos, este tipo de creencias existen en la mayoría de las culturas primitivas. Sin embargo, ciertas prácticas, como la buenaventura, la comunicación con los muertos, la astrología y la creencia en los números y amuletos de la suerte, se han perpetuado en las culturas más avanzadas.*

En las sociedades más simples, la magia se sirve de todos los conocimientos disponibles, incluidas las técnicas científicas y médicas. La ciencia moderna tiene su origen en prácticas y creencias mágicas. De este modo, la alquimia medieval estimuló el desarrollo de la química y la física modernas, y la astrología sentó las bases de la astronomía.

La magia se divide en dos categorías principales: blanca (o del bien) y negra (o del mal). La magia blanca se puede emplear para eliminar o paliar los efectos de la magia negra, que se invoca para matar, hacer daño o satisfacer el propio egoísmo. Durante la edad media, la magia negra se asociaba a la brujería, la hechicería y la invocación de los demonios.

Las prácticas mágicas pueden agruparse en cuatro categorías. La primera, llamada 'magia simpática', se basa en el simbolismo y la realización de los deseos. Para lograr el efecto deseado se recurre a la imitación o el uso de ciertos objetos asociados. Así, por ejemplo, se piensa que es posible hacer daño a los enemigos clavando alfileres en una imagen que represente su persona, recitando sus nombres en un conjuro o quemando cabello o uñas de su cuerpo. Del mismo modo es posible adquirir la fuerza, la velocidad o la destreza de un animal comiendo su carne o empleando instrumentos fabricados con su piel, sus cuernos o sus huesos. La práctica del canibalismo se basaba en la creencia de que al comer la carne del enemigo se adquirían sus cualidades, principalmente la valentía.

La segunda es la adivinación, adquisición del conocimiento secreto a través del sortilegio (echar la suerte), el augurio (interpretación de presagios o portentos), la astrología (interpretación de las posiciones y conjunciones de las estrellas y los planetas) y la lengua (mensajes emitidos por personas en estado de trance, ministros del oráculo o médiums). La tercera forma de magia recibe el nombre de 'taumaturgia' – o capacidad para obrar milagros – que engloba la alquimia, la brujería y la hechicería. La cuarta y última modalidad es el encantamiento o recitación de conjuros, versos o fórmulas que contienen los nombres de los seres sobrenaturales o las personas a las que se pretende ayudar o dañar. Por lo general, los ritos mágicos se basan en la combinación de todas estas formas.[1]

Probablemente, siguiendo estos criterios, deberíamos definir mágica un poco toda la escuela junguiana de pensamiento. ¿La descalificaría? Yo creo que no la descalifica para nada. Si magia significa manipular los símbolos para cambiar el destino y la realidad, entonces lo nuestro es magia; pero magia es también el efecto placebo del médico que, al tranquilizar al enfermo, se introduce activamente en su proceso de curación. Si nosotros actuamos *mágicamente* y esto produce una mejor calidad de la vida ¿por qué no actuar así? Más bien deberíamos preguntarnos: ¿funciona esta magia? Si funciona, entonces utilicémosla; si no funciona, colguemos los hábitos.

Sobre este asunto, para saber más y parar explorar antropológicamente eventuales nexos ancestrales con nuestra práctica, he aquí un paso del libro *Sud e magia [Sur de Italia y magia]* de Ernesto De Martino, ediciones Feltrinelli:

El tema de la fascinación como mal de ojo o envidia vuelve a propósito de las bodas y de la consumación del matrimonio. Para eludir las fuerzas malignas que insidian a los novios, en Viggiano y en Savoia el cortejo nupcial no debe recorrer el mismo camino a la ida y a la vuelta. En Colobraro – y en Marsico Vetere – los novios tienen que atravesar con un salto el umbral de la iglesia, de otro modo podrían verse hechizados: en efecto, en el umbral puede haber un lazo, nudos u otros impedimentos mágicos depositados allí de forma intencional por algún operador u operadora de hechizos. Siempre en Colobraro, los novios no deben sumergir su mano en el agua bendita, por temor que haya disuelta en ella algún polvo hechizante, por efecto del cual el acto sexual no podrá efectuarse. Durante la misa, se deducen presagios para los novios según el evangelio que se va a leer: tan sólo el de San Juan es de buen auspicio para el matrimonio, al contrario del de San Marcos y de San Mateo, mientras que el de Lucas genera incluso pánico entre los oyentes. Novios y parientes, al final de la misa, a menudo rodean al cura que la ofició y preguntan con ansiedad: "¿Qué Evangelio ha salido?". Y el cura que conoce la creencia de sus parroquianos, para calmarlos contesta: "San Juan, San Juan"...

Notas
[1] "Magia," *Enciclopedia Microsoft® Encarta® Online 2008* http://mx.encarta.msn.com
© 1997-2008 Microsoft Corporation. Reservados todos los derechos.
© 1993-2008 Microsoft Corporation. Reservados todos los derechos.

37.
La depredación

"La depredación puede considerarse como una interacción que tiene lugar cuando un organismo mata a otro organismo para alimentarse de él... Una definición más amplia, que comprende también las dos formas de relación interespecífica que acabamos de citar, es la que considera la depredación como un proceso en el que un individuo de una especie se alimenta de un individuo viviente de otra especie. El carácter común de estas definiciones es la falta de simetría en la relación que se instaura entre las dos especies, depredador y presa; entre las que sólo una, la primera, alcanza una ventaja neta. Esto contrasta con otros tipos de interacciones, como la competición y la simbiosis, en las que ambas especies están interesadas de manera simétrica en las consecuencias de la relación, positivas o negativas que sean." (*Diccionario de etología*, dirigido por Danilo Mainardi, Einaudi, 1992).

Hablar de depredación me parece importante, en este contexto en el que no deseamos dar una imagen vampirizadora de los astros respecto al ser humano ni tampoco transitiva, en modo directo; imagen según la cual un astro (o ¿un Dios?) actuaría desde arriba. Pero de la misma manera tampoco podemos licenciar una visión de relaciones anárquicas y/o insignificantes en la dialéctica Cielo-Hombre. Así como el ser humano a menudo es objeto de las 'simpatías' de un tránsito planetario, otras veces constituye su diana o blanco predilecto. En estas páginas no nos interesa afirmar el predominio de una de las dos realidades sobre la otra, sino analizar en la lógica de la Astrología Activa la relación penitente que el ser humano puede tener respecto a la bóveda celeste que está sobre él. El concepto de depredación no puede separarse del de huida, y yo pretendo demostrar, o al menos destacar, cómo en la naturaleza la huida no es un elemento negativo, sino una realidad muy respetable y de igual dignidad respecto a la otra, por ejemplo, del principio de conservación que induce algunas especies animales a devorar otras especies.

"Aunque la depredación se produzca normalmente entre individuos pertenecientes a especies diferentes, puede producirse también dentro de la misma especie y, en este caso, se define como canibalismo. Esta forma de depredación es muy común entre los invertebrados y está muy extendida entre las especies depredadoras de muchos peces óseos y cartilaginosos. En los reptiles se conoce además en algunas especies de cocodrilos, como el cocodrilo del Nilo (*Crocodylus niloticus*): en esta especie las hembras deben defender la porción de río frente a su propio nido para garantizar la incolumidad de los huevos y de la cría en los primeros meses de vida..." (ibídem).

La naturaleza ayuda tanto al depredador como a la presa, afinando la fuerza de las garras en una especie y velocizando la huida en la otra. Volvemos a leer en el diccionario de Mainardi: "La relación entre especie depredadora y especie depredada genera un seguimiento evolutivo como consecuencia del cual la selección desarrolla contra-adaptaciones con el objeto de que sea cada vez más eficiente la depredación y sean siempre más eficaces las estrategias antidepredatorias. Esta situación ha creado adaptaciones morfológicas muy evidentes tanto en los depredadores como en las presas. Algunos ejemplos pueden ser las plumas de los estrigiformes, cuya estructura permite a búhos y lechuzas un vuelo silencioso adecuado para sorprender a la presa; o las espinas presentes en las extremidades inferiores del águila pescadora (*Pandion haliaetus*) que permiten a este rapaz ictiófago sostener mejor presas deslizantes como los pescados. Por su parte, las presas han evolucionado de manera complementaria: si se consideran los ungulados, típicos consumidores primarios y como consecuencia sujetos a la depredación, se puede notar la extrema especialización para correr de las extremidades; y en un suborden, el de los rumiantes, el desarrollo de un tipo de digestión en dos tiempos que les permite exponerse a la depredación durante el tiempo más limitado posible."

En una persecución probablemente infinita, cada especie se adapta a su propio 'opuesto', y es lo que induce al etólogo Danilo Mainardi a escribir: "... el comportamiento antidepredatorio de las presas se adapta a las distintas especies de depredadores."

Veamos dos ejemplos de depredadores: el guepardo y la araña. En el *Grande libro degli animali* de Giorgio P. Panini (ediciones Mondadori), el guepardo (*Acinonyx jubatus*) "resulta ser el mamífero más veloz del mundo que, aunque se trate de cortas distancias, puede alcanzar incluso una velocidad de 113 kilómetros por hora. Cuando caza ataca a la víctima derribándola con las extremidades anteriores y mordiéndole en la garganta. Su presa preferida es el antílope, aunque también se alimenta de liebres, roedores y aves. Al no disponer de una dentadura robusta, mata los animales con un mordisco en la garganta, luego abre su vientre y antes que nada se alimenta de sus vísceras."

Por lo que se refiere a la araña, les aconsejo que lean un libro delicioso: *La vita segreta dei ragni* de Mirella Delfini, editora Franco Muzzio. En su obra, la autora finge un diálogo a tres entre ella, el lector y la araña: "La tela para las arañas es muy importante, bien lo sabes, a parte los salticidos que no la hacen y ni siquiera les importa; pero para todas las demás la telaraña representa abrigo, trabajo, arma para cazar, alcoba para encuentros galanes y herramienta de muerte. Pero a veces, a contraluz, se trata también de un milagro de belleza pura: un ejemplo transparente donde el hecho de sacrificar víctimas no es tanto un deber de supervivencia, sino un himno a la armonía del universo... Si la comparamos con quien la construye, la telaraña es inmensa; pero para hacerla sólo se necesita una hora o poco más y, cuando está lista, creo que su artífice disfruta del descanso, hasta que no le llega la comida del aire, que enseguida se agita y grita con voz sin sonido, por lo menos para mis oídos."

Y Mirella Delfini sigue así su sugestivo cuento: "Los que más me divierten son los *Mastophora*, que tejen un hilo cubierto de líquido pegajoso, cuelgan de él una gota de cola densa y pesada y lo lanzan, atrapando a los desdichados que pasan por ahí tal como lo hacen los indios con sus 'bolas'. Quizá incluso los indios han aprendido de ellos. Por otra parte las patentes que hemos robado a la naturaleza son innumerables. Leí una vez que las arañas con el lazo trabajan siempre de noche, y están especializadas en la caza de los ejemplares masculinos de ciertas mariposas nocturnas emitiendo un perfume idéntico al de la mariposa hembra…"

Aquí me paro, pero la naturaleza nos permitiría hacer millones de ejemplos de sujetos que hacen correr y de otros tantos sujetos que corren. Tal como decía la famosa publicidad de un refresco sin alcohol: que tú seas león o gacela, siempre tienes que correr.

Sartre decía que el infierno son los demás y tal vez sea realmente así.

38.
Bibliografía del compendio

- **AA. VV.** *Doce monografías sobre los signos zodiacales* a cura de Serena Foglia, ed. Armenia, 124 págg.

- **AA. VV.** *Artículos publicados en el trimestral* Ricerca '90 - 1990 a 1997, Ricerca '90, 128 págg.

- **André Barbault**, *Giove&Saturno [Júpiter & Saturno]*, Edizioni Ciro Discepolo, 214 págg.

- **André Barbault**, *Dalla psicanalisi all'astrologia [Del psicoanálisis a la astrología]*, Morin, 224 págg.

- **André Barbault**, *Il pronostico sperimentale in astrologia [El pronóstico experimental en astrología]*, Mursia, 210 págg.

- **André Barbault**, *L'astrologia e la previsione dell'avvenire [La astrología y la previsión del porvenir]*, Armenia, 308 págg.

- **André Barbault**, *Trattato pratico di astrologia [Tratado práctico de astrología]*, Morin, 317 págg.

- **Angelo Brunini**, *L'avvenire non è un mistero [El porvenir no es un misterio]*, editado por el autor, 525 págg.

- **Charles E.O. Carter**, *The principles of astrology [Los principios de la astrología]*, The Theosofical Publishing House Ltd, 188 págg.

- **Charles E.O. Carter**, *An encyclopaedia of psychological astrology [Enciclopedia de la astrología psicológica]*, The Theosofical Publishing House ltd, 200 págg.

- **Mirella Delfini**, *La vita segreta dei ragni [La vida secreta de las arañas]*, Franco Muzzio Editore, 172 págg.

- **Ernesto De Martino**, *Sud e magia [Sur de Italia y magia]*, Feltrinelli, 206 págg.

- **Thorwald Dethlefsen**, *Il destino come scelta [El destino como elección]*, Edizioni Mediterranee, 202 págg.

- **Ciro Discepolo**, *Il sale dell'astrologia [La sal de la astrología]*, Capone, 144 págg.

- **Ciro Discepolo**, *Esercizi sulle Rivoluzioni solari mirate [Ejercicios sobre los Retornos Solares Elegidos]*, Blue Diamond, 96 págg.

- **Ciro Discepolo**, *Astrologia applicata [Astrología aplicada]*, Armenia, 294 págg.

- **Ciro Discepolo**, *La ricerca dell'ora di nascita [La búsqueda de la hora de nacimiento]*, Ricerca '90, 64 págg.

- **Ciro Discepolo**, *Nuova guida all'astrologia [Nueva guía a la astrología]*, Armenia, 817 págg.

- **Ciro Discepolo**, *Guida ai transiti [Guía a los tránsitos]*, Armenia, 459 págg.

- **Ciro Discepolo**, *Efemérides y Tablas de las Casas*, varios volúmenes, Armenia.

- **Ciro Discepolo**, *Trattato pratico di Rivoluzioni solari [Tratado práctico de Retornos Solares]*, Blue Diamond, 204 págg.

- **Ciro Discepolo**, *Nuovo dizionario di astrologia [Nuevo diccionario de astrología]*, Armenia, 392 págg.

- **Ciro Discepolo**, *Transiti e Rivoluzioni solari [Tránsitos y Retornos Solares]*, Armenia, 500 págg.

- **Reinhold Ebertin**, *Cosmobiologia: la nuova astrologia [Cosmobiología: la nueva astrología]*, C.E.M., 204 págg.

- **Ellenberger**, *La scoperta dell'inconscio [El descubrimiento del inconsciente]*, Universale scientifica Boringhieri, vo-lumen doble.

- **Anna Freud**, *L'Io e i meccanismi di difesa [El Yo y los mecanismos de defensa]*, G. Martinelli & C., 192 págg.

- **Erich Fromm**, *Psicanalisi della società contemporanea [Psicoanálisis de la sociedad contemporánea: hacia una sociedad sana]*, Edizioni di comunità, 348 págg.

- **Michel Gauquelin**, *Il dossier delle influenze cosmiche [El expediente de las influencias cósmicas]*, Astrolabio, 236 págg.

- **Henri J. Gouchon**, *Dizionario di astrologia [Diccionario de astrología]*, Armenia, 872 págg.

- **Hadès**, *Guide pratique de l'interprétation en astrologie [Guía práctica a la interpretación en la astrología]*, Editions Niclaus, 226 págg.

- **R.F.C. Hull e William McGuire**, *Jung parla [Habla Jung]*, Adelphi, 592 págg.

- **Károly Kerényi**, *Gli dei della Grecia [Los dioses de los griegos]*, Il Saggiatore, 254 págg.

- **Aniela Jaffé**, *Ricordi sogni riflessioni di Carl Gustav Jung [Recuerdos, sueños y reflexiones de Carl Gustav Jung]*, Il Saggiatore, 432 págg.

- **Carl Gustav Jung**, *L'uomo e i suoi simboli [El hombre y sus símbolos]*, Edizioni Casini, 320 págg.

- **Carl Gustav Jung**, *Mysterium coniunctionis*, Boringhieri, 288 págg.

- **Carl Gustav Jung**, *La sincronicità [La sincronicidad]*, Biblioteca Boringhieri, 124 págg.

- **Carl Gustav Jung**, *Psicologia della schizofrenia [Psicología de la esquizofrenia]*, Newton Compton Italiana, 218 págg.

- **Carl Gustav Jung**, *La dinamica dell'inconscio [La dinámica del inconsciente]*, Boringhieri, 606 págg.

- **Carl Gustav Jung**, *Opere - volume nono [Obras - volumen noveno]*, Boringhieri, 314 págg.

- **Carl Gustav Jung**, *Simboli della trasformazione [Símbolos de la transformación]*, Boringhieri, 596 págg.

- **Carl Gustav Jung**, *Tipi psicologici [Tipos psicológicos]*, Boringhieri, 612 págg.

- **Carl Gustav Jung**, *Psicogenesi delle malattie mentali [Psicogénesis de las enfermedades mentales]*, Boringhieri, 322 págg.

- **Carl Gustav Jung**, *Psicologia e alchimia [Psicología y alquimia]*, 548 págg.

- **Dánilo Mainardi**, *Dizionario di etologia [Diccionario de etología]*, Einaudi, 868 págg.

- **Luciana Marinangeli**, *Astrologia indiana [Astrología india]*, Edizioni Mediterranee, 200 págg.

- **Lisa Morpurgo**, *Il convitato di pietra [El invitado de piedra]*, Sperling & Kupfer, 387 págg.

- **Lisa Morpurgo**, *Introduzione all'astrologia [Introducción a la Astrología]*, Longanesi, 373 págg.

- **Pietro Orlandini**, *L'agopuntura cutanea [La acupuntura cutánea]*, Rizzoli, 218 págg.

- **Giorgio P. Panini**, *Il grande libro degli animali [El gran libro de los animales]*, Mondadori, 252 págg.

- **John Scheid**, *La religione a Roma [La religión en Roma]*, Editori Laterza, 180 págg.

- **N. Sementovsky-Kurilo**, *Astrologia [Astrología]*, Hoepli, 887 págg.

Sumario

Prefacio 7

1. Treinta reglas útiles 11
2. Tránsitos del Sol 19
3. Tránsitos de la Luna 57
4. Tránsitos de Mercurio 97
5. Tránsitos de Venus 137
6. Tránsitos de Marte 175
7. Tránsitos de Júpiter 215
8. Tránsitos de Saturno 253
9. Tránsitos de Urano 295
10. Tránsitos de Neptuno 335
11. Tránsitos de Plutón 375
12. Las Casas del Retorno Solar 413
13. Los astros en las Casas del Retorno Solar 433
14. Luna de Retorno Solar en las Casas del Retorno Solar 435
15. Mercurio de Retorno Solar en las Casas del Retorno Solar 439
16. Venus de Retorno Solar en las Casas del Retorno Solar 443
17. Marte de Retorno Solar en las Casas del Retorno Solar 449
18. Júpiter de Retorno Solar en las Casas del Retorno Solar 461
19. Saturno de Retorno Solar en las Casas del Retorno Solar 471
20. Urano de Retorno Solar en las Casas del Retorno Solar 479
21. Neptuno de Retorno Solar en las Casas del Retorno Solar 485
22. Plutón de Retorno Solar en las Casas del Retorno Solar 491
23. El índice de peligrosidad del año 495
24. Mapas de ejemplos 499

Epílogo

25. Prefacio a la segunda edición 603
26. Previsiones: porqué sí 607
27. La cuestión de la salud 611

28. Qué se tiene que hacer cuando no se puede partir 623
29. Los resultados de las últimas investigaciones 629
30. Bibliografía esencial 635

Compendio
31. Breve prefacio al compendio 637
32. Psicoanálisis y huida 641
33. Referencias a la psicología transaccional 645
34. Breves enlaces con la mitología 649
35. Breves enlaces con la religión romana 651
36. Astrología Activa y magia 653
37. La depredación 657
38. Bibliografía del compendio 661

© 2009 Todos los derechos reservados Ediciones Ricerca '90